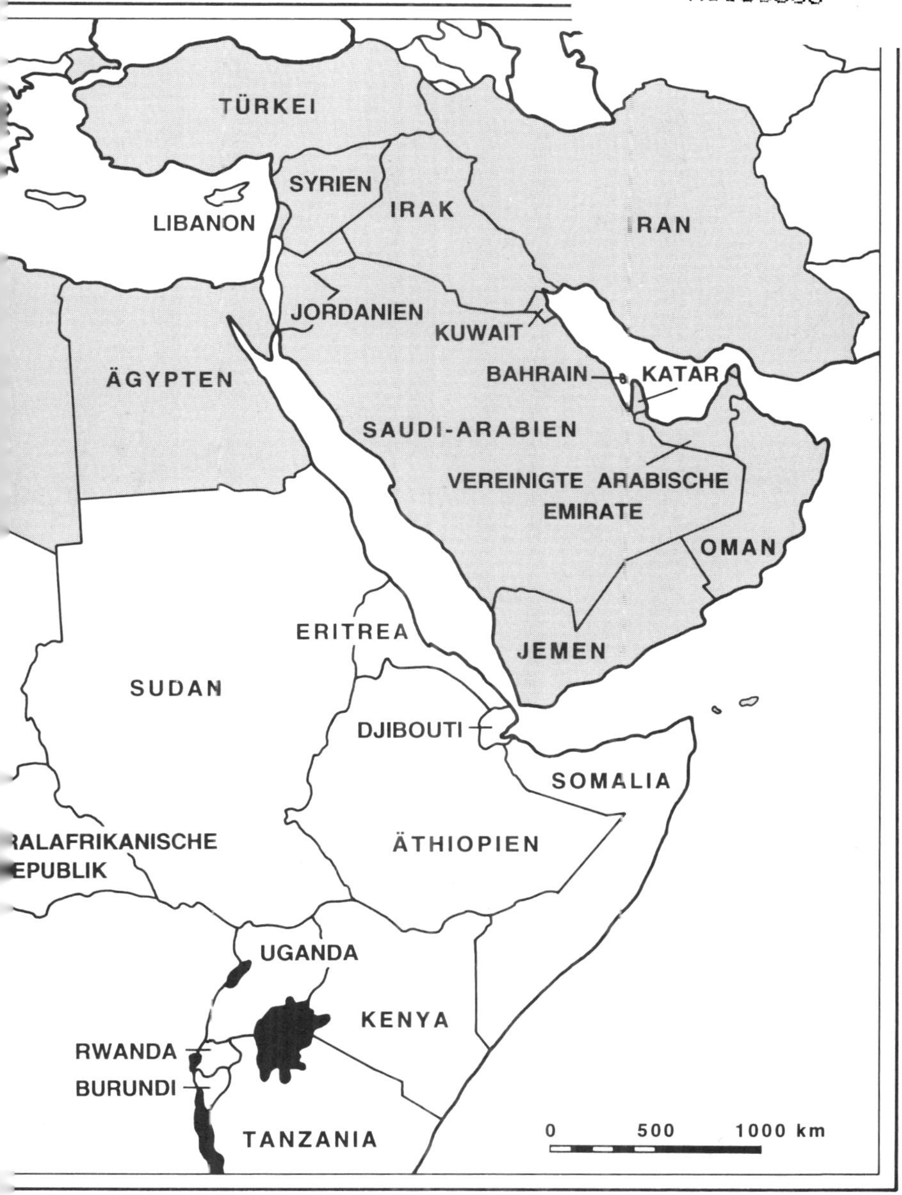
TÜRKEI
SYRIEN
IRAK
IRAN
LIBANON
JORDANIEN
KUWAIT
ÄGYPTEN
BAHRAIN
KATAR
SAUDI-ARABIEN
VEREINIGTE ARABISCHE EMIRATE
OMAN
ERITREA
JEMEN
SUDAN
DJIBOUTI
SOMALIA
ALAFRIKANISCHE
EPUBLIK
ÄTHIOPIEN
UGANDA
KENYA
RWANDA
BURUNDI
TANZANIA
0
500
1000 km

Die Drucklegung dieses Handbuchs wurde mit Mitteln
der Friedrich-Ebert-Stiftung gefördert.

Dieter Nohlen, Franz Nuscheler (Hrsg.)

Handbuch der Dritten Welt

Band 1: Grundprobleme – Theorien – Strategien
Band 2: Südamerika
Band 3: Mittelamerika und Karibik
Band 4: Westafrika und Zentralafrika
Band 5: Ostafrika und Südafrika
Band 6: Nordafrika und Naher Osten
Band 7: Südasien und Südostasien
Band 8: Ostasien und Ozeanien

Handbuch der Dritten Welt

Herausgegeben von
Dieter Nohlen
Franz Nuscheler

6

Nordafrika und Naher Osten

Verlag J. H. W. Dietz Nachf.

ISBN 3-8012-0206-2

3., völlig neu bearbeitete Auflage 1993
(1. u. 2. Aufl. im Verlag Hoffmann und Campe erschienen)

In der Raste 2, D-53129 Bonn
Umschlaggestaltung Rainer Groothuis, Berlin
unter Verwendung eines Fotos von Christian Dufoort
Gesamtherstellung Ebner Ulm

Printed in Germany 1993

Inhalt

Anhang

Vorwort

Die 3. Auflage des *Handbuches der Dritten Welt* (HDW III) folgt konzeptionell der 2. Auflage (HDW II), bemüht sich also um eine entwicklungspolitisch relevante Struktur- und Problemanalyse. Das HDW versteht sich als Informationskompendium, das in kompakter Form und auf der Grundlage eines durchgängigen analytischen Grundmusters die Struktur- und Entwicklungsprobleme aller Regionen und Länder, die gemeinhin der Dritten Welt zugeordnet werden, zu erfassen und zu bewerten versucht. Einige der Länder des Nahen Ostens gehören aufgrund ihres Erdölreichtums zwar zu den reichsten Ländern der Erde, sind dennoch als Rentierstaaten unterentwickelt, weil sie ihren Reichtum nicht durch eigenes Wissen und Können erarbeitet haben. Sie werden deshalb aus guten Gründen noch immer zu den „Entwicklungsländern" gezählt.

Die Länderanalysen im neu aufgelegten Band 6, die teilweise von neuen Autoren geschrieben wurden und dadurch auch neue Akzente erhielten, werden durch zwei übergreifende Regionalanalysen (mit länderübergreifenden Bibliographien und Datenreihen) sowie einem Glossar, das wichtige Begriffe und Institutionen der Region erklärt, ergänzt.

Neu in HDW III ist eine zusammenfassende Analyse der vier aus der Bankrottmasse der Sowjetunion hervorgegangenen zentralasiatischen Republiken, die geographisch und kulturell einen Übergang zwischen Eurasien, dem Mittleren Osten und Südasien bilden und in das Entstehen neuer Einflußsphären (mit den Polen Türkei und Iran) einbezogen sind. Ethnische Verwandtschaften, besonders unter den Turk-Völkern, und der Islam, zu dem sich – auch nach sieben Jahrzehnten des kommunistischen Säkularismus – die Bevölkerungsmehrheiten in Zentralasien bekennen, berechtigen die Zuordnung Zentralasiens zur islamisch-orientalischen Welt, deren Gemeinsamkeiten und Unterschiede die Regionalanalyse von *Friedemann Büttner* und *Fred Scholz* herausarbeitet.

Zu einigen Besonderheiten und Problemen des vorliegenden Bandes:

1. In der Region Nordafrika/Naher Osten gibt es verschiedene räumliche (historische, kulturelle und politische) Zuordnungsprobleme, zahlreiche Grenzkonflikte und völkerrechtliche Dispute über den Status von Territorien. Die Herausgeber haben jeweils pragmatische Entscheidungen getroffen, die auf guten Gründen beruhen:
   – Definiert man die Region als „islamisch-orientalische Welt" (wie es *Bütt-*

ner/Scholz in ihrer Regionalanalyse tun), müßte man nicht nur Mauretanien und den Sudan, sondern – neben den zentralasiatischen Republiken – auch Afghanistan und Pakistan dieser kulturell definierten „Welt“ zuordnen. Die bereits in HDW II gewählte Raumgliederung orientiert sich an politischen Raumkonzepten der Vereinten Nationen, findet aber auch in der Fachliteratur Bestätigung.

- Aus der „islamisch-orientalischen Welt“ fallen die Mittelmeer-Inselstaaten Malta und Zypern heraus, die den „europäischen EL“ zugeordnet werden. Zypern hat sich zwar unter seinem ersten Präsidenten *Makarios* als ein Protagonist der Blockfreienbewegung zu profilieren versucht, hat aber aufgrund seiner ethnisch-kulturellen Nähe zu Griechenland mehr Bindungen an Europa als an den islamischen Orient. Die Herausgeber haben zwar die Türkei in den Band aufgenommen, obwohl sie als Brücke zwischen Europa und dem Orient und als Aspirant einer EG-Mitgliedschaft häufig ebenfalls zu den „europäischen EL“ gezählt wird; sie ignorierten aber bewußt das von der Türkei durch eine Militäraktion geschaffene und von der gesamten übrigen Staatengemeinschaft nicht anerkannte Nordzypern.
- Aus der „islamisch-orientalischen Welt“ fällt auch Israel heraus, das als ein erfolgreiches Schwellenland gelten kann, sich aber selbst nie zur Dritten Welt gezählt hat. Dagegen gehören die von Israel besetzten palästinensischen Gebiete natürlich zur islamisch-orientalischen Welt. Die Herausgeber haben zwar die von Marokko besetzte Westsahara, nicht aber das von Israel besetzte Palästina in den vorliegenden Band aufgenommen. Sie teilen zwar die völkerrechtliche Position der Staatengemeinschaft, die größtenteils beiden Besatzungsgebieten das Selbstbestimmungsrecht zuerkannt hat, waren aber mit dem Problem konfrontiert, die besetzten Gebiete aus dem israelischen Herrschafts- und Wirtschaftsgebiet zu separieren, zumal die Mehrheit der Palästinenser außerhalb der besetzten Gebiete lebt. Außerdem kann die Frage kaum beantwortet werden, wie lebensfähig ein unabhängiger palästinensischer Staat wäre. Solange über die Möglichkeiten und Bedingungen einer Friedensregelung (Verbindungen zwischen dem Gaza-Streifen und der Westbank, Zugänge zu regionalen Güter- und Arbeitsmärkten, Verfügung über Boden und Wasser, Ausstattung von arabischen und internationalen Hilfsfonds etc.) nur spekuliert werden kann, muß diese Frage offen bleiben.

2. Fast jeder Autor gebrauchte eine andere Transkription arabischer Namen und Begriffe. Selbst der Prophet *Mohammed* tauchte in verschiedenen Schreibweisen auf. Die Herausgeber übernahmen die einheitliche Transkription, die z. B. das „Jahrbuch Naher Osten“ gebraucht.
3. Wie bei den anderen Regionalbänden gab es bei den Statistiken erhebliche Validitätsprobleme. Selbst die Weltbank präsentiert in ihren verschiedenen Publikationen (Weltentwicklungsberichte, *World Tables, World Debt Tables, Trends in Developing Economies*) erheblich voneinander abwei-

chende Daten, die wiederum selten mit den Daten anderer internationaler Organisationen (UNCTAD, IMF, UNDP etc.) und nationaler Statistikämter übereinstimmen. Hinzu kommt, daß die Erhebungskriterien nur in Ausnahmefällen erklärt werden und deshalb die Vergleichbarkeit der Daten fragwürdig bleibt. Die Herausgeber bevorzugen bei länderübergreifenden Daten in der Regel Daten der Weltbank, denen die Wissenschaft eine relativ hohe Zuverlässigkeit zubilligt, bei Sozialindikatoren die Daten aus dem *Human Development Report* von UNDP; sie betonen aber erneut, daß die in den Band aufgenommenen Statistiken allenfalls die Wirklichkeit anzeigende Tendenzen erkennen lassen, aber nicht die Wahrheit wiedergeben. Die Zeitreihen sollen Entwicklungen verdeutlichen.

4. Die Herausgeber haben den Autoren zwar einen einheitlichen Aufbau der Länderbeiträge, aber keine theoretischen oder normativen Direktiven vorgegeben. Was sie selbst unter Entwicklung oder Unterentwicklung verstehen, haben sie in Band 1 des HDW dargelegt. Sie stimmen weder mit allen Interpretationen der einzelnen Autoren überein, noch haben sie versucht, Kontroversen zwischen Autoren (z. B. zwischen *Werner Ruf* und *Jürgen Wolff* über die Einschätzung von politischen und sozioökonomischen Entwicklungen in Marokko) zu verhindern. Solche Kontroversen aufgrund unterschiedlicher theoretischer Positionen oder normativer Zielsetzungen gehören zu einem lebendigen Wissenschaftspluralismus. Die Herausgeber teilen auch nicht die von *Fred Scholz* in dieser Auflage des HDW wiederholte Klage über die Vernachlässigung von internen Faktoren in der sozialwissenschaftlichen Entwicklungstheorie. Die auf externe Bestimmungsfaktoren von Unterentwicklung fixierte Einäugigkeit der Dependenztheorien wurde inzwischen auch von ehemaligen Propheten der *dependencia*-Theoreme korrigiert (wie Band 1 des HDW aufzeigt). Im übrigen wirken auch die im vorliegenden Band 6 des HDW stark repräsentierten Geographen der von *Fred Scholz* beklagten Vernachlässigung naturräumlicher Determinanten von Unterentwicklung und Entwicklung entgegen.

Einige Hinweise für den Gebrauch des Bandes: Die Literaturangaben zu den einzelnen Ländern befinden sich am Ende der Länderbeiträge, wobei es sich jeweils nur um eine Auswahl der wichtigsten und zugänglichen Literatur handelt. Für die gesamte Region wichtige Begriffe und Organisationen werden im Glossar erklärt. Häufig wiederkehrende Begriffe und Maßeinheiten werden abgekürzt und im Abkürzungsverzeichnis entschlüsselt.

Wenn es zu Beginn des 21. Jahrhunderts eine weitere Neuauflage dieses Handbuchs geben sollte, wird ein weiterer Regionalband hinzukommen müssen, der die „neue Dritte Welt“ in Kaukasien und Zentralasien ausführlicher behandelt, als es in dieser Ausgabe geschieht. Das Dritte Welt-Profil der neuen Republiken im Zwischenraum zwischen Europa, dem Mittleren Osten und Südasien ist schon heute deutlich, aber ihr Entwicklungsweg, ihre ordnungs- und außenpolitische Orientierung lassen derzeit nur Spekulationen zu. Das Wissen über diese Randrepubliken der ehemaligen Sowjetunion ist noch ausgesprochen dürftig. In einem Jahrzehnt dürften auch diese Wissenslücken kleiner geworden sein.

Die Herausgeber danken den Autorinnen und Autoren, die sich in das vorgegebene Analysemuster und in räumliche Vorgaben einfügen und teilweise erhebliche Kürzungen hinnehmen mußten. Sie danken *Udo Steinbach* und *Volker Perthes* für viele gute Ratschläge bei der Auswahl der Autoren, *Hanspeter Mattes* und *Birgit Thomann* für die Mithilfe bei der Erstellung des Glossars und der länderübergreifenden Bibliographie, *Ursula Schürmann* und *Michael A. Rupp* für das mühevolle Schreiben der Tabellen.

Heidelberg und Duisburg,
im September 1993

Dieter Nohlen
Franz Nuscheler

Abkürzungsverzeichnis

(* bedeutet, daß der Begriff im Glossar erklärt wird)

1. Abkürzungen einiger häufig verwendeter Begriffe

Bev.	Bevölkerung
BIP	Bruttoinlandsprodukt
bpd	barrel per day (Barrel pro Tag)
BSP	Bruttosozialprodukt
frz.	französisch
E.	Einwohner
EIU	(The) Economist Intelligence Unit
EL	Entwicklungsländer
GB	Großbritannien
ha	Hektar
HDR	Human Development Report (von UNDP)
HDW	Handbuch der Dritten Welt
IL	Industrieländer
p. a.	per annum (jährlich)
ToT*	Terms of Trade
VAE	Vereinigte Arabische Emirate
WEB	Weltentwicklungsbericht (der Weltbank)

2. Sonstige Abkürzungen

ABEDA*	Arab Bank for Economic Development in Africa
ADF*	Arabian Development Fund
AFESD*	Arab Fund for Economic and Social Development
AMF*	Arab Monetary Fund
AMU*	Arabische Maghreb-Union
AOHR*	Arab Organization for Human Rights
ARAMCO*	Arabian-American Oil Company
BMZ	Bundesministerium für wirtschaftliche Zusammenarbeit und Entwicklung
CAEU*	Council of Arab Economic Unity
CENTO*	Central Treaty Organization
DAC	Development Assistance Committee (Entwicklungshilfe-Ausschuß der OECD)
ECO*	Economic Cooperation Organization
ECWA	Economic Commission for Western Asia

FAO	Food and Agriculture Organization
FZ	Finanzielle Zusammenarbeit (Kapitalhilfe)
GATT	General Agreement on Tariffs and Trade (Allgemeines Zoll- und Handelsabkommen)
G 7	Gruppe der sieben führenden Industrieländer
GCC*	Gulf Cooperation Council (Golf-Kooperationsrat)
HDI*	Human Development Index (von UNDP)
IBRD	International Bank for Reconstruction and Development (Weltbank)
IDA*	International Development Association
IDB	Islamic Development Bank
IEA	International Energy Agency
ILO	International Labour Organization
IMF/IWF	International Monetary Fund/Internationaler Währungsfonds
ISF	Islamic Solidarity Fund
LDC	Less Developed Countries
LIC	Low-Income Countries
LLDC*	Least Developed Countries
NGO	Nongovernmental Organization (Nichtregierungsorganisation)
NIC*	Newly Industrializing Countries (Schwellenländer)
OAPEC*	Organization of Arab Petroleum Exporting Countries
OAU*	Organization of African Unity
ODA	Official Development Assistance (öffentliche Entwicklungshilfe)
OECD	Organization for Economic Cooperation and Development
OIC*	Organization of the Islamic Conference
OPEC*	Organization for the Petroleum Exporting Countries
PLO*	Palestine Liberation Organization
PPP*	Purchase Power Parity
SAF*	Structural Adjustment Facility (des IWF)
SAP*	Structural Adjustment Programme (der Weltbank)
SILIC/	Severely Indebted Low-Income Countries/
SIMIC*	Middle-Income Countries
SRZ	Sonderziehungsrechte des IWF
SWB/ME	Summary of World Broadcasts/Middle East

TAP	Trans Arabian Pipeline
UN/VN	United Nations/Vereinte Nationen
UNCTAD	UN Conference on Trade and Development
UNDP	UN Development Programme (UN-Entwicklungsprogramm)
UNEP	UN Environment Programme (UN-Umweltprogramm)
UNHCR	UN High Commissioner for Refugees (UN-Hochkommissar für Flüchtlinge)
UNICEF	UN Children's Fund (UN-Kinderhilfswerk)
UNIFIL	UN Interim Force in Lebanon
UNIKOM*	UN Iraq-Kuwait Observer Mission
UNRWA*	UN Relief and Works Agency for Palestine Refugees
UNSCOM	UN Special Commission on Iraq
VAR*	Vereinigte Arabische Republik
WFP/WEP	World Food Programme (Welternährungsprogramm)
WHO	World Health Organization (Weltgesundheitsorganisation)

Regionalanalysen

Islamisch-orientalische Welt: Kulturtradition und Unterentwicklung

Friedemann Büttner und Fred Scholz*

1. Gemeinsamkeiten und Widersprüche

Die in diesem Band zusammengefaßten Länder gehören einer Kontinente übergreifenden Region an, die in der Vergangenheit als Kultur-Erdteil „Orient" begriffen, in der Gegenwart mit recht verschiedenen Bezeichnungen benannt wurde und hier erst einmal als „islamisch-orientalische Welt" oder „islamisch-orientalische Region" bezeichnet werden soll. Seit dem Zusammenbruch der UdSSR müßte ihre Grenze im NO weit nach Zentralasien hinein verlagert werden. Denn das Gemeinsame und Verbindende, das dieser Region zugrundeliegt, findet sich in einer Vielzahl natur- und kulturgeographischer Merkmale, die von Mauretanien im Westen bis Zentralasien im Osten auftreten. So ist diese „islamisch-orientalische Region"

- Kernraum des altweltlichen, passatisch bedingten Trockengürtels;
- von ihrem großmorphologischen Aufbau her gegliedert in die im Norden von Westen nach Osten durchziehende alpidische Faltengebirgs- und die südlich daran angelagerte Tafel- und Schollenlandregion;
- eines der Genzentren der Menschheit, Ursprungsgebiet mehrerer bedeutender Hochkulturen, des Städtewesens, der despotischen Herrschaft und des rentenkapitalistischen Wirtschaftsverhaltens;
- die „Wiege" der drei monotheistischen Religionen, Hauptverbreitungs- und Wirkungsraum des Islam, der arabischen Sprache und des Arabertums.

Doch neben diesen Gemeinsamkeiten ist es gerade das Trennende, Gegensätzliche und Widersprüchliche in Natur- und Kulturausstattung, das diese Regionen kennzeichnet und ihre spezielle Problematik bestimmt. Hierzu zählen u. a.

- das harte Nebeneinander dichtbevölkerter, intensiv genutzter, arealmäßig äußerst begrenzter Bewässerungsgebiete (Oasen) und dünn- oder unbesiedelter, extensiv- oder ungenutzter, arealmäßig ausgedehnter Wüsten, Savannen und Steppen;
- das konfliktträchtige Gegenüber und auch Nebeneinander von Seßhaften (Oasenbauer, Städter, *hadr*) und Mobilen (Nomade, Beduine, *badw*);
- das spannungsvolle Gemisch verschiedenster Völkergemeinschaften und Religionsgemeinschaften;
- der über Jahrtausende verfolgbare Aufstieg und Niedergang von Reichen und Dynastien, Kulturländern und Städten.

* *Fred Scholz* schrieb die Kap. 1, 2 und 4, *Friedemann Büttner* die Kap. 3 und 5.

Im heutigen Erscheinungsbild der islamisch-orientalischen Welt gewinnen aus externer Sicht hingegen andere Merkmale an Bedeutung, so z. B.

- der Erdölreichtum und die damit eng verbundene politische, strategische und ökonomische Stellung im Staatensystem;
- die vehement ablaufende, extern initiierte Wirtschafts-, Gesellschafts- und Infrastrukturentwicklung und die nicht zuletzt dadurch ausgelösten Reaktionen in Form von Re-Islamisierung oder Fundamentalismus;
- Gesellschafts- und Wirtschaftsformationen, in denen traditionelle und moderne Elemente nebeneinander oder auch in hierarchischer Abhängigkeit miteinander verbunden bestehen, Klientel, Patronage und Korruption im formellen und informellen Sektor herrschen;
- die Konzentration von Bev. und Wirtschaft auf wenige Großstädte (meist Hauptstädte) und ein damit verbundenes extremes Wachstum der Städte;
- eine deformierte Raumstruktur, die sich in expandierendem Zentrum und darauf ausgerichtetem und von dort in allen Bereichen dominiertem Hinterland ausdrückt;
- das Nebeneinander von armen Agrar- und reichen Erdölstaaten, von Herkunfts- und Zielländern einer ständig wachsenden Arbeitsmigration;
- die konfliktreiche Nachbarschaft von konservativen Monarchien und linksorientierten Republiken, von kriegführenden oder sich anfeindenden „Bruderstaaten";
- eine militärische Aufrüstung, für die es in der Dritten Welt kaum vergleichbare Beispiele gibt.

Diese Aufzählung verschiedenster Merkmale aus Natur, Gesellschaft und Wirtschaft verdeutlicht die strukturelle Vielfalt, die der islamisch-orientalischen Welt eigen ist, ihre Entwicklung bestimmt hat bzw. aus ihr hervorgegangen ist. Es handelt sich dabei z. T. um typische Merkmale abhängiger Gesellschaften, von EL, zu denen diese Staaten trotz z. T. unermeßlichen Finanzreichtums ausnahmslos gerechnet werden müssen.

2. Physio- und kulturgeographische Grundstrukturen – interne traditionelle Hemmnisse für Entwicklung

Bei der Lektüre von länder- oder regionbezogenen Entwicklungsanalysen fällt auf, daß die Ursachen für Unterentwicklung und deren Perpetuierung fast ausschließlich in im internationalen System begründeten Strukturen gesehen werden. Es überrascht, daß den Fragen nach raumspezifischen Besonderheiten und Komponenten kaum oder gar keine Beachtung geschenkt wird: nach der Naturausstattung und naturräumlichen Differenzierung von Regionen/Territorien; den historisch gewachsenen gesellschaftlichen, religiösen oder wirtschaftlichen Verhältnissen; der Vorstellungswelt oder den Bedürfnissen der Menschen; dem räumlichen Anordnungsmuster von Kommunikationsnetzen; der arealmäßigen Ausprägung sozialer, ökonomischer, siedlungs- und bevölkerungsmäßiger Disparitäten; dem Durchdringungsmuster von Waren-, Innovations- oder Ausbeutungsströmen; dem Entstehen von Grenzverläufen, kurz: der Verfügbarkeit von Raum als elementarer Existenzgrundlage, in dem sich fast alle menschlichen Handlungen abspielen.

Doch die Form der räumlichen Organisation von Wirtschaft, Verkehr, Siedlungen, Kommunikation, Infrastruktur u. a. m. einer Region stellt das Ergebnis eines historischen Prozesses dar, zeichnet sich durch Persistenz aus und geht steuernd – hemmend oder fördernd – in die Entwicklung ein. Entwicklung kann nur als gesamtgesellschaftlicher, raumdurchdringender und -erschließender Differenzierungs- und Entfaltungsprozeß begriffen werden, in dem die natürliche Raumausstattung und deren Beherrschung durch den Menschen, d. h. die jeweils geltenden gesellschaftlichen und wirtschaftlichen Kräfte oder Trägergruppen oder das jeweils dominierende sozioökonomische System, Ausdruck finden. Folgt man dieser These, so müssen sich z. B. das in den hochentwickelten Ländern ausgebildete Raumsystem, die räumliche Organisation der Gesellschaft und deren Nutzung der natürlichen Grundlagen prinzipiell von dem unterscheiden, was heute in den EL vorzufinden ist. Trifft diese Aussage zu, dann müßte jede ernstgemeinte und ökologisch bewußte Theorie- oder Strategiediskussion und jede verantwortungsvolle Entwicklungsmaßnahme auch den jeweiligen räumlichen Strukturen und den natürlichen Ressourcen unbedingt Rechnung tragen.

Die Strukturen, die heute in den EL als bestimmende Merkmale für Unterentwicklung erfaßt werden, stellen ausnahmslos historisch gewachsene Größen dar. In ihnen haben sowohl die jeweiligen regionsspezifischen *internen*, natur- und kultur- oder gesellschaftsbedingten Besonderheiten (z. B. Herrschaftssystem, Bevölkerungszusammensetzung, Religion, Wirtschaftsverhalten) Niederschlag gefunden als auch die *externen* Einflußgrößen (z. B. Kolonialherrschaft, Fremdbestimmung in Wirtschaft, Gesellschaft, Politik; Kriege und Revolutionen; Kapitaltransfer, Entwicklungshilfe).

Die Bedeutung der jeweiligen Faktoren für die strukturelle Situation der EL in der Gegenwart wird – je nach theoretischem Standpunkt – unterschiedlich gewichtet. Ungeachtet theoretischer Standpunktunterschiede ist unbestritten wichtig: Ihre heutigen sozioökonomischen Strukturen und deren räumliche Verbreitungsmuster sind ohne Kenntnis der traditionellen wirtschaftlichen, sozialen und politischen Verhältnisse und vor allem der höchst unterschiedlichen Naturausstattung nicht voll verständlich.

2.1 Natur, Gesellschaft und despotische Herrschaft

Schon der Blick auf eine Landkarte verdeutlicht, daß innerhalb der islamisch-orientalischen Region zwei von ihrer Naturausstattung unterschiedliche Regionen vorhanden sind. Sie sind in sich jeweils wiederum vielfältig differenziert und weisen recht verschiedene Voraussetzungen für den wirtschaftenden und siedelnden Menschen auf (vgl. Fig. 1):

So wird der Norden von der Faltengebirgsregion eingenommen, die sich aus Atlasgebirge, anatolischem und iranischem Hochland sowie – durch die Straße von Hormuz davon getrennt – dem Oman-Gebirge zusammensetzt. Mit Ausnahme von letzterem herrscht in diesen Gebirgen ein ähnliches und für die lebensräumliche Gliederung bedeutsames Bauprinzip vor: randliche Gebirgszüge alpidischer Faltung mit ausgeprägt vertikalem Formenwandel umschließen kleinere (z. B. im Atlasgebirge: marokkanische Meseta, Hochland der Schotts) oder größere Beckenräume (inneranatolisches und -iranisches Hochland). Sie werden aus starren, der Faltung widerstehenden Massen der Erdkruste aufgebaut. Ein *horizontal* gerichteter Formenwandel herrscht hier vor. So werden die inneren Beckenteile von meist abflußlosen Endseen, Salztonebenen (Schotts, Sebhkas, Kewire, Hamune) und/oder Sandwüsten eingenommen, während sich daran leicht ansteigende Bergflußflächen (Aufschüttungsebenen) anschließen.

Diese Beckenräume sind ausgesprochen niederschlagsarm. Nur in Gebirgsnähe ist stellenweise durch Sippenbauerngesellschaften oder Großgrundbesitz kontrollierter Regenfeldbau möglich. Bewässerungsfeldbau ist hier ohne vom Gebirge abgehende Fremdlingsflüsse, ohne Quellen, Brunnen oder unterirdische Sickergalerien (= Horizontalbrunnen) nicht vorstellbar und stets an genossenschaftliche, stammliche oder auch herrschaftliche Organisationsformen seßhafter Bevölkerungsgruppen gebunden. In Konkurrenz um die existenzsichernden Nutzflächen befinden sich daneben noch mobile Viehhalter-Stämme, die zwar auch die Weite der Beckenräume nutzen, ihre wichtigsten Futtergründe jedoch gleichfalls in Gebirgsnähe suchen.

Daneben treten saisonal noch mobile Viehhalter (Bergnomaden) auf, deren wichtigsten Lebensraum die Weiden der randlichen Gebirge bilden. Hier konkurrieren sie wiederum mit den halbseßhaften *Yayla*-Bauern, den seßhaften Gebirgsbauern (Kabylen) und jenen, die die weiteren Talbereiche zur ackerbaulichen Nutzung erschlossen haben. Ein z. T. engkammeriges Nebeneinander und ein den klimatisch bedingten Höhenstufen folgendes Übereinander verschiedener Wirtschafts- und Siedlungsweisen ethnisch und religiös unterschiedlicher Gruppen kennzeichnen den gesamten Gebirgsgürtel und bilden eine raumspezifische Grundstruktur, mit der die moderne Entwicklung konfrontiert wurde.

Südlich an die Gebirgsregion grenzen, durch eine an Erdöllagerstätten reiche Gebirgsvortiefe getrennt, afrikanische und arabische Tafel. Sie stellen Teile der starren Gondwana-Masse dar, sind durch Schichtstufen- und Tafelländer gegliedert, werden weitgehend von ausgedehnten Sand-, Kies-, Geröllwüsten und Salztonebenen eingenommen und von dem Nord-Süd-Grabenbruch (Bekäa-, Rotes Meer) zerteilt. Diese zweite orientalische Großregion setzt andere natürliche Rahmenbedingungen für den wirtschaftenden und politisch agierenden Menschen.

Wichtigste natürliche Faktoren dabei sind die schier grenzenlose Weite und eine Trockenheit, die fast nirgendwo Ackerbau auf der Basis von Niederschlägen gestattet. Landwirtschaftliche Nutzung ist hier – nimmt man die hö-

Fig. 1: *Die islamisch-orientalische Region: Natürliche Ausstattung*

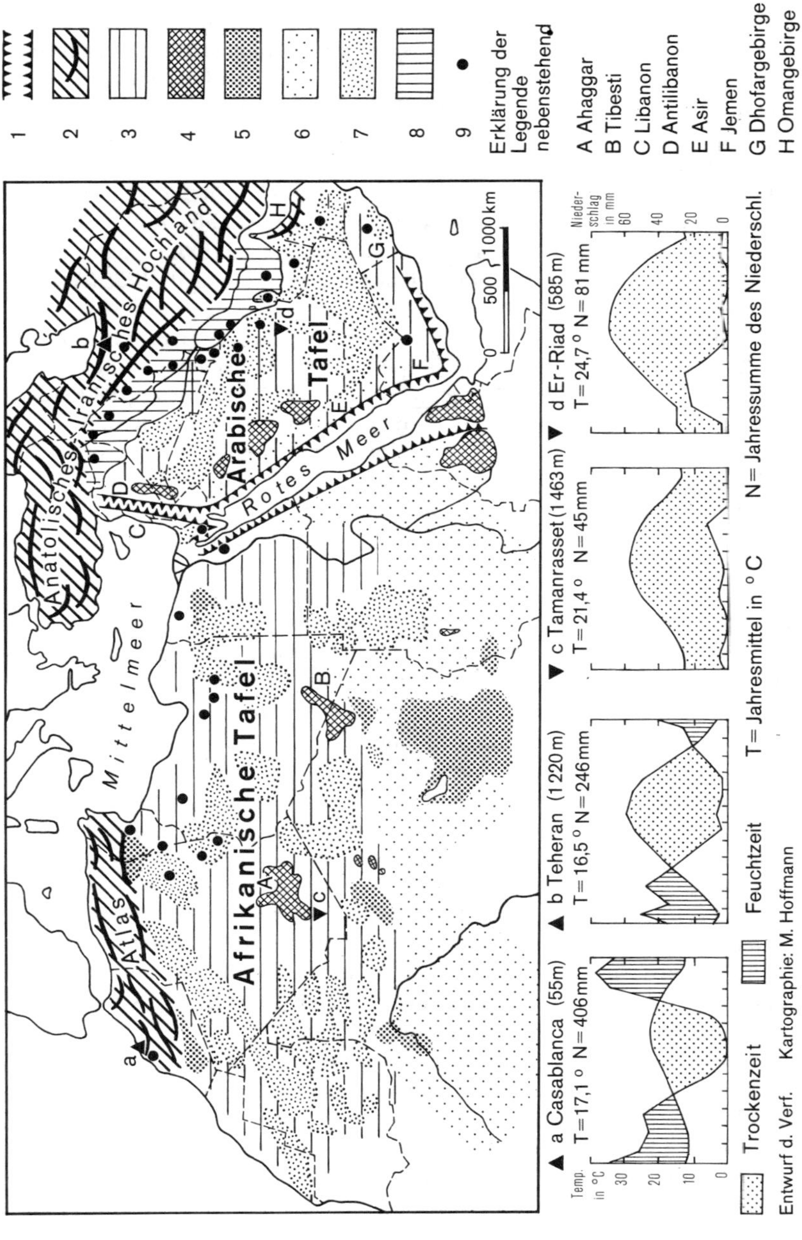

her aufragenden und daher feuchteren Flanken des zentralen Grabensystems (z. B. jemenitisches Hochland, Asir, Libanon/Antilibanon) aus – einzig mit künstlicher Bewässerung möglich und damit auf arealmäßig eng begrenzte, stets disjunkt liegende Oasen (Quell-, Fluß- und Brunnenoasen) beschränkt. Nur hier war Bevölkerungskonzentration möglich und damit die Voraussetzung für die Herausbildung von Städten und der damit eng verbundenen despotischen Herrschaft gegeben (s. u.).

Die wüsten- oder steppenhaften, jedoch kargen Weiten waren für den Menschen stets Hindernis. Nur der Zwang zur Existenzsicherung hat zur Nutzung des stellenweise und episodisch hier auftretenden Futterangebots veranlaßt und zur Bildung des zur Überwindung großer Distanzen gezwungenen Kamelnomadentums geführt. Die Tatsache, daß die Kamelnomaden in Form reiterkriegerischer Stämme auch in den eng begrenzten, wegen seines relativen Reichtums verlockenden Lebensraum des Seßhaften, des Bauern und Städters einfielen, ist letztlich wiederum nur aus Existenznot erklärbar. Das aus der Enge der von der Natur vorgegebenen Existenzgrundlage erwachsende konkurrierende Neben- und kriegerische Gegeneinander von Nomaden und Seßhaften ist in unterschiedlicher Intensität in allen Teilen des Orients nachweisbar und kann als wesentliche soziopolitische und sozioökonomische Grundstruktur gesehen werden.

Die für die beiden Großregionen aus der Naturausstattung abgeleiteten Wirtschafts-, Siedlungs- und Lebensweisen durchziehen und bestimmen die jahrtausendealte Geschichte des Orients. Sie bilden damit jene autochthonen Größen, die sich auf der untersten Ebene stets sowohl intern wie extern initiierten Neuerungen durch Beharrung und Widerstand entziehen. Es spricht sogar viel für die These, daß in dem Konflikt zwischen Mobilem und Seßhaftem, Nomadentum und Städtetum die für diesen Raum so typische despotische Herrschaftsstruktur und der damit verbundene, zu dynamischem Wirtschaftsverhalten *nicht* befähigende Rentenkapitalismus begründet liegen. Eine solche Herrschafts- und Wirtschaftsstruktur ist im Orient letztlich nie überwunden worden und stets Hindernis für die Entfaltung eines produktiven Kapitalismus gewesen. Diese These bedarf einer umfassenderen Begründung:

Ihren gedanklichen Hintergrund bildet die aus der Geschichte des Orients ableitbare Tatsache, daß nomadisierende Bevölkerungsgruppen stets als Bedrohung jener auftraten, die über gesicherte Existenzgrundlagen, d. h. bewässerbares Land, verfügten. Die Notwendigkeit zur Sicherung dieses Bewässerungslandes, das innerhalb des orientalischen Trockenraumes einzig auch

Legende zu Fig. 1

1 Grabenbrüche – 2 Alpidisches Faltengebirge mit eingeschlossenen, beckenartigen Hochländern – 3 Tafel- und Schichtstufenländer aus tertiären, mesozoischen und paläozoischen Gesteinen – 4 Vulkanische Ergußdecken und Gebirge – 5 Abflußlose Beckenräume – 6 Kristalline Rumpfflächen, Granite usw. paläozoischen Alters – 7 Sanddünen – 8 Gebirgsvortiefe (Geosynklinale) noch in Absenkung begriffen – 9 Erdöllagerstätten

Bevölkerungskonzentration ermöglichte, führte den Menschen von Beginn an zur Gemeinschaft und begünstigte die Entstehung organisierter, sozial differenzierter Gemeinwesen und Städte. Auffällig ist die Tatsache, daß dabei Stadt stets mit Herrschaft zusammenhing und Herrschaft, ob sie sich in theokratischer oder säkularistischer, patriarchalischer, autokratischer oder oligarchischer Form äußerte, stets in ihrer Grundstruktur despotisch war.

Die Notwendigkeit zu despotischen Herrschaftsformen erwuchs aus dem Zwang zu organisierter Beherrschung und Verteilung des Bewässerungswassers, zur militärischen Verteidigung der Existenzgrundlagen und der Durchsetzung und Aufrechterhaltung eines für das Gemeinwesen notwendigen Steuersystems. Individualinteressen konnten nur so weit geduldet werden, wie es den fiskalischen Interessen dienlich war. Da bei dem dieser Herrschaftsform eigenen Besteuerungssystem nur illegal Reichtum in privater Hand gesammelt werden konnte, bediente sich die Despotie der Konfiskation, der willkürlichen Einziehung privaten Vermögens. Einzig durch die Flucht in bewegliche Habe und nur räumlich schwer lokalisierbare Rententitel auf Produktionsmittel in Landwirtschaft und Handwerk konnte der einzelne Reichtum ansammeln und sich herrschaftlicher Willkür entziehen. Daraus erwuchs ein Wirtschaftsverhalten oder, wohl zutreffender, eine Produktionsweise: der Rentenkapitalismus.

Rentenkapitalismus ist z. B. im Unterschied zu dem in Mitteleuropa entwickelten Industriekapitalismus dadurch gekennzeichnet, daß auf den handwerklichen und landwirtschaftlichen Produktionsfaktoren Rententitel ruhen, die dem Eigner einen festen Anteil am Produkt des Bauern und Gewerbetreibenden garantieren. Da die Titel auf einzelnen Produktionsfaktoren eines Betriebs – in der Landwirtschaft z. B. Boden, Wasser, Saatgut, Zugvieh/Gerät und Arbeitskraft – liegen können und in der Regel jeweils gleich bemessen sind, erfolgte *keine* Reinvestition der Gewinne mit dem Ziel der Verbesserung eines einzelnen Produktionsfaktors; denn die dadurch möglichen Ertragssteigerungen wären allen und nicht einzig dem Investor zugute gekommen. So bedeutete Rentenkapitalismus auch Minimumwirtschaft. Das „Kapitalistische" daran ist die freie Handelbarkeit der Titel, wodurch die Konzentration vieler in den Händen weniger erfolgen kann und Reichtumsbildung möglich ist. Da die Standorte von Eigner und Titel verschieden sein, die Titel eines Eigners sich auf verschiedene Produktionsfaktoren und Standorte verteilen können und der Einzug der aus den Titelansprüchen erwachsenden Einkünfte sich über mehrstufige Pachtsysteme abwickeln läßt, bleibt die Konzentration der Rententitel anonym, die tatsächliche Wohlhabenheit einzelner verborgen und damit der Konfiskation weitgehend entzogen.

Dieses einzig auf bloße Gewinn- und/oder Ertragsabschöpfung ausgerichtete Wirtschaftsverhalten ist nur vor dem Hintergrund despotischer Herrschaft verstehbar, deren tragende Elemente zentralistische Führung, stehendes Heer und abhängiger Beamtenapparat bildeten. In einem derartigen „Milieu" konnte ein selbstverantwortliches, zu kalkulierbarem Risiko bereites kapitalistisches Unternehmertum, wie es sich im mittelalterlichen Mitteleuropa im Rahmen politisch-herrschaftsmäßiger Differenzierung zwischen König, Adel und Klerus in den rechtlich abgesicherten Städten in Form des Bürgertums herauszubilden begann, nicht entfalten.

Dem mitteleuropäischen Bürgertum vergleichbare gesellschaftliche Kräfte hat es im Orient als treibende Größe *nicht* gegeben. Zum Zeitpunkt der direkten Kontaktaufnahme zwischen Okzident und Orient waren daher – trotz des kulturellen Hochstands beider – schon wesentliche Unterschiede in den soziopolitischen und sozioökonomischen Strukturen vorhanden. Die in der Folgezeit sich herausbildende Überlegenheit Europas in technisch-wirtschaftlicher und politisch-militärischer Hinsicht liegen m. E. darin begründet.

Auch heute scheinen diese Unterschiede noch immer bedeutsam. Denn die bestehenden Regierungen, seien sie quasi demokratisch legitimiert oder von königlichen Potentaten geführt, bieten nirgendwo gesetzlich verbriefte, rechtlich einklagbare Sicherheit. Sie sind durchweg politisch instabil, durch Intrigen und Patronage korrumpiert und bisher unfähig, das Vertrauen von Kapitaleignern und Privatwirtschaft voll zu gewinnen. Kapitaltransfer, Investitionen im Ausland, Flucht in Importhandel und Baugewerbe und damit letztlich Entzug von Aktivitäten in der eigenen Wirtschaft waren die Antwort. Selbst für die reichen, intern gefestigt scheinenden Erdölförderländer liegt der Schluß nahe, daß rentenkapitalistisches Wirtschaftsverhalten eine neue und zeitgemäße Variante gefunden hat.

Diese Ausführungen sollen die *traditionelle* soziale und politische Grundstruktur des Orients vor dem Hintergrund der *natürlichen, raumspezifischen* Ausstattung zeigen. Wenn dieser Grundstruktur in der Gegenwart höchstens noch indirekt tragende Funktionen zugemessen werden können, so ist doch nicht zu übersehen, daß sie die wirtschaftliche, gesellschaftliche und siedlungsmäßige Entwicklung der islamisch-orientalischen Länder und ihre heutigen Strukturen, trotz des überlegenen externen Einflusses, der sich seit Beginn der Neuzeit in wachsendem Maße einstellte, nicht unwesentlich mitbestimmt, gehemmt oder gefördert hat.

Vor diesem Hintergrund versteht sich die Forderung fast von selbst, daß diesen Strukturen in der aktuellen Entwicklungspolitik größere Aufmerksamkeit beigemessen werden muß. Lehrt doch die Erfahrung, daß z. B. die komplizierten Besitzverhältnisse in Oasen an Land, Wasser und Fruchtbäumen, die vielstufigen und einzig auf Abschöpfung gerichteten Pachtverhältnisse, die unstete Lebens- und mobile Wirtschaftsweise der Nomaden den Entwicklungsexperten immer wieder überraschen und den Erfolg seiner Projektmaßnahmen in Frage stellen.

2.2 Kolonialistische Großreiche – Perpetuierung der Instabilität

Die politisch-herrschaftsmäßige Entwicklung innerhalb der islamisch-orientalischen Welt ist dadurch gekennzeichnet, daß
– die regionalen Reiche in ihrer Tendenz despotisch, expansionistisch und

Fig. 2: *Die islamisch-orientalische Region: Großreiche und ihre Auflösung*

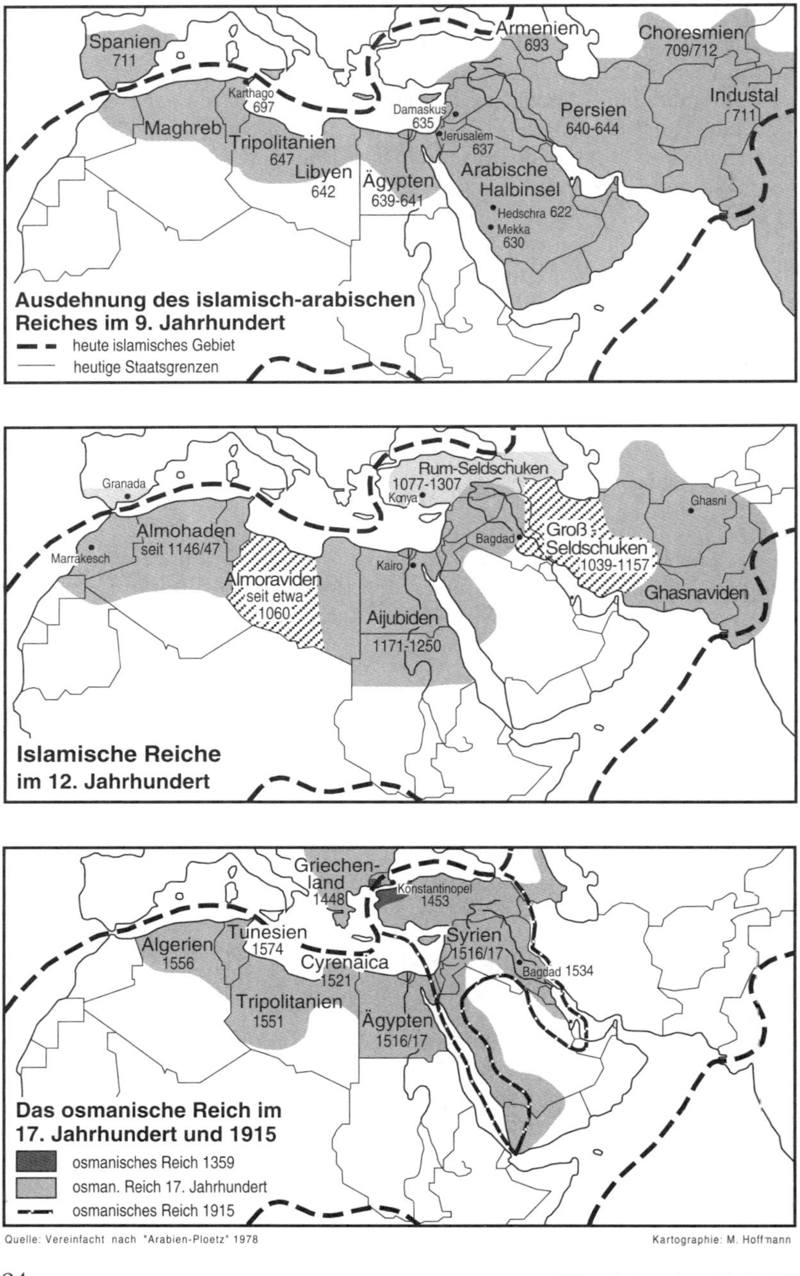

Quelle: Vereinfacht nach "Arabien-Ploetz" 1978

Kartographie: M. Hoffmann

sogar imperialistisch waren (z. B. Osmanisches Reich, Emirat/Sultanat Oman);
- diese Reiche in ihren ausgedehnten Territorien die verschiedenartigen und widerstreitenden Völkerschaften zusammenfaßten, daher ständig interner Bedrohung und Instabilität unterlagen;
- wiederkehrender Aufstieg und Niedergang dieser Reiche sowie dynastische Machtkämpfe und Wechsel in der politischen Führung bestimmende Größen waren und bis in die Gegenwart sind.

Diese Feststellung gilt für den „Alten Orient" ebenso wie für die Zeit der griechischen und römischen Antike, in der der Orient erstmals Bestandteil externer Großreiche war. Auch für die islamische Periode, die im 6. Jh. begann, ist die Bildung von Großreichen und deren Verfall sowie die territoriale Expansion durchgängig nachweisbar (vgl. Fig. 2). Es war die Religion des Islam, hervorgegangen aus städtischer Kultur im Herzen der Arabischen Halbinsel, die die arabischen Nomadenstämme erstmals zur Gemeinschaft zu führen vermochte, das Arabertum begründete und zu dessen Ausbreitung befähigte. Reiterkriegerische Stammesgruppen spielten in diesem Prozeß eine entscheidende Rolle.

Unter den vier „rechtgeleiteten" Kalifen (632–661) fielen die gesamte Arabische Halbinsel, die Region des „Fruchtbaren Halbmondes", das iranische Hochland und die östliche Hälfte Nordafrikas dem Islam zu oder wurden für ihn erobert. Den nachfolgenden Omajjaden-Kalifen (661–750) gelang es, den Islam über ganz Nordafrika bis nach Spanien im Westen und bis ins Indus-Tiefland und nach Turan im Osten und NO auszubreiten und diese Regionen dem arabisch-islamischen Einflußbereich zu erschließen.

Nicht herrschaftliche Organisation, sondern ein arabisch-islamisches Bewußtsein war es in erster Linie, das die Vielzahl unterschiedlicher Völkerschaften und Kulturen zusammenhielt. Ein islamisch fundiertes „Arabertum", das sich in den Zentren des Kernraumes entfaltete, prägte den weiteren Herrschaftsbereich in Kultur, Sprache, Gesellschaft und vor allem Religion. Im ersten Jh. der von Bagdad ausgehenden Herrschaft der Abbasiden-Kalifen (750–1258) gelang es sogar, dem riesigen Herrschaftsgebiet auch formal die organisatorischen Strukturen eines islamischen Welt- und Kolonialreiches mit wiederum despotischer Herrschaftsform zu verleihen und zu seinem kulturellen und wirtschaftlichen Höhepunkt zu führen, der jedoch den Keim des Verfalls in sich barg. Denn die unterworfenen oder eingegliederten Völkerschaften (z. B. Türken/Seldschuken, Perser, Berber) oder die in Córdoba (929) und Kairo (969) gegründeten Kalifate erschütterten bald dieses Großreich.

Am Ende des 12. Jh.s lassen sich die selbständigen Reiche der Rum-Seldschuken (Zentrum: Konya), Groß-Seldschuken (Bagdad) und Ghasnaviden (Ghasni) im Norden, der Aijubiden (Kairo) im Zentrum und der Almoraviden und Almohaden im Westen nachweisen (vgl. Fig. 2). Diese Reiche, in ihrer Herrschaftsform und territorialen Organisation wiederum despotisch, waren nur z. T. arabisch, doch die Auswirkungen der arabischen Kolonisation wirkten fort. So bleiben der von Arabien ausgegangene Islam, die religiöse Orientierung auf Mekka und Medina, die arabische Sprache (zumindest teilweise) und ein durch die „Fünf Säulen“ des Islam bestimmtes gesellschaftliches Leben prägend erhalten.

Daran änderte sich wenig, als das Kalifat erstmals unter nicht arabische, türkische Kontrolle geriet und im Osmanischen Reich erneut ein kolonialistisches Großreich unter Führung der „Hohen Pforte“ entstand. Wiederholte territoriale Expansion und Unterwerfung (z. B. Syrien und Ägypten 1516; Tripolitanien 1551; Algerien 1556; vgl. Fig. 2) – nicht selten im Namen der Religion und ihrer Wahrung – schufen ein Herrschaftsgebiet, dessen Ausdehnung im 17. Jh. sich annähernd mit dem der Araber des 12. Jh.s deckte. Doch auch dieses Großreich, das über mehrere Jh.e die Geschichte des Mittleren Ostens und Nordafrikas bestimmte, verschwand. Zwar standen am Anfang dieses Prozesses auch hier autochthone Kräfte, doch die entscheidenden Impulse gingen dieses Mal direkt oder indirekt von fremden Mächten aus. Frankreich, GB und später auch Italien brachen Region für Region aus dem Osmanischen Reich heraus. Dieser Prozeß, begünstigt auch durch das Wiedererwachen eines arabischen Nationalismus, führte letztlich mit dem Ende des I. Weltkriegs zum völligen Niedergang des Osmanischen Reiches und seiner territorialen Zerstückelung.

Die staatlichen „Gebilde“, die von nun an die islamisch-orientalische Region einnahmen, waren in ihrer territorialen Erstreckung und politischen Legitimation künstlich, direkt oder indirekt fremdbestimmt. Dennoch oder gerade deshalb waren sie um nationale Identität und Integrität besonders bemüht. Dafür aber konnten sie auf keine – etwa den west- und mitteleuropäischen Staaten vergleichbare – eigenständige, über Jh.e weitgehend kontinuierlich verlaufende, einzig den jeweiligen „nationalen“ Bedürfnissen folgende Geschichte und Tradition, auf keine auf das jeweilige Territorium bezogene räumliche Organisation und auf keine eigene Sprache zurückgreifen. Vielmehr waren es die länderübergreifenden, eigentlich unspezifischen Größen – wie arabische Tradition und Sprache und Islam –, die zur Identitätsfindung und Nationwerdung aufgegriffen wurden.

Zwei für die Entwicklung der orientalischen Staaten wichtige Folgerungen lassen sich aus diesen Ausführungen ableiten:

a) Die intraregionalen Legitimationsgrößen Arabertum oder/und Islam, die von allen jungen Nationalstaaten – jedoch in unterschiedlicher Weise – bemüht werden, vermochten nirgendwo ein bleibendes Nationalgefühl zu vermitteln. Die somit in ihren Grundlagen unsicheren Staaten werden – nicht zuletzt auch deshalb – autoritär, z. T. sogar despotisch regiert und waren bisher nirgendwo in der Lage, eine bleibende Rechtssicherheit zu schaffen, die z. B. für die Entfaltung privatwirtschaftlicher Initiative die unverzichtbare Voraussetzung bildet.

b) Die Rückbesinnung der jungen arabischen Staaten auf diese traditionellen Legitimationsgrößen und die Bedeutung, die ihnen in Wirtschaft, Gesellschaft und Politik beigemessen wird, mußten zu ständigen internen Widersprüchen und zur Konfrontation mit dem kolonialzeitlich eingeleiteten und in der Gegenwart virulent wirkenden westlichen Modernismus führen. Reaktionen, die sich mit Reorientalisierung, Panarabismus oder islamischem Fundamentalismus umschreiben lassen, sind nicht zuletzt vor diesem Hintergrund erklärbar. Sie mindern die Effektivität vieler dringender Reformen, wirtschaftlicher, gesellschaftlicher Entwicklungen und behindern nicht zuletzt auch den Prozeß der nationalen Selbstfindung und Identität, Grundlage für jede bleibende interregionale Kooperation und Berechenbarkeit auf internationaler Ebene.

2.3 Völker- und Religionsvielfalt: ein latentes Konfliktpotential

Kaum eine Region der Dritten Welt ist ethnisch und religiös so vielfältig differenziert wie der Orient. Diese Differenzierung drückt sich nicht nur in der Anzahl von Völkerschaften, Stämmen, Sprachgruppen oder Religionen aus. Auch das räumliche Verteilungsmuster ist nirgendwo vielgestaltiger. Die Ursachen sind letztlich zu suchen in

- der expansionistischen Politik der orientalischen Reiche;
- der natürlich vorgegebenen lebensräumlichen Differenzierung;
- der Tatsache, daß der Islam im Prinzip alle Buchreligionen tolerierte;
- der relativen Bevölkerungsarmut der Herkunftsgebiete der arabischen Eroberer.

In der nördlichen Faltengebirgsregion, wiederholt benutzte „Einfallsbahn" zentralasiatischer Einwanderer, physiogeographisch zum Rückzugsgebiet prädestiniert, treten neben den zahlenmäßig dominanten Türken und Persern noch die Völkerschaften der Azerbaidjanis, Bakhtiar, Kirgisen, Usbeken und Tadschiken, der Pathanen (Pashtunen, Afghanen), Belutschen und Brahui, der Armenier, Kurden, Turkmenen, Talechis, Guilanis, Mazandaranis, Lors und Georgier sowie Gruppen arabischer und griechischer Herkunft auf. Damit ist nur die ethnische Vielfalt angesprochen. In sich ist ein Teil dieser Völkerschaften in selbständige Stämme mit eigenem territorialem und herrschaftsmäßigem Anspruch gegliedert (z. B. Pashtunistan, Belutschistan, Kurdistan, Armenien). Übertribale Staatlichkeit und Gefolgschaftstreue sind ihnen weitgehend fremd. Wenn sie auch z. T. den Islam angenommen haben oder der islamisch-arabischen oder türkischen Herrschaft unterlegen sind, so ist doch auffällig, daß sie ihre Sprache zu erhalten und einen Teil ihrer materiellen Kultur zu bewahren vermochten.

Immer dann, wenn sich die Völkerschaften bedroht fühlten, wenn Türken, Perser oder auch Afghanen als die jeweils staatstragenden Völker sich ihrer Lebensräume zu bemächtigen, ihre stammliche Organisation zu brechen und direkter Kontrolle zu unterwerfen suchten, mußte es zu Konflikten kommen. Der Freiheitskampf der Armenier und Kurden, der Griechen in der Westtürkei, der Araber im iranischen Khuzistan oder das Schicksal zahlreicher nomadischer Stämme innerhalb der Gebirgsregion sind Beispiele dafür.

Im Bereich des südlichen Tafellandkomplexes hingegen, wo die arabischen

Eroberer in weitgehend unbesiedelte Räume vorstießen, dominiert das arabische Bevölkerungselement. Lediglich im westlichen Nordafrika konkurrieren sie mit dem Volk der Berber, in der Nilregion mit negriden Gruppen und in Südarabien mit kleinen nichtarabischen Ethnien. Sie alle sind islamisiert und arabischem Lebensraum eingegliedert. Dennoch sind sie sich noch immer ihrer Identität bewußt und nicht ohne Konfliktbereitschaft.

Nicht weniger Konfliktpotential steckt in der Vielfalt religiöser Gemeinschaften, die wiederum vor allem in den gebirgigen Regionen anzutreffen sind. Armenische, orthodoxe Christen, Parsen, sunnitische und schiitische Moslems leben im iranischen Hochland nebeneinander. Verschiedene Christen, Kopten, Juden, Drusen und Gläubige unterschiedlicher islamischer Richtungen treten im Libanon und in Teilen Syriens nebeneinander auf. Wahhabiten (Saudi-Arabien), Ibaditen (Oman, Tunesien), Mozabiten (Algerien), Ismailiten (Oman, Irak) stellen regional begrenzte islamische Sonderformen dar. Ökonomisch und politisch nicht unbedeutend sind/waren in zahlreichen Ländern z. B. auch die Hindus (Bayanen) und Juden.

Bedeutsam erscheint bei der aufgezeigten Vielfalt und dem z. T. räumlich engen Nebeneinander der Glaubensgemeinschaften, daß religiöse Andersartigkeit nicht schon an sich Konflikt bedeutet, sondern sich nur dann in Konflikten artikuliert, wenn sie zu politischen Zwecken mobilisiert wird. Beirut/Libanon, Palästina/Israel, Armenien, Azerbaidjan, Afghanistan, Iran-Irak, Christen in der Westtürkei oder auf Zypern, Fundamentalisten in Algerien und Ägypten sind Beispiele dafür aus jüngster Vergangenheit.

2.4 Stadt und Umland: ein autochthones Ausbeutungssystem

Die islamisch-orientalische Stadt mit der ihr eigenen baulichen und funktional-räumlichen Differenzierung sowie lokalen und überlokalen Bedeutung spiegelt am augenfälligsten die eingangs aufgestellte These von der engen Beziehung zwischen Gesellschafts-, Herrschafts- und Raumsystem wider. Das physiognomische Erscheinungsbild der Stadt mit Zitadelle, Wehranlage, zentralen Kultstätten (früher: Tempel; später: Freitagsmoschee) und Märkten (z. B. Hauptbazar, *Suq*), umgebenden Wohnvierteln mit jeweils ethnisch, religiös oder tribal segregierter Bevölkerung, mit Sackgassengrundriß und Innenhofgebäuden ist dafür ebenso anzuführen wie die Stellung der Stadt zum Umland.

Die Stadt besaß gegenüber dem Land stets eine überragende Position. Diese Aussage gilt sowohl für den „Alten Orient", wo die Städte als belegbare Zeugen der jeweiligen Hochkulturen faßbar werden, als auch für die griechische, römische, byzantinische und vor allem die islamische Epoche, die alle ihren Ursprung in der Stadt hatten und an die Städte gebunden blieben. Diese dominante Stellung und Funktion der Stadt haben entscheidend auch die moderne Entwicklung vorgezeichnet.

Die Stadt war in erster Linie Herrschaftszentrum und nahm damit Verwaltungs- und Sicherungsfunktionen für das jeweilige Umland wahr. Von hier aus erfolgte aber auch die Einziehung der Steuern, hierher flossen die Einnahmen der Rententiteleigner, die sich in der Stadt konzentrierten, hier sich der Gunst der Herrschaft versichern oder in der städtischen Anonymität ihrer Kontrolle entziehen konnten. Damit war die Stadt auch ökonomisches Zentrum, ohne selbst entscheidend an der gesellschaftlichen Produktion von Werten beteiligt zu sein. Auffällig ist dabei, daß meist nur *die* Stadt zu überlegener Position gelangte, in der die Herrschaft residierte. Wechsel des Herrschaftssitzes kam meist einem – auch ökonomisch gesehen – Bedeutungsverlust, nicht selten einem Niedergang gleich.

Die Herrschaft in der Stadt und ihre Bewohner waren wirtschaftlich weitgehend auf das ländliche Mehrprodukt angewiesen, das nicht über Marktkreisläufe den Städten zufloß, sondern von den Produzenten über Steuern, Abgaben und Ertragsanteile abgezogen und im konsumtiven Bereich, insbesondere im Luxuskonsum, aufgebraucht wurde. Eine städtische Ökonomie war nur insoweit entwickelt, wie sie zur Befriedigung des Bedarfs der Herrschaft und der Schicht der Rententiteleigner benötigt wurde. Eine Produktionsausrichtung auf Umlandmärkte war nur insofern ausgebildet, als die Herrschaft daran fiskalisch oder steuerlich interessiert war oder es sich um Produkte handelte, die im Fernhandel Einsatz fanden (z. B. Teppiche, Gewebe, Duftstoffe, Gewürze, Bunt- und Edelmetalle, Edelsteine). Private Aktivitäten für überregionale Märkte gehörten nicht zum gesicherten Bestandteil der städtischen Ökonomien. Manufakturen, Fernhandel und auch wichtige Gewerbe unterstanden in der Tendenz stets herrschaftlicher Kontrolle oder basierten auf herrschaftlicher Initiative oder Duldung.

Wenn sich nach diesen Ausführungen auch die verschiedentlich geäußerte These vom parasitären Charakter der orientalischen Stadt aufdrängen mag, der Nutzen, den die Stadt aus dem Land zog, sicher größer war als der Gewinn, der dem Land zufloß, so darf doch auch nicht die Bedeutung vergessen werden, die der Stadt zufiel. Sie garantierte – als Fanal überlegenen Machtanspruchs – militärische Sicherheit, trug den Straßenbau, sicherte das Nachrichtenwesen, erließ Gesetze und achtete auf ihre Einhaltung, bildete höchste Rechtsinstanz, war kultischer, bildungsmäßiger und kultureller Mittelpunkt.

Diese schon für den „Alten Orient" belegte Stellung der Stadt erweiterte sich im Laufe der Geschichte: So konnten die Herrschaft oder auch die in der Stadt wohnenden Rententiteleigner als Organisatoren und Finanziers des ländlichen (Heim-)Gewerbes auftreten, den Ausbau der Bewässerung finanziell fördern oder auch die Ausweitung der landwirtschaftlichen Nutzfläche betreiben. Auf diese Weise konnte ein Teil des im ländlichen Raum erwirtschafteten und abgezogenen Mehrprodukts zurückfließen, zu einer Verbesserung der Einkommens- und Lebensbedingungen der Landbevölkerung beitragen. Diese erst seit dem 19. Jh. verstärkt nachweisbaren Erscheinungen stellen jedoch keine durchgängig verbreitete Verhaltensweise dar, die z. B. zu einem erkennbaren Wandel rentenkapitalistischen Wirtschaftsverhaltens geführt hätte.

Bisher wurde einzig von *der* Stadt und *dem* Umland gesprochen und dabei Stadt mit Sitz von Herrschaft und Umland mit bäuerlichem Lebens- und Wirtschaftsraum assoziiert. Doch gab es auch stets eine Vielzahl städtischer Siedlungen ganz unterschiedlicher Größe, Genese, Funktion und Einbindung in das jeweilige Umland. Es würde zu weit führen, darauf im einzelnen einzugehen. Wichtig in diesem Zusammenhang ist die Tatsache, daß innerhalb der islamisch-orientalischen Welt kein z. B. Mitteleuropa vergleichbares funktionales und räumliches Siedlungssystem nachweisbar ist, das sich durch miteinander kommunizierende zentrale Orte mit quasi wohlgeordneter hierarchischer Funktionsteilung kennzeichnen läßt und sich parallel zu der bekannten Wirtschafts- und Gesellschaftsentwicklung herausgebildet hat.

Im Orient dominiert ein überragendes Zentrum, meist Sitz der Herrschaft, alle anderen städtischen Siedlungen. Je nach Größe und Funktion waren sie durch mehr oder weniger zwischengeschaltete „Zentren" (meist Sitze von Statthaltern), stets jedoch direkt mit der überragenden Stadt verbunden. Alle Beziehungen zwischen ihnen spielten sich über diese überlegene Stadt ab. Eine wechselseitige funktionale Ergänzung und Arbeitsteilung auf den jeweiligen räumlichen Ebenen fand nicht statt. Nicht ein Netzwerk wie in Mitteleuropa, sondern ein radiales Anordnungsmuster herrschte vor: Die Orte mit unterschiedlichen zentralen Einrichtungen sind dabei linear hierarchisch mit dem Zentrum, dem Herrschaftssitz, verbunden. Das räumliche Siedlungssystem und das zugrundeliegende Beziehungsgefüge sind nicht dispers, netzartig angelegt, sondern linear zentriert.

Dieses räumlich-funktionale Siedlungssystem spiegelt die gesellschaftliche und herrschaftsmäßige Situation wider. Der zentralen Herrschaft war es dadurch möglich, Kontrolle z. B. über Güter-, Informations- und Geldströme auszuüben, die Entstehung konkurrierender Machtzentren zu unterbinden und die Entwicklung der städtischen Siedlungen zu steuern. Die Rententiteleigner fanden z. B. ihre aktive wie passive Sicherheit vor allem in dem überlegenen Zentrum und waren daher vornehmlich hier und nicht in den nachgeordneten städtischen Siedlungen anzutreffen. Bei diesen Überlegungen darf jedoch nicht vergessen werden, daß auch der von der Naturausstattung vorgegebene Rahmen für die Struktur des vorgestellten Siedlungssystems nicht unwesentlich mitverantwortlich war.

Dieses Siedlungsmuster mit überlegenem Zentrum und darauf radial ausgerichteten Umlandbeziehungen ist zwar im Laufe der Geschichte verändert worden, hat sich aber funktional als beständige Struktur erhalten. Externe Penetration und Extraktion fanden darin einen geeigneten Entfaltungsrahmen und ein gut funktionalisierbares Kontrollsystem. In den islamisch-orientalischen Staaten waren somit die „Brückenköpfe" in der Tendenz strukturell schon angelegt und brauchten durch kolonialen Einfluß nicht erst geschaffen werden.

Ziel dieser Ausführungen war es, auf die Kulturtradition aufmerksam zu machen, ohne deren Kenntnis und Beachtung die heutige Situation der islamisch-orientalischen Welt nicht verstehbar ist und deren Strukturen, ausgeprägter als in den meisten anderen Regionen der Dritten Welt, in die moderne Entwicklung als interne Größe eingegangen sind.

3. Kolonialismus und Imperialismus: Deformation der Strukturen

Wie alle Regionen der Dritten Welt sind auch Nordafrika und der Nahe Osten nachhaltig durch koloniale Erfahrungen geprägt. Unterentwicklung und Entwicklung erscheinen so als Prozeß des Gegen-, aber auch Miteinanders von autochthonen und exogenen Strukturelementen.

Die in diesem Band dargestellte Region ist – mit Ausnahme Marokkos im äußersten Westen, des schwer zugänglichen Inneren der Arabischen Halbinsel im Süden sowie Irans und der islamischen GUS-Staaten im Osten – Teil des Osmanischen Reiches gewesen, das seit dem 18. Jh. zwar zunehmend die Kontrolle über seine Provinzen an europ. Mächte verlor, aber doch bis zum Ende des I. Weltkriegs seine Souveränität behaupten konnte. Die nur allmähliche, in Form und Dauer sehr unterschiedliche, koloniale Durchdringung des Osmanischen Reiches hat sich auch unterschiedlich auf die politischen Systeme in den zahlreichen Nachfolgestaaten des Reiches ausgewirkt, weswegen diese Prozesse hier vorzugsweise am osmanischen Beispiel dargestellt werden.

Unabhängig von der jeweiligen politischen Form hatten sich überall lokale und ausländische Interessen so miteinander verbunden, daß alle Teile der Region in Weltmarktbeziehungen eingebunden und zum Zeitpunkt der Unabhängigkeit wesentliche Sektoren der Wirtschaft, zumindest in größeren Staaten, auf die Bedürfnisse der europ. Hegemonialmächte ausgerichtet waren. Daraus hatten die für Rohstoffexportökonomien typischen wirtschaftlichen und sozialen Deformationen resultiert, so daß sich für die postkolonialen Staaten ähnliche wirtschaftliche und politische Strukturprobleme ergaben. Diese wurden durch soziale und kulturelle Faktoren noch verstärkt, da neben den Trägern der außenorientierten Wirtschaftssektoren auch in der Bürokratie und den neuen professionellen Mittelschichten Eliten dominierten, deren Entwicklungs- und Modernisierungsvorstellungen ihre westlich geprägte Erziehung widerspiegelten.

Die darin begründete vielseitige – politisch-militärische, wirtschaftliche und geistig-kulturelle – Abhängigkeit von Europa äußerte sich nicht nur in den ungelösten und schwer lösbaren Problemen sozioökonomischer Unterentwicklung, sondern auch in Autoritäts- und Legitimitätsproblemen der politischen Systeme und – je weniger sich all diese Probleme als lösbar erwiesen – in zunehmender innergesellschaftlicher Polarisierung und gewaltsam ausgetragenen inner- und zwischenstaatlichen Konflikten (vgl. Kap. 5).

3.1 Die koloniale Durchdringung des Osmanischen Reiches

Seit Beginn der Neuzeit verschoben sich die Kräfteverhältnisse zwischen dem Osmanischen Reich und den Staaten Europas allmählich zugunsten Europas. Die militärtechnologischen und strategischen Innovationen in Europa seit der Renaissance belasteten das in seiner militärischen Überlegenheit bedrohte Osmanische Reich mit ständig wachsenden Rüstungskosten zu einer Zeit, in der seine Ressourcen zunehmend schrumpften: Die militärische Stärke der europ. Staaten machte es dem Reich wie auch den mit dem Reich verbundenen Korsarenstaaten an der nordafrikanischen Küste immer schwerer, den Staatshaushalt durch Kriegsbeute und Eroberungen zu finanzieren bzw. zu entlasten. Gleichzeitig hatte das Einströmen billigen Silbers aus den südamerikanischen Kolonien Spaniens wie in Europa auch im Osmanischen Reich zu massiven inflationären Tendenzen geführt.

Die Folgen waren Zerfallsprozesse im Staatsapparat, die durch eine Fiskalpolitik noch zusätzlich verstärkt wurden, die sich kurzfristig an Steigerungen der Steuereinnahmen orientierte, um den umfangreichen Militär- und Beamtenapparat weiterfinanzieren zu können: Seit dem 17. Jh. ging das Osmanische Reich verstärkt zum System der Steuerpacht über, bei dem fiskalische Hoheitsrechte gegen Vorauszahlung an den Meistbietenden versteigert wurden. Dadurch wurden städtische und vor allem landwirtschaftliche Einkommen tendenziell überbesteuert, was zur Stagnation des städtischen Handwerks beitrug und die Landbevölkerung weiter Gebiete verelenden ließ.

Das System der Steuerpacht begünstigte andererseits die Bildung neuer Vermögen in den Händen lokaler Notabler und Machthaber, die darüber ihre örtliche bzw. regionale Machtstellung ausbauen konnten. Die militärische und finanzielle Krise des Reiches erhielt dadurch eine regionale Dimension, da sich nach der Zentralisierung des Reiches im 15. und frühen 16. Jh. nun wieder Dezentralisierungstendenzen durchsetzten, je mehr sich lokale Machthaber verselbständigten, die von den Zentralen immer weniger militärisch kontrolliert werden konnten und die zugleich auch bereit waren, mit europ. Kaufleuten oder direkt mit europ. Mächten wirtschaftlich und politisch zusammenzuarbeiten, um ihre neue Macht gegenüber der Zentrale zu verteidigen.

Der wachsende Nahrungsmittel- und später auch Rohstoffbedarf Europas lenkte seit dem 16. Jh. europ. Wirtschaftsinteressen auf das nahe gelegene Osmanische Reich, das – zunächst auf der Suche nach Bündnispartnern gegen Österreich und später Rußland – bereit war, ältere Handelsprivilegien Zug um Zug zu erweitern: So hatten frz., später auch andere europ. Kaufleute erheblich niedrigere Ein- und Ausfuhrzölle zu zahlen als osmanische; von den vielfältigen Binnenzöllen waren sie ganz befreit. Nichtmuslimische lokale Zwischenhändler, vor allem „Levantiner" – d. h. Griechen, Juden und Armenier –, profitierten vom Schutz europ. Jurisdiktionskonsuln, die sie weitgehend gegen die Willkür der osmanischen Bürokratie abschirmen konnten. Zusammen mit Angehörigen der einheimischen Oberschicht, oft reich gewordenen Steuerpächtern, die seit dem 18. Jh. einen Teil ihrer Gewinne in landwirtschaftliche Großbetriebe steckten und dort Nahrungsmittel bzw. agrarische Rohstoffe wie Baumwolle oder Tabak für den Export nach Europa produzierten, bildeten sie die einheimischen Partner bei der allmählichen Eingliederung des Reiches in den Weltmarkt und in die beginnende internationale Arbeitsteilung.

Über eine längere Phase hin hatten sich also schon wirtschaftlich die Gewichte verschoben, obwohl das Osmanische Reich noch bis weit ins 18. Jh. eine für seine europ. Nachbarn bedrohliche Großmacht blieb. Die Ende des 18. Jh.s beginnende Phase, in der die Europäer die Region zunehmend auch politisch durchdrangen, wurde von drei Faktoren bestimmt:

Mit Beginn der industriellen Revolution wuchs in Europa die Nachfrage nach mineralischen und agrarischen Rohstoffen noch rascher an und damit auch der Wunsch, deren Quellen zu kontrollieren und neue Märkte zu erschließen. Zollbegünstigt importierte, billige europ. Manufakturwaren hatten bereits seit Beginn der Neuzeit einzelne Konkurrenzprodukte verdrängt; im 18. und v. a. im 19. Jh. zerstörten Industrieprodukte dann in wenigen Jahrzehnten ganze Handwerkszweige. Während so der Markt für europ. Fertigwarenimporte ständig erweitert wurde, ging bereits im 18. Jh. der Export von Fertigwaren und Luxusgütern zugunsten der profitableren Nahrungsmittel- und Rohstoffexporte zurück. Ansätze zur Bildung von Manufakturen (Textilien, Rüstungsgüter) in verschiedenen Teilen des Reiches konnten sich letztlich nicht durchsetzen.

Auch der in der nichtwestlichen Welt einmalige Versuch *Mohammed Alis* in Ägypten, bereits im frühen 19. Jh. eine Industrie aufzubauen, die Importe substituieren sollte und heimische Rohstoffe (v. a. die als *cash crop* angebaute langfaserige Baumwolle) verarbeitete, wurde aufgegeben, nachdem GB und andere europ. Mächte das zur regionalen Großmacht aufgestiegene Ägypten gezwungen hatten, seine Eroberungen preiszugeben und abzurüsten.

Ein zweiter Faktor war – als Folge sozialer Probleme in Europa – der Siedlungskolonialismus: Bevölkerungsdruck, die ungelöste „soziale Frage" und der Industrialisierungsvorsprung GB.s begünstigten in Frankreich einen aggressiven Nationalismus, der sich in der Massenauswanderung von kleinbäuerlichen Siedlern nach Nordafrika wie im Export frz. Kultur ausdrückte. Auch der von GB nach dem I. Weltkrieg geförderte Siedlungskolonialismus der Juden in Palästina hat seine Wurzeln in der romantischen Verklärung der Nation: Als Reaktion auf den daraus resultierenden neuen Antisemitismus entstand im ausgehenden 19. Jh. der Zionismus mit dem Ziel, die Diskriminierung der Juden ein für allemal durch die Schaffung eines jüdischen Nationalstaates zu überwinden.

Dem dritten Faktor verdankten das Osmanische Reich und auch Persien, daß sie bis ins 20. Jh. ihre Souveränität bewahren konnten: Zwar erhofften sich die imperialistischen Mächte von der Kontrolle über immer neue Gebiete gesicherte Rohstoffquellen und Absatzmärkte; ihre Rivalität sicherte jedoch die Integrität des Osmanischen Reiches, dessen Kerngebiete weder GB

(Hauptmotiv: Sicherung der See- und Landwege nach Indien) noch Rußland (Zugang vom Schwarzen zum Mittelmeer über die Kontrolle der Meerengen) oder Frankreich (als „Schutzmacht" der Christen im Osmanischen Reich) unter der ausschließlichen Kontrolle einer anderen Macht sehen wollten.

Am Ausbau der Rohstoffexportökonomien in Ägypten und anderen Teilen des Osmanischen Reiches wirkte zunehmend europ. Kapital mit, dessen Investitionsbedingungen im Laufe des 19. Jh.s. ständig verbessert wurden: Ausländer durften ihr Kapital mit einheimischem fusionieren und Grund und Boden erwerben; über den Handel hinaus wurde zunehmend in agrarische Exportproduktion, Bergbau (im 20. Jh. dann besonders in den Erdölsektor), aber auch in große Infrastrukturprojekte (Suezkanal, Bagdadbahn) investiert. Eine wachsende Rolle spielte das europ. Finanzkapital, das dem osmanischen Sultan bzw. dem persischen Schah, aber auch lokalen Machthabern Mittel für den Ausbau der Infrastruktur ebenso wie zur Finanzierung ihrer oft exzessiven Konsumbedürfnisse zur Verfügung stellte.

Über harte Kreditkonditionen und den ständigen Druck zur Neuverschuldung sicherten sich die europ. Mächte im Interesse ihrer Großbanken und Investitionsgesellschaften politischen Einfluß auf die vom Bankrott bedrohten Länder. Zunehmend mußten Staaten der Region Souveränitätsrechte (z. B. die Steuerhoheit) oder Monopole als Konzessionen abtreten; einigen wurde eine europ. Schuldenverwaltung aufgezwungen (*Dette Ottomane; Dual Control* in Ägypten). In Tunesien 1881, Ägypten 1882, aber auch in Marokko 1912 war die Verschuldungspolitik schließlich die Voraussetzung und der Schutz der Gläubigerinteressen der Vorwand für die militärische Besetzung des Landes bzw. für seine Eingliederung in den europ. Machtbereich.

Einerseits hatte der osmanische Sultan ebenso wie lokale Potentaten an der Peripherie des Reiches ein wachsendes Interesse, an der Wirtschaftsentwicklung und am allgemeinen „Fortschritt" teilzuhaben; andererseits halfen sie selbst mit, ihre Eigenständigkeit zu untergraben: Mit Verwaltungs- und Militärreformen, die das Überleben des Osmanischen Reiches sichern sollten, mußten auch Reformen durchgeführt werden, die die Auflösungstendenzen im Reich verstärkten. Mit dem Eintritt ins europ. „Konzert der Mächte" Mitte des 19. Jh.s mußte das Reich in früheren Jh.en großmütig gewährte Privilegien nun als völkerrechtlich verbindliche Verträge anerkennen, die es nicht mehr einseitig aufkündigen konnte: Aus *capitulae* – den Abschnitten der alten Verträge, in denen die Privilegien festgeschrieben worden waren – wurden „Kapitulationen", die das Reich in einen *De-facto*-Kolonialstaat transformierten.

Im Ergebnis war die gesamte islamisch-orientalische Region in ein vielfältiges Netz von deformierenden Beziehungen eingebunden, die sie immer stärker nach außen orientierten und direkt oder indirekt von europ. Kontrolle abhängig machten. Die Art der Durchdringung und Kontrolle hing wiederum stark vom imperialen „Stil" der einzelnen europäischen Mächte ab: Das Deutsche Reich als Nachzügler des Kolonialismus beschränkte sich auf wachsende wirtschaftliche und politische Einflußnahme im Osmanischen

Reich (Bagdadbahn, Militärberater) und gewann dieses darüber im I. Weltkrieg zum Bündnispartner. Rußland dagegen expandierte mit militärischer Gewalt: Im späten 19. Jh. eroberte es weite Teile Zentralasiens und Nordpersiens und versuchte über Persien zum Indischen Ozean vorzudringen – was GB jedoch verhindern konnte: 1907 grenzten beide Mächte vertraglich ihre Interessensphären in Persien ab, dessen formale Unabhängigkeit dadurch gewahrt blieb.

GB verfolgte in der Region als einziges Ziel die Sicherung der Kommunikationslinien nach Indien, wobei es die indirekte Herrschaft durch lokale Stellvertreter bevorzugte. Nur das strategisch wichtige Aden wurde besetzt (1839); die zahlreichen lokalen Herrscher – Sultane bzw. Scheiche – an den Küsten der Arabischen Halbinsel wurden durch Schutzverträge an GB gebunden. Selbst Ägypten, das mit der Eröffnung des Suezkanals überragende strategische Bedeutung erhalten hatte, wurde nach der Besetzung 1882 nicht voll in das Britische Weltreich integriert: Neben der militärischen Kontrolle beschränkte sich GB darauf, durch administrative und fiskalische Maßnahmen den Baumwollexport für die eigene Industrie und die Befriedigung der Gläubiger sicherzustellen; erst bei Kriegsbeginn 1914 wurde Ägypten zum Protektorat erklärt – doch bereits 1922 in die formelle Unabhängigkeit entlassen.

Auch nach der endgültigen Aufteilung des Osmanischen Reiches nach dem I. Weltkrieg kontrollierte GB seine Mandatsgebiete Irak und Transjordanien indirekt, indem es dort arabische Bundesgenossen als Herrscher einsetzte und diesen von Anfang an größeren Spielraum ließ. Die einzige Ausnahme von dieser Politik bildete das Völkerbundsmandat Palästina, wo GB mit indirekter Kontrolle weder zionistische Ziele hätte fördern noch palästinensische Rechte hätte schützen können.

Tiefgreifender und nachhaltiger als GB hat Frankreich die wirtschaftlichen und sozialen Strukturen in den von ihm beherrschten Gebieten beeinflußt: Algerien war seit der Eroberung (1830–47) bis zur Unabhängigkeit (1962) Siedlungskolonie, in der Franzosen über 10 % der Bev. stellten und ¼ der landwirtschaftlich nutzbaren Fläche in Besitz genommen hatten. In Tunesien spielte der Siedlungskolonialismus zwar nur eine untergeordnete Rolle, im Protektorat Marokko und in den Mandatsgebieten Syrien und Libanon gar keine; aber auch hier beschränkte sich Frankreich nicht auf eine Politik zugunsten von Gläubigern und Investoren, sondern versuchte, durch die Übertragung seines Erziehungs- und Verwaltungssystems eine in die frz. Kultur voll integrierte einheimische Schicht als Partner für eine dauerhafte Bindung dieser Länder an das „Mutterland" zu gewinnen.

Mussolinis Versuch, in den 30er Jahren den italienischen Bevölkerungsüberschuß als Siedler ins 1912 eroberte Libyen zu lenken und dort eine faschistische Ordnung zu errichten, war zu kurzlebig, um weiterwirkende Strukturen zu schaffen.

3.2 Strukturprobleme der postkolonialen Staaten

Das Ende der Kolonialherrschaft in der islamisch-orientalischen Welt vollzog sich weder zu einem bestimmten Zeitpunkt noch in einer regionspezifischen Form wie die Befreiungskriege in Lateinamerika oder der relativ plötzliche Rückzug der Kolonialmächte aus Afrika südlich der Sahara. Der Prozeß war vielmehr so vielgestaltig wie der der kolonialen Durchdringung, die in einzelnen Gebieten nie ganz gelungen war, wie z. B. in Afghanistan. Auf der Arabischen Halbinsel hinterließ das Ende des Osmanischen Reiches ein Machtvakuum, in dem sich lokale Dynastien als unabhängige Staaten konstituieren konnten: So dehnte *Ibn Saud* seinen Herrschaftsbereich von Zentralarabien aus innerhalb eines Jahrzehnts auf jenes Gebiet aus, das seit 1932 das Königreich Saudi-Arabien ist. Durch einen nationalen Befreiungskrieg unter Führung von *Mustafa Kemal „Atatürk“* gelang es unmittelbar nach dem I. Weltkrieg, die alliierte Besatzung Anatoliens abzuschütteln und die Türkische Republik als direkten Nachfolgestaat des Osmanischen Reiches zu errichten. Persien war im I. Weltkrieg von russischen und brit. Truppen besetzt worden, gewann jedoch nach dem Krieg die Unabhängigkeit zurück.

Der Rückzug der Kolonialmächte begann zwischen den Weltkriegen, als GB die völkerrechtliche Unabhängigkeit Ägyptens und des Irak anerkannte, zugleich aber beide Staaten durch Bündnisverträge militärisch und politisch weiter an sich band. Nach dem II. Weltkrieg folgte die Unabhängigkeit (Trans-)Jordaniens nach gleichem Muster. Frankreich tat sich dagegen schwerer: Die mehrfach zugesagte Unabhängigkeit erhielten Syrien und der Libanon 1946 schließlich auf massiven brit. Druck; über die Unabhängigkeit Tunesiens und Marokkos verhandelte Frankreich erst nach langen nationalistischen Unruhen; und gegen den Unabhängigkeitswillen der Algerier wehrte es sich jahrelang mit einem brutalen Kolonialkrieg. Doch auch GB, das mit dem Rückzug „östlich von Suez“ bis 1971 allmählich alle Protektoratsbeziehungen auflösen wollte, mußte 1967 aus Aden und der „Südarabischen Föderation“ *(Hadramaut)* überstürzt abziehen, um der militärischen Konfrontation mit der radikalen *Nationalen Befreiungsfront* zu entgehen, die noch während des brit. Truppenabzugs die VR Südjemen ausrief.

Die politischen Systeme der postkolonialen Staaten reflektieren in ihrer Vielfalt den Prozeß der kolonialen Ablösung und die unterschiedlichen politischen Modelle der ehemaligen Kolonialmächte. Zugleich setzt sich in ihnen aber auch mehr als in irgendeiner anderen Region der Dritten Welt die eigene Kulturtradition durch und fort. Am auffälligsten drückte sich das in der Tatsache aus, daß die überwiegende Mehrzahl der Staaten dieser Region – genau gesagt: 15 der in diesem Band vorgestellten 20 – zum Zeitpunkt ihrer Unabhängigkeit Monarchien waren.

Wo die Monarchie nicht auf lokal begrenzter, traditionaler Stammesherrschaft beruhte wie in den Scheichtümern, Emiraten und Sultanaten auf der Arabischen Halbinsel, war sie in einigen Fällen religiös legitimiert, wo sie schon vor der Kolonialzeit bestanden hatte bzw. sich über diese zurückführen konnte. Besonders stark verwurzelt war die Monarchie in Marokko, wo die *Scherifen*-Dynastie ihre Abstammung auf den Propheten *Mohammed* zurückführt und die „Befehlshaber der Gläubigen" seit dem 17. Jh. politisches und religiöses Oberhaupt zugleich gewesen sind. Da die Nationalbewegung stark vom ägyptischen Reformislam der *Salafiya* geprägt war, gelang es, die traditionale Symbolik mit den Zielen der Nationalisten so zu verknüpfen, daß Sultan (ab 1957: König) *Mohammed V.* zur Symbolfigur der nationalen Unabhängigkeit werden konnte.

Traditionale Symbolik und nationalstaatliche Zielsetzungen zu verbinden, versuchten auch die beiden aus islamischen Reformbewegungen des 18. und 19. Jh.s hervorgegangenen Dynastien der *Al Saud* in Saudi-Arabien und der *Sanussi* in Libyen. Traditional in der Legitimation wie in den politischen und sozialen Zielen waren und blieben bis zum Sturz der Monarchie 1962 die Imame der *Zaiditen*-Familie, die eine gemäßigte Richtung des schiitischen Islam repräsentierte und seit dem frühen 16. Jh. – z. T. unter osmanischer Oberhoheit – im Jemen herrschte.

Die Herrscher der *Haschemiten*-Dynastien im Irak und in Jordanien stammten über den gemeinsamen Vorfahren, den Scherifen *Hussein* von Mekka (ab 1916 König des Hedschas; 1926 von *Ibn Saud* vertrieben), ebenfalls aus der Familie des Propheten *Mohammed*, begründeten ihre Herrschaft jedoch nicht religiös, sondern legitimierten sie aus den Zielen der Befreiung und Unabhängigkeit Arabiens, für die *Hussein* und seine Söhne an der Seite der Engländer im „Aufstand der Araber" 1916–18 gegen die Osmanen gekämpft hatten. Als parlamentarische Monarchien mit gewähltem Parlament und ernanntem Oberhaus unabhängig geworden, vertraten beide den Einfluß GB.s, der sich sogar noch stärker in der Transformation Ägyptens in eine – zeitweilig durchaus funktionsfähige – parlamentarische Monarchie zeigte.

Wo Frankreich nicht monarchische Strukturen mehr oder weniger bestehen ließ wie in Marokko und Tunesien, wurden republikanische Regierungsstrukturen errichtet, mit denen die Republiken Libanon und Syrien auch unabhängig wurden und die sich in Tunesien ein Jahr nach der Unabhängigkeit voll durchsetzten. Von Anfang an spezifische politische Strukturen hatten die Republiken, die aus nationalen Unabhängigkeitskriegen hervorgegangen (Türkei, Algerien) bzw. von einer radikalen Nationalbewegung gegen den Willen der Kolonialmacht errichtet worden sind (DVR Jemen).

Das Nebeneinander von Staaten, die mit dem Ziel forcierter ökonomischer Entwicklung und tiefgreifender gesellschaftlicher Veränderungen gegründet wurden wie gerade die letztgenannten, und von Staaten, deren Herrscher zu den beharrendsten und deren Länder zugleich zu den sozioökonomisch am wenigsten entwickelten EL gehörten (wie bis in die 60er bzw. sogar 70er Jahre Nordjemen, Afghanistan und Oman), erschwert generalisierende Aussagen. Dennoch haben mit Einschränkungen auch alle diese Staaten an den Strukturproblemen Anteil, die die postkoloniale Situation der „mittleren" Staaten kennzeichnen.

Gemeinsam sind ihnen v. a. typische Strukturen von Rohstoffexportökonomien, wie sie sich auch in anderen EL finden, also der Dualismus von agrarkapitalistischen Großbetrieben und kleinbäuerlicher Subsistenzwirtschaft, von einigen äußerst kapitalintensiven extraktiven Industrien (im Regelfall unter ausländischer Kontrolle) und einer Vielzahl von handwerklichen und gewerblichen Kleinstbetrieben mit niedriger Arbeitsproduktivität. Der ungleich verteilte Erdölreichtum führte allerdings in den letzten Jahrzehnten zu einer Reihe von schnell wachsenden zusätzlichen Disparitäten, die sich wiederum als spezifisch für die Region darstellen (vgl. Kap. 4).

Die soziokulturellen Folgen des Kolonialismus sind eng mit den politischen und wirtschaftlichen verbunden: Einerseits profitierten einheimische Großgrundbesitzer und die Handelsbourgeoisien von den Verbindungen mit Europa, andererseits waren sie europ. Konkurrenten in der Regel nicht gewachsen, besonders dann nicht, wenn diese auch nach der Unabhängigkeit noch von „Kapitulationen" (Ägypten bis 1937) und alten Konzessionen (v. a. Erdölsektor) begünstigt wurden. Darum stimmte ein Teil der einheimischen Bourgeoisie in den nationalistischen Zielen mit Angehörigen der neuen professionellen Mittelschichten – Lehrer, Journalisten, Anwälte, Ärzte, Bürokraten und Offiziere – überein, die sich von der Unabhängigkeit verbesserte Aufstiegschancen erhofften. Allerdings war auch den tragenden Eliten der Unabhängigkeitsbewegungen ihre Prägung durch das Erziehungswesen der Kolonialmacht gemeinsam, das sie von den eigenen historischen Wurzeln und den Denk- und Verhaltensmustern der Bevölkerungsmehrheit entfremdet hatte; diese Schicht suchte Problemlösungen, die sich an westlichen Modellen orientierten und die nur mit Instrumenten westlicher Herkunft zu realisieren waren.

Spätestens seit 1919/20, als GB und Frankreich die arabischen Provinzen des Osmanischen Reiches gegen den expliziten Wunsch der betroffenen Bevölkerungen (Bericht der *King-Crane-Kommission* von 1919) als Mandatsgebiete unter sich aufteilten, waren die nationalistischen Bewegungen gezielt gegen diese Mächte gerichtet. In den nächsten Jahrzehnten betonten die nationalistischen Intellektuellen die jeweilige eigene Tradition um so stärker, je mehr die Enttäuschung über den Westen wuchs. In dieser Enttäuschung drückte sich die Diskrepanz zwischen den von den Europäern verkündeten Prinzipien und politischen Idealen einerseits und andererseits den konkreten Erfahrungen aus, die die Menschen in der Region unter der Herrschaft der Kolonialmächte machten – und die sich später in der Erfahrung von Neo-Kolonialismus und imperialen Machenschaften der neuen Supermächte wiederholten und vertieften.

Die Enttäuschung der Intellektuellen hob ihre Entfremdung und geistige Abhängigkeit aber nicht auf: Auch wenn die Summe der politisch-administrativen, wirtschaftlichen und soziokulturellen Zielvorstellungen nicht mehr mit den Begriffen „Europäisierung" (arab. *tafarnuj* = Fränkisch-machen) oder „Verwestlichung" *(istighrab)* bezeichnet wurde, blieben die Inhalte von „Reform" und „Modernisierung" doch bestimmt vom „Modell Europa" und später von den USA.

Die spezifische Form der Nationalismen verriet bereits diese Abhängigkeit, nicht nur, weil die Denker von *Fichte* und *Herder* oder *Durkheim* und *Renan* geprägt waren, sondern auch, weil dem Aufstieg des Nationalismus das Scheitern des Versuches vorangegangen war, aus der eigenen Tradition heraus eine Erneuerungsbewegung zu schaffen, die dem Ansturm Europas widerstehen konnte: *Jamal al-Din al-Afghanis* (1839–97) kämpferischer Ruf zur islamischen Einheit – von den Europäern „Panislamismus" genannt – wirkt zwar in der ganzen arabischen und islamischen Welt bis heute nach, konnte die Muslime im 19. Jh. aber weder gegen die europ. Mächte noch gegen die eigenen despotischen Herrscher hinreichend mobilisieren. Auch der Reformislam seines ägyptischen Freundes *Mohammed Abduh* (1849–1905) war in seiner unmittelbaren Erneuerungskraft weniger erfolgreich als in seinen langfristigen Wirkungen: Modernisten wie Fundamentalisten in den gegenwärtigen islamischen Revitalisierungsbewegungen führen auf die von *Abduh* begründete Schule der *Salafiya* zurück, die auch verschiedene Nationalbewegungen und selbst den „Arabischen Sozialismus" *Gamal Abdel Nassers* beeinflußt hat.

Zum Scheitern der *nahda*, der arabisch-islamischen Erneuerung und Wiedergeburt, trugen die geistig-kulturellen Deformationen durch den Kolonialismus entscheidend bei: Die militärischen, wirtschaftlichen und politischen Erfolge der Europäer und die schier grenzenlose Überlegenheit ihrer Technologien mußten als Ausdruck der Überlegenheit ihres Denkens und nicht zuletzt ihrer politischen und sozialen Ideen erscheinen. Zumindest deutete in der Welt des 19. Jh.s wenig auf einen Triumph des Islam hin, wie ihn die Gläubigen als gottverheißen erwarteten. Mit der Hinwendung zu Säkularismus und Nationalismus entfernten sich die „modernen" Mittel- und Oberschichten aber nicht nur von den Glaubensvorstellungen der Bauern und der zunehmend marginalisierten Unterschichten in den Städten, für die die Überlegenheit der neuen Ordnung keineswegs offensichtlich war. Sie legten damit auch den Grund für soziale und ideologische Brüche, durch die die nationale Integration erschwert und segmentäre Gesellschaftsstrukturen gestützt wurden.

Auf der Suche nach den unverlierbaren Kriterien für das, was eine „Nation" konstituiert, taten sich die Nationalisten der Region so schwer wie alle romantischen Nationalisten, die nicht von der Bev. eines existierenden Territorialstaates ausgehen können, sondern die Nation erst definieren müssen, die sich dann in staatlicher Existenz selbst verwirklichen soll. Sprache, Kultur, Religion oder auch Rasse als grundlegende Kriterien drohten immer, soziale Gruppen aus der Nation herauszudefinieren, so daß die politische Integration über starke Nationalbewegungen nur in wenigen postkolonialen Staaten (Ägypten, Algerien) gelang. Die meisten Staaten hatten – nicht zuletzt auch als Folge der willkürlichen Grenzziehungen durch die Kolonialmächte – mit Integrationsproblemen nach innen wie nach außen zu kämpfen.

Nach außen gerichtet – und politisch wirksamer als in irgendeiner anderen Region (vgl. Kap. 5) – waren die verschiedenen Ausprägungen des Traumes von einer grenzenüberwindenden Einheit: v. a. der arabische Nationalismus

(„Panarabismus"), die *Bath*-Ideologie und der Nasserismus. Innerhalb der Grenzen aber gab es gleichzeitig ethnisch-religiöse Minderheiten, die ihren eigenen nationalen Traum verfolgten, für den einige auch zu kämpfen bereit waren, wie seit Jahrzehnten die Kurden in der Türkei, im Irak und in Iran.

Alle Staaten der Region haben ihre Minoritäten-Probleme – auch Ägypten (koptische Christen) und Algerien (Kabylen und andere „Berber"). Da die Europäer vielfach Minoritäten, insbesondere nichtmuslimische, als Partner bevorzugt hatten, war auch dadurch deren ethnisch-religiöses Bewußtsein verstärkt worden. Im Libanon, dessen unwegsame Bergtäler seit Jh.en Rückzugsgebiete für verfolgte Gruppen gewesen sind, wurden die parochialen Loyalitäten sogar zum grundlegenden Verfassungsprinzip erhoben: Die im ungeschriebenen Nationalpakt von 1943 niedergelegte Proporz-Demokratie war zwar im Bürgerkrieg (1975–89) zusammengebrochen, ist aber im Friedensabkommen von Taif (1989) mit relativ geringen Modifikationen wiederhergestellt worden.

4. Disparitäten: Merkmale strukturell-räumlicher Unterentwicklung

Eine Vielzahl von Bezeichnungen ist für Teile des in diesem Band behandelten Raumes gebräuchlich: Maghreb für den westlichen, Nilstaaten für den östlichen Bereich Nordafrikas; Naher und Mittlerer Osten, Vorderer Orient, Vorderasien, Westasien, „Fruchtbarer Halbmond", Levante- oder Golfstaaten für verschiedene Teile der Region zwischen Mittelmeer und iranischem Hochland oder auch kurz Naher Osten für den Raum von Mauretanien bis Iran/Afghanistan. Daneben hat in jüngerer Zeit eine Reihe von Bezeichnungen Eingang in Literatur, Presse und Politik gefunden, die für z. T. kurzlebige politische Gebilde oder Zusammenschlüsse stehen.

Viele der zuerst genannten Bezeichnungen, die von dem Bemühen um regionale Differenzierung getragen werden, befinden sich schon seit langem in Gebrauch, werden aber z. T. heute in veränderter Form verwendet. Obwohl es wünschenswert wäre, hier eine begriffliche Klärung vorzulegen und damit die Verständigung zu erleichtern, muß darauf in ausführlicher Form verzichtet werden. Auf einige m. E. wichtige Bezeichnungen soll dennoch kurz eingegangen werden.

Maghreb, was vom arabischen Ursprung her „Westen" bedeutet, bezeichnete früher den äußersten Westen Nordafrikas, die Region des heutigen Marokko. Das übrige Nordafrika galt als *Ifrikiya*, als Afrika. In der Gegenwart werden mit Maghreb die Staaten Marokko, Algerien und Tunesien zusammengefaßt. Die Bezeichnungen Naher Osten *(Proche-Orient, Near-East)*/Mittlerer Osten *(Moyen-Orient, Middle East)*, ursprünglich Übernahmen aus dem Französischen und Englischen, werden häufig synonym verwendet. Dennoch sollte beachtet werden, daß Naher Osten traditionell für

Fig. 3: *Die islamisch-orientalische Region: Teilregionen und räumliche sozioökonomische Differenzierung*

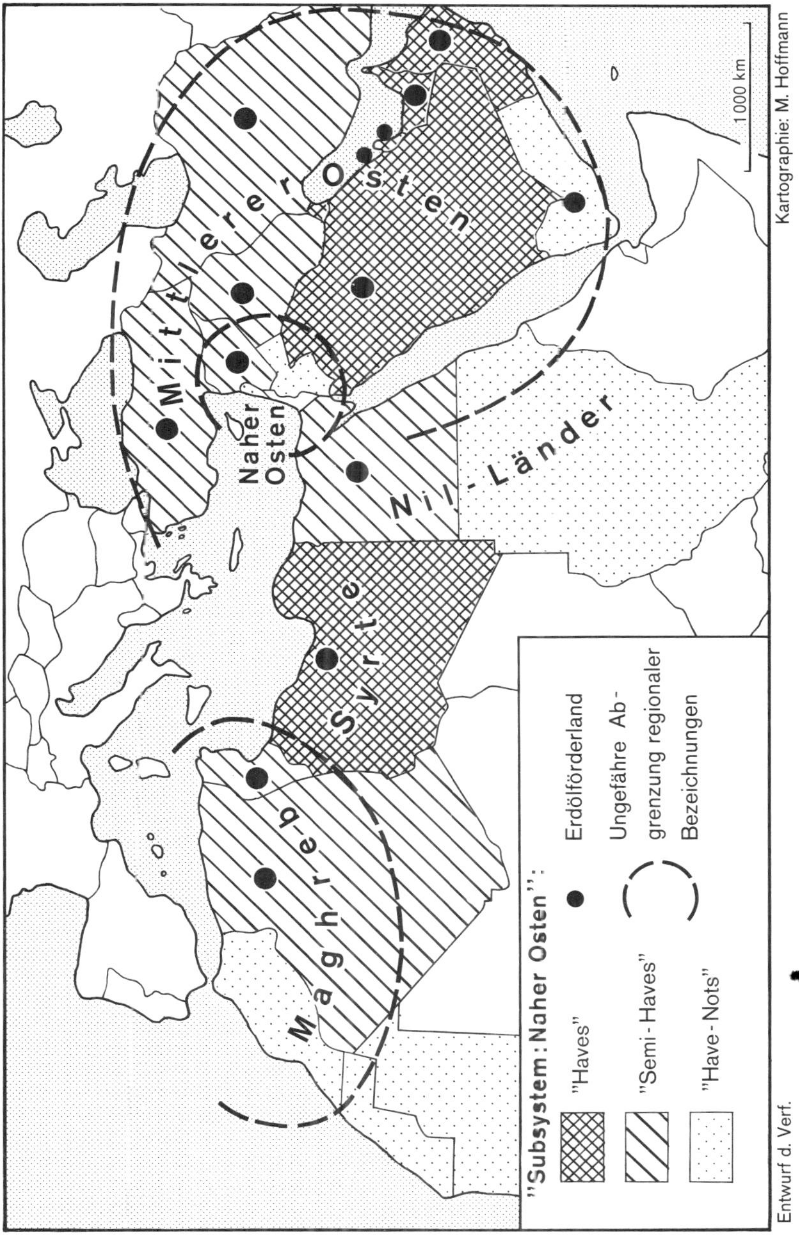

die sog. Levantestaaten (Zypern, Libanon, Israel, Jordanien, Syrien und Ägypten) und damit für eine Region steht, die von geographischer Seite auch als „Fruchtbarer Halbmond“ bezeichnet wird. Mittlerer Osten, im ursprünglichen (englischen) Verständnis für die Länder des indischen Subkontinents und Afghanistan benutzt, dient heute im engeren Sinne zur Bezeichnung der Staaten rings um den Arabischen Golf und umschließt im weiteren Gebrauch noch die Türkei, Syrien, Jordanien, Ägypten, Afghanistan und Pakistan (vgl. Fig. 3).

Diese z. T. historischen oder aus politischem/journalistischem Bedürfnis entstandenen Bezeichnungen, die ausnahmslos auf nicht objektiv nachvollziehbaren Abgrenzungskriterien beruhen, sind nicht geeignet, die räumliche Differenzierung der islamisch-orientalischen Welt in der Gegenwart nach innen wie nach außen befriedigend zu erfassen. Als Alternative zu diesem Dilemma bietet sich der jüngst erst definierte Begriff „Subsystem: Naher Osten“ an, worunter die Staaten Nordafrikas und Westasiens (von Mauretanien bis Iran/Afghanistan) zusammengefaßt werden, die einem gemeinsamen Konfliktsystem zugerechnet werden können. Da mit diesem Begriff die in diesem Band behandelten Länder gemeint sind, wird er hier gebraucht.

Diese Nordafrika und Westasien umspannende Region Naher Osten zeichnet sich durch zahlreiche entwicklungspolitisch relevante Gegensätze und Unterschiede aus, die sich auch auf nationaler Ebene wiederfinden und in der entwicklungsrelevanten Literatur mit dem Begriff Disparitäten bezeichnet werden. Dabei wird gemeinhin von der Annahme ausgegangen, daß Disparitäten ein Ausdruck für Unterentwicklung sind, weniger und weniger scharf ausgebildete Disparitäten etwas Positives und Erstrebenswertes bedeuten. Der Begriff Disparität ist jedoch erst aussagefähig in Verbindung mit einer inhaltlichen Größe wie Einkommen, Bevölkerungsdichte, Geburtenüberschuß, Arbeitsplatzangebot oder auch Siedlungsdichte, Verkehrsnetz u. a. m. In diesem Sinn kann Disparität sowohl qualitativ als auch räumlich begriffen werden; z. B. qualitativ: Einkommensdisparitäten zwischen verschiedenen Bevölkerungsgruppen; räumlich: Einkommensdisparitäten innerhalb gleicher Gruppen zwischen Stadt und Land. Zur Analyse des Entwicklungsstandes und zur Formulierung von Entwicklungsmaßnahmen ist die Kenntnis beider Größen notwendige Voraussetzung; denn sie lassen das Ausmaß des Problems und die Standorte seines Auftretens erkennen.

Strukturelle wie räumliche Disparität muß an sich noch keine Aussage über Unterentwicklung sein. Sie ist es jedoch stets dann, wenn das zwischen zwei Gruppen oder Standorten ausgebildete Gefälle z. B. wechselseitige Zusammenarbeit unmöglich macht, Entwicklungsprozesse verhindert oder dazu beiträgt, bestehende Unterschiede zu verschärfen. Disparitäten in diesem Sinne können im inter- und intraregionalen Vergleich oder auf nationaler Ebene zwischen z. B. Stadt und Hinterland, Zentrum und Peripherie oder Industriestandort und agrarischen Produktionsgebieten ausgebildet sein.

4.1 Bevölkerungsdisparitäten

Innerhalb des Nahen Ostens fehlen jene Länder, deren Einwohnerzahlen schon an sich alarmierend wirken (vgl. Tab. 1). Die volkreichen Staaten (Türkei, Ägypten, Iran) zählen weniger oder kaum mehr als 60 Mio. Einwohner. Dabei handelt es sich um arealmäßig große Staaten, so daß die Bevölkerungsdichte nur Werte zwischen 30 und 73 E./qkm aufweist. Ebenfalls zahlenmäßig klein ist die Gruppe der Staaten mit 15 bis 30 Mio. E. und Dichtewerten

Tabelle 1: *Ausgewählte Daten zu Bevölkerung, Wirtschaft und Sozialentwicklung nach Ländergruppen*

Ländergruppe/ Land	Bev. 1992 (in Mio.)	Urbanisierung (1990)	BSP pro Kopf 1990 (in US-$)	Schulden/ BSP (in %)[a]	HDI-Rang[b]
1. "Have-Nots"					
Jemen	12,5	29	650	101,0	143
Jordanien	4,3	68	1240	237,6	99
Libanon	2,8	84	1025[c]	..	102
Marokko	26,3	48	950	80,0	119
Mauretanien	2,1	47	500	224,6	161
Sudan	26,7	22	400	175,7	158
Westsahara	0,17	..	..	..	..
2. "Semi-Haves"					
Ägypten	54,8	47	600	126,7	124
Algerien	26,3	52	2060	51,6	107
Irak	19,3	71	3400[e]	..	96
Iran	61,6[f]	57	2490	7,6	103
Syrien	13,3	50	1000	118,1	81
Tunesien	8,4	54	1440	64,0	93
Türkei	58,4	61	1630	46,2	73
3. "Haves"					
Bahrain	0,5[d]	83	6830	..	58
Katar	0,4[d]	89	15860	..	55
Kuwait	2,0	96	16150[e]	..	52
Libyen	4,9	70	5310[e]	..	87
Oman	1,6	11	5650	26,6	94
Saudi-Arabien	15,9	77	7050	..	84
VAE	1,7	78	19860	..	67

[a] Verhältnis von Gesamtschulden zum BSP 1990; [b] nach Human Development Index von UNDP (1993), Rang unter 173 Ländern; [c] 1982; [d] 1991; [e] 1989; [f] lt. Weltbank für 1991 nur 57,7 Mio.
Quellen: Weltbevölkerungsbericht 1993; Human Development Report 1993; Weltentwicklungsberichte 1992/93.

zwischen 11 und 55 E./qkm. Dazu zählen Marokko, Algerien und Sudan in Nordafrika sowie Irak im Nahen Osten. Die Mehrzahl der Länder jedoch verzeichnet weniger als 15 Mio. Einwohner. Die Bevölkerungsdichte ist – mit Ausnahme von Bahrain, Kuwait und Libanon – überall gering.

Mit insgesamt ca. 340 Mio. E. nimmt der Nahe Osten nur 6,3 % der Weltbev. ein. Besondere Beachtung verdient der Bevölkerungszuwachs, der im Jahrzehnt 1980–90 für die ganze Region mit 3,1 % p. a. errechnet wurde. Dieser Mittelwert weicht vom globalen Mittel (1,7 %) und den Mittelwerten für Ostasien (1,6 %), Südasien (2,2 %) und Lateinamerika (2,1 %) erheblich ab und ist so hoch wie in Subsahara-Afrika (3,1 %).

Diese globale bevölkerungsmäßige Einordnung der Region läßt noch keine signifikanten Besonderheiten erkennen. Aufschlußreicher und für die Entwicklung innerhalb der Region bedeutsamer sind hingegen die intraregionalen und die Unterschiede, die sich bezüglich der Bev. auf nationaler Ebene fassen lassen:

1. Unterschiede bestehen auf intraregionaler Ebene z. B. im Nebeneinander von bevölkerungsreichen bzw. relativ dichtbevölkerten Staaten, die überwiegend eine vergleichsweise niedere Analphabetenrate (unter 50 %) aufweisen, und solchen mit relativ geringer Größe und Dichte sowie hoher Analphabetenrate (über 60 %).
2. Für die demographische Situation auf nationaler Ebene sei hier nur auf die Bevölkerungsdichte und die Binnenwanderung eingegangen. Die geringen Dichtewerte stellen jedoch lediglich eine statistische Größe dar, die der tatsächlichen Bevölkerungsverteilung nicht gerecht wird. Denn der räumliche Gegensatz zwischen arealmäßig begrenzten, dichtbevölkerten und flächenmäßig ausgedehnten, kaum oder unbesiedelten Gebieten ist in allen Staaten der Region extrem ausgebildet. Er stellt eine bisher in diesen Ländern noch nicht bewältigte Herausforderung für die Raumplanung, Landesentwicklung und auch für die externe Entwicklungshilfe dar. Denn während die mittleren Dichtewerte relativ niedrig sind, erreicht die Bevölkerungsdichte, bezogen auf die landwirtschaftlich genutzte Fläche, überall Werte zwischen 1000 und 2000.

Ausdruck findet diese räumliche Grundstruktur, deren Ursachen nicht zuletzt in den eingangs vorgestellten natürlichen Grundlagen zu suchen sind, auch in dem relativ hohen Anteil der städtischen an der Gesamtbevölkerung. Die extremsten Werte dafür zeigen die kleinen Golfstaaten (vgl. Tab. 1 und Figur 4). Das auch in diesen kleinen Ländern vorhandene weite und ehemals durch Nomaden erschlossene Hinterland ist heute weitgehend ungenutzt. Die in jüngerer Vergangenheit hier mit staatlicher Hilfe oder von staatlicher Seite eingerichteten, z. T. luxuriösen Behausungen dienen meist nur als Wochenend- oder Ferienziele oder werden von ausländischen Arbeitskräften bewohnt. Nicht derart extrem, doch in der Tendenz strukturell ähnlich ist die entsprechende Situation in den großen Flächenstaaten.

Dafür ist vor allem die in jüngerer Vergangenheit auf sie gerichtete Binnenwanderung verantwortlich. Von der mittleren Zuwachsrate der Stadtbev. von ca. 4,5 % entfällt auf die Binnenwanderung knapp die Hälfte. Noch bedeutsamer als die Binnenwanderung haben sich in den vergangenen drei Jahrzehnten trotz abnehmender Tendenz die intra- und interregionalen Wanderungen herausgestellt. Sie sind zu einem typischen Merkmal der gesamten Region geworden.

Fig. 4: *Stadt- an Gesamtbevölkerung (Stand 1988/89)*

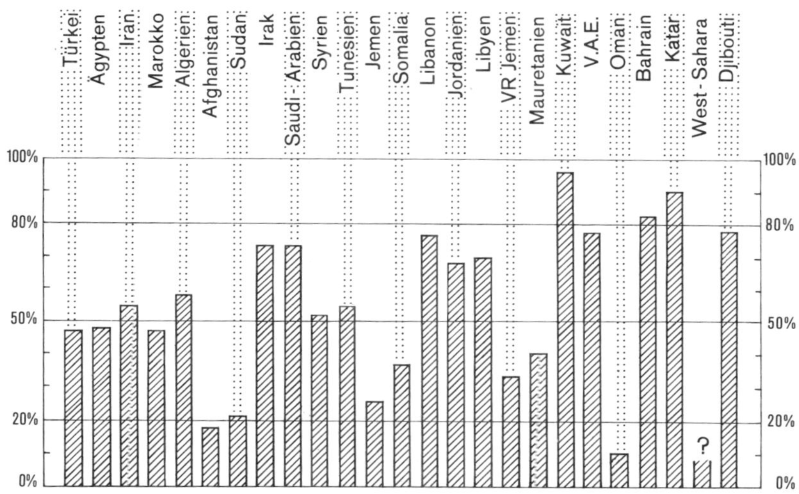

4.2 Migrationsdisparitäten

Die Bevölkerungsdisparitäten auf intraregionaler Ebene führten erstens zu einem regional unterschiedlichen relativen Überangebot sowohl an qualifizierten als auch an einfachen Arbeitskräften und förderten zweitens in den bevölkerungsarmen Staaten eine Bevölkerungspolitik, die auf hohe Geburtenüberschüsse abzielte und Einwanderung begünstigte.

Bis zum Einmarsch irakischer Truppen in Kuwait (August 1990) lagen über die Migrationsströme im Nahen Osten statistische Daten vor, die zwar den 70er Jahren entstammten, jedoch eine recht verläßliche Vorstellung von den tatsächlichen Verhältnissen vermittelten. Neuere einschlägige Statistiken für die gesamte Region gibt es nicht. Soweit aktuelle Daten oder Informationen für einzelne Länder vorhanden sind, werden sie im folgenden verwendet. Hauptherkunftsländer der intraregionalen Migranten waren 1975 Jordanien/Palästina (835 153, davon 30,9 % Arbeitsmigranten), Südjemen (336 681), Nordjemen (177 807) und Syrien (159 162) sowie Sudan, Somalia, die Maghrebstaaten und Oman. Hauptzielländer waren Saudi-Arabien (1,56 Mio., davon 90,7 % aus arabischen Ländern), Libyen (531 400), Kuwait (502 300) und die anderen Golfstaaten.

Nach Erkenntnissen des *Weltbevölkerungsberichts* 1993 nahm die Zahl der Arbeitsmigranten in den OAPEC-Staaten im Zeitraum 1975–80 von 1,8 auf 2,8 Mio. zu. Davon kamen bereits 29 % aus Süd- und Südostasien. Bis 1985 hatten die Golfstaaten zusammen etwa 7,2 Mio. Ausländer aufgenommen, darunter 5,1 Mio. Arbeitsmigranten, von denen bereits 63% aus Asien (vorwiegend aus Indien, Pakistan, Bangladesh, Sri Lanka und von den Philippinen) kamen. Während des 2. Golfkrieges wurden etwa 2 Mio. ausländische Arbeitskräfte aus der Kriegsregion vertrieben. Saudi-Arabien wies wegen der irakfreundlichen Haltung des Jemen etwa 850 000 Jemeniten aus, und Kuwait bestrafte die Haltung der PLO mit der Ausweisung von etwa 300 000 Palästinensern. Nach dem Golfkrieg scheinen die Golfstaaten aus politischen Gründen Arbeitsmigranten aus Asien zu bevorzugen.

Es ist bekannt, daß besonders die einfachen Arbeitsmigranten in teilweise menschenunwürdigen Verhältnissen leben und eine sklavenähnliche Abhängigkeit erdulden müssen; daß außerdem weibliche Hausangestellte häufig sexuell mißbraucht werden, ohne sich wehren zu können.

Auf nationaler Ebene führte die Migration zu einer Reihe von Deformationen, die den internen Entwicklungsprozeß entscheidend mitprägten.

So waren z. B. für die Herkunftsländer der Migranten mit den Gehalts- und Lohnrückflüssen beträchtliche Devisengewinne, Anstieg der Kaufkraft, Erweiterung der Märkte, Ausdehnung der Konsumgewohnheiten u. a. m. verbunden. Doch zu den dadurch möglichen Impulsen für das heimische produzierende Gewerbe kam es nicht. Vielmehr stiegen die Importzahlen und blieben die Deviseneffekte aus. Außer dem Handel profitierte noch der Bausektor, dessen Aktivitäten jedoch überwiegend auf die größeren städtischen Siedlungen konzentriert blieben und zur Verschärfung des traditionell angelegten Stadt-Land-Gefälles beitrugen. In Ägypten und vor allem in Jemen (z. B. in Hadramaut, Wadi Shibam) fanden stellenweise Migrantengelder Einsatz in der Landwirtschaft, der Verbesserung der Bewässerungsanlagen und der Maschinenausstattung.

Die Abwanderung in den Herkunftsländern erfolgte zum größten Teil direkt oder indirekt aus dem ländlichen Raum. Neben negativen Effekten für die Bevölkerungsentwicklung (z. B. Überalterung, Rückgang der Geburtenrate) ergaben sich Nachteile vor allem für die Landwirtschaft: Produktionsrückgang, Verfall des arbeitsintensiven Bewässerungs- oder Terrassenfeldbaus (z. B. im Jemen), Aufgabe von landwirtschaftlichen Nutzflächen, Reduzierung oder sogar Einstellung der nomadischen Viehhaltung sind nur einige der offensichtlichsten Folgen. Die verschiedentlich erwarteten positiven Effekte, nämlich die Annahme, daß mit dem Kapitalfluß auch eine Modernisierung der landwirtschaftlichen oder gewerblichen Produktion erfolgte, läßt sich nur fallweise bestätigen.

In den Zielländern stellten die Zuwanderer, die jedoch meist nur zeitlich befristete Aufenthaltsgenehmigungen erhielten, einen bedeutenden Anteil. So betrug das Verhältnis von Einheimischen *(locals)* zu Ausländern *(non-locals)* 1990 z. B. in Oman, Bahrain und Libyen jeweils 1:0,3, in Saudi-Arabien 1:0,4, in Kuwait 1:0,9, Katar 1:1,6 und in den VAE sogar 1:3. Diese Werte basieren auf Schätzungen oder Hochrechnungen von 1975.

Die Ausländer konzentrierten sich fast ausschließlich auf einige wenige

Städte, auf die weitgehend der gesamte wirtschaftliche und infrastrukturelle Ausbau gerichtet ist. Diese Städte, meist die einzigen größeren Siedlungen, werden aufgrund der auf sie orientierten Migrantenströme zu ausgesprochenen ethnischen „Fremdkörpern". So dürften nach Schätzungen z. B. in Doha (Katar) ca. 80 %, in Manama (Bahrain) ca. 60 %, in Abu Dhabi ca. 70 %, in Al Ayn ca. 85 % und im omanischen Greater Muscat ca. 40 % *Non-Locals* leben. In Oman findet seit Mitte der 80er Jahre sogar eine Umkehr der beschriebenen Verhältnisse statt. So wandern die Omanis aus den Oasen des Hinterlandes ab, um die in Greater Muscat offerierten Vergünstigungen (Behausungen, Bauland, Arbeit, Zugang zu Pfründen etc.) wahrnehmen zu können. In den Oasen dagegen steigt die Zahl der ausländischen Arbeitskräfte an.

Bei dem hohen Ausländeranteil in den Städten sind das Waren- und kulturelle Angebot, z. T. sogar die Behausungen und Suq-Gassen, auf die Landesfremden ausgerichtet, die den Großteil der Arbeitsplätze besetzen. Viele Berufe befinden sich so weitgehend in ausländischer Hand, daß sich die Einheimischen aus Prestigegründen diesen Tätigkeiten nicht mehr zuwenden. Ihre Funktion beschränkt sich in wachsendem Maße auf die „Verwaltung" der die Arbeit tragenden Ausländer.

Es scheint – in Anbetracht der rechtlichen Stellung dieser Arbeitskräfte, ihrer Behandlung und der Art und Weise, wie sie in diese Länder einwandern oder geholt werden – nicht übertrieben zu behaupten, daß die hier noch nicht vergessene traditionelle Sklavenhaltung eine zeitgemäße Variante erhalten hat. Die Migration läßt sich nicht von den intraregionalen bevölkerungsmäßigen Unterschieden ableiten. Die dominanten Steuerungsgrößen sind vielmehr in den ökonomischen Disparitäten zu suchen.

4.3 Ressourcen- und Einkommensdisparitäten

Wichtigster Auslöser für die moderne Entwicklung in den Ländern des Nahen Ostens ist die Nutzung der z. T. reichen Bodenschätze. So waren z. B. 1988 Marokko, Tunesien, Jordanien, Algerien, Syrien und Ägypten mit 23 % an der Weltphosphatförderung beteiligt. An der globalen Erdölförderung entfielen auf 10 Länder der Region allein 30 %. Von den gesicherten Erdölreserven der Welt (1990 = 135 705 Mio. t) ruhen innerhalb der Region sogar 62 %. Nicht weniger beeindruckend ist auch die Tatsache, daß von den bekannten Erdgasvorkommen der Erde (1990 = 119 114 Mrd. cbm) 31,5 % in der Region nachgewiesen sind.

Wenn auch die Bedeutung der Phosphatförderung für die Ökonomien der jeweiligen Förderländer nicht unterschätzt werden soll, so sind es doch vor allem Erdöl und Erdgas, deren Nutzung die Entwicklung nicht nur der einzelnen Förderländer, sondern der gesamten Region direkt und indirekt geprägt hat. Es ist sicher nicht übertrieben, daß die neuere Geschichte dieser Region, insbesondere die des Mittleren Ostens (vgl. Fig. 2), auch die Geschichte des Erdöls darstellt.

Fig. 5: *BSP-Einwohner nach Länder/Ländergruppen 1988/89*

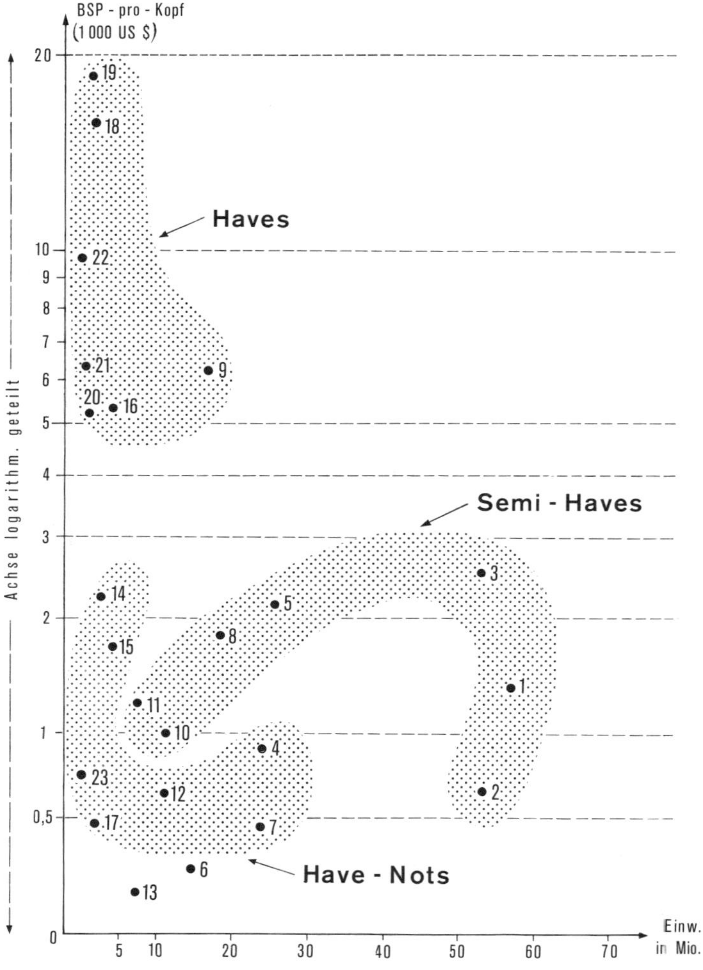

1 = Türkei	9 = Saudi-Arabien	17 = Mauretanien
2 = Ägypten	10 = Syrien	18 = Kuwait
3 = Iran	11 = Tunesien	19 = V.A.E.
4 = Marokko	12 = Jemen	20 = Oman
5 = Algerien	13 = Somalia	21 = Bahrain
6 = Afghanistan	14 = Libanon	22 = Katar
7 = Sudan	15 = Jordanien	23 = Djibouti
8 = Irak	16 = Libyen	

Den Anfang bildete dabei die Vergabe der ersten Konzession im Jahre 1901 (*d'Arcy*-Konzession, Persien). Sie lenkte die interessierte Weltöffentlichkeit auf die Golf-Region und löste die Aufteilung in Konzessionsgebiete aus. Konkurrenten dabei waren in erster Linie amerikanische und britische Gesellschaften. So gelang es der ARAMCO 1933, erste Schürfrechte in Saudi-Arabien zu erwerben. Britische Firmen wurden 1925 in Irak und Bahrain tätig und gründeten 1932 *Mossul Petroleum*, 1934 *Kuwait Oil*, 1935 *Qatar Petroleum* und *Petroleum Development of Abu Dhabi* sowie 1937 *Petroleum Development Oman*, 1938 *Basrah Petroleum* und *Petroleum Concession Hadramaut/Aden*.

Dieser rasch vollzogenen Aufteilung folgte die Förderung nur zögernd nach. Sie begann zwar 1929 in Irak, 1934 in Bahrain und 1938 in Saudi-Arabien. Doch der eigentliche Förderboom setzte erst nach dem II. Weltkrieg ein: z. B. 1946 in Kuwait, 1949 in Katar, 1961 in Abu Dhabi, 1967 in Oman, 1969 in Dubai und 1973 in Sharjah. Im wiedervereinten Jemen steht die kommerzielle Förderung unmittelbar bevor.

Der Nutzen, der den Förderländern aus ihren Bodenschätzen erwuchs, blieb zunächst gering (z. B. 1960: Preis für ein Barrel = 1,72 US-$; mittlerer Anteil der Förderländer ca. 0,5 US-$), bis die im Jahre 1960 gegründete OPEC ihre Forderungen nach Mitspracherecht und höherer Gewinnbeteiligung durchzusetzen und nach 1973 auch den Erdölpreis zu bestimmen begann. Binnen weniger Jahre stiegen der Barrel-Preis von 1,83 (1973), 11,51 (1975), 26,00 (1979), auf 34,00 US-$ (1982) und entsprechend die Einnahmen der Förderländer. Allein in den Jahren 1972–76 erhöhten sich ihre Erdöleinnahmen um das 8,5fache.

Doch an diesen Einnahmen waren keineswegs alle Staaten beteiligt. So verfügen bislang sechs Länder der Region über keine Erdölreserven. Bei diesen *have-nots* handelt es sich in Nordafrika um Mauretanien, Marokko, Westsahara und Sudan, im Mittleren Osten um Jordanien und Libanon (Fig. 5). Jemen dürfte, die erwarteten Erdöleinnahmen vorausgesetzt, diese Gruppe wohl in naher Zukunft verlassen. Deviseneinnahmen dieser Länder entstammen dem Export entweder von bergbaulichen (z. B. Mauretanien: Eisenerz 50 % des Exports; Marokko: Phosphat, ca. 15 %) oder agrarischen Produkten (z. B. Sudan 82 %, Jemen 90 %). Diese Staaten weisen ausnahmslos negative Handelsbilanzen und eine hohe Auslandsverschuldung auf.

Zu den *have-nots* gesellen sich noch einige der bezüglich ihrer Erdölreserven hier undifferenziert als *haves* bezeichneten Staaten. Denn nach den Erdölfördermengen und den damit verbundenen internen ökonomischen Effekten gibt es innerhalb der *haves* erhebliche Unterschiede. An der Spitze dieser Länder stand 1990 nach der Fördermenge Saudi-Arabien, nach dem Verfall der UdSSR wohl jetzt das größte Förderland der Welt. Ihm folgen mit Abstand die VAE (Rang unter den Förderländern der Erde = 11.), Iran (12.), Kuwait (13.), Libyen (14.), Irak (15.), Algerien (16.), Ägypten (17.), Katar (20.), Oman (22.), Syrien (31.), Tunesien (35.), Türkei (40.) und Bahrain (41.).

Doch über die ökonomische Situation sagt der Rang in der Skala der Förderländer noch wenig aus. So gehört z. B. die Türkei nicht zu den Erdölexporteuren und wies (1988/89) ebenso wie Tunesien (%-Anteil des Erdöls am Export 40), Ägypten (ca. 33) und Syrien (74) eine negative Handelsbilanz auf. Die Förderländer Algerien, Tunesien, Ägypten, Syrien, Iran, Irak und Türkei sind ausnahmslos hoch im Ausland verschuldet. Keine Auslandsschulden hingegen und eine meist positive Handelsbilanz hatten bis Anfang der 80er Jahre jene Staaten, die gemeinhin mit dem Begriff „Erdölstaaten" assoziiert werden. Dazu gehört in Nordafrika einzig Libyen. Im Mittleren Osten zählen Saudi-Arabien, die VAE, Kuwait, Katar, Oman und Bahrain dazu. Doch seit den 80er Jahren hat sich mit dem Verfall des Erdölpreises die außenwirtschaftliche Stellung auch dieser Länder gewandelt und die Verschuldung z. T. eine beachtliche Größenordnung erreicht.

Nach diesen Ausführungen lassen sich nach ihrer Ressourcenausstattung und der damit eng verbundenen Wirtschaftsstruktur drei Ländergruppen unterscheiden (vgl. Tab. 1):

a) die *have-nots* (Westsahara, Mauretanien, Marokko, Sudan, Jordanien, Libanon, Jemen);
b) die *haves* (Libyen, Saudi-Arabien, VAE, Kuwait, Oman, Bahrain);
c) die *semi-haves* (Algerien, Tunesien, Ägypten, Syrien, Irak, Iran, Türkei).

Diese *semi-haves* unterscheiden sich von den *haves* vor allem durch eine diversifiziertere Wirtschaft, einen höheren Industrialisierungsgrad im sekundären Bereich und eine Landwirtschaft, die zur Produktion des Hauptbedarfs der Nahrungsmittel ausreicht. Sie heben sich von den beiden anderen Gruppen, insbesondere von den *haves*, auch dadurch ab, daß sie die bevölkerungsreichsten Länder und ausgesprochene Flächenstaaten sind. 1988/89 entfielen auf sie 70,5 % der Bev. der Region, während der Anteil der *haves* nur 8,3 % und der *have-nots* 21,2 % betrug.

Die Zwischenstellung der *semi-haves* findet auch Ausdruck in den innerhalb der Region ausgeprägten mittleren Einkommensdisparitäten. Während die *haves* 1990 ein mittleres BSP-pro-Kopf von 11 464 US-$ aufwiesen, mußten sich die *have-nots* im Mittel mit 737 US-$ begnügen. Die *semi-haves* konnten immerhin über 1594 US-$ verfügen. Diese Disparitäten hängen wesentlich von der Entwicklung des Erdölpreises ab.

Vor dem Hintergrund dieser Zahlen und im Rückblick auf die Bevölkerungsgröße der Länder werden die Ausführungen über Herkunfts- und Zielländer des intra- und auch interregionalen Migrationsprozesses verständlich. In diesen Disparitäten und ihrer räumlichen Verortung liegen auch zahlreiche politische Vorgänge, Bemühungen um regionale politische und ökonomische Zusammenschlüsse, zahlreiche Konflikte und auch die regional unterschiedliche externe Einflußnahme begründet. Nicht zuletzt sind in den ökonomischen Disparitäten auch die Unterschiede zu suchen, die sich auf intraregionaler und nationaler Ebene im Siedlungssystem der Länder der Region fassen lassen und für die zukünftige Landesentwicklung von Bedeutung sind.

4.4 Funktional-räumliche Disparitäten

Unterschiede in der räumlichen Verortung von Funktionen bedeuten stets auch Unterschiede in der Siedlungsstruktur; denn die Bedeutung einer Siedlung, die sie für ihr Umland besitzt, wird an der Zahl der von ihr ausgehenden Funktionen gemessen. In diesem Sinne stellen Siedlungen Versorgungszentren dar. Die Dichte ihrer Verteilung im Raum, der Überschuß ihrer funktionalen Angebote für das Umland und der Grad ihrer wechselseitigen funktionalen Ergänzung und Vernetzung können als Ausdruck für die Einbindung der Bev. und der Regionen eines Landes in die jeweilige Entwicklung gewertet werden. Geringe Dichte und Vernetzung oder die Konzentration von Funktionen im Extremfall auf eine einzige Siedlung können z. B. schlechte Versorgung, erschwerten oder ungenügenden Zugang zu Infrastruktureinrichtungen, Warenangebot, politischen Aktionen, Parteien, Gewerkschaften oder auch Arbeitsplätzen und damit letztlich geringere Teilhabermöglichkeiten am Entwicklungsprozeß bedeuten.

Derartige Disparitäten in der Siedlungsstruktur stellen keine einfach gegebene Größe dar und sind keineswegs einzig in EL ausgebildet. Doch hier sind sie besonders extrem und wurden mit den Begriffspaaren Zentrum – Peripherie oder Brückenkopf – Hinterland, mit Dualismus, Hauptstadt-Dominanz, *primate-city* u. a. m. beschrieben. Obgleich unterschiedlichen Theorien entstammend, kennzeichnen diese Beschreibungen eine Realität, die strukturell in allen EL angelegt ist. Sie läßt sich modellhaft in einem überlegenen Zentrum und einem darauf linear-radial ausgerichteten Hinterland fassen.

Eine derartige Raumstruktur ist – wie oben gezeigt – in den islamisch-orientalischen Ländern traditionell angelegt. Sie erwies sich zwar als geeignet für die Durchsetzung despotischer Herrschaft und von Interessen der Kolonialmächte, genügte jedoch nicht den Vorstellungen und Anforderungen einer modernen Landesentwicklung und Raumplanung. Denn alle Staaten der Region, sogar die arealmäßig kleinen Golf- wie die bevölkerungsarmen Flächenstaaten, sind aus sicherheits-, entwicklungs- und innenpolitischen Gründen darum bemüht, durch gezielte Maßnahmen zu einer tendenziell landesdurchdringenden Entwicklung und zu einem Abbau der Dominanz der jeweiligen Zentren zu gelangen. Ausbau des Straßen-, Telefon-, Elektrizitäts- und Rundfunknetzes, Gründung von Dörfern und Städten mit den wichtigsten Infrastruktureinrichtungen, Anlage von Industriegelände im Hinterland, Dezentralisierung der Verwaltung, Vergabe von Behausungen und Land an Interessenten am traditionellen Wohnort oder auch Boden- und Agrarreformen bildeten und bilden die als geeignet erachteten Maßnahmen.

Doch bislang, so scheint es, sind Erfolge noch nicht greifbar. So betrug z. B. die Verstädterungsquote 1990 im Mittel für alle Länder der Region 55,6 % (vgl. Tab. 1). Damit lag sie gering über derjenigen Afrikas (52,6 %) und Asiens (48 %). Das bisherige Städtewachstum vorausgesetzt, dürfte die Verstädterungsquote des Nahen Ostens in wenigen Jahren den Wert Lateinamerikas (60,8 %) erreichen, und die Regierungen werden vor ähnlichen „chaotischen“

sozialen, infrastrukturellen und ökonomischen Problemen wie dort stehen. In einigen Städten, so z. B. in Kairo, Teheran, Bagdad, Ankara, Algier oder Casablanca, sind diese Verhältnisse schon heute Wirklichkeit. Denn das Wachstum der urbanen Bevölkerung, im Mittel für die Region 4,7 % (1985–90), konzentrierte sich meist nur auf die größte Stadt, i. d. R. auch die Hauptstadt. Ihr Anteil an der gesamten Stadtbev. der Region erreichte daher annähernd 30 %. Noch deutlicher wird diese in der Literatur „Hauptstadt-Dominanz" bezeichnete Überlegenheit dieser Städte im Vergleich mit den jeweils zweitgrößten. Im Mittel wiederum für die gesamte Region lag das Verhältnis bei 3,9:1. Davon wichen z. B. Irak (6,2:1), Iran (4,1:1), Mauretanien (18,4:1) oder Somalia (8,6:1) nach „oben" erheblich ab. Nur in Syrien (1,3:1), Marokko (0,4:1) und der Türkei (0,6:1), wo die Hauptstadt Ankara weniger E. aufweist als Istanbul, ist die Relation zwischen Haupt- und zweitgrößter Stadt weniger scharf ausgebildet.

In der größenmäßigen Überlegenheit der Hauptstädte wird eine „Kopflastigkeit" in der Siedlungsstruktur erkennbar, die sich auch in der damit eng verbundenen funktional-räumlichen Differenzierung wiederfindet. Denn während die Hauptstädte alle wichtigen Funktionen und Infrastruktureinrichtungen auf sich vereinen, z. T. ausgesprochen westlichen Lebensstandard zeigen, an das internationale Kommunikationsnetz angeschlossen sind und in manchen Ländern die einzigen Industriestandorte darstellen, handelt es sich schon bei den zweitgrößten Städten nicht selten um ausgesprochene Provinzstädte: Bagdad – Basra, Teheran – Isfahan, Tripolis – Bengasi, Algier – Oran, Amman – Serha oder auch Maskat – Sur sind nur einige Beispiele.

Noch eklatanter wird das funktionale Gefälle, wenn die kleineren städtischen Siedlungen zum Vergleich herangezogen werden. Der funktionale Überschuß, den sie dem Umland anzubieten haben, ist äußerst gering. Daher auch ist die Bev. im Umland dieser kleinen städtischen Siedlungen auf die größeren Städte, je nach Verkehrserschließung und Motorisierungsgrad sogar direkt auf die überlegenen Zentren ausgerichtet. Obgleich die Planungsmaßnahmen vieler Länder diesen Verhältnissen gezielt entgegensteuern, lassen sich bislang nur wenige Erfolge nachweisen. Vielmehr wird sogar – infolge Abwanderungen – von rückläufigen Einwohnerzahlen bei den kleinen städtischen Siedlungen berichtet.

Verantwortlich für die auf die Zentren gerichtete Abwanderung sind nicht einzig Fehler von Infrastruktur, Mangel an Arbeitsplätzen oder Umstrukturierung in der Landwirtschaft. Eine entscheidende Rolle kommt dabei auch der „Sogwirkung" der überlegenen Zentren zu. Es bedarf hier keiner weiteren Ausführungen zu dieser für alle EL typischen Erscheinung. Ergänzend sei jedoch angeführt, daß in den reichen Erdölförderländern durch die besonders verlockenden Verdienstmöglichkeiten und die in den städtischen Zentren vorfindbaren und zugänglichen besseren Lebensbedingungen sogar die selbständige bäuerliche Bev. der Oasen wie auch die gemeinhin als traditionsverhaftet bezeichneten Beduinen (Nomaden) von diesem Sog erfaßt werden.

Ein Rückgang der Oasenlandwirtschaft, der sich im Verfall z. T. jahrtausendealter Bewässerungsanlagen, im Absterben des traditionell wichtigsten Anbaugewächses, der Dattelpalme, und/oder in von Sand überwehten Gärten nachweisen läßt, ist trotz regierungsseitiger Gegenmaßnahmen überall sichtbar. Und der nomadische Lebensraum, durch seine Viehhaltung ehemals wichtiges wirtschaftliches Ergänzungsgebiet in allen diesen Ländern, ist entweder schon völlig aufgegeben worden oder hat zumindest seine wirtschaftliche Funktion eingebüßt.

Die vorgestellten Disparitäten treten besonders deutlich in den reichen Erdölförderländern zutage. Als sie in den modernen Entwicklungsprozeß eintraten, zeigten sie weniger extern verursachte Deformationen als vielmehr Strukturen traditioneller Rückständigkeit. Von dem ehrgeizigen Bemühen getragen, diese Rückständigkeit so rasch wie möglich zu überwinden und moderne „Staaten" zu schaffen, scheuten die Regierungen beinahe vor keiner finanziellen Anstrengung zurück.

Günstige Vor- und Rahmenbedingungen waren gegeben: So verfügten sie über die notwendige Finanzkraft, konnten sich hochdotierte Experten und wohldurchdachte Entwicklungskonzepte leisten, auf praktische Erfahrungen in den „älteren" EL aufbauen und sich eines reichen analytischen entwicklungsstrategischen Wissens bedienen. Zu den auf dieser Grundlage formulierten Entwicklungszielen gehörten in allen Ländern: Diversifizierung der Wirtschaft; Ausbau einer landesumspannenden Infrastruktur; Integration aller einheimischen Bevölkerungsgruppen und aller Landesteile; Schaffung eines modernen städtischen und ländlichen Siedlungswesens.

Obgleich der Beginn der Entwicklung in diesen Ländern erst zwei bis drei Jahrzehnte zurückliegt und noch keine endgültigen Schlüsse gezogen werden sollten, so lassen sich doch schon recht durchgängig folgende Strukturen erfassen:

1. Die Diversifizierung der Wirtschaft ist noch nirgendwo realisiert worden. Erdöl und Erdölprodukte stellen noch immer die wichtigsten oder auch einzigen Exportgüter dar. Der Import von Waren aller Art – durch den Bau von See- und Flughäfen sowie durch geringe Zölle oder ihr gänzliches Fehlen begünstigt – hat ein seit Jahren unverändert hohes Niveau erreicht und steht einer – bislang nur in bescheidenen Ansätzen vorhandenen – importsubstituierenden Industrialisierung entgegen. Hingegen gilt das Interesse spektakulären industriellen Großprojekten, wie z. B. Aluminium-, Kupfer- und Eisenschmelzen, Zementwerken, Trockendocks. Soweit realisiert, sind sie unrentabel, unproduktiv oder unausgelastet, oder sie befinden sich seit Jahren im Planungs- oder im Stadium von *feasability studies.*
2. Alle industriellen und die meisten baulichen (Groß-)Projekte gehen von den Regierungen, meist sogar einzig von den Herrschern aus und werden von diesen finanziert. Private Kapitaleigner werden zwar z. T. zugelassen oder auch zur Beteiligung angeregt, doch halten sie sich auffällig und zum Verdruß der Herrscher zurück. Ihr Interesse gilt noch immer vor allem dem Importhandel, Gütertransport und dem Baugewerbe, wo sich ohne langfristige Investitionen rasch hohe Gewinne realisieren lassen. Soweit

diese Gewinne im Lande investiert werden, konzentrieren sie sich auf die jeweiligen überlegenen Zentren. Hierher fließen auch die geringen Erlöse aus der landwirtschaftlichen Produktion. Ein nicht bekannter, jedoch als hoch vermuteter Anteil der privatwirtschaftlichen Gewinne wird ins Ausland transferiert. Die Herrscherfamilien gehen dabei mit „gutem" Beispiel voran. Besonders erfolgreich agierte in diesem Sinne Kuwait vor der irakischen Besetzung (1990/91).

3. Das erklärte Ziel der Regierungen, eine landesdurchdringende Entwicklung zu verfolgen, wurde in allen Erdölförderländern mit z. T. beachtlichen Maßnahmen angestrebt. Dennoch wuchsen die traditionellen Zentren ungehemmt und stiegen zu den überlegenen Entwicklungspolen mit überaus geringen Ausstrahlungseffekten auf. Die staatlichen Maßnahmen in den Hinterländern zeigten kaum Wirkung und vermochten weder die Bev. noch die private Wirtschaft zu den gewünschten Reaktionen zu veranlassen. Das Hinterland wurde weitgehend zum bloßen Absatzmarkt degradiert, die lokalen Märkte fungierten als Distributionszentren externer Warenströme. Die Schaffung neuer Wohnviertel leitete den Verfall der traditionsreichen Oasensiedlungen ein. Die Einrichtung von Schulen, Krankenhäusern, von Strom- und Wasserversorgung in den größeren Orten der Hinterländer löste eine steigende Zuwanderung aus jenen Siedlungen aus, die von diesen Neuerungen nicht erfaßt wurden. Zu einer funktionalen Ergänzung und Vernetzung und der Herausbildung bedeutender dynamischer Zentren ist es zumindest bislang in dem erwarteten Maße nicht gekommen.

Die Ausführungen über die reichen Erdölförderländer sollten in der gebotenen Kürze aufzeigen, daß sich trotz günstiger Vor- und Rahmenbedingungen für eine moderne Landesentwicklung funktional-räumliche Disparitäten binnen weniger Jahre herausgebildet haben, die in den Nachbarländern z. T. unter kolonialem Einfluß schon früher entstanden sind und für EL als typisch angesehen werden können. Ihre Überwindung, notwendig für eine landesdurchdringende Entwicklung und Partizipation aller Bevölkerungsgruppen, kann einzig durch den Abbau wirtschaftlicher Fremdbestimmung oder verantwortungsbewußte Steuerung wirtschaftlicher Dominanz erreicht werden. Doch wer vermag eine solche Forderung durchzusetzen bei der weltweit herrschenden Dominanzhierarchie und globalen Arbeitsteilung, die sich ständig verfestigen und in denen selbst die reichen und in den „Kartellen" der OPEC und der OAPEC organisierten Erdölförderländer nachgeordnete Positionen und Funktionen einnehmen?

Die folgenden Beiträge in diesem Band zu Gesellschaft, Politik und Wirtschaft der Länder des Nahen Ostens sowie zu ihrer globalen Einordnung werden die dafür verantwortlichen Gründe noch näher erhellen. Diese Ausführungen über die verschiedenen Disparitäten sollten auf einige jener Strukturen auf intraregionaler und nationaler Ebene aufmerksam machen, die die internen Verhältnisse nicht nur kennzeichnen, sondern auch in die weitere Entwicklung als steuernde Rahmenbedingungen eingehen. Disparitäten und ihre räumliche Verortung stellen dabei historisch gewachsene Größen dar, die in der entwicklungstheoretischen Diskussion weniger Beachtung gefunden haben, denen jedoch in der Strategiediskussion mehr Aufmerksamkeit gehören sollte.

5. Politische Rahmenbedingungen der Entwicklung

Als Marokko, Tunesien und der Sudan 1956 souverän wurden, waren die meisten Staaten der Region politisch unabhängig geworden. 1956 war aber auch das Jahr der brit.-frz. Intervention im Suezkrieg, die erneut unterstrich, daß mit der Unabhängigkeit die Machtansprüche des Westens keineswegs aufgehoben waren. Die überwiegend konservativen Regierungen, besonders die der Monarchien, hatten über eine Vielzahl von Abkommen den alten Kolonialmächten und nach dem II. Weltkrieg zunehmend auch den USA ermöglicht, ihre wirtschaftlichen und militärpolitischen Interessen, nicht zuletzt durch Militärstützpunkte, zu sichern.

Die immense Bedeutung, die die Erdölressourcen der Region für die westlichen IL gewannen, steigerten noch den strategischen Wert der Region im beginnenden Ost-West-Konflikt. Mit der Staatsgründung Israels in Palästina und dem ersten arabisch-israelischen Krieg 1948 wurde zur gleichen Zeit aus der Palästinafrage ein internationaler Dauerkonflikt, der in den folgenden Jahrzehnten auf vielfältige Weise in interne und zwischenstaatliche Konflikte der Region hineinwirkte.

Es kann und soll im Rahmen dieses Überblicks nicht versucht werden, das Palästinaproblem und den arabisch-israelischen Konflikt zu analysieren, obwohl am Beispiel dieses Konflikts eine paradigmatische Einführung in die Probleme von Unterentwicklung und Entwicklung im Nahen Osten geschrieben werden könnte. Vielmehr sollen unter weitgehender Aussparung dieses Konflikts die politischen Rahmenbedingungen von Entwicklung an zwei Themenkomplexen umrissen werden: (1) an den innenpolitischen Auseinandersetzungen um den bestmöglichen Entwicklungsweg, die in vielen Staaten der Region zunächst zum Aufstieg radikalerer Regime und später zur Polarisierung zwischen islamischen und säkularistischen Bewegungen führten; (2) an den verschiedenen Bemühungen, durch regionale Kooperation und durch politische Zusammenschlüsse dem Ziel der arabischen Einheit näherzukommen bzw., seit dieses Ziel im Zeichen der islamischen Rückbesinnung einiges an Glanz verloren zu haben scheint, die Bedingungen für Sicherheit und Zusammenarbeit in einer neuen regionalen Ordnung auszuloten.

5.1 Sozialer Wandel zwischen Modernismus und islamischem Fundamentalismus

Gegen offene und verschleierte Abhängigkeiten vom Westen und gegen die konservativen Eliten, deren Interessen mit denen des Auslands verbunden blieben, regte sich in den Jahren nach dem II. Weltkrieg der Widerstand junger Intellektueller und Offiziere, die sich als Avantgarde der politischen und sozialen Erneuerung verstanden. Ihre Motivation zur Veränderung entzündete sich an den verschärften Entwicklungsproblemen der Nachkriegsjahre, als in den bevölkerungsreichen Staaten die Folgen von wirtschaftlichem Dualismus, extrem ungleicher Verteilung und Überbevölkerung in einem Bündel neuer Probleme sichtbar wurden: Landflucht, rapide Urbanisierung sowie die Marginalisierung einer immer größer werdenden Zahl von landlosen Bauern und Unterbeschäftigten im informellen Dienstleistungssektor der Städte. Die explosive Mischung der sozialen Probleme mit den ungelösten Souveränitätsproblemen führte mehrfach zu bürgerkriegsähnlichen Auseinandersetzungen bzw. bewaffneten Angriffen auf Einrichtungen ausländischer Mächte.

Zunächst konnten sich konservative Kräfte weitgehend gegen die Nationalisten durchsetzen (gewaltsamer Sturz der nationalistischen Regierung *Mossadegh* in Iran; Kriegsrecht im Irak; Wahlsieg der Demokratischen Partei in der Türkei). Dennoch wurden in den 50er Jahren die grundlegenden innen- und regionalpolitischen Konstellationen der nächsten beiden Jahrzehnte deutlich: Im Maghreb gewannen innerhalb der nationalistischen Bewegungen, insbesondere in der algerischen FLN, noch während des Unabhängigkeitskampfes die sozial-revolutionär orientierten Kräfte die Oberhand. In Syrien und Ägypten brachten Staatsstreiche des Militärs reformorientierte Regime an die Macht, von denen das ägyptische zum Modell für den Sturz weiterer Monarchien (Irak, Jemen, Libyen) und für die Errichtung von radikalen Militärregimen auch in anderen Ländern (Sudan, Algerien, Somalia, Mauretanien) wurde.

Als Vorkämpfer gegen Neokolonialismus und Imperialismus versuchten die republikanischen Regime seit Anfang der 50er Jahre, die politische und wirtschaftliche Abhängigkeit ihrer Länder zu reduzieren, indem sie den Truppenabzug der Kolonialmächte durchsetzten, Militärbasen kündigten und ausländische Gesellschaften nationalisierten (allerdings nach der *Anglo-Iranian Oil Co.* 1951 keine Ölgesellschaften mehr). Im Inneren versuchten sie, die wirtschaftliche und politische Macht der alten Eliten zunächst durch Landreformen (etwa in Ägypten, Algerien, Tunesien, Irak, Syrien) und Verstaatlichungen zu brechen, mit ehrgeizigen Großprojekten (Stahlwerke; Assuan- und Euphratdamm) Unabhängigkeit zu demonstrieren und mit einer neuen Entwicklungsstrategie tiefgreifende wirtschaftliche und soziale Reformziele anzugehen: Unter Führung des öffentlichen Sektors und mit dem erstmals angewandten Instrumentarium der Planung setzten die radikalen Regime in Ägypten, Syrien, dem Irak und später vor allem auch in Algerien auf rasche Industrialisierung und Diversifizierung in Produktion und Export, um die einseitige Außenabhängigkeit ihrer Ökonomien zu reduzieren. Verteilungspolitisches Schwergewicht waren umfangreiche Investitionen in das Erziehungs- und Gesundheitswesen.

Soziale Träger der neuen Entwicklungsstrategie waren teils vom Militär beim Prozeß der Ausweitung des öffentlichen Sektors kooptierte Bürokraten, Technokraten und Manager, teils ein Bündnis solcher Kräfte mit einer vom Militär gestützten (bzw. durch ihren militärischen Flügel herrschenden) Partei wie in den *Bath*-Regimen in Syrien und im Irak oder in Algerien. Im Ergebnis bildeten sich Staatsklassen heraus, die den Staatsapparat, die wichtigsten Produktionsmittel und die Finanzierungsmittel kontrollierten und über Investitionsentscheidungen wesentliche ökonomische Funktionen ausübten. Mit ihrer sozialen Basis – städtische Mittelschichten, reformbegünstigte Bauern, mittlere Grundbesitzer – waren (und sind) die Staatsklassen über weitverzweigte Klientelnetze verbunden, die allerdings über Cliquen und Fraktionen um Macht und Einfluß – d. h. um den Zugriff auf die Verteilung von knappen Ressourcen – konkurrieren.

An die Stelle des älteren Nationalismus, der als Integrationsideologie der Unabhängigkeitsbewegungen gedient hatte, traten mit den neuen Eliten und der neuen Entwicklungsstrategie die Ideologien des „arabischen Sozialismus", die als Ziel einen eigenen, von West und Ost unabhängigen Entwicklungsweg formulierten, der wiederum die Regime innenpolitisch legitimierte. Diese Ideologien waren z. T. Weiterentwicklungen älterer Parteiprogamme wie das der „Arabischen Sozialistischen *Bath*-(= ‚Renaissance'-)Partei" aus den 40er Jahren; teils entwickelten sie sich mit der praktischen Politik wie *Nassers* „Arabischer Sozialismus", die in seiner Zeit wirksamste Formulierung der neuen Ziele. In seinen von einem marxistischen Sozialismusbegriff weit entfernten Harmonievorstellungen, die er mit dem „Algerischen Sozialismus" *Houari Boumediennes*, dem „*Destour*-Sozialismus" in Tunesien oder auch mit *Muammar al-Gaddafis* „Dritter Universaltheorie" teilte, drückten sich teils kleinbürgerliche Ängste der Militärs vor Konflikten aus, die die Einheit des Landes nach außen gefährden konnten, teils aber auch islamische Traditionsbestände, die zur Rechtfertigung der „Revolution" herangezogen wurden. Der Verzicht auf eine kämpferisch-praktische Ideologie, die zur Mobilisierung der Bev. für die Entwicklungsziele der Regime hätte benutzt werden können, bedeutete überall in der Region zugleich den Verzicht auf soziale Mobilisierung und Massenpartizipation.

Der Schock, den die Niederlage der arabischen Armeen gegen Israel im Junikrieg 1967 verursachte, löste in der ganzen arabischen Welt eine moralische Krise aus, deren wichtigstes Opfer der „Nasserismus" war. Israel als westlicher Fremdkörper in der Region hatte den Arabern brutal demonstriert, wie weit sie von ihrem Ziel entfernt waren, den westlichen Entwicklungsvorsprung aufzuholen. Im Gegenteil: Die Probleme der Unterentwicklung hatten sich eher noch verschärft, und die progressistischen Entwicklungsmodelle steckten in einer tiefen Krise. Solange der Westen die Lösungsmodelle (einschließlich ihrer sozialistischen Alternativen) für jedes

Problem zu liefern schien, blieben die Strukturen der äußeren wie der inneren Abhängigkeit. In dieser Krise wurde arabischen Intellektuellen zugleich bewußt, wie sehr sie selbst bzw. die Eliten ihrer Länder insgesamt weiter geistig vom Westen abhängig und ihrer eigenen Kultur entfremdet waren.

Versuche von Intellektuellen, eine eigenständige, nicht von westlichen kulturellen und politischen Normen abgeleitete gesellschaftliche Identität zu begründen, hatte das politische Denken in der Region beschäftigt, seit es den muslimischen Reformern Ende des 19./Anfang des 20. Jh.s nicht gelungen war, überzeugende Modelle für die Lösung der gesellschaftlichen und politischen Probleme ihrer Zeit anzubieten. Doch noch bis in die 60er Jahre blieben die Versuche der Intellektuellen eng mit westlichen liberal-demokratischen, nationalistischen oder auch sozialistischen Denkmustern verbunden: Das „Eigene“ gründete vorwiegend darin, daß einerseits ein eigener geschichtlicher Beitrag hervorgekehrt bzw. entsprechende Traditionen „erfunden“ und andererseits das je Spezifische am angestrebten Modell (über)betont wurde.

Gegen derlei säkularistische Ideologien, die ihren westlichen Ursprung schwer verleugnen konnten, hatte sich schon die 1928 in Ägypten gegründete Laienbewegung der *Muslimbrüder* mit ihrem Ziel gewandt, Staat und Gesellschaft aus dem Geist des Koran zu erneuern. Mit einem kämpferischen Reformislam konnte die *Muslimbruderschaft* in Ägypten eine Massenanhängerschaft gewinnen und überall in der arabischen Welt Zweigorganisationen gründen. Rückhalt fand sie vor allem im aufstiegsorientierten Kleinbürgertum und in den Mittelschichten, also gerade unter jenen sozialen Kräften, die auch die Rekrutierungsbasis der nationalen Bewegungen waren.

Trotz der Unterdrückung in der *Nasser*-Zeit hatten sich die konkreten politischen, wirtschaftlichen und z. T. auch die sozialen Ziele der *Muslimbruderschaft* in der langjährigen Auseinandersetzung den Reformzielen des Nasserismus angenähert. In der Krise der nahöstlichen Gesellschaften in den 70er Jahren – nach der Niederlage der Araber 1967, dem offenkundigen Versagen der etatistischen Entwicklungsstrategien und dem Niedergang der sie tragenden „arabisch-sozialistischen“ Ideologien – bot sich dann breiten Bevölkerungskreisen, die nie ihre traditionellen Glaubensbindungen aufgegeben hatten, in der *Muslimbruderschaft* und in anderen islamischen Erneuerungsbewegungen eine Alternative an.

Diese versprach ihnen erneut das, was das vom Westen adaptierte „Projekt Moderne“ nicht hatte einlösen können: die Befriedigung ihrer (Grund-)Bedürfnisse in einer gerechteren Gesellschaft – wobei zu diesen Bedürfnissen auch die in der rationalistischen Kultur der Aufklärung unterdrückte Emotionalität gehört. Nicht zuletzt bildungsbeflissene Angehörige der neuen (unteren) Mittelschichten, deren Hoffnungen auf weiteren sozialen Aufstieg von den realen Möglichkeiten in ihren Ländern frustriert wurden, konnten sich in der Enttäuschung wieder einer Tradition zuwenden, die nicht mehr im Sinne der säkularistischen Illusion als überwundene Stufe der Geschichte wahrgenommen – oder doch zumindest von ihren Kritikern als solche abgetan – wird, sondern Heimkehr und wiedergefundene Identität verheißt.

Es wäre allerdings verkürzt, in der Hinwendung zum Islam nur eine Reaktionsbewegung auf Krisenerfahrungen zu sehen und das Phänomen auf – zweifellos vorhandene – fundamentalistische Impulse zu reduzieren. Seit den 70er Jahren, besonders nach der Islamischen Revolution in Iran 1979, haben Intellektuelle in der ganzen Region, darunter auch viele früher marxistisch orientierte, auf der Suche nach Halt im „Eigenen" die islamische Tradition für sich als Symbolstruktur entdeckt, mit der sich die immer schwieriger werdenden Probleme des sozialen Wandels zwar nicht unmittelbar bewältigen, aber doch auf eigene Weise ausdrücken lassen.

Insofern ist die sog. „Re-Islamisierung" Teil jenes Prozesses der „Re-Traditionalisierung" in allen Teilen der Dritten Welt, in dem geistig-kulturelle Abhängigkeit allmählich reduziert und gleichzeitig eigene Kulturelemente, insbesondere ethische Grundnormen, wiederbelebt bzw. neu formuliert werden. Dieser Prozeß stellt in den Gesellschaften der Region zunächst v. a. wieder eine gemeinsame „Sprache" her: „Traditionale" Gläubige, für die der überlieferte Islam „die Lösung" ist, islamische Modernisten auf der Suche nach islamisch begründbaren gesellschaftspolitischen Alternativen und Intellektuelle, die eine binnengerichtete Entwicklungsstrategie durchsetzen wollen, benutzen nach einem Jh. der Entfremdung wieder die gleichen – diesmal vor allem dem europ. Beobachter fremden – Sprachsymbole.

Die Herausbildung neuer Diskursstrukturen vollzog sich parallel zum Wiedererstarken der *Muslimbruderschaft*, aber auch zu Spaltung und Polarisierungen innerhalb des islamischen Spektrums. Insbesondere radikalisierten sich Gruppen, die einen zur Ideologie verbogenen politischen Islam vertreten, in dessen Namen sie Staat und Gesellschaft mit Gewalt bekämpfen wollen, weil sie die etablierten, westlich orientierten politischen Ordnungen für unislamisch, ja „heidnisch" *(jahil)* halten. Nach der Islamischen Revolution in Iran erreichte in verschiedenen arabischen Staaten die Welle der islamischen Erneuerung wie der Radikalisierung (Besetzung der Großen Moschee in Mekka 1979; Ermordung des ägypt. Präsidenten *Sadat* 1981; von *Muslimbrüdern* angeführter Aufstand in der syrischen Stadt Hama 1982) einen ersten Höhepunkt.

Nicht zuletzt aus Sorge vor einem erfolgreichen „Export" der islamischen Revolution Irans versuchten die meisten Staaten, die Islamisten zu unterdrücken (so in Ägypten, Tunesien und besonders brutal in Syrien). Andere versuchten den islamischen Trend durch Unterstützung einzelner Bewegungen im eigenen Interesse zu funktionalisieren (wie zunächst Anfang der 70er Jahre *Sadat* mit der Förderung von „Islamischen Gemeinschaften" oder Saudi-Arabien durch die mit viel Geld ausgestattete *Islamische Weltliga*). Sudans Präsident *Jafar el-Numeiri* versuchte 1983 sogar, sich an die Spitze der Bewegung zu stellen und sein Regime durch die Einführung der *scharia*, des islamischen Strafrechts, zu retten.

Bis Mitte der 80er Jahre schienen die radikal-islamistischen Gruppen so weit unter Kontrolle, daß sie keine Gefahr mehr für den Staat bedeuteten. In dieser Phase öffneten sich verschiedene Regime gemäßigten islamischen

Kräften: *Muslimbrüder* zogen 1984 und 1987 ins ägyptische Parlament ein und wurden bei den Wahlen 1989 in Jordanien sogar stärkste Fraktion. Bis dahin hatte sich in Iran gezeigt, wie schwierig es ist, eine den Entwicklungsproblemen angemessene Politik praktisch zu formulieren, geschweige denn erfolgreich durchzusetzen, die dem Anspruch gerecht wird, eine islamische Entwicklungsalternative zu kapitalistischen wie sozialistischen Modellen zu sein. Die Konsequenz war eine deutliche Entideologisierung ganzer Politikfelder und ein pragmatischer Umgang mit Problemen der politischen Steuerung von Entwicklungsprozessen.

Praktisch lief dies auf ein „islamisches" Politikverständnis hinaus, das – jenseits der Fragen von Ethik und Religion im engeren Sinne – von den alten Entwicklungszielen nicht allzu weit entfernt war: in erster Linie pragmatisch an den bisherigen Industrialisierungszielen ausgerichtete Wirtschaftspolitik; ein hoher Anteil der Staatstätigkeit auch im sozialen Bereich; praktische islamische Solidarität (etwa in der Entwicklungszusammenarbeit); unabhängige, in der Tendenz antiwestliche Außenpolitik.

Die Kuwaitkrise und der zweite Golfkrieg 1990/91 (vgl. Kap. 5.3) gaben den radikalen Kräften jedoch erneut Auftrieb: Die Art, wie die USA und ihre Alliierten die Koalition gegen *Saddam Hussein* aufgebaut und dann den militärischen Schlag gegen Irak führten, brachte Hunderttausende in den arabischen und islamischen Ländern gegen den Westen auf. In völliger Verkennung und Verzerrung der Hintergründe der Krise und der Motive *Saddams* wurde der Versuch der USA, das Rüstungspotential der stärksten arabischen Militärmacht zu zerschlagen, als Teil eines „Achten Kreuzzugs" interpretiert, der ein Wiedererstarken des Islam verhindern sollte.

Als dann im Januar 1992 das Militär in Algerien einen sicheren Wahlsieg der *Islamischen Heilsfront* (FIS) verhinderte und dieser kalte Staatsstreich im Westen überwiegend wohlwollend kommentiert wurde, fühlten sich viele Islamisten in ihrer Auffassung bestätigt, daß der Westen im Islam eine Gefahr für sich sieht und daß die vom Westen immer stärker geforderte Demokratisierung nur so lange gewünscht ist, wie sie genehme Kräfte an die Macht bringt. Die Islamisten in Algerien sahen sich auf den Weg der Gewalt verwiesen, wollten sie ihre Ziele erreichen.

Auch andernorts nahm die Gewaltbereitschaft von Islamisten zu: in Ägypten mit einer neuen Welle politischer Gewalt; in den von Israel besetzten Gebieten mit dem Versuch der islamistischen Bewegung *Hamas*, die 1991 begonnenen Verhandlungen zwischen Israelis und Palästinensern zu sabotieren; und selbst in der Türkei, wo 1993 fast 40 säkularistische Intellektuelle aus der religiösen Minderheit der Aleviten einem Brandanschlag auf ihr Konferenzhotel zum Opfer fielen.

5.2 Arabisch-islamische Region zwischen Kooperation und Konflikt

Die intraregionale Politik wurde seit der Gründung der *Arabischen Liga* 1945 einerseits von Bemühungen bestimmt, dem Ziel der arabischen Einheit durch allmähliche Integration, aber auch punktuelle Unionsversuche näherzukommen; andererseits war sie von den Konflikten gekennzeichnet, die sich nicht zuletzt aus unterschiedlichen Auffassungen über die wahren Ziele des Arabismus ergaben. Die Konfrontation mit Israel wirkte dabei katalytisch in beide Richtungen, indem sie die arabischen Staaten immer wieder zur Einmütigkeit zwang, aber auch ebenso die innerarabischen Gegensätze besonders kraß hervortreten ließ. Die Bedeutung der Türkei und Irans für die intra-regionale Politik war daneben bis in die 70er Jahre gering.

Wichtigstes Instrument der regionalen Integration war und ist die *Arabische Liga*, der 21 Staaten (davon nicht in diesem Band, sondern in den Bänden 4 und 5 des HDW vertreten: Sudan, Dschibuti, Somalia und Mauretanien) angehören, darunter als Vollmitglied die PLO für den „Staat Palästina". Das wichtigste Gremium ist der *Politische Ausschuß*, in dem sämtliche Mitglieder vertreten sind und alle umstrittenen Fragen behandelt werden.

Provoziert durch Israels Projekt, Jordanwasser in die Negevwüste abzuleiten, wurde 1964 eine erste Arabische Gipfelkonferenz einberufen, die den Anstoß zur Gründung der PLO gab, und im selben Jahr noch eine zweite, die die PLO anerkannte. Gipfelkonferenzen wurden für die nächsten 15 Jahre zum wichtigsten Instrument der innerarabischen Krisenbewältigung – bis ein Gipfel 1979 nach dem ägyptisch-israelischen Friedensvertrag beschloß, Ägyptens Mitgliedschaft ruhen zu lassen. Nach Ägyptens Rückkehr in die Liga war es dann 1990 die Kuwaitkrise und nach dem zweiten Golfkrieg die Frage nach der künftigen Rolle des Irak im regionalen System, für die die Liga keine „arabische Lösung" finden konnte.

Die militärischen Organe der Liga – das 1964 gebildete „Vereinigte Arabische Militärkommando" und davor der „Gemeinsame Verteidigungsrat" (1950) – spielten und spielen kaum eine Rolle. Erhebliche praktische Bedeutung haben dagegen einige der Liga angeschlossene Nebenorganisationen wie die „Organisation der Arabischen Liga für Erziehung, Kultur und Wissenschaft" (ALESCO), die „Arabische Postunion" oder das „Arabische Institut für Erdölforschung". Als praktische Maßnahme der ersten Arabischen Gipfelkonferenz ist von 14 Ligamitgliedern der „Rat für Arabische Wirtschaftseinheit" gegründet worden, der noch 1964 einen „Gemeinsamen Arabischen Markt" beschloß – der aber nie eine greifbare Gestalt angenommen hat.

Andere vom Rat gegründete oder initiierte Instrumente intraregionaler bzw. internationaler wirtschaftlicher Zusammenarbeit (Arabischer Währungsfonds, Entwicklungsfonds, Kreditbanken, Gemeinsame Arabische Investitionsgesellschaften und eine Reihe von multilateralen Organisationen zur Förderung der industriellen und landwirtschaftlichen Entwicklung) gewannen dagegen erhebliche Bedeutung für die regionalen Entwicklungsanstrengungen. Obwohl auch sie immer wieder von Problemen der innerarabischen

Politik beeinträchtigt wurden, ist es wohl ihrer Effizienz zuzuschreiben, daß die UN-Wirtschaftskommission für Westasien (ECWA) weniger Bedeutung hat als entsprechende UN-Regionalkommissionen in Afrika und Lateinamerika.

Keine regionale, aber doch eine von Staaten der Region dominierte wirtschaftliche Interessenorganisation ist die 1960 von den damals größten Erdölproduzenten der „Dritten Welt" – Irak, Iran, Kuwait, Saudi-Arabien und Venezuela – gegründete *Organisation Erdöl-Exportierender Staaten* (OPEC), der es nach einem Jahrzehnt vergeblicher Bemühungen gelang, den Ölpreis Anfang der 70er Jahre zunächst auf etwa 3,00 US-$ pro Faß (153 l) zu steigern und dann 1973 in einer – vom arabisch-israelischen „Oktoberkrieg" zusätzlich angeheizten – dramatischen „Preisrevolution" auf das Vierfache hochzutreiben.

Von der Politik des damals erfolgreichsten Produzentenkartells in den internationalen Wirtschaftsbeziehungen profitierten auch die mit den großen arabischen Exporteuren in der *Organisation Arabischer Erdöl-Exportierender Staaten* (OAPEC) zusammengeschlossenen kleineren Produzenten. Doch obwohl der Ölpreis während der zweiten Ölkrise um 1980 bis über 30 US-$ und während der Kuwaitkrise 1990 kurzzeitig sogar über 40 US-$ pro Faß anstieg, ist das OPEC-Kartell zunehmend durch die Einzelinteressen von Mitgliedern lahmgelegt worden, die die festgelegten Quoten über- bzw. die Mindestpreise unterschritten. Ganz abgesehen davon, erwies sich der gewaltige Vermögenstransfer in die arabischen OPEC-Staaten von insgesamt über 500 Mrd. US-$ bis Ende der 70er Jahre als wenig dauerhaft: Ein Großteil wurde als Portfolioinvestition direkt im Westen angelegt; auch das übrige Geld floß vorwiegend wieder in den Westen zurück – nicht zuletzt für überdimensionierte Rüstungsausgaben.

Die klare Gliederung der islamisch-orientalischen Welt in geographische Subregionen hatte neben den panarabischen Nationalismen auch eine Reihe von regionalbezogenen politischen Bewegungen entstehen lassen. Derartige Bestrebungen (Einheit des „Fruchtbaren Halbmondes" bzw. Großsyriens; Einheit des Maghreb) haben die Unabhängigkeitsphase zunächst nicht lange überdauert – besonders nachdem in den 50er Jahren mit den radikalen republikanischen Regimen das panarabische Einigungsstreben zur dominierenden politischen Kraft in der Region wurde.

Der Zusammenschluß Ägyptens und Syriens zur *Vereinigten Arabischen Republik* (VAR) 1958–61 wurde zum Ausgangspunkt zahlreicher, bis heute jedoch nur in zwei Fällen erfolgreicher Versuche (VAE seit 1971; Jemen seit 1990), der arabischen Einheit durch die Vereinigung von Staaten oder doch zumindest durch Föderation näherzukommen. Besonders die wiederholten Versuche *Muammar al-Gaddafis*, Libyen mit seinen Nachbarstaaten – mal mit Ägypten, mal mit dem Sudan, mit Syrien, Tunesien, dem Tschad und selbst mit Malta – zu vereinigen, bleiben bestenfalls Absichtserklärungen.

Besonders hartnäckig in ihrer Vereinigungssehnsucht – oder zumindest in ihrer Rhetorik – waren die *Bath*-Regime in Syrien und im Irak und die beiden

Jemen. In Syrien und im Irak beanspruchten nach 1958 zwei konkurrierende Parteiflügel jeweils das Recht, nicht nur im eigenen Land, sondern auch für das andere die arabische Einheit zu repräsentieren. „Vereinigung" bedeutete in diesem Kontext deswegen von der Intention her immer: Ausdehnung des eigenen Machtbereichs auf das andere Land. Der Konflikt zwischen den *bath*istischen Bruderregimen machte sich an äußeren Problemen fest (Streit um die Verteilung des Euphratwassers und die Transitgebühren für das durch Syrien gepumpte irakische Öl). Da sich die Eliten in beiden Parteiflügeln bzw. beiden Staaten aber aus Minderheiten rekrutierten (schiitische Alawiten im überwiegend sunnitischen Syrien; sunnitische Araber aus der Stadt Takrit im überwiegend schiitischen Irak), die im jeweils anderen Land möglichen Korrespondenzgruppen aber eine Bevölkerungsmehrheit hatten, ging es letzten Endes um innerstaatliche Legitimitätsprobleme. Daß die Sorge vor Einmischung der anderen Seite nicht unberechtigt war, zeigte die zeitweilige Unterstützung des Kurdenaufstandes im Irak durch Syrien und die Unterstützung der syrischen *Muslimbrüder* durch den Irak.

Blieb der syrisch-irakische Konflikt unterhalb der Schwelle direkter militärischer Konfrontation, trugen die beiden jemenitischen Regime ihren Streit darüber, wie die mehrfach ausgehandelte und beschlossene „Wiedervereinigung" praktisch durchgeführt werden sollte, mehrfach mit Waffen aus. Erst als die Volksrepublik im Süden mit dem Ende des Ost-West-Konfliktes ihren wichtigsten Bundesgenossen verlor, wurde 1990 die friedliche Vereinigung der ungleichen Regime möglich. Parlamentswahlen mit einem Mehrparteiensystem im Frühjahr 1993 scheinen zu bestätigen, daß das Experiment gelungen ist.

Regionale Bündnisse entstanden nicht nur zur Verwirklichung arabischer Einheitsträume, sondern auch als Reaktion darauf. Bereits um 1960 hatte sich gegen die aggressive panarabische Politik *Nassers* und später anderer republikanischer Regime – v. a. des Irak, Libyens, Algeriens und des Südjemen – der Widerstand der Konservativen formiert, zu deren Führungsmacht Saudi-Arabien unter Kronprinz (ab 1964: König) *Faisal* aufstieg, der jahrelang im jemenitischen Bürgerkrieg (1962–69) die Monarchisten gegen die von Ägypten gestützten Republikaner unterstützte. *Faisals* Versuch, die arabischen Monarchien und Iran zu einer „Islamischen Allianz" gegen die revolutionären Bewegungen in der Region zusammenzubringen, war zwar nicht unmittelbar erfolgreich, führte jedoch später in den 70er Jahren zu einer verstärkten Zusammenarbeit der Golfstaaten, die ihren Ölreichtum für die forcierte Entwicklung ihrer Länder einsetzen wollten.

Beunruhigt durch die aggressive Politik des revolutionären Iran gründeten 1981, wenige Monate nach dem Beginn des Irakisch-Iranischen Krieges, Saudi-Arabien und die fünf kleineren arabischen Golfanrainer aus sicherheitspolitischen Erwägungen den *Golf-Kooperationsrat* (GCC), der aber von Anfang an neben militärischen auch entwicklungspolitische Aufgaben etwa in der Koordination der Industrialisierungspolitik übernahm. Da auch in den ölarmen Staaten Marokko und Jordanien in den 60er Jahren innenpolitische

Konflikte entschärft werden konnten, indem die Herrschenden wesentliche entwicklungs- und gesellschaftspolitische Zielsetzungen ihrer radikalen Gegner übernahmen, gelang es den konservativen Monarchien, die Welle der Staatsstreiche von jungen Offizieren in den 50er und 60er Jahren und die von der Islamischen Revolution in Iran ausgehenden Impulse Ende der 70er/Anfang der 80er Jahre als politische Kraft zu überstehen und sich als Regimetyp in der Region zu behaupten.

Langfristig setzte sich auch *Faisals* Gedanke durch, die religiöse Kraft des Islam in eine politische zu transformieren und sie zur Grundlage der Zusammenarbeit gegen säkularistische Tendenzen zu machen: 1969 wurde in Rabat eine erste Gipfelkonferenz islamischer Staaten durchgeführt und zwei Jahre später mit Sitz in Dschidda die *Organisation der Islamischen Konferenz* (OIC) geschaffen, der inzwischen über 40 afrikanische und asiatische Staaten angehören. In den Organen der OIC (Internationale Islamische Nachrichten-Agentur; Islamische Entwicklungsbank, Islamischer Solidaritätsfonds) hat sich die islamische Erneuerungsbewegung gut ausgestattete Instrumente geschaffen.

5.3 Auf dem Wege zu einer neuen regionalen Ordnung?

Innen- und Außenpolitik wirken als Rahmenbedingungen von Entwicklung in der Region des Nahen und Mittleren Ostens besonders intensiv aufeinander ein: Arabismus und Islam, Modernismus und Re-Traditionalisierung waren und sind strukturierende Sinnlinien eines Politikfeldes, in dem Einheitsträume und Konfrontationssehnsucht zu einem ständigen Nebeneinander und Wechsel von Kooperation und Konflikt führten. Der Reichtum der Region würde ausreichen, die Lebensbedingungen aller Menschen über die Befriedigung der Grundbedürfnisse hinaus erträglich zu gestalten. Doch nicht nur Ressourcenausstattung und naturräumliche Gegebenheiten bestimmen die Chancen, Unterentwicklung zu überwinden.

Die Bedeutung politischer Strukturen und ideologischer Ziele wird in einer Region besonders deutlich, in der Staatsgrenzen nicht mit den politischen Trennungslinien übereinstimmen – ja, in der Israel als einer der wichtigsten Akteure nicht einmal definierte und anerkannte politische Grenzen hat, sondern nur „historische Grenzen“ des zionistischen Traums sowie konkrete (Grenz-)Linien des Völkerbundmandats, des UN-Teilungsplans, der Waffenstillstandsabkommen oder auch seiner „Sicherheitszone“ im Süden des Libanon; nicht einmal der Ägyptisch-Israelische Friedensvertrag benennt die gemeinsame Grenzlinie als Staatsgrenze Israels.

Auch auf der arabischen Seite des Konflikts mit Israel zeigt sich immer wieder, wie sehr sich „innen“ und „außen“ in der Region überschneiden, weil dieser Konflikt auch zum Austragungsrahmen für innerarabische Konflikte geworden ist bzw. in solche hineingezogen wird, z. B. in den libanesischen Bürgerkrieg, in dem nicht nur mehrere arabische Staaten (Syrien, Irak, Saudi-

Arabien, Libyen, Ägypten), sondern auch die Israelis ihre Bündnispartner unter den Bürgerkriegsparteien unterstützten, das hieß in der Regel: aufrüsteten.

Die Gewichte in der Region hatten sich seit der Ölkrise 1973/74 aufgrund der gewaltigen neuen Finanzkraft der Golfstaaten bereits deutlich zu deren Gunsten verschoben. Mit dem Irakisch-Iranischen Krieg (1980–89) wurde der Golf dann vollends zum neuen Gravitationszentrum der regionalen Politik: Da Ägypten sich durch den Frieden mit Israel in der arabisch-islamischen Welt isoliert hatte, eskalierten Syrien und der Irak ihr altes Konkurrenzverhältnis zu einem Hegemonialkonflikt um die frei gewordene Position der arabischen Führungsmacht. Während Präsident *Assad* sich an die Spitze des „arabischen Kampfes gegen Israel“ stellte, Syriens Machtposition im Libanon ausbaute und zugleich die Kontrolle über die Palästinenser zu gewinnen versuchte, versprach sich *Saddam Hussein* vom Angriff auf den revolutionsgeschwächten Iran wohl einen erheblichen Machtzuwachs von einem raschen militärischen Sieg.

Beide, Syrien und der Irak, gingen jedoch am Ende des Jahrzehnts aus ihrem indirekt ausgetragenen Hegemonialkonflikt geschwächt hervor: Syrien hatte sich durch seine radikale Politik nicht nur im Westen, sondern auch in der arabischen Welt isoliert, war wirtschaftlich geschwächt und verlor mit der Auflösung der Sowjetunion seinen letzten wichtigen Partner. Der Irak war nach dem erfolglosen Krieg hoch verschuldet und durch die Kriegslasten und -zerstörungen in seinen Entwicklungsbemühungen um viele Jahre zurückgefallen. Im Konflikt mit Kuwait um die Rückzahlung von Kriegsschulden glaubte *Saddam Hussein* dann 1990, seine wirtschaftliche und strategische Stellung durch die Besetzung und Annektion Kuwaits dramatisch verbessern zu können. Damit provozierte er jedoch nur die von den USA geführte Koalition, die ihn mit dem massivsten Militäreinsatz, den die Region je erlebt hat, zur Aufgabe Kuwaits zwang.

Nach dem Ende des Ost-West-Konflikts und den gewaltigen Veränderungen in Europa bis hin zur Auflösung der Sowjetunion hatte die von Präsident *Bush* proklamierte „Neue Weltordnung“ unmittelbare Konsequenzen für die regionale Ordnung im Nahen und Mittleren Osten: Die USA hatten in der Kuwaitkrise demonstriert, daß sie als einzig verbliebene Supermacht willens und fähig sind, ihre Interessen in der Welt durchzusetzen. Nach dieser Demonstration konnte sie die Konfliktgegner im alten Nahostkonflikt – bis auf den geächteten Irak – dazu bewegen, im Herbst 1991 in Madrid mit ernsthaften Friedensverhandlungen zu beginnen.

Bei diesen Verhandlungen – die im September 1993 mit der gegenseitigen Anerkennung von Israel und PLO ihren bisherigen Höhepunkt erreichten – geht es nicht nur um den Rückzug aus besetzten Gebieten, um Anerkennung, Grenzen und Sicherheitsgarantien, sondern auch um die Rahmenbedingungen künftiger Zusammenarbeit. Dabei geht es letzten Endes auch darum, Reichtum und Entwicklungschancen in der Region besser zu nutzen und gerechter zu verteilen, also etwa einen finanziellen Ausgleich zwischen den ölreichen, aber bevölkerungsarmen Golfländern und den bevölkerungsreichen, aber ölarmen anderen Staaten zu finden sowie die Nutzung der knappen Wasserressourcen im Interesse aller zu regeln.

Eine Art *„Marshall-Plan“* zum Wiederaufbau der Region – wie er immer wieder in den politischen Diskussionen auftaucht – mag helfen, die Eigenanstrengungen der Staaten bei der Entwicklung zu stärken. Nicht minder wichtig für die politischen Rahmenbedingungen der Entwicklung wäre es allerdings, wenn künftige Konferenzen über Sicherheit und Zusammenarbeit in der Region auch die Beachtung der Menschenrechte, den Schutz der Minderheiten und eine bessere Beteiligung der Bev. an politischen Entscheidungsprozessen gemeinsam garantieren könnten.

Länderübergreifende Statistiken: Naher Osten

Tabelle I: *Fläche, Bevölkerung und Bevölkerungswachstum*

	Fläche (Tsd. qkm)	Bev. (in Mio.) 1990	Bevölkerungs-wachstum (ø) 1980-90	Prognosen[a] für das Jahr 2000	2025
Bahrain	0,7	0,5	3,7[b]	0,6	0,8
Irak	438	18,9	3,6	26	48
Iran	1648	55,8	3,6	78	166
Jemen	528	11,3	3,1	16	37
Jordanien	89	3,2	3,7	5	10
Katar	11	0,4	4,2[b]	0,5	0,8
Kuwait	18	2,1	4,4	3	4
Libanon	10	2,7	0,2[b]	..	3,9
Oman	212	1,6	4,7	2	5
Saudi-A.	2150	14,9	4,7	21	43
Syrien	185	12,4	3,6	18	35
Türkei	779	56,1	2,4	68	91
VAE	84	1,6	4,3	2	3

a in Mio.; b Zahlen für 1985-90
Quellen: Weltentwicklungsbericht 1992; Lexikon Dritte Welt 1993; Human Development Report 1992.

Tabelle II: *Urbanisierung*

	Urbanisierungs-rate (in %) 1965	1980	1990	Wachstum der Stadtbev. 1960-90[a]	Bev. der Hauptstadt[b] (in %)
Bahrain	..	81	83	4,1	..
Irak	51	72	71	5,2	13
Iran	37	50	57	5,0	12
Jemen	11	23	29	5,8	3
Jordanien	..	56	61	4,5	32
Katar	..	69	89	8,0	..
Kuwait	78	88	96	7,9	50
Libanon	50	76	84	3,8	..
Oman	4	5	11	7,5	4
Saudi-Arabien	39	67	77	7,6	13
Syrien	40	50	50	4,5	17
Türkei	34	47	61	4,9	5
VAE	41	72	78	12,5	..

a im jährlichen Durchschnitt; b in % der Gesamtbevölkerung
Quellen: Weltentwicklungsbericht 1992; Human Development Report 1992.

Tabelle III: *BIP und BSP pro Kopf*

	BIP (in Mio. US-$) 1980	BIP (in Mio. US-$) 1990	BSP pro Kopf (in US-$) 1980	BSP pro Kopf (in US-$) 1990
Bahrain	..	..	5560	6380[a]
Irak	35810	..	3020	..
Iran	..	116040	..	2490
Jemen[c]	..	6690	415	<500[b]
Jordanien	2190	3330	1420	1240
Katar	..	..	26080	15860
Kuwait[c]	27290	23540	19830	16160
Oman[c]	..	7700	4380	5220
Saudi-Arabien[c]	115430	80890	11260	7050
Syrien[c]	12900	14730	1340	1000
Türkei	53820	96500	1470	1630
VAE	30020	28270	26850	19860

[a] 1989; [b] Schätzung der Weltbank; [c] BIP zu Preisen von 1980 und 1990

Quellen: Weltentwicklungsbericht 1982, 1983, 1992.

Tabelle IV: *Wachstumsraten*

	Durchschn. jährliche Wachstumraten 1980-90				
	BIP	Landwirtschaft	Industrie	Ver. Ind.	Dienstleistungen
Iran	2,5	4,0	3,4	0,3	1,1
Kuwait	0,7	18,8	1,0	-0,2	0,6
Oman	12,8	5,1	13,7	27,0	10,5
Saudi-A.	-1,8	14,6	-4,4	8,8	-0,3
Syrien	2,1	-0,6	6,8	..	1,6
Türkei	5,1	3,0	6,2	7,2	5,2
VAE	-4,5	9,3	-8,7	2,7	3,7

Quelle: Weltentwicklungsbericht 1992.

Tabelle V: *Wirtschaftsstruktur (BIP-Anteile in %)*

	Landwirtschaft 1965	Landwirtschaft 1990	Industrie 1965	Industrie 1990	Ver. Ind. 1990	Dienstleistungen 1965	Dienstleistungen 1990
Iran	26	21	36	21	8	38	58
Jemen	..	22	..	28	8	..	47
Jordanien	..	8	..	26	12	..	66
Kuwait	0	1	70	56	9	29	43
Oman	61	3	23	80	4	16	18
Saudi-Arabien	8	8	60	45	9	31	48
Syrien	29	28	22	22	..	49	50
Türkei	34	18	25	33	24	41	49
VAE	..	2	..	55	9	..	43

Quelle: Weltentwicklungsbericht 1992.

Tabelle VI: *Entwicklung des Außenhandels*

	Durchschn. jährliche Wachstumsraten Export 1980-90	Import 1980-90	Terms of Trade 1975=100 1980	1987=100 1985	1990
Iran	21,1	8,0	192	160	72
Jordanien	10,3	-0,5	59	95	112
Kuwait	-11,1	-5,7	171	175	77
Saudi-Arabien	-9,7	-10,0	165	176	92
Syrien	8,7	-8,3	120	125	87
Türkei	9,1	7,0	91	82	98

Quelle: Weltentwicklungsbericht 1992.

Tabelle VII: *Produktion von Erdöl (in Mio. t)*

	1980	1982	1984	1986	1988	1990
Bahrain	2,4	2,2	2,0	2.1	2,1	2,1
Irak	130,2	49,2	60,3	85.4	127,4	98,2
Iran	73,7	119,8	109,3	94.5	112,5	155,3
Jemen	-	-	-	0.3	7,1	8,5
Katar	22,4	16,3	20,2	16.6	16,9	21,2
Kuwait	71,5	34,9	48,9	62.3	66,6	52,7
Oman	14,4	16,2	21,0	28.0	29,8	32,9
Saudi-A.	493,0	327,9	233,0	251.2	256,5	327,1
Syrien	8,3	8,2	9,4	9.3	14,1	22,9
VAE	82,8	61,0	55,5	65.8	72,5	101,9

Quellen: Energy Statistics Yearbook 1987/1991; Statistical Review of World Energy 1992.

Tabelle VIII: *Rohölpreise (Spot) in US-$ pro Barrel*[a]

Jahr	1. Quartal	2. Quartal	3. Quartal	4. Quartal
1980	36,58	35,52	33,30	38,63
1981	37,32	33,58	32,06	33,73
1982	34,00	30,40	28,20	32,48
1983	29,50	28,40	28,93	28,43
1984	28,53	28,40	27,45	27,50
1985	27,71	27,40	27,08	27,80
1986	23,65	11,08	10,26	13,71
1987	16,83	16,96	17,30	16,98
1988	15,05	14,18	13,66	11,28
1989	14,74	16,98	15,46	15,85
1990	16,68	14,05	23,53	27,58
1991	16,29	15,48	16,79	17,39
1992	15,31	17,61	18,18	..

[a] ab 1986 Dubai-Preise
Quelle: Verband der Mineralölwirtschaft/Hamburg.

Tabelle IX: *Einnahmen aus Erdölexport (in Mio. US-$)*

	1970	1974	1980	1986	1990
Irak	1031	6505	9685	6665	8863
Iran	1830	19506	27948	5514	16950
Katar	237	1979	5387	1666	2460
Kuwait	1245	9082	14120	3965	2541
Oman	205	1201	3281	2486	4703
Saudi-A.	2018	33536	103148	24724	33971
Syrien	33	432	1334	336	1465
VAE	532	6931	19454	6204	13227

Quellen: UNCTAD: Commodity Yearbook 1988/1992.

Tabelle X: *Exportstruktur (Exportanteile von Brennstoffen, Nahrungsmitteln und Fertigwaren in %)*

	Brennstoffe		Nahrungsmittel		Fertigwaren	
	1970	1989	1970	1989	1970	1989
Irak	94,6	98,7	3,0	0,7	1,0	0,2
Iran	88,6	84,0	2,6	0,8	4,0	2,3
Jordanien	-	0,1[a]	57,4	9,9[a]	16,2	44,8[a]
Katar	96,5	70,0	0,7	-	2,4	17,4
Kuwait	94,0	84,1	1,0	1,1	4,7	13,7
Oman	99,5	88,9	0,4	2,2	-	5,7
Saudi-A.	99,7	93,4	0,1	0,4	0,1	4,7
Syrien	16,7	35,2	27,4	11,6	10,9	44,0
Türkei	0,6	2,2	49,3	22,9	8,9	65,8
VAE	97,8	84,5[a]	0,5	1,9[a]	-	11,5[a]

[a] 1988

Quelle: Handbook of International Trade and Development Statistics 1991 (UNCTAD).

Tabelle XI: *Richtung der Exporte (Anteile in %)*

	Industrieländer		Entwicklungsländer		Sonstige Länder[a]	
	1985	1990	1985	1990	1985	1990
Bahrain	25	25	56	54	18	19,6
Irak	54	61	45	38	0,1	0,1
Iran	60	68	39	31	0,1	0,1
Jordanien	6	6	79,4	91	13	..
Katar	78,6	63,9	19,1	33,1	2	2
Kuwait	52	51	41	43,2	5	5
Libanon	25,5	40,3	74,3	59,6	0	0
Oman	65,9	18,7	27,8	81,2	6	0
Saudi-A.	60	63,2	36,8	31,2	2	..
Syrien	46	43	33,9	22	19,9	34
Türkei	51,6	66,7	45,8	20,9	2	12,2
VAE	55	49,3	19,1	31,3	25	19,3

[a] inkl. unbekannte Bestimmungsorte

Quelle: Direction of Trade Statistics 1992.

Tabelle XII: *Handels- und Zahlungsbilanz – Gastarbeiterüberweisungen (in Mio. US-$)*

	Handelsbilanz		Überweisungen[a]		Zahlungsbilanz	
	1980	1990	1980	1990	1980	1990
Bahrain	618[b]	420	-107[b]	-253	429[b]	245
Iran	1450	..	..	..	-2438	-1868[c]
Jemen	-1926[d]	-677[c]	+1116[d]	+264[c]	-607[d]	-579[c]
Jordanien	-2127[d]	-230	+1082[d]	+611	-333[d]	-115
Kuwait	3008[d]	5637[e]	-875[d]	-1283[e]	4873[d]	9589[e]
Oman	1895	2969	-397	-884	942	1095
Saudi-A.	81942[b]	22806	-5348[b]	-11602	39627[b]	-4267
Syrien	-1633[d]	2159	+411[d]	+375	-250[d]	1827
Türkei	-2628[d]	-9555	+2140[d]	+3246	-952[d]	-2625

[a] von ausländischen Arbeitsmigranten (-) bzw. Gastarbeitern im Ausland (+); [b] 1981; [c] 1988; [d] 1982; [e] 1989
Quellen: IMF: Balance of Payments Statistics 1990, 1992.

Tabelle XIII: *Auslandsschulden (in Mio. US-$)*

	Gesamtschulden		Schuldendienst[a]		Schulden/BSP[b]	
	1980	1990	1980	1990	1980	1990
Iran	4508	9021	..	..	..	..
Jemen	1684	6235	4,5	8,2	..	69,3[c]
Jordanien	1977	7678	8,4	24,6	79,2	265,8
Libanon	491	1932	..	..	..	..
Oman	599	2484	6,4	13,0	11,2	39,0[c]
Syrien	3549	16446	11,4	26,9	27,1	118,1
Türkei	19119	49149	28,0	28,2	34,3	46,3

[a] in % der Exporterlöse (Schuldendienstquote); [b] Verhältnis von Gesamtschulden zum BSP in %; [c] 1989
Quelle: World Debt Tables 1992-93.

Tabelle XIV: *Daten zum Gesundheitswesen*

	Einwohner pro Arzt		Säuglingssterblichkeit/Tsd.		Lebenserwartung bei Geburt[a]	
	1965	1984	1965	1989	1965	1990
Irak	5000	1740	119	65	52	63,5
Iran	3890	2840	152	88	52	63
Jemen	31580	..	194	124	40	48,5
Jordanien	2710	860	..	51	50,5	67,5
Kuwait	790	640	64	14	63	74
Oman	23790	1700	191	33	44	66
Saudi-A.	9400	730	148	65	58,5	64,5
Syrien	5400	1250	114	43	52,5	66
Türkei	2900	1390	169	60	53,5	66,5
VAE	..	1020	103	23	70,5	76,5

[a] in Jahren

Quelle: Weltentwicklungsbericht 1992.

Tabelle XV: *Daten zum Erziehungswesen*

	Alphabetenquote bei Erwachsenen		Einschulungsraten in % der Altersgruppen: Primarschulen		Sekundarschulen	
	1977	1990	1965	1989	1965	1989
Irak	24	60	74	96	28	47
Iran	50	54	63	109	18	53
Jemen	30	38	13	..	3	..
Jordanien	70	80	95	..	38	..
Kuwait	60	63	116	100	52	90
Libanon	79	80	106	..	26	..
Oman	..	..	..	102	..	48
Saudi-A.	16	62	24	76	4	46
Syrien	58	64	78	108	28	54
Türkei	60	81	101	112	16	51
VAE	..	..	..	111	..	64

Quelle: Weltentwicklungsbericht 1992.

Länderübergreifende Bibliographie: Naher Osten/Islam

Die Literatur zu den einzelnen Ländern ist am Ende der Länderbeiträge, regionalspezifische Literatur zu Nordafrika/Maghreb auf S. 119 ff. zu finden. Diese Bibliographie wurde durch *H. Mattes* und *S. Graneick* (Hamburg) erstellt. Vgl. zur Ergänzung die Bibliographie in HDW II.

I. Periodika – Datensammlungen – Gesamtdarstellungen

I.1 Wichtige Regionalzeitschriften

Aktueller Informationsdienst Moderner Orient 1975 ff. (Deutsches Orient Institut), Hamburg (14täglich).
Arabies 1987 ff., Paris (monatlich).
Der Islam 1963 ff., Hamburg.
Deutsches Übersee-Institut. Übersee-Dokumentation. Referat Vorderer Orient 1985 ff.: Ausgewählte neuere Literatur, Hamburg (vierteljährlich).
Egypte. Monde Arabe 1990 ff., CEDEJ, Kairo (vierteljährlich).
International Journal of Middle East Studies 1970 ff., London.
Islam today 1985 ff., ISESCO, Rabat (jährlich).
Islamic Studies 1962 ff., Karachi (vierteljährlich).
Journal of Arab Affairs 1981 ff., Fresno (Calif.).
Journal of Economic Cooperation among Islamic Countries 1980 ff. (OIK), Ankara (vierteljährlich).
Journal of the Gulf and Arabian Peninsula Studies 1975 ff., Kuwait.
Journal of Palestine Studies 1971 ff., Beirut/Washington, D. C.
Les Cahiers de l'Orient 1986 ff., Paris (vierteljährlich).
Middle East Economic Digest 1969 ff., London (wöchentlich).
Middle East Economic Survey 1967 ff., Nikosia (wöchentlich).
Middle East International 1981 ff., London (14täglich).
Middle East Journal 1957 ff., Washington (vierteljährlich).
Middle East Policy (bis 1991: American-Arab Affairs) 1982 ff., Washington D. C. (vierteljährlich).
Middle East Report, 1970 ff., Washington D. C. (vierteljährlich).
Middle Eastern Studies 1966 ff., London (vierteljährlich).
Middle East Yearbook 1979 ff., London.
Monde Arabe. Maghreb-Machrek 1964 ff., Paris (vierteljährlich).
Monitor-Dienst, Deutsche Welle (Serie Nahost), Köln (täglich).
Oil and Arab Cooperation 1974 ff., (OAPEC) Kuwait (vierteljährlich).
OPEC Bulletin 1972 ff., Wien (monatlich).
Orient 1960 ff., Hamburg/Opladen (vierteljährlich).
Summary of World Broadcasts, BBC, Part 4: Middle East, Africa, Latin America, London (täglich).
The Maghreb Review 1976 ff., London.
The Middle East and North Africa 1971 ff., London (jährlich).
The Middle East (Magazine) 1973 ff., London (monatlich).
Welt des Islams 1961 ff., Leiden (jährlich).

I.2 Datensammlungen

BfAI: Lfd. Berichte über Länder und Regionen.
FAO: Trade Yearbook; Production Yearbook (lfd. Jge.).
Fischer Weltalmanach (jährlich).
ILO: Yearbook of Labor Statistics (lfd. Jge.).
IMF: Balance of Payments Yearbook; International Financial Statistics; Direction of Trade Statistics; Yearbook of National Account Statistics (lfd. Jge.).
OPEC: Annual Statistic Bulletin; Annual Report (lfd. Jge.)
Stat. Bundesamt: Statistik des Auslands, Länder- und Länderkurzberichte.
UN: Statistical Yearbook; Demographic Yearbook; International Trade Statistics; Yearbook of National Account Statistics (lfd. Jge.).
UNDP 1990 ff.: Human Development Report, New York/Oxford (jährlich).
UNESCO: Statistical Yearbook (lfd. Jge.).
Weltbank: World Bank Atlas; Weltentwicklungsbericht (lfd. Jge.).

I.3 Gesamtdarstellungen – Lexika – Handbücher – Bibliographien

Adams, M. (Hrsg.) 1988: The Middle East, Oxford.
Anthony, J. D. 1976: Arab States of the Lower Gulf: People, Politics, Petroleum, Washington.
Berger, J./Büttner, F./Spuler, B. 1987: Nahost-Ploetz: Geschichte der arabisch-islamischen Welt zum Nachschlagen, Freiburg (u. a.).
Blake, G. (u. a.) 1987: The Cambridge Atlas of the Middle East & North Africa, Cambridge.
Boustani, R./Fargues, Ph. 1990: Atlas du Monde Arabe, Paris.
Brice, W. C. (Hrsg.) 1981: An Historical Atlas of Islam, Leiden.
Bustros, G. M. 1993: Who's who in the Arab World, München.
Clements, F. A. 1992: Arab Regional Organizations. International Organizations Series, New Brunswick, N. J.
Cottrell, A. J. (Hrsg.) 1980: The Persian Gulf States. A General Survey, Baltimore/London.
Drysdale, A./Blake, G. H. 1985: The Middle East and North Africa: A Political Geography, New York/Oxford.
Ehlers, E. 1990: Der islamische Orient: Grundlagen zur Länderkunde eines Kulturraumes, Köln.
(The) Encyclopaedia of Islam, Leiden 1960 ff. (New Edition); bislang 8 Bände.
Gebhardt, M. 1991: Institutionen der gegenwartsbezogenen Orient-Forschung und -Information in der Bundesrepublik Deutschland und Berlin (West), Hamburg.
Gresh, A./Vidal, D. 1990: An A to Z of the Middle East, London.
Hansen, G. 1990: Massenmedien im Kontext der politischen und gesellschaftlichen Entwicklung des Vorderen Orients. Eine Auswahlbibliographie (seit 1980), Hamburg.
Hansen, G./Otto, I./Preisberg, R. D. (Hrsg.) 1976: Wirtschaft, Gesellschaft und Politik der Staaten der Arabischen Halbinsel. Eine bibliographische Einführung, Hamburg.
Hartmann, A./Schliephake, K. (Hrsg.) 1991: Angewandte interdisziplinäre Orientforschung. Stand und Perspektiven im westlichen und östlichen Deutschland, Hamburg.
Held, C. C. 1988: Middle East Patterns: Place, People and Politics, Boulder/Col.
Hornung, K. 1991: Krisenherd Naher Osten: Geschichte – Fakten – Hintergründe, Weinheim/Basel.
Hughes, J./Unger, M. (Hrsg.) 1991: Unsere Welt heute: Nordafrika und Arabische Halbinsel, London/Gütersloh.
Izzard, M. 1979: The Gulf, London.
Khoury, A. T. (u. a.) 1991: Islam-Lexikon: Geschichte, Ideen, Gestalten, Freiburg.

Koszinowski, Th./Mattes, H. (Hrsg.) 1987 ff.: Nahost-Jahrbuch. Politik, Wirtschaft und Gesellschaft in Nordafrika und dem Nahen und Mittleren Osten, Opladen (jährlich).
Kreiser, K./Diem, W./Majer, H.-G. (Hrsg.) 1974: Lexikon der Islamischen Welt, Stuttgart.
Kreiser, K./Wielandt, R. (Hrsg.): Lexikon der Islamischen Welt, Stuttgart.
Legum, C./Shaked, H. 1976 ff.: Middle East Contemporary Survey, Boulder/Col./Oxford (jährlich).
Littlefield, D. W. 1977: The Islamic Near East and North Africa. An Annotated Guide to Books in English for Non-specialists, Littleton.
Long, D. E. 1976: The Persian Gulf. An Introduction to its People, Politics and Economics, Boulder/Col.
Mensching, H./Wirth, E. (Hrsg.) 1989: Nordafrika – Vorderasien (= Fischer Länderkunde 4), Stuttgart.
Mielke, S. (Hrsg.) 1983: Internationales Gewerkschaftshandbuch, Opladen.
Miles, S. B. 1966: The Countries and Tribes of the Persian Gulf, London.
Nodinot, J.-F. 1992: 22 états arabes, une nation, Paris.
Nohlen, D./Nuscheler, F. (Hrsg.) 1993: Handbuch der Dritten Welt, Bde. 4 und 5, Bonn.
Otto, I./Schmidt-Dumont, M. 1987: Die kleinen arabischen Golfstaaten. Eine bibliographische Einführung in Wirtschaft, Politik und Gesellschaft, Hamburg.
Otto, I./Schmidt-Dumont, M. 1989: Frauenfragen im Modernen Orient. Eine Ergänzungsbibliographie, Hamburg.
Otto, I./Schmidt-Dumont, M. 1990: Der Nahostkonflikt seit Ausbruch der Intifada. Eine Auswahlbibliographie, Hamburg.
Otto, I./Schmidt-Dumont, M. 1991: Menschenrechte im Vorderen Orient. Eine Auswahlbibliographie, Hamburg.
Otto, I./Schmidt-Dumont, M. 1993: Der Golfkrieg (1990/91). Eine Auswahlbibliographie, Hamburg.
Pfetsch, F. R. (Hrsg.) 1991: Konflikte seit 1945 – Die Arabisch-Islamische Welt, Freiburg/Würzburg.
Planhol de, X. 1993: Les Nations du prophète. Manuel géographique de politique musulmane, Paris.
Rathmann, L./Voigt, M. (Hrsg.) 1988: Arabische Staaten. Bilanz, Probleme, Entwicklungstendenzen, Berlin/Ost.
Reich, B. (Hrsg.) 1990: Political Leaders of the Contemporary Middle East and North Africa: A Biographical Dictionary, New York.
Ritter, W. 1978: Die Arabische Halbinsel, Buchenhain.
Ronart, S./Ronart, N. 1972: Lexikon der Arabischen Welt, Zürich/München.
Scholz, F. 1985: Die Golfstaaten. Wirtschaftsmacht im Krisenherd, Braunschweig.
Scholz, F. 1985: Die kleinen Golfstaaten: Reichtum und Unterentwicklung – ein Widerspruch?, Stuttgart.
Shimoni, Y. (Hrsg.) 1988: Political Dictionary of the Arab World, London.
Shimoni, Y. (Hrsg.) 1991: Biographical Dictionary of the Middle East, Oxford.
Sinclair, St. W. 1987: Middle East Economic Handbook, London.
Steinbach, U./Ende, W. (Hrsg.) ²1989: Der Islam in der Gegenwart. Entwicklung und Ausbreitung. Staat, Politik und Recht. Kultur und Religion, München.
Steinbach, U./Hofmeier, R./Schönborn, M. (Hrsg.) 1993: Politisches Lexikon Nahost, München.
Steinbach, U./Robert, R. (Hrsg.) 1988: Der Nahe und Mittlere Osten: Politik, Gesellschaft, Wirtschaft, Geschichte, Kultur, 2 Bände, Opladen.
Stewig, R. 1977: Der Orient als Geosystem, Opladen.
Valmont, A. (Hrsg.) 1989 ff.: Economie et stratégie du monde arabe et musulman, Montrouge (jährlich).

Wohlfahrt, E. 1980: Die Arabische Halbinsel. Länder zwischen Rotem Meer und Persischem Golf, Berlin (u. a.).
Ziring, L. ²1992: The Middle East Political Dictionary, Santa Barbara/Cal.

II. Geschichte – Kulturgeschichte – „arabische Welt"

Aburish, S. 1993: The Forgotten Faithful: The Christians of the Holy Land, London.
Ali, K. 1979: A Study of Islamic History, Lahore.
Ali, W. (Hrsg.) 1989: Contemporary Art from the Islamic World, Buckhurst Hill, Essex.
Antonius, G. ²1961: The Arab Awakening, London.
Bergé, M./Berque, J. 1978: Les Arabes, Paris.
Bianca, St. 1991: Hofhaus und Paradiesgarten: Architektur und Lebensformen in der islamischen Welt, München.
Brentjes, B. 1971: Die Araber. Geschichte und Kultur, Wien/München.
Chaline, C. 1990: Les villes du monde arabe, Paris.
Colloque 1989: Les chrétiens du Monde Arabe. Préface Pierre Rondot, Paris.
Coulsen, N. J. A. 1971: A History of Islamic Law, Edinburgh.
Cragg, K. 1992: The Arab Christian: A History in the Middle East, London.
Eickelman, D. F. 1989: The Middle East: an Anthropological Approach, Englewood Cliffs, N. J.
Ende, W. 1977: Arabische Nation und islamische Geschichte, Beirut.
Faath, S./Mattes, H. (Hrsg.) 1989: Geschichtsschreibung und Identität im Maghreb. Wuqûf. Beiträge zur Entwicklung von Staat und Gesellschaft in Nordafrika, Bd. 3, Hamburg.
Fraser, Th. G. 1980: The Middle East, 1914–1979, London.
Gulick, J. 1983: The Middle East. An Anthropological Perspective, London.
Haarmann, U. (Hrsg.) 1987: Geschichte der arabischen Welt, München.
Hayes, J. R. (Hrsg.) 1976: The Genius of Arab Civilization, London.
Heine, P. 1989: Ethnologie des Nahen und Mittleren Ostens. Eine Einführung, Berlin.
Hourani, A. 1992: Die Geschichte der arabischen Völker, Stuttgart.
Ismael, T. Y. (Hrsg.) 1990: Middle East Studies. International Perspectives on the State of the Art, New York/London.
Kühnel, E. 1962: Die Kunst des Islam, Stuttgart.
Lapidus, I. M. 1989: A History of Islamic States, Cambridge.
Lerch, W. G. 1992: Halbmond, Kreuz und Davidstern. Nationalität und Religionen im Nahen und Mittleren Osten, Frankfurt/M.
Mansfield, P. 1977: The Arabs, London.
Nippa, A. 1991: Haus und Familie in arabischen Ländern: Vom Mittelalter bis zur Gegenwart, München.
Planhol de, X. 1975: Kulturgeographische Grundlagen der islamischen Geschichte, Zürich/München.
Rathmann, L. (Hrsg.) 1971 ff. Geschichte der Araber, 6 Bände, Berlin.
Rodinson, M. 1981: Die Araber, Frankfurt/M.
Salibi, K. 1980: A History of Arabia, Delmar.
Steinbach U. (Hrsg.) 1992: Arabien. Mehr als Erdöl und Konflikte, Opladen.
Taeschner, F. 1964: Geschichte der arabischen Welt, Stuttgart.
Triki, F. 1992: L'esprit historien dans la civilisation arabe et islamique, Paris.
Vucinich, W. S. 1979: The Ottoman Empire. Its Record and Legacy, Huntington.

II.1 Islam – „Re-Islamisierung“ – kultureller Wandel

Antes, P. 1982: Ethik und Politik im Islam, Stuttgart.

Ayoob, M. (Hrsg.) 1981: The Politics of Islamic Reassertion, London.

Ayubi, N. N. 1991: Political Islam. Religion and Politics in the Arab World, London.

Barreau, J.-C. 1992: Die unerbittlichen Erlöser. Vom Kampf des Islam gegen die moderne Welt, Reinbek.

Buchholz, A. (Hrsg.) 1980: Im Namen Allahs, Frankfurt/M.

Choueiri, Y. M. 1990: Islam Fundamentalism, London.

Duran, K. 1985: Islam und politischer Extremismus, Hamburg.

Endreß, G. 1991: Der Islam. Eine Einführung in seine Geschichte, München.

Esposito, J. L. (Hrsg.) 1980: Islam and Development. Religion and Sociopolitical Change, New York.

Ferjani, M. C. 1991: Islamisme, laïcité et droits de l'homme: un siècle de débat sans cesse reporté au sein de la pensée arabe contemporaine, Paris.

Fischer-Barnicol, H. A. 1980: Die Islamische Revolution. Die Krise einer religiösen Kultur als politisches Problem, Stuttgart.

Göbel, K.-H. 1984: Moderne schiitische Politik und Staatsidee, Hamburg.

Grunebaum, G. F. (Hrsg.) 1971: Islam II (= Fischer Weltgeschichte, Bd. 15), Frankfurt/M.

Haarmann, M. (Hrsg.) 1992: Die Welt des Islam. Ein Lesebuch, München.

Halm, H. 1988: Die Schia, Darmstadt.

Hippler, J./Lueg, A. (Hrsg.) 1993: Feindbild Islam, Hamburg.

Holt, P. M. u. a. (Hrsg.) 1970: The Cambridge History of Islam, 2 Bände, Cambridge.

Hottinger, A. 1989: Die Araber vor ihrer Zukunft. Geschichte und Problematik der Verwestlichung, Paderborn.

Hottinger, A. 1993: Islamischer Fundamentalismus, Paderborn.

Hunter, S. T. (Hrsg.) 1988: The Politics of Islamic Revivalism. Diversity and Unity, Bloomington.

Jansen, G. H. 1979: Militant Islam, London.

Kepel, G. 1990: Intellectuels militants de l'Islam contemporain, Paris.

Kepel, G. 1991: Die Rache Gottes. Radikale Moslems, Christen und Juden auf dem Vormarsch, München.

Khalid, D. 1982: Re-Islamisierung und Entwicklungspolitik (Forschungsberichte des BMZ, Bd. 30), München/Köln/London.

Khoury, A. T. 1988: So sprach der Prophet. Worte aus der islamischen Überlieferung, Gütersloh.

Khoury, A. T. 1990/1991: Der Koran. Arabisch-Deutsch: Übersetzung und wissenschaftlicher Kommentar, 2 Bände, Gütersloh.

Khuri, R. I. 1990: Imamas and Emirs: State, Religion and Sects in Islam, London.

Klemm, V./Hörner, K. (Hrsg.) 1993: Das Schwert des „Experten“. Peter Scholl-Latours verzerrtes Araber- und Islambild, Heidelberg.

Landau, J. M. 1990: The Politics of Pan-Islam: Ideology and Organisation, Oxford.

Laroui, A. 1976: The Crisis of the Arab Intellectual, Berkeley/London.

Lewis, B. 1991: Die politische Sprache des Islam, Berlin.

Lüders, M. (Hrsg.) 1992: Der Islam im Aufbruch? Perspektiven der arabischen Welt, München.

Mernissi, F. 1989: Der politische Harem. Mohammed und die Frauen, Frankfurt/M.

Mernissi, F. 1991: Die Sultanin. Die Macht der Frauen in der Welt des Islam, Frankfurt/M.

Nagel, T. 1983: Der Koran. Einführung – Texte – Erläuterungen, München.

Na'im, A. A. A. 1990: Toward an Islamic Reformation: Civil Liberties, Human Rights and International Law, New York.

Paret, R. (Hrsg.) 1979: Der Koran. Deutsche Übersetzung, Stuttgart.
Piscatori, J. (Hrsg.) 1991: Islamic Fundamentalisms and the Gulf Crisis, Chicago.
Richard, Y. 1991: L'islam chi'ite. Croyances et idéologies, Paris
Riesebrodt, M. 1990: Fundamentalismus als patriarchalische Protestbewegung, Tübingen.
Rodinson, M. 1986: Islam und Kapitalismus, Frankfurt/M.
– 1975: Mohammed, Frankfurt/Luzern.
Rotter, G. 1992: Allahs Plagiator. Die publizistischen Raubzüge des „Nahostexperten" Gerhard Konzelmann, Heidelberg.
Said, E. W. 1978: Orientalism, London.
Saqqaf, A. (Hrsg.) 1987: The Middle East City. Ancient Traditions Confront a Modern World, New York.
Schimmel, A. (Hrsg.) 1990: Der Islam. Islamische Kultur – Zeigenössische Strömungen – Volksfrömmigkeit, Stuttgart.
Schulze, R. 1990: Islamischer Internationalismus im 20. Jahrhundert, Leiden.
– 1991: Vom Antikommunismus zum Antiislamismus. Der Kuwaitkrieg als Fortschreibung des Ost-West-Konflikts, in: Peripherie Nr. 41, 5–12.
Schuon, F. 1988: Den Islam verstehen: eine Einführung in die innere Lehre und die mystische Erfahrung einer Weltreligion, München.
Schwarz, J. (Hrsg.) 1993: Der politische Islam. Intentionen und Wirkungen, Paderborn.
Serauky, E. 1990: Geschichte des Islam, Berlin.
Serauky, E. 1993: Geschichte der arabischen Philosophie, Bd. 1, 2 Bände, Münster.
Sisk, T. 1992: Islam and Democracy: Religion, Politics and Power in the Middle East, Washington, D. C.
Sivan, E. 1985: Radical Islam, London.
Stauth, G'. 1993: Islam und westlicher Rationalismus, Frankfurt/New York.
Steinbach, U. 1993: Der Islam und die Krise der islamischen Welt (= Informationen zur politischen Bildung, Nr. 194), Bonn.
Tibi, B. 1981: Die Krise des modernen Islam. Eine vorindustrielle Kultur im wissenschaftlich-technischen Zeitalter, München.
Tibi, B. 1985: Der Islam und das Problem der kulturellen Bewältigung sozialen Wandels, Frankfurt/M.
Tibi, B. 1987: Vom Gottesreich zum Nationalstaat: Islam und panarabischer Nationalismus, Frankfurt/M.
Tibi, B. 1992: Islamischer Fundamentalismus, moderne Wissenschaft und Technologie, Frankfurt/M.
Tibi, B. 1992: Die fundamentalistische Herausforderung. Der Islam und die Weltpolitik, München.
Watt, W. M. 1978: Muhammed. Prophet and Statesman, Oxford.
– 1979: Islamic Philosophy and Theology, Edinburgh.
Wielandt, R. 1971: Offenbarung und Geschichte im Denken moderner Muslime, Wiesbaden.

II.2 Sozialstruktur – sozialer Wandel

Abu Nasr, J./Khory, N. F./Azzam, H. T. 1985: Women, Employment and Development in the Arab World, Berlin/New York/Amsterdam.
Beaugé, G./Büttner, F. (Hrsg.) 1991: Les migrations dans le monde arabe, Paris.
Bourgey, A. (Hrsg.) 1982: Industrialisation et changements sociaux dans l'Orient arabe, Beyrouth.

Brown, K. (et al.) 1989: Etat, ville et mouvements sociaux au Maghreb et au Moyen-Orient, Paris.
Clarke, J. I./Fisher, W. B. (Hrsg.) 1972: Populations of the Middle East and North Africa, London.
Femmes et pouvoir 1989: Sondernummer der Zeitschrift Peuples Méditerranéens, Paris, Nr. 48/49, Juli–Dezember 1989.
Glavanis, K./Glavanis P. 1990: The Rural Middle East: Peasant Lives and Modes of Production, London.
Hazen, W. u. a. 1975: Middle Eastern Subcultures, Lexington/Mass.
Hijab, N. 1988: Womanpower: the Arab debate on women at work. Cambridge (u. a.).
Ibrahim, H. (Hrsg.) 1983: Arab Resources. The Transformation of a Society, London.
Jabbra, J. G. (Hrsg.) 1992: Women and Development in the Middle East and North Africa, Leiden.
Jabbra, J. G. (Hrsg.) 1989: Bureaucracy and Development in the Arab World, Leiden.
Khoury, P. S./Kostiner, J. 1991: Tribes and State Formation in the Middle East, London.
Massialas, B. G./Jarrar, S. A. 1991: Arab Education in Transition: A Sourcebook, New York.
Mernissi, F. 1992: Die Angst vor der Moderne. Frauen und Männer zwischen Islam und Demokratie, Hamburg.
Minces, J. 1992: Verschleiert – Frauen im Islam, Reinbek.
Niblock, T. (Hrsg.) 1980: Social and Economic Development in the Arab Gulf, London.
Scheffler, T. 1989: Ethnisch-religiöse Konflikte und gesellschaftliche Integration im Vorderen und Mittleren Orient, Berlin.
Scholz, F. 1991: Nomaden: Mobile Tierhaltung. Zur gegenwärtigen Lage von Nomaden und zu Problemen und Chancen mobiler Tierhaltung, Berlin.
Scholz, F./Janzen, J. (Hrsg.) 1982: Nomadismus – Ein Entwicklungsproblem?, Berlin.
Sciences Sociales Sociétés Arabes 1991: Sondernummer der Zeitschrift Peuples mediterranéens Nr. 54–55, 1991, Paris.
Serebrov, S. N. 1981: Social Structure of Some Arabian Gulf States, Basra.
Shaaban, B. 1988: Both Right and Left Handed: Arab Women Talk about Their Lives, London.
Stauth, G./Zubaida, S. (Hrsg.) 1987: Mass Culture, Popular Culture and Social Life in the Middle East, Frankfurt/M.
Toubia, N. (Hrsg.) 1988: Women of the Arab World. The Coming Challenge, London.

III. Wirtschaft – Entwicklungspolitik – Rolle des Erdöls – OPEC

Achili, M./Khaldr, M. (Hrsg.) 1984: The Role of the Arab Development Funds in the World Economy, London/Sydney.
Aliboni, R. (Hrsg.) 1979: Arab Industrialisation and Economic Integration, London.
Almulhim, M. bin A. L. 1991: Middle East Oil: A Redistribution of Values Arising from the Oil Industry' Lanham/Md.
Amerah, M. S. 1990: Major Employment Issues in Some Arab Countries, Amman.
Attiga, A. A. 1987: The Arabs and the Oil Crisis 1973–1986, Safat, Kuwait.
Barkey, H. (Hrsg.) 1993: The Politics of Economic Reform in the Middle East, New York.
Beaugé, G. (Hrsg.) 1990: Les capitaux de l'Islam, Paris.
Beblawi, H./Luciani, G. (Hrsg.) 1987: The Rentier State, London.
Birks, J. S./Sinclair C. A. 1980: Arab Manpower: The Crisis of Development, London.
Boogaerde van den, P. 1991: Financial Assistance from Arab Countries and Arab Regional Institutions, Washington, D. C.

Choudhury, M. A./Malik, U. A. 1992: The Foundations of Islamic Political Economy, New York.
Deutsche BP 1989: Das Buch vom Erdöl, Hamburg.
Dicke, H./Glisman, H. H. 1986: Industrialisierungsbemühungen arabischer OPEC-Staaten: Rückwirkungen auf die Bundesrepublik, Tübingen.
El-Naggar, S. 1989: Privatization and Structural Adjustment in the Arab Countries, Washington, D. C.
Engdahl, F. W. 1992: Mit der Ölwaffe zur Weltmacht. Der Weg zur neuen Weltordnung, Wiesbaden.
Gälli, A./Alkazaz, A. 1986: Der arabische Bankensektor, 2 Bände, München.
Ganthus, E. T. 1981: Arab Industrial Integration, London.
Gantzel, K. J./Mejcher, H. 1984: Oil, the Middle East, North Africa and the Industrial States, Paderborn.
Ghaussy, A. G. 1986: Das Wirtschaftsdenken im Islam: von der orthodoxen Lehre bis zu den heutigen Ordnungsvorstellungen, Bern (u. a.).
Giraud, A./Boy de la Tour, X. 1987: Géopolitique du pétrole et du gaz, Paris.
Guecioneur, A. 1987: Arab Oil and Inter-Arab Cooperation, Louvain-la-Neuve.
Halbach, A. J./Helmschrott, H. 1991: Die Industrialisierung der arabischen OPEC-Länder und des Iran. Ausbau und Planung der petrochemischen und energieintensiven Industrien zum Zeitpunkt des zweiten Golfkriegs, München.
Harik, I./Sullivan, D. J. (Hrsg.) 1992: Privatization and Liberalization in the Middle East, Bloomington.
Ibrahim, S. E. 1982: The New Arab Social Order. A Study of the Social Impact of Oilwealth, Boulder/Col.
ILO 1984: Employment and Manpower Problems and Policy Issues in Arab Countries, Genf.
Jones, A. 1981: Oil, The Missed Opportunity or Naft and Shaft, London.
Kanovsky, E. 1984: Migration from the Poor to the Rich Arab Countries, Tel Aviv.
Kazemi, F./Waterbury, J. (Hrsg.) 1992: Peasants and Politics in the Modern Middle East, Gainsville/Florida.
Kedourie, E. (Hrsg.) 1976: The Middle Eastern Economy, London.
Kerr, M. H./Yassin, El S. 1982: Rich and Poor States in the Middle East, Boulder/Col.
Kohl, W. L. (Hrsg.) 1991: After the Oil Price Collapse: OPEC, the United States, and the World Oil Market, Baltimore.
Krommer, A. 1986: Entwicklungsstrategien der arabischen Golfstaaten (Bahrain, Kuwait, Oman, Qatar, Saudi-Arabien, Vereinigte Arabische Emirate): eine vergleichende Analyse im Lichte der relevanten Ansätze der Theorie der Entwicklungspolitik, Frankfurt/M. (u. a.).
Launer, E. 1991: Zum Beispiel: Erdöl, Göttingen.
Lavy, V./Sheffer, E. 1991: Foreign Aid and Economic Development in the Middle East, New York.
Licklider, R. 1988: Political Power and the Arab Oil Weapon The Experience of Five Industrial Nations, Berkeley.
Mabro, R. (Hrsg.) 1988: The 1986 Oil Price Crisis: Economic Effects and Policy Responses, Oxford.
Maull, H. 1982: OPEC und der Weltölmarkt, Bonn.
Mayer, F. 1982: Petro-Atlas, Erdöl und Erdgas, Braunschweig.
Mejcher, H. 1990: Die Politik und das Öl im Nahen Osten. II. Die Teilung der Welt 1938–1950, Stuttgart.
Mertz, R. A./MacDonald-Mertz, P. 1983: Arab Aid to Sub-Saharan Africa, München.
Mofid, K. 1990: The Economic Consequences of the Gulf War, London.
Naaoush, S. 1990: Dettes extérieures des pays arabes, Paris.

Niblock, T. (Hrsg.) 1980: Social and Economic Development in the Arab Gulf, London.
Nicholas, D. 1981: The Middle East. Its Oil, Economies and Investment Policies, London.
Nienhaus, V. 1986: Kooperations- und Integrationspolitik islamischer Länder, Hamburg.
Nienhaus, V./Wohlers-Scharf, T. 1984: Arabische und islamische Banken, Köln.
Nore, P./Turner, T. (Hrsg.) 1980: Oil and Class Struggle, London.
OAPEC (Hrsg.) 1980: Sources and Problems of Arab Development, Kuwait.
Owen, R. 1980: The Middle East in the World Economy 1800–1914, London.
Raffer, K./Salih, M. A. M. (Hrsg.) 1992: The Least Developed and the Oil-Rich Arab Countries, London.
Richards, A./Waterbury, J. 1990: A Political Economy of the Middle East: State, Class and Economic Development, Boulder/Col.
de Sahb, A. 1992: Pétropuissance et ordre américain. La nouvelle question d'Orient, Paris.
Sayigh, Y. A. 1983: Arab Oil Politics in the 1970s. Opportunity and Responsibility, London.
Sayigh, Y. A. 1992: Arab Military Industry, London.
Sayigh, Y. A. 1991: Elusive Development. From Dependence to Self-Reliance in the Arab Region, London.
Shwadran, B. 1986: Middle East Oil Crises since 1973, London.
Skeet, I. 1989: OPEC: Twenty-five Years of Prices and Politics, New York.
al-Sowayegh, A. 1984: Arab Petropolitics, London.
Thobie, J./Perez, R./Kançal, S. 1992: Agriculture et industrialisation en Turquie et au Moyen-Orient, Paris.
Tully, D. (Hrsg.) 1990: Labor, Employment and Agricultural Development in West Asia and North Africa, Amsterdam.
Wilson, R. 1990: Islamic Financial Markets, London.

IV. Politische Systeme und Ideologien

Ajami, F. 1981: The Arab Predicament. Arab Political Thought and Practice since 1967, Cambridge (Mass.).
Andersen, R. (u. a.) 1990: Politics and Change in the Middle East: Sources of Conflict and Accommodation, Hemel Hempstead.
Ayoob, M. (Hrsg.) 1981: The Politics of Islamic Reassertion, London.
Barakat, H. I. 1993: The Arab World: Society, Culture and State, Berkeley.
Boullata, I. J. 1990: Trends and Issues in Contemporary Arab Thought, Albany, N. Y.
Burke, E. (Hrsg.) 1993: Struggle and Survival in the Modern Middle East, London.
Carré, O. 1993: Le nationalisme arabe, Paris.
Chevallier, D. (Hrsg.) 1987: Renouvellement du Monde Arabe 1952–1982, Paris.
Cordesman, A. 1993: After the Storm: The Changing Military Balance in the Middle East, Boulder/Col.
Dawisha, A. 1986: The Arab Radicals, New York.
Dawisha, A. (Hrsg.) 1988: Beyond Coercion: The Durability of the Arab State, London.
Dwyer, K. 1991: Arab Voices: The Human Rights Debate in the Middle East, London.
Ebert, H.-G. 1991: Die Interdependenz von Staat, Verfassung und Islam im Nahen und Mittleren Osten in der Gegenwart, Frankfurt/M. (u. a.).
Esman, M. (Hrsg.) 1988: Ethnicity, Pluralism and the State in the Middle East, Ithaca/N. Y. (u. a.).
Farah, T. E./Kuroda, Y. (Hrsg.) 1987: Political Socialization in the Arab States, Boulder/Col.
Flory, M./Agate, P.-S. 1989: Le système régional arabe, Paris.
Halliday, F. 1980: Arabia without Sultans, Harmondsworth.
Halliday, F. (Hrsg.) 1988: State and Ideology in the Middle East and Pakistan, London.

Hudson, M. C. 1977/78: Arab Politics: The Search for Legitimacy, New Haven/London.
Ismael, T. Y./Ismael, J. 1991: Politics and Government in the Middle East and North Africa, Miami.
Karpat, K. H. (Hrsg.) 1982: Political and Social Thought in the Contemporary Middle East, New York.
Kedourie, E. 1992: Democracy and Arab Political Culture, Washington, D. C.
Lunes industrielles. Les médias dans le monde arabe. Themenausgabe der Zeitschrift ROMM Nr. 47, Aix-en-Provence 1988.
Makjya, K. 1993: Cruelty and Silence: War, Tyranny, Uprising, and the Arab World, New York.
Mansour, F. 1992: The Arab World: Nation, State and Democracy, London.
Roff, W. R. (Hrsg.) 1987: Islam and the Political Economy of Meaning, London.
Rugh, W. A. 1987: The Arab Press, New York.
Salamé, Gh. (Hrsg.) 1987: The Foundations of the Arab State, London.
Scheffler, Th. (Hrsg.) 1991: Ethnizität und Gewalt, Hamburg.
Sharabi, H. (Hrsg.) 1988: The Next Arab Decade. Alternative Futures, Boulder/London.
Sharabi, H. B. 1991: Theory, Politics and the Arab World, London.
Sonn, T. 1990: Between Qur'an and Crown: The Challenge of Political Legitimacy in the Arab World, Boulder/Col.
Tauber, E. 1993: The Emergence of the Arab Movements, London.
Tibi, B. 1993: Die Verschwörung. Das Trauma arabischer Politik, Hamburg.
Zartman, W./Zartman, A. 1982: Political Elites in Arab North Africa, New York.

V. Internationale Beziehungen

Al Ahsan, A. 1988: OIC. The Organisation of the Islamic Conference, Herndon/Va.
Amirsadeghi, H. (Hrsg.) 1981: The Security of the Persian Gulf, London.
Auswärtiges Amt 1987: Die Bundesrepublik Deutschland und der Nahe Osten, Dokumentation, Bonn.
Ayoob, M. (Hrsg.) 1981: The Middle East in World Politics, London.
Bator, W./Bator, A. (Hrsg.) 1984: Die DDR und die arabischen Staaten. Dokumente 1956–1982, Berlin.
Bräker, H. 1992: Es wird kein Friede sein. Der islamische Orient im Zangengriff von West und Ost, München/Zürich.
Brau, A. (Hrsg.) 1987: The Middle East in Global Strategy, London.
Breslauer, G. W. (u. a.) 1990: Soviet Strategy in the Middle East, Boston.
Brown, L. C. 1984: International Politics and the Middle East. Old Rules, Dangerous Game, Princeton.
Buko/medico international/SoZ (Hrsg.) 1989: Händler des Todes. Bundesdeutsche Rüstungs- und Giftgasexporte im Golfkrieg und nach Libyen, Frankfurt/M.
Calabrese, J. 1990: China's Changing Relations with the Middle East, London.
Chubin, S. (Hrsg.) 1992: Germany and the Middle East: Patterns and Prospects, London.
Chubin, S. 1981: Die Sowjetunion und die Staaten am Persischen Golf, München.
Cordesmann, A. H. 1991: Weapons of Mass Destruction in the Middle East, London.
Dobers, H./Hartmann, U. (Hrsg.) 1983: The Euro-Arab Dialogue/Le dialogue euro-arabe, St. Augustin.
Ehteshami, A./Nonneman, G. 1991: War and Peace in the Gulf: Domestic Politics and Regional Relations into the 1990s, Ithaca.
Golan, G. 1991: Soviet Policies in the Middle East: From World War II to Gorbachev, New York.

Hacke, Ch. 1985: Amerikanische Nahost-Politik. Kontinuität und Wandel von Nixon bis Reagan, München.
Haseeb, K. (Hrsg.) 1985: The Arabs and Africa, London/Sydney/Dover.
Hubel, H. 1991: Der zweite Golfkrieg in der internationalen Politik. Mit ausgewählten Dokumenten, Bonn.
Hünseler, P. 1990: Die außenpolitischen Beziehungen der Bundesrepublik Deutschland zu den arabischen Staaten von 1949–1980, Frankfurt/M.
Jaward, H. A. 1992: Euro-Arab Relations. A Study in Collective Diplomacy, London.
Kaiser, K./Steinbach, U. (Hrsg.) 1981: Deutsch-arabische Beziehungen, München/Wien.
Kaminsky, C./Kruk, S. 1988: La stratégie soviétique au Moyen-Orient, Paris.
Kerdoun, A./Mahiou, A. 1987: La coopération arabo-africaine. Dimensions et perspectives, Paris.
Kahder, B. 1984: Afro-Arab Cooperation. A Strategy for the Future, Louvain-la-Neuve.
Kipper, J./Saunders, H. H. (Hrsg.) 1991: The Middle East in Global Perspective, Oxford.
Korany, B. (Hrsg.) 1991: The Foreign Policies of Arab States: The Challenge of Change, Boulder/Col.
Korany, B./Noble, P./Brynen, R. (Hrsg.) 1993: The many Faces of National Security in the Arab World, London.
Laurens, H. 1991: Le grand jeu. Orient arabe et rivalités internationales depuis 1945, Paris.
Luciani, G./Salamé, G. (Hrsg.) 1988: The Politics of Arab Integration, London.
Müllenmeister, U. 1988: Die Nahostpolitik der sozialliberalen Koalition 1969–1982, Frankfurt/M./Bern.
Nonneman, G. (Hrsg.) 1992: The Middle East and Europe. An Integrated Communities Approach, London.
Pawelka, P. 1993: Der Vordere Orient und die internationale Politik, Stuttgart.
Quandt, W. B. (Hrsg.) 1988: The Middle East. Ten Years after Camp David, Washington, D. C.
Satloff, R. (Hrsg.) 1993: The Politics of Change in the Middle East, Boulder/Col.
Spiegel, S. L. (Hrsg.) 1982: The Middle East and the Western Alliance, London.
Spiegel, S. L. (Hrsg.) 1992: Conflict Management in the Middle East, Boulder/Col.
Stahl, S. A./Kemp, G. (Hrsg.) 1992: Arms Control and Weapons Proliferation in the Middle East and South Asia, London.
Sugihara, K./Allan, A. (Hrsg.) 1993: Japan and the Contemporary Middle East, London.
Tibi, B. 1989: Konfliktregion Naher Osten. Regionale Eigendynamik und Großmachtinteressen, München.
Wai, D. M. (Hrsg.) 1982: Interdependence in a World of Unequals. African – Arab – OECD, Boulder/Col.
Watrin, K. W. 1989: Machtwechsel im Nahen Osten. Großbritanniens Niedergang und der Aufstieg der Vereinigten Staaten 1941–1947, Frankfurt/M./New York.
Yorke, V. 1980: The Gulf in the 1980s, London.
Zarour, C. 1989: La coopération arabo-africaine. Bilan d' une décennie 1975–1985, Paris.

V.1 Nahostkonflikt – Palästinafrage

Bailey, S. D. 1990: Four Arab-Israeli Wars and the Peace Process, London.
Barker, A. J. 1980: Arab-Israeli Wars, London.
Beling, W. A. (Hrsg.) 1986: Middle East Peace Plans, London/Sydney.
Büren, R. 1982: Ein palästinensischer Teilstaat?, Baden-Baden.
Cordesman, A. H./Wagner, A. R. 1990: Arab-Israeli Conflict, 1973–1989, London.
Curtiss, R. H. 1982: A Changing Image. American Perceptions of the Arab-Israeli Dispute, Washington, D. C.

Die VN-Resolutionen zum Nahostkonflikt 1991: 1978–1990, Berlin.
Frangi, A. 1982: PLO und Palästina, Frankfurt/M.
Freedman, R. O. (Hrsg.) 1984: The Middle East since Camp David, London.
Heinemann-Grüder, A. 1991: Sowjetische Politik im arabisch-israelischen Konflikt, Hamburg.
Hottinger, A. 1991: Krisenherd Nahost: ein aktueller Dialog, Zürich.
Hubel, H. 1983: Die USA im Nahostkonflikt, Bonn.
Kaufman, E./Shukri, A./Rothstein, R. (Hrsg.) 1993: Democracy, Peace and Israeli-Palestinian Conflict, Boulder/Col.
Naft, Th. 1981: The Middle East Challenge 1980–1985, Edwardsville.
Oded, A. 1987: Africa and the Middle East Conflict, Boulder/Col.
Othman, O. 1991: Die Nahostpolitik der Europäischen Gemeinschaft im Hinblick auf die Palästinafrage aus arabischer Sicht, Münster.
Quandt, W. B. (Hrsg.) 1988: The Middle East. Ten Years after Camp David, Washington, D.C.
Sack, R. 1988: Die USA im Nahost-Konflikt: Von der Intervention zur Partizipation, Trier.
Saunders, H. H. 1985: The Other Walls. The Politics of the Arab-Israeli Peaceprocess, Washington, D. C.
Spiegel, St. L. 1985: The Other Arab-Israeli Conflict. Maturing America's Middle East Policy, from Truman to Reagan, Chicago/London.

Der Maghreb im Überblick

Werner Ruf

1. Historische und kulturelle Gemeinsamkeiten und Gegensätze

Djezira-t-al-maghreb nannten die arabischen Eroberer des 7. Jh.s das Land, welches sich von der Libyschen Wüste bis zum Atlantik erstreckt. Der Name bedeutet Insel oder Halbinsel des Westens – im Gegensatz zum *machreq*, dem arabischen Osten, der den Raum von Ägypten bis Irak umfaßt. Geographisch und kulturell gehören daher zum Maghreb: Libyen (genauer: Tripolitanien), Tunesien, Algerien, Marokko, die vormals spanische Westsahara und – im politischen Selbstverständnis der Nordafrikaner – Mauretanien, das in diesem Handbuch aufgrund seiner kolonialhistorischen Zugehörigkeit zu *Französisch Westafrika* (AOF), auch aufgrund der von der ECA (UN-Wirtschaftskommissar für Afrika) vorgeschlagenen Regionalgliederung, der Region Westafrika zugeordnet wurde.

Gleichzeitig ist *al-maghreb* der Name für das westlichste der drei „klassischen" Länder Nordafrikas, Marokko. In der Tat ist die Bezeichnung des Maghreb als Insel oder Halbinsel durchaus berechtigt: trennt doch die große Wüste im Osten und vor allem im Süden diese Region vom Orient und vor allem von Afrika noch stärker, als das leichter zu überquerende Mittelmeer sie von Europa trennt.

Eng verbunden mit der Frage nach der Besonderheit der Region ist die Frage nach der Herkunft ihrer Bewohner, der sog. Berber. Der Begriff selbst kommt aus dem Griechischen bzw. Lateinischen und bedeutet nichts anderes als die Bezeichnung für jene, die nicht die Schrift- und Hochsprache der Herrschenden sprechen, roh und ungebildet, „Ausländer" sind. In diesem Sinn wurde der Begriff auch von den Arabern übernommen. Kaum ein Begriff hat so sehr zur Mythenbildung beigetragen wie gerade dieser, und zwar sowohl in der frz. Kolonial-Ethnologie wie nicht zuletzt auch in der deutschen Begeisterung für den Aufstand der *Rif-Kabylen* und *abd-el-Krim*, in der die Enttäuschung über den mißlungenen Versuch kolonialer Expansion in Marokko noch nachgeklungen haben mag. Tatsache ist jedoch, daß es keine allen „Berber"-Gruppen Nordafrikas gemeinsame berberische Sprache oder Kultur gibt. Vielmehr ist „Berber" ein Sammelbegriff für zahlreiche und verschiedenste nicht arabischsprachige Stämme, Stammesverbände und -fraktionen. Nach diesem Kriterium werden in Tunesien 2 %, in Algerien 20 %, in Marokko etwa 40 % Berber geschätzt.

Indem der frz. Kolonialismus zunächst in Algerien, dann aber vor allem in Marokko eine spezielle „Berber-Politik" entwickelte, wurde der latente Gegensatz zwischen nichtarabisierten (berberischen) Gebirgsstämmen und der arabisierten Bev. der Ebenen und Städte „ethnisiert", durchaus mit Folgen für das heutige Selbstverständnis der unterschiedlichen Gruppen. Diese Identitätsstiftung reichte von der gezielten Rekrutierung von jungen Männern der nicht arabischsprachigen Bergstämme für die Armee über die Schaffung eines „berberischen Gymnasiums" in Marokko bis zum Versuch des Nachweises, die „Berber" seien Teil der nordischen Rasse (so *Brémond* 1950/II). Die *Ethnisierung* der nordafrik. Gesellschaft durch die Kolonialethnologie und die frz. Administration folgte klar dem Prinzip des *divide ut imperes* und fand ihre Höhepunkte in der heute politisch virulenten Konstituierung einer berberischen (kabylischen) Identität in Algerien und im *Dahir berbère* in Marokko (1930), der als Beginn des marok. Nationalismus gelten kann.

Während der Widerstand gegen den „Berber-Erlaß" in Marokko, der die „Berber" der Jurisdiktion des Sultans entziehen und die Christianisierung der „Berber" fördern sollte, sich im Gegensatz zu den Intentionen der kolonialen Erfinder als einigendes und integratives Moment für die marok. Gesellschaft auswirkte, hat die Berber-Politik Frankreichs in Algerien wesentlich beigetragen zur „Ethnisierung" der *Kabylen* und zu dem teils militanten Konflikt, der sich an der Arabisierungspolitik des unabhängigen Algerien entzündete. Somit ist der Ursprung dieses Konflikts nicht zu suchen in einem ethnisch vorgegebenen Konflikt. Vielmehr handelt es sich um einen Gegensatz, der, instrumentalisiert durch koloniale Politik und kapitalistische Penetration, den Unterschied zwischen Stadt und Land prägte und angesichts des Scheiterns nationalstaatlicher Entwicklungsstrategien sich an der Arabisierungspolitik Algeriens entzündete und – bisher nur dort – ein wachsendes Konfliktpotential darstellt.

Viel entscheidender war für Nordafrika die Islamisierung, die mit der arabischen Eroberung im 7. Jh. eingeleitet wurde. Erstaunen weckt die Tatsache, daß die etwa 7000 bis 10 000 arabischen Eroberer so relativ schnell und mühelos bis Marokko und schließlich nach Spanien vordringen konnten. Entscheidend dürfte dafür gewesen sein, daß sie noch Teile der römischen Kolonien beseitigten und mit dem Islam ein außerordentlich fortschrittliches Rechtssystem etablierten. Im Gegensatz zu allen anderen Invasionen, die der Maghreb erlebte – von den Phöniziern über Römer, Byzantiner, Vandalen, Normannen, Portugiesen, Spanier und schließlich Franzosen und Italienern in Tripolitanien –, veränderten Islam und Arabisierung diese Region nachhaltig und dauerhaft. Es waren nicht zuletzt der Islam und das Zugehörigkeitsgefühl zur arabischen Nation *(umma)*, die – ungeachtet aller Versuche der Kolonialmacht, „berberische" Elemente gegen „arabische" auszuspielen – im Befreiungskampf gegen die Kolonialmächte zum starken und einigenden Motiv wurden.

Während die größtenteils christianisierte Bev. des Maghreb (und der Iberischen Halbinsel) den Islam offensichtlich ohne nennenswerten Widerstand übernahm, hielten sich judaisierte Gruppen in vielen Gegenden bis heute. Das jüdische Element im Maghreb wurde noch erheblich verstärkt, als nach der christlichen *Reconquista* in Spanien Muslime und Juden gemeinsam vor Inquisition und Vernichtung nach Nordafrika flohen. Diese Familien – Araber wie Juden – bildeten oft den Kern der sich in den nordafrik. Städten entwickelnden Handelsbourgeoisie.

Somit ist festzustellen, daß der Maghreb eine große sozialstrukturelle und vor allem religiös-kulturelle Homogenität aufweist. Die unterschiedlichen Kolonialpolitiken, die Frankreich in Algerien einerseits und in den Protektoraten Tunesien und Marokko andererseits praktizierte, haben jedoch zur Herausbildung von nationalstaatlich konstituierten politischen Einheiten geführt, die, gleichfalls mitverursacht durch Kolonialpolitik, unterschiedliche politische Systeme hervorgebracht haben. Den immer wieder artikulierten Bestrebungen nach transnationaler Einigung stehen nationalstaatliche Gebilde mit sehr unterschiedlichen politischen Systemen gegenüber, die eine solche Einigung unwahrscheinlich erscheinen lassen. Hinzu kommt die arbeitsteilige Integration der Ökonomien dieser Staaten in die Weltwirtschaft.

2. Koloniale Geschichte und Einflüsse

Der vorkoloniale Maghreb bestand für Europa aus den sog. *Barbaresken*-Staaten. Bis auf den Sultan von Marokko waren sie formal Teil des Osmanischen Reiches und diesem tributpflichtig. In der Praxis zeichneten sie sich jedoch durch eine einigermaßen große Unabhängigkeit aus und entwickelten relativ stabile Dynastien. Die Einkünfte der *Barbaresken*-Staaten beruhten in der Regel auf drei wesentlichen Quellen: der Piraterie, Zöllen auf ein- und ausgeführte Waren und „Steuern". Die Eintreibung der Steuern bestand darin, daß der jeweils herrschende *Dey* oder *Bey* (oder der Sultan) mit einer gewissen Zahl von Soldaten einen Raubzug ins Hinterland unternahm und jene Stämme, die bisher nicht unter seiner Kontrolle waren, ausraubte. Damit wurde das Steueraufkommen abhängig von der relativen Macht des Herrschers: Verfügte er über sichere und umfangreiche Einkünfte, konnte er sich eine größere und gut ausgerüstete Armee leisten, d. h., er konnte seinen Kontrollbereich ins Hinterland ausdehnen. Schwanden diese Voraussetzungen, so entzogen sich auch die Stämme des Hinterlandes zunehmend seiner Kontrolle.

Diese Herrschaftsform wurde unterhöhlt durch die Entwicklung des europ. Handelskapitals und seiner zunehmenden – auch militärischen – Dominanz im Mittelmeerraum: Die Herrscher der *Barbaresken*-Staaten wurden gezwungen, mit bestimmten Handelsgesellschaften und/oder europ. Regierungen Verträge abzuschließen, in denen sie sich verpflichteten, auf die Piraterie gegenüber Schiffen dieser Gesellschaften oder Staaten zu verzichten. Der daraus resultierende Einnahmenverlust wurde teilweise schon ab dem 16. Jh. durch Handelskonzessionen gerade gegenüber diesen Gesellschaften kompensiert. Damit verzichteten die Potentaten jedoch auf einen weiteren Teil ihrer Einnahmen, die Zölle.

Der Maghreb wurde so in den damaligen Welthandel einbezogen: Er mußte produzieren, was für die europ. Handelsgesellschaften profitabel war. Die Herrscher waren gezwungen, ihre Einnahmen verstärkt aus der ländlichen Bev. herauszupressen. Sie brauchten mehr und bessere Waffen, die sie aus Europa bezogen. Die damit verbundene Verschuldung ermöglichte im 19. Jh. dem internationalen Finanzkapital den Zugriff auf den Maghreb.

Mit diesem Prozeß waren die Voraussetzungen auch für die direkte Intervention der Kolonialmächte geschaffen, die eine dauerhafte Sicherung ihrer Interessen im Maghreb bewirken sollte. Dennoch sind die unterschiedlichen Zeitpunkte, zu denen die nordafrik. Staaten kolonisiert wurden, von großer Bedeutung: Zum einen spiegelt die Art der Kolonisation den Entwicklungsstand des Kapitalismus im „Mutterland" wider, zum anderen haben gerade die dominanten und Form und Qualität der Kolonisation bestimmenden Kapitalinteressen des „Mutterlandes" wesentliche Strukturen in den Kolonien mitgeprägt.

Als erstes Land wurde 1830 Algerien kolonisiert. Es war und blieb bis zur Unabhängigkeit im Jahre 1962 Siedlungskolonie. Die frz. Einwanderungsschübe nach Algerien korrelieren mit den Höhepunkten wirtschaftlicher und politischer Krisen in Frankreich. Das bedeutete: Export mißliebiger und politisch gefährlicher Bevölkerungselemente aus Frankreich, Aneignung der besten Böden in Algerien durch die Siedler und Vertreibung der einheimischen Bevölkerung. Über 10 % der algerischen Bev. waren bei Ausbruch des Befreiungskrieges Franzosen. Die Siedler verhinderten nahezu jede Form der Industrialisierung des Landes und transformierten seine agrarische Produktion in Richtung auf den Bedarf des Mutterlandes (Wein, Zitrusfürchte etc.). So wurde gleichzeitig die Entwicklung einer nationalen Bourgeoisie verhindert.

In Tunesien dagegen (kolonisiert von 1881–1956) ist deutlich eine Mischform aus Siedlungskolonie und finanzkapitalistischen Interessen erkennbar, wobei die letzteren überwogen: Ein entscheidendes Motiv für die Kolonisierung war bereits die hohe internationale Verschuldung des Landes und die Sicherung des Kapitaldienstes. Neben typischer Siedlungskolonisation durch sog. *kleine colons* kauften Kapitalgesellschaften riesige Flächen, die meist monokulturell durch Landarbeiter bewirtschaftet wurden. Das Hauptinteresse galt jedoch dem Bergbau (Phosphat, aber auch Metalle), der dem ausländischen Kapital profitable Investitionsmöglichkeiten bot. Dasselbe traf auf die damit notwendig werdende Infrastruktur zu. Für die soziale Struktur des Landes hatte dies aber auch zur Folge, daß die einheimische Oberschicht nicht vernichtet werden mußte; sie konnte als *quantité négligeable* ein Schattendasein führen. Gleichzeitig entstand sehr früh (Beginn 1911) eine organisierte Arbeiterbewegung. Da, im Gegensatz zu Algerien, nur Teile der tunesischen Landbevölkerung expropriiert wurden, stellten die Mittel- und Kleinbauern (insbesondere des *Sahel*) die soziale Basis für die Entwicklung einer Mittelschicht, die den tertiären Sektor auf mittlerer und unterer Ebene mit entsprechend qualifizierten Arbeitskräften versorgen konnte.

Die Entwicklung in Marokko (kolonisiert 1912–56) ist eindeutig durch die Interessen des Finanzkapitals (vor allem durch die *Banque de Paris et des Pays-Bas*) geprägt, dessen Hauptanliegen die Bodenschätze des Landes waren. Auch die Agrarkolonisation trägt noch deutlicher als in Tunesien finanzkapitalistische Züge. Politisch hatte dies zur Konsequenz, daß die Kolonisatoren an einer Veränderung der politischen Strukturen des Landes kaum interessiert waren *(Lyautey-Doktrin)*, mit der vorhandenen „Feudal"-klasse kooperierten und sich mit den Stammesführern so arrangierten, daß diese ihrerseits zu Großgrundbesitzern wurden: Die Führer der Stämme, die bis dahin das Land als Kollektiveigentum besaßen, erhielten Rechtstitel auf das Land, das so verkäuflich wurde. Gleichzeitig wurden ihnen Kompetenzen einer niederen Gerichtsbarkeit *(grands caids)* übertragen, ihre Stellung also „feudalisiert". Konsequenterweise waren es das städtische Bürgertum und dann auch das durch die Kolonisation entstandene Proletariat, von denen der nationalistische Widerstand ausging. Der schmale Streifen Nordmarokkos, der von Spanien kolonisiert war, spielt in diesem Zusammenhang keine nennenswerte Rolle.

Der Kolonisationsversuch Italiens in Libyen (1911–43) hatte sehr lange mit dem massiven Widerstand der libyschen Stämme zu kämpfen und war von äußerster Brutalität. Die Kolonisation war als Siedlungskolonisation zur Absorption der süditalienischen „Über"-bevölkerung angelegt, konnte jedoch aufgrund des Widerstandes und der kurzen Dauer keine entscheidende Veränderung der Sozialstruktur des Landes bewirken. GB nutzte seine kurze Oberhoheit (1943–51), um den konservativen Emir *Idriss* zum König zu machen. Sein Regime wurde durch den Putsch von Oberst *Muammar al-Qaddafi* am 1. 9. 69 beendet. Die Erdölvorkommen des Landes dürften zur Veränderung seiner sozialen Struktur einen entscheidenderen Beitrag leisten, als die Kolonisation dies vermochte.

Die Westsahara, 1884 auf Betreiben der Spanischen Afrikagesellschaft von Spanien besetzt, wurde 1975 von Spanien geräumt und – vom Zwischenspiel einer bald beendeten mauretanischen Präsenz auf einem Teil des Territoriums abgesehen – unmittelbar danach von Marokko annektiert. Seitdem kämpft die 1973 gegründete *Polisario-Front (Frente Popular para la Liberación de la Saguia El Hamra y Río de Oro)* gegen die marok. Besatzer. Auf der Grundlage von Resolutionen der *Organisation für Afrikanische Einheit* (OAU) und der UN-Vollversammlung hat der UN-Sicherheitsrat im Sept. 1991 mit der Implementierung einer Volksabstimmung über die politische Zukunft des Territoriums begonnen. Aufgrund immer neuer Widerstände Marokkos gegen den ursprünglich ausgearbeiteten Friedensplan konnte das Referendum (bis Sommer 1993) immer noch nicht durchgeführt werden.

Läßt man die eher marginale Bedeutung der spanischen und italienischen Kolonisation im Maghreb beiseite, so ist festzustellen, daß die Intervention ein und derselben Kolonialmacht (Frankreich) sehr unterschiedliche Auswirkungen auf die kolonisierten Gesellschaften hatte. Diese bestimmen bis heute Sozialstruktur, Ökonomie und die politischen Systeme des Maghreb.

3. Sozialökonomie und Sozialstruktur der Maghreb-Gesellschaften

Ein gemeinsames Problem der Maghrebstaaten ist die demographische Entwicklung. Der Bevölkerungszuwachs ist nach wie vor außerordentlich hoch und schwankt zwischen 3,0 % (A.) und 2,5 % (M.); Libyen erreicht 4,2 %. Die Bev. dieser Länder hat sich also in rd. 20 Jahren verdoppelt. Gravierender jedoch ist der Gegensatz Stadt/Land, der z. T. – gerade unter dem Einfluß der demographischen Entwicklung – dramatische Dimensionen annimmt. Er bestimmte schon immer die soziale und sozioökonomische Struktur des Maghreb. Die Städte und die sie umgebenden agrarischen Gebiete seßhafter Bauern waren Zentren des Handels, der Kultur, der Wissenschaft und relativer politischer Stabilität. Bedroht wurden sie von den nomadischen und teilnomadischen Stämmen, die insbesondere in Zeiten anhaltender Trockenheit versuchten, diese wohlhabenden Zentren zu erobern. Gleichzeitig bestand zwischen Nomaden und seßhaften Städtern jedoch ein wechselseitiges Abhängigkeitsverhältnis, brauchten letztere doch die Nomaden für den Transport und den Schutz ihrer Handelsgüter.

Dieses Verhältnis hat sich heute grundlegend verändert. Mit der Durchkapitalisierung der Volkswirtschaften des Maghreb, mit der durch die Kolonisation initiierten und seither in den meisten Ländern fortschreitenden Existenzvernichtung der kleinen Bauern und der relativen Industrialisierung der Städte wurden diese zum Hoffnungs- und Zufluchtsort der land- und arbeitslosen Massen des Hinterlandes. Die Städte laufen nicht nur Gefahr, an ihrer mangelnden Infrastruktur zu kollabieren, sondern die Massen der in den Kanisterstädten *(bidonvilles)* zusammengepferchten Menschen stellen auch eine permanente und in ihrer Unorganisiertheit schwer kontrollierbare politische Sprengkraft dar, wie die verschiedenen Unruhen in Casablanca, Fez (1990), Tunis (1978) und Algier (1988) gezeigt haben. In diesen Städten, die gekennzeichnet sind von unsäglichem Wohnungsmangel (besonders in Algerien), konzentriert sich nicht nur die arbeitslose Jugend, sondern vor allem auch, als Resultat des sozialen Niedergangs und der gesellschaftlichen Polarisierung, der politische Islam. Der Bevölkerungsdruck in den Städten ist zugleich Ausgangspunkt für die nach Europa strebende Migration.

Trotz dieser Gemeinsamkeiten prägt die unterschiedliche Art der Kolonisation bis heute unterschiedliche Ausformungen der sozialen Struktur: Algerien war bis 1988 nach offiziellem Bekenntnis ein sozialistisches Land. Die Kolonisation hatte dafür gesorgt, daß im Augenblick der Unabhängigkeit keine nationale Bourgeoisie vorhanden war, die in der Lage gewesen wäre, die politische Macht zu übernehmen. Aus der Erfahrung der Kolonisation heraus war das Ziel der politischen Führung die schnelle Industrialisierung des Landes, die aufgrund der Energieressourcen realisierbar erschien. Das verfolgte Entwicklungskonzept der „industrialisierenden Industrien" sah vor, daß hochmoderne und äußerst kapitalintensive Schlüsselindustrien unter staatlicher Führung eine Produktivität erreichen, die auf dem Weltmarkt konkurrenzfähig ist. Diese Industrien sind zwar nicht arbeitsintensiv, sollten jedoch in einer zweiten Phase einen Kranz von weiterverarbeitenden, vorwiegend privatwirtschaftlichen Kleinindustrien um sich herum ansiedeln, die sowohl für den nationalen wie für den internationalen Markt produzieren sollten.

Die forcierte Industrialisierung führte zu einer katastrophalen Vernachlässigung der Landwirtschaft. Die staatlichen Schlüsselbetriebe wurden bezuschußt und brauchten sich nicht am Markt zu orientieren. Die privaten Weiterverarbeiter waren allerdings an Preiskontrollen nicht mehr gebunden und sorgten durch künstliche Verknappungen am Markt für außerordentliche Gewinnspannen. Damit war scheinbar objektiv die Unrentabilität des „sozialistischen" Sektors bewiesen: In den Händen der Kleinunternehmer wurde akkumuliert, der staatliche Sektor blieb defizitär. Der staatliche Dirigismus mit sozialistischem Anspruch verhinderte jedoch nennenswerte private Investitionen. Das in privaten Händen befindliche Geldkapital wurde – ebenso wie die Einkünfte aus Korruption – entweder für Luxuskonsum ausgegeben oder alimentierte den Devisenschwarzmarkt, wo der algerische Dinar gegenüber dem frz. Franc ständig und rapide an Wert verlor. Zugleich drängte dieses Geld nach produktiver Investition.

Der Durchbruch in Richtung auf eine Liberalisierung erfolgte durch die Unruhen im Okt. 1988, die durch einen banalen Schülerstreik ausgelöst wurden, dann aber aufgrund der Repression und der aufgestauten sozialen Unzufriedenheit bürgerkriegsähnliche Formen annahmen. In der Folge dieser Unruhen wurde die Verfassung geändert, eine Phase der ökonomischen und vor allem politischen Liberalisierung begann, die zu einem enormen Anwachsen der *Islamischen Rettungsfront* (in der europ. Presse: *Islamische Heilsfront*, FIS) führte. Der sich abzeichnende erdrutschartige Sieg der FIS bei den ersten freien Wahlen führte Ende Dez. 1991 zu einem Militärputsch, zur Verhängung des Ausnahmezustands und zum radikalen Ende des demokratischen Experiments.

Die zunehmende Gewaltförmigkeit der Herrschaftssicherung durch die kleine, aus der früheren Einheitspartei FLN hervorgegangene Clique erklärt sich wesentlich auch aus der algerischen Klassenstruktur: Im Gegensatz zu den beiden Nachbarländern existierte im Zeitpunkt der Unabhängigkeit keine nennenswerte nationale, insbesondere großgrundbesitzende Bourgeoisie. Somit konnte ausschließlich „der Staat" als Financier des gigantischen Entwicklungsprogramms fungieren, was angesichts der steigenden Einnahmen aus dem Kohlenwasserstoffexport realisierbar schien. Aus einer dünnen Mittelschicht hervorgegangene Technokraten und Militärs besetzten die Managementpositionen und etablierten sich als das, was von manchen Entwicklungssoziologen „Staatsklasse“ genannt wird. Im verfilzten Einparteisystem bedienten sich die Führungskader zunächst selbst: So erklärte der frühere Ministerpräsident *Brahimi*, daß allein in den Jahren 1978–88 die Führungspersonen in Staat und Wirtschaft 26 Mrd. US-$ Bestechungsgelder eingestrichen hatten (*Le Monde* v. 3. 4. 1990) – ziemlich exakt die Summe der Auslandsschulden.

Als zweite Klasse sind zu nennen private Kleinbauern und kleine Händler. Durch künstliche Verknappung von Agrarprodukten und Gebrauchsgütern, durch illegale Einfuhren unter Nutzung der Devisen von in Frankreich tätigen Familienmitgliedern gelang es ihnen vor allem in den 80er Jahren, erhebliche Geldmengen zu akkumulieren, die entscheidenden Druck auf die zunehmende ökonomische Liberalisierung ausübten. Eine nicht unerhebliche Rolle spielte als dritte Klasse die wachsende Zahl der Lohnarbeiter, die zumindest in den Industrien und im tertiären Sektor stark gewerkschaftlich organisiert waren. Mit der sich in den 80er Jahren verschärfenden Krise mußten sie erhebliche Reallohneinbußen hinnehmen, es kam zu zahlreichen wilden Streiks. Aufgrund der Nähe der Gewerkschaftsführung zur Einheitspartei und der daraus resultierenden politischen Zurückhaltung der offiziellen Gewerkschaften erzielten auch in diesem Bereich die Islamisten eine erhebliche Zunahme ihres Einflusses.

Schließlich ist zu nennen die große Masse des Lumpenproletariats, das geprägt ist von der enorm anwachsenden Zahl arbeitsloser Jugendlicher, begleitet vom Prozeß einer wilden Urbanisierung und wachsender Kleinkriminalität. Die seit dem Putsch vom Dez. 1991 noch instabilere Lage, die Verschärfung der sozialen und ökonomischen Antagonismen und das dadurch trotz – oder gerade wegen – brutaler Repression bedingte Anwachsen des Einflusses der FIS schrecken vor allem ausländische Investoren ab, so daß eine Lösung der krisenhaften Entwicklung derzeit kaum absehbar ist. Im Falle der Machtübernahme durch die Islamisten dürfte mit dem Abwandern des größten Teils der verwestlichten Intelligenz zu rechnen sein, so daß auch dies keine schnelle Lösung der Probleme erwarten läßt.

Eine Klassenanalyse Tunesiens ergibt grob das folgende Bild: eine seit der Unabhängigkeit mit der Großbourgeoisie (einschließlich des Großgrundbesitzes) zusammengewachsene Kleinbourgeoisie, die den Staatsapparat weitgehend kontrolliert; eine starke und seit Anfang des Jh.s kampferprobte Arbeiterbewegung, deren gewerkschaftliche Organisation trotz Phasen der Kollaboration ihrer Führung mit dem Regime und trotz der Versuche zur Zerschlagung ihrer Strukturen durch das Regime immer noch eine wichtige Rolle spielt; und schließlich die große Masse von proletarisierten Kleinbauern und Jugendlichen, die ein schwerwiegendes soziales Problem darstellen.

Dennoch ist festzustellen, daß Tunesien ein Stück weit noch immer zehrt von den entwicklungspolitischen Maßnahmen, die unter dem Planungs- und Wirtschaftsminister *Ahmed Ben Salah* in der Phase des sog. tunesischen Sozialismus (1960–68) ergriffen wurden. Dies gilt insbesondere für die beachtlichen Investitionen im Erziehungs- und Bildungswesen und die nach wie vor –

im Vergleich zu den Nachbarländern – geringen Ausgaben für den Militäretat. Die Entwicklung des Bildungswesens wurde auch nach der auf die Beendigung des sozialistischen Experiments folgenden Liberalisierung beibehalten. Tunesien besitzt – im maghreb. Vergleich – sicherlich die differenzierteste Sozialstruktur, die gekennzeichnet ist durch ein weiteres Anwachsen der Mittelschichten, durch wachsende Kompetenz und Effizienz sowohl der Administration wie insbesondere des tertiären Sektors (Tourismus).

Außerdem weist Tunesien im maghreb. Vergleich das geringste Bevölkerungswachstum auf, auch wenn die Schere zwischen der Schaffung neuer Arbeitsplätze und dem Bevölkerungszuwachs auch hier weiter auseinandergeht. Die ungebrochene Westorientierung von Politik, Ökonomie und offizieller Ideologie und das Anwachsen sozialer Probleme führen im derzeitigen internationalen Kontext auch zu einer Erstarkung der islamistischen Bewegung, die allerdings in Tunesien erheblich weniger radikal ist als in Algerien. Nicht zuletzt aufgrund der Vorgänge in Algerien sehen sich die Islamisten auch in Tunesien zunehmender Repression ausgesetzt.

Wesentlich komplexer ist die Sozialstruktur Marokkos: Hier hatte die Kolonialpolitik die wichtigsten Stammesführer und vor allem die herrschende Dynastie als „feudale Klasse“ erst richtig etabliert: Der bis dahin noch kollektive Grundbesitz der Stämme wurde – gegen Abtretung fruchtbarer Teile an die *colons* – den „Stammesführern“ als Privateigentum übertragen. Andererseits hatten die finanzkapitalistischen Interessen der Kolonisation die Entwicklung einer Arbeiterklasse gefördert, die gewerkschaftliche Kampferfahrung vor allem im Bergbausektor, aber auch im Dienstleistungsbereich (wie Eisenbahnen, Häfen, Schulen) entwickelte. Von daher ergibt sich die immer noch gültige zutreffende Charakterisierung des marok. politischen und ökonomischen Systems als „blockierter Transformationsprozeß“ (*Johansen* 1971).

Der Kern des Systems, mit dem König an der Spitze, ist „feudalistisch“. Hier kann man also kein Interesse an einer massiven Industrialisierung des Landes haben, die die feudale Basis sprengen würde. Andererseits zielt die nach wie vor vorhandene und sich noch verstärkende Einflußnahme des internationalen Finanzkapitals gerade auf diese Industrialisierung ab. Das Schicksal des Regimes dürfte daher entscheidend davon abhängen, wie lange ihm der Balanceakt zwischen seiner schwindenden Basis und den politischen wie militärstrategischen Interessen der USA und Europas (nach dem Ende der Bipolarität könnte der politische Islam hier eine entscheidende Rolle spielen) und der Dynamik kapitalistischer Entwicklung andererseits noch gelingt. Die von *Mehdi Ben Barka*, dem 1965 in Paris entführten und ermordeten Führer der fortschrittlichen Opposition in Marokko, umrissene Klassenanalyse seines Landes trifft mit einigen Einschränkungen noch immer zu:

1. Große Feudalherren, die ihre Privilegien als Großagrarier direkt der Kolonisation verdanken.
2. Die städtische Großbourgeoisie, die vor allem in Fez lokalisiert ist und ihre Basis z. T. noch im Fernhandel, vor allem aber in ihrer Partizipation am Verwaltungsapparat hat und nach wie vor als religiöse Autorität eine wich-

tige Rolle spielt. Ihre in den 50er/60er Jahren noch eindeutige Dominanz wird zunehmend in Frage gestellt durch eine dynamische industrielle Bourgeoisie, die sich vorwiegend aus dem Soustal in Südmarokko rekrutiert. Die Rivalität zwischen den beiden Fraktionen, ihre unterschiedliche Position innerhalb des politischen Systems und ihre divergierenden Interessen erhalten so auch eine regionalistische und tendenziell ethnische Dimension.

3. Die Arbeiterschaft, organisiert in der Gewerkschaft UMT *(Union Marocaine du Travail)*. Während der beiden letzten Jahrzehnte ist jedoch aufgrund der systematischen Kollaboration dieser Gewerkschaft mit dem Palast eine neue, kämpferische und in der Mitgliederzahl rapide wachsende Gewerkschaft CDT *(Confédération Démocratique du Travail)* entstanden, die eng mit der sozialistischen Partei USFP *(Union Socialiste des Forces Populaires)* zusammenarbeitete. Beide waren vor allem in den 80er Jahren massiver Repression durch das Regime ausgesetzt.
4. Die große Masse der von der Proletarisierung bedrohten oder bereits lumpenproletarisierten Kleinbauern und städtischen Jugendlichen. Ihr noch stark durch die feudale Abhängigkeit geprägtes Bewußtsein behindert allerdings ihre Solidarisierung mit der (industriellen) Arbeiterklasse.

Schwieriger ist eine Klassenanalyse Libyens. Der Putsch *Muammar al-Qaddafis* gegen König *Idriss I.* war zugleich eine Revolution. Die alten Sozialstrukturen wurden allenthalben gesprengt. Volkskomitees, die die Interessen der Basis vertreten sollen, existieren auf allen Ebenen der Verwaltung und – soweit vorhanden – der industriellen Produktion. Allerdings hat sich Libyen im Gegensatz zu den ideologischen Zielvorstellungen des „Grünen Buches" von *Qaddafi* und der dort propagierten „dritten Universaltheorie" nicht zum Modell eines dritten unabhängigen Entwicklungsweges transformiert. Vielmehr entsprechen Wirtschaft, Gesellschaft und Politik dem Typus des „Rentenstaates". Zwar existieren auf allen Ebenen – insbesondere in der Verwaltung und den Institutionen des Erziehungswesens – basisdemokratisch gewählte Volkskomitees, die reale Macht ist jedoch nach wie vor in den Händen *Qaddafis*. Blutsverwandtschaftliche Bindungen sind weiterhin ein wichtiges Loyalitätsmuster.

Eine Klassenstruktur erscheint wenig ausgeprägt. Produktive Arbeit wird weiterhin vorwiegend von importierten Technologien und gleichfalls importierter Arbeitskraft geleistet. Mit dem Verfall des Erdölpreises sind die finanziellen Spielräume des Regimes erheblich geschrumpft. Dies und die z. T. erratischen außenpolitischen Handlungen haben dem „libyschen Modell" viel von seiner Anziehungskraft genommen, welche es vor allem in den 70er und zu Beginn der 80er Jahre auf die arabische Welt, insbesondere auf Teile der Bev. in den Nachbarstaaten Ägypten und Tunesien, ausübte.

Auch der Versuch einer Klassenanalyse der Westsahara bzw. der *Demokratischen Arabischen Republik Sahara* ist äußerst problematisch: Die fast ausschließlich nomadische Bev. dieses Territoriums, die jedoch gegen Ende der spanischen Kolonisation zunehmend seßhaft wurde und z. T. in der

Phosphatindustrie Lohnarbeit fand oder bei den spanischen Hilfstruppen diente, entzieht sich den klassischen Kriterien einer solchen Untersuchung. Die Struktur dieses Landes ist geprägt von „feudalen" Loyalitäten, die jedoch nicht viel aussagen über die Formen ökonomischer Abhängigkeit innerhalb einer solchen Struktur, da die kommunautäre Produktionsweise (das Land gehört dem Stamm, nur das von den Familien erwirtschaftete Produkt steht zur privaten Verfügung des Produzenten) eine Klassifikation nach klassischen politökonomischen Kriterien sehr schwierig macht.

Erschwert wird die Untersuchung der ökonomischen und sozialen Struktur der Sahrauis auch durch den Krieg: Etwa 160 000 von ihnen leben seit der marok. Annexion (1975/76) in Flüchtlingslagern in der algerischen Wüste um Tindouf. Neben den im Territorium verbliebenen Sahrauis leben insbesondere wohlhabende Händlerfamilien auf den Kanarischen Inseln, z. T. in Spanien und in Frankreich. In den Flüchtlingslagern wurden basisdemokratische, egalitäre Strukturen aufgebaut. Ob sie sich erhalten werden, falls die Westsahara ihre politische Autonomie erlangen sollte, erscheint fraglich.

4. Der politische Islam

Die wachsende islamistische Bewegung im gesamten islamischen Raum, so auch im Norden Afrikas, ist keineswegs jüngsten Datums. Bereits in HDW II (Bd. 6:22) wurde festgestellt: „Die Polarisierung der wirtschaftlichen Entwicklung und die ideologische Unterentwicklung der Massen dürften der integristischen Bewegung in Zukunft noch ein reiches Potential bescheren." Der Verdacht liegt nahe, daß der wachsende, wenn auch keineswegs neue Einfluß der Islamisten in Nordafrika sowohl in Europa wie in den USA nach dem realen Zusammenbruch des Sozialismus osteuropäischer Prägung für die Schaffung eines neuen Feindbildes herhalten muß: „Der Kuwaitkrieg, der propagandistisch schon seit 1990 geführt wurde, konnte innerhalb kürzester Zeit diese Lücke wieder schließen. Aus dem Osten wurde der Orient, aus dem Kommunismus der Islam, aus Stalin *Saddam Hussein* ... Der Islam wird nun nicht nur als ideologische Antithese begriffen, sondern als gesamtkulturelle Antithese zum Westen und seiner universalistischen Identität. Der Islam gerät so zur Begründung des Gegen-Westens, zur Gegen-Moderne, ja zur Gegen-Zivilisation" (*Schulze* 1991:7).

Das Anwachsen der islamistischen Bewegungen, um deren Steuerung und Finanzierung Saudi-Arabien und der revolutionär-schiitische Iran rivalisieren, tangiert Europa direkt allenfalls aufgrund des Zuwachses von Migranten aus dem Raum südlich des Mittelmeers und aus der Türkei und aufgrund des Einflusses der Islamisten auf die in Europa lebenden, aus dem islamischen Kulturkreis stammenden Menschen. Dabei ist die kollektive Identitätssuche auf der Grundlage des gemeinsamen Glaubens nicht Wesensmerkmal einer fremden und unveränderlichen Kultur, sondern Resultat generationenlanger Ausgrenzung und Diskriminierung.

Die spätestens seit dem Golfkrieg in den Medien und im politischen Diskurs entwickelte Hysterie über die „islamische Gefahr“ scheint wesentlich mehr auf der oben erwähnten Notwendigkeit der Suche nach einem neuen Feindbild zu beruhen als auf einer wie auch immer gearteten realen Gefahr. Dies zeigen zumindest die traditionell guten Beziehungen des Westens mit dem wahabitisch-puritanischen Saudi-Arabien wie auch die inzwischen wieder voll entwickelten Wirtschaftsbeziehungen mit dem Iran der Ayatollahs. Hinzu kommt, daß der politische Islam bisher kein zum Kapitalismus alternatives wirtschaftspolitisches Konzept zu entwickeln vermochte und dem Prinzip des freien Handels grundsätzlich positiv gegenübersteht.

Die geistigen Wurzeln der Bewegung stammen aus der *Salafiya*-Bewegung (prominenteste Vertreter waren die Professoren *Jamal ed-Din-al-Afghani* und *Mohammed Abdouh* an der Kairoer *Al-Azhar*-Universität), die sich um die Jahrhundertwende philosophisch-theologisch mit dem Verhältnis Islam – Abendland und insbesondere mit den Ursachen der Kolonisation der islamischen Länder auseinandersetzte. Nach islamischem Selbstverständnis war *Mohamed* der jüngste und letzte Prophet, den Gott in die Welt geschickt hatte, weil die Menschen seine Offenbarung immer wieder mißverstanden oder verfälscht hatten. Juden und Christen – die beiden anderen monotheistischen Religionen – besitzen im Gegensatz zu den Muslimen nur einen Teil der göttlichen Wahrheit. Somit mußte die ökonomische, technologische und militärische Rückständigkeit, die die Einbeziehung des Orients in die westlichen Imperien ermöglicht hatte, zugleich verstanden werden als Herausforderung an die Religion: Ganz offenbar waren die Muslime vom rechten Weg abgekommen, sonst hätten sie gegenüber dem Westen noch immer technologisch und wissenschaftlich so überlegen sein müssen, wie sie dies im Mittelalter waren. Folgerichtig schien den Vertretern der *Salafiya*-Bewegung der Weg zurück zum reinen Islam als der einzig vorwärts weisende Weg zur Wiederherstellung früherer Größe und Überlegenheit. Die *Salafiya*-Bewegung hatte großen Einfluß auf die Lehren auch in den nordafrik. Universitäten wie der *ez-Zeitouna* in Tunis oder der *Qaraouine* in Fez. Ihre prominentesten Vertreter im Maghreb waren *Allal-el-Fassi* in Marokko und *Ben Badis* in Algerien.

Diese islamische Bewegung stellte auch eine wichtige Kraft im antikolonialen Kampf dar – vor allem in Algerien und Marokko. Schon in den 30er Jahren entwickelte die politische Bewegung der algerischen Schriftgelehrten *(Ulama'a)*, die stark von der *Salafiya*-Bewegung beeinflußt war, den Slogan: „Der Islam ist meine Religion, das Arabische meine Sprache, Algerien mein Vaterland.“ Mit der Erlangung der politischen Unabhängigkeit verloren die islamistischen Bewegungen an Einfluß: in Marokko okkupierte der Monarch („Herrscher der Gläubigen“) die islamische Legitimation, in Tunesien hatte sich das laizistisch orientierte Kleinbürgertum als weitaus stärkste Kraft des Nationalismus etabliert, in Algerien wurde – nicht zuletzt als Resultat des äußerst grausamen und verlustreichen Dekolonisationskrieges – die *Demokrati-*

sche Volksrepublik proklamiert, die sich eindeutig zu einem sozialistischen Programm bekannte.

Dennoch spielte gerade in Algerien der Islam immer eine besondere Rolle, da Frankreich Algerien ja als Teil des Mutterlandes betrachtet hatte und jede kulturelle Spezifizität bekämpfte. Der Islam war zugleich das einigende Band aller Algerier, auch über die Sprachgrenzen seiner Bewohner (Araber, Berber) hinweg. Zugleich aber ist Arabisch die Sprache des Koran, sakrale Sprache also, und die in Algerien virulent betriebene Arabisierungspolitik, die auf (Wieder-)Herstellung einer kulturellen Identität zielte, brachte folgerichtig den Sprachkonflikt zwischen der arabisierten Mehrheit und der berberophonen Minderheit zutage.

Trotz dieser latent vorhandenen islamischen Strömungen war zu Beginn der Unabhängigkeit Ende der 50er und Anfang der 60er Jahre eine laizistische Modernisierungspolitik angesagt, die teils nach westlich-kapitalistischem (Marokko), teils nach sozialistischem (Algerien) Muster, teils nach eher wechselnden Modellen (Tunesien) eine Modernisierung von Ökonomie und Gesellschaft anstrebte. Keines der Modelle vermochte es, die wirtschaftliche und soziale Misere der Masse der Bev. zu beseitigen. Das Scheitern der Entwicklungsmodelle delegitimierte jedoch die jeweiligen Eliten – besonders kraß im Falle Algeriens. Und auf der Erscheinungsebene stimmt die Argumentation der Islamisten: Die Präsenz des Westens und die Verwestlichung der Eliten sind schuld an der ökonomischen Ausplünderung, am moralischen Niedergang der Gesellschaft und am Zerfall ihrer wertemäßigen Kohäsion.

Die verwestlichten Führungsgruppen, die für die Entwicklungsmodelle politisch Verantwortlichen, erscheinen als die Agenten der westlichen Interessen, die längst den Boden nationaler und kultureller Gemeinsamkeit verlassen haben und als Agenten fremder Interessen für Elend und Unterentwicklung verantwortlich sind. So wie die auf den „Sozialismus" folgende Liberalisierung Algerien keinen Aufschwung brachte, so ist auch Ägypten ein Musterbeispiel für das Versagen beider Entwicklungswege, des sozialistischen unter *Nasser* und des kapitalistischen unter *Sadat*. Und waren nicht beide Entwicklungskonzepte nur die beiden Seiten ein und derselben Medaille: des gottlosen Kapitalismus und des atheistischen Sozialismus?

Die Zuspitzung der sozialen und ökonomischen Krisenhaftigkeit fiel außerdem zusammen mit dem Ende von Bipolarität und Systemkonfrontation. Nicht zuletzt hatte der Orient über Jahrzehnte die endlosen Demütigungen des Westens insbesondere aufgrund von dessen Nahostpolitik hinnehmen müssen. Während sich die laizistischen Eliten (zivile wie militärische) angesichts der Unlösbarkeit der sozialen Krise delegitimierten, wuchs der Groll der Entrechteten gegen deren Unfähigkeit und Korruption. Seit vielen Jahren hatte insbesondere Saudi-Arabien die islamischen Bewegungen vor allem in sozialistisch orientierten Ländern des arabischen Raumes unterstützt, und dies mit Billigung des Westens, der sich hierdurch ein Gegengewicht gegen eine Moskau-Orientierung der sich sozialistisch nennenden arabischen Staaten erhoffte.

Vor diesem Hintergrund übernimmt der Islam einerseits die Funktion kultureller und politischer Identitätsstiftung, andererseits stellt er eine radikale Alternative zu den gescheiterten Modernisierungsstrategien dar. In diesem Sinne ist der Islamismus – bei aller rückwärts gewandter Identitätssuche – als eine zeitgenössische, d. h. moderne Antwort zu sehen auf die durch koloniale Penetration und ökonomische Abhängigkeit im Verbund mit Mißwirtschaft und Korruption verursachte soziale Misere. Nicht zu unterschätzen ist auch, daß die Islamisten über die Moscheen wichtige soziale Infrastrukturangebote machen, die tatsächlich für die Ärmsten der Armen zugänglich sind (Schulen, medizinische Versorgung u. a.). Die spätestens seit dem Golfkrieg geradezu hysterische Reaktion in den Hauptstädten des Westens gegenüber den islamistischen Bewegungen, die in den einzelnen Ländern durchaus sehr unterschiedlich sind, verhilft ihnen in den Augen der Masse der verarmten und verelendeten Bev. zu zunehmender Legitimation.

5. Typologie der maghrebischen politischen Systeme

Nach der vorausgegangenen Skizze der Sozialstruktur und der ideologischen Entwicklung der Maghrebländer soll sich eine Typologie der politischen Systeme des Maghreb beschränken auf das Funktionieren der Herrschaftsstrukturen. Auf eine Exegese der Verfassungen wird hier verzichtet, da sie für die Analyse der politischen Wirklichkeit – mit der Ausnahme Tunesiens – nur wenig hergeben würde, wie am Beispiel Marokkos schon allein durch die Gegenüberstellung von Verfassungsartikeln und königlicher Praxis gezeigt werden kann.

„Der König, Herrscher der Gläubigen *(amir al-mu'minin)*, oberster Repräsentant der Nation, Symbol ihrer Einheit, Garant der Dauerhaftigkeit und Kontinuität des Staates, wacht über die Achtung des Islam und der Verfassung. Er ist der Beschützer der Rechte und Freiheiten der Bürger, der sozialen Gruppen und Gemeinschaften" (Art. 19 der Verfassung vom 10. 3. 1972). „Gott hat den König auf den Thron gesetzt, damit er die Monarchie erhalte. Um dies zu erreichen, sieht der malekitische Ritus vor, daß, wenn es sein muß, man nicht zögern darf, ein Drittel der Bevölkerung mit verderblichen Ideen zu vernichten, um die verbleibenden zwei Drittel der gesunden Bevölkerung zu retten" (König *Hassan II.* in einer Rede vom 20. 8. 1972). Der malekitische Ritus ist die Form des in Marokko gültigen (sunnitischen) islamischen Rechts. Für die hier zitierte Ableitung *Hassans* fehlt jedoch jede rechtliche Grundlage.

Marokko ist eines der wenigen Länder im afrikanisch-arabischen Raum, welches ein Mehrparteiensystem, drei Menschenrechtsorganisationen und eine relative Pressefreiheit besitzt. Die demokratische Fassade, die im Vergleich zu den anderen politischen Systemen des Maghreb am weitesten entwickelt ist, verfolgt außenpolitisch auch den Zweck, die immer wieder vorgetragenen Ansprüche Marokkos auf Aufnahme in die EG zu unterstützen.

Betrachtet man allerdings die politische Praxis des Regimes, in dem alle wesentlichen Entscheidungen letztlich vom König getroffen werden und in dem jede Form der Gewaltenteilung fehlt, so ist festzustellen, daß immer wieder Menschen „verschwinden“, von denen jene, die die Folter überleben, oft nach längerer Zeit in Gefängnissen „gefunden“ werden (so *Amnesty International*). Oder es werden die oft periodisch auftretenden spontanen Unruhen dazu benutzt, die Führung der sozialistischen Partei und der Gewerkschaften zu verhaften und in Schnellverfahren massenhaft abzuurteilen. Die Tatsache, daß dennoch politische Rechte auch der Opposition zugestanden werden müssen, erklärt sich aus der historisch gewachsenen Stärke dieser politischen Kräfte, mit denen die Despotie trotz ihrer politischen Willkür rechnen muß, und aus der sozioökonomischen Komplexität der Gesellschaft. Kompromißloser Verfolgung unterliegen die Islamisten und die Gegner der Annexion der Westsahara.

Trotz der gesellschaftlichen Antagonismen erscheint die Monarchie, die vor allem zu Beginn der 70er Jahre von Militärputschen erschüttert wurde, von außen gesehen als stabil. Während der Zeit der Bipolarität und des Systemgegensatzes verstand es König *Hassan* geschickt, die geostrategische Lage seines Landes zu nutzen und den marok. Annexionskrieg in der Westsahara als Bollwerk gegen wachsenden kommunistischen Einfluß auszugeben. Hierfür und als Gegengewicht gegen das „sozialistische“ Algerien erhielt Marokko auch eine gewaltige finanzielle Unterstützung von den konservativen arabischen Staaten. Nach dem Ende des Kalten Krieges und vor allem angesichts der immer unberechenbarer werdenden Situation in Algerien gelang es dem König, sein Land als Bollwerk gegen den sich ausbreitenden Islamismus darzustellen.

Das politische System Algeriens erschien bis zu den Unruhen vom Okt. 1988 außerordentlich stabil. Es war geprägt von der integren Persönlichkeit des Staatspräsidenten *Houari Boumedienne*, der durch einen Putsch gegen den ersten Präsidenten *Ahmed Ben Bella* am 19. Juni 1965 die Macht übernommen hatte und Ende 1978 starb. Die Grundlage der Macht stellte spätestens seit Juni 1965 die Armee dar: Relativ gut ausgerüstet und äußerst diszipliniert hatte sie das Ende des Unabhängigkeitskrieges im tunesischen und marok. Exil erlebt. Sie war – mit Verteidigungsminister *Boumedienne* – die Stütze der Macht des populistischen Präsidenten *Ben Bella*.

Mit dem Putsch von 1965 besetzte die Armee die entscheidenden Positionen im politischen System, nach außen blieb jedoch die zur Einheitspartei transformierte *Nationale Befreiungsfront* (FLN) offizieller Träger der Macht. Durch die Berufung kompetenter Technokraten in wichtige Entscheidungspositionen und durch ein in der Personalpolitik geschicktes Austarieren regionalistischer und ideologischer Interessen gelang es *Boumedienne*, einerseits das verfolgte Entwicklungsmodell voranzutreiben, andererseits eine gewisse Kohäsion der politisch führenden Klasse herzustellen.

Direkter und deutlicher wurde der Zugriff der Armee mit der Wahl des Obersten *Chadli Benjedid* zum Nachfolger *Boumediennes*. In der Ära *Benjedid* breitete sich die Korruption krebsartig aus, die konzipierte Entwicklungsstrategie brach zusammen aufgrund von Mißwirtschaft und wegen des Verfalls der Kohlenwasserstoffpreise. Die blutigen Unruhen des Okt. 1988 brachten zwar den Einstieg in eine ökonomische und politische Liberalisierung (Mehrparteiensystem, Pressefreiheit), hinter der Fassade versuchten jedoch das Militär und die mit ihm verbündeten Technokraten ihre entscheidende Macht zu retten.

Als sich nach der ersten Runde der Parlamentswahlen vom Januar 1991 eine verfassungsändernde Mehrheit für die FIS *(Islamische Heilsfront)* abzeichnete, putschte am 11. 1. 1992 die Armee. Dieser Putsch mag auch als Maßnahme der Armeeführung gegen teils demokratische, teils mit der FIS sympathisierende Gruppierungen innerhalb der Armee verstanden werden. Seit dem Putsch regiert unter permanenter Verlängerung des Ausnahmezustandes ein Nationalrat, der fest in der Hand des Militärs ist. Er ging mit drakonischer Brutalität gegen die Islamisten vor, vermochte jedoch keines der akuten Probleme zu lösen.

Trotz Repression scheint die islamistische Guerilla an Kraft zu gewinnen. Die wirtschaftliche Situation des Landes verschlimmert sich, da angesichts der Unsicherheiten sowohl aus- wie inländisches Kapital keine Investitionsneigung zeigen. Also wächst die soziale Basis der islamistischen Bewegung. Da auch die Islamisten unter sich keineswegs einheitlich und geschlossen sind, bewegt sich die Spirale von Gewalt und Gegengewalt zunehmend in Richtung auf eine mögliche Auflösung des politischen Systems selbst. Jenseits der politisch-ideologischen Fronten der nahe am Bürgerkrieg befindlichen Situation könnten auch regionalistisch-autonomistische Bewegungen an Kraft gewinnen und letztlich zu einer Auflösung oder zumindest einer radikalen Veränderung der bisherigen staatlichen Strukturen führen. Algerien, das keine historisch gewachsenen Klassengegensätze kannte, scheint auf dem Weg in eine vieldimensionale Konflikthaftigkeit, die nicht nur die staatliche Existenz in Frage stellen könnte, sondern auch ohne Zweifel Rückwirkungen auf die politischen Systeme der Nachbarländer haben kann.

Das politische System Tunesiens war über 30 Jahre lang geprägt von der beherrschenden Figur des ersten (und dann auf Lebenszeit gewählten) Staatspräsidenten *Habib Bourguiba*, der in geradezu absolutistischer Form regierte. Die aus dem Unabhängigkeitskampf hervorgegangene Einheitspartei (*Neo-Destour-Partei*, ab 1965: *Sozialistische Destour-Partei*, PSD) war sein Instrument zur Regierung und Kontrolle des Landes. Durch ein ausgeklügeltes System von Gnadenerweisen und gezielt aufgebauten Rivalitäten gelang es *Bourguiba* bis ins hohe Greisenalter, die Gefahr des Aufstiegs eines potentiellen Nachfolgers zu vermeiden. Gleichzeitig durchlief das Land unterschiedliche Entwicklungsphasen von einer liberalen Wirtschaftspolitik (1956–60), einer vom Wirtschafts- und Planungsminister *Ben Salah* geprägten planwirtschaftlichen Phase (1960–68) wieder zurück zu einem konsequenten Liberalismus, der heute gekennzeichnet ist durch eine nach wie vor ungebrochene Tourismusförderung und zahlreiche für Betriebe in den EG-Staaten arbeitende Lohnveredelungsunternehmen.

Im Vergleich zu den beiden anderen Kernländern des Maghreb erscheint die Sozialstruktur Tunesiens sehr viel differenzierter und homogener zugleich: Die sozialen Antagonismen sind weniger kraß. Der stark mittelständisch geprägten Sozialstruktur widerspricht allerdings immer noch das politische System, das getragen wird von den verkrusteten Strukturen der alten Einheitspartei. Nach dem „medizinischen Staatsstreich" vom 7. 11. 1987, bei dem der damalige Innenminister *Ben Ali* den vergreisten Präsidenten *Bourguiba* abgesetzt hatte, benannte sich die alte Staatspartei PSD um in RCD *(Rassemblement Constitutionnel Démocratique)*, und der neue Präsident *Ben Ali* proklamierte eine demokratische Erneuerung. Durch politischen Druck und Wahlmanipulationen sicherte sich die Partei sämtliche Sitze im Parlament.

Der weiteren ökonomischen Liberalisierung entspricht keine Liberalisierung auf politischer Ebene. Der wachsende Einfluß der Islamisten vor allem an Universitäten und Gymnasien, aber auch ihr Rückhalt vor allem in den Vorstädten von Tunis führte ganz im Gegnteil zu wachsender Repression und – gerade in jüngster Zeit – zunehmenden Menschenrechtsverletzungen.

Das politische System Libyens ist nach wie vor dominiert von der beherrschenden Figur von Oberst *Muammar al-Qaddafi*. Ökonomisch leidet das Land jedoch unter der jahrelangen gigantischen Aufrüstung, die z. T. auch für expansive Ziele (Tschad) genutzt wurde. Die Außenpolitik war nahezu zwei Jahrzehnte nach *Qaddafis* Machtübernahme gekennzeichnet durch zahlreiche Vereinigungsversuche mit Nachbarländern, so vor allem mit Ägypten und Tunesien, wobei paradoxerweise allein die 1984 geschlossene „Union" mit dem Königreich Marokko formal drei Jahre Bestand hatte.

Ein die libysche Politik wesentlich bestimmender Faktor ist der Konflikt mit den USA, der bereits mit dem Putsch *Qaddafis* am 1. 9. 1969 und der Kündigung der US-amerikanischen Luftwaffenbasis *Wheelus-Field*, der größten Luftwaffenbasis außerhalb der USA, begann. Der Konfrontationskurs der USA gegen Libyen fand seinen ersten Höhepunkt in der Bombardierung von Tripolis und anderen Orten am 15. 4. 1986 als „Antwort" auf den in seiner Urheberschaft nach wie vor ungeklärten Bombenanschlag auf die Berliner Diskothek *La Belle*. Am 15. 4. 1992 wurde auf Grundlage der UN-Sicherheitsratsresolution Nr. 748 ein Waffen- und Luftfahrtembargo gegen Libyen verhängt, das am 15. 4. 1993 verlängert wurde. Gründe waren die von den USA erhobenen Vorwürfe einer libyschen Beteiligung am Anschlag auf das über Lockerbie abgestürzte *PANAM*-Flugzeug.

Der Druck der USA, aber auch Frankreichs, hat dazu beigetragen, Libyens expansionistische Außenpolitik zu stoppen. Gleichzeitig leidet das Land erheblich unter dem Embargo. Dessen Folgen, der Verfall des Ölpreises und der Druck der Islamisten scheinen die Stabilität des Regimes zunehmend in Frage zu stellen. Ein Sturz *Qaddafis* dürfte jedoch hauptsächlich den islamistischen Kräften nutzen.

Die politische Entwicklung des Westsaharakonflikts scheint auf eine Beendigung im Sinne Marokkos hinauszulaufen: Zwar sind seit Sept. 1991 Teile der für die Durchführung eines Referendums vorgesehenen *Blauhelme*

(MINURSO) auf der Grundlage der Resolution des UN-Sicherheitsrats Nr. 658 in der Westsahara stationiert. Da es Marokko seither gelungen ist, das Referendum zu verhindern und das ursprünglich ausgehandelte Wählerverzeichnis unter schrittweisem Nachgeben des UN-Generalsekretärs ständig zu seinen Gunsten zu verändern, sind einige prominente Mitglieder der *Polisariofront* nach Marokko übergelaufen. Die von der *Polisario* stets bekämpften alten tribalen Loyalitätsmuster scheinen vor dem Hintergrund dieser Entwicklung wieder an Bedeutung zu gewinnen.

Sollte trotz der Hinnahme vielfältiger Verfahrensverstöße Marokkos durch den UN-Sicherheitsrat das Referendum für die Unabhängigkeit des Territoriums ausfallen, so sind dadurch noch keine Entscheidungen über das zukünftige politische System gefallen. Die Wiedererstarkung tribalistischer Bindungen aufgrund der politischen Entwicklung, die fast 20jährige unterschiedliche Entwicklung der in den Flüchtlingslagern in Algerien lebenden, der unter marok. Verwaltung in der Westsahara verbliebenen und der im Exil befindlichen Sahrauis dürften die Herausbildung konsensualer politischer Strukturen außerordentlich erschweren. Dagegen könnte der Reichtum an Bodenschätzen, der Fischreichtum der Küste etc. eine wichtige materielle Voraussetzung für die politische Unabhängigkeit sein.

6. Die Entwicklung der Arabischen Maghreb-Union (UMA)

Die Idee der Maghreb-Union ist alt und gehört zu den klassischen Formeln des politischen Diskurses der Führer der Maghrebstaaten. Entstanden ist sie gleichzeitig mit den nationalistischen Bewegungen der einzelnen Maghrebstaaten, die ja oft getragen wurden von Intellektuellen, die sich während ihres Studiums in Frankreich kennengelernt hatten. *Nordafrikanischer Stern* nannte sich programmatisch die bereits 1926 in Frankreich gegründete Gewerkschaft, die die erste algerische Gewerkschaft war, da es damals noch keine nennenswerte Arbeitsmigration aus Tunesien oder Marokko nach Frankreich gab. Der Einigungsprogrammatik verschrieben hatte sich auch das 1948 in Kairo gegründete *comité du Maghreb Arabe*, in dem die größtenteils exilierten antikolonialistischen Führer der drei Länder zusammenarbeiteten.

Insbesondere in der Zeit von 1954 (Beginn des antikolonialen Kampfs in Algerien) bis 1956 (Unabhängigkeit Tunesiens und Marokkos), aber teilweise auch danach, kam es zu grenzübergreifender Zusammenarbeit der Widerstandsbewegungen. Dies wurde auch dadurch erleichtert, daß in den Grenzgebieten im Norden schon immer eine starke Mobilität über die Grenzen hinweg bestand, und zwar oft auf der Grundlage identischer Sozialstrukturen und vielfältiger Verwandtschaftsbeziehungen. Die Nomaden im Süden scherten sich eh nicht sonderlich um die willkürliche Grenzziehung der Kolonialmacht.

Genau diese Grenzziehung war es jedoch, die nach der Unabhängigkeit zu zahlreichen Konflikten zwischen den nordafrik. Staaten führte. Trotz der Konferenz von Tanger (1958), auf der die marok. *Istiqlal-Partei*, die algerische *Nationale Befreiungsfront* und die tunesische *Neo-Destour-Partei* die Einheit des Maghreb gefordert hatten, verschärften sich die zwischenstaatlichen Rivalitäten und Konflikte, zunächst durch den Austritt Marokkos aus dem noch von Frankreich organisierten nordafrik. Phosphatpool, dessen Existenz für Tunesien aufgrund seiner qualitativ minderwertigen Phosphatvorkommen sehr wichtig war. Entscheidend jedoch waren die Probleme der Grenzziehung zwischen den Maghrebstaaten, die mit der sich abzeichnenden algerischen Unabhängigkeit (1962) immer brisanter wurden.

Sein Grenzproblem mit Algerien versuchte Tunesien bereits vor der algerischen Unabhängigkeit während der sog. *Bizertakrise* – erfolglos – durch Besetzung der algerischen Erdölquellen im Raum Edjeleh zu lösen. Die tunesischen Territorialansprüche belasteten über lange Jahre das Verhältnis zu Algerien. Auch zwischen Tunesien und Libyen gab es Grenzstreitigkeiten sowohl territorialer Natur wie auch *off-shore* im Golf von Gabès über Rechte auf Ölbohrungen.

Den schärfsten Grenzkonflikt gab es jedoch zwischen Algerien und Marokko, als letzteres gleich nach der algerischen Unabhängigkeit (1962) versuchte, die eisenerzreiche Region von Tindouf im SW Algeriens zu besetzen. Nach erfolgreichem Widerstand der algerischen Armee wurde der Krieg schließlich durch Vermittlung der OAU beendet. Entsprechend den OAU-Prinzipien von der Unverletzlichkeit der von den Kolonialmächten gezogenen Grenzen wurden diese schließlich von allen Konfliktparteien anerkannt. Gegen dieses OAU-Prinzip und gegen die Resolution Nr. 1514 von 1960 der UN-Vollversammlung (Dekolonisierungsresolution) verstößt jedoch auch die Annexion der vormals spanischen Kolonie Westsahara durch Marokko, ohne daß die dort lebende Bev. ihr Selbstbestimmungsrecht ausüben konnte. Die algerische Unterstützung für die *Frente Polisario* erklärt sich z. T. auch daraus, daß mit endgültiger Einverleibung der Westsahara Marokko seine nie ganz aufgegebenen Ansprüche auf die Region von Tindouf wieder aufleben lassen könnte.

Trotz dieser Schwierigkeiten und Rivalitäten kam es am 10. Juni 1988 im algerischen Küstenort Zerebla zu einer Gipfelkonferenz der Maghrebstaaten, welche die Grundsteine für die Gründung der *Arabischen Maghreb-Union* auf dem 2. Maghrebgipfel am 17. 2. 1989 in Marrakesch legte. Dabei hatte zweifelsohne Algerien die wichtigste Konzession gemacht: Die *Demokratische Arabische Republik Sahara*, von Algerien anerkannt und unterstützt, blieb vom Gipfel ausgeschlossen und wurde dort nicht offiziell erwähnt. Laut Gründungsvertrag sollte ein Präsidentenrat, ein Außenministerrat, ein Konsultativrat aus den Parlamentsmitgliedern der Einzelstaaten und ein Gerichtshof zur Schlichtung von Streitfällen eingerichtet werden. Zahlreiche gemeinsame Projekte wurden auf den Weg gebracht, insbesondere die Kooperation im Bereich des Energiesektors, wo vor allem der Bau von Pipelines aus Algerien und Libyen via Tunesien/Italien und Algerien via Marokko/Spanien in Richtung Mitteleuropa projektiert wurde.

Politisch wie wirtschaftlich schien und scheint ein solcher Zusammenschluß geboten: Trotz der von der EG proklamierten Mittelmeerpolitik verhandelte sie bisher getrennt mit den einzelnen Maghrebstaaten. Die jeweiligen bilateralen Assoziierungsabkommen verschärften die Konkurrenz zwischen den Maghrebländern im Bereich der Agrarexporte und der „Lohnveredelung". Eine gemeinsame Position hätte ihr Gewicht erheblich stärken können. Es gibt nämlich erhebliche Komplementaritäten zwischen den einzelnen Volkswirtschaften: Marokko mit seiner reichen und diversen Agrarproduktion, Algerien und Libyen als Energielieferanten. Dazu kommen die gewaltigen Industrialisierungsanstrengungen Algeriens, insbesondere im Bereich der Schwer- und der chemischen Industrie, und schließlich Tunesien mit seiner hohen Zahl an qualifizierten Absolventen der verschiedensten Bildungseinrichtungen.

Trotz der Maghrebeuphorie vor allem des Jahres 1989, die sich in einer Vielzahl von Kooperationsprojekten und der Schaffung politischer Institutionen niederschlug, blieben viele Projekte in ihren Anfängen stecken. Eine nennenswerte Steigerung des Warenaustauschs zwischen den Maghrebländern war gleichfalls nicht zu erreichen. Die arbeitsteilige Einbindung in den EG-Markt wirkte sich kontraproduktiv aus. Aufgrund des erheblichen Schuldendienstes stehen die Maghrebländer (außer Libyen) unter dem unmittelbaren Zwang, für ihre Produkte Devisen zu erhalten, so daß dem innermaghrebischen Handel kaum Priorität eingeräumt werden kann. Die Wirtschaft Mauretaniens, eines der ärmsten Länder der Welt, spielte in diesem Zusammenhang ohnehin keine Rolle. Der Rentenstaat Libyen erwies sich gleichfalls als kaum integrationsfähig. Das traditionelle Mißtrauen der übrigen maghreb. Staatschefs gegenüber *Qaddafi* mag gleichfalls eine nicht unerhebliche Rolle gespielt haben.

Schließlich war es auch nicht gelungen, das größte politische Konfliktpotential zwischen Algerien und Marokko, den Westsaharakrieg, zu beenden. Das Mißtrauen und die Unvereinbarkeit der unterschiedlichen politischen Systeme beeinflußten den intendierten Einigungsprozeß weiterhin negativ. Mit dem Anwachsen der Islamisten in Algerien wuchs die Angst der Regime in Marokko und Tunesien vor einem Übergreifen dieser Bewegung: Das islamische Konzept eines politischen Systems basiert auf der Einheit der Rechtgläubigen. Daher sind diesem Konzept territorialstaatliche Grenzen im Prinzip fremd. Sollten sich also die Islamisten in Algerien durchsetzen können, so würde dies für die Randstaaten des Maghreb nicht nur die Existenz eines alternativen politischen Systems bedeuten, sondern – aufgrund der Kraft der islamischen Bewegung zumindest in Tunesien – auch die Gefahr der Systemtransformation durch ein die derzeitigen Staatsgrenzen übergreifendes Bündnis heraufbeschwören. Neben den weltwirtschaftlich-strukturellen Bedingungen und der von politischen Rivalitäten belasteten Geschichte der Maghrebstaaten dürfte diese Entwicklung dem 1989 gestarteten Einigungsversuch den schwersten Schlag versetzt haben.

7. Migration

Zeitgleich mit der Entdeckung des Islam als neuem Feindbild wurde die Migration (genauer: Immigration) als „neues Risiko" entdeckt, das auch in der militärpolitischen Planung eine zunehmende Rolle spielt (*Ruf* 1993). Dabei wird gemeinhin vergessen, daß die scheinbar bedrohliche Süd-Nord-Wanderung als Nord-Süd- (oder West-West-)Wanderung begonnen hat: Mit dem Fortschreiten der Industrialisierung und der damit verbundenen ursprünglichen Akkumulation exportierte Europa seine „Überbevölkerung" vor allem nach Amerika, Australien, aber auch nach Afrika. Die von Frankreich in Algerien massiv betriebene Siedlungskolonisation implizierte notwendigerweise die Expropriation der Einheimischen und die Inbesitznahme ihres Landes, die in vielfältigen Formen vor sich ging: Konfiskation von „Staatsland", von religiösen Stiftungen, Beschlagnahmung von Land als „Kriegskontribution" nach militärischen Auseinandersetzungen mit den Stämmen, Beschlagnahmung „nicht genutzten Landes" insbesondere von nomadisierenden Stämmen etc.

Zwar zeichnete sich Frankreich im 19. Jh. durch ein außerordentlich geringes, z. T. sogar negatives Bevölkerungswachstum aus; dennoch entstand eine große Zahl verarmter kleiner Handwerker und Arbeitsloser, was sich in zahlreichen sozialen Konflikten und bürgerkriegsähnlichen Auseinandersetzungen niederschlug. Den revolutionären Ereignissen in Frankreich folgten immer auch Einwanderungswellen nach Algerien. Gleichzeitig naturalisierten die Kolonialbehörden vor allem spanische und italienische Einwanderer, um den nichtmuslimischen Bevölkerungsanteil in Algerien zu steigern.

Mit dem I. Weltkrieg kehrte sich die Migrationsrichtung um: Massen von Algeriern wurden zwangsrekrutiert für die frz. Armee und für die freien Plätze in der Rüstungsindustrie. Mindestens 170 000 Algerier dienten in der frz. Armee; wer überlebte, versuchte in Frankreich seinen Lebensunterhalt zu verdienen. Seither stellten die Algerier die unterste Schicht des frz. Proletariats. In den 20er und 30er Jahren kamen zunehmend auch Marokkaner und Tunesier hinzu. Noch viel größer als im I. war der Blutzoll der Nordafrikaner (vor allem Algerier und Marokkaner) im II. Weltkrieg. Dabei wurde die Immigration insbesondere aus Algerien durch die industrialisierungsfeindliche Politik der frz. Siedler in Algerien massiv gefördert (vgl. *Ruf* 1992).

Bemerkenswert ist allerdings die Tatsache, daß der quantitative Sprung in Richtung auf eine massive Erhöhung der Zahl algerischer Arbeitsmigranten – vor allem nach Frankreich – in die 70er und 80er Jahre fällt. So stieg die Zahl der Arbeitsemigranten aus dem Maghreb in Europa von 232 000 im Jahre 1962 (Unabhängigkeit Algeriens) auf 718 000 im Jahre 1974 (nach *Körner* 1991). Wie auch immer man Hochrechnungen der OECD bewerten mag, die bis zum Jahre 2025 von etwa 65 Mio. Ausländern vor allem aus der Mittelmeer- und Nahostregion ausgehen: Die Zahl wird auch bei restriktivster Behandlung der Immigration wachsen.

Zu einfach ist es, diese Zuwächse nur als Resultat des demographischen

Drucks zu interpretieren, der, bei Fortsetzung der derzeitigen Wachstumsraten, in den Maghrebländern alle 25–30 Jahre zu einer Verdoppelung der Bev. führt. Als wesentliche Begleitursachen kommen hinzu: die Landflucht als Resultat des Niedergangs des agrarischen Sektors bzw. seiner Unfähigkeit zur Aufnahme weiterer Arbeitskräfte, die daraus resultierende Verstädterung (oder besser Verslumung der Städte), die Altersstruktur der Bevölkerung im Maghreb in Verbindung mit der Fortdauer der ökonomischen Unterentwicklung, die vor allem die *Newcomer* auf dem Arbeitsmarkt, also die Jugendlichen (in Algerien und Marokko sind dies bis zu 80 %) zur Arbeitslosigkeit verdammt. Schließlich sind es die zunehmend autoritären politischen Regime, die durch Terror und Folter Menschen zur Flucht motivieren.

Neben diesen internen Faktoren verweist *Körner* (1991) jedoch auch auf wichtige externe Sogfaktoren, die Resultat der tendenziellen Entwicklung einer dualen Ökonomie in Europa sind, in der zunehmend formelle Arbeitsverhältnisse den informellen einer Schattenwirtschaft gegenüberstehen. Die Beschäftigung illegaler Arbeitskräfte wird hier außerordentlich lukrativ und dürfte speziell in bestimmten Branchen durch den Konkurrenzdruck noch verstärkt werden. In der Tat bildet der illegale Menschenhandel zunehmend organisatorische Strukturen aus.

Alle offiziellen Zahlen über die wichtigste Maghrebpopulation in Europa – die Algerier in Frankreich – spiegeln jedoch nur eine Spitze des Eisbergs: Bis zur Unabhängigkeit (1962) betrachtete Frankreich Algerien als Teil seines Staatsgebiets. Somit hatten alle bis zu diesem Zeitpunkt geborenen Algerier automatisch die frz. Staatsangehörigkeit. Darüber hinaus hatte – bis zum Regierungsantritt der konservativen Koalition in Frankreich (Sommer 1993) – jeder vor 1962 geborene Algerier die Möglichkeit, seine *Réintégration*, die Wiedereinsetzung in seine Rechte als frz. Staatsbürger, nachträglich zu beantragen. Da bis dato in Frankreich das *ius solis* entscheidendes Kriterium für die Staatsangehörigkeit war, ist anzunehmen, daß die Zahl der algerischstämmigen Franzosen die Zahl der als Migranten bezeichneten Ausländer bei weitem übertrifft, zumal alle von algerischen Eltern auf dem frz. Territorium geborenen Kinder bei Erreichung der Volljähigkeit die Wahl haben zwischen der frz. und algerischen Staatsangehörigkeit.

Die algerische bzw. algerischstämmige Bevölkerung in Frankreich findet sich damit in vielfacher Hinsicht in einer ambivalenten und widersprüchlichen Situation wieder: Ungeachtet der formellen Staatsangehörigkeit bleiben kulturelle Bindungen, die oft in vielfacher Hinsicht auf den Islam zurückverweisen, bestehen. Gleichzeitig haben sich die – oft seit Generationen – in Frankreich lebenden Algerier oder frz. Nachkommen von Algeriern von ihrer Heimat und der dortigen Kultur, vor allem aber von den dortigen ökonomischen, sozialen und politischen Verhältnissen entfremdet. Dem allerdings trägt der alltägliche Rassismus in der frz. Gesellschaft nicht Rechnung, werden doch die Nordafrikaner, meist reduziert auf *die Algerier*, vom Phänotyp her identifiziert. Rassismus und Diskriminierung ihrerseits bewirken wiederum eine kollektive Identitätssuche, wie sie sich beispielsweise in der Kultur der Jugendlichen der zweiten und dritten Generation, der *Beurs* (abgeleitet aus einer Umkehrung des Wortes *arabe*) entwickelt hat. Durch Vermischung und Integration arabischer und frz. Elemente vor allem in der Musik, aber auch in der Sprache, entsteht hier gewissermaßen eine Art „dritter Kultur". Diese neuen Identitäten spielen auch im politischen frz. Alltag der Großstädte eine zunehmende Rolle (vgl. *Cesari* 1991).

Die Zerrissenheit der algerischen Population in Frankreich und insbesondere der Teile der frz. Gesellschaft, die, um den treffenden frz. Begriff zu wählen, „aus der Immigration entstanden" *(issus de l'immigration)*, zeigt sich vor allem auch im Verhältnis zu dem diese Menschengruppe einigenden, eher kulturellen als religiösen Band, dem Islam. Von den einen als reaktionär und aufklärungsfeindlich radikal abgelehnt, stellt er für andere die Perspektive einer Identitätsfindung und eine soziale Geborgenheit gegenüber der westlichen Ellenbogengesellschaft dar. Diese soziokulturelle Spaltung betrifft jedoch die algerische – und große Teile der algerischstämmigen – Bev. beiderseits des Mittelmeers, wobei Konfliktlagen sich gegenseitig überlagern: Menschen, die sich als Algerier in Frankreich diskriminiert fühlen, optieren entweder für eine bedingungslose, d. h. immer auch laizistische Integration, oder sie wenden sich einem mehr oder weniger politisierten Islam zu oder sie folgen einer Art drittem Weg, wie er von der Kultur der *Beurs* aufgezeigt wird.

In Algerien selbst, wo derzeit der politische Islam brutal unterdrückt wird, erscheint jede dieser drei Richtungen gefährlich, da sie das sich offiziell laizistisch gebende Konglomerat aus arabischem Nationalismus und islamischer Identität ablehnen. In diesem Sinne kann von Algerien durchaus als von einer „gespaltenen Nation" gesprochen werden, deren Spaltung auf beiden Kontinenten existiert: laizistische Verwestlichung einerseits, islamischer Revivalismus andererseits. Geradezu paradigmatisch zeigen dies die Fluchtbewegungen aus Algerien, die natürlicherweise primär nach Frankreich strömen: Intellektuelle, die aus Angst vor der Machtübernahme der Islamisten nach Frankreich emigrieren, und Islamisten, für die die algerische Immigration in Frankreich Anlaufstelle wird, um sich im Rechtsstaat vor der Repression des Militärregimes in Sicherheit zu bringen.

Das fehlgeschlagene algerische Entwicklungsmodell, in seiner Konsequenz die derzeit bestehende Alternative zwischen Militärdiktatur einerseits und islamischem Gottesstaat andererseits, führt dazu, daß Tausende von Algeriern wieder nach Frankreich strömen, zu großen Teilen dort ihre *Réintégration* beantragen. Diesen Prozeß hat die neugewählte konservative frz. Regierung durch sofortiges Einbringen einer Gesetzesinitiative zu stoppen versucht, indem erstmalig in Frankreich das bis dahin primär geltende *ius solis* durch das *ius sanguinis* weitestgehend ersetzt wird. Danach ist erstmalig ein auf frz. Territorium geborenes Kind ausländischer Eltern nicht mehr automatisch zur Annahme der frz. Staatsangehörigkeit berechtigt. Die frz. Staatsangehörigkeit nähert sich damit stark an die in Deutschland gültige an. Das Ausländerrecht in beiden Staaten wird somit weitgehend homogenisiert und zugleich zum Instrument der Aus- und Einschließung in Europa.

Die algerische Einwanderung nach Frankreich steht in der dortigen Diskussion stellvertretend für die nordafrik. Einwanderung schlechthin, wobei die Zahl der tunesischen und marok. Emigranten vergleichsweise gering ist. Im politischen Diskurs Frankreichs haben die Nordafrikaner einen ähnlichen Stellenwert wie in der Bundesrepublik die Asyldebatte oder die türkische Immigration. Beiden gemeinsam kann *eine* Identität zugeschrieben werden, der Islam. Auch wenn die große Mehrheit der Migranten sich kulturell längst weitgehend integriert hat, bleiben die rassistischen Klischees und Vorurteile. Der alte Rassismus, festmachbar am Phänotyp, wird nunmehr kulturalistisch verkleidet: Die Bedrohung Europas ist der Islam. Menschen, die aufgrund ihres Aussehens als Migranten aus dieser Region identifiziert werden können, werden zur individualisierbaren Bedrohung. Ausgrenzung und Rassismus ihrerseits bewirken die Suche nach eigener kollektiver Identität in der „Andersartigkeit". Der Islam bietet sich hierzu an, sei es als kulturelles Band, sei es als politische oder politisierbare Identität. Die Debatte um die „Festung Europa" erhält hier ihr ideologisches Fundament.

Literatur

(Hier nur Quellen, die nicht in der länderübergreifenden Bibliographie zu Nordarfrika/Maghreb auf S. 119 ff. aufgeführt sind.)

Brémond, E. 1950: Les Berbères et les Arabes, Paris.

Cesari, J. 1991: Zwischen Europa und der arabischen Welt: Die Aushandlung kollektiver Identitäten durch die zweite Generation, in: R. Leveau/W. Ruf (Hrsg.), Migration und Staat. Inner- und intergesellschaftliche Prozesse am Beispiel Algerien, Türkei, Deutschland und Frankreich, Münster.

Johansen, B. 1971: Die feindlichen Städte – Marokkos blockierter Transformationsprozeß, in: Das Argument, Nr. 65, 394–423.

Körner, H. 1992: Immigration aus Afrika: Herausforderung für Europa (Friedrich-Ebert-Stiftung), Bonn.

Ruf, W. 1992: Politische und ökonomische Ursachen und Folgen der Migration am Beispiel Algerien, in: Institut für Migrations- und Rassismusforschung (Hrsg.), Rassismus und Migration in Europa, Berlin, 66–76.

– 1993: Neue Risiken – Alte Antworten: Migration und militärpolitische Emanzipation Deutschlands, in: Ch. Butterwegge/S. Jäger (Hrsg.), Europa gegen den Rest der Welt?, Köln, 174–190.

Schulze, R. 1991: Vom Antikommunismus zum Antiislamismus. Der Kuwaitkrieg als Fortschreibung des Ost-West-Konflikts, in: Peripherie, Nr. 41, 5–12.

Länderübergreifende Statistiken: Nordafrika

Tabelle I: *Fläche, Bevölkerung, Urbanisierung*

	Fläche Tsd. qkm	Bev. (in Mio.) 1990	Jährliches Bevölkerungswachstum (ϕ) 1960-70	1970-80	1980-90	Prognose (in Mio.) für das Jahr 2000	2025	Urbanisationsrate (in %) 1980	1990
Ägypten	1001	52	2,2	2,1	2,4	62	86	45	47
Algerien	2386	25	2,4	3,2	3,0	33	52	44	52
Libyen	1760	5	3,8	4,1	4,1	6	14	52	70
Marokko	447	25	2,5	3,0	2,6	32	47	41	48
Tunesien	164	8	1,9	2,1	2,3	10	14	52	54

Quellen: Weltentwicklungsbericht 1992; Lexikon Dritte Welt 1993.

Tabelle II: *BIP, BSP pro Kopf, Wachstumsraten*

	BIP (in Mio. US-$) 1980	1990	BSP pro Kopf (in US-$) 1980	1990	Durchschn. Wachstumsraten 1980-90 (p.a. in %) BIP	Landwirtschaft	Industrie	Verarb. Industrie	Dienstleistungen
Ägypten	22970	33210	580	600	5,0	2,5	4,3	..	6,7
Algerien	39870	42150	1870	2060	3,1	4,3	2,9	3,0	2,9
Libyen	32090	..	8640	..	..	..	..	..	..
Marokko	17940	25220	900	950	4,0	6,4	2,8	3,8	4,1
Tunesien	7300	11080	1310	1440	3,6	2,3	2,6	6,0	4,5

Quellen: Weltentwicklungsberichte 1982, 1983, 1992.

Tabelle III: *Wirtschaftsstruktur (BIP-Anteile in %)*

	Landwirtschaft		Industrie		Ver. Industrie		Dienstleistungen	
	1960	1990	1960	1990	1960	1990	1960	1990
Ägypten	30	17	34	29	20	16	46	53
Algerien	16	13	35	47	6	12	49	41
Libyen	..	..	..	..	..	..	..	..
Marokko	23	16	27	33	16	18	50	51
Tunesien	24	16	18	32	8	17	58	51[a]

[a] 1991
Quelle: Weltentwicklungsbericht 1992.

Tabelle IV: *Verteilung des BIP 1990 (in %)*

	Öffentl. Verbrauch	Priv. Verbrauch	Bruttoinlands-investitionen	Bruttoinlands-ersparnis	Ausfuhr von Gütern und Dienstleistungen[a]
Ägypten	10	80	23	10	20
Algerien	18	44	33	38	25
Libyen	..	..	..	..	..
Marokko	16	65	26	20	25
Tunesien	16	64	27	19	42

[a] ohne Faktoreinkünfte
Quelle: Weltentwicklungsbericht 1992.

Tabelle V: *Entwicklung des Außenhandels*

	Außenhandel (in Mio. US-$)				Wachstum (ϕ in %)		Terms of Trade			
	1980		1990		Export	Import	1975=100		1987=100	
	Export	Import	Export	Import	1980-90	1980-90	1960	1980	1985	1990
Ägypten	3046	4860	2985	10340	2,1	-1,7	56	159	131	76
Algerien	12409	9600	15241	10433	5,3	-4,6	48	177	174	99
Libyen	22795	10000	14285	3976	1,8	-10,4	31	183	196	97
Marokko	2403	4185	4263	6918	6,1	2,9	75	57	88	86
Tunesien	2201	3536	3498	5471	4,8	1,1	64	99	105	99

Quelle: Weltentwicklungsbericht 1992.

Tabelle VI: *Exportstruktur (Anteile an Gesamtexporten in %)*

	Brennstoffe/ Mineralien		Sonstige Rohstoffe		Textilien/ Kleidung		Sonstige industrielle Fertigwaren	
	1965	1990	1965	1990	1965	1990	1965	1990
Ägypten	8	41	71	20	15	27	6	12
Algerien	57	96	39	0	0	0	4	4
Libyen	99	100	1	0	0	0	0	0
Marokko	40	23	55	30	1	20	4	27
Tunesien	31	19	51	12	2	35	16	34

Quelle: Weltentwicklungsbericht 1992 (mit einigen mathematischen Korrekturen).

Tabelle VII: *Richtung der Exporte (Anteile in %)*

	Industrieländer		Entwicklungsländer		Sonstige und unbekannte Bestimmungsländer	
	1985	1990	1985	1990	1985	1990
Ägypten	81,0	66,0	17,0	33,0	1,0	0,0
Algerien	87,0	87,8	9,0	11,5	2,0	0,0
Libyen	84,5	89,0	12,8	10,9	2,6	..
Marokko	67,7	75,3	26,8	22,1	5,4	2,5
Tunesien	80,6	72,7	15,2	20,2	4,2	7,0

Quelle: Direction of Trade Statistics 1992.

Tabelle VIII: *Importstruktur (Anteile an Gesamtimporten in %)*

	Nahrungsmittel		Brennstoffe		Sonstige Rohstoffe		Maschinen/ Fahrzeuge		Sonstige Fertigwaren	
	1965	1990	1965	1990	1965	1990	1965	1990	1965	1990
Ägypten	26	31	7	2	12	10	23	23	31	34
Algerien	27	27	0	2	6	8	15	28	52	35
Libyen	13	16	4	1	3	3	36	37	43	43
Marokko	36	12	5	15	10	12	18	28	31	33
Tunesien	16	10	6	9	7	9	31	28	41	43

Quelle: Weltentwicklungsbericht 1992.

Tabelle IX: *Auslandsverschuldung*

	Langfristige Auslandsverschuldung (in Mio. US-$)[a]			Auslandsschulden in % der Exporte[b]		Auslandsschulden in % des BSP	
	1970	1980	1990	1980	1990	1980	1990
Ägypten	1517	16538	35242	227,7	300,8	97,8	126,5
Algerien	945	17052	24316	130,0	193,0	47,1	52,9
Libyen	..	..	..	..	..	..	..
Marokko	726	8475	22297	224,5	282,5	53,3	97,1
Tunesien	541	3391	6724	96,0	127,7	41,6	62,4

[a] Öffentlich und öffentlich garantiert; [b] von Gütern und Dienstleistungen
Quelle: World Debt Tables 1991/92.

Tabelle X: *Leistungsbilanz, Schuldendienst und Währungsreserven*

	Leistungsbilanzsaldo (in Mio. US-$)		Zinszahlungen in % der Exporte		Schuldendienst in % von Exporten[b]		Währungsreserven[c] (in Mio. US-$)	
	1970	1990	1980	1990	1980	1990	1970	1990
Ägypten	-148	-1425[a]	9,2	11,0	14,8	25,7	165	3620
Algerien	-125	1420	10,4	15,1	27,1	59,4	352	2703
Libyen	645	2203	..	..	..	..	1596	7225
Marokko	-124	-200	17,0	11,7	32,7	23,4	142	2338
Tunesien	-53	-500	6,9	7,8	14,8	25,8	60	867

[a] Schätzung der Weltbank; [b] von Gütern und Dienstleistungen; [c] brutto
Quellen: Weltentwicklungsbericht 1992; World Debt Tables 1991/92.

Tabelle XI: *Einnahmen aus öffentlicher Entwicklungshilfe*

	Öffentliche Entwicklungshilfe[a] (in Mio. US-$)				Öffentliche Entwicklungshilfe[a] Pro Kopf (in US-$)	in % des BSP
	1985	1987	1989	1990	1990	1990
Ägypten	1791	1773	1568	5604	107,6	15,6
Algerien	173	214	152	227	9,1	0,4
Libyen	5	6	17	20	4,4	..
Marokko	785	447	450	970	38,6	3,8
Tunesien	163	274	234	316	39,2	2,5

[a] Netto-Auszahlungen aus allen Quellen
Quelle: Weltentwicklungsbericht 1992.

Tabelle XII: *Daten zur Ernährungslage*

	Index der Nahrungsmittelproduktion pro Kopf 1987-90[a]	Kalorienangebot pro Kopf/Tag gesamt ϕ 1989	Zugang zu Trinkwasser (in % der Bevölkerung) 1975	1985
Ägypten	118	3336	66	90
Algerien	96	2866	77	85
Libyen	78	3324	100	90
Marokko	128	3020	..	57
Tunesien	87	3121	70	89

[a] 1979-81=100
Quelle: Weltentwicklungsbericht 1992.

Tabelle XIII: *Daten zum Gesundheitswesen*

	Einwohner pro Arzt		Säuglingssterblichkeit/ Tsd. im Alter von unter 1 Jahr		Kindersterblichkeit/ Tsd. im Alter von 1-4 Jahren		Lebenserwartung bei Geburt (in Jahren)	
	1965	1984	1965	1989	1980	1990	1965	1990
Ägypten	2300	770	145	66	102,5	25	49	60,5
Algerien	8590	2340	154	67	87	19	50	65,5
Libyen	3860	690	138	74	92	13	50	62
Marokko	12120	4730	145	67	91,5	15	50	62
Tunesien	8000	2150	145	44	56,5	10	51,5	67

Quelle: Weltentwicklungsbericht 1992.

Tabelle XIV: *Daten zum Erziehungswesen*

	Alphabetenquote bei Erwachsenen		Einschulungsraten in % der Altersgruppen: Primärschulen		Sekundarschulen		Hochschulen	
	1977	1990	1965	1989	1965	1989	1965	1989
Ägypten	44	48	75	97	26	81	7	20
Algerien	35	57	68	94	7	61	1	11
Libyen	..	64	78	..	14	..	1	..
Marokko	28	49	57	68	11	36	1	11
Tunesien	62	65	91	115	16	44	2	8

Quelle: Weltentwicklungsbericht 1992.

Länderübergreifende Bibliographie: Nordafrika/Maghreb

Die Literatur (inkl. Zeitschriften und Datensammlungen) zum gesamten arabischen Raum ist in der länderübergreifenden Bibliographie zum Nahen Osten (S. 74 ff.) zusammengefaßt; die Literatur zu den einzelnen Ländern ist am Ende der Länderbeiträge zu finden. Teilweise bezieht auch die in Bd. 4 zusammengefaßte Literatur zu Afrika die Region Nordafrika ein.

I. Gesamtdarstellungen – Jahrbücher/Zeitschriften – Datensammlungen

Amin, S. 1970: Le Magreb Moderne, Paris.

Annuaire de l'Afrique du Nord 1961 ff., Paris.

Bundesstelle für Außenhandelsinformation: Wirtschaftslage (jährlich für die einzelnen Länder).

ECA (Economic Commission for Africa) 1960 ff.: Annual Report. – 1970 ff.: Statistical Yearbook. Annuaire Statistique. – 1968 ff.: African Economic Indicators.

Encyclopédie Berbère 1984 ff.: Aix-en-Provence (bislang 12 Bände).

Lacoste, Y./Lacoste, C. (Hrsg.) 1991: L'Etat du Maghreb, Paris.

Maghreb-Machrek 1964 ff., Paris.

(The) Maghreb Review 1976 ff., London (zweimonatlich).

Mensching, H./Wirth, E. 1989: Nordafrika und Vorderasien (= Fischer Länderkunde, Bd. 4), Frankfurt/M.

(The) Middle East und North Africa 1971 ff., London.

Monde Arabe. Maghreb-Machrek 1964 ff., Paris (vierteljährlich).

Nahostjahrbuch 1987 ff., Opladen.

Nohlen, D./Nuscheler, F. (Hrsg.) 1983: Handbuch der Dritten Welt, Bd. 6, Hamburg.

Peuples Méditerranéens 1977 ff., Paris.

Ruf, W. (Hrsg.) 1975: Introduction à l'Afrique du Nord contemporaine, Paris.

Toumi, M. 1988: Le Maghreb, Paris.

Weltbank (Hrsg.): Weltentwicklungsbericht (jährlich).

Wuqûf 1986 ff.: Beiträge zur Entwicklung von Staat und Gesellschaft in Nordafrika, Hamburg (jährlich).

II. Geschichte – Kultur – Gesellschaft

Abun-Nasr, J. M. 1985: A History of the Maghrib, Cambridge.

Ageron, Ch.-R. 1973: Politiques coloniales au Maghreb, Paris.

Baduel, P.-R. (Hrsg.) 1985: Etats, territoires et terroirs au Maghreb, Paris.

Berque, J. 1974: Maghreb. Histoire et sociétés, Algier.

Bliss, F. 1987: Frau und Gesellschaft in Nordafrika: islamische Theorie und gesellschaftliche Wirklichkeit, Bad Honnef.

Brémond, E. 1950: Les Berbères et les Arabes, Paris.

Brown, K. 1972: The Impact of the *Dahir Berbère* in Salé; in: Gellner, E./Micaud, Ch. (Hrsg.): Arabs and Berbes. From Tribe to Nation in North Africa, 201–215.

Burgat, F. 1988: L'islamisme au Maghreb, Paris.

Clarke, J. I./Fisher, W. B. (Hrsg.) 1972: Populations of the Middle East and North Africa, New York.

CRESM 1975: Culture et société au Maghreb, Paris.

Faath, S./Mattes, H. (Hrsg.) 1989: Geschichtsschreibung und Identität im Maghreb (Beiträge zur Entwicklung von Staat und Gesellschaft in Nordafrika), Bd. 3., Hamburg.
Gellner, E./Micaud, Ch. (Hrsg.) 1972: Arabs and Berbes. From Tribe to Nation in North Africa, Toronto/London.
Grandguillaume, G. 1983: Arabisation et politique linguistique au Maghreb, Paris.
Henry, J.-R. (Hrsg.) 1986: Nouveaux enjeux culturels au Maghreb, Paris.
Julien, Ch.-A. 1970: History of North Africa, London.
Lacoste-Dujardin, C. 1984: Génèses et évolutions d'une représentation géopolitique: L'imagerie kabyle à travers la production bibliographique de 1840 à 1891; in: CRESM (Hrsg.): Connaissance du Maghreb, sciences sociales et colonisation, Paris 257–277.
Lacoste-Dujardin, C. 1990: Mütter gegen Frauen. Mutterherrschaft im Maghreb. Zürich.
Laroui, A. 1976: L'histoire du Maghreb, 2 Bde., Paris.
Le Tourneau, R. 1962: Evolution politique de l'Afrique du Nord Musulmane 1920–1961, Paris.
Moatassime, A. 1992: Arabisation et langue française au Maghreb, Paris.
Plum, W. 1967: Sozialer Wandel im Maghreb, Hannover.
Rouissi, M. 1977: Population et société au Maghreb, Tunis.
Seddon, D./Goj, M. 1980: Stamm und Staat. Ansätze zu einer Geschichte des Maghreb, Berlin.
Troin, J.-F. (Hrsg.) 1985: Le Maghreb. Hommes et espaces, Paris.
Zghal, A. 1980: Les classes moyennes au Maghreb, Paris.

III. Wirtschaft – Politik

Balta, P. 1990: Le Grand Maghreb. Des indépendances à l'an 2000, Paris.
Barakat, H. (Hrsg.) 1985: Contemporary North Africa: issues of Development and Integration, Center for Contemporary Studies, Washington, D. C.
Basfao, K./Henry, J.-R. (Hrsg.): Le Maghreb, l'Europe et la France, Paris.
Ben Barka, M. 1966: Option Révolutionnaire au Maroc, Paris.
Bernard, C. (Hrsg.) 1991: Nouvelles logiques marchandes au Maghreb, Paris.
Boujedra, R. 1993: Prinzip Haß. Pamphlet gegen den Fundamentalismus im Maghreb, Mainz.
Burgat, F. 1988: L'islamisme au Maghreb: la voix du Sud (Tunisie, Algérie, Libye et Maroc), Paris.
Camau, M. 1978: Pouvoirs et institutions au Maghreb, Tunis.
Camau, M. (Hrsg.) 1991: Changements politiques au Maghreb, Paris.
Carré, O. 1991: L'Orient arabe aujourd'hui, Paris.
Claisse, A./Conac, G. (Hrsg.) 1988: Le grand Maghreb: données socio-politiques et facteurs d'intégration des Etats du Maghreb, Paris.
Duignan, P./Gann, L. H. 1981: The Middle East and North Africa. The Challenge to Western Security, Stanford.
Economist Intelligence Unit 1991: North Africa: Economic Structure and Analysis, London.
El-Ghonemy, M. R. 1993: Land, Food and Rural Development in North Africa, Boulder/Colorado.
Faath, S./Mattes, H. (Hrsg.) 1992: Demokratie und Menschenrechte in Nordafrika, Hamburg.
Fonds Monétaire International 1988: Politiques économiques, croissance, et équilibre extérieur dans les pays du Maghreb, Washington.
Freund, W. S. (Hrsg.) 1989: La presse écrite au Maghreb: réalités et perspectives, Hamburg.
Freund, W. S. (Hrsg.) 1992: La péréstroïka et les rapports Nord-Sud en Méditerranée, Hamburg.

Hubel, H. (Hrsg.) 1988: Nordafrika in der internationalen Politik: Probleme und Zukunft der südlichen Nachbarregion Europas, München.
Kodmani-Darwish, B. (Hrsg.) 1990: Maghreb: Les années de transition, Paris.
Lamchichi, A. 1990: Islam et contestation au Maghreb, Paris.
Lawless, R./Findlay, A. (Hrsg.) 1984: North Africa, Contemporary Politics and Economic Development, London.
Lawless, R./Monahan, L. (Hrsg.) 1987: War and Refugees. The Western Sahara Conflict, London.
Leveau, R. 1993: Le Sabre et le Turban, l'avenir du Maghreb, Paris.
Mattes, H. 1988: Wirtschaftsreform, staatlicher Sektor und Privatisierungsdebatte im Maghreb. Mit Dokumentation, Hamburg.
Nigoul, C./Torrelli, M. 1987: Menaces en Méditerranée, Paris.
Nuscheler, F./Ziemer, K. u. a. 1978: Politische Organisation und Repräsentation in Afrika, 2 Bde., Berlin/New York.
Parker, R. 1984: North Africa: Regional Tensions und Strategic Concerns, New York.
Regul, R. (Hrsg.) 1977: Die Europäischen Gemeinschaften und die Mittelmeerländer, Baden-Baden.
Ruf, W. (Hrsg.) 1974: Indépendance et interdépendances au Maghreb, Paris.
Schulze, R. 1991: Vom Antikommunismus zum Antiislamismus. Der Kuwaitkrieg als Fortschreibung des Ost-West-Konflikts, in: Peripherie, Nr. 41, 5–12.
Seddon, D. 1988: Hunger und Herrschaft: Zur politischen Ökonomie der „Brotunruhen" in Nordafrika, Berlin.
Spencer, C. 1993: The Maghreb in the 1990s, London (Adelphi-paper Nr. 274).
Sraïeb, N. (Hrsg.) 1985: Le mouvement ouvrier maghrebin, Paris.
Sraïeb, N. (Hrsg.) 1992: Pratiques et résistance culturelles au Maghreb, Paris.
Weidenfeld, W. (Hrsg.) 1992: Herausforderung Mittelmeer: Aufgaben, Ziel und Strategien europäischer Politik, Gütersloh.
Weidnitzer, E. 1992: L'Union du Maghreb Arabe (DIE), Berlin.

Die zentralasiatischen Republiken

Uwe Halbach

1. Plötzliche Prominenz einer unbekannten Weltregion

Kaum ein anderer Teil der Sowjetunion zog nach deren Zerfall so abrupt internationale Aufmerksamkeit auf sich wie Kasachstan und die vier mittelasiatischen Republiken Turkmenistan, Usbekistan, Kirgisien und Tadschikistan. Der Vorgang war deshalb abrupt, weil diese Region bis vor kurzem fremdbestimmt als sowjetische Südperipherie und nicht in ihrer geschichtlichen und kulturellen Eigenwertigkeit wahrgenommen worden war. Die plötzliche Prominenz ließ Raum für geopolitische Perspektiven, der sofort ausgefüllt wurde: mit der Erweiterung eines „islamischen Krisenbogens" um Zentralasien und Eurasien oder mit einer strikten Alternative zwischen einer türkischen und einer iranischen Entwicklungsoption, zwischen westlich-säkularistischen oder islamisch-theokratischen Modellen.

Der zeitliche Zusammenfall mit schweren Herausforderungen arabischer Regierungen durch islamistische Parteien sorgte dafür, daß Algerien auf Usbekistan projiziert wurde. Insbesondere die Frage, ob sich der Islam in der Region in eine „fundamentalistische" Richtung entwickeln könnte, beherrschte westliche Kommentare und Berichte über Zentralasien (ZA). Dabei wurden mitunter andere Probleme in den Hintergrund gerückt: ökonomische, soziale und ökologische Krisen, Unwägbarkeiten beim Übergang politischer Macht, interethnische Konflikte und Probleme der Staats- und Nationbildung.

Noch in sowjetischer Zeit wurde der Mythos der Modernisierung, eines durch russische Hilfe vermittelten „Sprunges vom Feudalismus in die sozialistische Industriegesellschaft" für ZA erschüttert. Sowjetische Quellen führten in den 80er Jahren Indikatoren für die strukturelle Unterentwicklung einer Region auf, die der sowjetischen Führung zuvor als Schaufenster „sozialistischer Errungenschaften" gegenüber der Dritten Welt und insbesondere gegenüber islamischen Ländern gedient hatte.

Die internationale Staatengemeinschaft mußte die sowjetischen Nachfolgestaaten orten. Einiges sprach dafür, die ZA-Staaten in die Kategorie der Entwicklungsländer einzuordnen, wobei allerdings nicht klar war, wo die Grenze zwischen postkommunistischen Tranformationsgesellschaften in Osteuropa/Eurasien und Entwicklungsländern verläuft. Ein Maßstab wie das Pro-Kopf-Einkommen ließ die Scheidung zwischen beiden Kategorien kaum

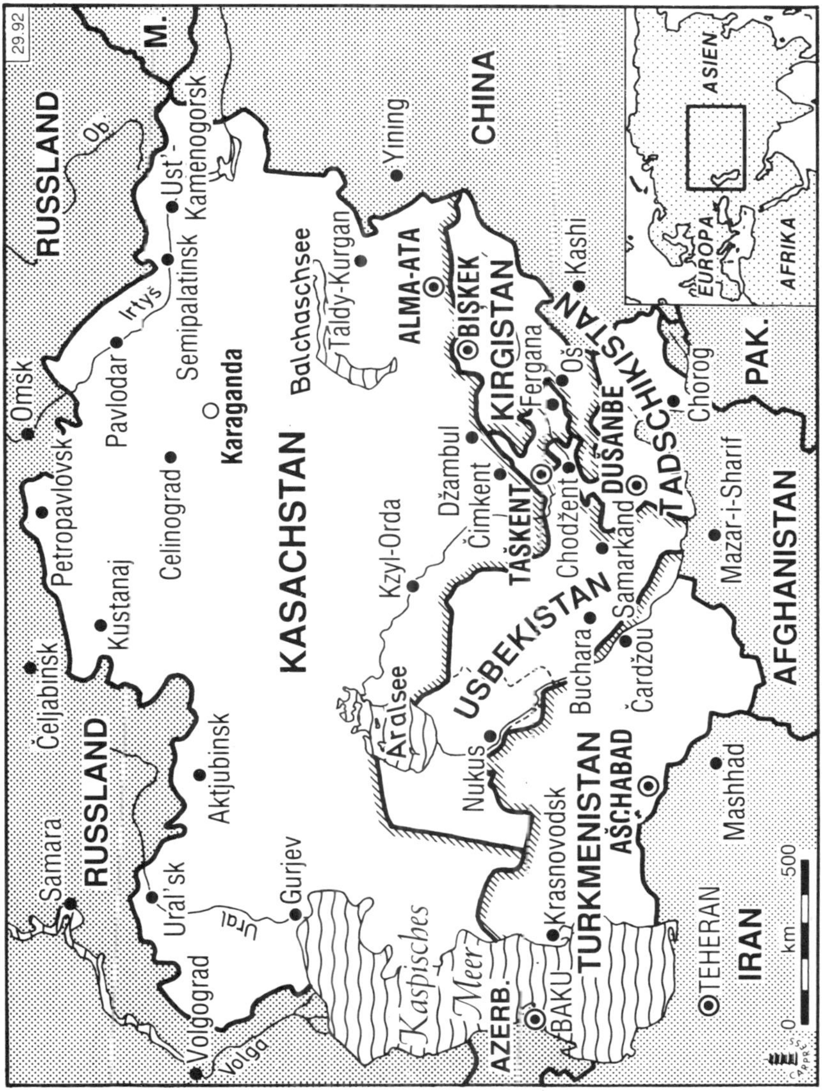
29.92
RUSSLAND
M.
CHINA
ASIEN
EUROPA
AFRIKA
KASACHSTAN
USBEKISTAN
TURKMENISTAN
KIRGISTAN
TADSCHIKISTAN
AFGHANISTAN
IRAN
PAK.
AZERB.
Kaspisches Meer
Aralsee
Balchaschsee
Ob
Irtyš
Ural
Volga
Omsk
Pavlodar
Semipalatinsk
Ust'-Kamenogorsk
Yining
Taldy-Kurgan
ALMA-ATA
BIŠKEK
Karaganda
Celinograd
Petropavlovsk
Kustanaj
Čeljabinsk
Aktjubinsk
Samara
Ural'sk
Gurjev
Volgograd
Kzyl-Orda
Džambul
Čimkent
TAŠKENT
Fergana
Oš
Kashi
Chodžent
DUŠANBE
Samarkand
Buchara
Čardžou
Nukus
Krasnovodsk
AŠCHABAD
BAKU
TEHERAN
Mashhad
Mazar-i-Sharif
Chorog
0 km 500

zu. Auf der Grundlage eben dieses Kriteriums setzte die OECD im Oktober 1992 die zentralasiatischen Republiken auf die Liste der EL. Dabei verdeutlichen die fünf Länder durch unterschiedliche Chancen zukünftiger Entwicklung die begriffliche Enge dieser Kategorie.

Die Ressourcenausstattung bestimmt unterschiedliche Wirtschaftspotentiale in rohstoffreichen Ländern wie Turkmenistan, Kasachstan und Usbekistan und ärmeren wie Kirgisien und Tadschikistan. Gleichzeitig weisen die betreffenden Staaten entwicklungsrelevante strukturelle Gemeinsamkeiten auf, die sie aus rund 150 Jahren Fremdbestimmung ererben.

Wendet man gängige Kriterien für den Status von EL an – 1. sehr niedriges Volkseinkommen, 2. sehr ungleiche Einkommensverteilung, 3. Dominanz der Landwirtschaft in der Beschäftigungsstruktur, 4. Knappheit an Arbeitsplätzen, 5. Unausgewogenheit von Einfuhr (Fertigprodukte) und Ausfuhr (Rohstoffe), 6. starkes Bevölkerungswachstum, 7. Unterernährung, 8. wechselhaftes Klima, 9. Mängel der Infrastruktur (Verkehr, Kommunikation, Bildungs- und Gesundheitswesen) und 10. Analphabetismus –, dann entspricht das ehemals sowjetische ZA in einigen Punkten (1, 3, 5, 6) dieser Kategorie sehr deutlich und in anderen teilweise. Nur in einem einzigen Punkt entzieht es sich der Einordnung in EL völlig, nämlich in dem des Analphabetismus.

Wer sich mit ZA nach dem Zerfall der Sowjetunion beschäftigt, muß sich neben sozialökonomischen und demographischen Problemen auch kulturellen Fragen und Problemen der nationalen Identität und der postkolonialen Staatsbildung zuwenden. Unübersehbar ragen außerdem ökologische Fragen aus der Masse an Problemen heraus, mit der die zentralasiatischen Staaten auf dem Weg in ihre noch nicht konsolidierte Unabhängigkeit konfrontiert werden.

2. Raum und Bevölkerung

Der sowjetische Sprachgebrauch unterschied zwischen „Mittelasien“ und „Zentralasien“. „Mittelasien“ beschränkte sich auf die vier südlichen Unionsrepubliken und bezog lediglich den Süden Kasachstans mit ein. Der riesige Nordteil Kasachstans bildet eine Übergangszone zwischen der osteuropäischen Tiefebene, Sibirien und Mittelasien und unterscheidet sich seiner demographischen und wirtschaftlichen Struktur nach von der mittelasiatischen Region. „Zentralasien“ umfaßte darüber hinaus das gesamte Kasachstan und Gebiete mit türkisch-muslimischen Ethnien in Westchina (Xinjiang-Uigur).

Ein erweiterter Raumbegriff von ZA bezieht sich außerdem noch auf Afghanistan, die Mongolei, Tibet und Teile Sibiriens und bezeichnet einen Raum von großer kultureller, ethnischer und religiöser Vielfalt. In der vorliegenden Darstellung wird das ehemalige sowjetische ZA unter Einbeziehung Kasachstans, aber mit einem Schwerpunkt auf den vier südlichen Republiken behandelt. Dieser Raum ist kulturgeschichtlich vom Islam geprägt und beheimatet überwiegend turksprachige Stammvölker, mit Ausnahme der persischsprachigen Tadschiken. Dennoch ist die weit verbreitete Vorstellung eines einheitlichen „Turkestan“ und erst recht die eines kulturell homogenen „Islamistan“ falsch. Die Region weist trotz sprachlicher und religiöser Verwandtschaft ihrer indigenen Bev. große Vielfalt auf.

2.1 Der geographische Raum

Die Westgrenze markiert das Kaspische Meer, die Ostgrenze die Gebirgsmassive von Alatau und Tien Shan. Im Süden bilden Gebirge und Flüsse natürliche Grenzabschnitte zu Iran und Afghanistan. Umstritten ist, wo ZA im Norden beginnt. Gelegentlich wird die sog. Dsungarische Pforte als Nordgrenze vorgeschlagen, ein Gebiet in Nordostkasachstan, durch das eine alte Kulturscheide zwischen sibirischen und zentralasiatischen Kultur- und Wirtschaftsformen verläuft (*Sinnott* 1992).

Der geographische Raum wird durch Hochgebirgsmassive und tiefe Landsenken und Wüsten gegliedert. Drei Viertel ZA.s bestehen aus Wüsten (wie Kara Kum und Kyzyl Kum) und wüstenhaftem Tiefland wie dem Ust Urt-Plateau nördlich des Kaspischen Meeres. Den Kontrast dazu bilden Hochgebirgsmassive. Im Osten erstreckt sich das System der „Himmelberge“ (*Tien Shan*) mit Sechs- und Siebentausendern. Die höchsten Erhebungen finden sich im Pamir-Massiv in Tadschikistan.

Die Hauptbedingung für Wirtschaft und Leben in der Region bilden die Wasserressourcen. ZA hat keinen Zugang zum Meer und sein Klima ist von hohen Sommertemperaturen, intensiver Sonnenstrahlung, starker Verdunstung und geringen Niederschlagsmengen bestimmt. Entsprechend hoch ist die Abhängigkeit von einem von der Natur streng zugeteilten und vom Menschen durch Irrigation beeinflußten Wasserhaushalt. Die mittelasiatische Kernregion, das Aral-Becken mit den Flüssen Amu Darja im Süden und Syr Darja im Norden, wurde seit altersher „potamisch“, nach seinen Wasserläufen benannt, als „Transoxanien“ (Land jenseits der Oxus, d. h. des Amu Darja) oder arabisch als *Mawannahr* (Land jenseits des Flusses). Diese Region erlebt aufgrund anthropogener Einwirkung auf ihren Wasserhaushalt eine der größten Umweltkatastrophen der Erde.

2.2 Bevölkerungsentwicklung

Kasachstan und Mittelasien bilden einen Raum von 4 Mio. qkm, in dem rd. 50 Mio. Menschen leben, davon über 13 Mio. Vertreter nichtmuslimischer Nationalitäten (9,5 Mio. Russen, davon über 6 Mio. in Kasachstan). Für ein Territorium dieser Größe scheint die Bevölkerungszahl niedrig zu sein und hält dem Vergleich mit südasiatischen Ländern wie Indien und Pakistan nicht stand. Dennoch ist von allen Entwicklungstrends der Region keiner so her-

Tabelle 1: *Grunddaten zu Kasachstan und Kirgisien*

	Kasachstan	Kirgisien
Fläche in qkm	2717300	198500
Einwohner (in Mio.)	16,8	4,5
E. pro qkm	6,2	22,3
Durchschn. Familiengröße	4,0	4,7
Urbanisationsrate (in %)	58,0	38,0
Bevölkerungswachstum 1979-89		
- Gesamtbevölkerung	12,1	20,9
- Kasachen bzw. Kirgisen	23,5	32,1
Landw. Nutzfläche je E. (ha)	11,9	2,3

Quelle: Götz/Halbach 1993.

vorgehoben worden wie das hohe Bevölkerungswachstum und seine Konsequenzen. Der Widerspruch löst sich auf, wenn man die ungleiche Bevölkerungsverteilung und -dichte berücksichtigt.

Beinahe die Hälfte des Territoriums hat eine ländliche Bevölkerungsdichte von weniger als 1 E. pro qkm. In Turkmenistan und Tadschikistan sind nur Bruchteile des jeweiligen Territoriums landwirtschaftlich nutzbar. Tadschikistan besteht zu 93 % aus Hochgebirge, Turkmenistan größtenteils aus Wüste. Dagegen weisen andere Gebiete die höchsten Bevölkerungsdichten in der ehemaligen Sowjetunion auf, mit besonderer Konzentration in den Flußtälern und entlang der Bewässerungskanäle in der Osthälfte Mittelasiens, besonders im Ferganatal und in den usbekischen Provinzen Taschkent, Buchara und Samarkand sowie im Norden Tadschikistans (Leninabad, heute Chodschent). In der Provinz Andischan im usbekischen Teil des Ferganatals lebten 1989 411 E. pro qkm. Die wüstenhafte Westhälfte Mittelasiens ist äußerst dünn besiedelt. Größere Bevölkerungsdichten finden sich in Turkmenistan nur am Kara-Kum-Kanal, in Aschchabad und Mary (*Rowland* 1992).

Im Rahmen dieser Bevölkerungsverteilung vollzogen sich demographische Entwicklungen, die Mittelasien und das südliche Kasachstan von anderen sowjetischen Regionen distanzierten. Von 1926 bis 1989 wuchs die Bev. der vier mittelasiatischen Republiken von 7,6 auf über 32 Mio. Zwischen 1951 und 1989 hat sie sich verdreifacht. Es war dieses Bevölkerungswachstum, mit dem die bis dahin unbekannte Region im Westen auf sich aufmerksam machte (*Carrère d'Encausse* 1979; *Dienes* 1987). Es bestimmte das Bild einer sehr ungleichen Bevölkerungsentwicklung in der Sowjetunion, einer demographischen Krise und der daraus für Moskau resultierenden Probleme. 1985 hatten neun von tausend Familien in Rußland fünf und mehr Kinder, in Tadschikistan dagegen 341. Während in Rußland Dörfer ausstarben, kam es in ZA zu einer Bevölkerungsexplosion auf dem Land. Während die estnische und lettische Bev. zwischen 1959 und 1979 um jeweils etwa 3 % wuchs, betrug die Zunahme bei den Tadschiken im gleichen Zeitraum 80 %. Hohe Geburten-

Tabelle 2: *Grunddaten zu Usbekistan, Tadschikistan und Turkmenistan*

	Usbekistan	Tadschikistan	Turkmenistan
Fläche in qkm	447000	143100	488100
Einwohner (in Mio.)	20,7	5,4	3,7
E. pro qkm	46,3	37,4	7,6
Durchschn. Familiengröße	5,5	6,1	5,6
Urbanisationsrate (in %)	40,0	..	..
Bevölkerungswachstum[a]			
- Gesamtbevölkerung	28,7	33,8	27,4
- Usbeken/andere	33,8	41,8[b]	34,1[c]
Landw. Nutzfläche je E. (ha)	1,3	0,8	9,3

[a] 1979-89; [b] Tadschiken; [c] Turkmenen
Quelle: Götz/Halbach 1993.

und niedrige Sterbequoten sind die Hauptursachen für diesen in letzter Zeit verlangsamten, aber ungebrochenen Trend.

Die hohen Geburtenraten werden mit einer Reihe demographischer, sozialer und ethnischer Faktoren erklärt: mit der Dominanz des ländlichen Lebensstils, hohen Heirats- und niedrigen Scheidungsquoten, der jungen Altersstruktur der Bevölkerung, der relativ (im Vergleich zum sowjetischen Durchschnitt) geringen Einbeziehung der Frauen ins Berufsleben, geringer sozialer Sicherheit im Alter, einer nationalen Tradition der Fruchtbarkeit und dem Einfluß der älteren Generation auf die Familiengestaltung der jüngeren, der Präferenz für Söhne u. a.

Erst seitdem die wachsende demographische Kluft zwischen sowjetischem Okzident und Orient sichtbar wurde und die Investitionen der Zentrale in Mittelasien mit dem Bevölkerungswachstum nicht mehr Schritt hielten, wurde in den lokalen Medien eine Debatte über Familienplanung geführt. Das Thema stieß aber schnell auf die von Tradition, Religion und nationaler Kultur gezogenen Grenzen. Direkte Anweisungen zur Familienplanung aus Moskau wären als nationaler Affront verstanden worden (*Watters* 1990). Ein Volk wie die Kasachen, das unter russischer und sowjetischer Herrschaft zur Minderheit in seiner Heimat geworden war und große Bevölkerungsverluste erlitten hatte, empfand sein demographisches Wachstum gegenüber den Russen in den letzten Jahrzehnten geradezu als einen Triumph.

Die zentralasiatischen Republiken haben eine Altersstruktur mit einem sehr hohen Anteil der unter Zwanzigjährigen. Sie wird die Entwicklung in dieser Region und insbesondere die Notwendigkeit bestimmen, für die ins Erwerbsleben drängenden jungen Menschen Arbeitsplätze bereitzuhalten. Das gilt vor allem für die ländlichen Regionen, die von einem Arbeitskräftestau und einer einseitigen Entwicklungspolitik der Moskauer Zentralressorts betroffen waren. Die im Vergleich zu anderen Regionen abnehmenden Investitionen Moskaus in ZA wurden auch sehr einseitig alloziert, nämlich in urbanen und industriellen und nicht in entwicklungsbedürftigen ländlichen Sektoren. Innerhalb der Sowjetunion, für die Urbanisierung ein herausragendes Kriterium für Modernisierung bildete und in der Länder wie Georgien in kurzer Zeit von einer überwiegend ländlichen in eine urbane Gesellschaft verwandelt worden waren, nahm ZA einen einzigartigen Platz ein, was die Bewahrung ländlicher Lebensformen betrifft.

Die Region weist demographisch und kulturell eine binäre Struktur auf: Die Städte sind multinational; teilweise leben in den Hauptstädten mehr Europäer als Asiaten. Von der einheimischen muslimischen Bev. lebt dagegen nur ein Fünftel in Städten, d. h. in einem urbanen Netz, das überwiegend aus kleinen städtischen Siedlungen besteht. Nur zehn Städte haben eine Bev. von über 200 000. Der größte Teil der indigenen Bev. lebt auf dem Land in einem weitgehend mono-ethnischen und -kulturellen Milieu und zeigt wenig Neigung, den Wohnort zu wechseln. Anders als in den meisten EL fehlt hier eine Land-Stadt-Migration. Insgesamt sind die Gesellschaften in ZA wenig mobil und widersprachen auch in dieser Hinsicht sowjetischen Modernisierungen, unter denen horizontale Mobilität sehr hoch rangierte. Was diese Region an Wanderungsbewegungen zu verzeichnen hatte, ging überwiegend auf das Konto europäischer Einwanderung nach und Rückwanderung aus ZA.

3. Interethnische Beziehungen

Seit der russischen Eroberung in der zweiten Hälfte des 19. Jh.s haben sich insbesondere in Kasachstan und Kirgisien die ethnischen Bevölkerungsstrukturen grundlegend verändert. Immigration aus europäischen Teilen Rußlands und der Sowjetunion, Deportationen ganzer Volksgruppen aus dem Nordkaukasus und anderen Regionen nach Kasachstan und Mittelasien, die Verlagerung von Industrie nach Osten im II. Weltkrieg und forcierte Migrationspolitik wie in der Neulandkampagne nach dem Krieg, aber auch innerregionale Umsiedlungsaktionen, z. B. bei der Durchsetzung der Baumwollwirtschaft, veränderten permanent die Bevölkerungszusammensetzung. Die kasachische und kirgisische Bev. erlitt 1921 und bei der gewaltsamen Kollektivierung der Landwirtschaft und der Zwangsansiedlung der Nomaden nach 1929 durch Massenflucht und Massensterben erhebliche Verluste. Nach 1959 kam es allerdings zu einer Kehrtwende: Die einheimische Bev. gewann demographisch gegenüber den Zugezogenen wieder an Boden. Ihr Anteil wuchs von 55 % (1959) auf 68,6 % (1989).

Nach 1917 und mit der Sowjetisierung kam es zu einer Zäsur in Hinsicht auf die soziale Zusammensetzung der Immigranten und deren Begegnung mit den Einheimischen. Waren die zugezogenen Europäer vor 1917 Gruppen, die Rußland den Rücken kehrten und sich in ihrer neuen Heimat zu verwurzeln suchten (Kosaken, Bauern, Angehörige von unterdrückten religiösen Sekten u. a.), überwogen in sowjetischer Zeit Vertreter technischer Berufe und Facharbeiter, die mit dem Gefühl zivilisatorischer Überlegenheit nach Asien kamen und mit der einheimischen Bev. kaum außerberufliche und außerplanmäßige Kontakte pflegten. Die sowjetische Ideologie verstärkte diese Schranke, indem sie das ursprüngliche ZA als eine „nichttechnologische" und „nicht zukunftsorientierte" Kultur abwertete.

3.1 Dekolonisierungsprobleme und Migration

Heute fühlt sich die europäische Bev. durch die Entwicklungen in den unabhängig gewordenen Staaten verunsichert. Diese Verunsicherung verstärkte eine Emigration, die als Migrationstrend seit langem zu beobachten war. Das Bild von Massenflucht oder -vertreibung ist zu undifferenziert und überspitzt, wenn auch von den Auswanderern immer häufiger ethnische Diskriminierung im Alltag und im Berufsleben und Gewaltandrohung als Auswanderungsgründe genannt werden und aus einem Bürgerkriegsgebiet wie Tadschikistan Auswanderung zur akuten Flucht geworden ist. In ZA haben sich ähnlich wie in Transkaukasien 1990 die Abwanderungsströme gegenüber dem Vorjahr markant erhöht: 177 000 Menschen kehrten innerhalb eines Jahres allein Usbekistan den Rücken, was einem Anstieg von 80 % gegenüber 1989 entsprach (*Scharf* 1993).

Interethnische Gewaltausbrüche 1989 und 1990 ließen die Auswanderungsquoten in die Höhe schnellen. Die Konfliktlinien verliefen damals weniger zwischen Asiaten und Europäern als zwischen religions- und sprachverwandten Volksgruppen, so zwischen Usbeken und den nach ZA deportierten Turk-Mes'cheten und zwischen Kirgisen und Usbeken. Dabei wurde ein Klima interethnischer Gewalt erzeugt, in dem sich mehr oder weniger alle Einwohner, die nicht der namengebenden Nationalität der jeweiligen Republik angehören, verunsichert fühlten.

Russische und westliche Medien wiesen die Schuld für interethnische Gewalt leichtfertig dem Islam zu. Zutreffender war der Hinweis auf die materiellen Konflikthintergründe, z. B. auf die wachsende Konkurrenz zwischen ethnischen Kontrahenten um knapp gewordenen Boden. In ZA zeigte sich eine deutliche Kongruenz zwischen ethnischen Konfliktzonen und Krisengebieten in Hinsicht auf soziale, ökonomische und ökologische Entwicklung. Heute stehen interethnische und darüber hinaus neue zwischenstaatliche Beziehungen auf dem Territorium der zerfallenen Sowjetunion vor allem in einem Kontext mit der schwierigen Selbstbehauptung neuer „Nationalstaaten", die mit problematischen Hinterlassenschaften der sowjetischen Nationalitäten- und Entwicklungspolitik belastet sind.

Die Abwanderung stellt nicht nur die Aufnahmegebiete, d. h. in erster Linie Rußland, vor große Eingliederungsprobleme, sondern sie bedroht unmittelbar die Aufrechterhaltung ganzer Produktions- und Dienstleistungsbereiche in den Auswanderungsländern. Die zentralasiatischen Gesellschaften weisen bei der Korrelation von Berufs- und Volksgruppenzugehörigkeit eine deutliche Zweiteilung auf. Das ländliche Wirtschaftssegment wird überwiegend von der einheimischen muslimischen Bev. gebildet, das industrielle größtenteils von russischsprachigen Minderheiten. Lediglich in Regionen Kasachstans und Kirgisiens, die seit dem 19. Jh. bäuerlicher Kolonisation aus dem Inneren Rußlands unterlagen, besteht ein größerer ländlicher Bevölkerungsanteil aus Russen und Deutschen. In Tadschikistan waren zuletzt 63 % der Angehörigen qualifizierter Berufe Vertreter der russischsprachigen Minderheiten.

Wie stark ganze Wirtschaftszweige in Usbekistan von Nichtusbeken abhängig sind, mag ein Blick auf die ethnische Zusammensetzung der Facharbeiterschaft zeigen: 52 % der Maschinisten, 57 % der Schlosser und 62 % der Chemie-Facharbeiter sind Russen oder Angehörige anderer nationaler Minderheiten. In den wichtigsten Industriestandorten Usbekistans machen Russen zwischen 25 % und 50 % der Bev. aus.

Die russischsprachige Minderheit fühlt sich laut Meinungsumfragen von der „Usbekisierung des öffentlichen Lebens" nach der Souveränitätserklärung der Republik verunsichert, d. h. von einem Prozeß, den die Usbeken selber als „Dekolonialisierung" begreifen und der sich z. B. in neuen sprachenpolitischen Maßnahmen zur Stärkung des Usbekischen und Entmachtung des Russischen niederschlägt. Die Russen und andere europäische Bevölkerungsteile müssen heute die lange versäumte Anpassung an die Sprache und Kultur der sie umgebenden Titularnationen nachholen. Weniger als 5 % der Russen, die 1989 in Usbekistan lebten, gaben bei der Volkszählung an, die usbekische Sprache zu beherrschen. In Kasachstan beherrschte nur 1 % der seit langem dort lebenden russischen Bev. das Kasachische, während umgekehrt von den Kasachen die Beherrschung des Russischen als absolute Karrierevoraussetzung verlangt wurde.

Die neue, im Mai 1993 verabschiedete Verfassung Kirgisiens erklärt zwar das Kirgisische zur Staatssprache, fügt dem aber hinzu, daß kein Bürger des Landes wegen der Nichtbenutzung oder Nichtbeherrschung dieser Sprache benachteiligt werden dürfe und hebt sich mit dieser Toleranzklausel von Regelungen in anderen sowjetischen Nachfolgestaaten ab. Wie derartige Regelungen auch immer ausfallen, gilt allgemein: Die Russen, noch ganz im Mythos ihrer Rolle als „Kulturbringer" und „Modernisierer" befangen, müssen sich heute damit abfinden, in ZA eine nationale Minderheit zu sein.

Für Kasachstan bildet die Frage, wie sich das Verhältnis zwischen der Titularnation und den russischsprachigen Minderheiten gestalten wird, mehr als für jeden anderen sowjetischen Nachfolgestaat die Hauptbedingung zukünftiger Entwicklung. Die Kasachen wurden durch Eingriffe der russischen und sowjetischen Oberherrschaft in die Bevölkerungsstrukturen und Lebensverhältnisse ihres Siedlungsraumes zur Minderheit im eigenen Land. Von 16,8 Mio. E. (1991) entfallen etwa 42 % auf die Titularnation und rd. 38 % auf Russen, 6 % auf Deutsche und 5 % auf Ukrainer. Dabei ist das Bevölkerungswachstum bei den Kasachen wesentlich höher als beim europäischen Bevölkerungsteil (23,5 % zwischen 1979 und 1989), so daß sich der Anteil der Titularnation in Zukunft erhöhen wird, erst recht wenn Abwanderungsströme in die Zukunft projiziert werden. Dennoch weist das unabhängige Kasachstan eine deutliche binationale, kasachisch-russische Struktur auf. Sein Präsident erklärte den ethnischen Frieden zur kardinalen Voraussetzung für die staatliche Existenz Kasachstans und wendet sich gegen nationalistische Bestrebungen.

Aber auch Kasachstan unterliegt dem Druck, nationale Souveränität primär auf die Titularnation auszurichten, zumal eine nationalistische Opposition Präsident *Nasarbajew* bereits als einen „Mann der Russen" denunziert und sein Zwei-Nationen-Konzept bekämpft. Der Präsident betonte denn auch in einem Strategiepapier, „daß Kasachstan in seinen heutigen Grenzen das historische Siedlungsgebiet jener Stämme war, die später die kasachische Nation bildeten ... Daher ist Kasachstan in seiner heutigen Gestalt kein Geschenk an die Kasachen, sondern ihre historische Heimat ... Es ist nicht die Schuld, sondern das Leid unseres Volkes, daß es zur Minderheit in dem Land seiner Ahnen ... wurde" (*Nazarbaev* 1992). Dieser Hinweis richtete sich gegen russische Anspielungen auf die Bevölkerungsverhältnisse in Nordkasachstan, wo in einigen Provinzen klare russische Mehrheiten bestehen, und daraus abgeleiteten territorialen Revisionsbestrebungen.

3.2 Ethno-territoriales Konfliktpotential

Konfliktpotential steckt vor allem in den Beziehungen zwischen den einheimischen Ethnien der Region und ihren „Nationalstaaten". Es resultiert aus der fremdbestimmten „nationalen Abgrenzung", mit der die Sowjetmacht seit 1924 die Region in nationale Gebietseinheiten und „sozialistische Partikularnationen" zerlegte und dabei unklare und umstrittene Grenzverläufe hinterließ. Besonders problematisch blieb die Abgrenzung des persisch- vom turksprachigen Teil Mittelasiens und die Beziehung zwischen Usbekistan und Tadschikistan. Sie wurde entgegen der weiträumigen wechselseitigen Durchdringung usbekischer und tadschikischer Siedlungsgebiete vorgenommen und führte dazu, daß heute starke Minderheiten der beiden Nationalitäten auf dem Republikterritorium der jeweiligen anderen Nationalität leben. In Tadschikistan macht der usbekische Bevölkerungsanteil 23,5 % aus. In Usbekistan leben knapp eine Mio. Tadschiken, wobei ihre Zahl als stark untertrieben und von den Behörden klein gehalten gilt. Die Einrichtung einer eigenen nationalen Gebietskörperschaft für den persischsprachigen Bevölkerungsteil stieß seinerzeit auf erbitterten Widerstand usbekischer Nationalisten und Panturkisten, obwohl ihm ein bescheidener territorialer Rahmen zugewiesen wurde (*Eisener* 1991).

Tadschikistan, 1929 als eigene Unionsrepublik konstituiert und von Usbekistan getrennt, entstand in einem abgelegenen, fast städtelosen Hochgebirgswinkel. Die historischen Metropolen persischer Kultur und Sprache in Mittelasien, Buchara und Samarkand blieben unter usbekischer Hoheit. Die Tadschiken in Usbekistan unterlagen einer Politik der Turkisierung. Die „nationale Wiedergeburt“ beim Zerfall der Sowjetunion revitalisierte den alten Gegensatz und ließ z. B. in Usbekistan eine Bewegung für die nationalen Rechte der Tadschiken entstehen. Die im Norden, in der Provinz Chodschent (Leninabad), konzentrierte usbekische Minderheit in Tadschikistan wurde zur Partei in dem Bürgerkrieg, der 1992 dieses Land erschütterte. Sie stellte sich auf die Seite der neokommunistischen, anti-islamistischen Kräfte, die auch von der Regierung Usbekistans politisch und militärisch unterstützt wurden.

Tabelle 3: *Anteile der Nationalitäten (in %)*

Kasachstan	%	Kirgisien	%	Usbekistan	%
Kasachen	42	Kirgisen	52	Usbeken	71
Russen	38	Russen	21,5	Russen	8
Deutsche	6	Usbeken	13	Tadschiken	5[a]
Ukrainer	5	Ukrainer	3	Kasachen	4

[a] wahrscheinlich mehr

Tabelle 4: *Anteile der Nationalitäten (in %)*

Tadschikistan	%	Turkmenistan	%
Tadschiken	62	Turkmenen	72
Usbeken	23,5	Russen	9,5
Russen	8	Usbeken	9

Auch zwischen Tadschikistan und Kirgisien wurden territoriale Streitigkeiten wiederbelebt, wobei Wassernutzungsrechte eine Rolle spielten. Außerdem verschärfte der Bürgerkrieg in Tadschikistan die bereits bestehenden Spannungen, wie er insgesamt die Region mit Destabilisierung bedrohte. Die Grenze zwischen Usbekistan und Kirgisien mußte im Sommer 1990 gesperrt werden, als in der kirgisischen Provinz Osch ein Streit um Bauland zwischen Kirgisen und Usbeken zu einem der heftigsten interethnischen Konflikte in der damaligen Sowjetunion eskalierte. Auch hinter diesem Vorfall standen ungelöste ethno-territoriale Probleme (*Bozdag* 1991; *Götz/Halbach* 1992).

Beim Zerfall der Sowjetunion wurden auf ihrem Gesamtterritorium 164 solcher Streitfälle, ethno-territoriale Konflikte auf sehr unterschiedlichen Stufen der Brisanz und der Publizität identifiziert. Sie waren nicht zuletzt durch Dutzende Revisionen der Grenzen und Autonomieverhältnisse zwischen den nationalen Gebietseinheiten im Laufe sowjetischer Geschichte geschaffen worden (*Kolossov* 1992; *Halbach* 1992). Auf ZA entfielen damals 36 identifizierte Streitfälle. Die Präsidenten der gerade unabhängig gewordenen Staaten treten in dieser Region zwar für zwischenstaatliche Kooperation und Unantastbarkeit bestehender Grenzen ein, aber der beschwörende Tonfall diesbezüglicher Deklarationen verrät einiges von dem Konfliktpotential, um das es hier geht. Um sich internationale Unterstützung zu sichern, stellen die heutigen Machteliten in ZA die Alternative zu ihrer eigenen Herrschaft in zwei Schreckensvisionen dar: dem Sieg „islamischer Fundamentalisten" oder dem territorialen Revisionismus durch nationalistische Kräfte.

4. Kulturelle Dimensionen der staatlichen Unabhängigkeit

Was die Geschichte der Region betrifft, ist sie eines nicht: nämlich die Geschichte der heute bestehenden Staaten- und Nationengliederung. Die ist im wesentlichen ein Produkt sowjetischer Nationalitäten- und Gebietspolitik, Ergebnis einer fremdbestimmten „nationalen Abgrenzung". Vor der Eroberung durch Rußland und der nachfolgenden Sowjetisierung bestanden hier keine ethnoterritorial definierten Nationalstaaten. Man lebte in Zusammenhängen, die zwar auch staatlich gegliedert waren – in Chanaten und Emiraten mit polyethnischer Bevölkerung –, aber vorrangig vom Islam als einer *supranationalen* und von Stammesbeziehungen und lokalen Loyalitäten als *subnationalen* Gemeinschaftsgrößen bestimmt wurden.

Zur reichen Geschichte ZA.s muß hier der Hinweis genügen, daß Kulturen und Ethnien im südlichen Teil der Region aus der Überlagerung älterer iranischer Schichten durch mehrere türkische Einwanderungswellen und im nördlichen Teil durch türkisch-mongolische Synthese entstanden. Mittelasien war das Kerngebiet einer *turko-persischen Kultur*, die weit nach West- und Südasien ausstrahlte (*Canfield* 1991). Im Ergebnis überwog zum Zeitpunkt der russischen Eroberung in der zweiten Hälfte des 19. Jh.s das türkische Element so weit, daß die Russen ihr Kolonialgebiet mit dem alten Terminus „Turkestan" (*Critchlow* 1992) bezeichneten. Dieser Raum wurde seit der Antike in verschiedene Reichsbildungen einbezogen – vom Imperium der iranischen Achämeniden bis zum mongolischen Weltreich und seinen Nachfolgestaaten. Im Geschichtsbewußtsein zentralasiatischer Völker ragt dabei vor allem das Reich *Timur Lenks* und seiner Nachfolger heraus (14.–15. Jh.).

Erst seit dem 16. Jh. trat staatsbildend ein Element hervor, das in der heutigen Gliederung wiederzufinden ist: die Usbeken. Eine größere usbekische Reichbildung zerfiel in lokale Herrschaftsgebilde von Buchara, Chiwa und Kokand. Die usbekische Rolle in der politischen Geschichte der Region bestimmt das Nationalbewußtsein des heutigen Usbekistan, auf dessen Staatsterritorium sich zudem die meisten mittelasiatischen Kulturdenkmäler befinden. Darauf und auf der Bevölkerungsgröße – Usbekistan ist mit rd. 22 Mio. E. der größte asiatische Nachfolgestaat der Sowjetunion – beruht ein Hegemonialanspruch, den die Nachbarn mit Argwohn betrachten.

Die grundlegende Zäsur in der Geschichte ZA.s bildete die Islamisierung, die mit der arabischen Invasion Ende des 7. Jh.s begann und sich teilweise bis ins 19. Jh. erstreckte. Der Islam ist heute ein herausragendes Element bei der nationalen, historiographischen und kulturellen Rekonstruktion, wenn auch gewiß nicht die ausschließliche Grundlage, auf der sich nationale Selbstfindung vollzieht. Nomadische Völker wie die Kasachen und Kirgisen wurden wesentlich später und lockerer in das Haus des Islam eingebunden als die seßhafte Bev. im heutigen Usbekistan und Tadschikistan. Ihr nomadisches Erbe bestimmte ihr Leben auch nach der Bekehrung zum Islam stärker als die Normen der *Schari'a.* Auch die Träger der Islamisierung waren verschieden. So kamen in einigen Teilen ZA.s bei der Bekehrung zum Islam insbesondere *Sufi*-Orden eine Rolle zu, die bis in die Gegenwart die Religiosität der lokalen Bev. bestimmt (*Bennigsen/Wimbush* 1985). Diese verschiedenen Elemente spielen auch bei der nachsowjetischen Wiedergeburt des Islam eine Rolle. Die Verengung auf den „Fundamentalismus" setzt sich über diese Vielfalt hinweg.

Als die Russen in der zweiten Hälfte des 19. Jh.s nach der kolonialen Durchdringung der kasachischen Steppen nach „Turkestan" vorstießen, trafen sie eine Region an, die sich in kultureller und materieller Stagnation und in Isolation befand. Sie stießen in ein politisches Machtvakuum, das ihnen nichts entgegenzusetzen hatte. Das Bild dieses Vakuums bestimmte die russische Sicht der Eroberung bis heute: ZA als Peripherie und Rückständigkeit. Was steckte dahinter? In der Tat begann der Zerfall politischer Macht und kultureller Blüte in ZA lange vor der russischen Eroberung. Einst ein klassisches Transitgebiet des Welthandels, verlor die Region mit dem Zerfall der Seidenstraße den Anschluß an die Weltmärkte.

Generationen zentralasiatischer Muslime mußten sich in sowjetischer Zeit anhören, daß ihre Region vor dem Anschluß an Rußland in extremer Rückständigkeit gelebt habe. Durch Abkanzelung islamischer Zivilisation wurden sowjetische Muslime von der Hochkultur ihrer Heimat abgeschnitten, die vor der Stagnation, insbesondere unter der Herrschaft der Timuriden, bestanden hatte. Die kulturelle Entwurzelung in sowjetischer Zeit mag aus folgenden Angaben hervorgehen: Im Geschichtsunterricht an usbekischen Sekundarschulen entfielen 612 Stunden auf russische, sowjetische und Weltgeschichte, dagegen nur 50 Stunden auf mittelasiatische Geschichte, dabei vorwiegend auf die sowjetische Periode (*Nettleton* 1992). Kasachen wurden über die französische Revolution besser informiert als über ihre eigene Geschichte.

Allerdings wurde die „nationale Wiedergeburt", die sich heute unter den Bedingungen staatlicher Unabhängigkeit vollzieht, in sowjetischer Zeit vorgeformt, da in der *Breschnew*-Ära neue zentralasiatische Eliten der kulturellen Russifizierung Widerstand leisteten und sich gewisse nationale Freiräume öffneten. Damals entstand z. B. eine 14bändige usbekische sowjetische Enzyklopädie, die islamischen Philosophen und zentralasiatischen Herrschern umfangreiche Artikel widmete und das Mißfallen der sowjetischen Ideologie- und Kulturwächter erregte (*Critchlow* 1991).

Heute erscheinen Namen aus der turko-persischen Hochkultur fast täglich in den Medien. In der Region ist ein Symbol- und Kulturwandel nach dem Muster „Lenin geht, Firdousi kommt“ im Gange. Die Umsetzung dieses Wandels im Bildungswesen stößt allerdings auf Grenzen, die von der Knappheit der Mittel gesetzt werden. Es existieren nicht einmal brauchbare Lehrbücher für die Nationalsprachen.

Die zentralasiatischen Republiken haben sich ihre Unabhängigkeit von der Sowjetunion nicht erkämpft. Auf der Suche nach Nationalhelden läßt sich kein usbekischer oder turkmenischer *Sukarno, Kenyatta* oder *Gandhi* finden. Usbeken greifen auf der Suche nach nationalen Heroen weit in die Vergangenheit zurück. Dabei dienen besonders Herrscherfiguren wie *Timur Lenk* und *Babur* als Identifikationssymbole. Der Name *Timur* hat in usbekischen Familien Hochkonjunktur bei der Namengebung für männlichen Nachwuchs. In Andischan im Ferganatal kam ein Lokalkult um den Gründer des Mogulreiches *Babur* auf, der hier geboren wurde.

Die Verehrung für diese Herrscherfiguren, die freilich keine nationalen, sondern dynastische Zusammenhänge repräsentieren, ist nicht neu. Sie gab es auch in sowjetischer Zeit, wurde damals aber von der kommunistischen Partei als „Glorifizierung der Vergangenheit“ und „Verherrlichung von Feudalherren“ indiziert. Heute ist sie Ausdruck einer neuen historiographischen Freiheit, aus der freilich auch neue Geschichtsmythen und nationale Konkurrenz bei der Besetzung der Vergangenheit hervorgehen. Allerdings gibt es auch Völkerverbindendes bei der historischen Rückbesinnung, indem z. B. das Kommunikations- und Handelssystem der Seidenstraße in den Mittelpunkt gerückt wird. Es soll die historische Grundlage beim Aufbau eines modernen transasiatischen Verkehrssystems bilden.

Problematisch ist auch die Inanspruchnahme kultureller Heroen. Wem gehört ostislamische Kultur in einer Epoche, in der man nationalstaatliche Zuordnungen trifft, die Mittelasien vor der „nationalen Abgrenzung“ durch die Sowjetmacht nicht gekannt hatte? Dabei tritt wieder insbesondere Usbekistan bei der „Vernationalstaatlichung“ von Dichtern und Denkern hervor.

5. Die ökonomische Dimension der Unabhängigkeit

ZA umfaßt heute Länder, die in Hinsicht auf den wirtschaftlichen Ausgangspunkt ihrer Unabhängigkeit sowohl Transformationsgesellschaften als auch EL und im Falle Tadschikistans Kriegsgesellschaften darstellen. Als Transformationsgesellschaften sind sie wie alle sowjetischen Nachfolgestaaten vom Zerfall der Sowjetunion und ihres zentral gelenkten Produktions- und Handelssystems und bei der Umstellung von der Plan- zur Marktwirtschaft mit Produktionsschrumpfung, Inflation und einer generellen Kontraktion ihrer Wirtschaft konfrontiert. Selbst die beiden Länder, denen Experten eine optimistische Zukunftsprognose aufgrund ihrer Rohstoffvorkommen und ihrer

Chancen auf neue außenwirtschaftliche Verflechtungen stellten, Kasachstan und Turkmenistan, erlitten 1992 eine Schrumpfung der Industrieproduktion von 15% bzw. 18% gegenüber dem Vorjahr. In Kirgisien nahm das BSP 1992 um 25% ab. Die Jahresinflationsrate erreichte in Kasachstan 750%. Nur Usbekistan konnte einen relativ geringen Rückschritt gegenüber dem Vorjahr verzeichnen. In Tadschikistan kollabierten Wirtschaft und Verwaltung aufgrund eines Bürgerkrieges, der Zigtausende das Leben kostete. Hier ging 1992 die Produktion materieller Güter um schätzungsweise 35% zurück und hier betrug die Arbeitslosenquote etwa 13%.

Die Zurückhaltung, mit der die zentralasiatischen Unionsrepubliken in die Unabhängigkeit vom zerfallenen sowjetischen Imperium traten, war vor allem wirtschaftlich begründet. Die lokalen Eliten blickten hier skeptischer in eine postsowjetische Zukunft als die Führer baltischer oder transkaukasischer Nationalbewegungen, die „wirtschaftliche Unabhängigkeit" zu einem Kernslogan der nationalen Souveränitätsbehauptung erhoben. Zwar bestanden für alle Unionsrepubliken hochgradige Verflechtungen mit dem gesamtsowjetischen Wirtschaftssystem und entsprechende Schwierigkeiten für den Aufbau einer selbstbestimmten Volkswirtschaft, aber für die zentralasiatischen Gliedstaaten waren einzelne Aspekte dieser Abhängigkeit entmutigend.

Ein Aspekt war die Abhängigkeit von finanziellen Subventionen, die das Zentrum den Republikbudgets gewährte und die z. B. im Falle Usbekistans etwa die Hälfte des Haushalts ausmachten, ein anderer die starke Handelverflechtung mit und die außenwirtschaftliche Abhängigkeit von Rußland. Der Anteil Rußlands am Import und Export lag 1992 in Kasachstan bei 65% bzw. 53%, in Usbekistan bei 58% bzw. 61%, in Kirgisien bei 51% bzw. 39%, in Turkmenistan bei 48% bzw. 54% und in Tadschikistan bei 48% bzw. 51% (*Müller* 1993). In den beiden genannten Bereichen wurden die Staaten ZA.s vom Zerfall der Sowjetunion und dem Niedergang ihrer interregionalen Wirtschafts- und Handelsbeziehungen empfindlich getroffen und vor die Notwendigkeit einer raschen Neuordnung ihrer außenwirtschaftlichen Beziehungen und der Erschließung neuer Finanzressourcen gestellt.

Mit den ersten Schritten in die Unabhängigkeit haben die Regierungen auch sehr aktiv die Integration in neue außenwirtschaftliche Umgebungen, später auch zunehmend wieder die Reintegration in die ehemaligen innersowjetischen Handelsbeziehungen gesucht. So entfalteten die fünf Staaten rege außenpolitische und außenwirtschaftliche Aktivitäten, integrierten sich in verschiedene Projekte regionaler Wirtschaftskooperation, die freilich noch umgesetzt und ausgefüllt werden müssen, und knüpften Beziehungen mit Partnern in Asien und im Mittleren Osten. Die Kooperation mit der Türkei ist hier besonders hervorzuheben (*Yilmaz* 1993).

Die Aussichten ökonomischer Rekonstruktion unter den Bedingungen staatlicher Unabhängigkeit werden aber nicht nur von der außenwirtschaftlichen Dimension und Fragen der Integration bestimmt. Entscheidend sind strukturelle Probleme, die Zentralasien aus einer sowjetischen Vergangenheit geerbt hat. Insgesamt wurde beim Eintritt in die Unabhängigkeit deutlich, daß die Region unter dem sowjetischen Herrschaftssystem – entgegen den Modernisierungsmythen der Sowjetideologie – „drei Prozesse von größter Bedeutung nicht abgeschlossen“ hatte, die Industrialisierung, die Urbanisierung und die demographische Revolution (*Heuer* 1993).

5.1 Landwirtschaft und Umwelt

Kein Teil der Sowjetunion war so sehr von Landwirtschaft abhängig wie Mittelasien. Kasachstan verfügt über einen breiteren industriellen Sektor als seine südlichen Nachbarn, ist aber in einen industriellen Norden mit russischsprachigen Bevölkerungsmehrheiten und einen agrarischen Süden mit muslimischer Bev. zweigeteilt.

59 % der Gesamtbevölkerung der Region und rd. 70 % ihres muslimischen Bevölkerungsteils lebten 1989 auf dem Land und vom Land. Aus der Region kamen 91 % der sowjetischen Baumwolle, 47 % der Reisernte und 35 % der Früchte. Die krasse Einseitigkeit in der sowjetischen Entwicklungsstrategie in ZA bestand darin, daß die Region in hohem Umfang agrarische und in geringerem industrielle Rohstoffe produzierte, ohne an ihrer Weiterverarbeitung maßgeblich beteiligt zu sein. Es entstand eine extraktive, völlig auf die Bedürfnisse der Zentrale ausgerichtete Regionalwirtschaft. Aufgrund dieser starken Ausrichtung auf die Landwirtschaft und den Rohstoffsektor sieht sich ZA heute mit gravierenden Problemen konfrontiert: mit einer agrarischen Bevölkerungsexplosion und einem erheblichen Arbeitskräftestau in ländlichen Siedlungen, mit schwindenden Irrigationsmöglichkeiten, mit dem Verlust der Bodenqualität und irreversiblen Umweltschäden.

Das hohe Bevölkerungswachstum betrifft besonders die ländlichen, überwiegend muslimischen Wohngebiete. In den fruchtbaren bewässerten Regionen nimmt aufgrund dieses Bevölkerungswachstums die Siedlungsdichte zu, sinkt die landwirtschaftliche Nutzfläche pro Bewohner. In Tadschikistan beträgt sie inzwischen kaum mehr als einen Hektar. Während in Estland die ländliche Wohnfläche pro Kopf 26,6 qm betrug, lag die diesbezügliche Quote für Usbekistan und Tadschikistan bei 7,6 qm (*Rumer* 1985).

Landarmut wurde in einigen Regionen ZA.s zum Auslöser für interethnische Konflikte, denn die Konkurrenz um Boden und Wohnraum tritt mit besonderer Verschärfung auf, wenn sie zwischen ethnischen Kontrahenten ausgetragen wird. Das behindert die Privatisierung von Grund und Boden in der nachsowjetischen Epoche. In Kirgisien scheiterte Präsident *Akajew* mit einem liberalen Projekt der Landprivatisierung an einem konservativen Parlament, das ethnozentrische Vorbehalte dagegen geltend machte und die Angst davor schürte, daß „geheiligter kirgisischer Boden“ an „Fremdnationale“ ausverkauft würde.

Seit jeher hängt die Fähigkeit, Landwirtschaft zu betreiben, in dieser Region von den Irrigationsmöglichkeiten ab. Die Sowjetisierung Zentralasiens war mit einem gewaltigen Raubbau an den natürlichen und den von Menschenhand geschaffenen Bewässerungssystemen verbunden, der zunächst einmal die landwirtschaftlichen Grundlagen erweiterte und die hochgradige Spezialisierung auf den Baumwollanbau ermöglichte, im Endeffekt aber irreversible Umweltschäden und eine Verminderung agrarischer Möglichkeiten hinterließ. Zwischen 1950 und 1985 wuchs die bewässerte Nutzungsfläche um über drei Mio. ha, wobei der Neugewinn vor allem auf Usbekistan und Turkmenistan entfiel. Der Kara-Kum-Kanal, ein Symbol sowjetischer Gigantomanie und Naturvergewaltigung, versorgt 60% der landwirtschaftlichen Nutzungsfläche in Turkmenistan, wurde aber auf Kosten des natürlichen Wasserhaushalts der Aralregion angelegt und ist mitverantwortlich für das ökologische Drama, das diese Region erlebt.

Die Sowjetunion stieß seit den 70er Jahren auf die Grenzen der Erweiterungsfähigkeit von Irrigationssystemen. Seit dieser Zeit wurden die schlimmen ökologischen Konsequenzen sichtbar, die sich aus der forcierten Erweiterung der Anbauflächen insbesondere zugunsten des „durstigen Götzen" Baumwolle ergeben hatten. Wasser ist heute nur noch in den Quellgebieten, in Kirgisien und Tadschikistan, in ausreichendem Maße vorhanden. Es erreicht kaum noch die ursprünglichen Mündungsgebiete in der Aralregion. Beide Länder haben bereits mit Umleitung der Wasserressourcen gedroht, falls sie mit den größeren Nachbarn in Konflikt gerieten (*Lubin* 1992). Innerhalb der großen Irrigationssysteme – Syr-Darja-Becken, Serafschan-Becken, Amu-Darja-Becken u. a. – drohen heute, nach dem Wegfall zentralistischer Kontrolle durch das Moskauer Ressort für Wasserwirtschaft, zwischenstaatliche Konflikte, denn diese Systeme verlaufen quer zu den Grenzen unabhängig gewordener Staaten (*Gleason* 1991).

92% der Wasserressourcen an der Erdoberfläche entfallen in ZA auf das Aralsystem mit dem Aralsee und seinen Zuflüssen Amu-Darja und Syr-Darja. Der Aralsee, mit 66 000 qkm einst das viertgrößte Binnengewässer der Erde, verkümmert zu einer Salzlake, von der sich giftige Ausscheidungen erheben. Sein Wasservolumen schrumpfte seit 1961 um über 60%. Die Uferlinien traten bis über hundert Kilometer zurück mit dem Effekt, daß eines der größten Fischkombinate der UdSSR und zahlreiche Schiffswracks aus einer trostlosen Salzwüste herausragen. Seit kurzem wird der Nordteil des Sees vom austrocknenden Rest getrennt. In einem der fischreichsten Gewässer Eurasiens ist heute jegliches Leben erloschen. Von 27 000 qkm bereits ausgetrockneten Seebodens werden jährlich bis zu 75 Mio. t Sand und Salz aufgewirbelt und bedrohen die Umwelt in einem wachsenden Radius über Hunderte von Kilometern (*Bahro* 1993; *Halbach* 1990).

Die Völker, die am Südrand des Sees siedeln, wie die Karakalpaken in ihrer autonomen Republik im Westteil Usbekistans, sind von „ökologischer Deportation" bedroht. Die Verbundenheit mit ihrem angestammten Lebensraum und der Mangel an Wohnalternativen hält sie auf einem Territorium, auf dem ihr Leben längst gefährdet ist. Ein Experte für Umweltschäden in der Sowjetunion bezeichnete Karakalpakien als den schlimmsten ihm bekannten Fall „landwirtschaftlichen Ökozids" (*Feshbach* 1991).

Die Hauptursache für diese Umwelttragödie war die Wasserentnahme für Irrigationszwecke, industrielle Wasserressourcen und Wasserkraftwerke, mit der die beiden Zuflüsse des Sees belastet wurden. Bereits der 1956 in Angriff genommene Bau des Kara-Kum-Kanals grub dem Aralsystem den Lebensnerv ab. Bis 1960 trugen Syr-Darja und Amu-Darja dem See noch durchschnittlich 56 km^3 Wasser zu. Seit 1978 liefert der Syr-Darja dem See praktisch kein Wasser mehr, der Amu-Darja nur noch zwischen einem und fünf km^3 pro Jahr.

Der Schwund des Aral ist das zentrale Symbol einer Wasserkrise, die bei weitem nicht nur die Umgebung des Sees, sondern einen großen Teil eines alten Oasensystems betrifft, das sich vom Balchasch-See im Osten bis zum Kaspischen Meer im Westen erstreckt. In dieser Landwirtschaftszone ist das überdehnte Irrigationssystem aufgrund schlampiger Anlage oder ungenügender Wartung der Bewässerungskanäle, unzureichender Drainagesysteme u. a. in einem äußerst kritischen Zustand. Die Bodenversalzung, unter der Turkmenistan am meisten leidet, hat landwirtschaftliche Möglichkeiten, heute etwa die Rediversifizierung von der Monokultur der Baumwolle zurück zu ernährungsrelevanten Agrarkulturen, reduziert.

Die Auswirkungen auf die Gesundheit der ländlichen Bevölkerung, die ihr Wasser für den täglichen Bedarf größtenteils aus den Irrigationskanälen bezieht, spiegeln sich in der Sterbe- und Krankheitsstatistik deutlich wider. Dieses Wasser ist nicht nur hochgradig versalzt, sondern auch von landwirtschaftlichen Chemikalien vergiftet. Nirgendwo war der Umgang mit chemischen Düngemitteln, Pestiziden und Defolianten in der Sowjetunion bedenkenloser als hier. Wurden im sowjetischen Durchschnitt 30 kg mineralische Düngemittel pro ha verwendet, überstieg die Rate in Usbekistan 500 kg, entfielen im sowjetischen Durchschnitt ein Kilogramm toxischer Stoffe auf 1 ha, waren es dort 54,5 kg (*Carley* 1989).

In Kasachstan beruht die Umweltzerstörung ebenfalls auf landwirtschaftlichen (Südkasachstan, Aralregion), mehr aber noch auf industriellen Faktoren und auf einem rüstungsindustriellen Komplex, der die Strukturen und Probleme dieses Landes maßgeblich prägt. Neben den Auswirkungen der Araltragödie auf den Südteil Kasachstans bestimmen hohe Schadstoffemissionen im industriellen Norden und ein nuklearer Rüstungszyklus von der Uranförderung bis zur Zündung von Atombomben die ökologische Situation, die in keinem anderen sowjetischen Nachfolgestaat ernster ist als in Kasachstan (*Bahro* 1992, 1993). Allein auf dem Testgelände von Semipalatinsk, dem bekanntesten von rd. 25 Atomtestgeländen in Kasachstan, waren Atomwaffen mit einem Gesamtpotential von etwa 20 000 Hiroshima-Bomben gezündet und die dort wohnenden Menschen mehrmals mit radioaktivem Fallout überzogen worden.

Die medizinisch-demographischen Daten aus dem Zentrum der Umweltkrise Zentralasiens, die in der Ära von *Glasnost* erstmals veröffentlicht wurden, revidierten den Mythos der Entwicklungsleistungen an der asiatischen Peripherie. Die Säuglingssterblichkeit, die in ZA insgesamt doppelt so hoch war wie im sowjetischen Durchschnitt und gebietsweise die Grenze von 100 (100 Todesfällen pro 1000 Kleinkindern unter einem Jahr) überschritt und afrikanische Verhältnisse einholte, wurde zum schlagenden Indikator für strukturelle Unterentwicklung, Unterernährung und Umweltzerstörung. Schon vorher – im Zusammenhang mit Korruptionsaffairen – hatten sich sowjetische Kommentatoren an die Revision eines anderen Themas herangemacht: an die Umbewertung der Baumwollwirtschaft.

5.2 Die Diktatur der Baumwolle

Eine der am tiefsten greifenden Veränderungen, die das agrarische ZA in sowjetischer Zeit vollzog, besser gesagt, die ihm aufgezwungen wurde, war die Durchsetzung der Baumwollgewinnung auf Kosten anderer, ernährungsrelevanter Agrarkulturen. Die Wurzeln zu dieser Monokultur wurden bereits im 19. Jh. von der zaristischen Kolonialverwaltung gelegt. Damals beschränkten sich die Anbauflächen für Baumwolle auf einen Saum im Süden des heutigen Turkmenistan und auf das Ferganatal. 1913 wurden auf dem Territorium des heutigen Usbekistan 350 000 t Baumwolle produziert, am Ende der sowjetischen Periode waren es bis zu sechs Mio. t jährlich. Vor 1917 bestanden noch 79 % der Aussaat in den landwirtschaftlichen Nutzungszonen des Gouvernements Turkestan aus Getreidekulturen, 1986 entfielen nur noch 26 % der bewässerten Nutzflächen auf den Getreideanbau (*Druzba narodov*, 1, 1990: 208). Der Baumwollanbau besetzte 1988 53 % der bewässerten Nutzflächen in Turkmenistan, 60 % in Usbekistan, im Ferganatal aber über 70 % (*Craumer* 1992). Heute ist ZA hochgradig abhängig von Getreide- und Nahrungsmittelimporten aus Rußland. Seit den Anfängen der Baumwollwirtschaft wehrte sich die einheimische Bev. gegen die für sie ruinöse Durchsetzung dieser Kultur.

Die entscheidende Weichenstellung bildete die Kollektivierung der Landwirtschaft unter *Stalin*. 1929 rief eine ZK-Resolution der KPdSU den „Kampf für die Baumwoll-Autarkie der UdSSR" ins Leben. In Tadschikistan war die Durchsetzung des Baumwollanbaus mit brutalen Umsiedlungsaktionen aus den Bergregionen in die Täler verbunden, deren Folgen sich bis in den tadschikischen Bürgerkrieg von 1992 hinein auswirken. Von 1940 bis 1980 wurden die Erntezahlen verfünffacht, die Planvorgaben aus Moskau immer maßloser, ebenso auf der Gegenseite die Tendenz, die Planziffern zu fälschen. Die Baumwolle wurde zum Götzen, der eine Unmenge Wasser und menschliche Arbeitskraft verschlang. Den Böden gönnte man keine Ruhepause. Jahrzehntelang verzichtete man auf Fruchtwechsel, die Böden wurden ausgelaugt, mit versalztem Wasser überschwemmt und mit der chemischen Keule traktiert.

Die am stärksten von dieser Monokultur betroffene Republik ist Usbekistan. Aus klassischen Oasenkulturen mit einer Vielfalt landwirtschaftlicher Nutzung wurde hier eine von Baumwollplantagen dominierte Landschaft, in der ein Großteil der Nutzflächen dem „weißen Gold" reserviert wurden. Auch die Industrie des Landes wurde auf diesen Sektor zugeschnitten und erlangte ein Monopol für Erntemaschinen und anderes industrielles Zubehör der Baumwollwirtschaft.

Dieses Entwicklungs-, wohl eher Unterentwicklungsmodell mußte auch noch als sozialistischer Fortschritt und internationalistische Arbeitsteilung gepriesen werden. Hinweise westlicher Kommentatoren auf agrar-kolonialistische Züge in den Beziehungen zwischen der Sowjetunion und ihrer asiatischen Peripherie wurden als „bürgerliche Geschichtsfälschung", jeder lokale Protest gegen die Baumwolldiktatur als Ausdruck von Nationalismus und *mjestnitschestwo* (regionale Beschränktheit) zurückgewiesen. Die Monokultur vergiftete und deformierte nicht nur die Umwelt und die Wirtschaft, sondern auch die Politik, die Gesellschaft und die zwischenmenschlichen Beziehungen.

Heute versucht die Region, ihre landwirtschaftliche Struktur wieder auf eine größere Vielfalt zurückzuführen und von der Baumwolle zu Getreidekulturen umzuorientieren. Rediversifizierung von Landwirtschaft stößt aber auf zwei Haupthindernisse: Einmal setzt die Umweltzerstörung und die Bodenbeschaffenheit in der Baumwollzone dieser Umstellung Grenzen, zum anderen ist eine Republik wie Usbekistan heute verstärkt auf die bestehenden Exportmöglichkeiten und damit auf die Baumwolle angewiesen, solange Exportalternativen aus anderen Rohstoff- und Industriesektoren noch nicht mobilisiert sind.

5.3 Nachholende Industrialisierung

Die Unzufriedenheit der einheimischen Eliten mit der kolonialen Entwicklungsstrategie Moskaus brachte eine Selbstwahrnehmung hervor, nach der die Region auf einem Schatz industrieller Naturressourcen lebt und bisher in der Armutsexistenz von Baumwollrepubliken festgehalten wurde. In der Tat bestand in Mittelasien eine beträchtliche Diskrepanz zwischen dem Vorkommen und der Ausbeutung industrieller Bodenschätze. Das führte dazu, daß zentralasiatische Politiker und Ökonomen heute die Vorkommen von Erdöl, Erdgas, Gold und anderen Bodenschätzen in ihren Republiken zum Garanten für eine bessere Zukunft erheben und ausländische Investoren zur Beteiligung an ihrer Erschließung auffordern.

In der Tat bilden solche Vorkommen insbesondere beim Erdöl und Erdgas im Falle Kasachstans, Turkmenistans und Usbekistans eine wichtige Grundlage für die Diversifizierung der Wirtschaftsstrukturen und die Entfaltung neuer außenwirtschaftlicher Beziehungen. Aber dabei wird oftmals übersehen, daß es eine Reihe sehr armer Länder mit großem Reichtum an Rohstoffen und sehr reicher Länder mit krasser Rohstoffarmut gibt, daß die Ressourcen erst mobilisiert werden müssen und der Weg dahin lang und mühsam sein wird und nur gelingen wird, wenn er von tiefgreifenden Wirtschaftsreformen in den betreffenden Ländern selber begleitet wird, und daß diese Mobilisierung in Widerspruch zu einer anderen dringenden Notwendigkeit in dieser Region geraten kann: der Eindämmung der existenzgefährdenden Umweltkrise.

6. Soziale Probleme und Lebensstandard

Da ein großer Teil der einheimischen Bev. auf dem Land lebt, besteht ein enger Zusammenhang zwischen der landwirtschaftlichen Entwicklung und den sozialen Problemen und Entwicklungsperspektiven.

In der zweiten Hälfte der 80er Jahre wurden in sowjetischen Medien Daten über Lebensstandard und sozialökonomische Entwicklung in ZA veröffentlicht, die das Vorurteil von den privilegierten „Südländern" revidierten, die angeblich auf Kosten Rußlands lebten, und zwar besser als die Menschen dort. In allen relevanten Kennziffern des Lebensstandards – Wohnraum, Fleisch-, Gemüse- und Milchprodukte pro Kopf u. a. – rangierte ZA in Wirklichkeit am Ende der sowjetischen Regionalskala. Die durchschnittlichen Einkommen gehörten hier zu den niedrigsten in der gesamten Sowjetunion, der Anteil der unterhalb einer innersowjetischen Armutsgrenze von damals 200 Rubel lebenden Bev. betrug 1991 in Tadschikistan 87 % (unionsweit: 47 %; Kasachstan 57 %, Kirgisien 75 %, Turkmenistan 78 %, Usbekistan 82 %) (*Götz/Halbach* 1993).

Die Versorgung mit Lebensmitteln lag unter dem sowjetischen Durchschnitt und sprach dem Klischee von den üppigen mittelasiatischen Basaren Hohn. Diesbezügliche Zahlen werden zwar dadurch verzerrt, daß sie die Leistungen privatwirtschaftlicher Parzellen in der regionalen Landwirtschaft nicht genügend berücksichtigen, aber sie stellen insgesamt zutreffend eine Unterversorgung mit bestimmten Produkten und insbesondere mit tierischem Eiweiß fest. Unterernährung wurde in der Diskussion über erhöhte Säuglingssterblichkeit in Zentralasien neben den ökologischen Faktoren als Hauptursache behandelt. So berichtete am 18. März 1990 die *Medicinskaja Gàzeta*: „In Turkmenistan erreicht das Eiweißdefizit bei Schwangeren heute 60 %. Die Mütter sind unterernährt und die Kinder kommen geschwächt zur Welt. Im vergangenen Jahr brachte jede dritte Frau ein Kind mit dementsprechenden Anzeichen zur Welt".

Zu der Unterernährung von Müttern und Kindern kamen besorgniserregende Zustände im Gesundheitswesen hinzu. Bis dahin war das Bild des sowjetischen Gesundheitswesens in den außereuropäischen Regionen mit quantitativen Angaben über Ärzte- und Krankenhausbett-Quoten im Vergleich zu Nachbarländern wie Iran oder Pakistan positiv dargelegt worden. Nun gelangten Ermittlungen zur qualitativen medizinischen Versorgung der Bev. in ZA zu einem anderen Bild. Da war die Rede von völlig überfüllten Geburtskliniken, in denen nicht einmal die Grundversorgung der Schwangeren gewährleistet werden konnte, von Kliniken, die an keine Kanalisation angeschlossen waren, von schlimmen hygienischen Zuständen, aber auch von unqualifiziertem medizinischen Personal. Vor allem Gynäkologie und Pädiatrie hoben sich besonders negativ aus diesem Bild hervor (*Watters/Halbach* 1990). Zuletzt entsandte der sowjetische Kinderhilfsfonds „Ärztelandungstruppen" aus Rußland nach ZA, um die Kindersterblichkeit einzudämmen.

Auch in bezug auf das Bildungssystem waren Potemkinsche Dörfer aus Zahlen und Lehrer-Schüler-Quoten errichtet worden, die Mißstände verschleierten. Dennoch bleibt die Massenalphabetisierung, die nach dem II. Weltkrieg in allen orientalischen Unionsrepubliken die 90 %-Marge überschritt, und die Bildungspartizipation der Frauen eine Leistung der sowjetischen Periode, durch die sich die heute unabhängigen zentralasiatischen Staaten von anderen islamischen Ländern unterscheiden. Allerdings wurde ZA beim Ausbau des Bildungssystems in den letzten Jahrzehnten gegenüber anderen sowjetischen Regionen benachteiligt. Für allgemeinbildende Schulen wurden in Rußland Ende der 80er Jahre 348 Rubel pro Schüler aufgewendet, in Tadschikistan 284. Für Vorschul-Einrichtungen lauten die Quoten 660:484 (*Gumpel* 1990). Insbesondere das Elementar- und Vorschulwesen auf dem Land wies zuletzt erhebliche Defizite auf. So war nach Angabe sowjetischer Quellen der Bedarf an Kindergärten in Tadschikistan nur zu 16 %, auf dem Land sogar nur zu 4 % gedeckt.

In der Berufsschule und im höheren Bildungswesen wurden junge Menschen mit mangelnden Russischkenntnissen benachteiligt. Insbesondere der technisch-naturwissenschaftliche Bereich wurde völlig vom Russischen dominiert, was sich für die Einheimischen als Zugangssperre erwies. Mit der Nationalisierung des Bildungswesens und der Umschaltung auf die jeweiligen Nationalsprachen stehen die Republiken ZA.s heute vor einer gewaltigen Zäsur, die sich zunächst nachteilig auf die Rekrutierung wirtschaftlicher und technischer Fachkräfte erweist. Die Hochschulen legen zunehmend Wert auf nationale Lehrkörper, was nicht nur die Verdrängung russischsprachiger Fachleute, sondern auch einen Einbruch in den Ausbildungsgang bedeutet.

Insgesamt läßt die soziale Situation starke Belastungen beim Übergang von staats- zu privatwirtschaftlichen Strukturen nicht zu. Die Belastbarkeit der Bev. ist hier noch geringer als in anderen Teilen der krisengeschüttelten ehemaligen Sowjetgesellschaft. Deshalb gehört, mit Ausnahme Kirgisiens, die nachdrückliche Betonung der „sozialen Abfederung", der Beibehaltung von Subventionierungsmaßnahmen und des „langsamen Übergangs zur Marktwirtschaft" zum politischen Credo postsowjetischer Regierungen in ZA, in dem sich allerdings auch Etatismus und Konservatismus exkommunistischer Machteliten ausdrücken.

In einigen landwirtschaftlichen Kernzonen der Region war und ist die sozialökonomische Entwicklung von der Baumwollwirtschaft abhängig. Die Monokultur schuf soziale Probleme, die insbesondere Frauen und Minderjährige betrafen. Die Rentabilität der Baumwolle basierte zu einem Teil auf der Billiglohnarbeit dieser Bevölkerungsgruppen. In der langen Erntezeit griffen die Kolchosen auf jugendliche Saisonarbeiter zurück und entzogen sie für mehrere Monate ihrer Ausbildung, bis diese Art der Saisonarbeit Ende der 80er Jahre offiziell verboten wurde. Die harte und extrem ungesunde körperliche Arbeit auf den Baumwollfeldern lastete besonders auf jungen Frauen.

Die Lebensbedingungen der Frauen in den ländlichen Regionen ZA.s wurden zu einem Thema in sowjetischen Medien, nachdem eine Serie von Suizidfällen durch Selbstverbrennung (über 500 Fälle in Usbekistan und Turkmenistan 1987 – 88) die Aufmerksamkeit auf die Familien- und Arbeitsverhältnisse in der Region lenkten. Während im Zentrum der Sowjetunion diese Tragödie überwiegend dem Traditionalismus und Patriarchalismus zugeschrieben wurde, brachten einheimische Publizist(inn)en die Frauenselbstmorde in Verbindung mit einer brutalen Arbeitswelt und der Unterentwicklung der sozialen Infrastruktur, von der Frauen stärker als Männer betroffen waren (*Godel* 1989; *Heuer* 1993).

In Usbekistan waren 57 % der Frauen in das öffentliche Wirtschaftsleben einbezogen (im Unionsdurchschnitt 90 %). Doch diese Einbeziehung in die Arbeitswelt war nicht von entlastenden sozialen Einrichtungen flankiert, so daß auf den Frauen hier noch stärker als in anderen Teilen der Sowjetunion eine Doppelbelastung durch Beruf und Großfamilie lag. Frauen sind überdurchschnittlich von Arbeitslosigkeit betroffen, stellen einen hohen Anteil an den Arbeitsplätzen mit schwerer körperlicher Arbeit und einen verschwindend geringen an den leitenden Positionen. Zentralasiatische Autoren relativierten in den 80er Jahren den sowjetischen Mythos der „Befreiung der Frauen aus den Ketten des Islam". Diese angebliche Befreiung sei in Wirklichkeit auf die Freisetzung billiger Arbeitskräfte hinausgelaufen.

Die Situation der Frau war zuletzt vor allem von drei Faktoren bestimmt: der hohen Fertilität, den ländlichen Produktionsverhältnissen und dem Spannungsverhältnis zwischen (mißglückter) Modernisierung und Traditionalismus. In der postsowjetischen Entwicklung wird sie von verstärkter Retraditionalisierung bestimmt, die mit der nationalen, kulturellen und religiösen „Wiedergeburt" einhergeht. Im Zuge dieser Retraditionalisierung fordern insbesondere religiöse Stimmen wie die des Mufti von Taschkent die Rückkehr der Frau in den häuslichen Bereich. Das Individuum wird verstärkt in traditionelle Gemeinschaftsformen wie die *mahalla* (Stadtviertel- und Nachbarschaftsgemeinde) und die Großfamilie eingebunden, die auch in sowjetischer Zeit bewahrt wurden.

Boris Rumer (1985) charakterisierte die soziale Wirklichkeit im ehemals sowjetischen ZA als „außerordentlich komplex", mit einer Vielfalt an „traditioneller und moderner Dynamik". Das traditionelle Element bestand vor allem in dem verwandtschaftszentrierten Sozialverhalten und der Loyalität gegenüber Familie, Sippe und Stamm, die in hohem Maße auch die politischen Machtverhältnisse und die Zusammensetzung der lokalen Partei- und Staatsorgane bestimmte. Gleichzeitig unterlagen die Gesellschaften ZA.s in sowjetischer Zeit einem sozialen und ökonomischen Wandel. Die *Stalinsche* „Revolution von oben" war insbesondere für die asiatischen Teile der Sowjetunion eine „Revolution von außen".

Die vielen Eingriffe in die Lebensverhältnisse der einheimischen Bev. hinterließen ein „Erbe der Bitternis“ (*Rakowska-Harmstone* 1985) und richteten entsprechende Ressentiments nicht nur gegen die Sowjetmacht, sondern auch gegen das mit ihr identifizierte Ethnos, gegen die Russen. Das als „nationale Kultur“ rezipierte islamische Erbe setzte inneren Widerstand gegen die Änderungen seit dem Ende der 20er Jahre, als die Sowjetmacht gegen die bis dahin weitgehend unangetasteten traditionellen Institutionen und Sozialisationsinstanzen mit „Roten Jurten“ und „Roten Karawanen“ in die Offensive ging. „Aber das islamische Erbe hat die Bev. nicht gegen Wirkungen der sozioökonomischen Entwicklungen völlig immunisiert. Neue Kommunikations- und Bildungsstrukturen, Urbanisierung, modernes Berufsleben und eine moderne Bürokratie haben durchaus Wandel in den Familienstrukturen und in den Geschlechterrollen bewirkt“ (*Jones/ Grupp* 1987 : 253).

7. Politische Machtverhältnisse

Ein realer Wechsel der Machteliten hat 1991/92 unter den turksprachigen Nachfolgestaaten der Sowjetunion nur in Aserbaidschan stattgefunden, wo im Mai 1992 die nationaldemokratische Volksfront die Exkommunisten von der Regierung verdrängte und bald darauf auch den Präsidenten stellte. Aber selbst in diesem, 1993 wieder rückgängig gemachten Fall war der Wechsel nur partiell: Er betraf die Führungsspitze und ließ die darunter liegende Verwaltungsschicht aus kommunistischer Vergangenheit unangetastet.

In ZA überwiegt eine Machtelite, die ihre Ämterkarriere dem Sowjetsystem schuldet und aus den obersten Etagen der alten Partokratie stammt. In Kasachstan, Usbekistan und Turkmenistan liegt die politische Macht in den Händen von Präsidenten, die zuvor den kommunistischen Parteiapparat ihrer Republik geleitet hatten. Der turkmenische Präsident *Nijasow* läßt sich heute als „Turkmenbaschi“, als Haupt seiner Nation, in einem organisierten Personenkult huldigen, wie es ihn in der einst kommunistischen Welt nur noch in Nordkorea gibt. Nur Kirgisien stellt mit *Askar Akajew*, der nicht dem Partei-, sondern dem Wissenschaftsestablishment seines Landes entstammt, einen echten *homo novus* unter den Republikführern. Umgestellt wurde freilich überall die Herrschaftslegitimation, von der leninistischen Grundlage auf die des Respektes vor dem souveränen Nationalstaat und seiner Führung.

In Kasachstan und Kirgisien ließ diese Umstellung immerhin Freiräume für Parteienbildung und gesellschaftliche Bewegungen, für politischen Pluralismus. In Kirgisien ging der Demokratisierungsprozeß sogar im Gesamtvergleich sowjetischer Nachfolgestaaten recht weit. Doch auch „aufgeklärte Herrscher“ wie *Nasarbajew* und *Akajew* errichteten präsidiale Machtvertikalen, die einer Demokratisierung Grenzen setzen. Die einheimische Bev. kleidet denn auch die Machtverhältnisse in die altgewohnte Herrscherterminologie von *Chan*, *Sultan* und *Beg* ein. Das politische Chaos in Tadschikistan wurde insbesondere von dem usbekischen Präsidenten *Karimow* herangezogen, um vor der internationalen Öffentlichkeit die Priorität stabiler Verhältnisse vor Demokratisierung und die verstärkte Unterdrückung jeglicher Opposition mit dem Hinweis auf die Gefahr des islamischen Fundamentalismus zu legitimieren und Stabilität vor Bürgerrechte zu stellen. Die Logik ist freilich schief: Der tadschikische Bürgerkrieg entstand nicht aus der Gewährung, sondern aus der Verweigerung demokratischer Verhältnisse.

Politische Machtverhältnisse sind in traditionelle Strukturen eingebettet, die sich auch in sowjetischer Zeit, insbesondere in der *Breschnew*-Ära, in der Loyalität gegenüber regionalen oder Stammessegmenten reproduzierten. Soweit das Partei- und Staatspersonal in der Vergangenheit vom einheimischen nichtrussischen Element gestellt wurde – und in der *Breschnew*-Ära wurden lokale Machtorgane verstärkt mit Einheimischen besetzt –, folgte deren Rekrutierung häufig der Priorität bestimmter Stammesverbände oder Landesteile: In Kasachstan betraf diese Bevorzugung die „Große Horde" (*Ulu Djus*) im Süden des Landes, in Turkmenistan die Stammesföderation der *Tekke*, in Tadschikistan die Nordprovinz Leninabad (Chodschent) usw. So wurden unter der Sowjetmacht und der „nationalen Staatlichkeit" von Unionsrepubliken segmentäre Gesellschaften und subnationale Kräfte konserviert, die heute die nationale Integration im Rahmen unabhängig gewordener „Nationalstaaten" gefährden.

Am deutlichsten wurde dieses Problem in Tadschikistan. Der politische Machtkampf artete in der ärmsten Republik ZA.s 1992 zum Bürgerkrieg aus und ließ Tadschikistan als eine segmentäre Gesellschaft im Kriegszustand erscheinen, und zwar in brisanter Nachbarschaft Afghanistans, auf das dieselbe Beschreibung zutrifft. Die Frontlinien verliefen – anders als in den meisten Konfliktzonen des zerbrochenen Sowjetimperiums – nicht in erster Linie zwischen ethnischen (Tadschiken versus Russen oder Usbeken) und nur vordergründig zwischen ideologischen Kontrahenten (Kommunisten versus Islamisten), sondern zwischen tribalen und lokalen Konkurrenten innerhalb ein und derselben Nationalität. Sie verliefen zwischen dem politisch und wirtschaftlich privilegierten Norden mit der alten „Nomenklatura-Provinz" Leninabad und unterprivilegierten Landesteilen im Süden und Osten und innerhalb ein und derselben Provinz wie Kurgan-Tjube zwischen Anhängern lokaler Gemeinschaften, zwischen denen nicht zuletzt aufgrund von Zwangsumsiedlungen und mechanischen Eingriffen in die Bevölkerungsstrukturen Gegensätze entstanden waren. Ihren Schatten warfen diese Ereignisse auch auf die mittelasiatischen Nachbarn, so auf Kirgisien, wo ähnliche, allerdings nicht so gewalttätige Gegensätze zwischen dem politisch privilegierten und wirtschaftlich höher entwickelten Norden und dem Süden aufkamen.

Nach dem Zerfall der Sowjetunion und der staatlichen Unabhängigkeit ehemaliger Unionsrepubliken stellt sich für ZA erneut und verstärkt die Frage, die westliche Beobachter schon früher formuliert haben: Sind die zentralasiatischen Völker im Rahmen der sowjetischen „nationalen Abgrenzung" in separate Republiken zu modernen Nationen geworden oder bestimmen wie in vorsowjetischer Zeit einerseits subnationale und andererseits supranationale Gemeinschaftsgrößen (Islam, Panturkismus) die Identität?

7.1 Zwischen Stamm, Nation und islamischer 'Umma

Die Frage ist republikweise unterschiedlich zu beantworten. Es ist kaum zu bezweifeln, daß in Usbekistan die nationale Integration weit fortgeschritten ist. Ein usbekischer, auf die Republik-Staatlichkeit bezogener Nationalismus konnte sich schon in sowjetischer Zeit entfalten, und heute tritt keine Vokabel in den usbekischen Medien stärker in Erscheinung als *müstaqilliq* (nationale Souveränität). Dagegen bezeichnete eine westliche Expertin Turkmenistan „eher als eine große Stammesföderation denn als eine Nation" (*Bohr* 1990). In Tadschikistan ist nationale Integration offensichtlich nicht gelungen. Das Tadschikistan-Syndrom, der Antagonismus subnationaler Kräfte, überschattet auch die Nachbarländer (*Streleckij* 1993).

Mit exklusiver Festlegung auf eine bestimmte Identifikationsebene ist die Frage ohnehin nicht zu beantworten. In einer Region, deren Völker keine Erfahrungen mit einem modernen Nationalstaat vor der Sowjetisierung gemacht haben, ist die Suche nach maßgebenden Gemeinschaftsgrößen zwischen subnationalen, nationalen und supranationalen Alternativen noch im Gang. Belege lassen sich für alle genannten Identifikationsebenen finden. So bestimmt die subnationale tribale Struktur noch weitgehend die Zusammensetzung neu-alter Machteliten, die heute den unabhängig gewordenen Nationalstaat beschwören und sich gleichzeitig zur supranationalen Integration im Rahmen „Turkestans" oder der GUS bekennen.

Die Sowjetmacht hatte vor allem der supranationalen Ebene mit ihrer Nationalitätenpolitik in ZA den Kampf angesagt. Durch Aufgliederung „Turkestans" in „sozialistische Partikularnationen" sollte der vom Islam und einer türkischen Einigungsbewegung definierte regionale Zusammenhang aufgelöst werden. Nationaler Dissens gegen die Sowjetmacht hat sich in ZA lange gegen diese künstliche Trennung gewendet. Als in der Zeit nach *Stalin* neue Bildungseliten entstanden, gehörten die Betonung des gemeinsamen Erbes der Völker in ZA und die Forderung nach Überwindung künstlicher Sprachbarrieren zur nationalen Argumentation, die in gewissen Grenzen wieder möglich wurde. Auf ein historisches Turkestan, das als Konzept für moderne Nationsbildung nicht weniger fragwürdig ist als es die sowjetischen Schnittmuster für „nationale Staatlichkeit" in ZA waren, bezogen sich seit 1990 auch wirtschaftliche und politische Kooperationsprojekte zwischen den fünf Republiken. Andererseits stärkte aber der Auflösungsprozeß der Sowjetunion keine Identitätsebene so sehr wie die der „nationalen Staatlichkeit" im Rahmen der bestehenden Gliederstaaten. Dafür sorgte von der Ostsee bis zum Tien Shan eine Parade von Souveränitäts- und Unabhängigkeitserklärungen.

Im Westen erregte besonders eine Variante supranationaler Orientierung in der Region Besorgnis: die panislamische, insbesondere wenn sie aus dem

Geist des Fundamentalismus geboren wird. Obwohl die Evidenz islamistischer Bewegungen in ZA bisher sehr eingeschränkt ist, beschäftigte kaum ein Thema die westlichen Medien so sehr wie die denkbare ideologische Ausstrahlung des Iran und seines theokratischen Modells auf die neue Weltregion. Diese Fixierung brachte 1992 Fehlmeldungen in den Nachrichtenagenturen hervor, so die voreilige Feststellung eines „islamischen Staates“ in Tadschikistan oder die Identifizierung der Sieger im politischen Machtkampf Aserbaidschans als „radikale religiöse Kräfte“, wo es sich in Wirklichkeit um säkulare Nationalisten handelte, die sich politisch an der Türkei und nicht am Iran orientierten.

Wo liegt die Grenze zwischen einer verstärkten Hinwendung zum Islam und der Forderung nach dem „islamischen Staat“ sowie der Kampfansage an säkulare politische Grundlagen? Der Hauptanhaltspunkt dafür ist eine politische Partei, die sich „Islamische Partei der Wiedergeburt“ (IPW) nennt. Sie wurde im Sommer 1990 in Rußland in Astrachan gegründet und wandte sich überregional an alle Muslime in der Sowjetunion. Bei ihrer Gründung dominierten aber eindeutig Vertreter bestimmter Nationalität, vor allem Tadschiken und andere Vertreter strenggläubiger Muslimregionen der damaligen Sowjetunion. Die Partei legte sich eine straffe Organisationsstruktur zu und formulierte als ihr Ziel „die Wiedergeburt des Menschen auf der Grundlage des Islam“. Ihr Programm ging über die religiöse und kulturelle Sphäre der Gesellschaft hinaus bis zur Forderung nach dem islamischen Staat, der allerdings nicht auf revolutionärem Wege wie im Iran sondern durch allgemeine Vorbereitung der Muslime eingeführt werden soll. Die Partei polemisiert gegen die „kommunistischen Mullahs“, d. h. gegen den durch Zusammenarbeit mit der Sowjetmacht kompromittierten „offiziellen Islam“ und gegen politische Parteien, in denen der Islam mit westlicher Demokratie vermischt oder in den Dienst des Nationalstaates gestellt wird.

Vor allem das Bild des Westens ist „fundamentalistisch“ geprägt: Westliche Kultur bedeute Atheismus. Das Feindbild, in dem der Westen im Parteiorgan *Al Wahdat* (Einheit) präsentiert wird, erscheint jedoch importiert. Diesbezügliche Zeitungsartikel sind größtenteils Übersetzungen arabischer Autoren ins Russische. Einige wurden in der Zeitschrift *Den*, dem Sprachrohr der großrussischen Rechten, nachgedruckt. Bei den Islamisten besteht sogar eine gewisse Bündnisbereitschaft gegenüber rechtskonservativen Kräften in Rußland, obwohl doch gerade diese Kräfte die imperiale Tradition einschließlich der Fremdherrschaft über Muslime repräsentieren.

Daraus abzuleiten, daß die ehemals sowjetischen Muslime von Tatarstan bis Tadschikistan einen militanten antiokzidentalen Block bilden, wäre ein absurder Fehlschluß. Die Grenzen des islamistischen und panislamischen Appells werden deutlich, wenn man einen zentralen Programmpunkt der IPW näher unter die Lupe nimmt.

Die Partei wendet sich in ihren Gründungsdokumenten ausdrücklich gegen den Nationalismus und die nationalstaatlichen Ordnungsstrukturen. Laut *Dschemal Gajdar*, einem ihrer Hauptideologen, vereint sie die Muslime aller Nationalitäten gegen den Nationalismus. Doch diese Argumentation fand gerade in Mittelasien, wo sich der Islam in seiner Funktion als „nationales Merkmal" gegenüber der Sowjetisierung als resistent erwiesen hatte, eine ungünstige Ausgangslage vor. Auch der Islam unterlag hier dem Trend der ethnischen und nationalstaatlichen Aufgliederung, und zwar sowohl auf der Ebene des offiziellen wie auf der des oppositionellen Islam, wie er von der IPW vertreten wird. Der offizielle Islam, der seit 1943 in vier regionalen geistlichen Verwaltungen oder Muftiaten für die Muslime in ZA, in Transkaukasien, im Nordkaukasus und in Rußland organisiert war, zerfällt heute in nationale oder Republiksegmente. Aber auch der oppositionelle Islam unterliegt entgegen der panislamischen Parole diesem Trend. Auch die IPW gliederte sich seit 1991 in regionale und nationale Strukturen auf, am frühesten mit der Absonderung einer tadschikischen islamischen Partei.

Radikale politische Strömungen des Gegenwartsislam treten auf lokaler Ebene hervor. Auch die sozialen, wirtschaftlichen und kulturellen Krisenfaktoren, die in den 70er Jahren die Entwicklung fundamentalistischer Strömungen im Mittleren Osten und im Maghreb begünstigt haben, bestehen in Mittelasien. Gleichzeitig machen aber einige Faktoren einen deutlichen Unterschied zur arabischen Kernregion des Islam und der Konjunktur islamistischer Heilsprediger in ihr aus. Das fundamentale Konfrontations- und Unterlegenheitsgefühl gegenüber dem Westen, das seit dem verlorenen Krieg mit Israel 1967 eine psychologische Grundlage für die Konjunktur des Islamismus in der arabischen Welt bildete und durch den zweiten Golfkrieg noch einmal kräftig genährt wurde, hat in ZA keine Entsprechung.

ZA bildet keinen homogenen islamischen Kulturraum. Religiosität und islamischer Traditionalismus haben sehr unterschiedliche Ausprägungen unter verschiedenen Völkern und Regionen. Auch in streng islamischen Regionen beschränkt sich kulturelle oder nationale Wiedergeburt nicht allein auf islamische Wurzeln. Es gibt ebenso Rückgriffe auf das „echt Türkische", das „echt Persische", auf vorislamische Kulturelemente, auf nomadische Lebensformen und „nomadische Demokratie" (*Akajew*). Es gibt auch das Festhalten an säkularen „Errungenschaften" der insgesamt diskreditierten sowjetischen Periode. Die Selbstfindung der ehemals sowjetischen Muslime ist komplizierter, als es erste publizistische Paukenschläge zur Begrüßung ihrer unabhängig gewordenen Staaten in westlichen Medien vermuten ließen. Es ist nicht in erster Linie der Islam und seine „Wiedergeburt", der Konflikte am Südrand der ehemaligen Sowjetunion aufwirft, sondern es sind die Erblasten aus der fremdbestimmten Geschichte der letzten 150 Jahre, insbesondere interethnische und territoriale Probleme und ihre Verschränkung mit materiellen Krisenerscheinungen.

7.2 Internationale Beziehungen

Komplizierter und vielseitiger als häufig dargestellt ist auch die Einordnung der Republiken ZA.s in neue internationale Umgebungen. So auffällig die Kooperation der turksprachigen Republiken mit der Türkei und die Rivalität um Einfluß in ZA zwischen Ankara und Teheran (*Steinbach* 1992; *Duran* 1992) sind, lassen sich doch die neuen internationalen Beziehungen in ZA bei weitem nicht auf den türkischen, mittelöstlichen oder islamischen Kontext eingrenzen. Die Region gehört in ein historisches geopolitisches Dreieck zwischen Rußland, China und Südwestasien.

Rußland wird weiterhin den wichtigsten Eckpfeiler der außenpolitischen und außenwirtschaftlichen Umgebung ZA.s bilden. China wird für die unmittelbaren Nachbarn in der Region von größerer außenpolitischer und vor allem wirtschaftlicher Bedeutung sein als etwa der Iran. Es ist schon heute für Kasachstan der wichtigste neue Handelspartner. Die meisten *Joint ventures* bestehen hier mit chinesischen Partnern (1992: 77), und China hat einen Anteil von 16,8 % am Export Kasachstans und rd. 44 % am Import (*Handelsblatt* vom 7. 6. 1993). Auch die Rivalität zwischen Pakistan und Indien wird durch die Freisetzung ZA.s aktualisiert. So tangierte die Wiederkehr der „vergessenen Muslime" (*Bennigsen* 1981) auf die Bühne der Weltpolitik die Außenpolitik mehrerer Staaten Asiens und rief auch in der westlichen Welt diplomatische Aktivitäten hervor.

Literatur

Bahro, G. 1991: „Aral-Kum" – eine umweltpolitische Herausforderung, in: Orient, 4. 605 – 615.

– 1992: Tödliche Erbschaften – das atomare Potential in Kasachstan, in: Beilage zu „Das Parlament", B52 – 53, 39 – 47.

– 1992: Endzeit am Aralsee, in: Ökozidjournal, 42, 50 – 56.

– 1993: Kasachstan: Vom Atomtestgelände zur grünen Republik? in: Blätter des iz3w, Nr. 188, 46 – 48.

Bennigsen, A. 1981: Les Musulmans oubliés. L'Islam en Union soviétique, Paris.

Bennigsen, A./Wimbush, E. Enders 1985: Mystics and Commissars. Sufism in the Soviet Union, Berkeley/Los Angeles.

Bohr, A. 1990: Turkmen, in: G. Smith (Hrsg.), The Nationalities Question in the Soviet Union, New York, 228 – 246.

Bozdag, A. 1991: Konfliktregion Kirgisien. Dynamik und Eskalation der blutigen Zusammenstöße 1990, in: Orient, 3, 365 – 394.

Canfield, R. (Hrsg.) 1991: Turko-Persia in Historical Perspective, Cambridge.

Carley, P. M. 1989: The Price of the Plan. Perceptions of Cotton and Health in Uzbekistan and Turkmenistan, in: Central Asian Survey, 4, 1 – 38.

Carrère d'Encausse, H. 1979: L'Empire eclaté, Paris.

Craumer, P. 1992: Agricultural Change, Labor Supply and Rural Out-Migration in Soviet Central Asia, in: Lewis (Hrsg.) 1992, 132 – 180.

Critchlow, J. 1992: Will there be a Turkestan?, in: RFE/RL Research Report, 28, 47 – 50.
– 1991: Nationalism in Uzbekistan, Boulder/San Francisco/Oxford.
Dienes, L. 1987: Soviet Asia. Economic Development and National Policy Choices, Boulder/Col.
Duran, Kh. 1992: Rivalitäten in und um Zentralasien, in: Außenpolitik, 4, 373 – 380.
Eiserner, R. 1991: Auf den Spuren des tadschikischen Nationalismus, Berlin.
Feshbach, F. 1992: Ecocide in the USSR. Health and Nature under Siege, New York.
Gleason, G. 1991: The Struggle for Control over Water in Central Asia: Republican Sovereignty and Collective Action, in: Radio Free Europe-Report on USSR, June 21, 11 – 19.
Götz, R./Halbach, U. 1993: Politisches Lexikon GUS, 2. Aufl. München.
Godel, B. 1989: Selbstverbrennung von Frauen in Sowjet-Zentralasien, in: Osteuropa, 10, 892 – 900.
Gumpel, W. 1990: Zur ökonomischen Lage in den Turkgebieten der UdSSR, in: Osteuropa, 12, 1175 – 1184.
Halbach, U. 1991: Weißes Gold, weißer Tod. Materielle Krise und ethnische Unruhe in Sowjetisch-Zentralasien, Bericht des BIOst, 2/1991.
– 1992: Weltpolitik und Eigenentwicklung in Zentralasien, in: Außenpolitik, 4, 381 – 392.
– 1992: Schuld haben immer die anderen Völker. Ethnizität und Territorialität in Zentralasien, in: Der Überblick, 2, 8 – 12.
Heuer, B. 1993: Die Stellung der Frauen in den Zentralasiatischen Republiken, in: Blätter des iz3w, Nr. 188, 49 – 52.
Jones, E./Grupp, F. 1987: Modernization, Value Change and Fertility in the Soviet Union, Cambridge.
Kolossov, V. A. 1992: Ethno-Territorial Conflicts and Boundaries in the Former Soviet Union, in: IBRU International Territory Briefing Series, University of Durham.
Lewis, R. A. (Hrsg.) 1992: Geographic Perspectives on Soviet Central Asia, London/New York.
Lubin, N. 1992: Dangers and Dilemmas. The Need for Prudent Policy Toward Central Asia, in: Harvard International Review, 3, 6 – 9.
Nazarbaev, N. A. 1992: Strategija stanovlenija i razvitija Kazachstana kak suverennogo gosudarstva (Strategie der Bildung und Entwicklung Kasachstans als unabhängiger Staat), in: Kazachstanskaja pravda, 16. 05. 1992.
Nettleton, S. 1992: Uzbek Independence and Educational Change, in: Central Asia Monitor, 3, 19.
Rakowska-Harmstone, Th. 1983: Islam and Nationalism: Central Asia and Kazakhstan under Soviet Rule, in: Central Asian Survey, 2, 7 – 88.
Rowland, R. H. 1992: Demographic Trends in Soviet Central Asia and Southern Kazakhstan, in: Lewis (Hrsg.) 1992, 230 – 234.
Rumer, B. 1989: Soviet Central Asia. A Tragic Experiment, Boston.
Scharf, R. 1993: Migration und ethnische Mobilisierung. Bevölkerungsverschiebungen in der ehemaligen Sowjetunion, in: Osteuropa, 3, 113 – 116.
Sinnott, P. 1992: The Physical Geography of Soviet Central Asia and the Aral Sea Problem, in: Lewis (Hrsg.) 1992, 74 – 97.
Steinbach, U. 1992: Kemalismus oder Fundamentalismus. Die modellpolitische Konkurrenz zwischen der Türkei und dem Iran und die Zukunft der islamischen Welt, in: Blätter für deutsche und internationale Politik, 7, 817 – 829.
Watters, K. 1990: The Current Family Planning Debate in Soviet Central Asia, in: Central Asia Survey, 1, 75 – 86.
Yilmaz, B. 1993: Die Wirtschaftsbeziehungen der Türkei zu den Nachfolgestaaten der Sowjetunion: Stand und Perspektiven (Stiftung Wissenschaft und Politik – AP 2785), Ebenhausen.

Nordafrika

Ägypten

Friedemann Büttner und Veronika Büttner

1. Land und natürliche Ressourcen

An der Nordostecke Afrikas, mitten im Trockengürtel der Alten Welt gelegen, wird Ägypten (Ä.) zu über 96% seiner rund 1 Mio. qkm Fläche von Wüsten bedeckt. Dennoch ist Ä. mit 56 Mio. E. (Mitte 1993) der bevölkerungsreichste Staat des arabischen Raumes, was es allein dem Nil verdankt, der das Wüstenplateau der Sahara auf einer Länge von 1200 km von Süden nach Norden durchschneidet und jene 35 200 qkm Kultur- und Siedlungsland bewässert, auf denen sich die Bev. mit einer Dichte von fast 1600 E. pro qkm zusammenballt.

Wie schon zu pharaonischen Zeiten bildet der Nil die wichtigste natürliche Ressource. Der von ihm angeschwemmte Boden gehört zu den fruchtbarsten der Erde und liefert bei ganzjähriger Bewässerung mehrere Ernten im Jahr. Obwohl das Bewässerungssystem seit 170 Jahren ständig ausgebaut wurde, werden die vom Nil im langjährigen Durchschnitt pro Jahr nach Ä. geführten 84 Mrd. cbm Wasser auch nach der Fertigstellung des Assuan-Hochdamms nicht voll genutzt. Spärliche Winterregen im Norden sind für die Landwirtschaft von geringer Bedeutung. Über die Landwirtschaft wurde der Nil zum wichtigsten Grundstofflieferanten der Industrie (Textilien, Nahrungs- und Genußmittel). Das Energiepotential des Nil wird bisher erst teilweise ausgeschöpft (Kapazität des Assuan-Damms: 10 Mrd. kWh pro Jahr).

Ä. verfügt über vielfältige Bodenschätze: neben Eisenerzlagern bei Assuan und in der Oase Baharija erschlossene Vorkommen von Phosphat, Mangan, Buntmetallen und einigen anderen Mineralien, daneben lohnende Vorkommen von Steinkohle im Sinai und bei Suez sowie von Uranerz (ca. 5000 t) am Roten Meer. Obwohl seit Jahrzehnten Erdöl gefördert wird, wurden erst in den 70er Jahren ergiebigere, über die Selbstversorgung hinaus für den Export ausreichende Erdöl- und Erdgasvorräte am Golf von Suez und in der westlichen Wüste entdeckt. Für eine Beurteilung des Entwicklungspotentials sind darüber hinaus die günstige Verkehrslage zwischen drei Kontinenten (Suez-Kanal) sowie die historischen Monumente, das trocken-sonnige Klima und die Küsten von Rotem Meer und Mittelmeer (Tourismus) als bedeutende Ressourcen (Devisenquellen) zu erwähnen.

Wegen der dichten Besiedlung im Niltal und -delta ist das Land seit langem verkehrsmäßig gut erschlossen: Der Nil ist bis Assuan und südlich auf dem

550 km langen Nasser-Stausee weiter bis in den Sudan hinein ganzjährig schiffbar; 7700 km Bahnlinien und ein dichtes Straßennetz, das sich in den letzten 20 Jahren auf 45 500 km fast verdoppelt hat, verbinden Niltal und -delta auch mit den Küstenregionen von Rotem Meer und Mittelmeer, den Oasen in der westlichen Wüste und dem Sinai.

2. Historische Grundlagen von Entwicklung und Unterentwicklung

„Ägypten ist ein Geschenk des Nils" (*Herodot*). Der ganz auf Niltal und -delta begrenzte Siedlungsraum wurde bereits in prähistorischer Zeit von einer ethnisch und sprachlich homogenen Bauernbevölkerung bewohnt, deren Lebensrhythmus von der jährlichen Nilflut bestimmt wurde. Da die Erntemenge zwischen Hochflut- und Trockenjahren stark schwankte, hing das Leben der Bev. von Bewässerungssystem und Lagerhaltung ab. Je mehr dabei Kooperation und Organisation funktionierte, desto blühender war das Land, das bereits im Altertum eine Bev. von bis zu 10 Mio. Menschen ernähren konnte (Kornkammer des Römischen Reiches). Die dazu notwendige Kontrolle begünstigte Zentralisierung und Bürokratisierung in städtischen Zentren, von denen aus seit der Eroberung durch die Perser im 6. Jh. v. Chr. bis 1952 immer neue fremde Eroberer das Land beherrschten.

Nach Jahrhunderten des wirtschaftlichen Niedergangs und der Stagnation wurde seit Beginn des 19. Jh.s versucht, den Boden intensiver zu nutzen und die Anbaufläche zu vergrößern, indem durch umfangreiche Baumaßnahmen das Nilwasser zunächst über den Raum (durch Wehre, Hebewerke und Kanäle), dann über das Jahr (durch Reservoirdämme) und schließlich zwischen Hochflut- und Trockenjahren (durch den Assuan-Hochdamm) umverteilt wurde. Mit dem Ausbau des Bewässerungssystems wandelte sich im 19. Jh. die agrarische Subsistenzwirtschaft in eine exportorientierte Volkswirtschaft mit zunehmend kapitalistischer Produktionsweise.

Dieser Prozeß begann mit *Muhammed Ali* (1805 – 49), der mit Landverteilungen an Fellachen, aber auch mit Zwangsansiedlungen und mit Infrastrukturinvestitionen, insbesondere dem ersten großen Stauwehr nördlich von Kairo, den Anbau der 1820 als *cash crop* eingeführten langfaserigen Baumwolle sicherte. Wachsendes Steueraufkommen und staatliche Monopole, vor allem das des Baumwollexports, steigerten die Staatseinnahmen auf das Sechsfache und ermöglichten den Aufbau einer Industrie, die Importe substituieren sollte (v. a. Rüstungsindustrie) und einheimische Produkte verarbeitete (Baumwollverarbeitung). Mit erheblichen Investitionen wurde ein neues Bildungwesen aufgebaut, das allerdings nur an den Bedürfnissen der Bürokratie, der Wirtschaftsbetriebe und des Militärs ausgerichtet war.

Als die von *Mohammed Ali* aufgebaute Armee die Truppen des Osmanischen Reiches 1831 und 1839 vernichtend geschlagen hatte, zwangen ihn

1840/41 europ. Mächte, seine Eroberungen aufzugeben und die Armee stark zu verkleinern. Als Gegenleistung verlieh ihm zwar der osmanische Sultan die erbliche Würde eines Vizekönigs in Ägypten; in seinem Expansionierungsdrang beschnitten, verlor *Mohammed Ali* jedoch auch das Interesse an seinen anderen Projekten.

Eine zweite Phase endogener Entwicklung begann unter *Mohammed Alis* Enkel *Ismail* (1863 – 79) mit einem Baumwollboom, den der Produktionsausfall in den Südstaaten während des Amerikanischen Bürgerkriegs auslöste. *Ismail* förderte die Baumwollproduktion durch die Anlage von 13 500 km Kanalstrecke, 1460 km Eisenbahn- und 8000 km Telegrafenlinien. Sein ehrgeiziges Investitionsprogramm, seine extravagante Hofhaltung, insbesondere aber die Kreditkonditionen seiner europ. Geldgeber (im Durchschnitt wurden weniger als 70 % der Kreditsumme ausgezahlt) ließen allerdings bald die Auslandsschulden auf über 90 Mio. ägypt. £ (LE) und den jährlichen Schuldendienst (als Anteil an den Exporterlösen) auf 45 % anwachsen. Auch der in *Ismails* Regierungszeit eröffnete Suez-Kanal (1869) brachte Ä. wenig ein, weil *Ismail* den ägypt. Anteil an den Kanalaktien an GB verkaufen mußte, um Schulden zu zahlen. Um einen Staatsbankrott zu vermeiden, zwangen die Hauptgläubiger Ä. deswegen 1876 eine von GB und Frankreich ausgeübte Finanzkontrolle auf.

1882 verlor Ä. den Rest an Souveränität, als GB eine Armeerevolte zum Vorwand nahm, das Land zum Schutz europ. Interessen „vorübergehend“ – tatsächlich für über 70 Jahre – zu besetzen. Da sich Englands Interesse an der Entwicklung Ä.s darauf beschränkte, die Gläubiger zu befriedigen und den Baumwollbedarf seiner Industrie zu decken, wurden Handel und Banken, Transportwesen und Dienstleistungssektor ausgebaut und damit die Entfaltung der auf ein einziges Produkt ausgerichteten Exportwirtschaft abgeschlossen. Diesen Prozeß trugen überwiegend ausländische Investoren, die nicht nur die Vermarktung, sondern durch Grunderwerb zunehmend auch den Anbau der Baumwolle unter ihre Kontrolle brachten (bis 1901: 23 % des Großgrundbesitzes). Eine Industrialisierung, die Standortvorteile genutzt hätte, verhinderte GB durch fiskalische Maßnahmen; auch das Energiepotential des 1902 fertiggestellten ersten Assuan-Dammes blieb ungenutzt.

Nach dem I. Weltkrieg ertrotzten Ä.s Nationalisten mit der „Revolution von 1919“ die formale Unabhängigkeit (1922). Brit. Verwaltungsbeamte und Truppen blieben jedoch im Land und förderten weiter die Baumwollwirtschaft, obwohl sich bereits seit 1910 die Instabilität einer auf Monokultur gegründeten, von der Weltmarktnachfrage abhängigen Exportwirtschaft gezeigt hatte. Zwischen den Weltkriegen begann dann das Pro-Kopf-Einkommen zu sinken: Weil der Boden überbeansprucht worden war, ging die Agrarproduktion bis 1928 stark zurück und stieg erst nach hohen Investitionen in Düngung und Drainage zögernd wieder an; außerdem entwickelten sich die *terms of trade* über lange Zeiträume negativ (1914 = 100; 1939 = 40,2). Hatte um die Jahrhundertwende noch Arbeitskräftemangel bestanden, führte das rasche Bevölkerungswachstum in den 30er Jahren zu einem Überschuß an Menschen, die auf dem Lande keine Beschäftigung mehr finden konnten und in die Städte abwanderten.

Mit einem Anteil von 50 % am BIP und mit 70 % aller Beschäftigten dominierte der Agrarsektor unverändert die Wirtschaft. Ein allmählicher Strukturwandel setzte jedoch ein, seit ägypt. Kapital nach der Unabhängigkeit verbesserte Investitionsbedingungen hatte und GB nach längeren nationalistischen Unruhen Ä. 1936 größere politische Spielräume gewähren mußte. Sinkende Profite in der Landwirtschaft begünstigten Investitionen in eine importsubstituierende Industrialisierung (technologisch einfache Güter des Massenkonsums). Die Industrialisierungsbemühungen reichten aber nicht aus, um die strukturellen Grundlagen für ein selbsttragendes Wachstum zu legen. Mehrere Hemmnisse wirkten hier zusammen: Es mangelte an Rohstoffen wie an qualifizierten Arbeitskräften; der Schuldendienst für die Kredite aus dem 19. Jh. belastete die Wirtschaft; vor allem aber beschränkte die zunehmende Verelendung der Landbevölkerung die Massenkaufkraft und damit die Expansionsmöglichkeiten des Binnenmarktes. Da dementsprechend die Wachstumschancen der importsubstituierenden Industrie begrenzt waren, konnte sie nur wenige der in die Städte abgewanderten Arbeitskräfte aufnehmen, die mangels produktiver Beschäftigungsmöglichkeiten den informellen Dienstleistungssektor aufblähten.

Überbevölkerung, Arbeitslosigkeit und extrem ungleiche Verteilung kennzeichneten die soziale Situation Ende der 40er Jahre. Der Masse der Armen stand die kleine, extrem reiche Schicht der Großgrundbesitzer, der Großbourgeoisie (Handel, Banken und Industrie) und der mit ihnen verbundenen Ausländer gegenüber. Je mehr sich die Gegensätze zwischen Arm und Reich verschärften, desto mehr fühlten sich auch die neu aufgestiegene professionelle Mittelschicht, mittlere und untere Staatsbeamte, Handwerker und Kaufleute und das städtische Kleinbürgertum in ihren ökonomischen Interessen bedroht. Korruption in Politik und Bürokratie verschärfte die Krise, die das diskreditierte parlamentarische System nicht mehr lösen konnte: Am 23. 7. 1952 übernahm eine Gruppe reformorientierter jüngerer Offiziere unter Führung von Oberst *Gamal Abdel Nasser* mit einem unblutigen Staatsstreich die Macht.

Die „Freien Offiziere“ verkündeten allgemeine politische Ziele, hatten aber zunächst kein konkretes Programm für die „soziale Revolution“, mit der sie Ä. umgestalten wollten. Doch bereits in der Phase der Machtsicherung (Auflösung aller politischen Organisationen, Säuberungen in Armee und Bürokratie, ab 1953 Verfolgung von Kommunisten und *Muslimbrüdern*) fielen wichtige entwicklungsstrategische Entscheidungen: Eine Landreform sollte die Macht der Großgrundbesitzer brechen und zugleich die Lebensbedingungen der Landbevölkerung verbessern, der Bau eines Hochdammes bei Assuan und eines Eisen- und Stahlwerks in Heluan die forcierte Industrialisierung und Diversifizierung der Wirtschaft erleichtern und schließlich der massive Ausbau des Erziehungs- und Gesundheitswesens der Bev. größere soziale Gerechtigkeit bringen.

Außenpolitische Erfolge – besonders der brit. Truppenabzug (1954) und der diplomatische Sieg nach der militärischen Niederlage im Suez-Krieg (1956) – machten *Nasser* Mitte der 50er Jahre zum unbestrittenen Führer des Panarabismus. Über eine Politik der Blockfreiheit versuchte er zugleich, gute Beziehungen sowohl zum Westen als auch zur Sowjetunion zu unterhalten, die beide mit hohen Entwicklungshilfeleistungen die gewachsene Bedeutung Ä.s honorierten. Die expansive Phase *Nasser*scher Außenpolitik erreichte mit der Vereinigung Ä.s und Syriens zur *Vereinigten Arabischen Republik* (VAR) 1958 ihren Höhepunkt und endete 1961 mit der Sezession Syriens.

Hauptgrund für die Sezession waren umfangreiche Verstaatlichungen im Juli 1961, mit deren Hilfe der erste Fünfjahres-Entwicklungsplan (vgl. Kap. 4.1) verwirklicht werden sollte. Enteignungen und andere massive staatliche Eingriffe in die Wirtschaft rechtfertigte *Nasser* 1962 in einer „Charta der nationalen Aktion" mit der Notwendigkeit eines eigenen Entwicklungsweges („Arabischer Sozialismus"), dessen Prinzipien 1964 in einer Provisorischen Verfassung verankert und 1971 weitgehend in die *Permanente Verfassung* übernommen wurden (vgl. Kap. 6).

Nach guten Anfangserfolgen mit der binnengerichteten Entwicklungsstrategie zeigte der „Nasserismus" ab 1963/64 Krisenzeichen: wachsende wirtschaftliche u. v. a. finanzielle Schwierigkeiten, verstärkt durch die Abwendung westlicher Geberländer; dadurch mitbedingt einseitige Abhängigkeit von sowjetischer Hilfe; erfolgloses ägypt. Engagement im jemenitischen Bürgerkrieg (1962 – 69); und schließlich die Eskalation im Nahost-Konflikt bis zur katastrophalen Niederlage gegen Israel im Juni-Krieg 1967. Nach der Niederlage sah sich das Regime gezwungen, den staatlichen Dirigismus zu lockern („Programm des 30. März" 1968) – was in mancher Hinsicht die Politik *Anwar el-Sadats* vorbereitete, der 1970 *Nassers* Nachfolger wurde, im Mai 1971 alle innenpolitischen Konkurrenten entmachtete (sog. „Korrektiv-Revolution") und danach mit Prozessen wegen Machtmißbrauchs die Abkehr von der *Nasser*-Zeit einleitete.

Sadat wollte die stagnierende Wirtschaft durch „Öffnung" (*infitah*) zum Weltmarkt beleben und westliche Kredite und Investoren ins Land locken. Voraussetzung dafür schien eine aktive Friedenspolitik, mit der Ä. im Westen wieder Vertrauen gewinnen sollte. Erfolgreich betreiben ließ sie sich jedoch erst, nachdem *Sadat* Israel mit dem „Oktober-Krieg" 1973 zu größerer Konzessionsbereitschaft hatte bewegen können. Nach zwei Truppenentflechtungsabkommen (israelischer Teilrückzug und Wiedereröffnung des Suezkanals 1975) bereitete *Sadat* 1977 mit einer dramatischen Reise nach Jerusalem jenen Verhandlungsprozeß vor, der über die US-vermittelten Camp David-Abkommen (1978) zum Friedensvertrag mit Israel (1979) führte.

Sadats „Oktober-Papier" vom April 1974 legte die wirtschaftlichen Rahmenbedingungen der „Öffnungspolitik" fest (vgl. Kap. 4.1). Mit den innenpolitischen Debatten darüber wurden zugleich die Forderungen nach politischer Liberalisierung lauter: Während *Sadat* das nasseristische Wirtschafts- und Gesellschaftssystem modifizieren wollte, drängten Linke und Nasseristen auf Fortsetzung und Intensivierung des Experiments, konservative Kräfte dagegen auf völlige Abkehr vom Nasserismus. Nach heftigen Debatten setzte sich bei Parlamentswahlen im Herbst 1976 die Position des Präsidenten durch, dessen Wahlforum (innerhalb der ASU, der Arabisch Sozialistischen Union) 280 der 350 Sitze in der Volksversammlung errang, während die Rechten nur 17 und die Linken ganze zwei Sitze erhielten; die übrigen Sitze fielen an Unabhängige. Nach dem Wahlerfolg durften sich die drei Foren als politische Parteien konstituieren; die ASU wurde aufgelöst.

Als Gegengewicht zu Nasseristen und Linken hatte *Sadat* Anfang der 70er Jahre an den Universitäten „Islamische Gemeinschaften" gefördert und darüber hinaus geduldet, daß die unter *Nasser* verbotene *Muslimbruderschaft* wieder aktiv wurde. In diesen Organisationen und von ihnen abgespaltenen radikalen Gruppen erwuchs *Sadat* eine starke Opposition, als die „Öffnungspolitik" zwar eine beachtliche Zahl von Neureichen hervorbrachte, aber die Lebensbedingungen der breiten Bev. kaum verbesserte. Die Kritik der Islamisten verschärfte sich, als *Sadats* Außenpolitik Ä. unter den arabischen und islamischen Staaten isolierte, die ihm vorwarfen, durch seinen Separatfrieden mit Israel eine Gesamtlösung des Nahost-Konflikts und der Palästina-Frage in weite Ferne gerückt zu haben.

Nachdem „Brotunruhen" im Januar 1977 blutig niedergeschlagen worden waren, wurden mit einem Streik- und Demonstrationsverbot sowie später mit anderen repressiven Gesetzen die gerade erst geschaffenen Partizipationschancen schrittweise wieder eingeschränkt. Im Sept. 1981 ließ *Sadat* in einem verzweifelten Versuch, die Krise seines Regimes zu lösen, 1500 Oppositionelle – hauptsächlich Islamisten, aber auch Geistliche und zahlreiche Intellektuelle – verhaften. Als unmittelbare Reaktion darauf wurde er am 6. Okt. 1981 von Mitgliedern der radikal-islamistischen *Jihad*-Gruppe ermordet.

3. Bevölkerungswachstum, Siedlungsstruktur/Migration und Urbanisierung

Ä. hat die für ein dicht besiedeltes EL typische demographische Struktur. Gegenüber etwa 2,5 Mio. E. im Jahr 1821 ist die Bev. bis zum letzten Zensus (1986) auf fast das Zwanzigfache angewachsen (vgl. Tab. 1). Rechnet man die über 2 Mio. Auslandsägypter hinzu, dürfte seine Bev. 1994 die 60-Mio.-Grenze überschreiten. Als die Sterberate Mitte der 40er Jahre stetig zu sinken begann, während sich die Geburtenrate zunächst kaum änderte, stieg die Wachstumsrate der Bev. von durchschn. nur 1,1 % (1917 – 37) auf über 2,5 % zu Anfang der 60er Jahre an. Erst Mitte der 60er Jahre begann die Geburtenrate zu sinken (1960/65 45 pro Tsd. E.), stieg jedoch Mitte der 70er Jahre erneut auf zeitweilig über 40 an und sank erst ab Mitte der 80er Jahre deutlich auf einen jährl. Durchschnitt von 30,8 Lebendgeborenen pro Tsd. E. Anfang der 90er Jahre.

Nachdem sich die Wachstumsrate um 1980 der 3%-Marke genähert hatte, wird nun für die 90er Jahre mit einem durchschn. Wachstum p. a. von nur noch 2,1 % gerechnet, was bedeutet, daß Ä. im Jahr 2000 – ohne Auslandsägypter – 65 Mio. und im Jahr 2025 etwa 92 Mio. (niedrige Variante einer UN-Prognose: knapp 80, hohe: etwas über 100 Mio.) E. haben würde. Neben einigen schwierig zu prognostizierenden sozioökonomischen Faktoren (v. a. Partizipation der Frauen am Arbeitsprozeß, Ausbau der öffentlichen Altersversorgung anstelle der Alterssicherung durch Nachkommen) wird die Bevölkerungsentwicklung von der ungewissen Fertilitätsrate abhängen: Die ohnehin mageren Ergebnisse der seit den 60er Jahren durchgeführten Familienplanungsprogramme (Ende der 80er Jahre praktizierten erst 38% der verheirateten Frauen Empfängnisverhütung) sind durch religiös-fundamentalistische Tendenzen in der ägypt. Gesellschaft wieder gefährdet.

Der Wachstumsstruktur entspricht der Altersaufbau der Bev. mit einem hohen Kinderanteil (Altersgruppe 0 – 14 an der Gesamtbev. 1991: 39%) und einem entsprechend ungünstigen Verhältnis von Erwerbsfähigen zu Abhängigen. Durch Kinderarbeit wird die ökonomische Belastung z. T. wieder aufgefangen; so gehörten nach ILO-Angaben 1990 fast 9% aller 10- bis 14jährigen Jungen in Ä. zu den Erwerbspersonen – auch wenn der Kinderanteil an den Erwerbspersonen insgesamt deutlich zurückgegangen ist (Volkszählungen 1976: 12,9%, 1986: 4,1 %).

Tabelle 1: *Bevölkerung*

	1966[a]	1976[a]	1986[a]	1992[b]
Bev. in Mio.	30,1	36,6[d]	48,2[d]	54,8
Wachstumsrate in %	2,6	2,3	2,8	2,3
Aktive Bev.[c] in %	55,2	56,4	56,1	56,7
E. pro qkm[e]	855	1041	1371	1558
Urbanisierungsgrad in %	41,2	43,8	43,9	46,7[g]
Anteil Muslime in %	93,2	93,7	94,1	..

[a] Volkszählung, auf- bzw. abgerundet; [b] Fortschreibung; [c] (15-64 J.); [d] ohne Auslandsägypter (1976: 1,57 Mio.; 1986: 2,25 Mio.); [e] auf Kultur- und Siedlungsland; [g] 1990
Quellen: CAPMAS: Statistical Yearbook (Stat. Handbook); Stat. Bundesamt: Länderbericht Ägypten, jeweils versch. Jge.

Die extrem hohe Bevölkerungsdichte auf dem Kultur- und Siedlungsland wird nur noch von der der Stadtstaaten Hongkong und Singapur übertroffen. Die Landbev. wohnt in etwa 4000 Dörfern, von denen die meisten mehrere Tsd., manche sogar über 20000 E. haben. Der Bev.druck löste seit den 40er Jahren massive Wanderungsbewegungen aus, die zunächst die Handels-, Finanz- und Industriezentren Kairo, Alexandria, Port Said und Suez anschwellen ließen. Seit sich Anfang der 60er Jahre die Zahl der Großstädte zu vervielfachen begann, gab es jedoch einen gewissen Dezentralisierungseffekt, der besonders Kairo zugute kam. Eine weitere Entlastung erhofft die Regierung von mindestens fünf neuen Städten, die für jeweils ½ – 1 Mio. E. in einer Entfernung von 40 – 100 km um Kairo in der Wüste gebaut werden und in denen bereits jetzt weit über 100 000 Menschen leben bzw. arbeiten.

Dennoch ist die Einwohnerzahl Kairos von 2 Mio. (1947) auf 6,5 Mio. (1990) angestiegen. Längst mit den Nachbarstädten Giseh und Schubra al-Khaima zusammengewachsen, bildet Groß-Kairo heute mit bald 10 Mio. E. die größte städtische Agglomeration im Nahen Osten und Afrika. Bauern, Händler und Arbeiter aus dem Umland erhöhen die Bev. Kairos tagsüber noch einmal um bis zu 2 Mio. Menschen. Da das Fruchtland intensiv genutzt wird und die wasserlose Wüste Squattersiedlungen kaum zuläßt, drängen die Zuwanderer in die Zentren der Städte, wo es zu beispiellosen Bevölkerungskonzentrationen kommt: In einigen ärmeren Stadtvierteln Kairos und Alexandrias leben bis zu 140 000 E. – d. h. die Bev. einer ganzen Großstadt – auf einem einzigen qkm. Entsprechend hoch ist die Überbelegung der Wohnungen, die Verkehrsdichte auf den Straßen, die Überlastung von Versorgungseinrichtungen und Kanalisation. Allerdings haben hier im letzten Jahrzehnt massive Investitionen in den staatlichen und vor allem privaten Wohnungsbau (einschl. ganzer Straßenzüge ohne Genehmigung gebauter Hochhäuser) Entlastungen gebracht.

Finanziert wurde die Expansion im Wohnungsbau in erheblichem Umfang durch ägypt. Arbeitsmigranten in den ölreichen Golfstaaten, zeitweilig auch in Libyen und im Irak, wo während des irakisch-iranischen Krieges über eine Mio. Ägypter die zum Militär eingezogenen Bauern, Arbeiter und Angestellten ersetzten. Von den Überweisungen abgesehen, die in den 80er Jahren zur wichtigsten Devisenquelle Ä.s wurden (vgl. Kap. 4.4), bedeutet die längerfristige Abwesenheit von 2 – 3 Mio. Ägyptern auch eine Entlastung für die ägypt. Wirtschaft.

Die Ausweisung von mehreren 100 000 Ägyptern aus dem Irak nach dem Ende des Krieges mit Iran und dann noch einmal die überstürzte Rückkehr von einigen 100 000 während der Kuwait-Krise unterstreichen jedoch, daß Arbeitskräfteexport weder für die Probleme der Wirtschaft noch für die Bevölkerungsentwicklung und Siedlungsstruktur eine langfristige Lösung sein kann. Dies kann nur mit der Dezentralisierung der Bevölkerungszentren und der allmählichen Erschließung von Siedlungsräumen in der Wüste geleistet werden. In der Suez-Kanalzone, auf dem Sinai, am Roten Meer und im „Neuen Tal" in der westlichen Wüste entstehen bereits Entwicklungszonen, die langfristig den Charakter Ä.s von einer Flußoase in den eines weiträumig besiedelten Industrielandes verändern sollen.

Die Bev. besteht zu 99% aus Ägyptern, den arabisierten und einen arabischen Dialekt sprechenden Nachkommen der alten Ägypter, eines hamitisch-semitischen Mischvolks. Die ethnische Minderheit der etwa 100 000 Nubier, die ihren historischen Siedlungsraum im Süden verloren hat (heute vom Nasser-See bedeckt), wurde zum Teil bei Kom Ombo in Ober-Ä. neu angesiedelt. Nach ihrer Religion ist die Bev. zu über 90% sunnitisch-muslimisch. Daneben gibt es eine religiöse Minderheit von koptischen Christen (nach dem Zensus von 1986: 5,9 %).

Historisch hat Ä. eine große Fähigkeit gezeigt, fremde Eroberer zu assimilieren und ein hohes Maß an soziokultureller Identität zu bewahren. Das erleichterte unter dem Druck westlicher politischer Ideen die bereits im späten 19./ frühen 20. Jh. erfolgte Herausbildung einer ägypt. Nation. Dennoch ist es im Zeichen der religiösen Rückbesinnung und des Wiedererstarkens fundamentalistischer Strömungen in den letzten Jahren mehrfach zu Übergriffen von muslimischen Fundamentalisten auf bzw. zu gewaltsamen Auseinandersetzungen mit Kopten gekommen.

4. Wirtschaftliche Struktur und Entwicklung

4.1 Entwicklungsstrategie

Die sozioökonomische Entwicklung Ä.s seit der Revolution von 1952 war und ist durch zwei unterschiedliche Entwicklungsmodelle geprägt:

- die Entfaltung des Staatskapitalismus unter *Gamal Abdel Nasser* (1952 – 70), gekennzeichnet durch eine innengerichtete, verteilungsorientierte Entwicklungsstrategie mit dominierendem öffentlichen Sektor und abgestützt durch eine Außenpolitik der Blockfreiheit und des Panarabismus („Arabischer Sozialismus");
- die Ablösung des nasseristischen Modells durch *Anwar el-Sadats* (1970 – 81) „Politik der Öffnung" (*infitah*), gekennzeichnet durch einen erstarkenden privatwirtschaftlichen Sektor und eine zunehmende politische und wirtschaftliche Verflechtung mit westlichen IL, insbesondere den USA.

Die 80er Jahre standen im Zeichen von *Hosni Mubaraks* Versuch, unterschiedliche und z. T. widersprüchliche Elemente des Erbes von *Nasser* und *Sadat* in Einklang zu bringen und die Machtbalance zwischen den sie tragenden gesellschaftlichen Gruppen zu halten. Sein Konzept einer „produktiven Öffnungspolitik" (*intaji infitah*) zielte auf die Fortsetzung der wirtschaftlichen und politischen Liberalisierung, doch sollten – unter Beibehaltung eines zwar reformierten, aber einflußreichen öffentlichen Sektors – Investitionen verstärkt in Landwirtschaft und Industrie gelenkt, Exporte gefördert und die Abhängigkeit von Auslandskrediten reduziert werden. Außenpolitisch strebte *Mubarak* die Fortsetzung der proamerikanischen Politik und der Friedenspolitik gegenüber Israel, gleichzeitig aber eine Normalisierung der Beziehungen zur Sowjetunion und eine Überwindung der Isolation Ä.s in der Region an.

Der *Arabische Sozialismus* nasseristischer Prägung entwickelte sich in Reaktion auf den vergeblichen Versuch, mit Unterstützung internationalen und ägypt. Kapitals die in den 30er Jahren begonnene Industrialisierungs- und Diversifizierungspolitik fortzusetzen. Zentrale Elemente des nasseristischen Entwicklungsmodells waren der Aufbau einer nationalen Industrie und Diversifizierung der Wirtschaft unter Führung des öffentlichen Sektors, massive Infrastrukturinvestitionen, Förderung der ländlichen Entwicklung und Überwindung der Armut.

Beginnend mit der Nationalisierung der Suez-Kanal-Gesellschaft (1956) wandelte sich die Wirtschaftsordnung innerhalb von acht Jahren von einer überwiegend marktwirtschaftlichen, für Auslandskapital offenen Ökonomie in eine ägyptianisierte Wirtschaft mit zunehmender staatlicher Planung und stufenweiser Nationalisierung des gesamten modernen Sektors. Erhalten blieb – allerdings bei weitreichenden administrativen Eingriffen – das Privateigentum an industriellen Kleinbetrieben, im Handwerk und Einzelhandel, am städtischen und – im Rahmen der durch die Landreformgesetze festgelegten Obergrenzen – ländlichen Grund und Boden. Infolge der Verstaatlichungen und einer Konzentration der Investitionstätigkeit auf den öffentlichen Sektor stieg dessen Wertschöpfungsanteil in den 60er Jahren von ca. 15 % (1953) auf rd. 50 % (90 % in Betrieben der verarbeitenden Industrie mit mehr als 10 Beschäftigten). Im Ergebnis entstand ein gemischtwirtschaftliches System mit dominierendem öffentlichen Sektor. Die egalitäre Komponente des nasseristischen Modells kam in verteilungswirksamen Maßnahmen (Landreform; Einführung von Mindestlöhnen, Höchstpachtzinsen und Beschäftigungsgarantien; Subventionen für Grundnahrungsmittel) und im massiven Ausbau des Erziehungs- und Gesundheitswesens zum Ausdruck.

Tabelle 2: *Wirtschaftliche Entwicklung*

	1960[a]	1970	1980	1985	1990
Wachstumsrate in %[b]	6,9[d]	7,4	19,6	15,2	17,9
Reale Wachstumsrate[bc]	5,3[d]	4,0	8,6	7,2	2,9
- BIP pro Kopf	1,4[d]	1,5	6,4	4,6	0,5
Energieverbrauch pro Kopf (kg Öleinheiten)	197	213	408	588	598
Anteil an Erwerbspers.	1960	1966	1976	1986	
Lohn- und Gehaltsempfänger (in %)	49	54	60	58	

[a] Fiskaljahr (endend am 30.06. des betr. Jahres); [b] jährliche Durchschnittsraten im abgelaufenen Zeitraum; [c] 1955/56-70 zu konstanten Preisen von 1964/65; 1970-80 zu konstanten Preisen von 1980; 1980-90 zu konstanten Preisen von 1987; [d] ab 1955/56
Quellen: Ikram 1980; Stat. Bundesamt/Weltentwicklungsbericht/World Tables, jeweils versch. Jge.

Vor allem 1960 – 65 erlebte Ä. eine Phase dynamischen Wachstums, das sich in einer Verbesserung der Lebensverhältnisse breiter Bevölkerungsschichten niederschlug. Die Verbreiterung und Differenzierung der industriellen Basis senkte die Abhängigkeit vom Rohstoff Baumwolle, dessen Exportanteil zwischen 1952 und 1970 von 84 % auf 46 % zurückging. Der

Industrialisierungsprozeß wurde jedoch mit einer wachsenden Abhängigkeit von Entwicklungshilfe westlicher und sozialistischer Länder erkauft und entfaltete nicht genügend Dynamik, um für die rapide wachsende Bev. ausreichende Arbeitsplätze in den warenproduzierenden Sektoren zu schaffen. Agrarreform und Nationalisierungen sollten zwar die Inlandsersparnis steigern, doch überforderten der Investitionsschub, wachsende öffentliche Personal- und Sozialausgaben und steigende Rüstungslasten (18% des BSP 1970!) zunehmend die inländischen Ressourcen (vgl. Tab. 3).

Tabelle 3: *Verwendung des BIP (Anteile in %)*

	1960	1970	1980	1985	1990
BIP[a] in Mio. LE	1376	3058	16497	33132	78907
Privater Konsum	71	66	69	68	84
Öffentl. Konsum	17	25	16	17	12
Inlandsinvestitionen[b]	13	14	28	27	22
Außenbeitrag[c]	-1	-5	-13	-12	-17
Inländ. Ersparnis[d]	..	9	21	13	2

[a] zu Marktpreisen zu lfd. Preisen; [b] brutto; [c] ohne Nettofaktoreinkommen an das Ausland; [d] Bruttoinlandsersparnis + Nettofaktoreinkommen + private Übertragungen (netto)
Quellen: World Tables; Weltentwicklungsbericht, jeweils versch. Jge.

Die halbherzige Agrarreform verhinderte eine breite Binnenmarkterschließung und förderte die Landflucht, gleichzeitig wurde der Aufbau wettbewerbsfähiger, nicht-traditioneller Industrien – anders als etwa in den ostasiatischen NIC.s – durch rigide bürokratische Kontrollen und eine übermäßige Abschottung vom Weltmarkt behindert. Das Exportpotential im traditionellen Bereich wurde überdies durch den steigenden Inlandsbedarf an Nahrungsmitteln und Textilien begrenzt, während durch die importsubstituierende Industrialisierung eine hohe Importabhängigkeit bei Nahrungsmitteln, Kapitalgütern sowie Vor- und Zwischenprodukten entstand. Obwohl die Landwirtschaft 1960 – 73 über 30% aller zusätzlichen Arbeitsplätze zur Verfügung stellte, fand eine massive Abwanderung in den städtischen Dienstleistungssektor statt, da auch die Absorptionsfähigkeit der Industrie infolge der Priorität für kapitalintensive Großprojekte und der Vernachlässigung arbeitsintensiver Kleinbetriebe begrenzt war. Selbst ohne Berücksichtigung des informellen Sektors und der Streitkräfte erhöhte sich der Arbeitskräfteanteil des tertiären Sektors von 1953 – 70 von einem Viertel auf ein Drittel (vgl. Tab. 4).

Diese strukturellen Defizite des staatskapitalistischen Entwicklungsmodells und akute Finanzierungsengpässe nach der Niederlage im Juni-Krieg von 1967 (Verlust von Suezkanaleinnahmen und westlicher Entwicklungshilfe, Einbruch im Tourismus) bereiteten der Wachstumsphase ein Ende. Sie trugen wesentlich zur Legitimationskrise des Regimes bei, die schon zu Leb-

Tabelle 4: *Anteil der Sektoren an BIP und Erwerbspersonen (in %)*

	1960	1970	1980	1985	1990
<u>BIP-Anteile</u>					
Landwirtschaft	32	30	18	20	18
Industrie[a]	24	28	37	29	30
- Verarb. Industrie	20[c]	21[c]	12	14	..
Dienstleistungen	44	42	45	52	52
<u>Erwerbspersonen</u>					
Landwirtschaft	53	49	40	35	35[b]
Industrie[a]	14	18	19	22	21[b]
- Verarb. Industrie	10[c]	15[c]	14	..	..
Dienstleistungen	33	33	41	43	44[b]
- Öff. Verwaltung u.a.	18	18	25	22	24

[a] inkl. Bergbau, Energie- und Bauwirtschaft, verarb. Industrie; [b] 1989/90; [c] inkl. Bergbau und Erdöl
Quellen: Stat. Bundesamt/World Tables, jeweils versch. Jge.

zeiten *Nassers* eine politische und wirtschaftliche Umorientierung einleitete und in der *Sadat*'schen Öffnungspolitik mündete. Kernstück des *infitah* war eine Öffnung der Wirtschaft für Technologie- und Kapitalimport. Wirtschaftliche und politische Liberalisierung im Inneren, Annäherung an den Westen und Friedensbemühungen gegenüber Israel bildeten weitere wichtige Komponenten dieser Entwicklungsstrategie.

Ermöglicht wurde die Revision der nasseristischen Politik durch gesellschaftliche Veränderungen, insbesondere das rund um den öffentlichen Sektor neu entstandene Unternehmertum und das Wiedererstarken der alten, zunehmend mit der militärisch-bürokratischen Elite verflochtenen Industrie-, Handels- und Agrarbourgeoisie, ferner durch *Sadats* erfolgreiche Machtkonsolidierung gegenüber einer zersplitterten Opposition und schließlich seinen persönlichen Legitimationsgewinn durch den Teilsieg im Oktoberkrieg 1973.

Die *infitah*-Politik ermöglichte die Schaffung von Freizonen und öffnete praktisch alle Wirtschaftsbereiche für – allerdings genehmigungspflichtige – Auslandsinvestitionen in Kooperation mit dem öffentlichen und privaten Sektor. Absicherungen gegen Verstaatlichung, Retransfermöglichkeiten, Lokkerung der Devisenbewirtschaftung sowie Steuer- und Zollerleichterungen boten umfassende Investitionsanreize, die in der Folgezeit auf inländische Investoren ausgedehnt wurden. Der öffentliche Sektor wurde dezentralisiert und das staatliche Außenhandelsmonopol eingeschränkt. Trotz dieser Freiräume blieb der Beitrag ausländischer Direktinvestoren zur ägypt. Entwicklung aufgrund bürokratischer Hemmnisse, Mängeln der Infrastruktur und fehlenden Vertrauens der Investoren in die politische Stabilität und die ägypt. Wirtschaftspolitik von untergeordneter Bedeutung. Das Auslandskapital konzentrierte sich im Erdölsektor, bei Finanzinstitutionen in der Touristikbranche und in städtischen Immobilien. So blieb im industriellen Bereich die Vorherrschaft des hochsubventionierten öffentlichen Sektors ungebrochen, insbesondere in Öl- und Petrochemie, Bergbau, Schwerindustrie, Nahrungsmittel- und Textilindustrie (vgl. Kap. 4.3).

Obwohl sich die in das Auslandskapital gesetzten Erwartungen nicht realisierten und die Liberalisierungspolitik rasch auf Widerstände im Staatsapparat stieß, erlebte Ä. ab 1974 auf der Basis eines Investitions- und Importbooms einen massiven Wachstumsschub (fast 13% reales BIP-Wachstum 1974 – 77, knapp 8% 1977 – 85), der im Durchschnitt der 70er Jahre ein reales Pro-Kopf-Wachstum von über 5% ermöglichte und städtische wie ländliche Armut verringerte. Allerdings erhöhten sich die Einkommensdisparitäten zwischen der von der Öffnungspolitik profitierenden *infitah*-Klasse einerseits und der Masse der Beschäftigten im öffentlichen Sektor sowie städtischer und ländlicher Unterschicht andererseits. Die Wachstumspole verlagerten sich gegenüber den 60er Jahren aus binnenmarktorientierten (verarbeitende Industrie) in weltmarktorientierte Sektoren (Erdöl, Tourismus, Suezkanal) und vom warenproduzierenden in den Dienstleistungssektor (Handel, Finanzen, Tourismus, Verkehr).

Die Absorptionsfähigkeit für Arbeitskräfte blieb weiterhin begrenzt, da die Landwirtschaft, die 1980 noch 40% aller Arbeitsplätze stellte, mit nur 3% realem Wachstum am Aufschwung nicht teilnahm und sogar einen Produktivitätsrückgang zu verzeichnen hatte. Auch die Industrie erhöhte ihren BIP-Anteil primär durch Produktions- und Preissteigerungen in den kapitalintensiven Sektoren Erdöl/Erdgas und Ölproduktion (nominell auf 37%, real auf 31% 1980), so daß sich die Abwanderung in den tertiären Sektor fortsetzte. Eine Entlastung des Arbeitsmarktes brachten jedoch die Migration in die Golfstaaten und der Aufschwung arbeitsintensiver Branchen wie Baugewerbe und Tourismus.

Die für Ä. außerordentlich günstigen regionalen und weltwirtschaftlichen Entwicklungen wurden kaum genutzt, um die großen Strukturprobleme der ägypt. Wirtschaft – Schaffung effizienter Produktionskapazitäten und ausreichender Beschäftigungsmöglichkeiten in Landwirtschaft und verarbeitender Industrie, Reform des öffentlichen Sektors und der schwerfälligen Wirtschaftsverwaltung, Abbau des strukturellen Handelsbilanzdefizits – zu überwinden. Binnenwirtschaftlich ging der Investitionsboom mit steigenden Inflationsraten und öffentlichen Budgetdefiziten, außenwirtschaftlich mit einer historisch beispiellosen Ausweitung des Leistungsbilanzdefizits einher, das im wesentlichen durch Gastarbeiterüberweisungen, öffentliche Transferzahlungen und Kredite arabischer und ab Mitte der 70er Jahre zunehmend westlicher Länder finanziert wurde (vgl. Tab. 6). Die durch den Ölboom und die wirtschaftliche Verflechtung mit der Golfregion erhöhte Krisenanfälligkeit der ägypt. Wirtschaft und die mit durchschnittlich 30% p.a. wachsende Auslandsverschuldung stellten eine Hypothek dar, deren Folgelasten im Laufe der 80er Jahre sichtbar wurden.

In den 80er Jahren geriet Ä. unter wachsenden Anpassungsdruck, die ungelösten strukturellen Probleme traten vor dem Hintergrund eines verschlechterten internationalen Umfelds deutlicher hervor. Gleichzeitig verengte sich der politische Handlungsspielraum des Regimes: Fehlender Konsens über Art und Tempo von Reformen, Interessenkonflikte zwischen sich wechselseitig blockierenden politischen Gruppen und ein wachsendes soziales Konfliktpotential verhinderten die Durchführung eines konsistenten Reformprogramms. Der von *Mubarak* propagierte „Mittelweg" zwischen Nasserismus und Öffnungspolitik erwies sich als Zickzackkurs, bei dem die Regimestabilisierung im Vordergrund stand. Im Vergleich zu anderen hochverschuldeten, teilindustrialisierten Ländern stellte Ä. einerseits durch das Ausmaß seiner Probleme – ungebrochenes Bevölkerungswachstum und mit 186 % des BSP höchster Schuldenquote sämtlicher EL 1988 – einen Sonderfall dar, andererseits durch die „strategische Rente", die es aufgrund seiner geopolitischen Bedeutung von den USA und anderen westlichen Ländern bezog. Sie ermöglichte es dem Land, wirksame Reformen bis zum Beginn der 90er Jahre hinauszuschieben.

Wachsende Einnahmen aus Ölexporten, Tourismus, Suezkanal, Gastarbeiterüberweisungen und externe Verschuldung ermöglichten bis Mitte der 80er Jahre noch relativ hohe Wachstumsraten von rd. 7 %. Finanzierungsengpässe erzwangen ab 1987 Importbeschränkungen, die zusammen mit sinkenden öffentlichen Investitionen das reale Wachstum auf knapp 3 % reduzierten. Zur offenen Wirtschaftskrise und Zahlungsunfähigkeit kam es 1990 infolge der Verluste durch den Golfkrieg (Rückwanderung von Gastarbeitern und Verlust von Remissen, Verluste bei Suezkanalgebühren und Tourismus): Das Pro-Kopf-Einkommen ist seit 1987 rückläufig und wird sich nach IWF-Schätzungen selbst bei erfolgreicher Durchführung des 1991 vereinbarten Anpassungsprogramms erst ab Mitte der 90er Jahre wieder merklich erhöhen. Der Beitrag der Landwirtschaft zur Wertschöpfung war weiter rückläufig und betrug 1990 inflationsbereinigt nur noch 20 %. Der BIP-Anteil der Industrie ging bei sinkenden Ölpreisen nominell auf 30 % zurück, doch auch real war ein unterdurchschnittliches Wachstum zu verzeichnen, während der Anteil des tertiären Sektors auf über 50 % anstieg.

Die geringen Wachstumsimpulse in den warenproduzierenden Sektoren erklären sich aus einer Kombination massiver Preisverzerrungen, übermäßiger staatlicher Reglementierung und unwirtschaftlich arbeitender Unternehmen des öffentlichen Sektors. Überdies lag der Investitionsschwerpunkt in den 80er Jahren in der Infrastruktur, während die verarbeitende Industrie vernachlässigt wurde. 90 % aller zusätzlichen Arbeitsplätze entstanden 1976 bis 86 durch Migration und Beschäftigung im öffentlichen Sektor. Partielle Engpässe auf dem Arbeitsmarkt behinderten die Expansionsmöglichkeiten arbeitsintensiver Branchen und führten zu Lohnsteigerungen, was zusammen mit negativen Realzinsen und subventionierten Energiepreisen das traditionelle Übel exzessiver Kapitalintensität verstärkte: Der Kapitalkoeffizient stieg von durchschnittlich 2,7 (1972 – 82) auf fast 7 (1982 – 87) und die Kapitalintensität wuchs 1975 – 85 jährlich mit fast 15 %.

Trotz wiederholter Konsolidierungsversuche öffnete sich die Schere zwischen Investitionen und Inlandsersparnis, da das Budgetdefizit auf mehr als 20 % des BSP anstieg und bis Ende der Dekade auf 16 – 17 % verharrte. Die private Ersparnisbildung und die Bereitschaft zur Repatriierung von Auslandsanlagen wurde durch negative Realzinsen und Unsicherheiten über die künftige Wirtschaftspolitik gebremst. Ein stark von Öleinnahmen abhängiges, einkommensunelastisches Steuersystem, hohe Personalkosten, wieder wachsende Rüstungsausgaben, Schuldzinsen und Subventionen verhinderten eine nachhaltige Reduzierung des Haushaltsdefizits. Allein direkte und indirekte Subventionen verharrten während der 80er Jahre auf einem Niveau von rd. 20 % des BIP. Der Inhalt des im Frühjahr 1991 mit IWF und Weltbank vereinbarten Strukturanpassungsprogramms, das sich nicht wesentlich von Reformvorschlägen aus den 70er Jahren unterscheidet, macht deutlich, daß in der ersten Dekade des *Mubarak*-Regimes trotz einer Reihe partieller Reformansätze in zentralen Punkten wie Deregulierung, Reform des öffentlichen Sektors, Haushaltskonsolidierung, Schaffung von Investitionsanreizen für Landwirtschaft und verarbeitende Industrie, kein Durchbruch erzielt wurde.

4.2 Agrarsektor und Assuan-Hochdamm

Der Agrarsektor hat für Ä.s Wirtschaft nach wie vor zentrale Bedeutung, obwohl sein Beitrag zum BIP, der noch Mitte der 70er Jahre bei 30 % lag, unter 20 % gesunken ist (vgl. Tab. 4). Die Landwirtschaft (inkl. Forstwirtschaft und Fischerei) bindet ein Drittel aller Erwerbspersonen. Sie bildet eine wichtige Rohstoffbasis für die Industrie und liefert (inkl. aller verarbeiteter Produkte) etwa 85 % der Warenexporte (außer Erdöl und Erdölerzeugnissen, deren Anteil stark schwankt; vgl. Kap. 4.4).

Angesichts der begrenzten landwirtschaftlichen Nutzfläche (1989: 2,6 Mio. ha = 2,6 % der Gesamtfläche) waren seit der Revolution von 1952 Maßnahmen zur Vergrößerung der Anbaufläche ein Schwerpunkt staatlicher Investitionstätigkeit: Wichtigstes Projekt war zunächst der Bau des 1970 fertiggestellten Assuan-Hochdammes, der eine Reservoir-Kapazität von 157 Mrd. cbm hat, wovon 30 Mrd. für Schlammablagerungen über einen Zeitraum von 300 Jahren, 90 Mrd. für Stauwasser und 37 Mrd. als Überschußkapazität zur Flutkontrolle vorgesehen sind.

Als direkter Ertrag des Dammes wurden zunächst 330 000 ha Neuland (v. a. westlich des Nildeltas) urbar gemacht und 360 000 ha Land in Ober-Ä. auf ganzjährige Bewässerung umgestellt. Zusammen mit anderen Neulandprojekten (u. a. durch Erschließung von Wasservorräten unter der Wüste im „Neuen Tal") erhöhten sich bis Mitte der 70er Jahre landwirtschaftliche Nutzfläche und Erntefläche (= Nutzfläche multipliziert mit der Zahl der Ernten pro Jahr) um jeweils ein Siebentel auf 2,8 bzw. 4,5 Mio. ha.

Da die Investitionskosten den zu erwartenden Ertrag überstiegen, stagnierte danach die Neulanderschließung, bis steigende Nahrungsmittelpreise neue Investitionsanreize gaben: Im Zeichen der von *Sadat* 1978 verkündeten „Grünen Revolution" sollten in Ober-Ä., der Suezkanal-Zone und auf der Sinai-Halbinsel 1,2 Mio. ha Land erschlossen werden. Mit hohem Kapitaleinsatz und modernster Bewässerungstechnologie begannen einige Projekte; doch erst ab 1988 wurde von Großinvestoren wie von Privatleuten aus den städtischen Oberschichten in großem Umfang in die Neulandgewinnung investiert. Die Erschließung von 390 000 ha bis 1991 läßt die bewässerte Fläche allmählich wieder wachsen, nachdem – vor allem durch die Expansion der Städte, Dörfer und Verkehrswege – allein zwischen 1974 und 1984 per Saldo 350 000 ha Fruchtland verlorengegangen sind. Während die landwirtschaftliche Nutzfläche wegen anhaltender Überbauung auch 1990 noch deutlich kleiner war als 1974, konnte die Erntefläche aufgrund intensiverer Bewirtschaftung gegenüber 1974 um 13% auf 5,1 Mio. ha ausgeweitet werden.

Der Bau des Assuan-Damms war wegen ökologischer und anderer Folgen lange umstritten: Klimaveränderungen, Erosion der Flußufer, Unterspülung von Brücken und Dämmen, Rückgang des Fischreichtums im Ost-Mittelmeer u. a. m. Viele dieser Schadfolgen waren allerdings bewußt in Kauf genommen worden: So hatte der fruchtbare Nilschlamm, dessen Verlust häufig beklagt wird, für die Bodenverbesserung und für Ertragssteigerungen bereits vor dem Dammbau nur noch eine geringe Rolle gespielt; heute wäre seine Rolle marginal, angesichts des notwendig weiter steigenden Einsatzes von Handelsdünger (v. a. Nitrate und Phosphate) – inzwischen etwa 400 kg pro ha und Jahr. Auch die durch Überwässerung und den gestiegenen Grundwasserspiegel verursachte Versalzung weiter Flächen ist weniger dem Damm anzulasten als mangelnder Aufklärung der Bauern und der Tatsache, daß unter *Sadat* erforderliche Folgeinvestitionen in ein effizientes Drainage-System unterblieben. In der Zwischenzeit konnte mit der systematischen Anlage von Drainagen die Ertragfähigkeit der Böden weitgehend wiederhergestellt werden.

Das immer ungünstiger werdende Verhältnis von Einwohnerzahl zu verfügbarem Boden erhöht die Bedeutung der Neulandgewinnung, die wiederum vom Wasser im Stausee abhängt. Nicht nur deswegen wird der Damm heute überwiegend positiv beurteilt: Sein Energiepotential wurde bisher zwar nur sehr beschränkt für die Industrialisierung Ober-Ä.s eingesetzt (vgl. Kap. 4.3); andererseits sind inzwischen alle Dörfer mit Elektrizität versorgt. Der Fischreichtum im Nasser-See wird nach dem Aufbau von Kühlketten und einer fischverarbeitenden Industrie zunehmend genutzt. Schließlich hat der Damm bereits 1972, kaum halb gefüllt, ein Übergreifen der in Äthiopien und Sudan herrschenden Dürrekatastrophe verhindert und auch Ende der 80er Jahre, als gleich mehrere Jahre hintereinander die Nilflut ausblieb, Ä. ausreichend mit Wasser versorgen können.

Die Agrarreform in den 50er und 60er Jahren hat die grundlegenden Strukturprobleme der Landwirtschaft nicht dauerhaft lösen können, ja hat sie in mancher Hinsicht sogar vergrößert – beispielsweise durch (z. T. bis heute nicht aufgehobene) selektive Produktionsvorschriften und Preiskontrollen. Zwar haben von der Bodenreform, die den Großgrundbesitz bis 1969 schrittweise auf max. 50 Feddan (= 21 ha) Land pro Eigentümer begrenzte, 340 000 Kleinbauernfamilien profitiert, an die 433 000 ha (= 1/6 des Bodens) umverteilt wurden. Die Ungleichverteilung des Bodens ist jedoch – als Folge der islamischen Realerbteilung, aber auch der hohen Kapitalinvestitionen im letzten Jahrzehnt – wieder fast so extrem wie vor der Revolution:

Bereits 1985 (dem letzten Jahr, für das Statistiken verfügbar sind) teilten sich 3,4 Mio. Grundeigentümer (= 95,5 % aller Eigentümer) knapp 54 % des Fruchtlandes. Jeder von diesen besaß weniger als 5 Feddan (= 2,1 ha) Land; in ihrer Mehrzahl hatten sie sogar weniger als 0,9 Feddan (= 0,4 ha), d. h. knapp ein Viertel dessen, was zur Ernährung einer Familie mindestens erforderlich wäre. Auf der anderen Seite verfügten jene 31 000 Grundbesitzer (= 0,9 % aller Eigentümer), die jeweils mehr als 20 Feddan besaßen, zusammen über 586 000 ha – etwa ein Viertel des gesamten Fruchtlandes.

Über ein ausgeklügeltes Pachtsystem wurden Nachteile der ungleichen Besitzverhältnisse teilweise kompensiert, da die Zusammenlegung von Kleinstbesitz und die Aufteilung von Großgrundbesitz eine verhältnismäßig effiziente Bewirtschaftung ermöglichten. Die duale Betriebsstruktur mit kapitalistischen Großformen neben kleinen Familienbetrieben ließ die Agrarreform aber bestehen, und das Genossenschaftswesen verschärfte die ungleichen Chancen, indem es Kleinbauern mit Betriebsgrößen unter 5 Feddan zwang, Exportprodukte wie Baumwolle oder Reis zu staatlich fixierten Niedrigpreisen anzubauen. Wohlhabendere Bauern dagegen unterlagen geringeren Beschränkungen und durften u. a. hochprofitable Dauerkulturen (Obstbäume) halten.

Durch den Ausbau des Bewässerungssystems, bessere Fruchtfolge, kontrollierten Anbau auf größeren Flächeneinheiten sowie qualitativ und quantitativ höhere *inputs* konnten seit Ende der 50er Jahre die Hektarerträge erheblich gesteigert werden, obwohl statt des zweijährigen ein bodenschonender dreijähriger Erntezyklus eingeführt wurde. Dadurch konnte die Anbaufläche der Baumwolle, die den Boden stark auslaugt, zwischen 1952 und 1980 ohne Ertragseinbußen von 34 auf 18 % der Erntefläche zurückgenommen und der Anbau anderer Sommerfrüchte wie Mais, Reis und Sorghohirse verstärkt werden.

Nach einer Phase relativer Vernachlässigung der Landwirtschaft in den 70er Jahren wird seit den 80er Jahren nicht nur in die horizontale Expansion (Neuland), sondern auch in die vertikale massiv investiert, nämlich in verbesserte *inputs*, Drainage und Mechanisierung. Die Lockerung staatlicher Kontrollen verbesserte zusätzlich die Produktionsstruktur. Da die Genossenschaften ihre Vermarktungsfunktion verloren, orientieren sich nun auch Kleinbauern am Markt und bauen lieber Gemüse oder Obst – z. T. für den Export in die Golfstaaten und nach Europa – an als Baumwolle, deren Produktion 1990 mit 253 000 t nur noch 52 % der von 1980 erbrachte.

Hauptgrund für diese Umorientierung waren die staatlichen Ankaufpreise, über die ein – bis 1975 auf 30 % (!) gestiegener – Teil der landwirtschaftlichen Einkommen zugunsten der Industrie bzw. des städtischen Konsums abgeschöpft wurde. Diese implizite Besteuerung des Agrarsektors wird heute – nicht zuletzt auf Druck von IWF und Weltbank – abgebaut und betrug 1991 nur noch 1 Mrd. LE (1985: 5 Mrd. LE). Da sich die Weizenproduktion seit der Preisfreigabe in wenigen Jahren auf 4,6 Mio. t (1992) mehr als verdoppelt hat, ist ähnliches nach der schrittweisen Anhebung des Baumwollpreises zu hoffen, der 1991 erst bei 66 % des Weltmarktniveaus lag.

Hauptproduktionsgüter der Landwirtschaft sind – neben Baumwolle und Weizen – Mais (Erntemengen 1992: 4,5 Mio. t), Reis (3,9 Mio. t), Zuckerrohr (1991: 11,1 Mio. t), Tomaten (4,3 Mio. t), Gemüse (4,5 Mio. t) und Obst, insbes. Apfelsinen (1,6 Mio. t). Obwohl wenig intensive Viehhaltung betrieben wird, ist der Viehbestand (v. a. Rinder, Büffel, Schafe, Ziegen und Geflügel) ständig gewachsen. Die Viehwirtschaft, die etwa 30 % zum agrarischen Produktionswert beiträgt, kann den Bedarf an tierischen Proteinen allerdings nicht dekken.

Die umfangreichen Investitionen und Strukturverbesserungen beginnen sich auszuzahlen: Das reale Wachstum der Landwirtschaft, das in den Jahrzehnten seit der Revolution stets unter dem BIP-Wachstum, wenn auch – von einer längeren Phase in den 70er Jahren abgesehen – in der Regel über der Zuwachsrate der Bev. lag, stieg in den letzten Jahren stärker als das BIP. Obwohl die Pro-Kopf-Produktion insgesamt gestiegen ist, bei der Nahrungsmittelproduktion im letzten Jahrzehnt sogar deutlich (Index für 1979/81 D = 100; 1990: 126), muß Ä. seit 1974 mehr Nahrungsmittel importieren (v. a. Weizen, Mais, Zucker und Fleisch), als es exportiert, weil die Produktion angesichts des gestiegenen Pro-Kopf-Verbrauchs den Bedarf nicht deckt. Angesichts der anhaltenden Expansion des Agrarsektors scheint das Ziel einer Nahrungsmittelselbstversorgung jedoch nicht mehr so unerreichbar fern wie vor einem Jahrzehnt.

In den 80er Jahren vollzog sich ein dramatischer sozialer Wandel auf dem Lande: Ein erheblicher Teil der Gastarbeiterüberweisungen floß in den Wohnungsbau, so daß feste Ziegel- bzw. Zementbauten allmählich die Lehmbauten verdrängen. Da viele Migranten nicht mehr in ihre alten Berufe zurückkehrten, sondern Läden, Reparaturwerkstätten, Teestuben oder Taxiunternehmen eröffneten, verlagerten sich viele Dienstleistungsfunktionen der Provinzstädte in die Dörfer.

Schattenseite der Durchkapitalisierung des Agrarsektors sind auf der anderen Seite Verzerrungen der Sozialstrukturen: Während die gegenüber den wohlhabenderen Bauern lange benachteiligten Kleinbauern im letzten Jahrzehnt mit wachsenden Erträgen höhere Einkommen erzielen konnten, stagnieren – nach erheblichen Steigerungen in den Jahren der Arbeitskräfteabwanderung – seit 1985 die Landarbeiterlöhne, so daß die sowieso sozial Schwächsten nach einer Weltbank-Schätzung zwischen 1985 und 1991 wegen der hohen Inflation Realeinkommensverluste von 60 % (Niveau von 1974) hinnehmen mußten. Auch Hunderttausende von kleinen Pächtern sind durch kapitalkräftigere Investoren in ihren Einkommensmöglichkeiten gefährdet, seit ein neues Gesetz die Aufhebung von Pachtverträgen sehr erleichtert hat.

4.3 Industrie, Bergbau, Erdöl

Die Voraussetzungen für eine industrielle Entwicklung sind in Ä. relativ günstig: Nachdem bereits in den 30er Jahren eine importsubstituierende Industrie aufgebaut und in den 40er Jahren die Baumwollverarbeitung als exportorientierter Zweig ausgebaut wurden, hat Ä. in der *Nasser*-Zeit eine diversifizierte industrielle Basis in den Grundstoffindustrien, der Konsumgüterproduktion und im Maschinenbau erhalten. Mit Baumwolle und Erdöl verfügt Ä. über hochwertige Rohstoffe für die Weiterverarbeitung. Im Vergleich zu anderen arabischen Staaten gibt es ein qualifizierteres Arbeitskräftepotential. Schließlich hat Ä. einen großen Binnenmarkt und mögliche Exportmärkte in den weniger entwickelten Staaten der Nahostregion und Afrikas. Die Strukturprobleme des industriellen Sektors sind jedoch enorm und hemmen seit den 60er Jahren dessen weiteres Wachstum.

Aufgrund eines hohen Produktionswachstums von real zeitweise um 8% im ersten Jahrzehnt nach der Revolution ist der Beitrag des industriellen Sektors zum BIP in der *Nasser*-Zeit von 19% (1953) auf 28% (1970) gestiegen (vgl. Tab. 4). An diesem Strukturwandel zu einem semi-industrialisierten Land änderte auch der starke Einbruch ab 1963/64 wenig, von dem sich die Industrie erst mit *Sadats* Öffnungspolitik zu erholen begann (vgl. Kap. 4.1).

Der sprunghafte Anstieg des BIP-Anteils von 28 auf 37% zwischen 1975 und 1980 war jedoch weniger der verarbeitenden Industrie mit erneut hohen realen Wachstumsraten um 10% zu danken (v. a. durch Ersatzinvestitionen und Abbau ungenutzter Kapazitäten nach der Liberalisierung der Importe von Maschinen, Ersatzteilen und Vorprodukten) als dem Aufstieg Ä.s zum Nettoexporteur von Erdöl und Erdölprodukten: So wie der Ölpreis auf seinem absoluten Höchststand während der zweiten Ölpreiskrise um 1980 den Beitrag zum BIP anschwellen ließ, verursachten nicht zuletzt die stark gesunkenen Ölpreise Mitte der 80er Jahre, daß auch der Beitrag des industriellen Sektors zum BIP wieder auf das alte Niveau absank.

Zwar wurde in Ä. seit Anfang des Jh.s in kleineren Mengen Erdöl gefördert, die Produktion deckte aber nicht einmal den Eigenbedarf. Erst Ende der 60er Jahre stieg die Produktion mit der Erschließung neuer Felder schnell an (1960: 3,4 Mio. t; 1971: 16,4 Mio. t), so daß Ä. – nach der vorübergehenden Halbierung der Produktion um 1973 („Oktober-Krieg“) – beim Stand von 19,0 Mio. t (1976) zum Netto-Exporteur wurde und bis Anfang der 80er Jahre mit einer seitdem wenig veränderten jährlichen Förderung um 44 Mio. t in den Kreis der mittleren Ölproduzenten aufstieg (1992: 44,4 Mio. t).

Die Felder am Roten Meer, im Golf von Suez und auf der Sinai-Halbinsel sind überwiegend klein, so daß die Produktion schwierig und relativ teuer ist. Hoffnungen auf ergiebigere Funde in der westlichen Wüste haben sich nur z. T. erfüllt. Da im letzten Jahrzehnt der Eigenbedarf schneller wuchs als die Produktion, entwickelten sich, bei noch dazu stark sinkenden Preisen, die Einnahmen aus dem Ölexport für Ä. enttäuschend. Um die Reserven zu schonen, die nach dem gegenwärtigen Stand bei gleichbleibender Produktion nur bis zum Jahre 2009 reichen, soll die Förderung auf dem gegenwärtigen Niveau gehalten werden.

Die Regierung hofft, in Zukunft mehr Öl exportieren und in den nicht minder exportrelevanten petrochemischen Industrien (Produktion 1990/91: 270 000 t Butan, 2,2 Mio. t Benzin, 2,6 Mio. t Kerosin, 260 000 t Flugbenzin, 3,9 Mio. t leichtes und 10,4 Mio. t schweres Heizöl; sowie Düngemittel, Plastik, Pharmazeutika etc.) einsetzen zu können, wenn der Abbau der erheblichen Erdgasreserven (geschätzt auf 40 Bill. Kubikfuß) ausgeweitet wird. Die gegenwärtige Tagesförderung von etwa 1 Mrd. Kubikfuß wird zu 60 % für die Elektrizitätserzeugung verwendet. Durch weitere Produktionssteigerung um 5 – 7 % pro Jahr soll Erdgas, dessen Förderung (1992: 7,6 Mio. t) derzeit etwa ein Viertel des Energiebedarfs deckt, das Erdöl in den Kraftwerken ganz ersetzen.

Im traditionellen Bergbau werden vorrangig die – qualitativ nicht sehr hochwertigen – Eisenerzlager bei Assuan und in der Oase Baharija (1990: 2,3 Mio. t) sowie Naturphosphat (1990: 1,5 Mio. t) abgebaut. Die früher wichtige Manganförderung auf der Sinai-Halbinsel ist elf Jahre nach der Rückgabe des Sinai noch immer nicht wieder aufgenommen; die Kohleförderung (Reserven: 27 Mio. t) hat erst 1992/93 zögernd wieder begonnen. In großen Mengen werden Steine und Erden abgebaut (Kalkstein, Gips, Basalt, Granit, Alabaster u. a.).

Die installierte Leistung der Kraftwerke hat sich – ausschließlich über Wärmekraftwerke – seit 1975 auf 11 800 MW (1989) verdreifacht: Da die Transportwege von den Erdöl- und Erdgasfeldern zu den Ballungszentren im Norden wesentlich kürzer sind als vom 800 km entfernten Assuan-Damm, wurde die Kapazität der Wasserkraftwerke (2445 MW) seit 1970 nicht mehr erhöht. Gleichzeitig stieg in diesem Zeitraum der Energieverbrauch um durchschn. 7,4 % pro Jahr auf 34 Mio. t OE bzw. 598 kg OE pro Kopf – Steigerungen, die nicht zuletzt auf Energieverschwendung zurückzuführen sind, die der Staat mit subventionierten Energiepreisen kräftig förderte: Nach Schätzungen kostete 1983 die Erzeugung einer kWh 13 Piaster, während private Verbraucher nur 3 und Staatsbetriebe sogar nur 0,87 Piaster dafür zahlten. Aufgrund des Abkommens mit dem IWF von 1991 sind die Energiepreise inzwischen drastisch angehoben worden und sollen schrittweise bis 1995 auf Weltmarktniveau gebracht werden.

Die Diversifizierung der verarb. Industrie hatte drei Schwerpunkte: Ausbau der Agroindustrien, Verarbeitung ägypt. Bodenschätze und Aufbau neuer Produktionsrichtungen auf der Grundlage von importierten Rohstoffen und Halbfertigwaren. Außerhalb des Erdölsektors bzw. der petrochemischen Industrie dominieren immer noch die Agroindustrien, deren Hauptproduktionsgüter Baumwollgarne (Produktion jeweils 1990/91: 305 000 t), Bekleidung (115 Mio. Stück), Woll- und Jutegarne, Gemüse-, Obst- und Fischkonserven sowie Zucker, Zigaretten und alkoholfreie Getränke sind.

Wichtigste Produktionsstätte im Bereich der Schwerindustrie ist das Eisen- und Stahlkombinat in Heluan, das das ägypt. Erz aber vermutlich zu teuer verarbeitet. Daneben werden v. a. Aluminium (165 000 t), Zement (1990/91: 16,7 Mio. t) und Düngemittel (Phosphatdünger 1,5 Mio. t, Stickstoffdünger 4,7 Mio. t) produziert. In Maschinenbau- und Elektroindustrie, die ab Mitte der 70er Jahre die höchsten Zuwachsraten nach dem Erdölsektor hatten, bilden dauerhafte Konsumgüter (Kühlschränke, Fernsehgeräte, Waschmaschinen – mit Stückzahlen von jeweils mehreren 100 000 pro Jahr) den Schwerpunkt. Allerdings schwankt bzw. stagniert hier seit Mitte der 80er Jahre die Produktion, während sie bei Kraftfahrzeugen sogar stark zurückgegangen ist.

Der Aufschwung der Baumaterialindustrie war eine Folge von Industrialisierung, Hochdammbau und Wohnungsbau. Größere Bedeutung haben zudem noch Chemie-, Pharma- und auch Papierindustrie. Der Beitrag der Kleinindustrien, z. B. Leder- und Holzverarbeitung, läßt sich schwer abschätzen, hat jedoch über den heimischen Markt (einschl. Tourismus) hinaus unerschlossene Exportchancen, was wegen der arbeitsintensiven Produktionsmethoden beschäftigungspolitisch interessant sein könnte.

Vernachlässigt wurde der Aufbau einer Investitionsgüterindustrie mit angepaßter Technologie etwa für die Landwirtschaft. Allerdings muß hier berücksichtigt werden, daß die Rüstungsindustrie in ihren etwa 30 Fabriken mit etwa 70 000 Arbeitskräften hochkomplizierte Güter (u. a. Artilleriegeschütze, Luftabwehrraketen, Panzer und Flugzeuge wie im Lizenzbau den *Alpha-Jet*) mit modernsten Verfahren herstellt und dabei knappe Ressourcen (Investitionsmittel, hochqualifiziertere Techniker) absorbiert.

Die Strukturprobleme des industriellen Sektors haben sich durch die Öffnungspolitik *Sadats* nicht grundlegend gebessert: Auch wenn die Gängelung des öffentlichen Sektors durch staatliche Bürokratie erheblich eingeschränkt worden ist, behindern weiterhin Managementprobleme, komplizierte Entscheidungsstrukturen und Korruption, aber auch Schwächen in Transport, Lagerung und Vermarktung das industrielle Wachstum. Zwar ist der öffentliche Sektor nicht mehr gezwungen, aus beschäftigungspolitischen Gründen wesentlich mehr Arbeitskräfte einzustellen als erforderlich; er leidet aber weiterhin unter den Folgen der nasseristischen Beschäftigungspolitik und einer Arbeitsgesetzgebung, die Arbeiter und Angestellte praktisch unkündbar macht. Darüber hinaus gehen dem öffentlichen Sektor gerade qualifiziertere Arbeitskräfte verloren, die zu besser bezahlten Arbeitsplätzen im Privatsektor bzw. im Ausland abwandern.

Obwohl die seit langem diskutierte Privatisierung großer Teile des öffentlichen Sektors 1991 im Abkommen mit dem IWF festgeschrieben wurde, sind bis 1993 noch keine Unternehmen verkauft, sondern nur die ersten Angebote – hauptsächlich Hotels – ausgeschrieben worden. So dominiert denn in der ägypt. Industrie weiterhin der öffentliche Sektor mit seinen etwa 200 Groß- und Mittelbetrieben sowie einem Großteil der – nach den letzten veröffentlichten Angaben für 1988 – knapp 7000 weiteren Betriebe des verarbeit. Gewerbes mit jeweils mehr als zehn – bzw. insgesamt: 1,04 Mio. – Beschäftigten. Zum Privatsektor gehören allerdings auch jene in der Industriestatistik nicht ausgewiesenen kleingewerblichen und handwerksähnlichen Betriebe, deren

Zahl mit der Rückkehr der Arbeitsmigranten in den letzten zehn Jahren auf mehrere 100 000 angestiegen sein dürfte.

Während sich die Industriestandorte des öffentlichen Sektors in den Ballungsräumen von Kairo und Alexandria sowie in städtischen Zentren des Deltas und der Suezkanalzone konzentrieren, haben die neuen Städte mit ihren außerordentlich vorteilhaften Investitionsbedingungen (u. a. Steuerbefreiung für zehn Jahre, Erleichterungen beim Import und Gewinntransfer) besonders Projekte des Privatsektors angezogen, in denen bereits über 60 000 neue Arbeitsplätze entstanden sind.

Während in der Vergangenheit vor allem Wert auf Importsubstitution gelegt und Exportchancen unzureichend genutzt wurden, soll nun eine stärkere Exportorientierung erreicht werden, wobei insbesondere für die metallverarbeitende Industrie Exportmöglichkeiten in arabische und afrikanische Länder erhofft werden. Die ägypt. Schwerindustrie scheint jedoch kaum international konkurrenzfähig, und auch anderen Industriezweigen erwächst in den Nachbarländern zunehmend Konkurrenz – eine Situation, die sich noch verschärfen dürfte, wenn Israel nach einem Friedensschluß verstärkt auf die arabischen Märkte drängt. Da die Exportorientierung angesichts der gegenwärtigen Kapitalintensität auf mittlere Sicht weiter hohe Importe von Kapitalgütern und Zwischenprodukten verlangt, die auf Rohstoffen basieren, die in Ä. nicht vorhanden sind, wird sich an der Importabhängigkeit der industriellen Entwicklung mittelfristig wenig ändern können.

4.4 Außenwirtschaft und Verschuldung

Die ägypt. Exporte haben seit 1952 im Zuge der Industrialisierung einen beachtlichen Diversifizierungsgrad erreicht, doch lag das reale Exportwachstum deutlich unter dem Durchschnitt der EL mit mittlerem Pro-Kopf-Einkommen und war sogar niedriger als das der Niedrigeinkommensländer (ohne China und Indien), zu denen die Weltbank Ä. erstmals seit 1992 rechnet. Das Exportwachstum betrug in den 60er Jahren 3,2 % p. a., wurde in den 70er Jahren mit −2,6 % sogar negativ und gelangte in den 80er Jahren nicht über 2,8 % p. a. hinaus. Damit verringerte sich Ä.s Anteil am wachsenden Welthandel, obwohl seit Ende der 60er Jahre immer wieder Anstrengungen unternommen wurden, exportorientierte Branchen zu fördern. Das reale Importwachstum sank in den 60er Jahren infolge der massiven außenwirtschaftlichen Kontrollen nach 1965 auf durchschnittlich −1,1 %, doch ab 1973 stieg es im Zuge der Öffnungspolitik rapide (durchschnittl. jährl. Wachstumsrate 1970–80 von 7,8 %). Die wachsenden finanziellen Engpässe in den 80er Jahren erzwangen dann erneut einen realen Rückgang von −2,3 % p. a. Ä.s *terms of trade* waren starken Schwankungen unterworfen, da sie auf der Exportseite von den Weltmarktbewegungen für Baumwolle und ab 1976 zunehmend für Erdöl und auf der Importseite von den Preisen für Getreide und Getreideprodukte abhängig waren: Nach einer leichten Verschlechterung in den 60er

Jahren profitierte Ä. ab 1973 und vor allem von 1979–82 von Ölpreissteigerungen. Seitdem haben sich die *terms of trade* im Zuge nachlassender Ölpreise wieder verschlechtert.

Tabelle 5: *Außenhandelsstruktur (Anteile in %)*

	1970	1980	1985	1989
Exportquote[a]	11	13	5	7[d]
Importquote[a]	10	21	16	26[d]
Terms of Trade[b]	140	157[c]	131[c]	84[cd]
Exportanteile				
Rohstoffe (ohne Brennst.)	68	24	18	20
- Nahrungsmittel	20	6	5	9
- Rohbaumwolle	45	15	12	10
Brennstoffe	5	64	68	31
- Rohöl	5	58	54	21
- Ölprodukte	-	6	14	8
Verarb. Industrie	27	12	14	49
- Textil/Bekleidung	19	9	8	27
Importanteile				
Nahrungsmittel	23[e]	27	21	25
andere Konsumgüter	5[e]	4	5	5
Vorprodukte	41[e]	41	45	44
Kapitalgüter	15[e]	17	17	17
Fahrzeuge	10[e]	10	8	7
Exporte[f] in				
- westliche IL	20	71	63	61
- soz. Länder	59	14	21	18
- Entwicklungsländer	21	15	11	20
Importe[f] aus				
- westlichen Ländern	46	75	72	71
- soz. Ländern	32	9	11	11
- Entwicklungsländern	21	13	14	15

[a] Anteil der Warenexporte (fob.) und -importe (cif) am BIP; [b] Exportpreisindex in % des Importpreisindex; [c] 1987=100; [d] 1990; [e] Zahlen aufgrund anderer Abgrenzungen nicht voll vergleichbar; [f] in % der Gesamtexporte und -importe; z. T. geschätzte Werte, die sich nicht immer zu 100 % ergänzen

Quellen: IMF: International Financial Statistics; UN: International Trade Statistics Yearbook; UNCTAD: Handbook of International Trade and Development Statistics; Weltentwicklungsbericht/World Tables, jeweils versch. Jge.

Ä. ist es somit nicht gelungen, die Rohstoffabhängigkeit seiner Exportwirtschaft entscheidend zu verringern: Zwar sank der Exportanteil der Rohbaumwolle von 84 % (1952) auf 10 % (1989), doch wuchs der Rohölanteil zu Beginn der 80er Jahre, teilweise preisbedingt, auf fast 60 % an. 1991 beliefen sich die Rohstoffexporte insgesamt auf 60 % der Exporte.

Für Ä.s Exportschwäche vor allem im Nichtölbereich sind im wesentlichen zwei Faktoren maßgeblich: erstens eine durch die Bevölkerungsdichte und die Knappheit an Kulturland und Rohstoffen bedingte rasch wachsende Inlandsnachfrage nach Nahrungsmitteln und traditionellen Exportprodukten im Textilbereich und zweitens eine Reihe wirtschaftspolitisch bedingter Faktoren wie massive Preisverzerrungen, überbewertete Wechselkurse, eine protektionistische und defensive Handelspolitik, Mängel in der Infrastruktur (v. a. Verkehrswesen) und bürokratische Hemmnisse im Außenhandelsbereich. Handelsregime und Preisstruktur begünstigen generell den vom Weltmarkt abgeschotteten Inlandsmarkt, so daß Exportchancen in aktuell oder potentiell wettbewerbsfähigen Bereichen (Obst und Gemüse, Baumwolle, Erdöle; Teile der Nahrungsmittel- und Textilindustrie, Lederverarbeitung, Maschinenbau, Metallindustrie, Düngemittel) nicht genutzt werden, während Bereiche mit den geringsten komparativen Kostenvorteilen der Zwischenprodukts- und Kapitalgüterindustrie relativ begünstigt wurden.

Rund 60 % der Importe entfielen durchgängig auf den Bedarf der Industrie an Maschinen, Ersatzteilen sowie Vor- und Zwischenprodukten. Diese Importabhängigkeit wird angesichts der Ressourcenknappheit auf längere Sicht aufrechterhalten bleiben, doch wären Einsparungen durch eine verstärkte Förderung arbeitsintensiver Produktionstechniken und ein verbessertes Management im industriellen Sektor möglich. 20 – 25 % der Importe entfallen auf Nahrungsmittel. Dies ist z. T. strukturell bedingt, so daß Nahrungsmittelselbstversorgung für Ä. kein realistisches Ziel darstellt. Die Agrarhandelsbilanz könnte jedoch durch ein adäquates Anreizsystem wesentlich verbessert werden, z. B. durch eine Reform des Subventionssystems in Richtung zielgruppenorientierter Nahrungsmittelsubventionen und Abschaffung der indirekten Subventionen über überhöhte Wechselkurse bei Nahrungsmittelimporten.

Der Wandel in der regionalen Struktur des ägypt. Außenhandels reflektiert ökonomische Abhängigkeiten wie Veränderungen in der außenpolitischen Orientierung. Von 1952, als westliche IL mit zwei Drittel des Außenhandels die dominierenden Handelspartner waren, vollzog sich bis Mitte der 70er Jahre eine Umlenkung der Handelsströme zu sozialistischen Ländern, insbesondere der Sowjetunion, die bis 1978 der größte Handelspartner im Export blieb. Dies spiegelt die seit der Suezkrise und dem Rückzug der USA Anfang der 60er Jahre wachsende Abhängigkeit von der Sowjetunion als wichtigstem Lieferanten von Militär- und Entwicklungshilfe wider. Die Umorientierung der Handelsströme auf westliche IL, die infolge der fortbestehenden Abhängigkeit von Weizenlieferungen, aber auch industriellen Vorprodukten schon Anfang der 70er Jahre einsetzte, vollzog sich simultan mit der Wiederannäherung an die USA und Europa mit der entsprechenden Intensivierung von Handels-, Kredit- und Rüstungsbeziehungen.

Zu Beginn der 90er Jahre blieben die USA auf der Basis massiver Wirtschafts- und Militärhilfe größter Lieferant nach Ä., doch bemüht sich die Regierung *Mubarak* um einen Ausbau der Handelsbeziehungen zu den ehemaligen sozialistischen Ländern und der Region. Im Falle einer Friedensregelung bestünden Expansionschancen sowohl im Handel mit Israel, das schon seit 1979 Hauptabnehmer des ägypt. Erdöls ist, als auch mit der Golfregion, die bei einer stärkeren Außenorientierung der ägypt. Wirtschaft ein wichtiger Absatzmarkt für Nahrungsmittel und Industriegüter werden könnte.

Tabelle 6: *Zahlungsbilanz und Verschuldung (in Mio. US-$)*

	1960	1970	1980	1985	1991
Exporte (fob)	585	817	2961	3836	3856
Importe (fob)	-696	-1084	-5235	-9050	-9831
Handelsbilanz	-111	-267	-2274	-5215	-5975
Dienstleistungsbilanz	19	-218	-206	-959	2444
- Suezkanalgebühren	143	-	510	935	1853
- Tourismuseinnahmen	..	..	455	417	1373
Private Übertragungen	14	33	2145	3216	4054
- Überweisungen von Gastarbeitern	..	29	2071	3212	4054
Öff. Übertragungen	-2	304	-	791	1380
Leistungsbilanz	-80	-148	-336	-2166	1903
Langfr. Kapitalbilanz	34	2	731	1716	-1775
- Direktinvestitionen	-	..	416	1175	191
Auslandsschulden		1493[c]	20915	42135	40571
- Schuldenquote[a] (in %)	..	24[d]	97,5	134,2	133,1
- Schuldendienstquote	..	29[d]	14,7	28,5	16,7
Nettotransfer[b]	..	-68	2114	1526	-150

[a] gesamte Auslandsverschuldung in % des BSP; [b] Nettokapitalimport minus Zinszahlungen; [c] nur langfristige Schulden; [d] nicht voll vergleichbar

Quellen: Weltbank: World Tables/World Debt Tables, versch. Jge.

Das strukturelle Handelsbilanzdefizit wurde teilweise durch Einnahmen aus dem Suezkanal, Tourismus und vor allem durch Gastarbeiterüberweisungen ausgeglichen. Der Tourismus gewann ab 1973 große Bedeutung und deckte in den 80er Jahren 20–25 % des Handelsbilanzdefizits ab, wobei allerdings zu berücksichtigen ist, daß er rd. 30 % seiner Deviseneinnahmen an zusätzlichen Waren- und Dienstleistungsimporten auslöst. Ferner hat sich die Tourismusbranche als sehr anfällig gegenüber politischen Krisen erwiesen, wie die Einbrüche infolge des Golfkriegs und der Terroranschläge auf Touristen gezeigt haben.

Die Suezkanalgebühren haben seit der Wiedereröffnung 1975 und dem Abschluß der Ausbaustufe 1980 mit 20–30 % des Handelsbilanzdefizits eine vergleichbare Größenordnung, doch sind sie stark von der Entwicklung des Weltölhandels und der wirtschaftlichen und politischen Entwicklung in der Golfregion abhängig.

Zur wichtigsten Devisenquelle wurden neben den Exporten von Öl und Ölprodukten die Gastarbeiterüberweisungen, die schon nach offiziellen Zahlen 1991 mit über 4 Mrd. US-$ die gesamten Warenexporte übertrafen. Die statistisch nicht erfaßbaren inoffiziellen Transfers werden auf eine ähnliche Größenordnung veranschlagt. Auch diese Devisenquelle unterliegt großen Unsicherheitsfaktoren, wie die 1989 erzwungene Rückwanderung aus dem Irak und die Remigration im Zusammenhang mit dem Golfkrieg zeigen. Im Falle einer Friedensregelung bestehen jedoch langfristig günstige Aussichten für ägypt. Migranten in die Golfregion, da die Lohndifferenzen infolge der dort herrschenden Arbeitskräfteknappheit längerfristig erhalten bleiben werden.

Das Leistungsbilanzdefizit wurde im wesentlichen durch öffentliche Kredite und Transferzahlungen finanziert, die bis 1965 und wieder ab 1976 schwerpunktmäßig von westlichen Ländern, 1958–76 teilweise von sozialistischen Ländern und vor allem zwischen 1967 und 1979 von arabischen Ländern geleistet wurden. Es ist fraglich, ob Ä. nach einer Friedensregelung weiter in dieser Größenordnung externe Unterstützung erwarten kann, obwohl vermutlich ein Interesse westlicher Länder an der ökonomischen und politischen Stabilität des ärmsten Landes unter den Frontstaaten im Nahostkonflikt weiterbestehen wird.

Die öffentliche mittel- und langfristige Auslandsverschuldung stieg in den 80er Jahren von 16 Mrd. US-$ auf einen Höchststand von über 44 Mrd. US-$ (Gesamtverschuldung: 52,5 Mrd.). Obwohl die Schuldendienstquote wegen der relativ vorteilhaften Kreditkonditionen mit einem Höchststand von 31 % (1986) im Vergleich mit dem Durchschnitt der hochverschuldeten Niedrigeinkommensländer nicht übermäßig hoch war, war Ä. 1990 mit Zahlungsrückständen von 11,4 Mrd. US-$ praktisch zahlungsunfähig. Seitdem hat sich die Verschuldungssituation durch zwei außerordentlich weitgehende Schuldenstreichungen mit den öffentlichen Gläubigern entscheidend verbessert.

Nachdem die Golfstaaten und die USA 1990 13 Mrd. US-$ Schulden (einschl. 6,6 Mrd. Schulden aus Militärhilfe) gestrichen und Ä. – als Kompensation für Verluste im Zusammenhang mit dem Golfkrieg – Transferzahlungen von 3,6 Mrd. US-$ erhalten hatte, wurde mit den im *Pariser Club* zusammengefaßten Gläubigern 1991 ein weiterer Erlaß von 50 % der rd. 21 Mrd. US-$ Schulden gegenüber den Mitgliedern vereinbart. Damit hat sich die Schuldenquote auf 107 % des BIP reduziert, doch ist der Erlaß bis 1994 gestaffelt und an die Erfüllung des IWF-Abkommens gebunden: Bei Erfüllung der Auflagen reduziert sich die Schuldendienstquote auf rd. 12 % bis Mitte der 90er Jahre, bei Nichterfüllung würde sie auf einem Niveau von rd. 20 % verbleiben. Zusätzlich wurden von bilateralen und multilateralen Gläubigern jährliche Entwicklungshilfezahlungen von rd. 3 Mrd. US-$ vereinbart.

5. Soziale Struktur und Entwicklung

Wesentliche soziale Ziele des nasseristischen Entwicklungsmodells – wie die Überwindung der Massenarmut und eine adäquate Befriedigung der Grundbedürfnisse – gehören zu den Prinzipien der Verfassung von 1971, in der auch soziale Solidarität, das Recht auf Arbeit und die Fürsorgepflicht des Staates im Bereich der Sozial- und Krankenversicherung verankert sind. Von diesen Zielen ist die tatsächliche Entwicklung der sozialen Situation der Bev. noch weit entfernt, obwohl grundlegende Verbesserungen der Lebensbedingungen seit der Revolution meßbar sind: So hat sich der UNDP-*Human Development Index* für Ä. von 0,286 (1970) auf 0,389 (1990) verbessert, obgleich Ä. damit in der UNDP-Länderstatistik nur als Land mit niedrigem Entwicklungsstand an 124. Stelle steht.

Angaben über die Vermögensverteilung liegen nur für den Landbesitz vor; und die letzte veröffentlichte Stichprobenuntersuchung über die Konsumausgaben ägypt. Haushalte, die Auskunft über die Einkommenssituation geben könnte, stammt von 1981/82: Danach hatte – bei erheblichen Ausgangsunterschieden im Konsumniveau von städtischer und ländlicher Bevölkerung – die Armut gegenüber 1974/75 auf dem Lande sicher und in den Städten vermutlich abgenommen. Bis 1985 sind wegen der massiven Arbeitsmigration ins Ausland insbesondere die Landarbeiterlöhne, aber im Zusammenhang mit diesen auch die Löhne für ungelernte Arbeiter in den Städten, weiter gestiegen, ehe sie danach stark fielen (vgl. Kap. 4.2).

Nicht minder kritisch hat sich die Einkommenssituation der Arbeiter und Angestellten im öffentlichen Sektor entwickelt: Bis 1988 waren die Löhne in den Staatsbetrieben real auf 90 % der Löhne von 1973 und die Durchschnittsgehälter im öffentlichen Dienst sogar auf nur noch 55 % der Gehälter von 1973 gesunken. Nur über eine oder gar mehrere Beschäftigungen neben der hauptberuflichen Tätigkeit und nur über die Erwerbstätigkeit von mehreren Familienangehörigen sind die sozialen Konsequenzen dieser Einkommenssituation aufzufangen. Ein ausgedehntes staatliches Wohlfahrtssystem gewährleistet zwar seit der *Nasser*-Zeit einen Minimalstandard an Versorgung, aber trotzdem haben sich die Probleme der Armut nicht entschärft: Schätzungsweise ein Viertel der Bev. muß von Einkommen unter der Armutsgrenze von 35 US-$ im Monat leben.

Die Einkommensverteilung ist nach der Revolution von 1952 bis Anfang der 70er Jahre tendenziell gleichmäßiger geworden, was nicht nur auf die Einführung von Mindestlöhnen und Maximaleinkommen zurückzuführen war, sondern auch auf die Begrenzung des Bodeneigentums und Mindestpachtsätze auf dem Lande und, vor allem im urbanen Bereich, auf die staatliche Beschäftigungspolitik im öffentlichen Sektor. Allerdings blieben trotzdem hohe Einkommensdisparitäten bestehen, die sich dann seit den 70er Jahren mit der Öffnungspolitik stark vergrößert haben. Das Steuersystem wirkt aufgrund des hohen Anteils indirekter Steuern und des hohen Maßes an Steuerhinterziehung in den oberen Einkommensschichten regressiv.

Ein Teil der Einkommensdisparitäten wurde zweifellos durch Preiskontrollen und die direkte und indirekte Subventionierung von Grundnahrungsmitteln, Textilien, Energie, Wasser und Transportleistungen abgemildert. Nachteile dieses erst in den letzten Jahren (nicht zuletzt im Zusammenhang mit dem IWF-Abkommen von 1991) allmählich abgebauten bzw. geänderten Systems waren unter Verteilungsgesichtspunkten die Bevorzugung der städtischen gegenüber der ländlichen Bevölkerung, die gleichmäßige Subventionierung aller, also auch der Wohlhabenden, und die Förderung von Ressourcenverschwendung etwa durch extrem niedrige Energiepreise.

Durch die Preiskontrollen wurde andererseits die Inflationsrate über einen langen Zeitraum bei durchschnittlich 2,5% im Jahr gehalten, ehe die Öffnungspolitik mit ihrem Importboom Mitte der 70er Jahre sprunghafte Steigerungen der Preissubventionen erzwang, die sehr bald trotzdem nicht mehr ausreichten, das Konsumgüterpreisniveau zu halten: Bis Ende der 70er Jahre stieg die Inflationsrate auf offiziell um 15%, nach alternativen Schätzungen auf eher 25%. Sie blieb dann mit Steigerungen von – auch offiziell – mehr als 20% auf hohem Niveau, ehe sie nach einschneidenden Strukturanpassungsmaßnahmen (Preiserhöhungen, Subventionskürzungen, Freigabe der Wechselkurse) 1992 unter 10% sank.

Verschlechterungen der Lebensbedingungen mußte die ärmere Bev. in den letzten Jahren nicht nur auf dem Gebiet der Versorgung mit Nahrungsmitteln und Gütern des Massenkonsums hinnehmen. Unsauberes Trinkwasser und eine weithin fehlende Abwässerkanalisation auf dem Land und in städtischen Elendsvierteln begünstigten nach wie vor Infektionskrankheiten, obwohl sich der Zugang zu sauberem Trinkwasser deutlich verbessert hat (vgl. Tab. 7). Die Versorgung mit preiswertem Wohnraum ist besonders stark vernachlässigt worden, obwohl in den 80er Jahren ein wachsender Teil öffentlicher Investitionen in den Wohungsbau floß (1988/91: 13%). Privat gebaute Neubauwohnungen werden in der Regel nicht vermietet, sondern zu prohibitiven Preisen verkauft: für über drei Viertel der Bev. wäre der Preis für eine Stadtwohnung mit Standardausstattung 100 mal so hoch wie ihr Jahreseinkommen. Das fördert Leerstand (ca. 17% aller Wohnungen), die Überbelegung der vorhandenen Wohnungen und Schwarzbauten (geschätzter Anteil an der „Schattenwirtschaft“: 13%) mit entsprechenden Sicherheitsmängeln.

Indirekte Einkommensverbesserungen haben sich seit 1952 für die Bev. durch die bessere Versorgung mit bestimmten öffentlichen Gütern ergeben. So sind die Aufwendungen für soziale Dienste, Versorgungsbetriebe, Gesundheits- und Erziehungswesen nicht nur absolut, sondern auch als Anteil des BSP bzw. am Pro-Kopf-Einkommen deutlich gewachsen, Mitte der 70er Jahre allerdings z. T. wieder gesunken. Ausgabensteigerungen für das Gesundheitswesen von 0,6% des BSP (1952/53) bis auf 1,8% (1970; 1990 aber nur noch 1,1 %) haben besonders zur Eindämmung endemischer Krankheiten (wie Malaria und Bilharziose) und zu verbesserter Vorbeugung beigetragen. Die Zahl der Ärzte, Zahnärzte und Pflegepersonen hat sich insgesamt sehr günstig entwickelt (vgl. Tab. 7), allerdings sind ländliche Gebiete im Vergleich zu den

Städten deutlich unterversorgt. Die Lebenserwartung bei der Geburt ist gegenüber 1960 um 24 Jahre auf 64 gestiegen, während die Säuglingssterblichkeit im selben Zeitraum um zwei Drittel zurückging.

Tabelle 7: *Sozialindikatoren*

	1960	1970	1980	1990/91
Lebenserwartung bei Geburt	40	51	56	64
Säuglingssterblichkeit	179	158	121	59
Kalorienverbrauch (Kopf/Tag)	2690	2340	2760	3310
E. pro Arzt	2560	1897	827	534
Zugang zu Trinkwasser (in % der Bev.)	..	..	75	86
Alphabetenquote[c]	30	41	43[a]	48[b]
Primareinschulungsrate[d]	66	72	78	98

[a] 1975-80; [b] 1988-90; [c] Anteil an Bev. im Alter von 10 Jahren und mehr; [d] in % der betr. Altersgruppe
Quellen: Human Development Report 1992; World Tables 1992.

Die Ausgaben für das Erziehungswesen stiegen von unter 3% des BSP in den 50er Jahren zu Beginn der 60er Jahre sprunghaft auf über 5% an, wo sie – nach einem deutlichen Rückgang Mitte der 70er Jahre bis Anfang der 80er Jahre – heute wieder liegen (1990: 5,3%). Weit überproportional stiegen dabei die Investitionsausgaben zunächst für den Ausbau des Grund- und Sekundarschulbereichs, später zunehmend auch der Hochschule. Dadurch wurde es möglich, heute fast 100% der Kinder einzuschulen, wenn auch der Schulbesuch besonders bei Mädchen und in ländlichen Gebieten hinter der Einschulungsrate herhinkt und viele Kinder die Schulen als faktische Analphabeten verlassen. Während die absolute Zahl der Analphabeten noch bis in die 70er Jahre angestiegen ist, begann ihr prozentualer Anteil mit wachsender Einschulungsrate rasch zu sinken; das politische Ziel der *Nasser*-Zeit, sie bis spätestens 1980 unter 50% zu drücken, ist immer noch nicht erreicht worden.

Der Hochschulbereich expandierte besonders stark: 1989/90 studierten an den zwölf ägypt. Universitäten 569 000 Studenten (davon 35% Frauen) – 19% aller Jugendlichen der entsprechenden Altersgruppe. Bei der „Explosion" der Studentenzahlen in den 70er Jahren ist allerdings der Anteil der Studierenden naturwissenschaftlich-technischer Fächer einschl. Medizin und Landwirtschaft wieder auf etwa ein Drittel gefallen. Auffallend ist die starke Zunahme der islamischen Schulen, aus denen die *Azhar*-Universität – die älteste Universität nicht nur der islamischen Welt – ihre Studenten rekrutiert: Im Vorbereitungsbereich sind inzwischen 11%, im Sekundarschulbereich sogar 28% aller Schulen *Azhar*-Schulen.

Frauen haben seit der Revolution in wachsendem Maße Zugang zum Bildungssystem und zur Berufstätigkeit außerhalb ihres traditionellen Betätigungsfeldes als mithelfende Familienangehörige in Kleinbetrieben und in der Landwirtschaft erhalten. Die Lebenserwartung von Frauen liegt etwas über dem Durchschnitt der Männer, doch ist der Abstand geringer als in den IL.

Ein großer Rückstand besteht nach wie vor im Bildungsniveau: So entfielen 1990 auf 100 lese- und schreibkundige Männer 54 Frauen (1970: 40); ähnlich war der Abstand bei der durchschn. Zahl der Schuljahre. Im Primar- und Sekundarschulbereich entfielen zwischen 75 und 80 Frauen auf 100 Männer, im tertiären Bereich nur 53 (1988/90). Der Anteil an den Arbeitskräften hat sich nach offiziellen Zahlen von rd. 7% (1970) auf rd. 10% (1990/91) erhöht. Eine anhaltende Wirtschaftskrise und wachsender Druck auf den Arbeitsmarkt durch Bevölkerungswachstum und Rückwanderung könnten künftig jedoch die Ausbildungs- und Berufsmöglichkeiten v. a. für Frauen aus ärmeren Familien und auf dem Lande wieder verschlechtern, zumal eine Rückdrängung der Frauen an „Heim und Herd" auch den Bestrebungen von Teilen der islamistischen Opposition entgegenkommen würde.

6. Politische Struktur und Entwicklung

Präsident *Hosni Mubarak* ist, wie seine drei Vorgänger im Präsidentenamt, ein ehemaliger Offizier. Ein Militärregime im landläufigen Sinne ist Ä.s politisches System trotzdem schon seit langem nicht mehr – obwohl der Einfluß des Militärs in der Führungselite unter *Mubarak* wieder größer geworden ist. Formal hat Ä. ein präsidentielles Regierungssystem, in dem der Präsident die Richtlinien der Politik bestimmt, die Regierung kontrolliert, unter Ausnahmezustand – wie er in Ä. seit der Ermordung *Sadats* wieder besteht – Verordnungen mit Gesetzeskraft erlassen und sich zudem in wichtigen Angelegenheiten jederzeit mit einem Referendum direkt ans Volk wenden kann.

Die in der Permanenten Verfassung von 1971 verankerte herausragende, durch plebiszitäre Regelungen noch verstärkte Stellung des Präsidenten reflektiert – wie andere aus der Provisorischen Verfassung von 1964 übernommene Regelungen – die institutionalisierte Seite von *Nassers* politischem System, mit dem die etatistische Entwicklungsstrategie des „Arabischen Sozialismus" hatte durchgesetzt werden sollen (vgl. Kap. 2).

Die informelle Seite bildete ein patrimonial-bürokratisches System, in dem zunächst eine Kerngruppe „Freier Offiziere" Regierung, Bürokratie und alle gesellschaftlich relevanten Institutionen (Medien, Gewerkschaften, Universitäten etc.) kontrolliert und sich mit der *Nationalen Union* (1957–61) bzw. später der *Arabischen Sozialistischen Union* (ASU; ab 1962) Massenorganisationen geschaffen hatte, die bei Bedarf mobilisiert werden konnten.

Um die Kerngruppe ehemaliger Militärs hatte sich seit der Entmachtung der alten politischen Elite (Großgrundbesitz, lokale Industriebourgeoisie, Auslandskapital) durch Kooptation von zivilen Experten (vor allem Ingenieuren und Wirtschaftsfachleuten) und Bürokraten allmählich eine neue Elite herausgebildet. Diese rasch expandierende „Staatsklasse" kontrollierte unter *Nasser* und zunächst auch noch unter *Sadat* den öffentlichen Wirtschaftssektor und die Finanzen und übte über direkte Investitionslenkung zentrale ökonomische Funktionen aus. Die soziale und politische Basis dieses Systems bildeten die mittleren Bauern, die traditionelle urbane Mittelklasse sowie die neu entstehende Mittelklasse der Techniker, Manager und Bürokraten.

Die Reformen des Jahres 1968 (Programm des 30. März), mit denen *Nasser* auf Arbeiter- und Studentenunruhen im Gefolge der Niederlage 1967 reagiert hatte, begünstigten privatwirtschaftliche Initiative und die Herausbildung eines neuen Unternehmertums, das hochmonopolisiert war und entsprechende Profite aus den wirtschaftlichen Verbindungen mit dem öffentlichen Sektor zog. Für die obersten Ränge der Bürokratie und Manager der öffentlichen Unternehmen ergaben sich daraus wiederum Profitmöglichkeiten, die es ihnen ermöglichten, Privatvermögen zu akkumulieren. Auf der Grundlage konvergierender Interessen entwickelte sich eine neue, vom rechten Flügel der Staatsklasse getragene Allianz zwischen neuem städtischen Unternehmertum, ländlicher Oberschicht und bürokratischer Elite.

Nachdem es *Sadat* gelungen war, mit einem Staatsstreich von oben, der sog. „Korrektiv-Revolution", im Mai 1971 „Machtzentren" aus Klientelgruppen der *Nasser*-Ära zu entmachten, wurde die Allianz des rechten Flügels der Staatsklasse mit der wiedererstarkenden Industrie-, Handels- und Agrarbourgeoisie zur politischen Basis seines Regimes: Die politische Bedeutung des Militärs trat in der Folgezeit zurück, während Teile der von *Nasser* entmachteten Großgrundbesitzerschicht und des städtischen Großbürgertums des *ancien régime* – nicht zuletzt über ihre Verbindungen zum Auslandskapital und zur Bürokratie – wirtschaftlich und politisch wieder aufsteigen konnten. Wirtschaftliche und innenpolitische Liberalisierung, zunehmende politische und wirtschaftliche Verflechtung mit westlichen IL, insbesondere den USA, und eine Politik des Ausgleichs mit Israel waren aufeinander bezogene Elemente einer Strategie, ein neues Entwicklungsmodell durchzusetzen, das den Interessen dieser Allianz entsprach.

Die Strukturen des formalen politischen Systems, besonders die umfassenden Machtbefugnisse des Präsidenten, blieben bestehen, aber der Grundrechtskatalog wurde in der neuen Verfassung erheblich erweitert und die Unabhängigkeit der Justiz gestärkt. Festgehalten wurde trotz der neuen liberalen bzw. kapitalistischen Orientierung am Verfassungsprinzip einer „sozialistischen Wirtschafts- und Gesellschaftsordnung", da es nicht das Interesse der Staatsklasse sein konnte, die Kontrolle über Produktionsanlagen und Finanzierungsmittel zu verlieren.

Auch unter *Sadat* und *Mubarak* übte und übt die herrschende Elite politische Kontrolle in erheblichem Umfang über informelle Klientelbeziehungen aus. Die wirtschaftliche Liberalisierung erforderte jedoch neben der außenpolitischen Öffnung zum Westen ein gewisses Maß an innenpolitischer Liberalisierung, durch die Präsident *Sadat* aber letztlich scheiterte (vgl. Kap. 2). Präsident *Mubarak* gelang es, mit einer Politik der vorsichtigen Liberalisierung die innenpolitische Situation nach der Ermordung *Sadats* relativ schnell zu entspannen. Die verhafteten Oppositionellen wurden freigelassen, die Pressefreiheit erweitert und politische Aktivitäten selbst der *Muslimbruderschaft* und der linken Oppositionsparteien in Grenzen zugelassen.

Bekannte Mitglieder der *Muslimbruderschaft* zogen sogar als Abgeordnete ins Parlament ein, nachdem sie Wahlbündnisse 1984 mit der Neuen *Wafd*-Partei – die die Tradition des *Wafd* wiederzubeleben versucht, der wichtigsten nationalen Partei in den Jahrzehnten von der Unabhängigkeit bis zur Revolution – und 1987 mit der aus dem linken Forum der ASU hervorgegangenen *Sozialistischen Partei der Arbeit* eingegangen waren. Während diese sich pragmatisch den Gegebenheiten anpaßten und auf radikalere Forderungen verzichteten, spielte sich die 1978 von *Sadat* gegründete, regierende *Nationaldemokratische Partei* (NDP) zunehmend selbst als konservative Sachwalterin islamischer Werte auf.

Außenpolitisch lockerte *Mubarak* die allzu enge Bindung der *Sadat*-Zeit an die USA und verbesserte wieder die Beziehungen zur Sowjetunion. Als Israel 1982 nur wenige Wochen nach der Erfüllung der letzten Bedingungen aus dem Friedensvertrag, nämlich der endgültigen Räumung des Sinai, im Libanon einmarschierte, um die PLO militärisch zu vernichten, berief *Mubarak* seinen Botschafter aus Tel Aviv zurück. Mit der dadurch eingeleiteten Politik eines „Kalten Friedens“ mit Israel konnte er in den folgenden Jahren die Vorbehalte der arabischen Staaten soweit abbauen, daß die *Arabische Liga*, die Ä.s Mitgliedschaft 1979 ausgesetzt hatte, Ä. 1989 wieder in seine Mitgliedsrechte einsetzte und den Sitz der Liga von Tunis zurück nach Kairo verlegte.

Partei und Regierung konnten damit jedoch nicht vermeiden, daß die Militanz islamistischer Gruppen außerhalb des etablierten politischen Spektrums wieder deutlich zunahm, als sich Ende der 80er Jahre die wirtschaftliche und soziale Krise verschärfte und Ä. mit einem Aufstand der Bereitschaftspolizei in Kairo 1986 und mit Streiks in den wichtigsten Industriezentren die heftigsten Unruhen seit den „Brotunruhen“ von 1977 erlebte. In den folgenden Jahren wuchs der Druck islamistischer Kräfte, die einen islamischen Staat errichten wollten und insbesondere in Mittel-Ä. die koptische Minderheit, aber auch Muslime, die ihnen nicht fromm genug schienen, terrorisierten.

Als sich *Mubarak* dann in der Kuwait-Krise auf die Seite der USA-geführten Koalition gegen *Saddam Hussein* stellte, verlor sein Regime bei den Islamisten den letzten Kredit, weil er sich in ihren Augen an einem westlichen „Kreuzzug“ gegen ein Wiedererstarken des Islam beteiligte. Mit gezielten Anschlägen auf Politiker, Militärs und Polizeioffiziere, aber auch auf säkularistische Intellektuelle und – vorübergehend – auf Touristen versuchten radikale Islamisten seitdem, den ägypt. Staat zu destabilisieren.

7. Entwicklungsperspektiven

Ä. weist typische Strukturmerkmale eines teilindustrialisierten Landes auf und teilt die charakteristischen Probleme sozioökonomisch schwach entwikkelter Gesellschaften am oberen Skalenende der „Wirtschaften mit niedrigem Einkommen" (nach Weltbankklassifikation) – einer Kategorie, in die Ä. 1992 abgerutscht ist, nachdem das jährliche Pro-Kopf-Einkommen auf 600 US-$ gefallen war. Im Vergleich zu anderen Ländern nimmt Ä. jedoch in mehrfacher Hinsicht eine besondere Stellung ein: Kaum weniger bemerkenswert als die endogenen Industrialisierungsbemühungen gleich zu Beginn der neueren Geschichte Ä.s ist die Einbeziehung des gesamten Agrarsektors in exportorientierte Marktbeziehungen bereits im 19. Jh., auch wenn sich dies als Phase eines Prozesses vollzog, der als Schulbeispiel für die „Entwicklung von Unterentwicklung" gelten kann.

Nach der Revolution von 1952 wurde der nasseristische Versuch einer vom Staat gesteuerten, binnengerichteten Entwicklungsstrategie mit partieller Abschottung vom Weltmarkt für eine Reihe anderer Länder zum Modell. Doch obwohl die Entscheidung für rasche Industrialisierung und Diversifizierung in Produktion und Export und für umfassende Planung dem damaligen Stand der entwicklungspolitischen Diskussion entsprach und zunächst auch zu überdurchschnittlichen Wachstumsraten führte, brachte dieser Versuch einer endogenen Entwicklung letztlich nicht die gewünschten Ergebnisse: Ausschlaggebend war neben den hohen Rüstungs- und Kriegsbelastungen und der Ineffizienz der Entwicklungsverwaltung das Industrialisierungsmodell, das mit seiner Konzentration auf kapitalintensive (Groß-)Projekte nicht der Ressourcenausstattung Ä.s entsprach, wegen seiner hohen Import- und Devisenabhängigkeit Handlungsspielräume verengte und damit über außenwirtschaftliche auch neue politische Abhängigkeit produzierte.

Die Ablösung des nasseristischen Entwicklungsmodells durch *Sadats* „Öffentlichkeitspolitik" und später *Mubaraks* Versuch einer Balance zwischen den Strategien zielten darauf, durch die allmähliche Reintegration der Wirtschaft in den kapitalistischen Weltmarkt neue Handlungsspielräume zu gewinnen. Die Erfolge waren jedoch eher auf glückliche Umstände als auf strukturelle Vorteile eines Modells der abhängigen Entwicklung zurückzuführen: Die Investitionen im Rahmen der Öffnungspolitik entsprachen mit ihrer Orientierung an kurzfristiger Rentabilität nur begrenzt den Bedürfnissen der Wirtschaft; vor allem flossen sie nur äußerst zögernd in die Landwirtschaft und die verarb. Industrie.

Darüber hinaus hat die Öffnungspolitik unter Verteilungsgesichtspunkten Ergebnisse der *Nasser*-Zeit wieder zunichte gemacht – nicht nur weil die Einkommensdisparitäten gewachsen sind; die Entwicklungsmodelle hatten auch eine unterschiedliche soziale Integrationskraft: Konnte *Nasser* den Menschen das Gefühl vermitteln, daß eine gerechtere Gesellschaft, in der mehr produziert und das Produzierte besser verteilt wird, ein reales Ziel von Politik sein kann, ließen sich die Hoffnungen der Bev. mit *Sadats* Öffnungspolitik nur so lange verbinden, wie nicht offensichtlich war, wie begrenzt die Zahl ihrer Nutznießer ist.

Vor allem aber hat die Öffnungspolitik die Außenabhängigkeit Ä.s gefährlich erhöht, weil sich der Schwerpunkt des Wirtschaftswachstums in Bereiche verlagert hat, deren Entwicklung besonders stark von internationalen Faktoren abhängig ist, von Ä. also nur bedingt beeinflußt werden kann: Erdölsektor, Gastarbeiterüberweisungen, Suezkanal-Einnahmen und Tourismus. Bereits um 1980 gingen *worst case*-Krisenszenarien von der Möglichkeit aus, daß aufgrund einer internationalen Krise Ä.s Deviseneinnahmen gleichzeitig in allen vier Bereichen fallen könnten, während Hunderttausende von Gastarbeitern auf einen sowieso bereits überfüllten Arbeitsmarkt zu einem Zeitpunkt zurückkehren, an dem der Regierung noch mehr als sonst die notwendigen Mittel für arbeitsplatzschaffende Investitionen fehlen.

Dieses Szenario wurde 1990/91 während der Kuwait-Krise bedrückende Realität und hätte Ä. in die tiefste Krise seit 1951/52 gestürzt, wenn nicht Saudi-Arabien, die USA und andere Gläubigerländer Ä. einen Großteil der Schulden erlassen hätten – ganz abgesehen davon, daß die Durchfahrt alliierter Kriegsschiffe die Suezkanal-Einnahmen und der galoppierende Erdölpreis die Exporterlöse kurzfristig wieder ansteigen ließen.

Es ist allerdings keineswegs ausgemacht, ob sich Ä. weiterhin auf seine „strategische Rente“ verlassen kann. Insbesondere ist fraglich, ob die USA Ä.s Friedenspolitik im bisherigen Umfang mit mehreren Mrd. US-$ Entwicklungshilfe und Krediten pro Jahr honorieren werden, wenn die Palästinenser und die anderen arabischen Nachbarn einen umfassenden Frieden mit Israel geschlossen haben werden. Auch wenn nicht anzunehmen ist, daß der Westen den Nahen Osten mit einem unsicheren Frieden allein lassen wird, kann angesichts der anhaltenden Wirtschaftskrise in den IL und angesichts der weltweit sich ausbreitenden Krisenzonen kein Staat auf „strategische Renten“ im bisherigen Umfang bauen oder auch nur auf reguläre Entwicklungskredite, solange nicht die Wirtschaftlichkeit der Projekte geklärt und bestimmte politische Forderungen (Beachtung der Menschenrechte, Partizipationschancen) erfüllt sind.

Die Chancen für dauerhafte wirtschaftliche und politische Fortschritte in den 90er Jahren werden kontrovers beurteilt, doch sprechen internationale Entwicklungen wie interne Faktoren dafür, daß der Liberalisierungs- und Öffnungsprozeß eine Eigendynamik entfaltet hat, die zumindest eine Rückkehr zu mehr Etatismus unwahrscheinlich macht. Das innenpolitische Kräfteverhältnis hat sich zugunsten der „Reformer“ verschoben, da das an Liberalisierung interessierte Bürgertum an wirtschaftlichem und politischem Einfluß gewonnen hat, während der finanzielle Handlungsspielraum des öffentlichen Sektors gesunken ist und auch bei den Gewerkschaften angesichts sinkender Reallöhne das Interesse an Reformen wächst. Die politische Elite wiederum will US-Interessen entgegenkommen und sieht die Regimestabilität inzwischen durch eine anhaltende Krise mehr bedroht als durch Fortschritte bei der Liberalisierung, zumal der öffentliche Sektor zwar reformiert, aber nicht radikal beschnitten werden soll.

Insgesamt hat sich der Handlungsspielraum der Regierung gegenüber Reformgegnern erhöht, da auch die islamistische Opposition bisher in Fragen der Wirtschaftsreform keine klare Frontstellung bezogen hat. Ferner hat die wachsende wirtschaftliche Verflechtung mit der Region den Handlungsspielraum etwa in der Geld- und Kreditpolitik reduziert. Schließlich haben Kompensationszahlungen nach dem Golfkrieg und die umfangreichen Schuldenstreichungen, die z. T. an die Erfüllung des IWF-Programms gekoppelt sind, das Reform*interesse* gestärkt und den finanziellen Spielraum der Regierung erweitert.

Ob Reform*chancen* ihre Grenzen an der schieren Größe mancher Probleme finden werden, ist schwer abzuschätzen; aber allein die Zahl von mindestens 6, nach anderen Berechnungen aber eher 9 bis 10 Mio. neuen Arbeitsplätzen, die in Ä. in diesem Jahrzehnt geschaffen werden müssen – eine Steigerung um bis zu 80 % gegenüber den knapp 13 Mio. Beschäftigten 1990 –, kann jeden Wirtschaftspolitiker nur mit Alpträumen erfüllen.

Wachsende Chancen für Reformen klären zudem nicht die politischen Perspektiven. Die Schwierigkeiten, die es dem Regime bereitet, die von Islamisten ausgehenden Gefahren richtig einzuschätzen und mit dem Terrorismus fertig zu werden, haben autoritäre Tendenzen in Regierung und Bürokratie gestärkt. Vor dem Hintergrund der internationalen Demokratisierungsdiskussion mag kein Zweifel daran bestehen, daß ein „nasseristischer Sozialpakt" – also: mehr wirtschaftliches Wachstum und gerechtere Verteilung um den Preis des Partizipationsverzichts in einem autoritär gesteuerten System – unter gegenwärtigen Bedingungen kaum wieder akzeptiert werden würde, weil sich – wie zahlreiche Beispiele aus anderen EL belegen – Menschen nicht mehr einfach vertrösten lassen, sondern selbst dann nach mehr politischer Beteiligung und Mitentscheidung verlangen, wenn es ihnen wirtschaftlich schlecht geht, – und wenn es ihnen besser geht, erst recht.

Literatur

CAPMAS (Central Agency for Public Mobilisation and Statistics): Statistical Yearbook (bis 1973: Statistical Handbook), Arab Republic of Egypt, Cairo.

Statistisches Bundesamt: Ägypten (Vereinte Arabische Republik). Länderberichte/Länderkurzberichte 1958 ff. (zuletzt: 1993).

Abaza, M. 1987: The Changing Image of Women in Rural Egypt. Cairo papers in Social Science 10, Monograph 3.

Abdel-Khalek, G./Tignor, R. (Hrsg.) 1982: The Political Economy of Income Distribution in Egypt, New York.

Adams. R.H., Jr., 1986: Development and Social Change in Rural Egypt, Syracuse/N.Y.

Ayubi, N.N.M. 1991: The State and Public Policies in Egypt Since Sadat, Reading.

Binder, L. 1988: Islamic Liberalism. A Critique of Development Ideologies, Chicago/London.

Bliss, F. 1989: Wirtschaftlicher und sozialer Wandel im ‚Neuen Tal' Ägyptens, Bonn.

Büttner, F./Klostermeier, I. 1991: Ägypten. Aktuelle Länderkunde, München.
Carter, B.L. 1986: The Copts in Egyptian Politics, London etc.
Commander, S. 1987: The State & Agricultural Development in Egypt since 1973, London/Atlantic Highlands/N.Y.
Farah, N.R. 1986: Religious Strife in Egypt. Crisis and Ideological Conflict in the Seventies, New York etc.
Handoussa, H./Porter, G. (Hrsg.) 1991: Labour Absorption and Structural Adjustment. Egypt in the 1990s, Cairo.
–/Shafif, N. 1993: The Economics of Peace. The Egyptian Case, in: Fisher, St./Rodrik, D./Tuma, E. (Hrsg.): The Economics of Middle East Peace, Cambridge, Mass./London, 19-49.
Hinnebusch, R. 1985: Egyptian Politics under Sadat, Cambridge.
Ikram, Kh. 1980: Egypt. Economic Management in a Period of Transition, Baltimore/London.
Kepel, G. 1985: The Prophet and Pharao. Muslim Extremism in Contemporary Egypt, London.
Kerr, M.H./Yassin, El-S. (Hrsg.) 1982: Rich and Poor States in the Middle East. Egypt and the New Arab Order, Boulder/Cairo.
Krämer, G. 1985: Ägypten unter Mubarak. Identität und nationales Interesse, Baden-Baden.
Kreditanstalt für Wiederaufbau 1986: Der Assuan-Staudamm und seine Folgen, Frankfurt/M.
McDermott, A. 1988: Egypt from Nasser to Mubarak, London.
Meyer, G., 1989: Kairo. Entwicklungsprobleme einer Metropole der Dritten Welt, Köln.
Moore, C.H. 1980: Images of Development. Egyptian Engineers in Search of Industry, Cambridge, Mass./London.
Oweiss, I.M. (Hrsg.) 1990: The Political Economy of Contemporary Egypt, Washington, D.C.
Palmer, M./Leila, A./Yassin, El Sayed 1988: The Egyptian Bureaucracy, Syracuse/N.Y.
Pawelka, P. 1985: Herrschaft und Entwicklung im Nahen Osten: Ägypten, Heidelberg.
Radwan, S. 1974: Capital Formation in Egyptian Industry & Agriculture 1882-1967, London.
Richards, A. (Hrsg.) 1986: Food, States, and Peasants. Analyses of the Agrarian Question in the Middle East, Boulder/London.
– 1991: The Political Economy of Dilatory Reform: Egypt in the 1980s, in: World Development, 19, 1721-1730.
– /Waterbury, J. 1991: A Political Economy of the Middle East. State, Class and Economic Development, Boulder/Col.
Rubin, Barry 1990: Islamic Fundamentalism in Egyptian Politics, London.
Rugh, A. 1987: Family in Contemporary Egypt, Syracuse/N.Y.
Semsek, H.-G./Stauth, G. 1987: Lebenspraxis, Alltagserfahrung und soziale Konflikte. Kairoer Slums der achtziger Jahre, Stuttgart.
Schölch, A./Mejcher, M. (Hrsg.) 1992: Die ägyptische Gesellschaft im 20. Jahrhundert, Hamburg.
Springborg, R. 1989: Mubarak's Egypt. Fragmentation of the Political Order, Boulder/Col.
Tripp, Ch./Owen, R. (Hrsg.) 1989: Egypt under Mubarak, London.
Vatikiotis, P.J. 1991: The History of modern Egypt. From Mohammad Ali to Sadat, 4. Aufl., London.
Waterbury, J. 1983: The Egypt of Nasser and Sadat. The Political Economy of Two Regimes, Princeton.
The World Bank 1993: Arab Republic of Egypt. An Agricultural Strategy for the 1990s, Washington, D.C.

Algerien

Hartmut Elsenhans

1. Historische und wirtschaftsgeographische Grunddaten

Algerien (A.) umfaßt 2 381 741 qkm, der Norden (Tell und Steppe) nur 381 000 qkm. Der Rest ist Saharawüste. Norda. bildet ein 1000 km langes Viereck (West-Ost), das aus dem östlichen Teil mit guten Regenfällen, dem westlichen Teil mit trockenem Mittelmeerklima, der östlichen Hochebene um Constantine mit noch guten Regenfällen und der Hochebene südlich Algier und Oran mit unzureichenden und unregelmäßigen Regenfällen besteht. In den Küstenregionen des Ostens ist mit Regenfällen um 700 mm/Jahr zu rechnen, auf den Hochebenen des Ostens mit 340 mm (Batna), an der westlichen Küste mit 400 und in den Grenzregionen zur Wüste mit 50-90 mm.

A. führt seine Geschichte auf das alte Numidien zurück, das von Rom gegen erbitterten Widerstand unterworfen wurde und später eine hohe Blüte christlicher Kultur (*Augustinus*) erlebte. A. wurde im 7. Jh. in den islamisch-arabischen Kulturraum einbezogen, wobei die ansässige berberische Bev. (Kabylen, Chaouia, Tuareg) allmählich, aber nicht vollständig arabisiert wurde. A. partizipierte weniger als die benachbarten Marokko und Tunesien vom transsaharischen Handel und stand bis zum 16. Jh. unter der Herrschaft miteinander konfligierender Dynastien, die aber nicht in der Lage waren, die Selbstverwaltung (Militärdemokratie) der Stämme außerhalb der größeren Städte zu beseitigen. Die gesellschaftliche Differenzierung blieb gering. Die männliche Bev. behielt das Recht, Waffen zu tragen.

Seit dem 16. Jh. war A. Teil des Osmanischen Reiches, allerdings mit großen Selbstverwaltungsrechten, einschließlich des Rechts auf Pflege internationaler Beziehungen für den in Algier residierenden *Dey*, wobei die städtisch-staatliche Ökonomie auch von Piraterie abhing. 1830 wurde A. nach nichtigem Anlaß von Frankreich als erste Kolonie seines 2. Kolonialreichs gegen erbitterten Widerstand (*Abdelkader*, Ende des Widerstands 1847) erobert, wobei die von der türkischen Oberschicht geschaffenen städtischen und staatlichen Strukturen weitgehend zerschlagen wurden. Bis 1962 blieb es eine frz. Siedlungskolonie mit äußerst geringen Selbstverwaltungsrechten. Um 1 Mio. Europäer besaßen ein Viertel der landwirtschaftlichen Nutzfläche und nahezu die gesamte, allerdings wegen der Offenheit für die frz. Konkurrenz wenig entwickelte Industrie.

Die Unabhängigkeit wurde in einem blutigen Befreiungskrieg 1954–62 von der *Front de Libération Nationale* (FLN) erkämpft, der heutigen Staatspartei. Die militärischen Erfolge der frz. Armee bei der Bekämpfung der Guerilla hatten zur Folge, daß die alg. Bauern, die die Hauptlast des antikolonialistischen Widerstands im Innern trugen, politisch trotz aller verbalen Zusicherungen im unabhängigen A. ausgeschaltet blieben. Die Führung fiel an die Militärs, die in Tunesien und Marokko eine Grenzarmee aufgebaut hatten. Diese übernahm nach dem frz. Abzug im Sommer 1962 die Macht.

Wegen des Versuchs, mit Hilfe der alg. Arbeiterbewegung, die v. a. in Frankreich unter den alg. Gastarbeitern eine Basis hatte, den Einfluß dieser Armee zu mindern, wurde der erste Staatspräsident *Ben Bella* durch Oberst *Boumedienne* 1965 gestürzt, der dann die sozialreformerische und auf den Ausbau einer nationalen Industrie gerichtete Politik erheblich verstärkte. Die ökonomischen Bemühungen Frankreichs, in A. durch wirtschaftlichen Fortschritt für eine pro-frz. Elite eine Basis zu schaffen, hatte zu einer in ihrer Intensität sonst in keiner Kolonie zu beobachtenden Industrialisierungspolitik geführt, durch die auch Projekte in der Schwerindustrie initiiert wurden, an die A. mit veränderten Akzentsetzungen anknüpfen konnte.

2. Demographische Entwicklung

A. hatte 1990 rund 25,1 Mio. Einwohner. Das Bevölkerungswachstum sank seit 1979 von 3,1% auf 2,6% (1990), weil die Bruttogeburtenrate von 4,4 auf 3,1 abnahm. Die alg. Bevölkerung ist weiterhin sehr jung: Der Anteil der unter 25jährigen betrug 1990 um 63%. Die Verstädterung nimmt weiter zu.

3. Die Krise des algerischen Entwicklungsmodells

Die wirtschaftliche Entwicklung von A. war seit Mitte der 80er Jahre durch den Niedergang der Öleinnahmen gekennzeichnet. Da der alg. Entwicklungsweg seit den 60er Jahren auf der Transformation der Ölrente in wirtschaftliche Entwicklung beruhte, führte dies zur Stagnation des BSP, insbesondere auch der industriellen Entwicklung. Aufgrund eines sinkenden BSP pro Kopf nahmen der Beschäftigungsgrad und die verfügbaren Einkommen ab. Versuche zur Veränderung der Entwicklungsstrategie mit dem Ziel, von der Ölrente weniger abhängig zu werden, führten nicht zur erhofften Ankurbelung der privat organisierten Produktion in Landwirtschaft und Industrie, sondern zu verschärfter Einkommensungleichheit und Korruption.

Tabelle 1: *Bevölkerung*

	1970	1980	1990
Bev. in Mio.	13,8	18,7	25,1
Urbanisierungsrate	39,5	43,4	51,7
Jugendliche unter 14 Jahren (in %)	..	..	43,6
Bevölkerungswachstum p.a.	1965-80	1980-90	
- Gesamtbevölkerung	3,1	3,0	
- Stadtbevölkerung	3,9	4,8	

Quellen: World Tables 1992; Weltentwicklungsbericht 1992.

Wachsende soziale Spannungen aufgrund einer zunehmenden arbeitslosen, v. a. jugendlichen Bev. in den Städten, und sich verschärfende Konflikte innerhalb der alg. Staatsklasse führten im Okt. 1988 zu Straßenunruhen in den Städten, auf die der Staatspräsident mit einem umfassenden Programm des institutionellen Umbaus antwortete. Der rasch wachsende Einfluß islamischer Strömungen in der Bev. verhinderte eine politische Öffnung mit der Folge, daß die Armee im Jan. 1992 zur Verhinderung der legalen Machtübernahme durch politische Vertreter der islamischen Bewegung *Front Islamique du Salut* (FIS) bei allgemeinen Parlamentswahlen die Macht in einem Militärputsch übernahm. Dabei konnte sie sich auf die Zustimmung einer durchaus breiten Minderheit stützen. A. steht am Rande eines Bürgerkriegs und ist in zwei fast gleich große Lager gespalten.

Tabelle 2: *Auslandsverschuldung (in Mio. US-$)*

	1980	1985	1988	1990	1991
Gesamtschulden[a]	19359	18401	26745	29794	28636
Langfr. Schulden (LDOD)	17034	16539	25125	27740	26557
Öffentl. Gläubiger	3495	3886	4720	5884	6548
- multilateral	284	582	1397	2085	2716
- bilateral	3211	3303	3322	3799	3831
Private Gläubiger	13539	12654	20405	21856	20009
Schuldendienst	4083	5023	6720	9501	9822
Schulden[a]/BSP (%)	..	32,5	46,8	51,6	70,4
Schuldendienstquote	..	35,7	78,7	68,4	68,4

[a] öffentlich und privat, kurz- und langfristig
Quelle: World Debt Tables 1992-93.

3.1 Sinkende Ölrente – steigende Auslandsschulden

Durch die zweite Ölpreiskrise waren die alg. Ölexporterlöse 1979/80 kräftig angestiegen und betrugen 1980–85 zwischen 12 und 14 Mrd. US-$ gegenüber 1974–78 durchschnittlich 5,4 Mrd. US-$. Im Winter 1985/86 sanken die Rohölpreise, so daß die alg. Exporterlöse 1986–89 auf 8–9 Mrd. US-$ zurückgingen und damit, gemessen am Preisindex für Investitionsgüter, unter das Niveau vor der zweiten Ölpreiskrise fielen. Durch diesen Rückgang sanken die Einnahmen des Staats aus der Ölrente zwischen 1985 und 1987 auf 43%. Damit halbierte sich die für Investitionsausgaben der öffentlichen Hand verfügbare Finanzmasse. 1982–85 entsprachen die Steuereinnahmen des Staats aus Öl ungefähr den Investitionen des Staatshaushalts, während, anders als in den 70er Jahren, die Akkumulation aus internen Steuerquellen vernachlässigbar klein wurde.

Gleichzeitig erhöhte sich die Schuldendienstlast. Wie andere erdölexportierende Länder hatte auch A. nicht der Versuchung widerstanden, in Erwartung weiterhin hoher Ölpreise in den 70er Jahren die externe Verschuldung zu erhöhen. Im Interesse nationaler Unabhängigkeit wurden dabei die Institutionen des „Imperialismus" wenig, dafür aber die privaten Banken der Investitionsgüterlieferanten stark bemüht, mit der Folge einer raschen Anpassung der Konditionen an die Zinssteigerungen der 80er Jahre. Obwohl Anfang der 80er Jahre eine Politik der Verminderung der Schulden eingeleitet wurde, explodierte der Schuldendienst (vgl.Tab.2).

3.2 Wandel der Entwicklungsstrategie

Auf eine solche Kontraktion des finanziellen Verteilungsspielraums war die alg. Wirtschaft in dieser Phase, die durch den Versuch einer Neuorientierung der Entwicklungsstrategie gekennzeichnet war, nicht vorbereitet. Seit 1967, also einsetzend vor der Ölpreissteigerung, bis 1979 wurde ein Entwicklungsmodell verfolgt – verbunden mit den Namen der Staatspräsidenten *Boumedienne* (Ende 1978 an einer mysteriösen Krankheit verstorben, was noch heute zu Mutmaßungen über Konflikte innerhalb der alg. Staatsklasse führt), des damaligen Industrieministers und späteren Ministerpräsidenten *Abdesselam* (Juli 1992 – Aug. 1993) und des frz. Wirtschaftswissenschaftlers *de Bernis* –, dessen Ziel der Aufbau einer integrierten Industrie war. Sie sollte sich auf einen durch Sozialreformen expandierenden inneren Markt ausrichten und damit in die Lage versetzt werden, die zunächst importierten Technologien aufgrund von Größenersparnissen durch Homogenität der Nachfrage im eigenen Land aufzubauen.

Erwartet wurde ein Seiteneinstieg in die technologische Entwicklung der führenden IL. Obwohl eine solche Strategie von der Verfügbarkeit von Exporterlösen oder anderen finanziellen Transfers abhängt und damit durch die Ölrente begünstigt wurde, zerstörten die hohen Ölpreissteigerungen von 1973/74 und 1979 ihre innere Kohärenz. Alle mit Investitionsplanung befaßten Institutionen (Ministerien, Staatsbetriebe) erhöhten nach 1974 rasch zur Sicherung ihres Einflusses innerhalb der alg. Staatsklasse ihre Investitionspläne. Wegen der knappen komplementären Produktionsfaktoren mußten ungeplante Verzögerungen bei der Durchführung der Investitionen auftreten. Geplante Verflechtungen konnten nicht verwirklicht werden. Jedes staatliche Unternehmen war bestrebt, sich von in Plänen zugesicherten Zulieferungen anderer Unternehmen unabhängig zu machen. Die Hinwendung zu ausländischen Lieferanten und die Aufnahme ineffizienter Produktionen nahmen zu und damit die Kosten und die Abhängigkeiten.

Die staatliche Industrie war Ende der 70er Jahre durch hohe Kosten, einen hohen Kapitalkoeffizienten und unausgelastete Kapazitäten bei technischer Inflexibilität gekennzeichnet, da die importierte hochmoderne Technologie trotz immer weiter verfeinerter Instrumente der Kooperation mit ausländischen Unternehmen (*cléfs en main*, *produits en main*, Ausbildungsverpflichtungen etc.) doch nicht rasch gemeistert werden konnte. Da die Anwendung importierter Technologie – insbesondere bei einem überhöhten Wechselkurs – höhere Produktivitätssteigerungen versprach als die Nutzung lokal produzierter – zunächst im Verhältnis zu den Kosten weniger effizienter – Maschinen, wurde wichtigstes Opfer der Beschleunigung des Investitionsprozesses die im ursprünglichen Modell geplante Integrationsindustrie, nämlich der lokale Maschinenbau, die mit wenigen Ausnahmen (einfache Baumaschinen, Pumpen, Lastwagen, begrenzte Gießereikapazität) nicht entstand.

Statt der Verflechtung der Industrie wurden nur laufende Defizite der Staatsunternehmen erreicht, die diese mit dem Hinweis auf ihre Rolle bei der Transformation des ökonomischen und sozialen Umfelds rechtfertigten, um so den Zugang zur vom Staat kontrollierten Ölrente zu öffnen. *Boumedienne* hatte versucht, diese Ungleichgewichte durch politische Radikalisierung (Betonung der sozialistischen Komponente der alg. Revolution) zu überwinden und bedrohte damit ab 1976 die Privilegien der alg. Staatsklasse. Als sein Nachfolger wurde gerade deshalb ein Politiker gewählt, von dem erwartet wurde, daß er eine Spaltung der alg. Staatsklasse vermeiden würde und einen Ausweg ohne eine solche Radikalisierung erreichen könnte.

Chadli Benjedids Strategie der Entwicklung basierte auf einer durch die Ölrente abgesicherten, auf wachsende Unabhängigkeit von der Ölrente ausgerichteten gleichzeitigen Effektivierung der Produktion in Industrie und Landwirtschaft durch Dezentralisierung der öffentlichen Unternehmen, Förderung des privaten Sektors und verstärkte Marktelemente in der Landwirtschaft, wozu eine Umorientierung der Investitionsprioritäten, weg von der Schwerindustrie, hin zur Leichtindustrie und zur Landwirtschaft dienen sollte. Die staatliche Planung wurde ohne öffentliche Diskussion auf eine Planung der Investitionsvorhaben reduziert. Makroökonomische und sektorale Komplementaritäten verschwanden aus den Plandokumenten.

3.3 Unternehmensreform

Instrument der Dezentralisierung der ökonomischen Entscheidungen im öffentlichen Sektor war die Auflösung der ca. 50 häufig für ganze Branchen zuständigen Staatsunternehmen und deren Überführung in ca. 500 für eine geringere Produktpalette zuständige mittlere Unternehmen. Damit sollte die Macht der Unternehmensleitungen gegenüber der Regierung bei der Auseinandersetzung um die Ölrente (beim Versuch, Ineffizienz durch die Ölrente zu finanzieren) vermindert werden, um die Unternehmen schrittweise zu wirtschaftlicher Autonomie, d. h. zur Unabhängigkeit von staatlichen Rentenzuweisungen zu zwingen. Außerdem sollten Unternehmen über die Konkurrenz auf Märkten gezwungen werden, Gewinne zu erwirtschaften und sich an die Selbstfinanzierung ihrer Investitionen, nötigenfalls über kommerzielle Beziehungen zum Banksektor zu gewöhnen, bei dem die Unternehmen bisher neue Kredite ohne Rückzahlung der vorherigen erzwungen hatten.

Schon die Aufteilung der Unternehmen war schleppend, weil sie mit einer Aufteilung der Schulden einhergehen mußte, die die Regierung nicht übernehmen wollte oder konnte. Ende 1987 waren dann 42% aller im öffentlichen Sektor Beschäftigten in Unternehmen mit weniger als 500 Beschäftigten tätig, vor der Umstrukturierung 67% in Unternehmen mit mehr als 500 Beschäftigten.

Auf noch größeren Widerstand stieß die Durchsetzung der Autonomie der Unternehmen. Vier Jahre verstrichen zwischen der 1983 im Prinzip erfolgten Aufteilung und der Vorlage von Texten zum veränderten Status der Unternehmen. Finanzielle Autonomie der alg. Staatsunternehmen mußte Entkoppelung zwischen den Finanzen der Unternehmen und dem staatlichen Schatzamt und Fortdauer des staatlichen Eigentums verbinden (fehlendes nationales privates Kapital, das die Unternehmen hätten kaufen können, und politische Gründe). Die gewählte Lösung bestand in der Einrichtung von *Fonds de participation*, an die der Staat ohne Aufgabe seines Eigentums und damit zukünftiger Einkommensansprüche (außer der nationalen Ölgesellschaft hatten bis damals die Staatsbetriebe keine Gewinne nennenswerten Umfangs an das Staatsbudget abgeführt) die Eigentümerfunktion (der Kontrolle der Geschäftspolitik der Unternehmen) übertrug. Die Mitglieder der *Fonds de participation* wurden von der Regierung ernannt. Da sie wegen der Zahl solcher Fonds von der Mitwirkung bei makroökonomischen und sektoralen Planungsentscheidungen der Regierung ausgeschlossen waren, mußte ihr eigenes Ziel sein, die Rentabilität der ihnen anvertrauten Unternehmen zu stärken.

Diese rechtlichen Veränderungen (Anfang 1988) erlaubten allerdings weiterhin staatliche Intervention in strategische Unternehmensentscheidungen. Das geschah v. a. durch direkte Hilfen wie Zinssubventionen, auch wenn – durch Ersetzung des Planungsministeriums durch einen nationalen Planungsrat 1987 – die Konzertierung zwischen Staat und Unternehmen, die eigene mittelfristige Pläne aufzustellen hatten, nunmehr auch rechtlich und nicht mehr nur in der Realität im Vordergrund stehen sollte, allerdings im Unterschied zu früher bei drastischer Verminderung der staatlichen Zuwendungen: Der Ankündigung, daß das Schatzamt nicht mehr die Investitionen finanzieren würde, stand die Übernahme aller Kosten der Transformationen im Umfeld der Unternehmen durch die Regierung (Infrastruktur, Wohnungen der Arbeiter, Transportmittel) gegenüber, durch die die bürokratische Aushandlung solcher komplementär wirkender staatlicher Investitionen transparent gemacht werden sollte.

Die Durchsetzung der Unternehmensautonomie war ähnlich schleppend wie die Dezentralisierung, betraf zunächst v. a. Banken und natürliche Monopole wie Hafenverwaltungen oder regionale Bauunternehmen, die Verluste über die Preisbildung eher leicht abwälzen konnten. Bis Anfang 1990 waren gerade 140 der 459 betroffenen öffentlichen Unternehmen erfaßt. Weitere 100 waren auf dem Weg zur Autonomie. Bis heute hat die Autonomie der Unternehmer nicht zu rascher Kapitalakkumulation geführt. Die 1992 vorgenommene Rücknahme der *Fonds de participation* durch die Regierung *Abdesselam* stieß deshalb auf keinen beobachtbaren Widerstand, obwohl sie den Eingriff der Regierung in Unternehmensentscheidungen zur Folge hat.

Wenn die Unternehmen zur Autonomie und Konkurrenz gezwungen werden sollten, mußte ein nationaler Kapitalmarkt geschaffen werden – mit Trennung der Aufgaben von Zentralbank und Geschäftsbanken. Mit dem Anfang 1990 erlassenen Gesetz über Geld und Kredit wurde die *Banque Centrale de l'Algérie* eine selbständige Notenbank mit einem nicht absetzbaren, von der Regierung durch Dekret ernannten Gouverneur, die das Monopol der Geldemission und Aufgaben der Refinanzierung der Geschäftsbanken erhielt und in einem nationalen Rat für die Geldpolitik eine starke institutionelle Stellung haben sollte. Die Geschäftsbanken sollten in autonomer Geschäftsführung Kredite in Funktion der eigenen Einschätzung der Rückzahlungsfähigkeit der kreditnehmenden Unternehmen ohne Rücksicht auf den rechtlichen Status (öffentlich oder privat) und die entwicklungspolitische Priorität des Investitionsvorhabens tätigen. Damit war die Logik der Transformation der Rente für einen erst in Zukunft durch komplementäre Investitionen und Sozialreformen rentablen Produktionsapparat zerschlagen.

3.4 Förderung des Privatsektors

Ziel der Regierungspolitik gegenüber dem privaten Sektor war es, seine vermutete Dynamik für eine rasche Expansion der Arbeitsplätze und eine verstärkte Substitution von Importen zur Entlastung der Zahlungsbilanz zu nutzen. Dabei spielte die Beobachtung eine Rolle, daß die Expansion der staatlichen Investitionen ohne komplementäre Produktionsausweitung im staatlichen Sektor während der 70er Jahre wie ein keynesianisches Konjunkturförderungsprogramm gewirkt hatte. Die private Industrie wuchs durch die Konsumgüternachfrage, die infolge der im öffentlichen Sektor gezahlten Einkommen rasch zunahm, ohne daß es überhaupt staatliche Anreize für private Investitionen gegeben hätte, die, wie sich später zeigte, von einer ganzen Reihe privater Unternehmen gemieden wurden, um nicht in das Netz staatlicher Überwachung einbezogen zu werden.

Die Förderung der Unternehmen wurde – so die 1982 erfolgte neue Gesetzgebung über den privaten Sektor – kombiniert mit enger Kontrolle. Investitionsvorhaben wurden beschränkt auf die Höchstsumme von 35 Mio. DA und erforderten auch unterhalb dieser Höhe eine Einzelgenehmigung, bei der der Zweck der Produktion, das Investitionsvolumen, die Höhe der importierten Vorprodukte und Investitionsgüter und das herzustellende Produkt festgelegt wurden. Der Zugang zu Importgenehmigungen war abhängig von diesem *agrément* durch die eigens dafür eingerichtete Behörde OSCIP, deren Ziel es sein sollte, potentielle Investoren auf von der staatlichen Wirtschaftsplanung präferierte Bereiche zu orientieren, in denen noch keine Sättigung erreicht war.

Solange der Wechselkurs durch die Ölrente nicht der Grenzproduktivität im übrigen alg. Produktionsapparat entsprach und damit überhöht war, bedeutete jeder Zugang zu Devisen für Ausrüstungsgüter beim offiziellen Wechselkurs eine Subvention, die angesichts der Knappheit der Rente, die der Investor mit seinem Vorhaben nicht beseitigte, vom Staat als dem Verwalter der Rente zu überprüfen war, um infolge von Fehlinvestitionen auftretende Verluste zu vermeiden. Diese hätten nicht nur den privaten Investor, sofern er den Kredit zurückzahlte, sondern – in Höhe der implizierten Subvention – auch den Staat betroffen. Zudem wurde das Genehmigungsverfahren durch weitere Instanzen (die 1981 gegründete *Chambre Nationale du Commerce* – CNC) kompliziert. Der Wille zur Planung des privaten Sektors wird auch darin deutlich, daß diese Institutionen nach Wirtschaftssektoren organisiert waren, um Kapazitäten zu planen.

Bis zum Niedergang der Ölrente waren die Erfolge bei der Förderung des privaten Sektors trotz einer hohen Zahl von Anträgen begrenzt, wobei nur geschätzte 5% der beantragten Investitionen auch realisiert wurden. Die regionale und branchenmäßige Verteilung belegt, daß für private Investoren primär die Nachfrage auf den Absatzmärkten, nicht aber staatliche Förderungsinstrumente wichtig waren, auch wenn diese Förderungsinstrumente die Investition erst ermöglicht haben mögen.

Ähnlich wie beim öffentlichen Sektor ist 1988 bei der Förderung der Privatinitiative ein Durchbruch zu beobachten. Im Oktober 1988 wurde die Genehmigungsbehörde aufgelöst, nicht aber die Zuständigkeit der CNC für Importgenehmigungen. Sofern ein Unternehmen ohne Investitionsgüterimporte auskommt, kann es seither ohne Genehmigung errichtet werden.

Bis zum Rückgang der Ölrente 1985/86 waren im öffentlichen und im privaten Sektor der Industrie die Reformerfolge begrenzt. Die Durchsetzung von Maßnahmen wurde erst durch den Rückgang der Rente begünstigt. Erfolgreich war allerdings nur eine Gruppierung innerhalb der Staatsklasse, die in enger Verbindung zum Präsidenten stand und im Kampf gegen eine überzogene Etatisierung eine Politik der nahezu „reinen" Marktwirtschaft verfolgte. Sie war auf der Annahme gegründet, daß die Durchsetzung von Marktbeziehungen auch in strukturell heterogenen Wirtschaften (Tendenzen zu Marktversagen) die in der Rentenökonomie implizierten Inflexibilitäten leicht überwinden werde.

In der Diskussion über die Wirtschaftsreform seit Mitte der 80er Jahre überwiegen Kontroversen über die Wirkung von Instrumenten der Wirtschaftssteuerung gegenüber einer Analyse der in der Produktionsstruktur angelegten Tendenzen zu Marktversagen, wobei der staatlichen Planung die Stützung der Rente, dem Markt und der Konkurrenz die Förderung der Effizienz zugeschrieben werden. Auf makroökonomischer Ebene läßt sich zeigen, daß Profite aus Regierungsdefiziten, einem Exportüberschuß oder einer lokal verwirklichten Nettoinvestitionsgüterproduktion über den Wert der Abschreibung hinausgehen. Da die Beseitigung des Defizits des öffentlichen Sektors erklärtes Ziel war, könnte die Stützung von Profiten durch dieses Instrument nur als Fortdauer der Rentenökonomie interpretiert werden, die tatsächlich die Privatunternehmer weitgehend von ihren Beziehungen zu staatlichen Auftraggebern abhängig gemacht hatte. Ein Exportüberschuß der verarbeitenden öffentlichen und privaten Industrie war bei einem (durch aus Ölexporten resultierenden Deviseneinnahmen) überhöhten Wechselkurs genauso wenig zu erwarten wie eine lokale Investitionsgüterproduktion.

Tabelle 3: *Entwicklung der Beschäftigung (in Tsd.)*

	1980	1985	1987	1990
Landwirtschaft	975	966	725	975
Industrie	414	509	622	601
Hoch- und Tiefbau	461	658	690	717
Transport/Verkehr	168	167	216	230
Handel	509	612	534	600
Verwaltung	638	900	1180	1309
gesamt	3165	3812	3967	4432
Erwerbsfähige	9112	..	..	13503

Quelle: Planungsministerium.

Die für die (über den Markt zu erfolgende) Diversifizierung der lokalen Produktion notwendige Abwertung des alg. Dinars erfolgte erst 1987, z. T. wegen des Wegfalls der Rente, v. a. aber auch wegen der rasch zunehmenden Inflation von inzwischen jährlich mehr als 30%. Mit der Verminderung der staatlichen Investitionen und der rasch sich ausweitenden Arbeitslosigkeit (ab 1986 wurden viele Arbeitsplätze verloren, die nicht durch neue Arbeitsplätze ersetzt werden konnten, bis 1985 wurden pro Jahr 150000 Arbeitsplätze geschaffen) fehlen vom Markt die Signale, die private Unternehmer zu Investitionen bewegen könnten. Bis 1989 stagnierte die Produktion des privaten nichtlandwirtschaftlichen Sektors.

3.5 Verarbeitende Industrie

Vom Rückgang der Öleinnahmen hat A. nicht durch eine Zerschlagung der Logik der Rente profitieren können, weil die dadurch erzwungene Abwertung zu gering war, um alg. Produkte außerhalb des Ölsektors auf dem Weltmarkt wettbewerbsfähig zu machen. Die verstärkten Barrieren gegen Importe haben der nationalen Produktion keine weiteren Märkte eröffnet, weil angesichts der Schwäche der Produktivität der alg. verarbeitenden Industrie (auch der privaten, die mit hohen Kosten Produkte meist geringer Qualität herstellt) die staatliche Austeritätspolitik von seiten der Nachfrage die Entfaltung der Logik des Profits behinderte, und von seiten des Angebots zwar Arbeitskräfte, nicht aber die komplementären Produktionsfaktoren, nämlich Produktionsmittel bereitstanden.

Beim Ende der 80er Jahre erreichten Kapitalkoeffizienten von mindestens 4–5 und einer Wertschöpfung der verarbeitenden Industrie von (beim damaligen Wechselkurs) 7,5 Mrd. US-$ sowie einer Erneuerungsrate einschließlich Ersatzteile von 10% entsprechen die Kapitalgüterimporte von 1989/90 mit 2,5-3 Mrd. US-$ gerade der Hälfte des Bedarfs der verarbeitenden Industrie (bei einem unterstellten Importanteil an den Investitionen in Höhe des Ausrüstungsanteils von ca. 60%). Da weiterhin ein Fünftel des BSP aus der kapitalintensiven Öl- und Gasproduktion stammt, die als wichtigste Devisenquelle (weiterhin über 95%) aufrechterhalten werden muß, ist die Annahme berechtigt, daß beim derzeitigen Importvolumen die Reproduktion des aus der Ölrente finanzierten Produktionsapparats in der verarbeitenden Industrie nicht mehr völlig gesichert ist.

Für das Ausbleiben der Logik des Profits, trotz Abwertung und Verfall der Rente, lassen sich zwei Gründe angeben, nämlich die Schwäche der Ausrüstungsgüterindustrie und die Schwäche der Agrarproduktion. Unter der Präsidentschaft *Chadlis* konnte zwar die Logik der Planung des Entwicklungsmodells der „*industries industrialisantes*“ zerschlagen werden, es gelang jedoch nicht, durch Dezentralisierung, Abwertung, Entregulierung und Schaffung einer marktfreundlichen Wirtschaftsordnung die Produktion von Massenkonsumgütern mit lokalen Produktionsmitteln voranzutreiben. Obwohl die

Verbrauchsgüternachfrage von 1979 zeigt, daß mit Ausnahme des Sektors Transport (individuelle Autos) die Konsumgüternachfrage nicht durch Produkte hoher Qualität und hoher technischer Anforderungen bestimmt war, gelang es nicht, die Nachfrage nach Industriewaren des täglichen Gebrauchs für den Einsatz von lokal produzierter Technologie zu nutzen.

Allein 85 % der in A. konsumierten Textilien kommen noch heute aus dem Ausland. Lediglich im Bereich der Baumaterialien, der Nahrungsmittelindustrie und der (von den heimischen Rohstoffen Gas und Öl begünstigten) Chemieindustrie führte der Rückgang der Rente zu allerdings bescheidenen Produktionssteigerungen zwischen 1984 und 1990. Alle anderen Zweige der verarbeitenden Industrie wiesen 1990 gegenüber 1984 z. T. massive Rückgänge („industries diverses“ 49 %, Textilien 9 %, metallverarbeitende und Elektroindustrie 15 %) auf, obwohl der Anteil der Importe an der Marktversorgung rückläufig war, also durchaus Absatzmöglichkeiten wenn auch beschränkten Umfangs durch Importsubstitution vorhanden waren.

Tabelle 4: *Wachstumsraten (p. a. in %)*

	1973-80	1980-91	1990
Landwirtschaft	8,4	4,8	-17,0
Industrie	3,9	1,1	-2,9
- Verarb. Industrie	10,5	-2,5	-23,0
Dienstleistungen	5,9	2,3	-3,9
BIP	6,6	2,1	-2,5
BSP pro Kopf	0,7	2,8	..

Quelle: Trends in Developing Economies 1992 (Weltbank).

In der Krise wirkte sich die Vernachlässigung „angemessener“ Technologie in den ganzen Jahren seit den Ölpreissteigerungen durch die alg. Wirtschaftsplaner aus, die in Zeiten reichlicher Renteneinnahmen glaubten, die auf dem Weltmarkt sicher auf lange Zeit noch nicht wettbewerbsfähige lokale Investitionsgüterproduktion vernachlässigen zu können, weil sie an einen Seiteneinstieg in hohe Technologie über den Import von Maschinen glaubten und damit nur in die alle Rentiersökonomien bedrohende Falle der Vernachlässigung der Fähigkeiten von Arbeit bei der Herstellung neuer Investitionsgüter tappten. Es wurde zwar regelmäßig verbal gefordert, verstärkt auch die lokale Produktion von Investitionsgütern aufzunehmen, doch erlaubte vordergründig „nationaler Stolz“, in Wirklichkeit aber das Interesse aller Unternehmen, mit möglichst geringen Kosten die Produktion zu steigern, nicht den Einsatz von beim damaligen Wechselkurs ineffizienter Technologie. Die importierte Technologie kann von noch wenig qualifizierten Arbeitern nicht nachgebaut werden und für Maschinen geringerer Leistungsfähigkeit hat es bis zur Krise keinen Absatzmarkt gegeben. Prozesse der Qualifizierung von Arbeit durch die lokale Produktion von Investitionsgütern wurden in den guten Zeiten abgeblockt. In den schlechten Zeiten fehlen die Mittel zu einer raschen Umsteuerung der Ökonomie auf lokale Investitionsgüter.

3.6 Landwirtschaft

Von der Seite der Arbeitskosten behindert die Schwäche der alg. Landwirtschaft (bei gleichzeitig hohem Bevölkerungswachstum) die Möglichkeit der Entfaltung der Logik des Profits im Niedergang der Rente. Eine hohe Grenzproduktivität in der Landwirtschaft, aber auch ein hoher landwirtschaftlicher Überschuß würden nach Wegfall subventionierter nichtlandwirtschaftlicher Arbeitsplätze Wachstum von Beschäftigung entweder durch Rückkehr von Arbeit in die Landwirtschaft oder durch Abwertung (Verbilligung von Arbeit in der dann auf den Export orientierten industriellen Produktion) erlauben.

Die 1972 initiierte Landreform hatte zum Ziel, die Produktion zu steigern, indem der Arbeitseinsatz durch Verbesserung der Landausstattung der Produzenten stieg. Sie litt unter dem für die meisten Agrarreformen in der Dritten Welt konstitutiven Widerspruch, daß sie politisch nur von Kräften durchgesetzt werden konnte, die von einer gleicheren Verteilung des Produktionsmittels Boden nicht ein besseres Funktionieren des Marktes erwarteten, weil sie in einer an *Marx* angelehnten Analyse des Kapitalismus von Marktsteuerung nur Ausbeutung erwarteten und deshalb die realere „bürokratische" Ausbeutung (durch Ineffizienz) der Marktsteuerung vorzogen. Die Agrarreform scheiterte in den 80er Jahren am Desinteresse der Begünstigten, die zwar (eingeschränkte) Verfügungsrechte über das Produktionsmittel Boden erhielten, denen aber das „mit"entscheidende Zugriffsrecht auf ihre Produkte, nämlich die freie Vermarktung und die freie Wahl von Lieferanten für Vorprodukte wie Dünger genommen wurde.

Auch hier erfolgten in den 80 Jahren weitere Reformschritte, in deren Folge die zunächst entstandenen großen Staatsfarmen 1985 in 4000 kleinere Einheiten (*Domaines Agricoles Socialistes*) überführt und dann, nach Fortdauer der Defizite und Ineffizienzen, an die dort Beschäftigten ab 1987 als 5800 *Exploitations Agricoles Collectives* bzw. 2600 *Exploitations Agricoles Individuelles* (EAC, EAI) verkauft wurden, so daß es nunmehr keinen sozialistischen Sektor der Landwirtschaft in A. mehr gibt.

Unter den ab 1989 veränderten politischen Bedingungen (Vereinigungsfreiheit) führte die definitive Lösung der Bodenverteilung durch unbeschränkte Eigentumstitel für neue Eigentümer zu einer Neuauflage des Konflikts über Landrechte in den Dörfern. Die in der *Association des Fellahs Indépendants d'Algérie* vereinigten früheren Besitzer forderten die Rückübertragung und beschuldigten die Regierung, das Land an der Landwirtschaft fremde, eigene politische Parteigänger gegeben zu haben. Auch hier hatte die Ölillusion durch einen überhöhten Wechselkurs und nicht nur bürokratische Hindernisse, die allerdings auch erheblich waren, eine Steigerung der Produktion verhindert. 1985 glaubte der Planungsminister, daß eine Steigerung der Produktion durch Erhöhung des Preises von 200 auf 400 DA pro Doppelzentner Weizen ökonomisch falsch sei, weil auf dem Weltmarkt eine solche Menge für 100 DA gekauft werden konnte. Trotz Preissteigerungen für Arbeit und Vorprodukte wäre 1991 bei dem nunmehr erfolgten Abwertungssatz teures alg. Getreide durchaus im Bereich der Wettbewerbsfähigkeit gewesen.

Alle Maßnahmen der 80er Jahre, inkl. der Stützungsmaßnahmen für die Preise von Vorprodukten, die aber die höheren Kosten der Vorprodukte produzierenden Industrie nur teilweise kompensierten, haben nicht zu nennenswerten Produktionssteigerungen geführt. Die alg. Hektarerträge liegen mit 7 Doppelzentnern deutlich unter den Hektarerträgen in der Türkei (35 Doppelzentner) und erst recht unter den Hektarerträgen der Landwirtschaft in Westeuropa. Der Rückgang der Ölrente hat auch in der Landwirtschaft zur Folge, daß subventionierte Vorprodukte nicht mehr in ausreichendem Maß zur Verfügung stehen: Der Düngemittelverbrauch ist nach 1986 wieder auf den Stand Ende der 70er Jahre zurückgefallen.

Die Nahrungsmittelabhängigkeit A.s ist in den 80er Jahren von 40 % auf 80 % angestiegen und verhindert bei einer Nahrungsmittelquote von 53 % im Durchschnitt aller Haushalte jede Politik der Abwertung des alg. Dinars zur Gewinnung von Wettbewerbsfähigkeit bei verarbeiteten Produkten auf der Grundlage eines niedrigen internationalen Werts alg. Arbeitskraft.

Durch die Vernachlässigung von Landwirtschaft und lokaler Investitionsgüterindustrie hat sich A. um die Möglichkeit eines selbstzentrierten, auf Wachstum des Massenmarkts ausgerichteten Entwicklungswegs gebracht und letztlich die über Preissubventionen und unproduktive Arbeitsplätze in den „guten" Jahren der Rente alimentierte, aber ökonomisch marginale, weniger als ihre Subsistenz produzierende Bev. über das Ausmaß des weiterhin ökonomisch bedrohlichen demographischen Wachstums hinaus durch ökonomische Fehlentscheidungen anwachsen lassen. Sowohl zu Zeiten der Praxis der Planung unter *Boumedienne* als auch während des Versuchs der Orientierung am Markt unter *Chadli* wurde nicht erkannt, daß für eine autozentrierte, selbstbestimmte Politik nicht Schutz vor dem Weltmarkt, sondern die Zahlungsfähigkeit durch lokale Produktion von Lohngütern zu „beliebig" niedrigen internationalen Preisen lokale Arbeitskraft und lokale Fähigkeiten bei der „Werkzeug"-Produktion zur Assimilation importierter Technologie notwendig sind.

Niedrige Produktivität bei Nahrungsmitteln und fehlende lokale Technologieproduktion haben zur Folge, daß ein Wachstum der Masseneinkommen für die Zahlungsbilanz im Verhältnis zum Wachstum der höheren Einkommen keine Entlastung bringt. Ein Anstieg der Nahrungsmittelquote am Verbrauch führt zur Ersetzung von Luxusimporten durch Nahrungsmittelimporte und nicht zu wachsender Nahrungsmittelproduktion mit Ausweitung des Markts für Ausrüstungsgüter für die Landwirtschaft. Und entsprechend führt die Steigerung des Konsums einfacher Industriegüter zu Lasten von Luxuskonsumgütern nicht zur Anregung der lokalen Investitionsgüterproduktion.

3.7 Verteilungs- und Sozialpolitik

Entsprechend stellt sich die Verteilungspolitik für alle Segmente der Staatsklassen nicht als Chance zur Erweiterung des Finanzierungsspielraums dar. Die Folge ist, daß bei inflexiblen Produktionsstrukturen im Fall der Verstärkung von Marktelementen vermehrt auftretende Möglichkeiten zu privater Bereicherung nicht durch die Verteilungspolitik korrigiert werden. Bei starker Außenabhängigkeit der Wirtschaft und angesichts des hohen Grades an Offenheit der alg. Gesellschaft für kulturelle Einflüsse von außen (Fernsehen über Parabolspiegel, Arbeitsmigranten) nahm die Nutzung solcher Inflexibilitäten die Form des Schmuggels (*Trabendo*) und der Korruption an und schlug sich in einer Verschärfung der Einkommensungleichheit nieder. 5 % der Bev. bezogen Ende der 80er Jahre 45 % des Nationaleinkommens, 50 % der Bev. 22 %, gegenüber 32 % im Jahre 1979.

Die unter *Boumedienne* begrenzte Korruption nahm zu und zerstörte allmählich die Legitimität der alg. Staatsklasse durch den immer deutlicher werdenden Widerspruch zwischen dem postulierten Ideal der Revolution vom Nov. 1954 und der Wirklichkeit der 80er Jahre. Nichts belegt deutlicher diesen Legitimitätsverlust als die Ersetzung der Symbole der Revolution des Befreiungskriegs, der von allen Strömungen der alg. Gesellschaft getragen worden war, durch die Symbole des Islam an den Bürgermeisterämtern der Gemeindeverwaltungen, die nach den Gemeindewahlen 1990 an die FIS gefallen waren.

Tabelle 5: *Sozialindikatoren*

	1970	1980	1990
Lebenserwartung bei Geburt	53,3	59,3	65,4
Säuglingssterblichkeit	139,2	97,6	66,5
Alphabetisierungsrate	25	35	57
- Frauen	..	..	45
Einschulungsraten (in %)[a]			
- in Primarschulen	76	94	95
- Mädchen	58	81	88
- in Sekundarschulen	11	33	61[b]
- Mädchen	5[c]	..	53[b]

[a] in % der jeweiligen Altersgruppe; [b] 1989; [c] 1965
Quellen: Human Development Report 1992; World Tables 1992.

Bei mangelnder Anpassungsfähigkeit des lokalen Produktionsapparats mußte sich die Reduktion der Öleinnahmen selbstverständlich auf alle Formen des öffentlichen Konsums erstrecken. Waren 1980–84 noch 512 000 Wohnungen gebaut worden, reduzierte sich diese Zahl 1985–87 auf 179 000. Im Schulwesen sind Erfolge zwar bei der Einschulungsquote auch von Mädchen zu beobachten, deren Anteil an den Grundschülern inzwischen im nationalen Durchschnitt auf 45 % (auf der Mittelschulstufe 41 %), in den großen städtischen Zonen auf 50% angestiegen ist, doch liegt hier das Problem der knappen Ressourcen in der schlechten Ausstattung der Schulen, durch die der Anteil der erfolgreichen Schulabschlüsse drastisch gesunken ist. Dieser liegt inzwischen bei den verschiedenen Schulabschlüssen auf mittlerer Ebene bei 25%, beim Abitur bei 21% mit sinkender Tendenz.

4. Wandel der politischen Strukturen

Das Ausbleiben von Konsistenz im Reformprogramm des Staatspräsidenten *Chadli* kann teilweise auf seinen Regierungsstil zurückgeführt werden, da er die verschiedenen Elemente der alg. Staatsklasse sorgfältig austarierte. Die Hochburg seines Rivalen um die Präsidentschaft (*Yahiaoui*) war der Parteiapparat gewesen, der nach dem Willen *Boumediennes* Instrument der Radikalisierung der Revolution werden sollte. Entsprechend wurde nach der Machtübernahme 1979 der Parteiapparat von radikalen Elementen gesäubert und ihm über die Regel, daß alle Träger von Verantwortung in den Massenorganisationen Mitglieder der Einheitspartei sein müßten, die Kontrolle aller legalen politischen und gesellschaftlichen Kräfte, nicht aber deren Nutzung für Veränderungsprozesse übertragen.

Trotz der inzwischen in A. eher starken Kritik an seiner Amtsführung, einschließlich des Vorwurfs der Korruption, wird man einräumen müssen, daß *Chadli* bestrebt war, den von ihm als unausweichlich erachteten Prozeß der auch politischen Liberalisierung mit Umsicht und Augenmaß gegen große Widerstände im Staatsapparat durchzusetzen, ohne einen gravierenden Konflikt innerhalb der alg. Staatsklasse zu provozieren, damit die Austragung politischer Konflikte durch eine sich festigende Institutionalisierung des alg. Staats nicht zum Zusammenbruch des Regimes führte.

Die Veränderung der alg. *Nationalcharta* 1985/86 war der Versuch zu einer solchen Umorientierung insbesondere im Hinblick auf den privaten Wirtschaftssektor. Einige von der Einheitspartei nicht kontrollierte Eliteinstitutionen, wie die *Liga für Menschenrechte* (zunächst mehrere konkurrierende Organisationen) waren Versuche (v. a. ab 1987), vorsichtig der bürgerlichen Gesellschaft vermehrt Mitspracherechte gegenüber der Staatsklasse einzuräumen. Mit dieser auf Ausgleich bedachten Politik war jedoch unausweichlich verbunden, daß die stark fraktionierten Staatsklassen eigentümliche Tendenz zur Unbeweglichkeit der Apparate die wirtschaftspolitischen Reformen solange herauszögerte, wie die Rente die Finanzierung wirtschaftlicher Ineffizienz sicherte. Es gelang nur die Zurückdrängung des Einflusses der an einer Radikalisierung der Revolution ausgerichteten Tendenz, manifest durch die Übertragung der Koordinationsaufgaben in der Partei an den von *Boumedienne* abgelösten Parteiführer *Messaadia* 1981, nicht aber die Zurückdrängung der etatistischen Anhänger des früheren Staatspräsidenten.

Mit dem Rückgang der Öleinnahmen war für beide Fraktionen klar, daß entweder der Staatspräsident für die nun unausweichliche wirtschaftliche und soziale Ausgrenzung der wachsenden Zahl von Arbeitslosen in den Städten oder die etatistische Fraktion als Hindernis für eine Effektivierung des Wirtschaftssystems zu opfern waren. Der Machtkampf wurde im Sept. 1988 für die Öffentlichkeit deutlich, als der Staatspräsident vor einer Konferenz der nationalen Kader ankündigte, daß unfähige Kader in Verwaltung und Industrie in Zukunft entlassen würden, d. h. der Widerstand der etatistischen Fraktion gegen die Pläne der Reformer um *Chadli* durch ihre Entfernung aus dem Entscheidungsapparat gebrochen werde.

Es ist wahrscheinlich, daß Vertreter der etatistischen Fraktion daraufhin die Ablösung des Staatspräsidenten betrieben, indem in A. nach den Sommerferien regelmäßig auftretenden sozialen Unruhen unter Arbeitern und Studenten (aber bis dahin im Regelfall in Provinzstädten) größerer Lauf gelassen werden sollte. Die Geheimdienstberichte spielten den Grad an Beunruhigung unter der Bev. herunter und verhinderten die übliche zeitweilige Verbesserung der Versorgungslage bei schwieriger Sicherheitslage durch zusätzliche Lieferungen aus staatlichen Vorräten.

Es kam dann zu in diesem Umfang von keiner Fraktion erwarteten sozialen Unruhen im Okt. 1988, die sich – in richtiger politischer Einschätzung seitens der Bev. über den staatlichen Charakter der Ausbeutung, und nicht etwa des Kapitalismus – gegen alle Symbole staatlicher Macht richteten (mit Toten in ungeklärter Höhe). Sie führten zu einem grundlegenden Wandel des alg. politischen Systems, einer neuen Verfassung und dem Ende des Einparteisystems, allerdings nicht zu Demokratie, weil die sich nun organisierenden politischen Kräfte wechselseitig nicht als gleichberechtigt anerkennen wollten und auf dem Weg zur Demokratie jeweils die Gefahr sahen, daß ihre Gegner nach der Übernahme der Macht bzw. im Fall des Verbleibs an der Regierung den Staatsapparat zur Unterdrückung aller rivalisierenden Bewegungen einsetzen würden.

Der Staatspräsident nutzte die Krise, um seine schon seit 1987 verfolgte Strategie einer Umgehung der FLN zu intensivieren. Mit der Ernennung von *Kasdi Merbah*, einem mit den Sicherheitsapparaten erfahrenen Premierminister, die im Okt. 1988 versagt hatten, und guten Kontakten zur gegnerischen Fraktion der Anhänger von *Boumedienne*, schuf er sich Handlungsspielräume für eine Reform der Verfassung, die in zwei Referenden im Nov. 1988 und im Feb. 1989 mit großen Mehrheiten beschlossen wurde, und ein weiteres Mandat als Staatspräsident aufgrund allgemeiner Wahlen im Dez. 1988.

4.1 Verfassungsreform – Niedergang der FLN

Die Verfassungsreform bricht mit der *constitution-programme*, der Absicherung von Staatszielen und der politischen und ökonomischen Strategie der Staatsführung in der Verfassung durch Beseitigung aller Hinweise auf Errichtung des Sozialismus, den revolutionären Charakter des Landes, die Einheitspartei oder eine besondere Rolle in der Dritten Welt. Der Armee, deren Offiziere sich Ende 1988 aus allen politischen Ämtern zurückgezogen hatten, wird keine besondere Rolle in der Verwirklichung der Verfassungsziele mehr zugesprochen. Verfassungsrang haben nur noch – westlicher Verfassungstradition folgend – die Grundrechte der Bürger und die Beziehungen zwischen den Institutionen.

Der Präsident ist Hüter der Verfassung im Sinne der von *Carl Schmitt* stark beeinflußten gaullistischen Staatskonzeption. Er kann sich direkt per Referendum ohne Erlaubnis des Parlaments an das Volk wenden und nach Konsultation, aber ohne Zustimmung von Regierungschef und Verfassungsrat, den Belagerungszustand oder den Notstand für die gesamte Dauer der Legislaturperiode eines Parlaments ausrufen. Ein deutlich schwacher Verfassungsrat achtet neben dem Präsidenten auf die Einhaltung der Verfassung. Er ist Teil einer ausdrücklich schon vor 1988 verfolgten Strategie der rechtlichen Konsolidierung des politischen Systems, die für die Entfaltung von Märkten unabdingbar ist. Dazu gehörte auch die Abschaffung (1989) der Sondergerichtsbarkeit für Staatssicherheitsfragen und die Errichtung eines Obersten Gerichtshofes. Bei den Grundrechten finden sich die allgemeinen Prinzipien der Menschen- und Bürgerrechte, v. a. aber auch das Recht auf Gründung von politischen Vereinigungen, das in zwei Artikeln ausdrücklich genannt wird.

Mit der Rücknahme von Staatszwecken aus der Verfassung, der Verantwortlichkeit der Regierung gegenüber dem Parlament und dem Recht auf Gründung politischer Vereinigungen brach der Einparteistaat zusammen, der sich vorauseilend auf dem Weg der Überwindung von Unterentwicklung als Erzieher gegenüber einer rückständigen Gesellschaft definiert hatte.

Auf den Verlust des Organisationsmonopols als verfassungsmäßig abgesicherter Einheitspartei reagierte die FLN zunächst mit dem Versuch der Reform. Fehler wurden eingeräumt, die Isolation gegenüber der Basis bedauert, zu Recht (wie in jeder von Staatsklassen beherrschten bürokratischen Entwicklungsgesellschaft: Entmachtung der Partei zugunsten der Verwaltung) darauf hingewiesen, daß die Partei ja in Wirklichkeit nie an der Macht gewesen war und eigene Politik umsetzen konnte. *Chadli* trat entsprechend der Strategie, den Präsidenten zur überparteilichen Integrationsfigur zu machen, zurück. Unter Auflösung des von *Messaadia* bekleideten Amts eines *responsable permanent* übernahm *A. Mehri* den Posten des Generalsekretärs. Auf *Chadli* ging noch die Aufforderung zum *ressourcement*, zur Rückkehr zu den Quellen (der revolutionären Legitimität der Novemberrevolution) zurück. Sie wiederholte nur die schon vor Okt. 1988 auch öffentlich von ihm gestellte Forderung, daß die FLN seine soziale Basis insbesondere in einer Jugend verstärken müsse, für die der Befreiungskrieg nur noch Erinnerung und seine Symbole Instrumente der Rechtfertigung von Privilegien der Veteranen und ihrer Kinder auf dem Arbeits- und Wohnungsmarkt waren.

Die FLN erwies sich zur Reform unfähig. Das revolutionäre Potential war nach mehr als 25jähriger Herrschaft verspielt. Die Rekrutierung war durch Abnahme der Offenheit für Innovation und Diskussion zunehmend von der

Kanalisierung der Rente bestimmt. Die soziale Zusammensetzung der Mitgliedschaft spiegelte eine volksnahe Verankerung Ende der 80er Jahre: 50% Arbeiter, 22% Bauern, 60% mit Primarabschluß nur vor. Eine „Klientel" innerhalb der Masse der durchschnittlich verdienenden Bev. war durch materielle Versprechungen und Erwartungen entstanden, basisnah, aber noch mehr neiderweckend als die Privilegierung der besonders Reichen. Der Versuch, Pluralität durch Zulassung von Tendenzen innerhalb der FLN zu repräsentieren und damit auch zu manipulieren, endete in Konflikten um Mandate an der Basis und persönlichen Machtkämpfen an der Parteispitze.

Da die Kanalisierung der Rente von der Existenz eines großen öffentlichen Sektors abhängt, hat die FLN ihre Stellung im weiterhin tagenden Parlament dazu benutzt, die von der Staatsführung geforderten ökonomischen Reformen zu verzögern. Man hört weiter von der notwendigen Dynamisierung des öffentlichen Sektors, der aber stark bleiben müsse, vom Ziel des Sozialismus, den die Reformen nicht abschaffen dürften oder abschafften, und sabotierte diese Reformen, zum Beispiel beim Versuch der Regierung, durch ein Gesetz über gemischte Gesellschaften mit ausländischer Mehrheitsbeteiligung Auslandskapital anzuziehen, oder auch beim Verzicht auf Instrumente zur staatlichen Preisfixierung.

Hatte die schon im Sept. 1989 gebildete Regierung *Hamrouche* (Wirtschaftsminister wurde – mit Verantwortung für das Finanzressort – *Ghidouci*; beide entstammen der Reformgruppe um *Chadli*) noch zugesichert, die Minister nur aus der FLN zu rekrutieren, zogen sich ihre Minister im Juni 1990 aus dem Politbüro zurück, nachdem sich gezeigt hatte, daß auf dem 6. Parteikongreß der Versuch *Chadlis*, gestützt auf die Basis – z. T. durch Veränderungen des parteiinternen Reglements –, die reformfeindlichen „Barone" aus der Zeit *Boumediennes* an der Spitze zu entmachten, gescheitert war. Noch setzte diese Regierung aber auf eine Stärkung der FLN, z. B. durch ein Wahlgesetz, das diese durch Überrepräsentation der ländlichen Gebiete bevorzugen sollte, das aber am Widerstand der FIS, die zu Massendemonstrationen (Juni 1991) aufrief, scheiterte. Das folgende Kabinett *Ghozali*, Juni 1991 bis Juni 1992, zog aus der Unfähigkeit der FLN zur eigenen Reform den Schluß, sich als von der FLN unabhängig zu definieren. Seine Mitglieder verließen die FLN. Zur innenpolitischen Befriedung wurde versprochen, ein faires Wahlgesetz zu erlassen. Der Reformkurs *Chadlis* konnte sich nicht auf die bisherige Einheitspartei stützen, weil zu deren *raison d'être* die Verteidigung von Renten geworden war.

4.2 Politischer Islam (FIS)

Der Kampf gegen Privilegien verschuf der FIS, der wichtigsten und radikalsten unter den drei größeren Organisationen des politischen Islam in Algerien, Zulauf über den Kreis jener hinaus, die die Errichtung eines streng am Islam orientierten politischen Systems befürworten. Ihre Massenbasis liegt bei den „Entwurzelten“ der Städte, v. a. arbeitslosen Jugendlichen. Ihre finanzielle Basis waren bis zum Golfkrieg finanzielle Zuweisungen von Saudi-Arabien, neben der Unterstützung von seiten der privaten „Bourgeoisie“, d. h. v. a. des Handels. Wie andere islamische Bewegungen ist die FIS stark im Bildungswesen und dort eher bei den Ingenieuren, Naturwissenschaftlern und den Lehrern repräsentiert, die vom Deutungsmonopol der von den Staatsklassen präferierten Sozial-, Geistes- und Rechtswissenschaften ausgeschlossen sind.

Der politische Islam hatte bis in die 70er Jahre in A. keine große Bedeutung. Trotz der Beteiligung der Vereinigung der *Ulema* an der FLN seit deren Öffnung für gemäßigte Nationalisten im Frühjahr 1956 (um der Kolonialmacht die Möglichkeit zu einem immer gefürchteten Verhandlungsfrieden mit einer dritten Kraft zu nehmen) vollzog sich die Novemberrevolution im Namen der alg. Nation und des alg. Volkes, nicht aber im Namen der *Umma*, der Gemeinschaft der Muslime. Zwar wurde der Islam zur Staatsreligion erklärt, doch behielt der Staat eine enge Kontrolle über die Imame der Moscheen. Mit der Agrarrevolution 1972 erhielten die zunächst eher isolierten islamischen Bewegungen ein politisches Thema, nämlich die Verteidigung des Eigentums gegen die „gottlosen Kommunisten“ der Regierung *Boumedienne*.

In dem Maße, wie der distributive Staat durch Ineffizienz und sinkende Ölpreise die Fähigkeit zur weiteren Absorption (Kooptation) jener neuen Mittelklassen verlor, die er über das Ausbildungssystem und Wirtschaftswachstum selbst schuf, nahm die Zahl derer zu, die beim Versuch, eine Stelle im öffentlichen Sektor zu erhalten, scheiterten. Sie lasteten dies der Korruption einer mit westlicher Bildung und Privilegien bei bloß verbalem revolutionärem Engagement verdorbenen Schicht an. Der Widerspruch zwischen einer offiziell verfolgten Arabisierung (gestoppt 1992) des öffentlichen Lebens einschließlich des Bildungssystems und der fortdauernden Bedeutung des Französischen, das nunmehr von Kindern aus weniger privilegierten arabophonen und berberophonen Elternhäusern noch weniger gelernt werden konnte als vor der Arabisierung, trug weiter zum Gegensatz zwischen einer nicht absorbierten und einer privilegierten neuen Mittelklasse mit allerdings ähnlichem soziologischen Hintergrund bei. Es handelt sich weniger um Unterschiede der Herkunft als um Unterschiede der Generationen, bedingt durch die Lage auf dem Arbeitsmarkt des öffentlichen Sektors in unterschiedlichen Phasen der Entwicklung der Renteneinnahmen und des Personalwachstums, das daraus finanziert werden konnte.

Die Verbreitung des Gedankenguts des politischen Islam in A. wurde dadurch begünstigt, daß das Verbot von politischen Organisationen außerhalb der FLN deren Gegnern als einzige Form des Ausdrucks von Kritik die Errichtung privater Moscheen erlaubte, deren Imame bis zu deren völliger Fertigstellung nicht vom Staat ernannt wurden. Die Rechtslage wurde im April 1991 durch Überführung aller privaten Moscheen in öffentliches Stiftungseigentum geändert. In einer Gesellschaft, in der die aus Wachstumsfetischismus vernachlässigten soziokulturellen Einrichtungen, insbesondere bei der Jugendpflege, als einzige Feiertagsbeschäftigung für Heranwachsende Fußball (inzwischen hohe Gewaltneigung) und den (im Unterschied dazu beiden Geschlechtern erlaubte) Besuch der Moschee kennt, stellten die Moscheen ein wichtiges Instrument zur Beeinflussung der Jugend dar.

Das Programm der FIS ist wenig präzise und unterscheidet sich in seiner populistischen Heterogenität nicht vom Charakter der Programmatik der FLN. Zwar wird die ökonomische Rolle des Staats zugunsten eines sozial gebundenen Privateigentums und der Betonung der Rolle der Klein- und Mittelindustrie abgewertet, doch schenken sich beide Programme wenig im Hinblick auf den Beitrag der sog. Industrialisierungsindustrien ohne weitere Präzisierung, den Schutz der nationalen Wirtschaft vor internationaler Konkurrenz und die Betonung der Notwendigkeit moralischen Verhaltens der Wirtschaftssubjekte – im Gegensatz zur marktwirtschaftlichen Erzwingung von solchem Verhalten durch die Konkurrenz. Auch die FIS will staatliche Förderung, staatliche Überwachung und nur mäßigen Wettbewerb.

4.3. Die Wahlen von 1990/91

Die Staatsführung unter *Chadli* verfolgte gegenüber der FIS eine Taktik, die Einbindung mit Eindämmung verband. Entgegen der im Parteiengesetz von 1989 ausdrücklich verbotenen Bildung religiöser Parteien wurde die FIS, deren Gründung nicht von allen einflußreichen Vertretern des politischen Islam befürwortet wurde, ohne Zögern im Sept. 1989 zugelassen. Die 1989 anstehenden, aber zur Organisation des Vielparteiensystems dann auf Juni 1990 verschobenen Gemeinde- und Bezirksrätewahlen brachten das für die Regierung und die meisten Beobachter überraschende Ergebnis, daß die Taktik, neben der FIS eine große Zahl weiterer Parteien zuzulassen, und dadurch eine Zersplitterung der Stimmen hervorzurufen, die der FLN die Rolle einer Achse für die Mehrheitsbildung verschaffen sollte, gescheitert war.

Nach offiziellen (aber umstrittenen) Angaben erhielt die FIS 55% der abgegebenen Stimmen, und zwar bei hoher Wahlenthaltung aufgrund des Boykottaufrufs der FFS (*Front des Forces Socialistes*) und des MDA (*Mouvement Démocratique Algérien*), die FLN erhielt 29%. In der Folgezeit erwies sich eine zweite Hoffnung als trügerisch: Erwartet wurde von den Gegnern des politischen Islams, daß die Knappheit verteilbarer Ressourcen und Konflikte über unpopuläre Forderungen ihres Programms (Trennung der Geschlechter in der Schule, im Kino und sogar am Strand) der FIS die Protestwähler entfremden würden. Im Dez. 1991 erhielt die FIS im ersten von zwei Wahlgängen der relativen Mehrheitswahl für das neu zu wählende Parlament 48% und in 188 von 387 Wahlkreisen die absolute Mehrheit der abgegebenen Stimmen, allerdings bei einem Stimmenverlust gegenüber Juni 1990 von 1,1 Mio. Stimmen. Die FLN erhielt knapp die Hälfte (Stimmenverlust 0,6 Mio.) und die dritte politische Kraft, die FFS (politischer Führer einer der neun historischen Gründer der Befreiungsfront 1954, *Ait Ahmed*) gerade 7 % der Stimmen.

Dieses Wahlergebnis zeigt, daß es trotz des erklärten Ziels der Demokratisierung im derzeitigen A. keinen Träger für die Errichtung einer auf die Respektierung der Menschenrechte, der Rechte der Andersdenkenden und die politische Auswechselbarkeit der Regierung gerichteten pluralistischen Demokratie gibt. Für alle Vertreter des politischen Islam finden die Grund- und Menschenrechte ihre Grenze an den Glaubensgrundsätzen des Islam. Pluralität ist zugelassen in Anlehnung an unterschiedliche Schulen der Interpretation des Korans, die der Islam seit altersher kennt. Unter den beiden Führern der FIS legt dies *Abbassi Madani*, ein Pädagogikprofessor, versöhnlicher, *Ali Belhadj*, ein Gymnasiallehrer, unversöhnlich dar: Volkssouveränität stehe im Gegensatz zur unverzichtbaren Souveränität Gottes.

Die FLN hat sich Demokratie nur zur Bekämpfung eines revolutionären Umbruchs aufzwingen lassen und sieht darin ein Instrument, um die eigene Beteiligung an der Macht aufrechtzuerhalten. Eine Vielzahl von Parteien, die ab 1989 zugelassen wurden, beriefen sich allerdings auf ein Konzept der pluralistischen Demokratie. Nur zwei unter ihnen haben in den beiden Wahlen erwähnenswerte Stimmenpotentiale auf sich vereinigen können, das RCD (*Rassemblement pour la Culture et la Démocratie*) bei den Lokalwahlen und die FFS. Beide konkurrieren um das Wählerpotential der Berberischsprachigen, insbesondere in der Kabylei, die die Anerkennung ihrer Sprache im öffentlichen Leben fordern. 1990 hat das RCD bei hoher Wahlenthaltung wegen des Wahlboykotts der FFS diese Wahlbezirke gewonnen (Wahlbeteiligung Tizi Ouzou 15 %), 1991 die FFS. Die Anhänger eines am westlichen Pluralismus ausgerichteten politischen Systems sind nur (relativ) stark aufgrund des Sprachengegensatzes und der Opposition der Berberophonen gegen alle Parteien, die mit dem Argument der nationalen Einheit oder des Islam die forcierte Arabisierung fordern.

Dies steht im Gegensatz zu den politischen Einstellungen, die bei den beiden Hauptkräften einer nach Autonomie strebenden bürgerlichen Gesellschaft anzutreffen sind, nämlich bei den Industriearbeitern und den Unternehmern. Die FIS findet im Islam nur wenige Anhaltspunkte für die Bestimmung der Rolle von Industriegewerkschaften. Diese wollen sich nicht mit dem moralischen Gebot einer paternalistisch korrekten Behandlung der Diener durch ihre Herren zufriedengeben. Die Versuche der FIS, zunächst innerhalb der Einheitsgewerkschaft ihren Einfluß auszuweiten, später eine islamische Richtungsgewerkschaft zu organisieren, sind gescheitert. Anders als im Iran lief in A. die Arbeiterschaft nicht zur islamischen Revolution über, trotz erheblicher Kaufkraftverluste, die gerade die Bezieher fester Einkommen betrifft.

4.4 Gesellschaftliche Kräfte

In der Zuspitzung der politischen Konflikte zwischen März und Juni 1991 zeigte sich, daß die Gewerkschaft (UGTA) die beschäftigten Arbeiter hinter sich hat, einen Generalstreik organisieren kann, den die FIS nicht auf ihre Mühlen umlenken konnte, und als einzige gesellschaftliche Organisation ihre Mitglieder gegen den Versuch einer umstürzlerischen Machtübernahme durch die FIS mit Hilfe von auf der Straße organisierten Massendemonstrationen einsetzen konnte. Die Gewerkschaft war auch in der Lage, weiterhin einen Kurs der kritischen, die Einkommensinteressen der Arbeiter verteidigenden Unterstützung der Regierungspolitik durchzuhalten.

Trotz der offensichtlichen Unterstützung eines Teils der Klein- und Mittelindustrie in A. für die FIS ist die Haltung der Unternehmer nicht einheitlich. Die beiden Dachverbände CGEOA (*Confédération Générale des Entrepreneurs et Opérateurs Algériens*) und CNPA (*Confédération Nationale du Patronat Algérien*) arbeiten mit der Regierung bei der Ausgestaltung der Wirtschaftsreformen zusammen. Eine in den Wahlen auf den Stand eines politischen Clubs reduzierte Partei, die PSD (*Parti Social Democrate*) verweist regelmäßig auf die große Zahl von Unternehmern innerhalb ihrer Mitgliedschaft und hatte offenbar in der Gründungsphase erhebliche finanzielle Mittel. Es gibt also Kräfte, die auf eine autonome Zivilgesellschaft auf der Grundlage von Marktwirtschaft und begrenztem Staatsinterventionismus hinarbeiten. Sie sind aber schwach und desorganisiert, wie der produktive Sektor der alg. Wirtschaft. Ihnen steht wohlorganisiert und durch eine islamische Version populistischer Ideologie massenwirksame Zivilgesellschaft eines ganz anderen Typs gegenüber, die nicht Entfaltung von Pluralismus und auch nicht Autonomie von Zivilgesellschaft, sondern Einschränkung des Staats zugunsten der Dominanz anderer nichtpluralistischer und vorkapitalistischer Wertordnungen fordert.

Der erste Typ von Zivilgesellschaft entspricht einer kapitalistischen Gesellschaft und erfordert eine Ausweitung der Nachfrage zur Stärkung der lokalen Investitionsgüterproduktion als Basis der Stärkung des Profits. Die ökonomische Konjunktur ist für diesen Typ von Zivilgesellschaft derzeit schlecht. Der andere Typ von Zivilgesellschaft, nämlich eine die Dynamik des Markts zugunsten der *moral economy* einschränkende tributäre Produktionsweise mit Erziehungsauftrag zentraler, möglicherweise nicht staatlicher Instanzen gegenüber der Gesellschaft, wird von all jenen unterstützt, die weder als Arbeiter noch als Intellektuelle oder Unternehmer Teilhabe an Modernität durch Wirtschaftswachstum und Modernisierung erhoffen.

Der von Islamisten – bestialisch – ermordete Soziologe *Boukhobza* hat – mit soziokulturellen Faktoren argumentierend und selbst politisch liberal orientiert – die alg. Situation als „durch traditionelle Normen und Fortdauer vorkapitalistischer familiärer Abhängigkeitsbeziehungen blockiert" dargestellt. Diese Blockierungen werden nicht durch Wirtschaftswachstum und allmähliche Transformation der Marginalisierten in ausgebeutete, aber moderne Arbeiter zerschlagen. Unabdingbar für den Übergang zur Marktwirtschaft wird die Abschirmung des politischen Prozesses von den Marginalisierten. *Boukhobza* schlägt – mit angesichts der Verteilung von Marginalität in der Bev. gleichen Folgen wie ein Zensuswahlrecht – die Erhöhung der Altersgrenze und die Beschränkung des Wahlrechts auf diejenigen vor, die ein eigenes stabiles Einkommen erzielen.

Erst die Fähigkeit, über einen eigenproduzierten Surplus mitzuverfügen, kann zur Strukturierung der Gesellschaft nach sozialen Klassen anstelle von hierarchisierten „Stämmen" führen, in denen eine von oben durchsickernde Rente ethnische, für rationale Argumentation unzugängliche Solidaritäten erzeugt, die anders als Klassengegensätze nur schwierig auf den Weg des Kompromisses einer einvernehmlichen Lösung zugeführt werden können. Das moderne A. muß sich dann im Interesse seiner historischen Überlegenheit zur Sicherung der Zukunftschancen der Demokratie und des Wirtschaftswachstums zum zeitweiligen Ausschluß der Marginalisierten aus dem politischen Prozeß entschließen.

4.5 Militärputsch

Angesichts eines breiten Lagers, das eine Machtübernahme durch den politischen Islam entschieden ablehnt, das aber nicht in der Lage ist, aufgrund seiner Zersplitterung und aufgrund der objektiven Probleme der Bewältigung der alg. Wirtschaftskrise eine Parlamentsmehrheit zu gewinnen, hat die alg. Armee im Jan. 1992 durch einen Militärputsch die Macht übernommen. Dieser war zweifellos illegal und vollzog sich nur scheinbar im Rahmen der verfassungsmäßigen Ordnung. Die alg. Armeeführung stand vor einer in manchen Aspekten der deutschen Situation der Weltwirtschaftskrise vergleichbaren Alternative, nämlich Zähmung der Gegner der Demokratie durch die Amtsausübung oder Abschaffung der verfassungsmäßigen Ordnung zur Vereitelung der Machtübernahme durch die erklärten Gegner der Demokratie. In A. hatte *Chadli* sich auf die Linie, die in Deutschland *von Papen* verfolgt hatte, hinorientiert, während die Armee bereit war, die zukünftigen Chancen von Rechtsstaatlichkeit, Pluralismus und Demokratie zu verteidigen. Bei der Beurteilung des Putsches vom Jan. 1992 geht es nicht um die Frage, ob er demokratisch war oder nicht, sondern ob die materiellen Bedingungen der Demokratie in A. wenigstens für die Zukunft geschützt werden oder nicht.

Die Militärführung hatte sich zwar 1988/89 aus der Tagespolitik zurückgezogen, aber doch während des Aufstandsversuchs der FIS im Juni 1991 deutlich gemacht, daß sie die dauerhafte Übernahme der Macht durch den politischen Islam verhindern werde. Im Unterschied zum Europa der Zwischenkriegszeit, wo die mit der Wirtschaftskrise ausgelöste Unfähigkeit bürgerlicher Gesellschaft zur Selbststeuerung auf liberale ökonomische und politische Systeme folgte und diese zugunsten des Autoritarismus in den Abgrund zog, erwarten die Kräfte des modernen Sektors in A. keine

Wachstumsmöglichkeiten im Fall des Übergangs zu einer auf traditionellen Werten beruhenden Diktatur, die sich auf die Marginalen/Arbeitslosen und Deklassierten stützt.

Auch wenn die soziale Massenbasis von islamischer Bewegung und europäischem Faschismus ähnlich sind, unterscheiden sich beide Bewegungen in der im Vergleich zum Faschismus geringeren Fähigkeit des politischen Islam, ein Programm zur Förderung des modernen Sektors der Ökonomie zu entwickeln. Eine unterschiedliche historische Einbettung der Krise führte zu unterschiedlichen politischen Ausdrucksformen der „Ausgeschlossenen". Wegen der Opposition gegen die Nation zugunsten der *Umma* gelang es dem politischen Islam trotz verschiedener Versuche nicht, nennenswerte Teile des modernen Macht- und Wirtschaftsapparates zu übernehmen.

Die Armee holte sich mit *Mohammed Boudiaf* Anfang 1992 einen der historischen Führer der Befreiungsbewegung als Vorsitzenden der neuen Exekutive HCE (*Haut Comité d'Etat*), der allerdings nach einem halben Jahr ermordet wurde (wobei die Hintergründe für angebliche Schlampereien des Sicherheitsapparats noch ungeklärt sind). In der programmatischen Erklärung *Boudiafs* stand das Versprechen, das alte System auszumisten und Vertrauen durch Bekämpfung der Korruption zu erwerben, d. h. durch Effektivierung des modernen Sektors dessen Massenbasis zu verbreitern, im Vordergrund.

Eine solche Politik stößt weiterhin auf das Problem, daß wegen einer geringen Produktivität des industriellen Sektors die Durchsetzung der Marktrationalität über eine Öffnung der alg. Wirtschaft gegenüber dem Weltmarkt erst bei Abwertungssätzen möglich ist, bei denen die beschäftigten Industriearbeiter wegen der Abhängigkeit der Nahrungsmittelversorgung von Importen in vielen Branchen nicht mehr Reallöhne erhalten könnten, die die bloße Subsistenz sichern würden. Inflexibilität der Reallöhne in A. ergibt sich aus dem niedrigen Versorgungsstand und den hohen Kosten der Landwirtschaft und läßt sich politisch nicht rasch verändern. Zudem ist die Arbeiterschaft wesentliche Massenbasis des modernen Sektors gegen den politischen Ansturm der Marginalisierten.

5. Perspektiven

Im Rahmen der Suche nach pragmatischen Lösungsmöglichkeiten kam es nach *Boudiafs* Tod zur Rückkehr des Vaters der *Boumedienne'schen* Industrialisierungspolitik, *Belaid Abdesselam*, in das Amt des Ministerpräsidenten. Sein Programm einer Kriegswirtschaft entsprach gerade nicht den Vorstellungen der Wirtschaftsreformer (Ende der *Fonds de Participation*, Wiedereinführung der staatlichen Investitionsplanung im öffentlichen Sektor und Beschränkung der Abwertung), stellt aber eine Antwort auf die Hindernisse für eine Liberalisierung ohne vorherige Umstrukturierung des Produktionsapparats dar.

Die Erfolgsaussichten dieses Programms hängen von der außenwirtschaftlichen Entwicklung ab. Zu ihr gehören neben dem Öl- und dem davon abhängigen Gaspreis die Entwicklung des Schuldendienstes. Zwar wurden die Beziehungen zu den Bretton-Woods-Institutionen verbessert. 1989 gab es erste Kredite von Weltbank und IWF. Trotz der verbalen Parteinahme der westlichen IL für die Kräfte der demokratischen Reform und gegen den politischen Islam sind aber wichtige Gläubiger, wie Frankreich, noch immer nicht bereit, die alg. Verschuldung zu erleichtern. Alle alg. Regierungen waren angesichts der Notwendigkeit des Zusammenwirkens von marktorientierten und etatistischen Kräften in der antiislamischen Koalititon nicht bereit, den Weg einer formalen Umschuldung zu gehen, um die hier drohende Gefahr äußerer Einflußnahme auf die nationale Wirtschaftspolitik zu vermeiden. Solange der Nationalismus die einzige ideologische Ressource ist, mit der heterogene Kräfte gegen den politischen Islam geeinigt werden können, ist eine Änderung dieser Haltung nur von einer in ihrer nationalistischen Glaubwürdigkeit über alle Zweifel erhabenen Regierung zu erwarten.

Im Anschluß an den Putsch der Armee hat sich die Sicherheitslage verschlechtert. Die Mythen des Befreiungskriegs (Möglichkeit des militärischen Siegs über eine moderne Armee durch die Entwicklung einer Guerilla) wirken nach. Die Zahl der Attentate ist groß. Sie richten sich gegen Mitglieder des Staatsapparats bis zum einfachen Polizisten und Beamten und gegen Intellektuelle. Der politische Islam – inwieweit die FIS selbst die Attentate organisiert, ist umstritten – kann aber mit solchen Attentaten kein allgemeines Klima der Unsicherheit schaffen, bei dem die Regierung über eine Mauer des Schweigens von der Bev. isoliert würde. Dazu wären Terroraktionen auch gegen öffentliche Einrichtungen notwendig wie während der Schlacht um Algier 1956/57. Ungezielter Terror setzt nämlich voraus, daß die Bev. schon für die Sache der Guerilla gewonnen ist. Der Verzicht auf solche Aktionen (mit Ausnahme des Attentats auf den Flughafen) belegt, daß selbst der politische Islam nicht davon ausgeht, daß die Bev. heute schon einen landesweiten Terrorismus akzeptiert.

Im Unterschied zur Kolonialmacht handelt es sich beim alg. Staat, gegen den sich der Terror heute wendet, nicht um eine fremde, leicht gesellschaftlich zu isolierende Macht. Dieser Staat hat auch nicht andere Interessen zu beachten, als seinen Sieg gegen die Guerilla, während der politische Sieg im Befreiungskrieg Folge der fehlenden Bereitschaft Frankreichs war, seine weltweiten politischen und ökonomischen Interessen dem Ziel eines Sieges in A. unterzuordnen. International kann sich der politische Islam bei seinem Guerillakrieg nur auf den Iran stützen, eine diplomatisch und ökonomisch sehr schwache Macht im Vergleich zu der weltweiten Koalition, die in den 50er Jahren aus genuin antikolonialistischen Motiven oder zur Bekämpfung einer möglichen Ausbreitung des Kommunismus die Abschaffung des Kolonialsystems stützte. Vom Sieg der alg. Armee über die Guerilla ist deshalb auszugehen.

Ähnlich scheint es zu gelingen, die miteinander rivalisierenden Parteien des modernen A. in einen Dialog zusammenzuführen. Institutionen zur Führung eines solchen Dialogs, so ein auf ausgehandelten Ernennungen beruhender *Conseil Consultatif National*, der eine Verfassung für eine lange Zeit des Übergangs ausarbeiten soll, sind geschaffen worden. Ökonomisch kann dabei nur eine Verminderung und Effektivierung der Rente, nicht aber ihre Beseitigung erreicht werden. Politisch und ökonomisch wäre zu hoffen, daß eine Integration der Marginalisierten durch Steigerung der Produktivität in der Lohngüterproduktion erreicht wird.

Politisch und militärisch wäre zu wünschen, daß der politische Islam realisiert, daß ein Bürgerkrieg gegen eine breite, über die Instrumente des Staatsapparats verfügende Minorität im Lande nicht zu gewinnen ist, die zudem von außen unterstützt wird. Im Ergebnis könnte dann gerade wie in Europa am Ende der Religionskriege die Einsicht reifen, daß ohne die Trennung von Politik und Staat, also ohne Aufgabe des Staatsideals des politischen Islam, die Möglichkeit staatlicher Ordnung bei zunehmender gesellschaftlicher Differenzierung selbst zerstört wird.

Literatur

Abdesselam, B. 1990: Le gaz algérien. Stratégies et enjeux, Algier.

Al Ahnaf, M./Botiveau, B./Frégosi, F. 1991: L'Algérie par ses islamistes, Paris.

Bedrani, S. 1982: L'agriculture algérienne depuis 1966. Etatisation ou privatisation?, Algier.

Benachenou, A. 1993: Inflation et chômage en Algérie. Les aléas de la démocratie et des réformes économiques, in: Monde arabe Maghreb Machrek, 139, 29–41.

Boukhobza, M. 1989: Ruptures et transformations sociales en Algérie, Algier.

Burgat, F. 1988: L'Algérie: de la laïcité islamique à l'islamisme, in: Monde arabe Maghreb Machrek, 121, 43–57.

Corm, G. 1993: La réforme économique algérienne: une réforme mal aimée?, in: Monde arabe Maghreb Machrek, 139, 9–27.

De Villiers, G. 1987: L'Etat démiurge: le cas algérien, Paris.

Djeghloul, A. 1990: Le multipartisme à l'algérienne, in: Monde arabe Maghreb Machrek, 127, 194–210.

El-Kenz, Ali (Hrsg.) 1989: L'Algérie et la modernité, Dakar.

Elsenhans, H. 1989: Algeria: The Contradictions of Rent-financed Development, in: The Maghreb Review, 14 (3–4), 226–248.

– 1992: Der Putsch in Algerien, in: Mediatus-Frieden, 12 (2), 3–9.

– 1992: La transition à l'économie de marché à partir d'économies sous-développées, in: Naqd, 3, 23–36.

Entelis, J. P./Craylor, Ph. C. 1992: State and Society in Algeria, Boulder/Col.

Faath, S. 1990: Algerien. Gesellschaftliche Strukturen und politische Reformen zu Beginn der neunziger Jahre (Deutsches Orient-Institut), Hamburg.

Faath, S./Mattes, H. (Hrsg.) 1992: Demokratie und Menschenrechte in Nordafrika, Hamburg.

Henni, A. (Hrsg.) 1987: Monnaie, crédit et financement en Algérie (1962–1987), Algier.

Liabes, D. 1984: Capital privé et patrons d'industrie en Algérie 1962–1982, Algier.

Mattes, H. 1988: Wirtschaftsreform, staatlicher Sektor und Privatisierungsdebatte im Maghreb (Deutsches Orient-Institut), Hamburg.

Mortimer, R. 1991: Islam and Multiparty Politics in Algeria, in: Middle East Journal, 45 (3), 575–593.
Mouhoubi, S. 1989: La politique de coopération Algéro-Française. Bilan et perspectives, Paris.
M'rabet, F. 1983: La femme algérienne, suivi de les Algériennes, Paris.
Peneff, J. 1981: Industriels algériens, Paris.
Rouadjia, A. 1990: Les frères et la mosquée. Enquête sur le mouvement islamiste en Algérie, Paris.
Temmar, H. M. 1983: Stratégie de dévelopement indépendant: Le cas de l' Algérie, Un bilan. Les forces et les faiblesses du modèle algérien, Paris/Algier.

Libyen

Hanspeter Mattes

1. Wirtschaftsgeographische Grundlagen

Die *Große Sozialistische Libysche Arabische Volksjamahiriyya* (GSLAVJ) bildet den geographischen Übergang vom französisierten Maghreb zum arabischen Osten und vom semitisch-hamitischen Nordafrika zum negroiden Schwarzafrika. Der mit 1 759 540 qkm nach Algerien zweitgrößte Staat in Nordafrika besitzt eine geographische Gliederung, in der sich die historisch-räumlichen Gegensätze dieser Region widerspiegeln: (a) die zuerst römisch, dann maghreborientierte Provinz Tripolitanien (333 000 qkm) in Westlibyen; (b) die anfangs griechisch und römisch beeinflußte, sich seit der arabischen Eroberung verstärkt an Ägypten orientierende Provinz Cyrenaika (857 000 qkm); (c) im Süden die Provinz Fezzan (559 000 qkm) mit ihren ausgeprägten Beziehungen zu Niger und zum Tschad.

Diese drei historischen Provinzen bilden erst seit 1963 ein Provinzgrenzen überwindendes zentralstaatliches Gebilde. Davon zu unterscheiden ist die sozioökonomische Struktur Libyens: (a) Die Küstenzone mit ihrem fruchtbaren 39–50 km breiten Agrargürtel in der Cyrenaika (Nordhänge des Gabal Akhdar) und in Tripolitanien (Jaffara-Ebene nördlich des Gabal Nafusa), der durch die tief in den Kontinent reichende lebensfeindliche Syrtebucht unterbrochen wird; (b) das übrige Staatsgebiet als weitgehend geographischer Passivraum mit wenigen natürlichen Aktivitätszentren (Oasen); (c) das südlich des Syrtebogens liegende künstliche Erdölförderdreieck, wo zugleich die Infrastruktur für die Erdölexporte und die petrochemische Industrie konzentriert sind.

Der vormals isolierte südliche Syrtebogen, durch die Ressource Erdöl zur Entwicklungsbrücke zwischen Ost- und Westlibyen aufgestiegen, ist heute durch den massiven Ausbau der Verkehrsinfrastruktur (Straßennetz, Flughäfen) seit den 70er Jahren mit allen anderen Landesteilen gut verbunden. Die Herkunft des Revolutionsführers *Qaddafi* aus der Gegend um die Stadt Sirte hat den Raum auch politisch aufgewertet.

Entsprechend den klimatischen Restriktionen ist von L. nur eine Fläche von 5–10 % landwirtschaftlich nutzbar; der Rest sind Stein- und Sandwüsten. Permanent bewirtschaftet (Ackerland, Dauerkulturen, Bewässerungsland) werden gegenwärtig ca. 2 % der Landfläche, doch soll sich diese Fläche mit Fertigstellung des *Großen künstlichen Fluß-Projektes* stark erweitern. Die auf

Regenfeldbau basierende Landwirtschaft des Agrargürtels der Küstenzone besitzt einen mediterranen Charakter (Olivenbaumkulturen, Zitrusfrüchte, Mandel- und Granatapfelbäume, Gerste- und Weinanbau), während in den Oasen die Bewässerungs-Dreistufenkultur (Dattelpalmen, Zitrusfrüchte, Gemüse) vorherrscht.

Aufgrund der relativen Industriearmut und der geringen Bevölkerungsdichte ist L. bislang der nordafrikanische Staat mit den geringsten ökologischen Problemen, was sich u. a. auch in den saubersten Küstengewässern des ganzen Mittelmeeres niederschlägt. Interne ökologische Hauptherausforderungen sind überwiegend landwirtschaftlicher Natur (Versalzung der Böden durch fehlgeplante Bewässerungslandwirtschaft), die Fehlnutzung des fruchtbaren Küstengürtels für Siedlungszwecke trotz bestehender Gesetze, z. B. zum Erhalt des Agrargürtels um Tripolis.

Weite Gebiete, vor allem entlang des Küstenstrichs bis zu einer Tiefe von 100 km ins Landesinnere, sind noch vermint und können nur mit hohem Aufwand einer wirtschaftlichen Nutzung zugeführt werden. In diesen Relikten des II. Weltkriegs gibt es bis heute oft tödliche Unfälle. L. forderte von Italien und Deutschland Reparationen zur Beseitigung der Minen und Behandlung der Opfer.

2. Bevölkerung und ethnische Struktur

Die lib. Bevölkerung wurde über Jh.e hinweg durch Seuchen, Hungersnöte und kriegerische Auseinandersetzungen dezimiert. Sie stieg aber nach dem II. Weltkrieg rasch an: von 1,09 Mio. (1951) über 3,37 Mio. (1981) auf 4,95 Mio. (1992), einschließlich der amtlich registrierten Ausländer. Ursachen für die seit 1964 bis heute zwischen 3,6 % und 4,5 % jährlich schwankende Wachstumsrate waren die ökonomische Prosperität als Folge der Erdölförderung und eine Familienpolitik, die bewußt auf jegliche Familienplanung verzichtete. Deshalb wird die Bev. weiterhin schnell wachsen und im Jahr 2000 nach einer mittleren Variante voraussichtlich 6,5 Mio. erreichen.

Regional ist die Bev. sehr ungleich verteilt. Seit Jahrzehnten siedeln um zwei Drittel in Tripolitanien, um 30 % in der Cyrenaika und nur 5 % im Fezzan. Innerhalb jeder Region konzentriert sich die Bev. auf wenige große Städte. Die seit 1960 rapide zunehmende Landflucht hat die Urbanisierungsrate von 18 % (1954) auf 70 % (1992) ansteigen lassen. Allein der Großraum Tripolis zählt rund 1,1–1,2 Mio. Einwohner, die zweitgrößte Stadt Banghazi rund 700 000.

Die interne Migrationsbewegung hat im marktfernen, ökonomisch unattraktiven Fezzan zu einem relativen Bevölkerungsverlust geführt und das Verhältnis zwischen Tripolitanien und der Cyrenaika leicht zu deren Gunsten verbessert. Kennzeichnend für die Gesellschaftsstruktur sind drei Phänomene: (a) der hohe Anteil von Personen unter 15 Jahren an der Bev. (1990:

52 %) als Resultat der hohen Wachstumsrate; (b) das Fehlen von Frauen im Erwerbsleben (Anteil 1990 nur um 7–8 %) als Folge der sich nur langsam verändernden Sozialstruktur – und dies trotz der staatlichen Förderungsmaßnahmen für die Frauen; (c) der seit den 60er Jahren kontinuierliche Rückgang des Nomadentums. Die Nomaden machten bereits 1980 nur noch um 1 % aus.

Tabelle 1: *Bevölkerung*

	1954[a]	1964[a]	1973[a]	1981	1992
Einwohner in Tsd.	1089	1564	2257	3370	4956
Wachstumsrate in %	1,6	3,6	4,5	3,8	3,9
Anteil der unter 15jährigen in %	38,0	43,7	48,8	52	52
Ausländer in % der E.			6,3	11	20[b]
Seßhafte in % der E.	73,6	75,0	..	90	100
Urbanisierungsgrad	18	24,6	39,8	52	70

[a] Volkszählung; [b] geschätzt
Quellen: Stat. Bundesamt 1977, 1984, 1989; libysche Quellen (arabisch).

Ebenfalls rückläufig, aber immer noch 15–20 % der Bev. umfassend (überwiegend in der Cyrenaika), sind die Halbnomaden. Sie werden neuerdings zunehmend mit der Aufgabe der Fleischproduktion betraut. Hierzu werden ihnen feste Zentren mit Futtersilos, Wasserstellen und Veterinärversorgung zur Verfügung gestellt.

Abgesehen von den umfangreichen – wenngleich im Zeitablauf schwankenden – Ausländer- bzw. Gastarbeiterkolonien (1992: ca 1 Mio.) bildet die Bev. ein Konglomerat aus Arabo-Berbern und Arabern, aus dem nur wenige Stämme – wie die Tuareg (reine Berber) im Westen oder die Tibbu/Teda (negroide Stämme) im Fezzan – herausragen.

Die autochthone Bev. ist fast zu 100 % islamisch der sunnitisch-malikitischen Richtung, mit Ausnahme einiger Berber des Gabal Nafusa, die dem Ibaditentum angehören. Sie spricht einen arabischen Dialekt, der im Westen an Tunesien/Algerien, in der Cyrenaika an Ägypten orientiert ist und teilweise italienische Wörter assimiliert hat. Berberdialekte werden nur noch in den Rückzugsgebieten der Tuareg oder Ibaditen gesprochen. L. hat also unter religiösen und kulturellen Gesichtspunkten eine ähnliche Struktur wie die anderen Maghrebstaaten.

Im Unterschied zu den Kernmaghrebstaaten weist L. bislang kein ökonomisch motiviertes Migrationspotential auf. Die Migration aus politischen Gründen ist temporär. Die langfristig eher pessimistischen Perspektiven (zu große Bev. für das geringe Wirtschaftspotential des Landes) werden ab Mitte des nächsten Jh.s auch L. zu einem Land mit hohem Migrationsdruck machen.

3. Historische Entwicklung bis zur Septemberrevolution von 1969

Dem dualen Bodennutzungsschema (Agrarland/Wüste) entsprach bis zur ital. Kolonialherrschaft ein kongruentes Sozialschema: einerseits eine städtische Kultur (*hadara*) in der fruchtbaren Küstenzone, wo die Städte Tripolis, Hums, Misurata (Tripolitanien) sowie Banghazi, Darna und Tobruk (Cyrenaika) als Machtzentren der Römer, Griechen, Byzantiner (533–652), arabischer Dynasten (642–1551), Osmanen (1551–1911) und Italiener (1911–43) fungierten; andererseits das Beduinentum (*badawa*) mit seiner ihm eigenen sozialen Organisation. Der Gegensatz zwischen diesen beiden Lebensweisen beeinflußte entscheidend die lib. Geschichte, da jede Seite auf Kosten der anderen ihren Machtanspruch auszudehnen versuchte. Jahrhundertelang war L. oktroyierten Herrschaftssystemen unterworfen. Tripolis – und zeitweise Banghazi – waren lokale Machtzentren (Sitz des osmanischen Generalgouverneurs bzw. von 1771 bis 1835 des *Quaramanli*-Dynasten). In den peripheren Herrschaftsgebieten agierten die Beduinen aufgrund ihrer Kontrolle über den Transsaharahandel, dessen Endpunkte Tripolis und Banghazi waren, de facto unabhängig. Die nach 1911 trotz lib. Widerstandes aufgebaute ital. Kolonialverwaltung dehnte nach der Machtübernahme *Mussolinis* mit militärischer Gewalt ihre Herrschaft auf ganz L. aus und gliederte es als *Colonia Libia* bzw. „4. italienische Küste“ dem ital. Reich ein.

Mit dem Sieg des Faschismus in Italien setzte sich dessen kultureller und rassistischer Überlegenheitsanspruch durch, in dessen Gefolge L. zur Siedlungskolonie aufgewertet wurde. Zwischen 1930 und 1940 wurden rund 100 000 Italiener in L. angesiedelt. Die autochthone Bev. wurde auf die unproduktiven Böden abgedrängt und dadurch gezwungen, bei den ital. Siedlern Arbeit zu suchen. Die Unterbrechung des Karawanenhandels entzog auch einem Großteil der Nomaden die Existenzgrundlage. Projekte zur Seßhaftmachung sollten sie unter Kontrolle bringen.

Nach dem II. Weltkrieg wurde L. zunächst bis 1951 in Tripolitanien und der Cyrenaika vom britischen, im Fezzan vom frz. Militär verwaltet. Bereits 1943 hatte der Sieg der Alliierten die ital. Kolonisation beendet. Die ital. Siedler in der Cyrenaika wurden vertrieben, die ital. Händler und Handwerker in Tripolitanien auf rund 35 000 verringert. Gleichzeitig brach ein Konflikt über die politische Zukunft der Ex-Kolonie aus. Während in Tripolitanien nationalistische Gruppen die Unabhängigkeit für ganz L. und die Gründung einer Republik forderten, strebten die religiösen Autoritäten der *Sanusi* in der Cyrenaika, unterstützt von Großbritannien, die Unabhängigkeit ihrer Provinz unter Führung des *Sanusi*-Oberhauptes, Emir *Idris as-Sanusi*, an.

Die *Sanusiyya* war eine religiöse Bruderschaft mit weltlichem Herrschaftsanspruch, die 1840 den *Gabal Ahdar* in der Cyrenaika zum Zentrum ihrer Missionstätigkeit machte und bald von allen Stämmen der Region unterstützt wurde. Unter Führung von *Ahmad Sharif* kämpften die *Sanusi* ab 1911 gegen die Italiener und 1916 gegen britische Truppen. Sein Nachfolger *Idris as-*

Sanusi schloß mit beiden Seiten Frieden und wurde dafür 1921 als weltlicher Herrscher (Emir) über die nicht von Italien okkupierten Teile der Cyrenaika anerkannt.

Nach der faschistischen Machtübernahme emigrierte *Idris* nach Ägypten, während sein Stellvertreter *Omar al-Muhtar* den antikolonialistischen Widerstand organisierte. Nachdem sich die Großmächte nach Kriegsende nicht auf eine einvernehmliche Lösung verständigen konnten, beschlossen die Vereinten Nationen am 21. 11. 1949 in einer Resolution die Dekolonisation unter UN-Aufsicht. Um die Aussicht auf die nationale Unabhängigkeit nicht zu gefährden, akzeptierten die Nationalisten Tripolitaniens *Idris* als weltlichen Führer Gesamtlibyens und die Gründung einer konstitutionellen Monarchie (am 24. 12. 1951).

Die politische Entwicklung nach der Unabhängigkeit war von Anfang an durch das finanziell aufwendige Bundessystem belastet: Königshaus, Bundesregierung und die drei Provinzregierungen (Tripolitanien, Cyrenaika, Fezzan). In diesem System dominierten die traditionellen Eliten, d. h. in der Cyrenaika die dem beduinischen Milieu verhaftete Führungsschicht von *Sanusi*-Familien, in Tripolitanien die teilweise schon seit der *Qaramanli*-Dynastie führenden Kaufmanns- und Händlerfamilien. Hinzu kam die prekäre Wirtschaftslage: Abhängig von Subsidien und Subventionen im Tausch gegen das Zugeständnis von exterritorialen Rechten (Militärstützpunken) an Großbritannien und die USA, war L. eines der ärmsten EL jener Zeit und politisch seinen Geldgebern verpflichtet. Hingegen herrschte bei der Masse der Bev. eine nasseristisch beeinflußte nationalistisch-arabische Grundströmung vor. Die aus diesem Gegensatz resultierende politische Unzufriedenheit verstärkte sich in den 60er Jahren, als die Hoffnungen der Bev. auf eine rasche Verbesserung des Lebensstandards trotz der hohen Erdöleinnahmen unerfüllt blieben.

Seit 1955, als die ersten Ölfunde gemacht wurden, und verstärkt ab 1961, als die Ölexporte aufgenommen wurden, erweiterte sich ständig die Kluft zwischen dem, was bei bewußter politischer Steuerung an ökonomischer Entwicklung möglich gewesen wäre, und der tatsächlich eingeleiteten sozioökonomischen Transformation. Die traditionelle Elite begünstigte bei der Verteilung der Erdöleinnahmen ausschließlich loyale Stämme, Familien und Personen (sog. *Mahsubiyya*/Klientelwirtschaft). Politische Macht und ökonomische Benefits blieben in einer Hand zentriert. Die Regierungen von 1964–69 konnten dieser Entwicklung keine Alternative entgegensetzen, weil sie zum einen selbst zu stark in die herrschende Schicht integriert waren, zum anderen weil die konservativen Mitglieder des *Königlichen Diwan* (Beratungsorgan des Königs) als Hauptexponenten der politischen Reaktion Reformansätze sabotierten.

In dieser Situation der blockierten sozioökonomischen Transformation und einer repressiven Innenpolitik, durch die das Entstehen von Massenorganisationen unterdrückt wurde (Parteienverbot bereits seit 1952), stürzte der 1964 gegründete nasseristisch beeinflußte *Bund Freier Offiziere* unter

Führung von *Muammar al-Qaddafi* am 1. Sept. 1969 die *Sanusi*-Monarchie und proklamierte die *Libysche Arabische Republik*. Der Umsturz ging als „Septemberrevolution" in die Geschichte des Landes ein.

4. Wirtschaftliche Struktur und Entwicklung

Zum Zeitpunkt der Unabhängigkeit war L. der „Prototyp eines armen Landes". Ohne bekannte Bodenschätze, eine durch die Zerstörungen des Weltkriegs und die Rückwanderung der ital. Kolonisten stagnierende Landwirtschaft, ohne Fachkräfte und einheimisches Unternehmertum, mit 90% Analphabeten, einer Kapitalbildung von Null usw. zeigte L.s Wirtschaftsstruktur die typischen Züge von Unterentwicklung: eine mangelhafte Infrastruktur, keine Industrie, ein nur für den lokalen Bedarf produzierendes Handwerk oder verarbeitendes Gewerbe.

Die Landwirtschaft bildete auf der Basis von arbeitsintensiven Familienbetrieben die Wirtschaftsgrundlage und beschäftigte 1951 noch 70% der Erwerbspersonen. Die Zeit von 1951–60 nennt daher *Fathaly* (1980) die Periode eines künstlichen Staates, da L. nur mit Hilfe internationaler Organisationen lebensfähig war.

Tabelle 2: *Beitrag der Sektoren zum BIP (in %)*

	1977	1981	1986	1991
Landwirtschaft	3	3	4	4
Bergbau/Erdöl	56	48	38	45
Industrie	4	6	9	11
Bauwirtschaft	7	10	11	9
Dienstleistungen	30	33	38	31
BIP in Mio. LD	4906	8874	5903	8497[a]
BIP pro Kopf (US-$)	..	10654	5332	6600

[a] 1 LD = 3,37 US-$
Quellen: Stat. Bundesamt 1984/1989; Economie du Monde Arabe et Musulman 1989 ff.

Die Erdölfunde von 1959 leiteten die 2. Periode des nicht zu steuernden Überflusses ein (1960–69). Die mangelnde Steuerungskapazität der traditionellen Führung hatte zur Folge, daß die rasch ansteigenden Erdöleinnahmen (1962: 86 Mio. US-$; 1969: 1,2 Mrd. US-$) zwar eine Umschichtung auf der Entstehungsseite des BIP mit sich brachten (Bergbau/Erdöl: 1958: 6,9%; 1969: 62%), jedoch keine Impulse auf Industrie und Landwirtschaft ausstrahlten. Vielmehr verzeichneten der Im- und Exporthandel und das Baugewerbe einen rapiden Aufschwung, da beide Bereiche auf direkte Nachfragebedürfnisse des Erdölsektors reagierten. In diese Bereiche strömten die vom Land abgewanderten Arbeitskräfte, während der Ölsektor selbst nur eine minimale Beschäftigungskapazität aufwies (je nach Jahr zwischen 1 % und 2 % der Beschäftigten).

Einen ebenfalls enormen Aufschwung verzeichnete der Verwaltungsbereich, in dem mit Hilfe der Erdöleinnahmen Beschäftigungspolitik betrieben und somit der Grundstein für die überwuchernde Bürokratie gelegt wurde. Die Industrie blieb mangels privater Initiative und staatlicher Entwicklungsplanung vernachlässigt, denn der 1964 einsetzenden Ad-hoc-Wirtschaftsplanung fehlte eine langfristige Konzeption des industriellen Aufbaus. Die Landwirtschaft, deren Anteil am BIP von 30 % (1954) auf 3 % (1979) abnahm, stagnierte auf ihrem niedrigen Niveau (Abwanderung der Arbeitskräfte in die Städte, wo sich Slums bildeten); die bereits vor 1959 defizitäre Nahrungsmittelversorgung mußte durch Importe ausgeglichen werden.

Tabelle 3: *Erwerbspersonen nach Wirtschaftssektoren (in %)*

	1971	1977	1981	1986	1991
Landwirtschaft	31	19	18	15	15
Bergbau/Erdöl	3	2	3	3	4
Industrie	8	14	14	12	15
Bauwirtschaft	10	21	21	22	21
Dienstleistungen[a]	48	44	44	48	45
Anteil der Ausländer[b]	11	25	35	18	20

[a] und sonstige Bereiche; [b] an Erwerbspersonen
Quellen: wie Tab. 2.

Die Dritte Phase in der Wirtschaftsentwicklung begann 1969 mit der Septemberrevolution (Phase des „Überflusses und des gesteuerten Wachstums“). Hauptziel der Wirtschaftspolitik war die Überwindung des ungleichgewichtigen Wirtschaftswachstums und die Rückkehr auf einen Gleichgewichtspfad. Dies beinhaltete die Abkehr von einer Ära des *laissez-faire*, insbesondere im Erdölsektor (wo die Ölfirmen einen „Staat im Staate“ bildeten), und die Begründung einer umfassenden Entwicklungsplanung, deren Hauptaufgabe die Transformation des Rentier-Staates der 60er Jahre in einen „Staat der Produzenten“ war (vgl. *Allan* 1981).

Im Agrarsektor bedeutete dies die Lancierung von Agrarentwicklungsprogrammen zur Wiederbelebung der fast vollständig zusammengebrochenen Landwirtschaft und zur Umkehrung der Landflucht. Im Erdölsektor wurde neben der Reduzierung der während der *Sanusi*-Monarchie extrem ausgedehnten Fördermengen zur langfristigen Sicherung der Exporteinnahmen eine *Downstream*-Politik verfolgt und im Industriesektor der Aufbau einer Zement- und Stahlindustrie sowie die Förderung mittlerer verarbeitender Industriebetriebe betrieben. Grundlage für die hohen staatlichen Entwicklungsinvestitionen waren die Entwicklungspläne (1. Dreijahresplan 1973–75; 1. Fünfjahresplan 1976–80; 2. Fünfjahresplan 1981–85). Der Plan 1986–90 wurde wegen des Zerfalls des Ölpreises ausgesetzt.

Nach der Entmachtung der einen liberalen und kapitalistischen Entwicklungsweg unterstützenden Anti-*Qaddafi*-Fraktion des Revolutionsrates um Hauptmann *Muhaishi* setzte ab Okt. 1975 eine Entwicklung auf der Basis sektoraler staatlicher Monopolunternehmen ein, die jene Phase eines „arabischen Sozialismus" beendete, in der dem privaten Kapital ein beinahe unbeschränkter Spielraum für wirtschaftliche Aktivitäten eingeräumt wurde, während sich die öffentlichen Unternehmen auf die Durchführung der in den Entwicklungsplänen festgeschriebenen Projekte konzentrierten.

Nach der Publikation des zweiten Teils des *Grünen Buches* („Die Lösung des ökonomischen Problems") im Februar 1978 intensivierte sich der ideologische Zugriff auf die Wirtschaft. Ab 1978 wurde in verschiedenen Phasen das Miet- und Wohneigentum teilweise sozialisiert, manchmal allerdings auch zugunsten der ehemaligen Mieter privatisiert. Produktionsunternehmen wurden in sog. *Volksbesitz* unter Kontrolle von betriebsintern gewählten Produktionsräten überführt. Ab 1980/81 wurde der private Handel zugunsten von sog. *Volksmärkten* (unter Kontrolle der lokalen Basisvolkskonferenzen) oder Distributionspunkten der mit dem Import beauftragten Monopolgesellschaften untersagt.

Dieses dezentralisierte, in der Praxis ineffiziente Produktions- und Distributionssystem führte in Verbindung mit der Finanzkrise ab 1982, gekennzeichnet durch einen Devisenrückgang aus den Erdölexporten von 22 Mrd. US-$ (1987) bei zunehmender Mittelbindung durch wirtschaftliche Großprojekte und Militärimporte, zu einer „Strangulierung" der lib. Wirtschaft. Der Wert des BIP ging rapide zurück, im Jahrzehnt 1979–89 im jährlichen Durchschnitt um –4,5 %.

Tabelle 4: *Produktionswachstum (im jährlichen Durchschnitt)*

	1981-86	1986-91	1981-91
Landwirtschaft	-0,5	0,9	0,4
Industrie	-4,5	7,0	2,3

Quellen: wie Tab. 2.

Die Konsequenzen waren: Ausweisung zahlreicher Gastarbeiter unter teilweise inhumanen Bedingungen, rigorose Reduzierung der Importe, Versorgungsengpässe, Gehaltskürzungen, Limitierung der Ausreisemöglichkeiten usw. Auf diese Krise reagierte *Qaddafi* Anfang 1987 mit der Ankündigung von Wirtschaftsreformen. Die daraufhin eingeleiteten wirtschaftlichen Liberalisierungsmaßnahmen beinhalteten in den Jahren seit 1988 u. a. eine Liberalisierung des Kleinhandels, die Zulassung von Privatbetrieben, die Übernahme staatlicher Unternehmen durch die dort beschäftigten Arbeitnehmer (*tasharukiya*), die Reduzierung staatlicher Importvorschriften und die Annullierung des staatlichen Außenhandelsmonopols; sie mündeten 1992 in eine grundsätzliche Privatisierungspolitik nach marokkanischem bzw. tunesischem Vorbild. Ausgenommen von der Privatisierung sind nur der Erdölsektor und strategische Staatsunternehmen (wie das Stahlwerk in Misurata); selbst Banken wurden 1993 zur Privatisierung freigegeben. Zwischen 1989 und 1991 wurden allein im Raum Tripolis 60 Staatsunternehmen in *tasharukiya*-Firmen umgewandelt.

4.1 Agrarsektor

Unter Griechen und Römern einst Kornkammer Nordafrikas mit Getreideüberschüssen, wurde mit dem Verfall der Zentralmacht und der Invasion der arabischen Stämme im 10./11. Jh. die seßhafte Lebensweise zugunsten des Nomadentums zurückgedrängt. L. blieb zwar auf Subsistenzniveau Selbstversorger, in Abhängigkeit vom Klima schwankte jedoch die landwirtschaftliche Produktion, ein Faktor, der selbst heute noch auf die Produktionsziffern durchschlägt (vgl. Tab. 5). Nach Beginn der ital. Agrarkolonisation wurden neue Siedlungen aufgebaut und neue Produktionsmethoden eingeführt. Diese Impulse kamen aber wegen des kriegsbedingten Abbruchs der Kolonisation 1939/41 nicht mehr zum Tragen.

Die sozioökonomischen Veränderungen seit den 50er Jahren, vor allem seit Einsetzen des Erdölbooms (rapide Landflucht, Aufgabe manueller Tätigkeit zugunsten von Verwaltungs- und Dienstleistungsfunktionen, Veränderung der Eßgewohnheiten mit steigendem Wohlstand bei zugleich hohem Bevölkerungswachstum), haben trotz staatlicher Gegensteuerung ab den 70er Jahren zu einer Stagnation bzw. einem Rückgang der Agrarproduktion geführt, so daß immer größere Anteile des Gesamtbedarfs importiert werden mußten. Deckte die lokale Agrarproduktion 1969 noch 60% des Konsums, waren es in der Dekade 1980–90 im jährlichen Durchschnitt nur noch 40%.

Die Förderung des Agrarsektors war und ist deshalb ein zentrales Anliegen der Revolutionsführung seit 1969, das sich sowohl institutionell (Einrichtung eines Ministeriums für Agrarreform, sowie eines Ministeriums für Landerschließung) als auch in umfangreichen Agrarentwicklungsprogrammen, beginnend mit einem 1973 lancierten Zehnjahresplan und der Einrichtung von vier speziellen Agrarentwicklungszonen, niederschlug. Begleitet wurden die hohen staatlichen Agrarinvestitionen von einem Sozialprogramm und von Sonderförderungen (günstige Kredite, Subventionen von Saatgut, Wasser und Strom sowie Preisgarantien), um den Beruf des Bauern aufzuwerten und die Landflucht einzudämmen.

Eine massive Steigerung der Agrarproduktion soll das 1984 begonnene großdimensionierte Bewässerungsprojekt „Großer künstlicher Fluß" bringen, durch das (wahrscheinlich fossile) Grundwasservorkommen im SO erschlossen und täglich 2 Mio. m^3 Wasser aus 200 Tiefbrunnen bei Sarir und Tizerbo durch ein über 1800 km langes Rohrleitungssystem in die Küstenregion von Sirte bis Banghazi transportiert werden sollen. Verwendungsziel ist neben der Trinkwasserversorgung der Ausbau der Bewässerungslandwirtschaft. Die erste Phase des auf 25 Mrd. US-$ geschätzten Projekts wurde im

August 1991 eingeweiht, wobei der wirtschaftliche Erfolg des Projektes unter Fachleuten je nach wissenschaftlicher Schule umstritten ist. Auf den neu zu erschließenden Bewässerungsparametern sollen angesichts der Knappheit an einheimischer Arbeitskraft auch Hunderttausende ägyptische Fellachen angesiedelt werden.

Unter Berücksichtigung der bisher negativen Erfahrungen im Agrarbereich (mangelndes Engagement der Bauern, Abwanderungstendenzen der jungen Arbeitskräfte, Boden- und Winderosion, Vordringen der Wüste trotz Pflanzung eines Waldgürtels, Bodenversalzung etc.) wird die Landwirtschaft langfristig ein Problemsektor bleiben.

4.2 Industrielle Entwicklung

Die Industrialisierung L.s datiert, abgesehen von ersten Anfängen unter osmanischer Herrschaft und während der ital. Kolonialzeit, die sich auf Getreidemühlen, Nudelfabriken und Eisenverarbeitung beschränkten, erst auf die Zeit nach dem Machtwechsel von 1969. Die Industrialisierungsbemühungen stießen bis heute auf zahlreiche Probleme: Kleinheit des Marktes, hohe Produktionskosten, Mangel an Facharbeitern, Management- und Transportprobleme. Hinzu kamen Probleme, die vor allem in den Jahren 1980–87 durch die ideologisch motivierten Eingriffe in die Wirtschaft hervorgerufen wurden, sowie die negativen Effekte des von den USA verhängten Embargos bzw. der UN-Sanktionen vom April 1992.

Tabelle 5: *Industrieproduktion*

	1978	1981	1986	1991
Erdöl (Tsd. t)	95000	57000	51000	76000
Raffineriekapazität	5000	7000	17000	18000
Gas (Mio. m^3)	4200	5000	6300	7000
Methanol (Tsd. t)	..	232[a]	668	990
Äthylen (Tsd. t)	..	..	250	330
Stahl (Tsd. t)	..	..	10	820
Zement (Tsd. t)	2200	3200	4500	3900
Strom (Mio. kWh)	3500	5200	9000	18000

[a] 1982
Quellen: wie Tab. 2.

Die fast ausschließlich vom Staat getätigten Investitionen, nachdem private Investitionen in Handel und Kleingewerbe zwischen 1978 und 1988 wegen der Verstaatlichung des Handels und der restriktiven Wirtschaftspolitik zum Stillstand gekommen waren, basieren einmal auf der Verarbeitung der Kohlenwasserstoffe; zum anderen wurden in einem weiten Spektrum Unternehmen (Konsum- und Genußmittelindustrie, Leichtindustrie) – allerdings fast ausschließlich in küstennahen Standorten – aufgebaut, die in Zukunft den

Grundbedarf decken und die Importe substituieren sollten (*Buru* 1985). Von den zuständigen Ministerien geförderte Großprojekte waren u. a. das Stahlwerk in Misurata (Schwerpunkt des 2. Fünfjahresplanes 1981–85, der 23,1 % des Gesamtentwicklungsbudgets für industrielle Investitionen reservierte) sowie ein Aluminiumwerk. Tab. 5 zeigt Beispiele aus der anlaufenden Produktion. Trotz hoher Wachstumsraten ist der Anteil der Industrie an der Entstehung des BIP derzeit aber immer noch gering.

4.3 Erdöl- und petrochemischer Sektor

Der Ressourcenbestand L.s beschränkt sich im wesentlichen auf Erdöl/Erdgas. Die nachgewiesenen Reserven betrugen 1991 bei Erdöl 22,8 Mrd. Barrel, bei Erdgas 43,0 Bill. Kubikfuß. Die Eisenerzvorkommen des Fezzan liegen ebenso verkehrsungünstig wie die angeblichen Uranvorkommen im Tibesti-Gebirge. Das Stahlwerk in Misurata verarbeitet folglich nur importiertes Rohmaterial.

Die Ressourcenpolitik im Bereich Erdöl/Erdgas ist seit 1970 auf Schonung der bestehenden Reserven (Reservelebensdauer 1991: 55 Jahre; fünftgrößte Reserve der arabischen Produzenten) und die Maximierung des finanziellen Entgelts pro Liefereinheit angelegt. Die ursprüngliche Führungsrolle bei der Preisbildung in der OPEC ist bereits Mitte der 70er Jahre Opfer geänderter Konstellationen geworden. L. hat seither keinen Einfluß mehr auf die Preisbildung, plädiert jedoch für eine Senkung der Produktionsquoten zur Stabilisierung bzw. Erhöhung des Erdölpreises. Die Erdöleinnahmen fielen von 21,38 Mrd. US-$ (1981) nach dem Einnahmeeinbruch von 1988 auf nur noch 5,2 Mrd. US-$ und stagnierten zu Beginn der 90er Jahre im Durchschnitt bei 10 Mrd. US-$.

Tabelle 6: *Erdölsektor*

	1971	1976	1981	1986	1991
Erdölproduktion (in Tsd. Barrel/Tag)	2761	1933	1218	1308	1493
Einnahmen aus Ölexport (in Mio. US-$)	2688	9378	15347[b]	5438	10025
Preis pro Barrel (US-$)[a]	2,68	13,2	36,5	14,5	18

[a] wegen der hohen Qualität des lib. Erdöls lag der Preis im Durchschnitt 1-2 US-$ über dem OPEC-Preis; [b] der Spitzenwert lag 1980 bei 21378 Mio. US-$

Quellen: OPEC Statistical Bulletin 1991; Energy Statistics Yearbook 1992.

Neben der neuen Preis- und Produktionspolitik war die Erdölpolitik seit 1969 durch zwei weitere Charakteristika gekennzeichnet: Zum einen verfolgte die Führung konsequent die Politik der Erhöhung der Dispositionsgewalt des Staates über die Erdölproduktion. Durch Übernahme der Kapitalmehrheit (in der Regel 51 %) und politisch motivierte Verstaatlichungen (z. B. *BP* 1971/*Bunker Hunt* 1973) stieg der Staatsanteil bis 1974 auf 60 % und liegt seit 1980 bei 80 %. Außerdem versuchte Libyen, die Vermarktung und den Transport des Erdöls bzw. seiner Derivate in eigene Regie zu übernehmen. Dieses Ziel wurde mit der Gründung der *Brega International Marketing Company* und dem zügigen Ausbau der eigenen Tankerflotte (1987: 15 Tanker, größte Tankerflotte Afrikas) sowie den Aufkauf von Raffinerien in Europa (z. B. 1992 der *Holborn Raffinerie* in Hamburg) und Tankstellennetzen u. a. in Italien (*Tamoil*) und Spanien unter Regie der 1983 gegründeten *Oilinvest* realisiert.

Gegenwärtig wird aus über 40 Feldern Erdöl gefördert, das über das ca. 4000 km lange Pipeline–Netz zu den fünf Verladeterminals transportiert wird. Nach dem auf Druck der US-Regierung erfolgten Rückzug von *Exxon Libya/Exxon Sirte* aus L. und dem von US-Präsident *Reagan* angeordneten Boykott lib. Erdöls im März 1982 hat sich die Erdölkooperation zunächst mit der Sowjetunion, später mit anderen Staaten, u. a. Iran, Rumänien und Spanien (*Repsol*), aber auch mit *Total* und *Elf Aquitaine* verstärkt.

Der Ölreichtum hat bereits früh Überlegungen in Gang gesetzt, wie das Erdöl über den Export als Rohstoff hinaus zum Nutzen der lib. Wirtschaft verwendet werden kann. Die Weiterverarbeitung von Erdöl in einem nationalen Raffinerie- und Petrochemiesektor sowohl für den Export hochwertiger Erdölderivate als auch zur Befriedigung des lokalen Energiebedarfs wurde bereits Anfang der 70er Jahre beschlossen. Die *Downstream*-Aktivitäten L.s sind allerdings im Gegensatz zu denjenigen der Golfstaaten oder Algeriens erst ansatzweise wissenschaftlich untersucht (*Bergs* 1992). Der Inlandskonsum von verarbeiteten Ölprodukten ist durch den Ausbau der Raffinerien von 19 900 bpd (1969) auf 101 800 bpd (1991) angestiegen.

In den Entwicklungsplänen erhielt der Aufbau einer leistungsfähigen petrochemischen Industrie (Produktion von Harnstoff, Methanol usw. für den Export) eine prominente Rolle. Allerdings wurde wegen der langen Anlaufarbeiten erst 1977 die erste Methanol- und Ammoniumanlage in Marsa Brega in Betrieb genommen. Signifikante Anteile am Weltmarkt konnte L. bislang aber nur beim Export von Methanol gewinnen.

Erdöl ist zugleich Grundlage der besonders in Tripolis und Banghazi konzentrierten Wärmekraftwerke. Die Energieerzeugung steht und fällt fast zu 100 % mit der Förderung von Erdöl, so daß in wenigen Jahrzehnten erhebliche Energieprobleme entstehen werden. Die Nutzung der Wind- und Sonnenenergie wird bislang noch nicht als Alternative diskutiert. Allerdings betonte Revolutionsführer *Qaddafi* erstmals im März 1993 die Notwendigkeit eines verstärkten Engagements in diesem Bereich.

4.4 Außenwirtschaft

Der Außenhandel hat nach dem II. Weltkrieg eine rapide Umstrukturierung erfahren. Bis 1955 wies L. eine positive Handelsbilanz auf (Schrottexporte von Weltkriegswracks), geriet aber wegen der Importe der mit der Ölsuche beginnenden Firmen schnell in die roten Zahlen. Als ab 1960 die Erdölexporte aufgenommen wurden, verringerte sich der Saldo und seit 1963 weist L. trotz rasch gestiegener Importe eine positive Handelsbilanz auf. Der Außenhandel spiegelt die Entwicklung des Erdölsektors wider, da die Erdölexporte fast 100% der Exporteinnahmen erbringen. Ihre Entwicklung hat direkte Auswirkungen auf das Importvolumen, das nach Jahren des Booms seit Mitte der 80er Jahre wegen des drastischen Einnahmerückgangs starke Einschnitte hinnehmen mußte.

Die Struktur der Importe ist typisch für eine Rentenökonomie (Importe von Nahrungsmitteln, langlebigen Konsumgütern, hauptsächlich jedoch Erzeugnissen des Maschinenbaus, der Elektrotechnik sowie Fahrzeuge). Geographisch ist der Handel beim Export stark auf die EG konzentriert. Der bis Anfang der 80er Jahre nicht unbeträchtliche Ölexport in die USA ist seit dem US-Embargo von 1982 unterbrochen, gleiches gilt für den Warenbezug. Hauptlieferländer sind die EG-Staaten. Der innermaghrebinische Handel ist – trotz aller Integrationsbestrebungen – unbedeutend. Wichtiger maghrebinischer (Import-)Handelspartner ist Marokko, gefolgt von Tunesien.

Tabelle 7: *Außenhandel (Anteile in %)*

	1981	1987	1989
Exportanteile			
- Erdöl/Derivate	99,6	97,0	90,0
Exporte nach			
- EG (insgesamt)	52,8	91,6	94,4
- BRD	10,3	2,8	5,4
- arabische Staaten	2,5	2,8	1,3
Importanteile			
- Maschinen	62,6	38,3	39,1
- andere Fertigprodukte	19,6	21,5	28,2
- Nahrungsmittel	13,4	17,5	8,7
- Chemikalien	6,1	7,3	8,9
Importe aus			
- EG (insgesamt)	64,0	71,0	77,5
- BRD	15,4	12,3	16,3
- arabischen Staaten	1,0	1,2	3,3

Quellen: wie Tab. 1.

Hinsichtlich der Entwicklung der Zahlungsbilanz hat L. unterschiedliche Phasen durchlaufen. Durchgängig lagen seit den 60er Jahren Handelsbilanzüberschüsse vor (mit Ausnahme der Jahre 1987/88), die L. lange Jahre zum Kapitalexportland machten, und zwar trotz der Gewinntransfers der Ölunternehmen (bis zu ihrer weitgehenden Verstaatlichung), der chronisch defizitären Dienstleistungsbilanz, der staatlichen Auslandsinvestitionen (getätigt von der 1972 gegründeten *Libyan Arab Foreign Bank* bzw. der 1981 gegründeten *Libyan Arab Foreign Investment Company*) und der hohen Ausgaben für Rüstungsimporte und Ideologieexport. Erst der drastische Rückgang der Erdöleinnahmen ab 1982 hat indes seit 1986 zu hohen Zahlungsbilanzdefiziten geführt, die L. erst ab 1990 wieder in den Griff bekam.

5. Sozialstruktur und soziale Entwicklung

L. ist das nordafrikanische Land mit dem geringsten Wohlstandsgefälle und, abgesehen von der weißen Minderheit in Südafrika, das Land mit dem höchsten Lebensstandard in Afrika; es nimmt hinter den Golfstaaten auf der UNDP-Skala des *Human Development Index* einen arabisch-afrikanischen Spitzenplatz ein. Die Einkommensverteilung wurde durch die seit 1969 ergriffenen sozialpolitischen Maßnahmen (Subventionierung der Grundnahrungsmittel, von Strom, Benzin und Gas; Wohnungsbauprogramme, Erhöhung der Mindestlöhne, seit 1973 Beteiligung der Arbeitnehmer an den Unternehmensgewinnen) nivelliert. Die 1978–80 mit Bezug auf das *Grüne Buch* (Teil II) angeordneten Eingriffe (u. a. Sozialisierung von Mietwohnraum) stellten weitere Schritte zur Nivellierung dar. Allerdings kündigte sich im Zuge der 1992 eingeleiteten Privatisierungspolitik die Rückgabe sozialisierter Immobilien an ihre ursprünglichen Eigentümer an.

Ein weiteres Element zur Angleichung der Einkommensverhältnisse war die Instrumentalisierung des Staatsapparates zur Arbeitsplatzbeschaffung. Bereits Ende der 70er Jahre zählte L. rund 200 000 Staatsangestellte, was der Zahl der Beschäftigten im Primär- und Tertiärsektor entsprach. Dennoch blieben strukturelle Einkommensdifferenzen bestehen, die u. a. aus dem unterschiedlichen Lohnniveau in den einzelnen Wirtschaftssektoren resultieren. Die öffentliche Besoldungsordnung unterscheidet je nach Bildungszertifikat zwischen zehn Gehaltsgruppen. Ausländische Arbeitnehmer erhalten je nach Herkunftsregion teilweise erheblich über dem lib. Durchschnitt liegende Gehälter. Die Entlohnung der lib. Arbeitnehmer ist im Erdölsektor am höchsten, im Agrarsektor am niedrigsten, wo die Analphabetenrate am höchsten ist.

Unklar ist derzeit noch, wie der vor der *Allgemeinen Volkskonferenz* vom Nov. 1992 gemachte Vorschlag *Qaddafis*, die Hälfte der jährlichen Erdöleinnahmen in Beträgen zwischen 7000 und 10 000 US-$ direkt an die lib. Familien auszuzahlen, umgesetzt wird, da die Zentralbank und zahlreiche Ökonomen den Vorschlag aus wirtschaftlichen Gründen ablehnen. Das durchaus ernstzunehmende Motto *Qaddafis* „Reichtümer in die Hand des Volkes" schlug sich auch in der seit 1969 verfolgten sozialen Infrastruktur (massiver Ausbau des Bildungs- und Gesundheitswesens und Aufbau einer

Sozialversicherung) nieder. L. ist mit Tunesien der Maghrebstaat mit der höchsten Einschulungsrate und das medizinisch am besten versorgte Land.

Tabelle 8: *Sozialindikatoren*

	1970	1980	1985	1990
Lebenserwartung bei Geburt	51,9	57,3	59,8	62,4
Säuglingssterblichkeit	122,2	101,0	88,0	74,0
E. pro Arzt	2588[a]	..	..	710
Alphabetenquote	37	..	..	64[b]
Anzahl Studenten	3663	13488	..	38840[c]

[a] 1969; [b] bei Frauen 50 %; [c] 1986/87
Quellen: Human Development Report 1992; World Tables 1992; Thawra Libiya fi 20 aman 1969-1989.

Die Analphabetenrate konnte dank der hohen Einschulungsrate von 78% (1966) auf unter 40% (1990) gesenkt werden. Wichtiger als die absolute Zunahme der Grundschüler war die forcierte Einschulung der bis zur „Septemberrevolution“ vernachlässigten Mädchen, deren Anteil an den Primarschülern 1980/81 bei 45% lag. Der Anteil der Studentinnen lag mit 25% (1982/83) noch deutlich niedriger, stieg aber im Rahmen der Frauenförderungspolitik an. Seit Ende der 80er Jahre ist auch die Militärakademie für Frauen geöffnet und gibt es erste Ministerinnen.

Durch die regionale Streuung der Bildungsinvestitionen variieren die Einschulungsraten regional kaum. Unterschiede gibt es jedoch in der Qualität der Ausbildung, die in den küstennahen Ballungszentren deutlich besser ist. Problematisch ist die Unterrepräsentation der Studierenden in den für den Wirtschaftsaufbau wichtigen Fakultäten. An den insgesamt zwölf Universitäten unterrichten je nach Fakultät mit einem Anteil von 70–80% ausländische Wissenschaftler und garantieren zumindest teilweise einen internationalen Standard.

Das Gesundheitswesen wurde durch Neubauten von Krankenhäusern, die Schulung lib. Pflegepersonals und die Anwerbung vor allem osteuropäischer Ärzte ausgebaut. 1970 wurden die medizinischen Fakultäten an den Universitäten von Tripolis und Banghazi eröffnet. Allerdings gibt es ein Versorgungsgefälle von der Küste zum Landesinneren. Die meisten Seuchen wurden teilweise schon unter der ital. Kolonialverwaltung (Cholera und Pest), teilweise unter der brit. Militärverwaltung (Pocken) unterbunden. Nach wie vor treten Tuberkulose, Augen- und Wurmkrankheiten auf.

Die verbesserte Ernährungslage, die Trinkwasserkontrolle (1990 hatten 94% der Bev. Zugang zu gutem Trinkwasser), der Ausbau der Kanalisation und die allgemeine Hygienevorsorge sorgten dafür, daß die Lebenserwartung von 47 Jahren (1969) auf 62,4 Jahre (1990) angestiegen und die Kindersterblichkeit drastisch gesunken ist (vgl. Tab. 8). Die Abgabe von Medikamenten erfolgt seit der Verstaatlichung des Medikamentenhandels (1970) kostenlos.

Allerdings führte die Verhängung der UN-Sanktionen im April 1992 zu Versorgungsproblemen. Zuständig für alle Sektoren des Gesundheitswesens und die im internationalen Vergleich hervorragende Sozialversicherung ist die staatliche Sozialversicherungsanstalt INAS.

Von der großzügigen Sozialversorgung profitierten bis Mitte der 80er Jahre auch die ausländischen Arbeitnehmer, die seit Beginn der 70er Jahre ins Land geholt wurden, weil die lib. Erwerbsbevölkerung nicht der Nachfrage entsprach und außerdem den Staatsdienst bevorzugte. Die Zahl der ausländischen Arbeitskräfte einschließlich ihrer Familienangehörigen entwickelte sich mit der Wirtschaftskonjunktur; sie erreichte Anfang der 80er Jahre mit einem Anteil von 35 % an den Erwerbstätigen und von 20 % an der Gesamtbev. den Höchststand.

1992 wurden trotz Embargo immer noch rund 1 Mio. Ausländer in L. vermutet. Die größte Gruppe kommt aus Ägypten. Wegen der großen Bedeutung der Arbeitsmigration für die Entsendeländer setzte L. in den 80er Jahren vor allem Gastarbeiter aus Ägypten und Tunesien gelegentlich zur Durchsetzung politischer Ziele ein. Die Kolonien europ. Arbeitnehmer verkleinerten sich in den letzten Jahren nach Abschluß von Großprojekten und im Gefolge der Embargobestimmungen kontinuierlich und umfaßten 1992 noch rund 20 000 Personen. Die geplante Ansiedlung von 1 Mio. Ägyptern auf dem Bewässerungsland des *Großen künstlichen Flusses* stößt bei der einheimischen Bev. nicht nur auf positive Reaktionen.

6. Politische Struktur und Entwicklung

Die westlich konzipierte Verfassung des unabhängigen Königreiches L. von 1951 wurde mit dem Machtwechsel von 1969 außer Kraft gesetzt. Nach einer Übergangszeit von knapp drei Monaten wurde am 11. 12. 1969 mit der *Provisorischen Verfassungserklärung* eine am ägyptischen Verfassungsmodell orientierte neue konstitutionelle Grundlage geschaffen, die in 32 Artikeln die „Staatskonzeption“ und das „System der Regierung“ definierte. *De jure* und *de facto* war der Revolutionsrat unter *Qaddafis* Führung höchste exekutive, legislative und judikative Instanz mit ausgeprägtem Führungsanspruch. Dadurch konnte weder die Entwicklung der Einheitspartei *Arabische Sozialistische Union (ASU)* zur schwerfälligen Parallelbürokratie verhindert noch die Beteiligung der weitgehend passiven Bev. an den propagierten Entwicklungsrevolutionen erzwungen werden.

Mit der Lancierung der sog. *Volksrevolution* am 15. 4. 1973 sollten durch Einführung direktdemokratischer Elemente in die politische Systemstruktur die Defizite überwunden werden. Zunächst wurden im Verwaltungssektor wählbare *Volkskomitees* für exekutive Aufgaben, ab 1975 durch Umwandlung der Basiszellen der ASU in geographische Einheiten, sog. *Basisvolkskonferenzen*, mit legislativen Funktionen geschaffen und 1976 im sog. *Jamahiriya-*

Staatsmodell zusammengeführt. Dessen Beschreibung ist Inhalt des ersten Teiles des *Grünen Buches*, das die politische Handlungsanleitung zur Umsetzung der von *Qaddafi* seit 1972 formulierten sog. *Dritten Universalen Theorie* darstellt.

Die konstitutionelle Verankerung des hierarchisch strukturierten *Volkskonferenzen-Volkskomiteesystems* mit der *Proklamation der Volksherrschaft* am 2. 3. 1977 hat die Verfassungserklärung von 1969 de facto außer Kraft gesetzt. Abgesehen von der Festschreibung der Struktur der Volkskonferenzen und Volkskomitees, der Bestimmung des Koran zum „Gesetz der Gesellschaft“ und der Militärpflicht für alle Männer und Frauen in der nur diese vier Punkte umfassenden Proklamation sind alle anderen staatlichen Regelungen an das legislative Engagement der *Allgemeinen Volkskonferenz* als dem höchsten nationalen Gremium gebunden.

Es war dieses Organ, das am 12. 6. 1988 mit der Verabschiedung der *Großen Grünen Menschenrechtsdeklaration* erstmals seit der Septemberrevolution von 1969 eine Kodifizierung der dem einzelnen Bürger zustehenden Rechte vorgenommen hat, deren Verwirklichung er vor dem gleichfalls neugeschaffenen *Volksgerichtshof* einklagen kann. Die Verabschiedung des *Gesetzes zur Sicherung der Freiheit* durch die *Allgemeine Volkskonferenz* (Sept. 1991) und die vorausgehende Begründung eines Justizministeriums im März 1989 hat diese Tendenz zur Verrechtlichung verstärkt.

Die Existenz des Revolutionssektors, der formal mit der *Proklamation der Trennung von Herrschaft und Revolution* am 2. 3.1979 entstanden ist und der politischen Kontrolle durch die Volkskonferenzen und Volkskomitees entzogen ist, während die Revolutionsführung um *Qaddafi* durch die Kontrolle der Streitkräfte und die Präsenz der Revolutionskomitees in allen staatlichen Einrichtungen Kontrolle, Steuerung und Mobilisierung betreiben kann, zeigt den engen Handlungsspielraum des Herrschaftssektors und die engen Grenzen der von ihm verabschiedeten Gesetze auf. Nach westlichem Verfassungsverständnis ist L. ein Staat ohne Verfassung, dessen Bürger theoretisch und praktisch der Willkür der politischen Führung ausgeliefert sind, da diese keiner wie auch immer gearteten Kontrolle unterliegt.

6.1 Die politischen Akteure

Aufgrund des spezifischen Systemaufbaus in L. weicht die Komposition der politischen Akteure vom bekannten Erscheinungsbild in den anderen Maghrebstaaten ab, wo die Institutionen des Präsidenten/Königs, des Parlaments, der Regierungs- und Oppositionsparteien und staatlicher wie nichtstaatlicher Vereinigungen das Erscheinungsbild prägen. Außerhalb der staatlichen Organe gibt es weder Parteien (seit 1952 verboten) noch nichtstaatliche Organisationen. Eine organisierte politische Opposition existiert nicht. Die sporadisch sich manifestierende islamische Opposition wird bis heute durch massive politische Repression ausgeschaltet. Gegen nichtreligiöse politische Oppositionsäußerungen von Individuen wird je nach politischer Konjunktur unterschiedlich hart vorgegangen, wobei sich seit 1987/88 die Marge für Artikulation von Kritik ausgeweitet hat, solange nicht die *Jamahiriya*-Staatsstruktur in Frage gestellt wird.

Innerhalb des Herrschaftssektors sind neben den Basisvolkskonferenzen und den Volkskomitees die syndikalen Neben- und Berufsorganisationen (Frauen, Studenten, Rechtsanwälte, Erdölarbeiter, Bauern usw.) die dritte Säule des formal direktdemokratisch organisierten Artikulationsprozesses mit hoher Selbstbestimmungskompetenz in Eigenangelegenheiten. Die Bündelung der durch die Revolutionskomitees gefilterten Basisinteressen erfolgt in der *Allgemeinen Volkskonferenz*, die jährlich nach vorausgehenden Zusammenkünften der Basisvolkskonferenzen tagt und in der Regel auf ihrer ordentlichen Jahressitzung auch das höchste Exekutivkomitee, das *Allgemeine Volkskomitee* (Ministerrat), wählt. Bei diesem Auswahlprozeß ist jedoch eine Steuerung durch die Revolutionsführung unverkennbar, die die innen- und außenpolitische Interessenkonstellation widerspiegelt. Die Wahl von *Omar al-Muntasir* zum neuen Sekretär (Minister) für ausländische Beziehungen und internationale Kooperation im Nov. 1992 reflektiert z. B. das Anliegen zur diplomatischen Lösung der *Lockerbie-Affäre* genauso wie die Besetzung etlicher Ministerposten Mitte der 80er Jahre durch Ideologen aus dem Umkreis des *Grünen-Buch-Zentrums* symptomatisch für die damalige dogmatische Politik war.

Weitaus stärker werden politische Entscheidungen indes durch die nicht in der *Proklamation der Volksherrschaft* von 1977 erwähnten Institutionen beeinflußt: also Revolutionsführung (*Qaddafi* und *Jallud*) und Revolutionskomitees, insbesondere deren Führungskader, die allerdings in den letzten drei Jahren einen deutlichen Kompetenzverlust hinnehmen mußten. Dieses trotz der institutionellen Auffächerung hochgradig auf *Qaddafi* ausgerichtete System agiert jedoch nicht autonom, sondern hat auf gesellschaftliche Realitäten Rücksicht zu nehmen, vor allem auf die Rolle der die lib. Geschichte stark prägenden Stämme und einflußreichen Familien.

Trat in den 70er Jahren zu Zeiten des Panarabismus und ökonomischen Überflusses dieser Faktor wegen der dem Revolutionsrat zunächst zufallenden Revolutionslegitimität und der Entstehung neuer Loyalitäten weniger in den Vordergrund, so gewannen tribale Rücksichtnahmen in der Periode zunehmend schrumpfender Leistungslegitimität zunehmend an Bedeutung. Der Rückgriff auf Stammesloyalität brachte vor allem Mitglieder des Qadadfa-Stammes (u. a. die „Männer des inneren Zirkels": die Brüder *Quaddaf al-Dam, Ali al-Kilani, Massud Abd al-Hafiz, Khalifa al-Hanish*), des Fezzaner M'garha-Stammes (*Jallud*) und der mit ihnen verbündeten Stämme (Warfalla, aber auch die Awlad Ali in der Cyrenaika) in die höchsten Führungspositionen. Diese Dominanz des tribalen Elements spiegelte sich zugleich in der Aufwertung der Sirte-Region wider.

Die Folge des ideologisch motivierten Ausschlusses wichtiger gesellschaftlicher Gruppen aus dem politischen Entscheidungsprozeß (Bürokraten 1973 durch die Volkskomiteebewegung; religiöse Autoritäten durch das 1975 auferlegte Redeverbot; Händler und Unternehmer durch die sog. Produzentenrevolution von 1978) hat aber nicht nur die Retribalisierung innerhalb L.s gefördert, sondern auch zu einer Fluchtbewegung jener Libyer geführt, die Opfer der diversen Kampagnen waren. Während sich die interne Opposition kaum formierte, sondern das Exil bevorzugte, entstand in den USA, Ägypten und Europa eine ganze Reihe von Oppositionsbewegungen, gefördert und instrumentalisiert von den Geheimdiensten verschiedener Staaten. Die Oppositionsbewegungen sind jedoch bislang unkoordiniert und zerstritten.

6.2 Rüstungspolitik, äußeres und internes Konfliktpotential

L. spielt unter den arabischen Staaten seit 1970 eine zentrale Rolle sowohl beim aktiven als auch beim passiven Rüstungstransfer, wobei die nach der Nationalisierung des Erdölsektors und den von L. wesentlich mitgestalteten Erdölpreisneuordnungen rapide ansteigenden Erdöleinnahmen das notwendige finanzielle Polster dieser Aufrüstung lieferten. Ohne dieses wäre weder die Aufrüstung noch die kostenaufwendige Ideologiemission und die Unterstützung der Befreiungsbewegungen möglich gewesen.

Hinsichtlich der Aufrüstung der Streitkräfte setzte die Revolutionsführung anfangs vollständig auf Importe aus den westlichen IL. Erst im Zuge der unter US-Präsident *Carter* einsetzenden politisch bedingten Lieferbeschränkungen wurden die Waffen zunehmend aus der Sowjetunion, anderen Ostblockstaaten und Dritte-Welt-Staaten (Brasilien, Indien usw.) importiert. Die lib. Luft- und Panzerwaffe stammt fast ausschließlich aus der ehemaligen UdSSR.

Die Beschaffung der Rüstungsgüter erfolgte zum Großteil durch Barzahlung, auf der Basis von Barterabkommen (Öllieferungen) oder von Kreditkäufen. Die lib. Militärschulden bei der Sowjetunion beliefen sich 1990 auf etwa 3,5 Mrd. US-$ bei gesamten Auslandsschulden von rund 5 Mrd. US-$. Im Nov. 1992 hat *Qaddafi* in einer Rede die Höhe der Rüstungsausgaben zwischen 1969 und 1992 mit 23 Mrd. US-$ angegeben; wahrscheinlich waren es mehr als 40 Mrd. US-$.

Die für die Mannschaftsstärke der lib. Streitkräfte überdimensionierte Aufrüstung hat bereits früh Spekulationen über die Verwendungsseite aufkommen lassen. Tatsache ist, daß der größte Teil der gelieferten Rüstungsgüter als strategische Reserve in Depots – häufig unsachgemäß – gelagert wird und nur ein relativ kleiner Teil des Bestandes an befreundete Staaten (Ägypten 1970–73, Sudan, Burkina Faso, Uganda) und Befreiungsorganisationen geliefert wurde.

Die Fähigkeiten der lib. Streitkräfte zur Nutzung der Waffensysteme werden als sehr niedrig eingestuft. In den 80er Jahren waren die Systeme nur dank der zahlreichen Militärberater (je nach Periode mehrere Tausend) aus der Sowjetunion, der DDR, Kuba und anderen Ostblockstaaten einsatzfähig. Nach dem Abzug der russischen Militärberater 1992 dürfte die Einsatzfähigkeit noch weiter gesunken sein. Ein Indiz für diesen geringen Ausbildungsstand waren die massiven Verluste der lib. Streitkräfte im Nordtschad Anfang 1987 gegen die beweglichen FANT-Streitkräfte.

Die derzeit gravierendste politische Herausforderung für die innere Sicherheit ist der Konflikt zwischen Revolutionsführung und Islamisten. Seit der Mitte der 80er Jahre kommt es offen zur Konfrontation mit militanten Islamisten, die die in ihren Augen ketzerische Islampolitik *Qaddafis* zurückweisen. Im Unterschied zu den bereits Anfang der 70er Jahre im Untergrund agierenden Muslimbrüdern, Anhängern der *Islamischen Befreiungspartei* und anderer islamistischen Kleingruppen, war ein Jahrzehnt später das Ausmaß der islamistischen Herausforderung personell umfangreicher und militanter, ohne je systembedrohende Ausmaße anzunehmen.

Die massive Präsenz der Sicherheitskräfte, bis 1988 vor allem der Revolutionskomitees bzw. seither der neu formierten „Volkswachen“ und die eingeleiteten Repressionsmaßnahmen mit zahlreichen Todesurteilen begrenzten den Aktionsraum der Islamisten. Trotzdem kam es seit den bewaffneten Auseinandersetzungen der Sicherheitskräfte mit Mitgliedern der islamistisch ausgerichteten NFSL am 8. 5. 1984 immer wieder zu Konflikten mit Islamisten, die ihren Höhepunkt während des *Ramadan* 1989 erreichten, als bewaffnete Islamisten Moscheebesucher angriffen.

Qaddafi ging in seinen Reden zunehmend auf diese Herausforderung ein und warnte vor der „islamistischen Gefahr“: 1990/91 waren die Jahre der rhetorischen antiislamistischen Agitation. In mindestens 20 Reden hat *Qaddafi* seither nachweislich die islamistische Verfremdung des Islam angeprangert und die „religiöse Tendenz zur Vereinnahmung der Politik“ durch Gruppen wie Muslimbrüder, *Takfir wa-Hijra, Hizballah, Heiliger Jihad* als höchst gefährliche Entwicklung bezeichnet. Für ihn sind Islamisten „neue Häretiker“, „gefährlicher als die Pest oder Aids-Kranke“. Deshalb plädierte er trotz des seit 1988 eingeleiteten Liberalisierungskurses für eine harte Haltung gegenüber diesen im Untergrund operierenden Gruppen.

Trotz aller formalen Maßnahmen im Bereich der Menschenrechte wird bei Fragen des Systemerhalts und der internen Sicherheit der Inhalt der 1988 verabschiedeten *Großen Grünen Menschenrechtscharta* nicht eingehalten, klaffen zugesagte Rechte und Praxis auseinander. Insofern ist die begrenzte politische Liberalisierung zwar eine positive Entwicklung gegenüber der weitaus repressiveren Phase vor 1987, bildet aber noch längst keinen Durchbruch zu pluralistischen Strukturen.

Literatur

Allan, J. A. 1981: Libya. The Experience of Oil, London.
Allan, J. A. et al. (Hrsg.) 1989: Libya: The State & Region. A Study of Regional Evolution, London.

Badry, R. 1986: Die Entwicklung der Dritten Universaltheorie (DUT) Muammar al-Qaddafis in Theorie und Praxis, Bern/Frankfurt.
Barthel, G./Rathmann, L. (Hrsg.) 1980: Libya. History, Experiences and Perspectives of a Revolution, Berlin (Ost).
Bergs, R. 1989: Erdöl-self reliance-Krise. Der Entwicklungsweg Libyens unter Qaddafi 1969–1988, Frankfurt/M.
– 1992: Der libysche Raffinerie- und Petrochemiesektor, in: Orient, Nr. 2, 243–251.
Brill, H. 1988: Libyens Außen- und Sicherheitspolitik. Moamar el Gaddafis Motive und Visionen, Baden-Baden.
Buru, M. M. et al. 1985: Planning and Development in Modern Libya, Wisbech.
Davis, J. 1988: Libyan Politics. Tribe and Revolution, London.
Deeb, M. und Mary-Jane 1982: Libya since the Revolution. Aspects of Social and Political Development, New York.
Deeb, Mary-Jane 1991: Libya's Foreign Policy in North Africa. Boulder/Col.
Fathaly, O. I./Palmer, M. 1980: Political Development and Social Change in Libya, Lexington/Toronto.
Graeff-Wassing, M. 1990: La femme en arme – Kadhafi féministe, Paris.
Joffé, E. G. H./Mc Lachlan, K. S. 1982: Social and Economic Development of Libya, Wisbech.
Al-Kadhafi, M. 1980: Das Grüne Buch. Die dritte Universaltheorie, Bonn.
Khader, B./el-Wifati, B. 1987: The Economic Development of Libya, London.
Kratzl, R./Mattes, H. 1989: Libyen. Öl, Sand und Steine – ein Land im Umbruch, Freiburg.
Lemarchand, R. (Hrsg.) 1989: The Green and the Black Qadafi's Policies in Africa, Bloomington.
Mattes, H. 1982: Die Volksrevolution in der Sozialistischen Libyschen Arabischen Volksjamahiriyya, Heidelberg.
– 1985: Die libysche Außeninvestitionspolitik. Teil I: Organe und Struktur. Teil II: Fallbeispiel Malta (Deutsches Orient-Institut), Hamburg.
– 1985: Die gesellschaftliche Transformation Libyens (1951–1984). Aufstieg und Fall der Bourgeoisie, in: Orient, Nr. 1, 27–47.
– 1988: Libyens Hoheitsansprüche auf den Kontinentalsockel und den Golf von Sirte, in: Nord-Süd-aktuell, Nr. 2, 198–205.
Metz, H. Chapin (Hrsg.) 1989: Libya: a Country Study, Washington, D.C.
Operschall, Chr. (Hrsg.) 1987: Libyen. Die verkannte Revolution?, Wien.
Otayek, R. 1986: La politique africaine de la Libye, Paris.
Shamleh, O. 1986: Erdölinduzierte sozio-ökonomische Entwicklung in den OAPEC-Staaten. Der Fall Libyens, Bern/Frankfurt.
Simons, G. 1993: Libya – The Struggle for Survival, London.
Souriau, Chr. 1986: Libye. L'économie des femmes, Paris.
St. John, R. B. 1991: Historical Dictionary of Libya, Metuchen, N. J.
– 1987: Qaddafi's World Design. Libyan Foreign Policy, 1969–1987, London.

Marokko

Jürgen H. Wolff

1. Wirtschaftsgeographische Grundlagen*

Die Angaben über die Größe Marokkos (M.) sind unterschiedlich. Der *Fischer-Weltalmanach 1993* nennt 446 550 qkm, einschließlich der teilweise besetzten Westsahara 710 850 qkm. M. grenzt als einziges arabisches Land an Mittelmeer (470 km Küste) und Atlantik (etwa 1600 km Küste). Seit der Spätzeit der *Reconquista* hält Spanien die Städte Ceuta und Melilla an der Nordküste (zusammen 32 km), allerdings nicht gegen den Willen ihrer Bewohner.

Die Statistiken weisen für 1990 eine Bev. von 25,1 Mio. aus. Daraus errechnet sich eine Bevölkerungsdichte von 56 E. pro qkm (ohne Westsahara), einschließlich Westsahara von etwa 35 E. pro qkm. Es besteht eine hohe Konzentration auf die Städte (Urbanisationsrate 1990: 48%) und auf den agrarisch begünstigten Raum.

Der „Länderbericht Marokko" des *Stat. Bundesamtes* (1988) beschreibt die wirtschaftsgeographischen Grundlagen folgendermaßen:

„M. ist ein seinen Oberflächenformen nach vielgestaltiges Land. Die Atlantikküste ist eine Flach- oder Ausgleichsküste mit starkem Sandtransport (ungünstig für Hafenanlagen). Die Küsten- und Flußebenen sind junges Schwemmland, einst schlecht entwässert und ungesund (Malaria). In wesentlichen Teilen ist M. Gebirgsland, unter den nordafrikanischen Atlasländern hat es den bedeutendsten Anteil am Atlasgebirge und dessen höchste Erhebungen. Kernraum ist der Hohe Atlas, über 800 km von SW nach NO sich erstreckend, durchschnittlich 2000 m hoch (Djebel Toubkal 4165 m). Die kristallinen (granitischen) Ketten des Atlas trennen die mediterrane bzw. atlantische Welt von der Sahara. Der Hohe Atlas geht ostwärts in den (algerischen) Sahara-Atlas über. Der Mittlere Atlas hat weiche („Mittelgebirgs"-)Formen, ist nur durchschnittlich 1300 m hoch (höchster Gipfel 3340 m) und etwa 300 km lang. Er begrenzt die marok. Meseta, die in die niedrigere Küstenmeseta und die etwa 450 m über dem Meeresspiegel gelegene zentrale Meseta (Hochebene von Marrakesch) gegliedert ist.

Im Norden, durch die Sebu-Ebene getrennt, ist das halbkreisförmige Rifge-

* Seit der Annexion der ehemals spanischen Sahara durch Marokko umfassen die amtlichen Statistiken auch diesen Raum. Wenn diese Daten im Beitrag übernommen werden, ist damit kein Urteil über den völkerrechtlichen Status der Westsahara oder über die marok. Grenzen beabsichtigt.

Der Autor dankt Dr. Jürgen Theres/Rabat für die kritische Durchsicht des Manuskripts.

birge vorgelagert, das die nördlichste Spitze Afrikas gegen Europa bildet. Es hat eine schroffe, wild zerklüftete Oberfläche und trägt Reste von Zedernwäldern. Im Süden des Landes bildet der Anti-Atlas, 500 km lang, die Begrenzung gegen die Sahara. Das Gebirge besteht hauptsächlich aus kristallinen Schiefern und dolomitischen Kalken und ist deshalb fast wasser- und vegetationslos. Im Süden und SO (Wadi Dra) hat M. Anteil an der Sahara mit ihren Stein- (*Hammadas*) und Sandwüsten (*Ergs*). In diesem Raum sind menschliche Niederlassungen auf wenige Palmoasen und einige jüngere Bergbausiedlungen beschränkt.

Das Klima Marokkos ist durch seinen Übergangscharakter vom mittelmeerischen zum saharisch-kontinentalen geprägt. Die Gebirge werden dabei zu einem steuernden Element, sie erlauben feucht-mediterranes Klima in ihren Höhenstufen wesentlich weiter südlich als im übrigen Nordafrika. Meeresluftmassen erreichen das Land vom Westen und NW; sie bringen stärkere Niederschläge im Winterhalbjahr, während die Sommermonate trocken und heiß sind. Die vom Mittleren und Hohen Atlas gebildeten Gebirgsmassive stellen ein großes Wasserreservoir dar. Die dort verhältnismäßig hohen Jahresniederschläge (bis über 800 mm) werden aufgrund besonders günstiger geologischer Bedingungen über längere Zeit gespeichert. In den zur Küste offenen Ebenen (*Meseta*) und Flußauen herrscht mildes Klima mit für den Trockenfeldbau ausreichenden Niederschlägen.“

Aus diesen natürlichen Gegebenheiten resultieren wichtige Folgen für die Landnutzung (*Mensching* 1989: 136 ff.). Agrarisch begünstigte Entwicklungsräume sind die atlantische Küstenzone, der Innenkranz der Gebirgsfußregionen des Atlassystems sowie die Sous-Region zwischen Hohem und Anti-Atlas mit der Stadt Agadir. In schroffem Gegensatz dazu stehen die traditionell gebliebenen, zumeist stark berberisch bestimmten Gebirgsregionen des Rif, im Mittleren, Hohen und Anti-Atlas, die Gebirgsrandzonen des Tensiftflusses (am Nordrand), der Täler des Ziz, Sous, Draa und Dadès (im Süden) und das Moulouyabecken.

Dieser Gegensatz zwischen den agrarisch reichen Tiefland- und den weniger begünstigten Hochland- oder Randregionen hat in der Kolonialzeit zu ausgeprägten Wanderungen von Saisonarbeitern geführt und erhöht heute die Zuwanderung in die begünstigten Regionen mit der Folge der Bildung von *Bidonvilles*.

Der hohe Bevölkerungsdruck hat zu einer weitreichenden Zerstörung der natürlichen Vegetation, insbesondere der Wälder, mit ihrer Schutzfunktion auch für die produktiven Flächen und damit für die Versorgung mit Grundnahrungsmitteln geführt (Holzkohle, Bauholz, zusätzliche Anbauflächen). Pro Jahr gehen 20 000 ha Wald verloren. Nur 7 % der Fläche sind noch mit Wald bedeckt; Wiederaufforstungsbemühungen waren nur zum Teil erfolgreich. M. verfügt über eine relativ gut ausgebaute Infrastruktur: 1893 km Eisenbahnen, u. a. mit Anschluß an das algerische Netz, davon 974 km elektrifiziert (1987); 59 171 km Straßen, davon 28 235 km befestigt (1988); elf internationale Flughäfen und 30 Landeplätze (1993).

2. Bevölkerung und Siedlungsstruktur

Das unterschiedliche naturräumliche Potential hat zu einer großen Spannweite der Bevölkerungsdichte geführt: von weit über 500 E./qkm im Raum Casablanca bis unter fünf in den östlichen und südöstlichen Randzonen. Den höchsten Wert weist die Stadtpräfektur Casablanca mit 1669 E./qkm (1985) auf. Die größten Städte, die alle in dem agrarisch begünstigten Teil des Landes liegen, sind: Casablanca 2,9 Mio. (nach inoffiziellen Schätzungen bis 4,5 Mio.), Marrakesch 1,4 Mio., die Hauptstadt Rabat 1,3 Mio., Fez 0,9 Mio., Qujda 0,9 Mio., Kenitra 0,8 Mio., Tetouan 0,8 Mio., Asfi 0,8 Mio., Meknès 0,7 Mio., Agadir 0,7 Mio. und Tanger 0,5 Millionen. Der Anteil der städtischen Bev. liegt insgesamt bei 48 %.

Der Bevölkerungszuwachs betrug 1980–90 durchschn. 2,6 % pro Jahr; er ist jedoch keine Folge einer „Geburtenexplosion“, sondern einer noch stärker verringerten Sterblichkeit und einer jugendlichen Altersstruktur. Der synthetische Fruchtbarkeitsindex in den Städten fiel von 6,58 Kindern pro Frau (1973) auf 2,85 (1987), im ländlichen Milieu von 7,85 auf 5,9 (nach *Berrada* 1993:10). Er wurde 1992 auf 2,49 in den Städten und auf 4,95 auf dem Land geschätzt.

1990 hielten sich schätzungsweise mehr als 1 Mio. Marokkaner als Gastarbeiter in Europa auf. Ihre Überweisungen stellen sowohl für die Familien eine wichtige Einkommensquelle als auch für den Staat eine bedeutende Devisenquelle dar. Die Erklärung des Königs gegen eine Integrierung der marok. Gastarbeiter in Frankreich 1989 dürfte hierin begründet sein.

Ethnisch zerfällt das Land in reine Araber (um 20% der Bev.), arabisierte Berber (30–40 %), Berber (30–40 %) sowie kleinere negroide Gruppen im Süden, Juden und ca. 100 000 Ausländer (insb. Europäer, voran Franzosen). Die Berber, die Urbevölkerung des Landes, sprechen zahlreiche untereinander eng verwandte Dialekte, die zu den Hamitensprachen innerhalb der hamitisch-semitischen Sprachgruppe gehören. Die Arabo-Berber sind meist zweisprachig, doch dringt Arabisch vor.

Die Berber zerfallen in die Hauptgruppen der Schlöch (Schluh, Schilh), Beraber und Rifkabylen, meist mit stammesartiger Sozialstruktur. Die nicht „arabisierten“ Berber bewohnen größtenteils den weniger begünstigten Landesteil. Dies ist ein klares Zeichen für die soziale Überschichtung, Assimilation und räumliche Verdrängung durch die arabischen Eroberer. *Ruf* (1983) bemerkte, daß der Gegensatz zwischen Arabern und Berbern in der Kolonialzeit verschärft und instrumentalisiert worden sei. Mindestens das *Berber-Dahir* von 1930 hatte aber gerade die gegenteilige Wirkung.

Die statistisch korrekte Feststellung, daß nicht nur der Islam Staatsreligion, sondern auch die Bev. fast geschlossen (zu 98,7 %) muslimisch-sunnitischen Glaubens des malekitischen Ritus sei, verhüllt mehr als sie informiert. Wie die meisten Hochreligionen kennt der Islam nicht nur eine von Land zu Land, sondern auch innerhalb eines Landes große Spannbreite unterschiedlicher Erscheinungsformen, die von der „großen Tradition“ der offiziellen Hüter der reinen Lehre bis zu den bunten Spielarten des Volksglaubens reichen. Für M. ist besonders der Heiligenkult auffallend, die Verehrung heiliger Männer vom Reichs- und Dynastiegründer bis zum heiligen Narren (vgl. *Lang* 1991). Der Kult ist reich mit Wunderglauben und mit magischen Ritualen zur Hilfe in jeder Not ausgestattet.

3. Historische Skizze

M. wurde um die Wende vom 7. zum 8. Jh. von den Arabern erobert und in der ersten Hälfte des 8. Jh.s zunächst Teil des Omajjaden-Kalifates von Damaskus. Bereits nach 786 (nach dem Wechsel der Dynastie zu den Abbasiden und ihrem Umzug nach Bagdad) gründete der aus dem Osten vertriebene Schiit *Idris* (*Moulay Idris* = „Mein Herr Idris") einen kurzlebigen lokalen Staat, der bei den Marokkanern bis heute als eigentliches Gründungsdatum des eigenen Staates gilt. *Idris I.* und *Idris II.* gründeten mit Fez die erste rein muslimische Stadt, die sich bald zum geistigen und religiösen Zentrum M.s entwickelte.

Die verwirrende Geschichte der zahlreichen (auch berberischen) Lokaldynastien und die gelegentliche Einbeziehung des Landes in größere politische Einheiten kann hier nicht nachgezeichnet werden. Bemerkenswert ist, daß das Land außerhalb der (auch nur nominellen) Souveränität des türkischen Sultans blieb. Die alawitisch-scherifische Dynastie, die ihren Ursprung auf den Propheten zurückführt, beherrschte das Land in einer prekären Dichotomie des *bled al-makhzen* (d. h. des unmittelbar vom Sultan kontrollierten Gebietes) und des *bled es-siba* (d. h. des nur lose kontrollierten Stammesgebietes) mindestens nominell von 17. Jh. bis heute. Selbst die Kolonialmacht Frankreich entwickelte in M. eine ungewöhnliche Art der formell „indirekten Herrschaft" unter Beibehaltung der einheimischen Dynastie, die in der *Lyautey-Doktrin* begründet wurde.

Folgt man *Sigrid Faath* (1987), dann ist die jüngere marok. Geschichte seit dem 19. Jh. bis zur Unabhängigkeit durch folgende Hauptlinien gekennzeichnet:

Im 19. Jh. wandelte sich das Verhältnis zwischen Sultan und religiöser Elite bis zu deren politischer Unterordnung. Der Islam wurde allmählich politisch instrumentalisiert. Der Sultan/König führt bis heute den klassisch-islamischen Titel eines „Beherrschers der Gläubigen". Er wurde zunehmend in die kolonialökonomischen Interessen der rivalisierenden europ. Kolonialmächte eingebunden. Dabei war nicht zu übersehen, daß auch der Sultan fiskalische Interessen an dieser Entwicklung hatte. 1885 wurde der Weizen- und Viehhandel liberalisiert. Die Abhängigkeit des Sultans von frz. Krediten nahm zu.

1910 wurde Nordmarokko spanisches Protektorat, 1912 durch den Vertrag von Fez im Süden das frz. Protektorat errichtet. Die Außenpolitik und Verteidigung, Wirtschafts- und Finanzpolitik gingen in die Verantwortung Frankreichs über. Die formale weltliche und religiöse „Souveränität" des Sultans wurde hingegen nicht angetastet. Wie in anderen Kolonien brachte der Kolonialismus für die Sozialstruktur ein neues Rechtsinstitut, dessen Bedeutung kaum zu überschätzen ist: die Privatisierung des Bodeneigentums mit der Folge von Bodenkonzentration (z. T. auch in Händen von Ausländern) und Verdrängung kleiner Produzenten, die im modernen Sektor (im Interesse der Kolonialmacht) unterkommen mußten (*Ruf* 1983).

Die macht- und wirtschaftspolitisch entscheidenden Kompetenzen wurden sowohl im frz. als auch im spanischen Protektorat unmittelbar durch Organe der Kolonialmacht wahrgenommen. Die *Makhzen*-Verwaltung des Sultans wurde verkleinert, auf Randgebiete (islamische Rechtsprechung, religiöse Stiftungen, formell die Territorialverwaltung) abgedrängt und personalpolitisch von der Kolonialverwaltung abhängig gemacht. *Indirect rule* war mehr juristisches Dekorum denn politische Wirklichkeit. Dennoch konnte Frankreich die Unterwerfung der Stämme des Hohen und Anti-Atlas und der Sahara-Randgebiete erst 1932 abschließen.

Für die Entwicklung zur Unabhängigkeit und zum nachkolonialen politischen System war eine Reihe politischer Ereignisse und soziopolitischer Entwicklungen entscheidend:

- Das Entstehen einer sozial heterogenen städtischen Bewegung gegen den frz. Kolonialismus seit Mitte der 20er Jahre (1934 Gründung des *Comité d'Action Marocaine*) und deren Erweiterung um das städtische Subproletariat ab Mitte der 30er Jahre. Ihr Träger war ab 1943 die *Istiqlal*- (Unabhängigkeits-) Partei.
- Die Kollaboration der großen *Qaids* (Stammesführer) und *Paschas* (Stadtgouverneure) mit der Kolonialmacht gegen den Sultan, was zu ihrer völligen Diskreditierung und Ausschaltung als politische Konkurrenten führte.
- Der Erlaß des *Berber-Dahirs* von 1930, einer Verordnung des Sultans auf Betreiben Frankreichs, das die Berberstämme direkt der Protektoratsmacht unterstellte, damit einen Bruch des Vertrages von Fez darstellte, die Machtlosigkeit des Sultans gegenüber Frankreich demonstrierte, als Angriff auf die Einheit des Landes verstanden wurde und daher der nationalistischen Bewegung ungeheuren Auftrieb verschaffte.
- Spätestens seit 1947 das Bündnis von Sultan *Mohammed V.* mit der nationalistischen Bewegung, das zur offenen Konfrontation mit Frankreich und 1953 zu seiner Absetzung und Exilierung – zusammen mit dem Kronprinzen *Hassan* – nach Madagaskar führte.

Die Einsetzung einer Strohfigur als Sultan und die Verbannung *Mohammeds V.* lösten 1953/54 eine Terrorwelle gegen frz. Bürger und Einrichtungen aus, die Frankreich (auch unter dem Druck der USA) angesichts des für viel wichtiger erachteten Krieges in Algerien zum Einlenken bewog. Der Sultan kehrte 1955 im Triumph nach Rabat zurück und M. wurde im April 1956 unabhängig. Die *Istiqlal*-Partei war von den entscheidenden Verhandlungen ausgeschlossen worden, ihr Bündnis mit dem Sultan zerbrochen.

Für die Darstellung der nachkolonialen Geschichte folgen wir *Zartmans*

(1987) meisterhafter Analyse. Er unterscheidet in seiner stark auf den König zentrierten Darstellung verschiedene Phasen der innenpolitischen Entwicklung:

Die erste Phase unter König *Mohammed V.* und ab 1961 unter König *Hassan II.* war durch die Auseinandersetzung zwischen König und national-sozialistischer Bewegung geprägt. Theoretisch war zwar diese Streitfrage schon 1955 durch die Erklärung des *Istiqlal*-Führers zugunsten der Dominanz des Monarchen entschieden, aber dieser konnte seine unumstrittene Führungsrolle erst 17 Jahre später endgültig durchsetzen. Parteien – auch königstreue und vom König geschaffene Parteien – wurden regelmäßig „gezähmt" und fielen daher als Puffer aus, als es zu Bedrohungen für den König kam. 1965 gab es Unruhen in Casablanca, die von der Armee blutig niedergeschlagen wurden. Eben diese war die einzige Macht, die dem König gefährlich werden konnte. 1971 und 1972 überstand er nur mit großem Glück oder Charisma (*baraka*) Putschversuche von Armeegenerälen, die blitzartig die mangelnde politische Basis der Monarchie enthüllten. Die Schwächung der Parteien hatte den König allein und verwundbar zurückgelassen.

Die zweite Phase begann 1972 mit der Inkraftsetzung einer neuen Verfassung, die u. a. ein Einkammerparlament mit zu zwei Dritteln direkt gewählten Parteivertretern vorsah, aber die Machtbalance der Verfassung von 1962 zugunsten des Königs verschob. Noch 1976 gelang es dem König, mit der Besetzung und Annexion der Westsahara in zwei Phasen die Reihen des Volkes zu schließen. Selbst oppositionelle Abgeordnete akzeptierten seinen Auftrag, im Ausland den marok. Standpunkt zu erläutern. Dies war ein prominentes Beispiel für die Fähigkeit *Hassans*, die politischen Themen zu bestimmen. 1981 gab es erneut Unruhen, besonders in Casablanca. 1984 trat M. aus der OAU aus, weil diese die Sahara-Republik anerkannte. Wieder konnte der König von innenpolitischen Problemen ablenken und die Themen der innenpolitischen Diskussion bestimmen.

Die 70er und 80er Jahre waren innenpolitisch ziemlich ereignisarm. Die großen Themen, die bis heute die politische Szene bestimmen, waren folgende:

1. Das Verhältnis des Königs zu den mehr oder weniger unabhängigen politisch-gesellschaftlichen Kräften, die sich in Parteien und Gewerkschaften organisierten oder unter verschiedenen Etiketten vom König organisiert wurden. Die Parteien wurden bekämpft (wie die *Istiqlal*), geduldet, teilweise gefördert, aber dann als Mohr, der seine Schuldigkeit getan hat, wieder aufgegeben.
2. Das Verhältnis des Königs zur Armee: Nach dem Putsch des Generals *Oufkir* wurde sie durch verschiedene Maßnahmen (Dezentralisierung von Kommandostruktur und Logistik, Übernahme von Kommandoaufgaben unmittelbar durch den König, Munition im Gewahrsam der Zivilverwaltung u. a.) so geschwächt, daß sich das Glück im Westsahara-Krieg gegen M. zu wenden begann. Korrekturen wurden nötig. Prompt kam der neue ranghöchste Militär (General *Dlimi*) 1983 bei einem etwas unwahrschein-

lich anmutenden Unfall ums Leben, so wie sein früherer Vorgesetzter *Oufkir* offensichtlich im Arbeitszimmer des Königs selbst erschossen worden war.

3. Der Repressionsapparat (Polizei, Gefängnisse, zuweilen die Armee, die Gerichte, auch wenn diese gelegentlich ein erhebliches Maß an Unabhängigkeit zeigen) wird gezielt eingesetzt, um unversöhnliche Opponenten zu zerschlagen, potentielle Opponenten zu warnen und ihnen die Toleranzgrenzen deutlich zu machen. Dabei ist aber nicht einfach von Repression zu sprechen, die sich von jeder Funktionalität manisch-autistisch gelöst hätte: Wichtige Opponenten können auch durch Ernennung in hohe Positionen kooptiert werden (und können selbst zwischen diesen und dem Gefängnis wählen!).
4. Wenig ist bekannt darüber, ob es eine grundsätzliche Verlagerung der sozialen Basis der Politik gegeben hat. Das Königtum ging historisch eine Allianz mit städtischen und ländlichen Notabeln ein, behielt aber über seine religiöse Legitimation stets den unmittelbaren Appell an die Massen. Die Notabeln wurden zum Rückgrat der modernen Wirtschaft, die vom Staat reguliert und kontrolliert wird.

Eine neue Elite besetzte inzwischen die Schaltstellen in den Ministerien und anderen wichtigen Organisationen. Die rebellischen Studenten der 60er und 70er Jahre erscheinen integriert. Daß dennoch ein erhebliches soziales Protestpotential existiert, zeigten die Unruhen von 1981, 1984 und 1990/91. Nach den Straßenunruhen, Plünderungen und Brandschatzungen Ende 1990/Anfang 1991 gelang es dem König wieder, durch seine Solidarisierung mit einem Sympathiestreik für den Irak die Sympathien seiner Untertanen zurückzugewinnen – nachdem er sich vorher mit den Golfstaaten (und ihren westlichen Verbündeten) solidarisiert hatte. Am 4. 9. 1992 wurde mit über 90% der Stimmen eine neue Verfassung angenommen. Die für 1992 angekündigten Wahlen, in deren Vorfeld sich fünf linksgerichtete Parteien im Oppositionsbündnis „Demokratischer Block“ zusammenschlossen, wurden auf 1993 verschoben. Die Islamisten traten massiver auf, wurden aber streng überwacht. Noch kamen Belastungen mehr aus dem Ausland als aus dem Inneren des Systems.

Zu diesen Belastungen gehört die immer wieder aufflammende Diskussion über Demokratie und Menschenrechte, die nach 1989 durch weltweite Entwicklungen neue Nahrung erhielt. Die Menschenrechtskonditionalität der westlichen Geberländer brachte den König in Bedrängnis. Außenpolitisch verschaffte sich M. durch die Aussöhnung mit Algerien, das seit 1975 die *Polisario* unterstützt hatte, Entlastung. Diese Aussöhnung erleichterte auch seine Beteiligung an der *Union des Großen Maghreb* (vgl. die Regionalanalyse von *Werner Ruf*).

4. Wirtschaftliche Struktur und Entwicklung

Die Tab.1 und 2 liefern Grunddaten zur langfristigen und aktuellen Bedeutung der Wirtschaftssektoren.

Tabelle 1: *Entstehung des BIP (Anteile in %)*

	1965	1980	1990
Landwirtschaft/Fischerei	23	18	16
Industrie	28	32	33
- Verarb. Industrie	16	17	18
Dienstleistungen	49	50	51

Quellen: Weltentwicklungsberichte 1982/1992.

Tabelle 2: *Entstehung des BIP (1989-1991) in %*[a]

	1989	1990	1991[b]
Landwirtschaft	19,8	18,0	19,2
Bergbau	3,0	3,2	3,0
Energie	3,3	3,5	3,4
Verarb. Industrie	16,1	17,1	16,9
Baugewerbe	5,0	5,0	4,8
Handel/Finanzen	19,6	20,3	20,3
Transport/Komm.	5,2	5,3	5,3
Dienste	11,9	11,8	11,3
Verwaltung	15,8	15,7	15,8
BIP[a] in Mrd. DH	103,0	105,7	110,2
BIP zu Marktpreisen in Mrd. DH[c]	191,6	207,9	235,7

[a] zu Marktpreisen von 1980; [b] vorläufig; [c] Wechselkurs DH/US-$: 1989: 8,48; 1990: 8,24; 1991: 8,70.
Quellen: Le Maroc en Chiffres 1990; BfAI 1992.

Die zum Teil von der Kolonialmacht Frankreich übernommene etatistische Entwicklungspolitik – z. B. beruhte der Plan zum Ausbau der Bewässerungslandwirtschaft auf einem frz. Plan von 1938 – geriet in den 80er Jahren in eine Krise, z. T. als Folge dieser Politik, z. T. aber auch als Folge natürlicher Ereignisse und externer Einflüsse, auf die M. keinen Einfluß hatte. Diese Krise manifestierte sich in verschiedenen Bereichen, besonders in den folgenden:

1. Als Landwirtschaftskrise als Folge einer *laissez-faire*-Agrarpolitik, des Vorrangs der Bewässerungslandwirtschaft bei Vernachlässigung der traditionellen Landwirtschaft, einer verzerrten Preisstruktur zum Nachteil der Produzenten, periodischer Dürren und als Folge einer Protektionspolitik der EG, nach deren Süderweiterung besonders gegenüber marok. Südfrüchten (vgl. *Swearingen* 1987). Inzwischen hat sich die Situation auf der

Produktionsseite erheblich verbessert, obwohl die Landwirtschaft immer wieder – wie 1991/92 – von periodischen Dürren bedroht ist. Eine grundlegende Agrarreform wurde nicht durchgeführt und ist auch nicht zu erwarten, weil sie den Interessen des Königs und der ihn stützenden Notabeln und großen Familien widerspräche (vgl. Kap. 4.1).

2. Als Schuldenkrise seit Ende der 70er Jahre, die in der ersten Hälfte der 80er Jahre alarmierende Ausmaße angenommen hatte (vgl. Tab. 3). Ursachen waren ein ambitiöses Investitionsprogramm seit Mitte der 70er Jahre, der doppelte Ölpreisschock von 1973/74 und 1979/80, Trockenperioden, die Belastungen durch den Sahara-Konflikt und durch eine Verschlechterung der weltwirtschaftlichen Lage. Das Fehlen eines langfristigen wirtschaftspolitischen Programms verschlimmerte die Lage und lud geradezu externe Nothelfer (wie den IWF) ein, Stabilisierungskonzepte zu entwerfen.

Tabelle 3: *Auslandsverschuldung (in Mio. US-$)*

	1980	1985	1988	1990	1991
Gesamtverschuldung	9710	16529	21054	23620	21219
Langf. Schulden (LDOD)[a]	8325	13825	19527	22236	20132
Öff. Gläubiger	4446	9770	14624	17363	15546
- multilateral	729	1934	3600	4582	5063
- bilateral	3723	7835	11024	12781	10483
Private Gläubiger	3879	4056	4902	4872	4586
Schuldendienst	1413	1372	1752	1822	2289
Schulden/BSP (%)	84,9[b]	136,6	99,5	94,6	80,0
Schulden/Exporte	330,4[b]	400,5	313,8	283,6	255,5
Schuldendienstquote	43,2[b]	33,2	26,1	21,9	27,6

[a] öffentlich und öffentlich verbürgt; [b] 1982
Quelle: World Debt Tables 1992-93.

Durch verschiedene Umschuldungsprogamme gelang es, die Zahlungsunfähigkeit abzuwenden. Zwar stieg der Auslandsschuldenberg bis 1990 auf 23,6 Mrd. US-$ an, doch scheint der Höhepunkt des Schuldenanteils am BSP überschritten zu sein. Bemerkenswert ist der im Vergleich zu den Vorjahren niedrige Wert der Schuldendienstquote in den Jahren 1988–91 (vgl. Tab. 3).

M. hat als eines der wenigen EL in Zusammenarbeit mit IWF und Weltbank nach 1982 erfolgreich ein Strukturanpassungsprogramm durchgeführt. Das 2. Programm mit einem Umfang von 275 Mio. US-$ und einer Dauer von zwei Jahren wurde im April 1992 vereinbart. Die Resultate waren positiv: Die Liberalisierungs- und Privatisierungspolitik hat Früchte getragen – jedenfalls nach Ausweis der gesamtwirtschaftlichen Indikatoren. Finanzminister *Mohammed Berrada* schwelgte 1992 in Optimismus: M. stünde vor dem Ziel eines Schwellenlandes. Er wies allerdings auch auf die Notwendigkeit einer verstärkten Befassung mit sozialen Fragen hin. Das erste Anpassungsprogramm habe zwar die Wirtschaft erfolgreich reformiert, die sozialen Probleme aber „eher“ verschärft.

Die sozialen Kosten der Strukturanpassungsprogramme werden häufig als zu hoch kritisiert (vgl. *Müller* 1991). Als Begründung wird in der Regel auf die Zunahme von Armut und Unterbeschäftigung hingewiesen. Diese Phänomene sind unbestreitbar, aber es gelingt selten, eine Kausalbeziehung zu den Anpassungsprogrammen herzustellen. Vor allem wird der einzig relevante Vergleichsmaßstab meist nicht herangezogen: Was wären die ökonomischen und sozialen Entwicklungen ohne ein Anpassungsprogramm gewesen, da dieses schließlich als letzter Rettungsanker einer unhaltbaren Situation dienen soll? Eine Studie der OECD (1991) untersuchte die Wirkungen der Strukturanpassungspolitik.

Das Gesamturteil über die Wirtschaftsentwicklung im Vierteljahrhundert 1965–89 fällt trotz einiger sozialer Defizite positiv aus. Die Wachstumsrate – jenseits aller ideologischen Debatten nun einmal die grundlegende Meßzahl für die Menge von Gütern und Diensten, die für Konsum und Investition zur Verfügung steht – war mit 2,3 % (real pro Kopf und Jahr) beeindruckend. Damit hat sich die reale Wirtschaftsleistung pro Kopf in diesem Zeitraum um fast 76 % erhöht. Seit 1989 wurde allerdings der hohe Durchschnittswert nicht wieder ganz erreicht. Das BSP pro Kopf lag 1990 bei 950 US-$. Rechnet man nach realen Kaufkraftparitäten (PPP), dann ergab sich 1990 nach Berechnungen des *Human Development Report* von UNDP ein Äquivalent von 2348 $.

Tabelle 4: *Wachstumsraten (in %)*

	1973-80	1980-91	1990
Landwirtschaft/Fischerei	3,1	6,4	-6,8
Industrie	6,0	2,8	7,4
- Verarb. Industrie	..	3,8	8,4
Dienstleistungen	6,2	4,4	2,5
BIP	6,2	4,1	2,6
BSP pro Kopf	2,4	2,2	..

Quelle: Trends in Developing Economies 1992 (Weltbank).

Dieser beeindruckende Wirtschaftserfolg wurde trotz der ökonomischen Belastung durch den Krieg in der Westsahara erzielt. Schätzungen beziffern seine Kosten auf 1 Mio. US-$ pro Tag. Mangels offizieller Zahlen ist jedoch unklar, ob es sich hier um zusätzliche Kriegskosten handelt oder ob auch Armeekosten einbezogen sind, die auch ohne Krieg entstanden wären. Die gesamten Militärausgaben belaufen sich – wiederum nach groben Schätzungen – auf 800 Mio. US-$ pro Jahr.

Diese wirtschaftliche Erfolgsgeschichte war freilich von einer wachsenden Arbeitslosigkeit, besonders unter Jugendlichen, begleitet. Die Arbeitslosigkeit unter Jugendlichen (im Alter von 15–24 Jahren) ist etwa doppelt so hoch wie unter der Gesamtbevölkerung; die Hälfte aller Arbeitslosen ist 15 – 24 Jahre alt. Die Statistiken geben aber keine zuverlässige Auskunft, wie hoch die Arbeitslosigkeit tatsächlich ist und ob sie in den Städten oder auf dem Land höher ist, weil die Grenzen zwischen Arbeit, Gelegenheitsarbeit, Tätigkeit unbezahlter Familienangehöriger, formeller und informeller Tätigkeit fließen.

Die jugendliche Bevölkerungsstruktur hat dazu geführt, daß die Erwerbsquote 1971–90 von 26,3 auf 31,3 % zugenommen hat. Allein die Erwerbsquote der Frauen stieg von 8 auf 13,2 %. Interessanterweise korreliert die Arbeitslosigkeit mit dem Schulniveau: je höher das Ausbildungsniveau, desto höher das Niveau der Arbeitslosigkeit (*Berrada* 1993: 14). Dies ist ein Zeichen dafür, daß der Ausbildungssektor offensichtlich seit vielen Jahren am Markt vorbeiproduziert. Sekundarschulabsolventen sind zu 48,7, Primarschulabsolventen zu 25,8, Menschen ohne Ausbildung zu 12 % arbeitslos.

4.1 Landwirtschaft und Fischerei

Je nach Klassifikation der Entstehungsseite des Sozialprodukts ist die Landwirtschaft der wichtigste oder zumindest einer der wichtigsten Wirtschaftssektoren; er ist der weitaus wichtigste, wenn der Anteil der Erwerbstätigen zugrunde gelegt wird, der lt. UNDP 1986–89 noch bei 45 % lag (HDR 1992). Die Angaben über ihren BIP-Anteil schwanken zwischen 16 und 19 % (vgl. Tab. 1). Beide Zahlen können richtig sein, da die Erntemenge wegen der unterschiedlichen Niederschläge von einem zum nächsten Jahr stark schwanken kann.

Ein vorrangiges Ziel der marok. Agrarpolitik war und ist die Versorgung der Bev. mit Grundnahrungsmitteln und die Steigerung der Erlöse aus Agrarexporten. Das erste Ziel ist u. a. stark von den Niederschlägen eines Erntejahres abhängig. Immerhin stieg die Nahrungsmittelerzeugung pro Kopf auf der Basis 1979/81 = 100 bis 1988 auf 122 Punkte an.

Tabelle 5: *Bodennutzung (in Tsd. ha)*

Nutzungsart	1972	1977	1982	1987
Ackerland	7131	7336	7759	7930
Dauerkulturen	439	443	502	532
Wiesen/Weiden[a]	18600	19600	20900	20900
Waldfläche	5172	5195	5200	5200
Sonstige Fläche	14531	13299	11512	11311
Bewässerte Fläche	976	1124	1230	1255

[a] je nach Witterungsbedingungen inkl. nur gelegentlich nutzbarer Flächen
Quelle: Stat. Bundesamt 1990.

Neben der Ausweitung der landwirtschaftlichen Anbaufläche wird die Intensivierung des Anbaus mit großen Bewässerungsprojekten (darunter das *Sebu-Projekt* für 210 000 ha mit 13 Staudämmen bis zum Jahr 2005) angestrebt.

Tabelle 6: *Betriebe und Betriebsflächen nach Größenklassen (1976)*

Fläche in ha	Betriebe in Tsd.	Betriebe in %	Betriebsflächen[a] in Tsd. ha	Betriebsflächen[a] in %	Durchschn. Fläche[c]
bis 5	1090,5	73,8	1776	24,5	1,6
5 - 10	220,0	14,9	1508	20,8	6,9
10 - 20	113,9	7,7	1530	21,1	13,4
20 - 50	44,3	3,0	1218	16,8	27,5
50 - 100	7,7	0,5	515	7,1	66,9
100 - mehr	2,9	0,1	703	9,7	242,4
insgesamt	1478,4[b]	100	7250	100	4,9

[a] kultiviertes Ackerland; [b] außerdem gab es 451600 Betriebe ohne kultiviertes Ackerland; [c] Betriebsfläche
Quelle: Stat. Bundesamt 1990.

Auch wenn die Anteile der Betriebsgrößenklassen an der bebauten Fläche nicht mit einer personalen Eigentumsverteilung gleichgesetzt werden können, vermittelt Tab. 6 doch eine Ahnung von der sehr ungleichen Bodenbesitzstruktur, wenn auch auf der Basis sehr alter Daten (1976). Ein Viertel der gesamten Nutzfläche wird von 73 % aller Betriebe bewirtschaftet, 75 % der Fläche von nur 27 % der Betriebe (nach *Kerkab* o. J.: 35).

4.2 Bergbau und Industrie

Wie Tab. 2 ausweist, kommt die Wertschöpfung von Bergbau und Industrie zusammen dem BIP-Beitrag der Landwirtschaft gleich. Rechnet man den Energiesektor hinzu, ist ihre kombinierte Wertschöpfung sogar größer. Energiewirtschaft und Industrie zusammen erreichen wiederum etwas mehr als die Landwirtschaft: Dies ist die typische Wirtschaftsstruktur eines MIC (Entwicklungslandes mit mittlerem Einkommen) nach der Ländergruppierung der Weltbank.

Wegen der höheren Produktivität (die auch mit relativ kapitalintensiver und Arbeitslosigkeit verschärfender Produktionsweise zusammenhängt) arbeiten nur 14,6 % der Erwerbstätigen in den o.g. drei Sektoren. Nach der 1983 begonnenen schrittweisen Liberalisierung der Einfuhrpolitik wurde auch eine Privatisierung von Teilen der staatlich beherrschten Wirtschaftszweige eingeleitet.

Das wichtigste Bergbauprodukt ist Phosphat, das 1991 noch 8,1 % der Exporterlöse erbrachte. M. hatte ausgangs der 80er Jahre einen Anteil von rund einem Drittel an den Weltausfuhren von Phosphat. Sein (wohl einziges) ökonomisches Interesse an der Westsahara liegt an deren Phosphatreserven. Allerdings ist in den letzten Jahren ein massiver Einbruch bei Gewinnung und Export von Phosphat zu verzeichnen.

Die verarbeitende Industrie nahm in den 80er Jahren einen raschen Aufschwung. Die Betriebe vermehrten sich in den Jahren 1982–86 um 45,1 %, die Beschäftigung wuchs um 56,4 %. Wegen der niedrigen Ausgangswerte ist freilich der Anteil der in der Industrie Beschäftigten an der Gesamtzahl der Beschäftigten immer noch bescheiden: Dies ist die übliche Falle der EL, deren hohes Bevölkerungswachstum weder von der Landwirtschaft noch von der Industrie aufgenommen werden kann und daher in die Bereiche Dienstleistungen und informeller Sektor drängt.

Die größte Bedeutung haben die Nahrungsmittel-, Leder- und Textilindustrie. Der etwas außer Gebrauch gekommene Ausdruck „Maroquinerie“ für feine Lederwaren weist auf die traditionelle Bedeutung des Landes für die handwerkliche Lederverarbeitung hin.

Tabelle 7: *Betriebe und Beschäftigte (in Tsd.) im verarbeitenden Gewerbe*

	1982		1986	
	Betriebe	Beschäft.	Betriebe	Beschäft.
Ernährung/Getränke/Tabak	808	39,7	1269	82,5
Leder/Textil/Bekl.	825	65,9	1091	97,3
Holzverarbeitung	129	9,1	195	11,3
Papier/Druck	257	8,9	322	11,5
Chemische Industrie	128	13,7	215	21,1
Kunststoff/Gummi	116	6,6	187	7,8
Steine/Erden	191	13,2	290	20,9
Metallindustrie	266	14,8	372	20,7
Maschinenbau	122	3,8	188	6,4
Elektrotechnik	59	7,4	93	9,3
Transportausr.	70	5,9	87	6,9
Feinmechanik/Optik	14	0,6	19	0,5
Sonstige	15	0,3	26	0,6
gesamt	3000	189,9	4354	297,0

Quelle: Stat. Bundesamt 1990.

Die größten Industriebetriebe bestehen in der Phosphat- und Erdölverarbeitung sowie in der Eisen- und Stahlindustrie. Die traditionelle Teppichherstellung („Berber“ aus dem Atlas) ist rückläufig.

4.3 Außenhandel

Mit einer Exportquote (inkl. Exporte von Dienstleistungen) von 24,9 % (1990) und einer Importquote von sogar 30,2 % ist M. ein ausgesprochen außenhandelsintensives Land; selbst bei Berücksichtigung nur der Warenexporte und -importe errechnen sich noch ca. 15,8 % bzw. 25,3 %. Diese Zahlen zeigen zugleich ein chronisches Problem: das Leistungsbilanzdefizit, das allerdings teilweise durch „unentgeltliche Übertragung“ von im Ausland lebenden Marokkanern (Gastarbeitern) vermindert wird. Für 1992 wurden diese Überweisungen auf 2,18 Mrd. US-$ geschätzt (nach *Berrada* 1993: 20). Sie stellten damit 26 % der Importe und 7–8 % des BIP dar und deckten 80 % des Leistungsbilanzdefizits. Unter Einbeziehung der nicht registrierten Überweisungen dürfte das Defizit noch weiter verringert worden sein.

Einschließlich der übrigen Teile der Kapitalbilanz ergaben sich 1987–90 jeweils mehr oder weniger große Zahlungsbilanzüberschüsse. Dazu beigetragen haben auch die Einnahmen aus dem Tourismus, der zwar im Gefolge des 2. Golfkrieges einen Einbruch erlebt hatte, sich aber inzwischen wieder weitgehend erholt hat. Die Tourismuseinnahmen wurden 1992 auf 1,245 Mrd. US-$ geschätzt.

Tabelle 8: *Handels- und Zahlungsbilanz (in Mio. US-$)*

	1980	1988	1990
Exporte (fob)	2414	3609	4210
- Phosphat	751	1050	1222
- Agrarprodukte	953	1071	781
- Fertigprodukte	381	975	1518
Importe (cif)	4284	4794	6908
Dienstleistungen			
- Exporte	858	1865	2096
- Importe	963	782	942
Handelsbilanz	-1868	-1185	-2698
Ressourcenbilanz	-1975	-101	-1544
Überweisungen[a]	1054	1303	2006
Langfr. Kapitalzufluß	1428	958	1579
- Direktinvestitionen	143	129	217
Zahlungsbilanz[b]	-1323	548	551

[a] von marok. Gastarbeitern im Ausland; [b] nach öff. Transfers
Quelle: Trends in Developing Economies 1992 (Weltbank).

Seit 1976 haben marok. Industrieprodukte einen zollfreien Zugang zum EG-Markt. Dennoch ist die Handelsbilanz mit der EG chronisch defizitär, ebenfalls diejenige mit der Bundesrepublik Deutschland. Als wichtigste Einfuhrwarengruppe für 1986 nennt das *Stat. Bundesamt* Maschinenbau- und elektrotechnische Erzeugnisse sowie Fahrzeuge. Unter den Ausfuhren dominierten Nahrungsmittel (u. a. Südfrüchte, Tomaten) und Rohstoffe (u. a. chemische Rohstoffe). Diese Zusammensetzung des Außenhandels nach Warengruppen verweist ebenfalls auf ein Entwicklungsland, dem der industrielle Durchbruch noch bevorsteht.

5. Sozialstruktur und soziale Entwicklung

Ruf (1983) stellte apodiktisch fest: „Entscheidend ist der Unterschied zwischen reich und arm, der auch Unterschied zwischen Macht und Ohnmacht heißt." Eine Gesellschaft wie die marok. mit ihrer bunten Mischung aus traditionellen und modernen Elementen kann jedoch nur gewaltsam auf eine marxistische Klassenanalyse reduziert werden.

5.1 Soziale Schichten und Klassen

Die traditionell führenden Eliten (das Königshaus voran) haben sich ökonomisch auf Landbesitz gestützt. Die äußerst ungleiche Landverteilung und die Privatisierung von Stammesland durch die Franzosen wurden bereits erwähnt. Viele der führenden Familien stammen aus Fez *(Fassis)*, z. T. sind sie im Zuge der *Reconquista* aus Spanien vertriebene „Andalusier" oder ehemals jüdische Familien.

Tabelle 9: *Komposition der politischen Elite*[a]

	1956	1965	1972	1979
1. Geogr. Herkunft (%)				
Fez	45	44	18	19
Rabat	22	10	9	5
Casablanca	5	10	4	3
Marrakesch	5	0	8	8
Ländl. Raum	18	20	21	19
2. Moderne Bildung	82	92	96	97
3. Berufsgruppen				
Geschäftsleute	5	8	0	0
Ärzte	9	8	13	8
Rechtsanwälte	22	16	22	21
Lehrer	18	16	18	11
Offiziere	9	12	4	3
Ingenieure	5	8	4	14
Agraringenieure	9	0	4	5
Verwaltung	0	24	22	14
Gewerkschaften	0	0	4	3
andere	22	4	4	19

[a] Mitglieder des Ministerrats, Königlichen Kabinetts und Sicherheitsrates
Quelle: Zartman 1982: 25.

Die politische Elite umfaßt den größten Teil der wirtschaftlichen und einen Großteil der sozialen Elite (*Zartman* 1982: 2). Sie konzentriert sich mit wenigen Ausnahmen in den Institutionen der Exekutive und stieg seit der Unabhängigkeit sowohl aus den ländlichen als auch städtischen Mittel- und unteren Mittelschichten auf. Ihre Angehörigen haben meist Lehrberufe, Ingenieurwissenschaften, Rechts- oder Verwaltungswissenschaft studiert. Religiöse

Führer spielen in der politischen Elite keine Rolle, obwohl sie Zugang zu ihr haben.

Für die zentrale Machtgruppe (wenige Personen in der Umgebung des Königs) sind Familienbande und soziale Netzwerke typisch. Drei Netzwerke halten die allgemeine Elite zusammen: die offizielle Kommunikation und Autorität ihrer Position; Gruppen- und persönliche Netzwerke (z. B. Patron-Klient oder Ex-Alumni-Gruppen); informelle Kommunikation über die anderen Elite-Mitglieder. Allem liegt ein Verständnis zugrunde, das Politik der Elite vorbehält. Eliten dienen als Mittler zwischen politischer Macht und Untertanen, teilweise mit Hilfe der Bürokratie.

Tessler (1982: 32f.) unterscheidet neben einer Kernelite einen weiteren Kreis von 600–700 Individuen ländlichen Ursprungs, höhere Offiziere und etwa 100–200 einflußreiche Personen außerhalb politischer Institutionen (Geschäftsleute, Angehörige von religiösen Institutionen etc.) sowie eine lokale und ländliche Subelite (Verwaltungsangestellte, Leiter der Gemeinderäte u. a.). Die städtische Bourgeoisie, die nach *Ruf* (1983) ihre Basis im Fernhandel, Verwaltungsapparat und in der islamischen *ulama* hat, erfuhr in den 80er Jahren eine soziale Auszehrung. Diese Entwicklung könnte sich im Gefolge der Privatisierung der Wirtschaft im Rahmen der Strukuranpassungsprogramme umkehren.

Die Arbeiterschaft ist die am schnellsten wachsende soziale Schicht. Streiks und soziale Unruhen deuten auf ein erhebliches Konfliktpotential hin, auch wenn die Arbeiterschaft und die sie vertretenden Gewerkschaften keine Unterprivilegierten sind, sondern aufgrund des regelmäßigen Geldeinkommens Kartelle von Privilegierten darstellen. Mit rund 300 000 Personen bildet die Arbeiterschaft immer noch nur einen kleinen Teil der wirtschaftlich aktiven Bevölkerung.

Die Kleinbauern und landlosen Arbeiter gelten traditionell als unpolitisch und spielen als politische und soziale Kraft keine bedeutende Rolle. Der eigentliche soziale Sprengstoff liegt, wie die verschiedenen Unruhen in Casablanca, Marrakesch oder Fez gezeigt haben, in dem enormen Anwachsen der städtischen Ballungsräume mit den Massen vom Lande abgewanderter Kleinbauern und landloser Landarbeiter. Nur ein Teil dieses sozialen Drucks wird durch Auswanderung abgefangen.

5.2 Soziale Ungleichheit

Ruf (1983: 156) stellte fest, daß „eine sehr dünne Schicht aus Feudalklasse und Teilen der Großbourgeoisie riesige Profite einsteckt". Daten der Weltbank über die Einkommensverteilung in M. vermitteln jedoch ein anderes Bild: Sie ist egalitärer als in fast allen EL, über die Daten vorliegen. Zeitreihen lassen eine Verminderung der Einkommensdisparitäten erkennen. Ende der 70er Jahre war der Konsum der obersten 20 % der Haushalte etwa 14mal höher als in den untersten 20 %. Nach einem Haushalt-Lebenshaltungszensus von 1990/91 hatte sich diese Lücke auf 1:8 verringert. Nach Schätzung der Weltbank gab es 1985 fast 6 Mio. „Arme", 1990 jedoch fast 30 % weniger. Die Weltbank selbst warnt aber vor einer Überinterpretation der Daten. Sie wurden hier nur wiedergegeben, um bestimmte „Gewißheiten" zu erschüttern. Sie sollen aber nicht die Armut in den *Bidonvilles* verniedlichen (vgl. *Mattes* 1991).

Zur Ungleichheit zwischen den sozialen Klassen gesellt sich die Ungleichheit zwischen den Geschlechtern. M. hat zwar die UN-Konvention gegen die Diskriminierung der Frau ratifiziert und bekennt sich in seiner Verfassung zu den universellen Menschenrechten, die u. a. eine Diskriminierung aufgrund des Geschlechts verbieten. In eklatantem Widerspruch dazu steht jedoch das auch in M. gültige islamische Familien- und Erbrecht mit seiner markanten Diskriminierung der Frau.

5.3 Gesundheits- und Bildungswesen

Die Lebenserwartung gilt als bester Indikator für die allgemeinen Lebensverhältnisse: Sie ist deutlich angestiegen (vgl. Tab. 10). Durchschnittszahlen verdecken allerdings regionale und personale Unterschiede. Das Gesundheitswesen ist in den Ballungsräumen naturgemäß besser ausgestattet als in den Bergen. Aber insgesamt hat sich die medizinische Versorgung der Bev. wesentlich verbessert.

Tabelle 10: *Sozialindikatoren*

	1960	1970	1980	1990
Lebenserwartung bei Geburt	46,7	51,9	57,3	62,0
Säuglingssterblichkeit	161,0	128,4	99,2[a]	67,2
E. pro Arzt	..	13090	..	4840
Alphabetenquote	14	22	28	50
Einschulungsraten				
- Primarschulen	57[b]	52	83	68
- Mädchen	35[b]	36	63	55
- Sekundarschulen	11[b]	13	26	36
- Mädchen	5[b]	7	..	30

[a] der WEB 1992 nennt 62; [b] 1965
Quellen: Human Development Report 1992; World Tables 1992; Weltentwicklungsbericht 1993.

Anders sieht es im Bildungswesen aus. Die Netto-Schulbesuchsquote an Grundschulen ist von 47 % (1975) nur auf 55 % (1988) gestiegen. Außer dem Senegal hat kein anderes Land in der Einkommenskategorie, in der sich M. befindet, eine noch geringere Einschulungsquote aufzuweisen. Auch zahlreiche ärmere Länder können günstigere Werte vorweisen. Erklärbar ist dies teilweise durch die Benachteiligung der Mädchen: Zwar ist die Zahl der

Schülerinnen je 100 Schüler von 42 (1965) auf 63 (1988) gestiegen, doch bedeutet auch dieses Verhältnis, daß nur 38,7 % der Grundschüler Mädchen sind.

Demgegenüber wurde der Ausbau der weiterführenden Schulen stärker gefördert: 1965 besuchten nur 11 %, 1988 schon 36 % der jeweiligen Altersgruppen Sekundarschulen; bei den Mädchen gab es sogar eine Zunahme von 5 auf 30 %, in tertiären Einrichtungen eine Verzehnfachung.

Nach den letzten verfügbaren Daten lagen 1985 die Analphabetenquoten unter Erwachsenen bei 67 %, unter Männern bei 55 % und unter Frauen bei 78 %. Gegenüber 1960 (86,2 %) ist dies zwar ein erheblicher Fortschritt, doch bedeuten diese Prozentwerte in Verbindung mit dem raschen Bevölkerungswachstum, daß die absolute Zahl von Analphabeten sogar noch erheblich gestiegen ist. Nur 14 Länder geben eine höhere oder gleichhohe Analphabetenquote an.

Allerdings gibt *Eickelmann* (1987: 89) an, daß für das Bildungs- und Gesundheitswesen inzwischen etwa ein Drittel der Staatsausgaben aufgewandt wird. Die Weltbank errechnete dagegen einen Rückgang der Ausgaben der Zentralregierung für diese beiden Bereiche von 24 % (1972) auf 20 % (1989). Eine genauere Analyse müßte Aufwendungen der Entwicklungshilfe, privater Träger und ggf. von Provinzen und Kommunen einbeziehen. Der Privatisierungsansatz in der Wirtschaft macht auch vor dem Schulwesen nicht halt.

6. Politische Struktur

Der historische Überblick über die politische Entwicklung seit der Unabhängigkeit hatte deutlich gemacht, daß *Hassan II.* die dominante Figur ist. Das von ihm geprägte politische System wurde als „Hassanismus" bezeichnet (*Faath* 1991). Seine politische Macht stützt sich einmal auf die Abstammung vom Propheten in der 35. Generation, dann auf das dynastische Prinzip (17. alawitischer Herrscher seit Gründung der Monarchie im 8. Jh.), sodann auf die religiöse Legitimierung als „Beherrscher der Gläubigen" (d. h. die Machtübertragung durch Gott). Alle drei Elemente gehen bis in die Titulatur auf die Tradition des Kalifats zurück. Wie im germanischen Königtum muß allerdings eine förmliche Anerkennung des Herrschers durch die Vertreter der Untertanen in einem Treuegelübde erfolgen. Als weiteres Element könnte noch die Rechtgläubigkeit (Konformität mit Gesetzen von Koran und *Sunna*, aber nicht der berüchtigten *Scharia*, außer im Familien- und Erbrecht) hinzugefügt werden (vgl. *Theres* 1992).

Es ist schwierig abzuschätzen, wie weit diese traditionell-religiöse Legitimation heute noch trägt. Jedenfalls spielt der König in Zeremoniell, Erklärungen, Festen, symbolischen Akten usw. meisterhaft auf dieser Klaviatur. Allerdings reicht diese traditionell-religiöse Legitimation in einer in raschem Wandel befindlichen Entwicklungsgesellschaft nicht mehr aus: Die Monarchie muß sich vielmehr durch politische, soziale und wirtschaftliche Erfolge rechtfertigen. Sie kann – neben zahlreichen Schattenseiten – beträchtliche Leistungen vorweisen. Allerdings haben verschiedene Aufstände gezeigt, daß rasches Wirtschaftswachstum auch als destabilisierender Faktor wirken kann.

Der König hat die beiden Militärputsche mit viel Glück *(Baraka)* überstanden. Er spielt geschickt politische Konkurrenten gegeneinander aus, beherrscht die Themen der politischen Diskussion und zieht sich nach Bedarf auf die Position des neutralen Schiedsrichters zurück – alles persönliche Eigenschaften, die sich nicht leicht vererben. Sein politisches Dilemma lag und liegt zum Teil darin, daß er die alten feudalen Familien, mit denen das Königshaus zwar konkurriert, aber das Interesse an der Aufrechterhaltung des *Status quo* teilt, durch radikale Sozialreformen nicht vor den Kopf stoßen kann, andererseits diese sozialen Anliegen nicht einfach ignorieren kann. Die gewählte Lösung birgt mindestens für eine Übergangszeit erhebliche Gefahren.

Der König herrscht nicht absolut, sondern „konstitutionell", was aber zunächst nicht viel mehr bedeutet, als daß es eine geschriebene Verfassung gibt, die – soweit opportun – auch beachtet wird. Wichtige Aspekte der seit September 1992 gültigen 4. Verfassung, die an der grundlegenden Machtverteilung nichts geändert hat und in der traditionelle Elemente unverbunden neben bzw. in hartem Widerspruch zu modernen Elementen stehen, sind folgende:

– Der König gilt weiterhin als Quelle der ungeteilten Macht. Gewaltenteilung gibt es nur kraft Delegation auf untergeordneten Ebenen. Er ist für die Orientierung der Politik, die Definition der innen- und außenpolitischen Optionen und Direktiven zuständig: Er herrscht also nicht nur, sondern regiert auch.
– Dazu bedient er sich einiger Hilfsorgane, z. B. eines zu zwei Dritteln direkt und einem Drittel in Gemeinden und berufsständischen Organisationen indirekt gewählten Parlaments, das mit mindestens der Hälfte seiner Mitglieder eine Regierung abwählen kann, ansonsten vor allem die königlichen Direktiven in Rechtstexte umsetzt; außerdem eines Premierministers samt Regierung und der nachgeschalteten Verwaltung sowie zahlreicher Räte *(Conseils)*, z. B. für Sicherheit, für das höhere Erziehungswesen, für Umwelt und Menschenrechte.

6.1 Parteien und Islamisten

Die Geschichte der marok. Parteien ist durch Aufstieg und Niedergang, Erlöschen und Neugründung, Verschmelzung und Namenswechsel, „Unabhängige" (Königstreue) und Oppositionelle gekennzeichnet. *Faath* (1991: 55 ff.) unterscheidet nach ihrer Herkunft vier Gruppen von Parteien:

– Parteien aus der Zeit vor der Unabhängigkeit wie die *Istiqlal* oder der *Parti Démocratique de l'Indépendance* (heute PDC);

– Abspaltungen dieser ersten Parteien wie der „linke" Flügel der *Istiqlal* als *Union Nationale des Forces Populaires* (1959) oder seit 1974 deren linker Flügel als *Union Socialiste des Forces Populaires* (USFP);
– junge Parteigründungen der 70er und 80er Jahre wie die linke *Organisation de l'Action Démocratique et Polulaire* (1983) oder der *Parti Libéral et du Progrès* (um 1974);
– schließlich im Auftrag des Königs gegründete Parteien, die eine königsloyale Parlamentsmehrheit gewährleisten sollten oder auch als „loyale Opposition" fungierten, wie das *Rassemblement National des Indépendants* (1978) oder die *Union Constitutionelle*.

Den Parteien kommt in zweifacher Hinsicht eine besondere Transmissionsfunktion zu: Einerseits bündeln sie die politischen Stimmungen, Wünsche, Ansprüche und übermitteln sie der Monarchie, andererseits sind sie Transmissionsriemen in die Gesellschaft hinein. *Köhler* (1988: 32f.) formulierte prägnant: „Für die Monarchie ist die Existenz von Parteien und Parlamentarismus ... ein Mittel der Machterhaltung ... Die Monarchie sichert ihre Position, indem sie für ein Äquilibrium der relevanten gesellschaftlichen Gruppen sorgt, denen sie einen gewissen Grad an kontrollierter Partizipation (an Pfründen und Einfluß) zugesteht." Dieses Spiel wird jedoch dann abgebrochen, wenn eine unversöhnliche und nicht zu integrierende Opposition sichtbar wird, so im Jahre 1992 bei der Verurteilung von *Noubir Amaoui*, des Generalsekretärs der der USFP nahestehenden Gewerkschaft, nach einigen aufmüpfigen Interviews.

Der islamische Fundamentalismus ist in M. politisch nicht annähernd so brisant wie in Algerien oder Tunesien. Eine kleine Vereinigung „Recht und Barmherzigkeit" hat sich um den ehemaligen Schulinspektor *Abdesalam Yassine* gebildet, der vom Staat mit einer Mischung aus Nichtbeachtung, psychiatrischer Behandlung, Gefängnis und Hausarrest behandelt wurde. Eine andere Gruppe formierte sich um *Lahcen Zitouni* und ist an Universitäten und Moscheen aktiv. Insgesamt sind mindestens 22 islamistische Gruppierungen bekannt.

Für die relative Wirkungslosigkeit der fundamentalistischen Bewegung werden geltend gemacht: ihre Zersplitterung; die Tatsache, daß der König als geistliches Oberhaupt einem islamischen Staat vorsteht; seine Fähigkeit, eine Allianz mit den religiösen Gelehrten und einem Großteil der Bev. über seine Religionspolitik herzustellen. Hinzu kommt aber auch eine ausgeprägte Repression gegenüber den islamistischen Gruppen.

6.2 Menschenrechte und Presse

Es gab in den letzten Jahrzehnten zahlreiche Berichte marok. und ausländischer Menschenrechtsorganisationen über Menschenrechtsverletzungen, über Haft ohne Urteile, über Folterungen bis zu politischem Mord. Sie haben zeitweilig das Bild M.s im Ausland getrübt – und das Regime war für diese

Tatsache nicht unempfindlich. M. trat der Mehrheit der internationalen Menschenrechtskonventionen bei und ist Mitglied der *Arab Organisation of Human Rights* (AOHR), vernachlässigte aber seine Berichtspflichten. Wie sich das Bekenntnis zu den Menschenrechten in der neuen Verfassung von 1992 und die Gründung eines Konsultativrates für Menschenrechte (1990) auswirken, ist noch offen. Die folgende dem König zugeschriebene Äußerung weist auf ein gründliches Mißverständnis der Menschenrechte hin: „Ich habe immer gesagt, die Menschenrechte hören da auf, wo es um die Zugehörigkeit der Sahara zu Marokko geht."

Es gibt in M. keine uneingeschränkte Pressefreiheit, aber auch keine krude Zensur. Vielmehr wurden durch eine langjährige Erfahrung die Grenzen des tolerierten Meinungsspektrums von den Redakteuren so verinnerlicht, daß formelle Anordnungen überflüssig wurden. Tabuthemen sind der Status der Westsahara, die Stellung des Königs und die islamische Religion. Die Langeweile und das niedrige Niveau der Tagespresse dürfte hierin ihre Hauptursache haben. Hinzu kommt eine schlechte handwerkliche Machart.

7. Entwicklungsperspektiven

Die Kernfrage für die Zukunft ist: Besitzt das politische System genügend Zeit und Flexibilität, um bei Wahrung der politischen Stabilität eine Transformation hin zu einer konstitutionell-parlamentarischen Monarchie zu vollziehen? Wieweit sind der König oder sein Nachfolger bereit, Macht zu teilen? Diese Frage ist deshalb so zentral, weil sich die Anzeichen verdichten, daß zwischen politischer Liberalisierung und wirtschaftlicher Entwicklung Zusammenhänge bestehen. Trotz aller ideologischen Eiertänze ist eindeutig, daß sich islamisches Staatsdenken und parlamentarische Demokratie ausschließen.

Vermutlich ist die konstitutionelle Monarchie mit einer religiösen Legitimation beim Betreiben des politischen Alltagsgeschäfts durch demokratisch abgestützte Regierungen der einzige Weg zur Versöhnung der beiden Prinzipien. Entscheidend dürfte das politische Geschick, die Einsichtsfähigkeit und Bereitschaft des Monarchen und seines Nachfolgers sein, sich auf diesen Kompromiß einzulassen. Ein (nie ganz auszuschließender) Putsch dürfte jedenfalls nach den jahrzehntelangen Erfahrungen in der arabischen Welt Probleme nicht lösen, sondern erst recht schaffen.

Die zweite Frage ist, ob das Kalkül der gegenwärtigen Wirtschafts- und Entwicklungspolitik aufgeht oder eine soziale Explosion droht. Die Bev. wächst immer noch rasch, wenn auch mit abnehmenden Zuwachsraten. Die Masse der nötigen Arbeitsplätze muß außerhalb der Landwirtschaft geschaffen werden. Man schätzt, daß in der Periode 1990–95 pro Jahr 289 000 zusätzliche Personen (193 000 in den Städten, 96 000 auf dem Land) auf den Arbeitsmarkt drängen.

Die wirtschaftliche Entwicklung hängt zunächst von der politischen Entwicklung ab, nicht zuletzt auch deshalb, weil M. auf westlich-marktwirtschaftliche Konzepte setzt und das Wirtschaftsdenken des Islam, das eindeutig keine funktionierenden Gegenkonzepte anzubieten hat (vgl. *Ghaussy* 1986), in der Praxis keine Rolle spielt. Eine Zunahme des Einflusses der Islamisten – oder gar eine Machtergreifung durch sie – ließe in kürzester Zeit einen wirtschaftlichen Absturz befürchten.

Der „Tiger vor den Toren Europas" kann mit seiner welthandelszugewandten Politik nur Erfolg haben, wenn die Tore Europas, der USA und Japans geöffnet werden. Dies ist trotz des Assoziierungsabkommens mit der EG fraglich. Die personelle Infrastruktur ist unzureichend: Ein Industrieland mit einer zu zwei Dritteln analphabetischen Bev. ist kaum vorstellbar. Der Erfolg der Privatisierung der Staatsbetriebe und ein sich selbst tragendes Wirtschaftswachstum setzen das rasche Wachstum einer Unternehmerbourgeoisie voraus. Deshalb muß der verbreitete Rentenkapitalismus überwunden und die Flucht vieler Intellektueller in den schützenden Hafen einer Beschäftigung beim Staat verringert werden.

M. muß auch einige außenpolitische Belastungen bewältigen. Die Zunahme eines anti-westlichen Denkens und Fühlens im arabischen Raum müßte die Außen- und Sicherheitspolitik eines Landes belasten, das traditionell gute Beziehungen zu den USA gepflegt hat. Die den Europäer so irritierende Mischung aus Aggressivität und Minderwertigkeitskomplexen bei den Radikalen in der arabischen Welt dürfte nicht so schnell abgebaut werden können.

Schließlich ist die Saharafrage noch ungelöst. Erst ein für M. positives Ergebnis des geplanten Referendums könnte der Eroberung die internationale Anerkennung verschaffen. Der König scheint vom Referendum abrücken und auf Zeit spielen zu wollen. Letztlich widersprechen sich der historisch begründete Anspruch M.s und die Idee einer dem sahrauischen Volk überlassenen Entscheidung. Das Referendum wird entweder gar nicht zustandekommen oder, wenn es zustandekommen und für M. negativ ausfallen sollte, nicht anerkannt werden. Fraglich ist aber auch, ob ein für M. günstiges Ergebnis die *Polisario* zum Aufgeben veranlassen wird. Dann würde die außenpolitische und militärische Belastung bestehen bleiben, wenn auch wegen der Schwächung der *Polisario* in einem für M. erträglichen Ausmaß.

Literatur

Basri, D. u. a. (Hrsg.) 1986: Édification d'un État Moderne. Le Maroc de Hassan II, Paris.

Berrada, A. 1993: Migration, Mutation and Economic Development in Morocco, in: OECD-Konferenzpapier (Ocde)GD ([93] 52), Paris.

Berrada, M. 1986: L'administration économique au Maroc, in: Basri, D. (Hrsg.) 1986, 251–276.

Bürgel, J. Chr. 1991: Allmacht und Mächtigkeit. Religion und Welt im Islam, München.
Eichelman, D. F. 1987: Religion in Polity and Society, in: Zartman, W. (Hrsg.) 1987, 84–98.
Faath, S. 1987: Marokko. Die innen- und außenpolitische Entwicklung seit der Unabhängigkeit. Kommentar und Dokumentation (Deutsches Orient-Institut), Hamburg, 2 Bde.
– 1991: „Le Hassanisme". Das marokkanische Konzept von Demokratie, in: Wuqûf 4–5 (89/90), Hamburg, 9–90
Geertz, C. 1988: Religiöse Entwicklungen im Islam. Beobachtet in Marokko und Indonesien, Frankfurt/M.
Ghaussy, A. Ghanie 1986: Das Wirtschaftsdenken im Islam. Von der orthodoxen Lehre bis zu den heutigen Ordnungsvorstellungen, Bonn/Stuttgart.
Heine, P. 1991: Gellner versus Geertz. Das Marokko der Ethnologen, in: Wuqûf 4–5 (89/90), Hamburg, 227–244.
Kerkab, M. o. J.: Erfolgsbedingungen der Entwicklungsstrategien unter besonderer Berücksichtigung des Außenhandels. Das Beispiel Marokko, Dissertation, München.
Köhler, M. 1988: Ein- und Mehrparteiensysteme in Nordafrika. Marokko, in: KAS Auslandsinformation, H. 2 (9), 24–43.
Lang, H. 1991: Heiligenkult in Marokko. Die therapeutische Funktion der Heiligen, in: Wuqûf 4–5 (89/90), Hamburg, 213–226.
Mattes, H. 1991: Die Privatisierung der marokkanischen Wirtschaft. Rahmenbedingungen und Maßnahmen, in: Wuqûf 4–5 (89/90), Hamburg, 103–160.
– 1991: Armut in Marokko. Das Beispiel der Bidonvilles, in: Wuqûf 4–5 (89/90), Hamburg, 167–212.
Mensching, H. 1989: Nordafrika, in: Mensching, H./Wirth, E. (Hrsg.), Nordafrika und Vorderasien. Der Orient, Fischer-Länderkunde, Bd. 4, 72–193.
Müller, H. 1991: Soziale Folgen von IWF- und Weltbankstrategien in Marokko, in: Wuqûf 4–5 (89/90), Hamburg, 161–166.
OECD 1991: Ajustement et Equité au Maroc, Paris.
Rhazaoui, A. 1987: Recent Economic Trends: Managing the Indebtedness, in: Zartman, W. (Hrsg.) 1987, 141–158.
Ruf, W. 1983: Marokko, in: HDW II, Bd. 6, 142–160.
Statistisches Bundesamt 1988/90: Länderbericht Marokko, Mainz/Stuttgart.
Swearingen, W. 1987: Morocco's Agricultural Crisis, in: Zartman, W. (Hrsg.) 1987, 159–172.
Tessler, M. A. 1982: Morocco: Institutional Pluralism and Monarchical Dominance, in: Zartman u. a. (Hrsg.) 1982, 212–241.
Theres, J. 1992: Marokko. Reihe „Verwaltungsprofile", DSE und GTZ.
Zartman, W. (Hrsg.) 1982: Political Elites in Arab North Africa, London/New York u. a.
– (Hrsg.) 1987: The Political Economy of Morocco, New York u. a.

Von Marokko besetztes Territorium: Westsahara

Ursel Clausen

1. Landeskundlicher Überblick

Die 266 000 (nach anderen Quellen 284 000) qkm große Westsahara (W.), früher Spanisch-Sahara, am äußersten Westrand der Sahara ist gekennzeichnet durch schwache Reliefunterschiede und geringe Niederschläge, hohe Durchschnittstemperaturen und beträchtliche 24-Std.-Amplituden, heftige Winde, spärliche Vegetation und Fauna und entsprechend dünne Besiedlung. Im Norden und NO grenzt sie an Marokko und Algerien (475 km, algerischer Anteil etwa 45 km) und im Osten und Süden an Mauretanien (1570 km). Nur die 1062 km lange Atlantikküste im Westen ist eine natürliche Grenze. Das nördliche Landesdrittel bildet Saqiya al-Hamra mit der Hauptstadt Al-Ayun; die beiden südlichen Drittel bilden Wadi adh-Dhahab (Río de Oro) mit dem Hauptort Dakhla. Die Fluß- oder Trockenbetten führen selten bzw. nie Wasser. Das bedeutendste ist die Saqiya al Hamra, der „rote Fluß", der dem nördlichen Landesdrittel seinen Namen gibt.

Die teils felsige, teils sandige flache Küste ist nur wenig gegliedert. Al-Qwîra (La Güera) im äußersten Süden ist der einzige natürliche Hafen. Außer Felsen und Untiefen erschweren die starke Nord-Süd-Strömung des Kanaren-Stroms, Stürme und häufige Nebel die Schiffahrt. Das der Küste vorgelagerte Schelfmeer ist reich an Fischen und Schalentieren. Die Wüsten ernähren vor allem Kamele und Ziegen. Oasen sind selten; Ackerbau ist nur an wenigen begünstigten Stellen möglich. Dagegen birgt die W. reiche Bodenschätze. Die Phosphatvorkommen der Saqiya al-Hamra werden auf 10 Mrd. t geschätzt. Eisenerz (geschätzte Vorräte von 10 Mio. t im zentralen Wadi adh-Dhahab), Kupfer, Zink, Vanadium, Erdöl u. a. sind nachgewiesen.

Die Mauren der Westsahara, die sich Sahrauis (arab. *Sahrawiyyun*, sing. *Sahrawi*) nennen, sind eine arabisch-berberisch-schwarzafrikanische Mischbevölkerung. Sie sprechen den arabischen Dialekt *Hassaniyya* und sind sunnitische Muslime. Bis zum Ende der 50er Jahre lebten sie überwiegend in sozial stark gegliederten Nomadenstämmen (Raqibat, Ulad Dlim, Tekna u. a.) von Viehzucht und Handel. Erst in den letzten Jahren der Kolonialzeit (1960–75) kam es zu stärkeren Kontakten zwischen ihnen und den spanischen Kolonisatoren. Der Stand der formalen Bildung und Ausbildung der Sahrauis blieb extrem niedrig. 1974 besuchten z. B. nur 19% der schulpflichtig gezählten

Die »Mauern«: Verlauf der marokkanischen Befestigungsanlagen in der Westsahara

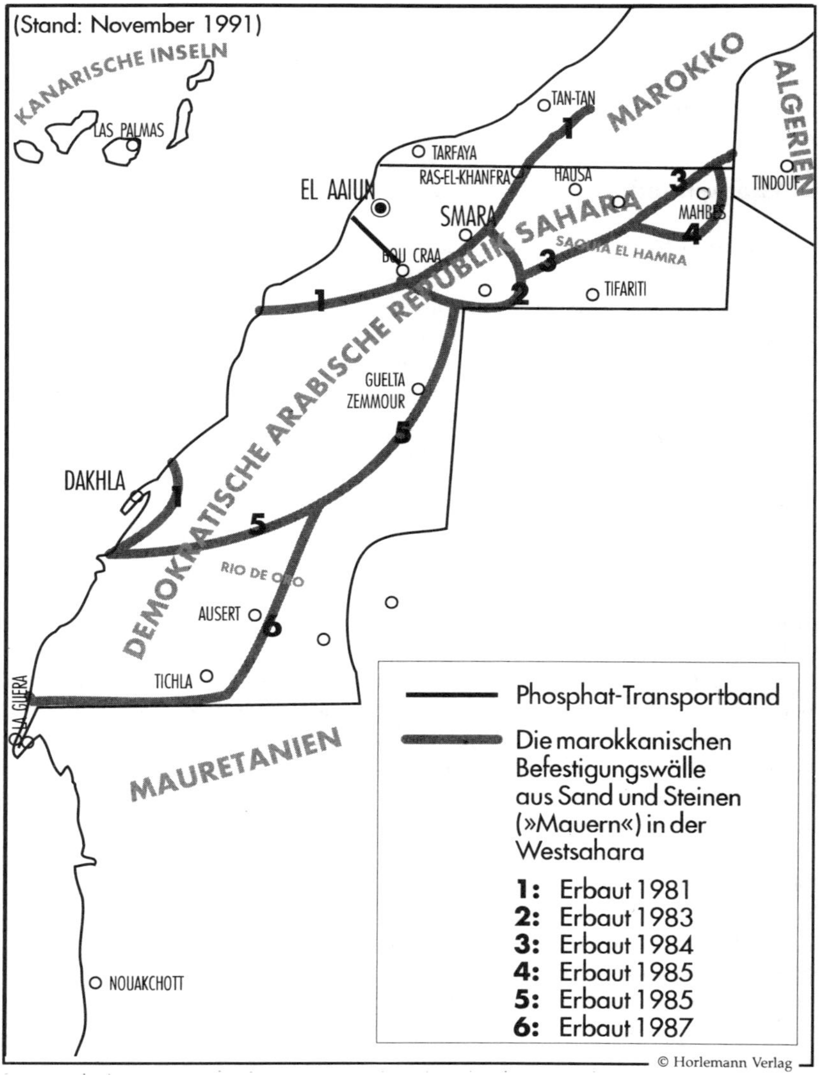

Quelle: Rössel (1991), S. 201.

Kinder Primarschulen. Die lohnabhängigen Sahrauis in Bergbau, Gewerbe und Industrie waren meist als ungelernte Arbeiter tätig.

Der letzte spanische Zensus (1974) zählte (neben 20 126 europäischen, d. h. überwiegend spanischen Zivilisten) 73 497 Sahrauis (davon nur noch ein Fünftel reine Normaden). Ihre Gesamtzahl wird indes auf 200 000 bis 300 000 geschätzt. Sie umfaßt diejenigen Personen, die 1974 nicht mitgezählt wurden, sowie jene, die, vor allem seit den antikolonialen Stammesaufständen von 1957/58, in den Nachbarländern Marokko, Mauretanien und Algerien lebten.

Die bedeutendste Staatsschöpfung in der zunächst von negroiden, dann zunehmend von berberischen Völkern besiedelten, seit der ersten arabischen Invasion (7./8. Jh.) islamisierten und seit Ende des 12. Jh.s allmählich arabisierten westlichen Sahara war das Almoravidenreich (11./12. Jh.). Im Bereich der heutigen W. gab es danach keine politische Ordnung von Dauer, die über den Stamm bzw. Stammesbündnisse hinausging. Auf der Suche nach Weiden durchschweiften die unabhängigen Stämme die Gesamtregion, später auch ohne Rücksicht auf koloniale und nachkoloniale Grenzen. Im 19. Jh. rivalisierten Spanien und Frankreich als Kolonialmächte in der westlichen Sahara. Von 1884 bis 1934 annektierte Spanien die W. und verwaltete sie seit 1958 als direktes Hoheitsgebiet. Als Spanien in den 60er Jahren begann, die W. wirtschaftlich und in bescheidenem Maß sozial zu entwickeln, waren sämtliche Nachbarstaaten bereits unabhängig geworden.

2. Der Konflikt

Erst Ende der 60er Jahre entwickelte sich ein modernes sahr. Nationalbewußtsein. 1973 entstand, z. T. aus Anhängern einer 1970 von Spanien zerschlagenen ersten Befreiungsorganisation, die „Volksfront für die Befreiung von Saqiya al-Hamra und Río de Oro“ (span.: *Frente Popular para la Liberación de Saguia El Hamra y Río de Oro*, abgekürzt *Polisario-Front*) und nahm den bewaffneten Kampf gegen die spanische Verwaltung mit dem Ziel auf, die W. zu einem unabhängigen Staat zu machen. Hilfe erhielt sie hauptsächlich von Libyen (bis 1983) und seit Ende 1974 von Algerien. Die W. wurde indes bereits seit den 50er Jahren auch von Marokko und Mauretanien beansprucht. Mauretanien wies besonders auf die ethnische, kulturelle und soziale Einheitlichkeit der beiden Gebiete hin. Lange Zeit selbst von Marokko bedroht, wollte Mauretanien vor allem vermeiden, daß Marokko der unmittelbare Nachbar seiner lebenswichtigen nördlichen Wirtschaftseinrichtungen (der Eisenerzgruben von Zouérate, des Erz- und Fischereihafens Nouadhibou und der beide verbindenden Eisenbahnlinie) wurde.

Marokko beanspruchte seit 1956 ein „großmarokkanisches Reich“, das außer der W. das gesamte Mauretanien sowie Teile von SW-Algerien und NW-Mali umfaßte, verzichtete jedoch 1960 auf das malische Gebiet und gab 1970 den Anspruch auf das seit zehn Jahren unabhängige und nach wie vor von Frankreich protegierte Mauretanien auf. Ferner verzichtete es 1972 durch Unterzeichnung des Grenzabkommens von Ifrane auf den Gebietsanspruch gegenüber Algerien, während Algerien sich zur gemeinsamen Ausbeutung der im strittigen Gebiet gelegenen Eisenerzlager von Gara Djebilat bereiterklärte. U. a. dieser Verzicht veranlaßte Marokko zur Annahme, Algerien werde sich nicht widersetzen, wenn Marokko versuchte, seinerseits einen Teil der rohstoffreichen W. in Besitz zu nehmen.

Marokko begründete und begründet seinen Anspruch historisch. Zeitweilig hatten einige westsaharische Stämme dem marok. Sultan gehuldigt, der weltliches und geistliches Oberhaupt ist. Der *Internationale Gerichtshof* hielt jedoch in seinem Gutachten von 1975 keinen der beiden Souveränitätsansprüche für gerechtfertigt und riet zur Organisation des von der UNO geforderten Selbstbestimmungsreferendums der Sahrauis. König *Hassan II.* war nach zwei gescheiterten Armeeputschen (1971/72) innen- und außenpolitisch isoliert. Außerdem verlor Marokko, weltweit größter Phosphatexporteur, bei stark angestiegenen Weltmarktpreisen für Phosphate 1974 und 1975 einen Teil seiner Absatzmärkte, nachdem die staatliche spanische *Fosfatos de Bu Craa-AG* in der Saqiya al-Hamra 1973 den Export aufgenommen hatte. So suchte und fand der König in der Annektion der W. eine Gelegenheit, seine Herrschaft im Inneren auf eine breitere Basis zu stellen, die Armee zu beschäftigen, Marokkos Glaub- und Kreditwürdigkeit vor allem im westlichen Ausland wiederherzustellen und wirtschaftliche Konkurrenz auszuschalten.

Der Konsens um die „Rechtmäßigkeit“ der „Wiedervereinigung“ mit den „saharischen Südprovinzen“ hält in Marokko bis heute unter allen legalen politischen Kräften und offenbar auch dem größten Teil der Bev. an. Wer dort das Recht der Sahrauis auf Selbstbestimmung vertritt, wie die Mitglieder der illegalen marxistisch-republikanischen Gruppe *Ilal Amam* (Vorwärts), hat Repressionen zu befürchten. Nach Aussage des Königs gelten die Menschenrechte in Marokko nicht für Bürger, die die „Marokkanität“ der W. in Zweifel ziehen. Das trifft auch auf die in der besetzten W. lebenden Sahrauis zu, die verdächtigt werden, mit der *Polisario-Front* zu sympathisieren. Seit 1975 ließen die Behörden mehr als 800 von ihnen „verschwinden“. Erst gut 300 wurden 1991 freigelassen. Die Bev. der besetzten W. nahm seit 1977 an allen Wahlen und Volksabstimmungen teil, zuletzt am 25. Juni 1993 an den Direktwahlen zum marok. Parlament.

Algerien hatte zunächst den Eindruck vermittelt, eine Marokkanisierung und Mauretanisierung der W. zu befürworten. Mitte 1975 setzte es sich jedoch offen für das Recht der Sahrauis auf Selbstbestimmung ein und wurde deren wichtigster Tutor und Helfer. Diese Politik entsprach seinem Selbstverständnis als Vorkämpfer der Emanzipation der Dritten Welt. Außerdem kam ihm als starke Regionalmacht und Befürworter eines dirigistischen Entwicklungsmodells (auf Erdöl- und Erdgasbasis) eine derartige Stärkung und Bereicherung seines ideologisch wie wirtschafts- und außenpolitisch entgegengesetzt orientierten Nachbarn ungelegen.

Marokko und Mauretanien stimmten ihre Interessen ab und schlossen mit Spanien am 14. November 1975 das Abkommen von Madrid. Danach fielen die beiden nördlichen Drittel der W. an Marokko, während Mauretanien den Rest erhielt. Zwei Tage vor dem vereinbarten Termin (26. Februar 1976) endete offiziell die spanische Herrschaft, ohne daß die Sahrauis befragt worden waren. Am folgenden Tag rief ein provisorischer sahr. Nationalrat die *Demokratische Arabische Republik Sahara* (DARS) aus. Die *Polisario*-Guerilleros richteten ihren Widerstand zunächst vor allem gegen Mauretanien, das nach einem Militärputsch am 5. August 1979 mit der *Polisario-Front* ein Friedensabkommen schloß, in dem es auf alle territorialen Ansprüche in der W. verzichtete und das Recht der Sahrauis auf Selbstbestimmung anerkannte. Darauf besetzte Marokko auch das südliche Drittel der Westsahara.

Bis zum Mai 1976 floh ein großer Teil der Sahrauis über die algerische Grenze in die Umgebung der Oase Tindouf. Die hochmotivierte sahr. Befreiungsarmee *(Ejército de Liberación Popular Saharaui)*, die 10000–20000 Mann umfaßte und sich größtenteils mit erbeutetem Material selbst versorgte, konnte anfänglich die Besetzung des Landes nicht verhindern. Zu Beginn der 80er Jahre gelang es ihr jedoch, die marok. Truppen (schätzungsweise 100000 Mann, d. h. etwa die Hälfte der Armee) auf ein Viertel des eroberten Gebietes zurückzudrängen. Besonders Frankreich, die USA und Spanien – aus wirtschaftlichen und militärstrategischen Gründen an stabilen Verhältnissen in Marokko und an guten bilateralen Beziehungen interessiert – unterstützten Marokko daraufhin verstärkt durch Waffenlieferungen, technische Anleitung usw. Eine neue Strategie brachte die militärische Wende: Die marok. Armee begann, sich durch den Bau von Erdwällen zunächst auf die Verteidigung des sog. nützlichen Dreiecks (al-Ayun, die Phosphatlagerstätten und Smara) zu konzentrieren, und dehnte dann dieses Gebiet durch den Bau weiterer Wälle allmählich aus. Der so entstandene, über 2000 km lange Wall, dessen letztes Teilstück 1987 fertiggestellt wurde und der u. a. mit Radar, elektronischen Bodensensoren und Minen ausgestattet ist, verläuft von Norden her zuerst parallel und in nahem Abstand zur algerischen und mauretanischen Grenze, dann in SW-Richtung über Amgala und Guelta Zemmur bis östlich von Tichla und ab dort parallel und in geringer Entfernung zur mauretanischen Grenze nach Westen an den Altantik, so daß gut zwei Drittel der W. von Marokko besetzt sind. Im Restgebiet halten sich sahr. Soldaten und eine unbekannte Zahl von Nomaden auf. Der Hafenort al-Qwîra im Süden ist in Absprache mit der *Polisario-Front* zum Schutz des Erz- und Fischereihafens Nouadhibou noch von mauretanischem Militär besetzt.

3. Diplomatische Entwicklung und Lösungsperspektiven

Die DARS war, vor allem dank algerischer Unterstützung, Mitte 1993 von über 70 Staaten (darunter fünf arabischen und zwei osteuropäischen) diplomatisch anerkannt. 1982 wurde sie Mitglied der OAU, was diese Organisation in ihre bislang schwerste Krise stürzte. Als die DARS dort 1984 erstmals ihr Stimmrecht nutzte, trat Marokko aus. Zahlreiche politische Parteien und Staaten, auch westeuropäische, nicht jedoch die Sowjetunion und ihre Nachfolgestaaten, erkannten die *Polisario-Front* als legitime Vertretung des sahr. Volkes an, während die USA und einige offiziell neutrale westeuropäische Regierungen, besonders Frankreichs und Spaniens, Marokko nicht nur militärisch, sondern auch diplomatisch und wirtschaftlich unterstützten.

Seit Mitte der 80er Jahre zeichnet sich ein internationaler Konsens zur Lösung des Konflikts auf der Basis eines UNO/OAU-Friedensplans ab, mit dessen Durchführung der UNO-Generalsekretär 1986 beauftragt wurde und dem beide Parteien 1988 „im Prinzip" zustimmten. Grundlage hierfür sind die OAU-Resolutionen 104 AHG von 1983 sowie gleich oder ähnlich lautende Resolutionen, die die UNO-Vollversammlung seit 1985 jedes Jahr mehrheitlich und 1989 erstmals einstimmig, d. h. auch mit der Stimme Marokkos, verabschiedete und die das Recht der Sahrauis auf Selbstbestimmung und Unabhängigkeit anerkennen. Danach soll eine UNO-Friedenstruppe „ohne militärischen und administrativen Zwang" in der W. ein Referendum durchführen, in dem sich die Sahrauis für die Unabhängigkeit oder die Integration in Marokko entscheiden. Am 6. September 1991 trat der Waffenstillstand in Kraft, während die ersten Kontingente der MINURSO (*Misión de las Naciones Unidas para el Referendum en el Sahara Occidental*, vorgesehene Gesamtstärke: 1700 Soldaten, 300 Polizisten, 800 Zivilfachleute) in der W. eintrafen.

Das für Januar 1992 geplante Referendum fand jedoch bisher nicht statt. Marokko hatte von der UNO bereits erreicht, daß vor und während der Abstimmung seine gesamte Verwaltung und 65 000 Mann seiner Streitkräfte in der W. anwesend sein dürfen. Es strebte nun zusätzlich eine wesentliche Erweiterung der Wählerlisten an, die ursprünglich auf der Basis des letzten spanischen Zensus (rd. 74 000 Personen) erarbeitet werden sollten, legte eigene Listen mit 120 000 Namen vor und schaffte 30 000–50 000 angeblich saharastämmige Menschen zur Stimmabgabe in die Westsahara, die dort bis heute in Zeltlagern leben. Es beabsichtigt, das Risiko einer Volksabstimmung nur einzugehen, wenn der eigene Sieg garantiert ist. Aus Furcht vor marok. Manipulationen lehnt die *Polisario-Front* Marokkos Forderungen bisher ab. Inzwischen verlängerte die UNO das Mandat der 370 Mann starken MINURSO-Truppe und bemüht sich, eine Einigung der Konfliktparteien über den Kreis der Abstimmungsberechtigten herbeizuführen.

Experten rechnen mit einem sahr. Sieg, wenn nur echte Sahrauis abstimmen dürfen. Die Frage ist, ob Länder wie Frankreich, Spanien und die USA bereit sind, Marokko zur Zulassung eines fairen Referendums zu drängen –

auf die Gefahr hin, daß in einem wirtschaftlich bedrängten und innenpolitisch unruhiger gewordenen Maghreb auch Marokko destabilisiert wird. Kommt es nicht zu einem Referendum mit eindeutigem Ausgang, könnte das die Fortsetzung des Krieges bedeuten, der bis heute wahrscheinlich mehr als 10 000 Menschenleben forderte und Marokko schätzungsweise 4,5 Mrd. US-$ an Militärausgaben und Algerien 640 Mio. US-$ an Unterstützung für die *Polisario* kostete. Die *Polisario-Front* könnte den Krieg allerdings nur dann fortsetzen, wenn sie weiterhin materielle und diplomatische Unterstützung erhielte. Entscheidend dürfte hier die Haltung Algeriens sein.

Marokko und Algerien, die wegen des S.-Konflikts seit 1975 verfeindet waren, söhnten sich zwar 1988 aus und ermöglichten so im Februar 1989 die Gründung der *Union des Arabischen Maghreb*, der außer den beiden Genannten Libyen, Tunesien und Mauretanien angehören. Auch ratifizierte und publizierte Marokko 1989 bzw. 1993 den bereits 1972 unterzeichneten Grenzvertrag mit Algerien. Doch gab Algerien seine Unterstützung für die *Polisario-Front* bzw. die DARS bisher nicht auf, obwohl es sich seit einigen Jahren in einer Periode innenpolitischer und wirtschaftlicher Schwierigkeiten befindet. Denkbar ist auch eine verhandelte Kompromißlösung, etwa in Form einer weitgehend autonomen Provinz W. innerhalb Marokkos. In diesem Fall könnten die Sahrauis der Flüchtlingslager wahrscheinlich wählen, ob sie in die W. zurückkehren oder in Algerien oder Mauretanien leben möchten. Daß die *Polisario-Front* einem solchen Vorschlag zustimmt, ist bisher schwer vorstellbar.

Eine Fortsetzung des Konflikts, in welcher Form auch immer, würde bei den Protagonisten anderweitig benötigte Mittel binden und wesentliche Schritte in Richtung einer dringend notwendigen wirtschaftlichen Integration des Maghreb-Raums auf lange Zeit blockieren.

4. Die Polisario-Front und die DARS

In den Lagern bei Tindouf in SW-Algerien leben die sahr. Flüchtlinge, überwiegend Frauen, Kinder und alte Männer, von Algerien sowie nationalen und internationalen Hilfsorganisationen unterstützt, auf 28 Lager (sog. Kreise) verteilt in Zelten, in einem mehrere hundert qkm großen, unwirtlichen Gebiet. Die Kreise bilden vier Provinzen, die nach den westsah. Orten al-Ayun, Smara, Dakhla und Ausert benannt sind. Jeder Erwachsene ist durch Mitarbeit in einem von fünf Volkskomitees (für Erziehung, Soziales/Justiz, Gesundheit, Versorgung und Handwerk) an der Organisation des Lagerlebens beteiligt. Großer Wert wird auf die Alphabetisierung der Erwachsenen gelegt, gerade auch der Frauen, die zwangsläufig, aber auch traditionell, im Lagerleben eine große Rolle spielen, sowie auf die Schul- und Berufsbildung der Kinder und Jugendlichen. Verbreitung und Vertiefung des Nationalbewußtseins anstelle des traditionellen Stammesdenkens sind wichtige Ziele der staatsbürgerlichen Erziehung.

In den letzten Jahren konnten die Lager mit Kindergärten und Koranschulen, mit Grund- und Hauptschulen, Sanitätsstationen und Mutter-Kind-Zentren (die Front befürwortet Kinderreichtum) sowie einem Zentralkrankenhaus (1989 mit insgesamt 11 Ärzten), einer Berufsschule für Jungen (mit den Sparten Tischlerei, Elektrotechnik, KFZ-Mechanik, Verwaltung) und einem Frauenzentrum ausgestattet werden, in dem Krankenschwestern, Lehrerinnen, Handwerkerinnen und Verwaltungskräfte ausgebildet werden (1989: 1000 Frauen; bereits ausgebildet: 8000). Schüler der Sekundarstufe II und Studenten werden im Ausland ausgebildet. Angaben über die Zahl der Studienabgänger liegen nicht vor.

Nach Angaben des UNHCR von 1985 leben in den Lagern 165 000 Personen. Marokko behauptet, darunter seien zahlreiche Nichtsahrauis, und spricht von den Flüchtlingen als den „Eingeschlossenen von Tindouf", denen die Rückkehr in ihre Heimat Marokko verwehrt werde. Während anfangs Frontwechsel in beiden Richtungen vorkamen, flüchteten nach marok. Angaben seit 1988, dem Jahr der Aussöhnung zwischen Marokko und Algerien, zunehmend mehr *Polisario*-Mitglieder nach Marokko. 1989 liefen erstmals auch Mitglieder der *Polisario*-Führung über, die seit 1976 nahezu homogen geblieben war. Nach Angaben dieser Überläufer befinden sich in den Lagern nur 47 000 Flüchtlinge, davon 30 000 aus der Westsahara, 9000–12 000 aus Mauretanien und der Rest aus Algerien, Mali und Niger. Die Methoden der politischen Kontrolle – öffentliche Selbstkritik, Verhaftungen und Folter – seien zeitweilig drastisch gewesen. Die *Polisario-Front* gab inzwischen Menschenrechtsverletzungen zu.

1976 verabschiedete der 3. Allgemeine Volkskongreß der *Polisario-Front* Grundsatzdokumente und die Verfassung der DARS. Diese Verfassung wurde 1989 vom 7. Allgemeinen Volkskongreß erweitert und modifiziert. Danach war die DARS eine „demokratische arabische Republik", die den Islam zur Staatsreligion und Rechtsquelle und Arabisch zur National- und Amtssprache erklärte, ausführlicher als im Text vom 1976 die Grundfreiheiten und sozialen Rechte der Bürger garantierte und „Sozialismus" und „soziale Gerechtigkeit" anstrebte, ohne jedoch „nichtausbeuterisches" Privateigentum in Frage zu stellen. *Polisario-Front* und Regierung bzw. Verwaltung des Flüchtlingsstaats waren eng miteinander verzahnt. Einerseits wurde auf weitgehende Mitsprache der Bev. Wert gelegt, andererseits übten die Front-Verantwortlichen strikte politische Kontrolle aus. Der Kommandorat der Revolution bzw. sein Vorsitzender, gleichzeitig Generalsekretär der *Polisario-Front* und (seit 1982) Staatschef der DARS, hatte als höchster Vertreter von Exekutive und Legislative die eigentliche politische Macht. Die Legislativgewalt teilte er mit einem eher beratenden „Parlament", dem Nationalrat, dem das Politbüro der Front und die von den jährlich tagenden Basisvolkskongressen gewählten Vorsitzenden der Lager-Volksräte angehörten.

In Erwartung des Unabhängigkeitsreferendums und unter dem Eindruck von Machtmißbrauch und Menschenrechtsverletzungen durch einen Teil der politischen Führung nahm der 8. Allgemeine Volkskongreß am 19. Juni 1991 eine Übergangsverfassung an, die als Grundlage für eine nach der Unabhängigkeit zu diskutierende endgültige Verfassung dienen soll. Deutlicher als ihre Vorgängerin garantiert sie die Grundfreiheiten der Bürger (schafft z. B. die Todesstrafe ab und verbietet die Folter) sowie deren soziale und wirtschaftliche Rechte (explizit auch die der Frau), stellt für die Zeit nach der Unabhängigkeit ein Mehrparteiensystem in Aussicht und bekennt sich zur Marktwirtschaft. Sie sieht ein auf drei Jahre gewähltes Parlament sowie die Unabhängigkeit der Judikative vor und macht den Präsidenten der Republik zum Träger der mit großen Vollmachten ausgestatteten Exekutive.

Bis zur Parlamentswahl soll der Nationalrat seine Funktion beibehalten. Auch die Volkskomitees sowie die Volkskongresse arbeiten vorläufig weiter. Ebenfalls beim 8. Kongreß wurden der Exekutivausschuß und das Politbüro der Front durch ein 73köpfiges „Nationalsekretariat“ ersetzt, dem auch die alte, bis auf eine Ausnahme männliche Führung angehörte und in dem 20 Plätze für Vertreter der besetzten Gebiete freigehalten wurden. Generalsekretär der *Polisario-Front* (seit 1976) und Staatschef der DARS (seit 1982) ist *Mohamed Abdelaziz*.

5. Ressourcen und Entwicklungschancen einer unabhängigen DARS

Marokko schuf in der W. vier Provinzen: Laâyoune (al-Ayun), Es-Semara (Smara), Boujdour (Bojador) und Oued-Eddahab (Wadi adh-Dhahab) mit einer Gesamtfläche von 252 120 qkm (die es indes nur innerhalb des Militärwalls kontrolliert). Zollfreie Importe von den Kanarischen Inseln und Steuervergünstigungen zogen Zehntausende von Marokkanern an. 1990 wies die marok. Statistik für die vier Provinzen 199 000 E. aus. Sahrauis sind davon nach Schätzung der *Polisario-Front* 35 000–50 000, nach Angaben Marokkos etwa 140 000.

Tabelle 1: *Bevölkerung 1990 (in Klammern Zahlen von 1974)*

Provinzen	städtisch	ländlich	insgesamt
Bojador	5000	5000	10000
Smara	22000 (7295)	2000	24000
al-Ayun	120000 (28499)	19000	139000
Wadi adh-Dhahab	23000 (5413)	3000	26000

Quellen: Anuario Estadístico de España 1975; Annuaire Statistique du Maroc 1991.

In einer unabhängigen DARS dürften nicht nur die in Tab. 2 aufgeführten Einrichtungen, sondern, angesichts des überfüllten marok. Arbeitsmarkts, auch Teile des marok. Personals übernommen werden können.

5.1 Infrastruktur

Marokko soll bislang 1–1,5 Mrd. US-$ in die Infrastruktur der W. investiert haben. Genaue Angaben darüber sowie über die laufenden Kosten sind u. a. deshalb nicht möglich, weil die Haushaltsstatistik nur nach Sachetats, nicht nach Regionen aufgeschlüsselt ist. Nach einer Auskunft des Königs von 1992 zahlt der Staat in der W. jährlich allein 1,6 Mrd. Francs an Gehältern. Die Behörden sollen außerdem, z. B. zum Wohnungsbau, erhebliche Mengen sahr. Privatkapitals mobilisiert haben. Zuletzt Ende 1991 wurde eine neue Serie sozioökonomischer Projekte angekündigt (bessere Trinkwasserversorgung durch Entsalzungsanlagen in al-Ayun und Bojador, Entmineralisierungsanlagen und Leitungsbau für Smara sowie Grundwassererschließung für Dakhla, Telefonverbindungen nach Norden, Bau von Moscheen, einer Universität usw.).

Tabelle 2: *Pädagogische, soziale und kulturelle Einrichtungen*

	Bojador	Smara	al-Ayun	Wadi adh-Dhahab
Koranschulen	4	17	103	4
- Schüler	204	519	3542	209
Schulen Kl. 1-6	1	3	27	8
- Lehrer	16	56	482	77
- Schüler	552	1758	14684	2127
- darunter Mädchen	214	775	6575	1027
Schulen Kl. 7-12	1	2	10	2
- Lehrer	22	88	482	106
- Schüler	124	925	7183	1025
- darunter Mädchen	43	309	2978	438
Berufsschüler	2	114	634	61
Ärzte	3	4	35	4
Pflegepersonal	29	39	336	44
Ambulanzen mit Arzt	1	1	5	3
Krankenhäuser	-	-	1[a]	-
Familienplanungs-zentren	2	-	7	3
Kindergärten	1	1	5	1
Frauenclubs	1	1	6	1
Jugendclubs	1	1	6	1
Kinos	-	-	1	1

[a] mit 250 Betten
Quelle: Annuaire Statistique du Maroc 1991.

Bis 1975 waren die rund 6500 km Pisten nur zu einem geringen Teil befestigt. 1650 km wurden inzwischen ausgebaut, darunter die 1985 eröffnete Verbindung Bojador–Dakhla und die Strecke al-Ayun – Guelta Zemmur. In al-Ayun entstand ein für ein jährliches Aufkommen von 500 000 Passagieren ausgelegter Flughafen. 1992 wurde der Ausbau der Flughäfen von Dakhla und Smara angekündigt. Der neue Tiefsee-Erzhafen von al-Ayun, der 1995 den spanischen Verladehafen ersetzen soll, ist für den Export von 10 Mio. t Phosphat jährlich ausgelegt. Auch der Handelshafen von al-Ayun wird erweitert. Warenumschlag und Fischanlandung in den Häfen der W. sind noch so gering, daß sie von der Statistik nicht gesondert aufgeführt werden. 4000 neue Telefonverbindungen wurden zwischen Smara, al-Ayun und Bojador hergestellt; die Zahl soll auf 10 000 erhöht werden. 1990 wurden in W. 29,1 Mio. kWh Strom verkauft und 4 Mio. m^3 Trinkwasser produziert.

5.2 Landwirtschaft und Fischfang

Einer intensiveren landwirtschaftlichen Nutzung sind durch den Wassermangel und die schlechte Qualität der Böden natürliche Grenzen gesetzt. 1974 bestand die Nutzfläche aus 5 Mio. ha Weideland, 10 000 ha „Wald" (Akazienbäumen und -sträuchern; bei al-Ayun und Dakhla betreibt Marokko Aufforstungsprogramme), 3 ha Dattelpalmenhainen und den eigentlichen Anbauflächen, die jährlich maximal 10 000 ha erreichten (Hauptanbauprodukt: Gerste). Grundsätzlich besteht die Möglichkeit, die Erträge durch Erschließung neuer Grundwasservorräte (z. B der bei Dakhla entdeckten), Modernisierung der Anbaumethoden, Schädlingsbekämpfung und Mechanisierung zu steigern sowie die Produkte zu diversifizieren. Trotzdem werden zumindest Getreideimporte nicht zu vermeiden sein. 1990 erhielt der König vom Stamm der Ulad Dlim 2500 ha Land zum Geschenk, auf dem durch künstliche Bewässerung ein landwirtschaftlicher Musterbetrieb entstehen soll. Die Sahrauis der Lager haben durch die Bewirtschaftung von Gärten unter den schlechteren Bedingungen der Hamada von Tindouf jahrelange Erfahrungen im Gemüse- und Obstanbau gewonnen.

Wichtiger als die Agrikultur war in der Region von jeher die Viehzucht. Zahlen über den Tierbestand stehen nicht zur Verfügung, doch werden nicht nur in der besetzten Westsahara, sondern auch in der nicht besetzten Zone sowie in den Flüchtlingslagern z. B. Kamelherden gehalten.

Für den Fisch- und Schalentierfang (jährliches Fangpotential auf 600 000 t geschätzt) bestehen durch Vergrößerung und Modernisierung der Fangflotte, die Verbesserung der Hafeninfrastruktur sowie vermehrte Einrichtung von fischverarbeitenden Betrieben und Gefrieranlagen hervorragende Entwicklungsmöglichkeiten, u. U. in Kooperation mit ausländischen Gesellschaften, die an Fanglizenzen außerordentlich interessiert sind. Erst 1992 verlängerte z. B. die EG das Fischereiabkommen mit Marokko um vier Jahre, das 763 Booten aus EG-Staaten, darunter 650 spanischen und 50 portugiesischen, gegen einen um 50% erhöhten jährlichen Finanzausgleich das Fischen in marok. Gewässern (d. h. auch vor der Küste der W.) gestattet.

5.3 Bergbau, Industrie und Tourismus

Von den reichen, seit 1947 systematisch prospektierten Rohstoffvorkommen der W. sind bisher nur die Phosphatkalklager von Ba Craa (107 km südöstlich von al-Ayun, geschätzte Reserven: 1,7 Mrd. t) erschlossen (Tagebau, 75–80% Reingehalt, Transport über ein 96 km langes Förderband zur Aufbereitung und Verschiffung nach al-Ayun, drei Verladevorrichtungen für Schiffe bis zu 100000 t). 1972 begann die staatliche spanische *Fosfatos de Bu Craa-AG* mit der Produktion, 1973 mit dem Export (1974 und 1975: je 2–3 Mio t). Seit 1982 baut die staatliche marok. *Phosboucraa-AG*, die über das Scherifische Phosphatamt 65% der spanischen Aktien erworben hat, nach sechsjähriger Unterbrechung wieder Phosphat ab, jedoch nur in geringem Umfang (1990: knapp 1,5 Mio. t; Beschäftigtenzahl angeblich immer noch 2600). 1992 verfünffachte die Gesellschaft das Kapital von 38 auf 200 Mio. US-$. Kleinere gewerblich-industrielle Unternehmen gibt es vor allem in al-Ayun, Dakhla und al-Qwîra (Fischverarbeitung, Schiffsreparatur, Kühleisherstellung, Gefrieranlagen, Transport- und Bauunternehmen usw.).

Nach Phosphatindustrie und Fischwirtschaft soll in der W. nach dem Willen der marok. Regierung der Tourismus (auch durch Tagesausflügler von den nahen Kanarischen Inseln) zur wichtigsten Einnahmequelle werden. Die Provinzen al-Ayun und Wadi adh-Dhahab verfügten 1990 über 24 bzw. 7 Hotels aller Kategorien mit insgesamt 756 Zimmern und 1534 Betten. Eine der wichtigsten Erwerbsquellen in der W. bleibt außerdem der Handel.

Literatur

Barbier, M. 1982: Le conflit du Sahara Occidental, Paris.
Berramdane, A. 1992: Le Sahara occidental enjeu maghrébin, Paris.
Brenneisen, C. M. 1985: Das Ressourcenpotential der Westsahara – erarbeitet als Satellitenbildinterpretation – und seine Bedeutung für die Etablierung eines neuen Staates, Hannover.
Cagne, J. 1988: Nation et nationalisme au Maroc, Rabat.
Clausen, U. 1978: Der Konflikt um die Westsahara, Hamburg.
– 1992: Westsahara, in: R. Hofmeier und V. Matthies (Hrsg.): Vergessene Kriege in Afrika, Göttingen, 347–365.
Diego Aguirre, R. J. 1988: Historia del Sahara Español, Madrid.
– 1991: Guerra en el Sahara, Madrid.
Gesellschaft der Freunde des Sahrauischen Volkes 1980 ff.: Sahara-Info, Bremen.
– 1990: Der Konflikt um die Westsahara, Hamburg.
Gnidil, A. 1987: Die völkerrechtliche Lage der ehemaligen Spanischen Sahara, Tübingen.
Hasan II (Vorw.) 1990: La Marche Verte, Paris.

Hodges, T. 1982: Historical Dictionary of Western Sahara, Metuchen/London.
– 1983: Western Sahara. The Roots of a Desert War, Westport/Beckenham.
Jesser, W. 1988: Der Westsahara-Konflikt, in: Hubel, H. (Hrsg.): Nordafrika in der internationalen Politik, München, 103–124.
Ould Errachid, K. 1987: Sahara marocain. Intégration et développement, Rabat.
Rössel, K. 1991: Wind, Sand und (Mercedes-)Sterne. Westsahara: Der vergessene Kampf für die Freiheit, Unkel/Bad Honnef.

Tunesien

Mohamed Dridi

1. Wirtschaftsgeographische Grundlagen

Tunesien (T.) liegt am nördlichen Vorsprung Afrikas. Es grenzt im Norden und Osten ans Mittelmeer, im Westen an Algerien und im Süden an Libyen. Politisch gehört es zum Groß-Maghreb, naturgeographisch zum Atlas-Länderkomplex und klimatisch im Norden zum Mittelmeerraum, im Süden zum Vorsahara-Gebiet. T. liegt nur etwa 140 km von Sizilien entfernt, markiert aber die natürliche Trennungslinie zwischen dem westlichen und östlichen Mittelmeer.

Der 1300 km langen Küste sind im Osten die Inseln Kerkena und Djerba vorgelagert. Die Küste steht unter dem Einfluß des maritimen milden Klimas. Im Norden setzt sich der algerische Tellatlas fort und erreicht eine Höhe von etwa 1300 m. Südlich davon liegt die Medjerda-Ebene, die Kornkammer des Landes, nach Süden eingegrenzt durch die *Dorsale*, die mitteltun. Gebirgsrükken, die bis 1500 m ansteigen und für ein mediterran-feuchtes Klima sorgen. Daran schließen Steppen und Vorwüstenlandschaften an.

(Tell-)Atlas, Meeresküste, Steppe und Wüste mit ihrer entsprechenden Pluviometrie sind bestimmend für das Landwirtschaftspotential: In den Gebirgszügen des (Tell-)Atlas und in den Küstengebieten ist eine relativ gesicherte Landwirtschaft möglich. Von großer Bedeutung ist hier das Gebiet um den einzigen Fluß (Medjerda), dessen permanente Wasserführung eine regelmäßige Agrarproduktion garantiert (Getreide, Obst, Gemüse, Wein und Zitrusfrüchte).

Im Sahel (Ostküstengebiet) ist die Niederschlagsmenge gering und unregelmäßig (durchschn. 350–450 mm). In diesem Gebiet (400 km lang und 30–70 km breit) ist der Getreide-, Obst-, Gemüse- und Olivenanbau die Regel. In der Steppe und im Vorsahara-Gebiet (mit höchstens 350 mm Niederschlag) dominiert die Weidewirtschaft neben dem Gersteanbau (Tierfutter). Das hier wachsende Halfagras (für Zellulose und Papierherstellung) gibt auch der Steppe eine ökonomische Bedeutung.

Zwischen der Steppe und der Sahara erstrecken sich zahlreiche Salzseen *(Chots)*. Besonders um den größten von ihnen (Chott el-Djerid=5000 qm) gedeihen Dattelpalmen. Die Entwicklung des Gartenbaus steckt noch in den Anfängen. Alles in allem sind von den insgesamt 16,4 Mio. ha Landfläche nur 7,6 Mio. ha landwirtschaftlich nutzbar.

T. ist relativ reich an mineralischen Bodenschätzen: Naturphosphat, Eisenerz, Bleierz, Zinkerz, Flußspat, auch Erdöl (geschätzte Reserven 80 Mio. t) und Erdgas. Phosphat und Erdöl waren neben dem Tourismus und dem „Arbeiterexport" die größten Devisenquellen, bevor Fertigprodukte aufholten.

2. Bevölkerung

Mit einer Bev. von 8,5 Mio. ist T. das kleinste Land in Nordafrika. Seine Bev. weist im Gegensatz zu seinen Nachbarländern eine hohe Homogenität auf: 98 % sind Araber oder arabisierte Berber. Alle sind Anhänger des sunnitischen (orthodoxen) Islam und sprechen Arabisch.

Tabelle 1: *Bevölkerung*

	1975	1980	1990
Bev. in Tsd.	5580	6960	8100
Urbanisierungsrate (%)	49,8	52,2	54,3
Altersstruktur (in %)			
unter 20 Jahren	55	..	37
20 - 60 Jahre	39	..	43
über 60 Jahre	6,1	..	6,8

Quellen: Annuaire Statistique 1992; Stat. Bundesamt 1992.

Die Bev. hat sich seit 1956 (bis Mitte 1992) nahezu verdreifacht. Familienplanung, legalisierte Abtreibung, verbesserte Hygiene und medizinische Betreuung sowie massive Aufklärungskampagnen haben ihre Wirkung nicht verfehlt: Die Geburtenrate ging von 46,5 (1965) auf 31,1/Tsd. (1990) zurück. Das jährliche Bevölkerungswachstum sank Mitte der 80er Jahre auf 2,3 % und 1991 sogar auf 1,9 %. Trotz dieses relativ niedrigen Bevölkerungswachstums entstand eine prekäre Situation. Weil gleichzeitig die Lebenserwartung bei Geburt deutlich anstieg (vgl. Tab. 7), wurde in einem Land die Lebensarbeitszeit verlängert, in dem die Arbeitslosigkeit hoch ist und das Problem der Altersversorgung allenfalls ansatzweise gelöst ist.

Die tun. Bevölkerungspolitik wirkte sich jedoch positiv auf die Altersstruktur aus. Waren 1975 noch 55 % der Bev. jünger als 20 Jahre, so waren es 1990 nur noch 37 %. Dagegen wuchs der Anteil der Altersgruppe zwischen 20 und 59 Jahren auf 44 % (1975–90). Trotzdem mußte bis 1991 jeder arbeitende Tunesier für vier Personen aufkommen, weil die Beschäftigungsrate mit nur 25 % weit hinter der demographischen Entwicklung herhinkte. Die Bev. ist außerdem regional sehr ungleich verteilt: 70 % konzentrieren sich im Norden und im Küstengebiet, d. h. auf etwa 30 % der Fläche.

3. Historische Entwicklung und Bourguibismus

Erstmals historisch greifbar wurde das heutige T. unter der Herrschaft der Phönizier, die hier 814 v. Chr. das Reich Karthago gründeten. Die Förderung des Handwerks und der Handelskontore für den Seehandel ließ zahlreiche Städte entstehen, deren ökonomische und politische Organisation einen relativ hohen Stand der Entwicklung zeigt.

Während der darauffolgenden römischen Herrschaft (bis 300 v. Chr.) nahmen die Städte und besonders die Landwirtschaft einen Aufschwung. Zwei Drittel der römischen Getreideversorgung, daneben Oliven, Feigen und Wein, lieferte die römische Provinz Afrika (*Bolz* 1976: 5). Die wichtigste Besonderheit der römischen Kolonisation ist allerdings darin zu sehen, daß sie das von den Phöniziern vernachlässigte Hinterland durch ein Bewässerungssystem landwirtschaftlich nutzbar machte und die nomadisierenden Berber, die Städte und Bauern durch ihre Raubzüge gefährdeten, hinter eine Befestigungslinie *(Limes)* zurückdrängten. Die Trennungslinie zwischen Städtern, seßhaften Bauern und nomadisierenden Berbern begründete den Gegensatz zweier sozialer Organisationstypen, der bis ins 19. Jh. hinein von seiner Schärfe nur wenig verlor.

Die Herrschaft der Vandalen (440–533 n. Chr.) und der Byzantiner änderte am römischen Erbe wenig. Im 8. Jh. fiel auch T. in den Herrschaftsbereich der Araber, die sich allerdings bald in die Städte zurückzogen und den bekehrten Berbern die Islamisierung Nordafrikas überließen. Die Vergabe von Landkonzessionen brachte der islamischen Staatskasse zwar zusätzliche Einnahmen, förderte indes die Herausbildung des Großgrundbesitzes. Indem jeder Muslim von der Kopfsteuer befreit war und nur noch den Zehnten *(Uschr)* seines Einkommens zahlen mußte, vollzog sich auch die Islamisierung sehr schnell.

Die eroberten Gebiete hatten für den arabisch-islamischen Staat auch eine fiskalische Bedeutung. Als sich der faktisch unabhängige Gouverneur in T. weigerte, an den Kalifen in Kairo Steuern zu zahlen, schickte ihm dieser die arabischen Beduinenstämme von Beni Hilal und Beni Suloyman ins Land. Deren Verwüstungen sind bis heute unübersehbar. Die von den Römern errichteten Bewässerungsleitungen wurden zerstört. Die „Rache des Nomadentums“ drängte die Berber auf die heutigen Gebiete von Gafra, Matmata und Djerba zurück. Die arabische Sprache setzte sich allmählich durch, und die Landbev. wurde durch die arabischen Sitten und Gebräuche geprägt.

Ab 1574 unterstand T. formal der Herrschaft des türkischen Sultans, war aber de facto eine autonome türkische Provinz. Erst 1705 gründete der türkische Herrscher *Hussein Ben Ali Bey* die Dynastie (Husseiniten), die eine landesfremde, aus Sklaven (Mamelucken) bestehende Militär- und Verwaltungsaristokratie einführte, aber der alteingesessenen arabischen Bourgeoisie die ökonomische Macht überließ. Das städtische Handels- und Handwerksbürgertum zog sich auf den ökonomischen Bereich zurück und verzichtete auf seine politische Emanzipation.

Bis zur frz. Kolonisation waren die Bereiche Zentralgewalt, Städte und Nomaden drei getrennte Sphären, die aber doch in einem gegenseitigen Abhängigkeitsverhältnis lebten. Die Städte brauchten den Schutz der Zentralgewalt gegen die Nomaden, die Zentralgewalt brauchte die Nomaden für die Verstärkung der Armee, um den Handel zu schützen. Die Nomaden brauchten die Stadtbevölkerung, mit der sie in Austauschbeziehungen traten.

Mit der frz. Kolonisierung (1881–1956) ging eine kapitalistische Durchdringung des Landes einher; sie führte zur Herausbildung einer heterogenen Gesellschaftsstruktur. Die Etablierung einer frz. Administration neben der traditionalen, die Einführung des europ. Eigentumsrechts, die kapitalistische Bewirtschaftung des von den Kolonialherren konfiszierten Bodens und schließlich die Durchsetzung der frz. Sprache als unabdingbare Voraussetzung für den Zugang in die Kolonialverwaltung provozierten die Dualisierung der gesamten Gesellschaft in autochthone und europ. Sphären.

Die Entrechtung der Landbevölkerung ging über die staatliche und private Aneignung von Grund und Boden vor sich, wobei „die ersten Kolonialisierungsarbeiten, ganz abgesehen von der Konfiszierung und Verteilung des Landes, von staatlichen Stellen in die Wege geleitet" (*Mensching* 1968: 61) wurden. Auf diese Weise nahmen die Franzosen bis 1937 eine 3/4 Mio. ha besten Bodens in Beschlag. 23% davon entfielen auf vier Gesellschaften.

Es entstanden zwei verschiedene Produktionssektoren: der von den kleinen Fellachen archaisch bebaute und der von den Franzosen und den tun. Großgrundbesitzern mit modernen Mitteln bewirtschaftete Sektor. Die ökonomischen Aktivitäten konzentrierten sich auf die Küstenstädte Sousse, Sfax und Gabes sowie auf die Hafenstädte Tunis und Bizerta, wo auch die Europäer lebten. Das von jeher unterentwickelte Süd- und Mitteltunesien blieb weiterhin unberührt. Die frz. Herrschaft förderte das Entstehen eines relativ kleinen kapitalistischen Sektors, der mit den übrigen Teilen des Landes weitgehend unverbunden war.

Das vorwiegend europäisch gebildete Kleinbürgertum erkannte, daß die koloniale Situation nicht mit religiösen Mitteln zu überwinden war, sondern mit den durch die frz. Bildung vermittelten Emanzipationsforderungen der frz. Revolution. Prominentester Vertreter dieser europäisch gebildeten Intellektuellen war *Habib Bourguiba.* Mit seiner 1934–36 gegründeten *Neo-Destour*-Partei entfachte er einen Mehrfrontenkampf: gegen die alte *Destour*-Partei, um die in ihr organisierten Großgrundbesitzer, islamischen Würdenträger und das Großbürgertum zu entmachten; gegen die kommunistische Partei und die unter ihrem Einfluß stehenden Gewerkschaften, um die Arbeiter für den nationalen Kampf zu mobilisieren; und schließlich gegen Frankreich, das trotz des Protektoratsstatus aus T. ein *fait colonial* machte. Die nationalistische Ideologie brachte schließlich eine Koalition aus Arbeiterschaft, Kleinbürgertum und Teilen des Großbürgertums zustande.

Habib Bourguiba führte den Befreiungskampf – so seine Devise – mit dem traditionell emanzipationsfördernden Frankreich gegen das kolonialistische Frankreich. Seine auf Kooperation angelegte Politik, gekoppelt mit seiner Strategie der „kleinen Schritte", leitete die interne Autonomie ein (1954), provozierte allerdings damit den Widerstand des damaligen Generalsekretärs *Salah Ben Youssef* und seiner Anhänger, die die Unabhängigkeit als vollständige Loslösung von Frankreich und Hinwendung zur arabischen Welt verstanden. Indem *Bourguiba* den Gewerkschaften mit ihrem sozialistisch orientierten Führer *Ahmed Ben Salah* die Realisierung ihrer wirtschafts- und gesellschaftspolitischen Optionen zusagte, konnte er den Widerstand der „Youssefisten" brechen. 1956 wurde T. unabhängig und *Bourguiba* Staatspräsident.

Die Verfassung von 1956 schuf ein Präsidialsystem, in dem der Präsident zugleich Ministerpräsident, Oberbefehlshaber der Streitkräfte, oberster Richter und Exekutivorgan aller von der Nationalversammlung beschlossenen Gesetze ist, denen gegenüber er ein Einspruchsrecht hat, das nur mit Zweidrittelmehrheit aufgehoben werden kann. Die 136 Abgeordneten wurden in allgemeiner, unmittelbarer, geheimer und freier Wahl auf fünf Jahre gewählt. Aufgestellt wurden jedoch die Parlamentskandidaten ausschließlich von der *Destour*-Partei, deren Vorsitzender *Bourguiba* war.

Diese Zentralisierung der Macht in Staat und Partei ging bis in die territoriale Verwaltungsorganisation hinein. T. wurde 1974 in 18 Gouvernorate eingeteilt, die wiederum in 116 *Délégations* und 1121 *Scheikate* unterteilt wurden. Die weitgehenden Prärogativen des Staatspräsidenten (Notstandsrechte, Initiativ- und Vetorecht im Gesetzgebungsverfahren) begründeten seinen Autoritarismus und die Ohnmacht des Parlaments. Er ernannte und entließ fast nach Belieben Minister und Staatssekretäre. Seine Unberechenbarkeit und Palastintrigen verunsicherten die politische Führung. Alle Versuche, *Bourguiba* zu bewegen, sich in den verdienten Ruhestand zurückzuziehen, schlugen fehl.

1987 stand T. am Rande eines Bürgerkriegs. Es ging um die Frage: Säkulare oder islamische Republik. Anfang November 1987 wurden die Führer der islamischen Fundamentalisten in Schauprozessen vorgeführt. Als *Bourguiba* die Verurteilten entgegen anderslautenden Gerichtsurteilen und trotz weltweiter Proteste an den Galgen schicken wollte, ließ ihn der damalige Ministerpräsident *Zine El-Abidine Ben Ali* kurzerhand absetzen. Eine 30jährige Ära ging damit zu Ende.

Ben Ali hat mit seinem Ziehvater *Bourguiba* eines gemeinsam: Er verstand sich wie dieser als Testamentsvollstrecker jener modernistischen Denkschule, die der Reformer *Kheiraddine* gegen Ende des 19. Jh.s gegründet hatte. Aus ihr bezogen *Bourguiba* und seine Kampfgefährten die entscheidenden geistigen Impulse für ihre Modernisierungspolitik. Der neue Staatspräsident schien entschlossen zu sein, auf dem Reformkurs seines Vorgängers zu bleiben, aber dessen Fehler durch eine wohldosierte Demokratisierung zu korrigieren.

4. Wirtschaftliche Struktur und Entwicklung

T. hatte in den 70er Jahren einen eindrucksvollen wirtschaftlichen Aufschwung erlebt. Auch in den 80er Jahren erreichte das Land trotz einiger Rückschläge noch ein beachtliches Wirtschaftswachstum, dessen Motor die verarbeitende Industrie war (vgl. Tab. 3). Das Pro-Kopf-Einkommen erreichte mit 1500 US-$ (1991) einen afrikanischen Spitzenwert, war aber in den 80er Jahren nur noch dank des sinkenden Bevölkerungswachstums um 1,1 % gewachsen. Die durch eine positive Wirtschaftsentwicklung ausgangs der 80er Jahre verbesserten Durchschnittswerte verdecken allerdings Krisenerscheinungen, die das Land 1984 in eine schwere Zahlungsbilanzkrise stürzten und an den Rand eines Bürgerkriegs brachten, als die vom IWF „angeregte" Erhöhung des Brotpreises Massenunruhen auslöste.

Tabelle 2: *Entstehung des BIP (Anteil in %)*

	1965	1980	1991
Landwirtschaft	22	17	18
Industrie	24	35	32
- Verarb. Industrie	9	13	17
Dienstleistungen	54	48	50

Quellen: Weltentwicklungsberichte 1982/93.

Tabelle 3: *Wirtschaftliches Wachstum (in %)*

	1970-80	1980-91	1990	1991
Landwirtschaft	4,1	3.1	27,7	15,3
Industrie	6,8	2.9	6,1	4,3
- Verarb. Industrie	10,3	6.2	11,1	4,8
Dienstleistungen	6,7	4.3	3,6	-0,3
BIP	6,3	3.7	7,6	3,5
BSP pro Kopf	4,7[a]	1.1	..	..

[a] 1965-80
Quellen: Trends in Developing Economies 1992; Weltentwicklungsbericht 1993.

Mitte der 80er Jahre geriet T. aufgrund des Preisverfalls auf dem Welterdölmarkt und einer langanhaltenden Trockenheit in eine schwere Wirtschaftskrise. Die sinkende Agrarproduktion verringerte die Agrarexporte und vergrößerte den Import von Nahrungsmitteln. Die Zahlungsbilanzdefizite und Auslandsschulden wuchsen (vgl. Tab. 4 und 5). Die Regierung mußte sich an den IWF wenden, der für die Jahre 1987–91 ein Strukturanpassungsprogramm mit den üblichen Sanierungsrezepten vorlegte.

Das Programm setzte auf die Steigerung von Exporten und auf die Expansion des Tourismus. Der tun. Staat wurde angehalten, den Außenhandel zu liberalisieren, den Dinar abzuwerten, Staatsunternehmen zu privatisieren und Anreize für in- und ausländische Privatinvestitionen zu schaffen, die Preissubventionen für die Güter des Grundbedarfs abzubauen sowie eine Steuer- und Abgabenreform durchzuführen.

Der Regierung von *Ben Ali* blieb eine Neuauflage der politischen Krise von 1984 erspart, weil ihr zwei glückliche Umstände zu Hilfe kamen: ein Anstieg der Exportpreise für Erdöl und eine unerwartete Rekordernte. Zusätzlich entlasteten die steigenden Einkommen aus dem Tourismus, die 1990 gegenüber 1986 um 72% höher lagen, und die wachsenden Exporte von industriellen Fertigprodukten, die 1990 wertmäßig um 90% höher lagen als 1986, die Handels- und Zahlungsbilanz. Wachsende in- und ausländische Privatinvestitionen, die Drosselung der Staatsausgaben und ein kräftiges Wirtschaftswachstum verhalfen dem Strukturanpassungsprogramm zum Erfolg.

Die Haltung T.s im Golfkonflikt brachte 1990 einen Rückschlag. Die Regierung kritisierte die Annexion Kuwaits durch den Irak, aber auch die militärische Intervention fremder Mächte am Golf. Als Antwort stellte Saudi-Arabien seine Finanzhilfe ein und stornierte seine Investitionen von insgesamt 612 Mio. US-$. Die USA reduzierten 1991 ihre Wirtschaftshilfe um 40 Mio. US-$. Die Einnahmen aus dem Tourismus gingen um ein Drittel zurück. Das Zahlungsbilanzdefizit erreichte wieder eine kritische Höhe und konnte erst durch Stützungskredite von IWF und Weltbank eingedämmt werden. T. hatte seine internationale Kreditwürdigkeit noch nicht verloren.

Die 80er Jahre waren für T. ein schwieriges, aber kein „verlorenes Jahrzehnt" wie für viele EL: Das Land diversifizierte erfolgreich seine Wirtschaftsstruktur, blieb aber abhängig von Witterungseinflüssen, den Launen des Tourismusgeschäfts, der Öffnung der Exportmärkte für seine Textilerzeugnisse und – freilich in abnehmendem Maße – von der Preisentwicklung auf dem Welterdölmarkt, schließlich auch vom Wohlwollen der bi- und multilateralen Kreditgeber. Weil es diese externen Rahmenbedingungen nur wenig und Witterungseinflüsse gar nicht beeinflussen kann, war seine wirtschaftliche Stabilisierung nur teilweise ein Erfolg des mit dem IWF vereinbarten Strukturanpassungsprogramms, das auch mit erheblichen sozialen Kosten verbunden war, weil der Subventionsabbau für Grundnahrungsmittel vor allem die Armutsgruppen traf.

4.1 Entwicklungsplanung und Entwicklungsfinanzierung

Die Investitionspolitik entsprach dem Wandel der entwicklungspolitischen Orientierungen. 1956–61 beschränkte sich der Staat auf sporadische Eingriffe in die Wirtschaft, die in der „sozialistischen" Phase unter *Ben Salah* (1962–69) verstärkt wurden. Der Perspektivplan 1969–72 begründete die längerfristigen polit-ökonomischen Optionen, die in drei Entwicklungsplänen (1962–64, 1965–68, 1969–72) konkretisiert und revidiert wurden.

Zwischen 1962 und 1965 beteiligte sich der Staat zu 82% an den Investitionen. Die Diversifikation der verarbeitenden Industrie (Textil, Eisenverarbeitung u. a.) und die Agrarreform standen hierbei im Mittelpunkt. Nahezu die Hälfte der gesamten öffentlichen Investitionen wurde hier eingesetzt. Ab 1970 überließ der Staat die sich herausbildenden Wachstumsbranchen (erdölverarbeitende Industrie und Tourismus) den in- und ausländischen Privatinvestoren.

Die seit 1987 durchgeführten Strukturreformen bildeten die Voraussetzungen für die privatkapitalistische Entwicklung. Perspektiv- und Teilpläne hatten seitdem nur noch Rahmencharakter. Im Fünfjahresplan (1977–81) plante der Staat Investitionen in Höhe von 4,2 Mrd. TD für die Förderung der Landwirtschaft und der exportorientierten weiterverarbeitenden Industrie. Selbstversorgung mit Nahrungsmitteln, Exportsteigerung, Vollbeschäftigung aller neu auf den Arbeitsmarkt kommenden Arbeitskräfte und Hebung des Pro-Kopf-Einkommens waren die Ziele. Jedoch konnte keines von ihnen realisiert werden. Das BSP stieg nur um 6% statt der veranschlagten 7,5%. Von den neu zu schaffenden Arbeitsplätzen wurden nur 40% der Planvorgaben realisiert.

Im 6. Entwicklungsplan (1982–86) wurden 8 Mrd. TD als Investitionen veranschlagt. Ein Drittel davon sollte mit bi- und multilateralen Krediten finanziert werden. Damit sollten die vom IWF „empfohlenen" Strukturanpassungen finanziell abgefedert werden. Ein neues Investitionsförderungsgesetz förderte Betriebsgründungen, die export- und arbeitsintensiv und auf einheimische Zulieferbetriebe zurückzugreifen bereit waren. Weitere Ziele waren die Schaffung von 270000 Arbeitsplätzen, die verbesserte Versorgung der Kleinbauern mit Agrarkrediten und die schrittweise Überwindung der regionalen Disparitäten durch Steuervergünstigungen, Zinssenkungen und Subventionen. Finanziell besonders begünstigt wurde die Verlagerung von Betrieben aus den städtischen Ballungszentren in die wirtschaftlich rückständigen Gebiete im Süden. Auch diese Planziele blieben hinter den Erwartungen zurück. Das reale Wachstum des BIP lag jährlich nur bei durchschnittlich 3% statt der geplanten 6%. Von den geplanten 270000 Arbeitsplätzen wurden nur 200000 geschaffen.

Der 7. Entwicklungsplan (1987–91) schrieb die Zielsetzungen des vorangegangenen fort, blieb aber in den Zielvorgaben bescheidener. Seine Schwerpunkte lagen in der Förderung der Landwirtschaft und in der Arbeitsbeschaffung für Jugendliche. Zu seiner Finanzierung wurde die Mehrwertsteuer eingeführt, die z. B. Luxusartikel mit 29% besteuerte. Es gelang der Regierung, die Privatisierung voranzutreiben und für ein gutes Investitionsklima zu sorgen. Allein 1989/90 wurden etwa 200 italienisch-tun. *Joint-ventures* gegründet.

4.2 Landwirtschaft

Seit 1956 bildet die Landwirtschaft die Achillesferse der Entwicklungspolitik. Nur etwa die Hälfte der Gesamtfläche ist landwirtschaftlich nutzbar, davon nur ein Fünftel als Ackerland oder Weide. 10% sind für Dauerkulturen geeignet. Der Rest besteht aus Wüstensteppen und Wüsten. Am fruchtbarsten sind der Norden (25% der Gesamtfläche) und Zentraltunesien (15% des Flächenanteils).

In der Landwirtschaft wurde die von der Kolonialzeit ererbte Produktionsstruktur beibehalten: Weizen, Viehzucht, Baumkulturen, Gemüse und Oliven; eine durchgreifende Diversifikation blieb aus. Ernsthafte Ansätze wurden hierzu in der sozialistischen Phase unter *Ahmed Ben Salah* (1962–67) unternommen. Sein Genossenschaftswesen hatte zunächst das Ziel, die 450 000 Kleinbauern mit ihren insgesamt 3 Mio. ha zu größeren Kooperativen zusammenzubringen, um sie gegenüber dem modernen Agrarsektor (1 Mio. ha: 5000 tun. Bauern und 4700 Europäer bis 1961) konkurrenzfähig zu machen. Freiwilliger Eintritt in die Genossenschaften und materielle Anreize waren hierbei die Prinzipien der Agrarreform. Langfristig sollte der Agrarsektor die Eigenversorgung mit Nahrungsmitteln sichern. 1962–65 wurde der von den Franzosen hinterlassene Besitz nationalisiert, die Landwirtschaft modernisiert. Das führte zu einer fatalen Situation:

Die Ausdehnung des Genossenschaftswesens (1965–69: 1000 Genossenschaften auf 1 Mio. ha) provozierte den Widerstand der Großgrundbesitzer, die dem Kooperativsystem fernbleiben wollten, und der Kleinbauern, die de facto zu Tagelöhnern in den Genossenschaften degradiert wurden. Sinkende Agrarproduktion, hohe Auslandsverschuldung und zunehmende soziale Proteste führten schließlich zum Sturz von *Ben Salah*. Auch die Auflösung der Genossenschaften (1970) und die zunehmende Mechanisierung in den 70er Jahren konnten den Anteil der Lebensmittel an der Wareneinfuhr nur geringfügig reduzieren.

Erste Mitte der 80er Jahre erhielt die Landwirtschaft eine hohe Priorität. Ihr Investitionsanteil stieg im Fünfjahresplan (1987–91) von 16% auf 20%. Hinzu kamen weitere flankierende Maßnahmen wie Förderung der Kleinbetriebe durch verbilligte langfristige Kredite und Anreize zur Steigerung der Produktion. Trotz trockenheitsbedingter schlechter Getreideernten der Jahre 1988/89 brachte das Jahr 1990 ein Rekordergebnis von 1,65 Mio. t Getreide und eine Verringerung des Nahrungsmitteldefizits.

Um die Landwirtschaft weniger witterungsabhängig zu machen, begann die neue Regierung *Ben Ali* 15 große Bewässerungsprojekte. Bis zum Jahr 2000 soll sich die Kapazität der Staudämme von derzeit 1,5 Mrd m^3 Regenwasser jährlich verdoppeln. Denn nach wie vor bleibt die Landwirtschaft von großer Bedeutung. Sie trägt fast 16% zum BIP bei und beschäftigt ein Drittel aller Erwerbstätigen. Einkommensmäßig hängt die Hälfte der Bev. vom Agrarbereich ab. Doch seine zunehmende Mechanisierung setzte immer mehr Arbeitskräfte frei, die nur zum Teil von Industrie und Dienstleistungssektor absorbiert werden können.

4.3 Industrie

Der Industriesektor ist dort am weitesten entwickelt, wo die Kolonialmacht eine funktionstüchtige Infrastruktur aufgebaut hatte: in Tunis, Sfax, Bizerta und Gabes. In der „sozialistischen Phase" (1962–69) investierte der Staat gezielt in den Aufbau einer verarbeitenden Industrie, zunächst vor allem mit dem Ziel der Importsubstitution und Erhöhung der Deviseneinnahmen (z. B. durch Steigerung der Phosphatproduktion). Die Verarbeitungsindustrie erzielte hohe Wachstumsraten und wurde zum industriellen Schlüsselsektor (vgl. Tab. 3).

1969 war das Jahr der Abkehr vom zentralstaatlichen Sozialismus zum liberalen Kapitalismus europäischer Prägung. Die Führung erhoffte sich davon, die in den 60er Jahren durch den Staatsdirigismus gefesselten Produktionskräfte durch Reprivatisierung zu aktivieren. Grundlage dieser liberal-kapitalistischen Option bildete das Gesetz von 1972, das Unternehmen, die mindestens 66 % des Kapitals in konvertierbaren Devisen in T. einführen und ausschließlich für den Export produzieren, besonders fördert. Besondere Bedeutung gewann ab 1972 die Errichtung von freien Produktionszonen, in denen ausländische Firmen ausschließlich für den Export produzieren. Der Staat stellte ihnen die notwendige Infrastruktur zur Verfügung und schuf zusätzliche Investitionsanreize durch uneingeschränkten Gewinntransfer, Zoll- und Abgabenfreiheit, jahrelange Gewerbesteuerfreiheit und – wesentlichster Punkt – billige Arbeitskräfte. Immerhin hatte T. damals nach Indien die niedrigsten Facharbeiterlöhne.

1987 wurden unter *Ben Alis* Regierung die Weichen für eine Neuorientierung der Industriepolitik gestellt. Ein Großteil der Investitionen floß in die Förderung der Klein- und Mittelbetriebe, hauptsächlich in die Textil- und Lederverarbeitung und Herstellung von Elektrogeräten. Durch eine Reihe von Steuererleichterungen und gewinnsichernden Gesetzen versuchte der Staat, Privatinvestoren aus dem In- und Ausland anzuwerben.

Joint-venture- und *off-shore-* Industriesektoren in Bizerta und in Zarzis sollten die Entstehung einer breit angelegten mittelständischen exportorientierten Industrie fördern. Besonders gefördert wurden Unternehmen, die Exportgüter im unterentwickelten Hinterland herstellten. Diese Bemühungen verfehlten nicht ihre Wirkung. Die verarbeitende Industrie wuchs in den 80er Jahren im jährlichen Durchschnitt um 6 %. Ihre Produkte machten 1990/91 schon 61 % der Gesamtexporte aus. Die höchsten Wachstumsraten erzielten die Textil- und Lederindustrie.

Der Staat förderte die arbeitsintensive Fertigungsindustrie auch deshalb so massiv, um die städtische Arbeitslosigkeit, besonders unter Jugendlichen, zu bekämpfen. Zu Beginn der 90er Jahre waren in ihren 1560 Betrieben rund

135 700 Menschen permanent beschäftigt, die meisten in der exportorientierten Textil- und Lederindustrie. Drei Viertel der Betriebe (mit weniger als 50 Beschäftigten) beschäftigen nur ein Fünftel der Industriearbeiter, knapp ein Viertel der Betriebe (mit 50–350 Beschäftigten) 43% von ihnen. Viele Betriebe sind mehr Handwerks- denn Industriebetriebe. Nur 4,4% der Betriebe beschäftigen mehr als 350 und insgesamt 46,6% der Industriearbeiter. Es handelt sich hierbei um staatliche oder halbstaatliche Großunternehmen wie das Stahlwerk *Menzel Bourguiba*, die Ölraffinerie in Bizerta, ein Chemiekomplex bei Tunis, eine Zuckerraffinerie in Béjà, ein Montagewerk für Kraftfahrzeuge und der Bergbau.

Der Bergbau (mit knapp 20 000 Beschäftigten) stagniert seit Beginn der 80er Jahre, weil sich die Erdölreserven allmählich erschöpfen und der Abbau von Phosphat durch schlechte Qualität behindert wird. Das Baugewerbe verlor nach der Boomphase in den 70er Jahren bis 1991 ungefähr die Hälfte seiner Beschäftigten. Höchste Priorität in der Beschäftigungspolitik genießt der Dienstleistungssektor und hier wiederum der Tourismus.

4.4 Tourismus

Von 1961 bis 1973 war die Zahl der Touristen im jährlichen Durchschnitt um 30% gestiegen. Bereits 1976 war der Tourismus zweitwichtigste Devisenquelle nach dem Erdölexport. In den 80er Jahren erlebte die Tourismusindustrie einen spektakulären Aufschwung, überholte das Erdöl als Devisenbringer und wurde aufgrund ihrer direkten und indirekten Beschäftigungseffekte ein beschäftigungspolitischer Schlüsselsektor, den der Staat trotz der ökologischen Risiken und der kulturellen Entfremdungseffekte, die den Traditionalisten ein Dorn im Auge sind, massiv förderte, teilweise mit ausländischer Hilfe. In den zwei Jahren 1986–88 schnellte die Zahl der Touristen von 1,5 auf 3,5 Mio. hoch und pendelte sich in den folgenden Jahren bei 3,2 Mio. ein.

Die Bettenkapazität stieg von 4000 Ende der 60er Jahre bis Ende 1991 auf 123 000 Betten; sie soll bis zum Jahr 2000 auf das Doppelte gesteigert werden. Mit durchschnittlich 1 Mrd. US-$ pro Jahr erbringt der Tourismus seit Mitte der 80er Jahre knapp ein Viertel der gesamten Deviseneinnahmen (wobei bekanntlich der Löwenanteil der Ausgaben für *package tours* bei den Reiseveranstaltern verbleibt).

Das Tourismusgewerbe ist heute zu 100% privatisiert. Doch der Staat, vertreten durch das *Office National du Tourisme*, sorgt für die Finanzierung der Infrastruktur wie Straßen, Kanalisation und Flughäfen. Den privaten Investoren obliegt der Ausbau der Hotelkapazitäten. Die Gewinne können frei verwendet werden.

Problematisch bleibt die Konzentration der Tourismusindustrie in den ohnehin gut entwickelten vier Küstenregionen Hammamet, Sousse, Djerba und Tunis. Hinzu kommt die ungleichmäßige Auslastung der Hotels während des ganzen Jahres. Außerhalb der Sommermonate müssen viele Beherbergungsbetriebe ihre Tore für Monate schließen und die Beschäftigten entlassen. Mit massiven Finanzmitteln versucht die Regierung, den Sahara-Tourismus für die Herbst- und Wintermonate zu fördern, um die Hotelkapazität im ganzen Jahr auszulasten, Arbeitsplätze in den vorsaharischen Gebieten zu schaffen und so die Landflucht in die touristischen Ballungszentren einzudämmen. Die Erfolgsaussichten hierfür sind nicht ungünstig. Banken aus Italien, Spanien und Frankreich haben sich bereits engagiert; ihnen folgten Saudi-Arabien und Kuwait.

Die sozialpolitische Bedeutung des Tourismus liegt in seinem Beschäftigungseffekt. Er beschäftigt rund 60 000 Menschen direkt und viermal so viele indirekt in Landwirtschaft, Handwerk, Handel, Banken, Transport und in der Vergnügungsindustrie. Außerdem decken die Deviseneinnahmen aus dem Tourismus zu 47 % (1992) das Defizit in der Handelsbilanz. Damit wird T. aber abhängig von der Konjunktur in den Herkunftsländern der Touristen, von deren sich rasch ändernden Bedürfnisprofilen und von innen- und außenpolitischen Entwicklungen. Während des Golfkrieges gingen die Einnahmen aus dem Tourismus schlagartig um ein Drittel (nach Schätzungen der Weltbank) zurück. Dieser kurzzeitige Einbruch verschärfte die Arbeitslosigkeit in den Touristenzentren und brachte die Zahlungsbilanz in eine kritische Schieflage.

Tabelle 4: *Handels- und Zahlungsbilanz (in Mio. US-$)*

	1980	1988	1990	1991
Exporte (fob)	2395	2396	3517	3672
- Erdöl/Ölprodukte	1347	385	609	465
- Agrarprodukte	88	182	209	311
- Fertigprodukte	905	1801	2663	2860
Importe (cif)	3622	3692	5525	5239
Handelsbilanz	-1227	-1296	-2008	-1567
Exporte von Dienstleistungen	1122	1846	1712	1486
Ressourcenbilanz	-469	36	-903	-676
Überweisungen[a]	303	544	599	541
Direktinvestitionen	236	110	185	173
Zahlungsbilanz[b]	-373	156	-580	-562

[a] von tun. Gastarbeitern im Ausland; [b] nach öffentlichen Transfers
Quelle: Trends in Developing Economies 1992 (Weltbank).

4.5 Außenwirtschaft und Auslandsschulden

Seit Mitte der 70er Jahre wiesen die Handelsbilanzen hohe Defizite aus. Durchschnittlich waren nur etwa 60 % der Importe durch Exporte gedeckt (1990: 64 %). Seit den 70er Jahren hat sich allerdings die Struktur der Exporte wesentlich verändert, die wiederum die Strukturveränderungen der Wirtschaft und vor allem die Expansion der exportorientierten Industrie zum

Ausdruck bringt. Während 1970 noch knapp die Hälfte der Exporte aus Erdöl bestand, fiel dessen Exportanteil bis 1990 auf 19 % zurück, während der Exportanteil von industriellen Fertigprodukten (vor allem von Textilien und Lederwaren) von 19 % auf 61 % anstieg. Damit nahm zwar die Abhängigkeit von der Preisentwicklung auf dem Weltölmarkt ab, aber die Verwundbarkeit durch protektionistische Maßnahmen der Importländer von Fertigprodukten nahm zu.

1986 wurde die vom IWF geforderte Liberalisierungspolitik eingeleitet. Die Einfuhrzölle wurden drastisch gesenkt. Der Anteil der frei importierbaren Waren stieg von 23,6 % (1986) auf 80 % (1991). Das Volumen der Exporte (1987 = 100) erhöhte sich auf 140, der Import auf 139, wobei Rekordernten den Anteil von Nahrungsmittelimporten wesentlich verringerten. 1988/89 machten eine Trockenperiode und Heuschreckenplage Nahrungsmittelimporte im Wert von über 500 Mio. US-$ notwendig.

Tabelle 5: *Auslandsverschuldung (in Mio. US-$)*

	1980	1985	1988	1990	1991
Gesamtverschuldung	3526	4884	6771	7713	8296
Öffentl. Schulden[a]	3210	4454	5924	6684	7156
- multilateral	433	826	1572	2239	2714
- bilateral	1529	2205	2697	3004	3161
Private Schulden	1249	1423	1655	1441	1281
Schuldendienst	545	746	1058	1419	1374
Schulden/BSP (%)	..	61,6	70,3	64,0	66,2
Schulden/Exporte (%)	..	163,7	139,6	130,7	137,2
Schuldendienstquote	..	25,0	21,8[b]	24,0	22,7

[a] langfristig, inkl. öffentlich verbürgt; [b] 1987: 28,7 %
Quelle: World Debt Tables 1992-93.

Der Außenhandel blieb mit 60 % auf die EG ausgerichtet, wobei Frankreich, Italien und die BRD die Haupthandelspartner sind. Der Handel mit den Maghreb-Staaten stagnierte dagegen bei nur 3 %. Seit dem Beitritt Spaniens und Portugals zur EG bekam T. neben Griechenland noch zwei große Konkurrenten im Bereich der Agrarexporte in die EG. Diese bezog zwar T. in ihre präferentielle Mittelmeerpolitik ein, setzte aber durch Einfuhrkontingente für industrielle Fertigwaren (besonders für Textilien) und durch einen Anwerbestopp für tun. Gastarbeiter dem Waren- und Arbeitskräfteexport enge Grenzen. 1990 trat T. dem GATT bei, um seine Exportchancen weltweit zu verbessern.

Der entwicklungspolitische Handlungsspielraum wurde auch durch den wachsenden Schuldenberg verengt, der Ende 1991 fast 8,3 Mrd. US-$ erreichte und rund zwei Drittel des BSP ausmachte (vgl. Tab. 5). Eine Entlastung schuf die Umschichtung von kurzfristigen und hochverzinslichen Privatkrediten zu langfristigen und zinsgünstigen öffentlichen Krediten. Deshalb konnte auch die Schuldendienstquote von rund 28 % (1986/87) auf 22 % (1991) gedrückt werden. Wichtigste Kreditgeber sind die Weltbank und Frankreich (je etwa 15 %), Deutschland und Japan (je 10 %), Saudi-Arabien und die von den Golf-Staaten gespeisten arabischen Entwicklungsfonds.

5. Sozialstruktur und soziale Entwicklung

In T. vollzogen sich seit der Unabhängigkeit tiefgreifende sozialstrukturelle Veränderungen. Das Scheitern der „sozialistischen" Wirtschafts- und Gesellschaftspolitik von *Ben Salah* lag keineswegs allein an dessen politischen Fehlern, sondern war vielmehr in der Entfaltung neuer Klassenverhältnisse begründet, die nur notdürftig durch die charismatische Herrschaftsfigur von *Bourguiba* und dessen Integrationsideologie verdeckt werden konnten.

Ab 1970 vollzog sich eine wirtschafts- und gesellschaftspolitische Kehrtwende, die bis heute andauert. Die „Liberalisierung" begann mit der Auflösung der Genossenschaften und wurde fortgesetzt durch gesetzliche Anreize für das in- und ausländische Privatkapital. Die Abkehr vom Genossenschaftsprinzip bewirkte eine rasche Veränderung der Besitzverhältnisse auf dem Land: 1960 verfügten 98 % der Bauern über 78 % des Bodens, 1972 96 % der Bauern nur noch über 66 % des Bodens. Der Großgrundbesitz konnte sich wieder ausweiten: 1961 besaßen 1 % der Betriebe 13,3 % der Anbaufläche, 1975 dagegen 1,6 % der Betriebe schon 33 % der Anbaufläche. An dieser Konstellation hat sich bis Ende der 80er Jahre nichts Wesentliches geändert.

Geändert haben sich die wirtschaftspolitischen Prioritäten, die Einkommensquellen und damit auch die soziale Schichtung. Während Landwirtschaft und Bergbau seit 1956 zwei Drittel ihres Beschäftigtenanteils verloren, stiegen die Arbeitskapazitäten der Industrie von 8,4 % (1956) bis Ende der 80er Jahre auf knapp 28 %, des Dienstleistungssektors von 13,2 % auf knapp 40 %. Der Anteil der Beschäftigten in der Landwirtschaft ging 1975–89 von 35 % auf 25,6 % zurück. Während also der Anteil der Bauern durch Landflucht sank, stieg der Anteil der Lohn- und Gehaltsempfänger von 53,7 % (1975) auf gut 61 % (1989). Die Selbständigen und ihre mithelfenden Familienangehörigen bildeten 1989 mit 29 % aller Erwerbspersonen den Kern einer ziemlich breiten Mittelschicht, der auch die abhängig Beschäftigten in Verwaltung, Bildungs- und Gesundheitswesen zuzurechnen sind.

5.1 Soziale Fortschritte und Rückschritte

Sozialpolitisch konnten die Reformen der 80er Jahre die Frauen verstärkt in den Entwicklungsprozeß einbeziehen, das Analphabetentum reduzieren und die Landflucht eindämmen. Die im industriellen Dienstleistungssektor erzielten Erfolge konnten dennoch nur zum Teil die Lage der armen Bevölkerungsteile verbessern. Die Steigerung des BIP war von zunehmender Arbeitslosigkeit und einer drastischen Erhöhung der Lebensmittelpreise begleitet.

Tabelle 6: *Daten zur sozialen Lage*

	1975	1980	1985	1990
E. unter Armutsgrenze (Tsd.)	1223	823	554	544
Arme in % der Bev.	22	12	7,7	6,7
Sozialversicherte (Tsd.)	150	352	650	1441
Deckungsrate der Sozialversicherung (in % der Bev.)	15	24	52	65

Quelle: Annuaire Statistique 1992.

Die Erhöhung der staatlich garantierten Mindesttagelöhne in der Landwirtschaft (SMAG) und der Mindeststundenlöhne in der gewerblichen Wirtschaft (SMIG) vermochten die Preiserhöhungen und die Inflationsrate (1990: 6,8 %) kaum wettzumachen. Während der SMAG 1986–90 nur um 22 % stieg, schnellte der Preisindex für die Lebenshaltung von 144 (1988) auf 194. Angesichts der hohen Arbeitslosigkeit bedeutete dies, daß über 55 % der Bev. nahezu das gesamte Geld für die Ernährung ausgeben mußten und durch Preissteigerungen bei Nahrungsmitteln hart getroffen wurden.

5.2 Bildungs- und Gesundheitswesen

Zu den größten entwicklungspolitischen Erfolgen zählt die Entwicklung des Bildungswesens. Obwohl keine Schulpflicht besteht, stiegen die Einschulungsraten bei den Primarschülern von 23 % (1958) auf 95 % (1989). Innerhalb von 15 Jahren wuchs die Zahl der Grundschüler um 51 %, die Zahl der Sekundarschüler sogar um 80 %. 50 % der Jungen und knapp 40 % der Mädchen besuchen weiterführende Schulen.

Besondere Förderung erhielt die Einschulung von Mädchen. 1975 lag das Verhältnis Jungen zu Mädchen in den Grundschulen bei 2:1, in den Jahren 1990/91 nur noch bei 54 % zu 46 %. In den Sekundarschulen stieg der Anteil der Mädchen in demselben Zeitraum von 30 % auf 40 %. Die Bildungschancen der Frauen haben sich wesentlich verbessert. Das weiter bestehende Bildungsgefälle zwischen Stadt und Land hat allerdings eine geschlechtsspezifische Komponente: Der Anteil der Frauen an den Analphabeten ist auf dem Land besonders hoch.

Die Zahl der Studierenden hat sich 1976–90 mehr als verdreifacht. Allein an der Universität Tunis stieg die Studentenzahl von 17 000 auf 64 000. Deshalb wurden 1986 in Monastir und Sfax zwei weitere Universitäten gegründet.

Die Sekundarschüler rekrutierten sich – entsprechend dem allgemeinen Demokratisierungsanspruch – aus allen Volksschichten. Auch ärmsten Landkindern gelang es, das Gymnasium zu besuchen oder gar einen Universitätsabschluß zu erreichen. Möglich wurde dies durch die den Gymnasien angeschlossenen Internate, für die von armen Eltern nur ein geringer Zuschuß zu leisten war oder die überhaupt nichts kosteten. Außerdem gewährte der Staat Studenten großzügig Stipendien, von denen oft die ganze Familie lebte.

Tabelle 7: *Sozialindikatoren*

	1970	1980	1985	1990
Lebenserwartung bei Geburt	54	58	65	69
Säuglingssterblichkeit/Tsd.	127	80	51	45[a]
Alphabetenquote	31	62	..	65[b]
Primareinschulungsrate	100	103	116	115
- Mädchen	79	88	106	107
Sekundareinschulungsrate	23	..	..	45
- Mädchen	13	..	..	40

[a] nach WEB 1993 nur 38/Tsd. in 1991; [b] bei Frauen 56 %
Quellen: Human Development Report 1992; Annuaire Statistique 1990; Weltentwicklungsbericht 1993.

Im Vergleich zum Bildungswesen, dem der tun. Staat in den letzten Jahren konstant um 15 % seines Haushalts widmete, nahm sich der Haushaltsposten für das Gesundheitswesen mit 5 % (1990) eher bescheiden aus. Dennoch waren auch die Fortschritte im Gesundheitswesen beachtlich. Zentrales Ziel der Gesundheitspolitik war die Sicherung einer medizinischen Grundversorgung im ganzen Land. Dazu wurden flächendeckend Gesundheitszentren errichtet. Außerdem hat sich die Zahl der Krankenhäuser in den letzten 15 Jahren nahezu verdreifacht.

Tabelle 8: *Daten zum Gesundheitswesen*

	1975	1983	1990
Krankenhäuser	94	104	150
- Betten	13145	14640	16116
Gesundheitszentren	479	933	1506
Familienplanungszentren	94	141	..
Ärzte	530	1732	2735[a]
E. pro Arzt	5930[b]	..	1870

[a] staatlich, neben 1689 Privatärzten; [b] 1970
Quellen: Ministère de la Santé; Weltentwicklungsbericht 1993.

Im Landesdurchschnitt entfiel 1990 auf 1870 E. ein Arzt. Doch die Mehrheit der Ärzte praktiziert in den Ballungszentren. Trotz deutlicher Verbesserung in der Verteilung der Gesundheitsvorsorge klafft ein deutliches Gefälle in der medizinischen Versorgung zwischen Stadt und Land. Fast die Hälfte aller Ärzte praktiziert in der Hauptstadt Tunis. Manche Ärzte ziehen die Arbeitslosigkeit einem Einsatz auf dem Lande vor. Dennoch hatten 90% der Bev. 1986–90 Zugang zu medizinischen Einrichtungen und 70% zu sauberem Wasser. Die Schutzimpfungen für Säuglinge und Schwangere haben sich im Zeitraum 1981–90 fast verdreifacht. Daraus erklärt sich die Senkung der Sterberate und die Erhöhung der Lebenserwartung.

6. Politische Entwicklung

Daß die Bev. die zunehmende Verschlechterung ihrer ökonomischen Lage nicht mehr hinzunehmen bereit war, zeigten die Ereignisse von 1984. Unter dem Druck der internationalen Kreditgeber mußte T. die Preissubventionen für die Grundnahrungsmittel aufheben. Der Brotpreis wurde um 100% erhöht.

Das Volk ging daraufhin auf die Straße. Der Aufstand richtete sich gegen den Staat selbst, der politisch, wirtschaftlich und moralisch am Ende war. Der Massenprotest wurde getragen von den Bauern und Landarbeitern, vom Lumpenproletariat in den Städten, von den Schülern, Studenten, Intellektuellen, den arbeitslosen Familienvätern und der „verlorenen" Jugend, die keine Zukunft mehr sah.

Die Volkswut wurde von den islamischen Fundamentalisten für ihr Ziel, einen islamischen Staat aufzubauen, instrumentalisiert. Sie stellten bis 1986 die eigentliche Oppositionsbewegung, zumal die führenden Köpfe der Gewerkschaften, Studenten und Intellektuellen in Zuchthäusern untergebracht waren und die Presse mundtot gemacht wurde.

1986 verschärfte sich die Krise. Die abnehmenden Petro-Dollar-Einnahmen im arabischen Golf wirkten sich auf die Haupteinnahmequellen des Landes empfindlich aus: Tourismus, Überweisungen der tun. Gastarbeiter im Ausland, Öl- und Phosphatexporte. Und als der libysche Revolutionsführer *Qaddafi* im selben Jahr 30000 tun. Gastarbeiter auswies und Libyen für tun. Produkte hermetisch abriegelte, war die Krise kaum mehr abzuwenden. Palastintrigen und Kämpfe unter der politischen Führung um die Nachfolge des greisen *Bourguiba* gemeinsam mit dem bewaffneten Aufstand der islamischen Bewegung MTI unter ihrem Führer *Rached Gannouchi* brachten das Land bis Ende 1987 an den Rand eines Bürgerkriegs.

6.1 Der politische Neubeginn unter Ben Ali

Am 7. November 1987 ließ der damalige Ministerpräsident *Zine El-Abidine Ben Ali* den Staatspräsidenten *Bourguiba* absetzen und übernahm selbst die Führungsposition. Eine Reihe von Verfassungsänderungen sollte das Land in eine liberal-demokratische Zukunft führen: Begrenzung der Amtszeit des Staatspräsidenten auf zwei Amtsperioden; Abschaffung des Gerichts für Staatssicherheit und der geheimen Milizen der Staatspartei; Freilassung aller inhaftierten politischen Führer und ihrer Anhänger; Pressefreiheit und -vielfalt; Zulassung mehrerer Parteien (mit Ausnahme der Islamistenpartei, die sich von nun an *En-Nahda* = Wiedergeburt nannte); Verbot von religiösen und ethnischen Parteien; Privatisierung der Wirtschaft; verstärkte Integrationspolitik in Nordafrika.

Diesen Grundsätzen gemäß wurden sieben politische Parteien legalisiert. *En-Nahda* wollte von ihrem religiösen Auftrag nicht abrücken und blieb daher auf der Verbotsliste. Stärkste politische Kraft blieb weiterhin *Bourguibas* Einheitspartei (PSD), die sich in *Rassemblement Constitutionnel Démocratique* (RCD) umbenannte. Zu ihrem Vorsitzenden wurde der neue Staatspräsident *Ben Ali* gewählt.

Im April 1989 fanden die ersten freien Parlamentswahlen statt. Bei einer Wahlbeteiligung von 76% gewann die Partei des Staatspräsidenten aufgrund des Mehrheitswahlrechts alle 141 Parlamentssitze. Die Islamisten, die über die Listen unabhängiger freier Wahlgemeinschaften kandidierten, erreichten überraschend 15% aller abgegebenen Stimmen, in einigen Wahlbezirken sogar bis zu 25%. Die übrigen Parteien blieben erfolglos. *Ben Ali* wurde mit 99% der abgegebenen Stimmen zum Staatspräsidenten gewählt.

Ben Ali nahm demonstrativ Vertreter der jungen Generation in seine neue Regierung auf. Von ihren 32 Mitgliedern hatten 28 keine Posten im alten Regime bekleidet. Diese Verjüngung der Führung ging mit einer regionalen Verteilung der Macht im Lande einher: Für fast alle politischen Führungsposten wurden Persönlichkeiten aus allen Teilen der Republik rekrutiert. Ein Drittel davon stellte der arme Süden. Damit brach *Ben Ali* die Monopolstellung der *Saheliens*, die aus der Heimatregion *Bourguibas* stammten.

Inzwischen wurden in das Wahlsystem Elemente der Minderheitenvertretung eingebaut, um bei den nächsten Parlamentswahlen (Mai 1994) der Opposition einige Sitze zu sichern. Ob die in der Alleinherrschaft geübte alte und neue Einheitspartei (RCD) dies auch kampflos zulassen wird, bleibt aber fraglich. Selten allerdings hat T. eine entspanntere soziale Situation erlebt als in der Zeit zwischen 1987 und 1993. Die Hauptgründe waren:

- die insgesamt positive wirtschaftliche Entwicklung, von der auch die armen Schichten profitierten;
- die Schockwirkung, die die islamischen Fundamentalisten in den Nachbarländern Algerien und Ägypten auslösten.

6.2 Außen- und Sicherheitspolitik

Die Außenpolitik, die sich *Bourguiba* von Anfang an als eigene Domäne reservierte, war seit der Unabhängigkeit auf Frankreich und auf die USA ausgerichtet. Schon während des Unabhängigkeitskampfes versuchte *Bourguiba* mit Erfolg, diese beiden Länder gegeneinander auszuspielen. Frankreich behielt über vorübergehende atmosphärische Störungen hinweg seine privilegierte ökonomische, kulturelle und militärische Metropolenfunktion und bildet nach wie vor – trotz aller Imperialismuskritik und Re-Islamisierungstendenzen – den Orientierungspunkt der Eliten.

Die USA leisteten T. in großem Umfang Wirtschafts-, Nahrungsmittel- und Militärhilfe. 1988 wurden die tun. Militärschulden bei den USA mit 400 Mio. US-$ beziffert. Im Mai 1990 reiste Staatspräsident *Ben Ali* in die USA, um die wirtschaftliche Zusammenarbeit zu vertiefen. Die neue politische Führung versuchte, ihre Außenpolitik auf eine breitere Basis zu stellen. Mit Spanien wurde 1987 ein militärisches Kooperationsabkommen, mit der Türkei eine Reihe von Wirtschafts- und Militärabkommen geschlossen.

Während des Golfkrieges (Irak-Kuwait) verurteilte *Ben Ali* die Annexion Kuwaits durch den Irak, kritisierte aber zugleich die Intervention der Allianz gegen den Irak. Der Westen und die mit ihm verbundenen Golfstaaten entzogen T. daraufhin die Wirtschaftshilfen. Inzwischen haben sich die diplomatischen Beziehungen wieder normalisiert, auch zum Iran, dem T. vorgeworfen hatte, die tun. Fundamentalisten zu finanzieren. Die Beziehungen zwischen beiden Ländern waren 1987 abgebrochen worden.

In Nordafrika suchte T. gegen die Expansionsgelüste *Qaddafis* den Schutz Algeriens. Mit dem libyschen Revolutionsführer hat sich *Ben Ali* mittlerweile versöhnt. *Qaddafi* versprach, die strittigen Ölfelder an der libysch-tun. Grenze gemeinsam auszubeuten und sein Land für tun. Produkte und Gastarbeiter zu öffnen. Zu dem ökonomischen Aspekt der Beziehungen zu Libyen kommt ein politischer hinzu: Durch das Bündnis mit dem ölreichen und militärisch starken Libyen verschaffte sich *Ben Ali* Rückendeckung gegenüber dem großen Nachbarn Algerien.

1989 wurde die *Union der Maghreb-Länder* (UMA) nach dem Modell der EG gegründet (vgl. die Regionalanalyse von *Werner Ruf*). T. war von Anfang an ein Motor dieser regionalen Vereinigung, weil es sich handelspolitische Vorteile versprach. Generalsekretär der UMA wurde der Tunesier *Mohamed Amamou*. Die Intensivierung der Beziehungen zum Westen, zu den UMA-Staaten und zur arabischen Welt hatte einen praktischen Zweck: die Fianzierung der wirtschaftspolitischen Reformen ohne Vergrößerung des bedrohlich hohen Schuldenberges. Tatsächlich flossen erhebliche Kapitalien aus den Golfstaaten ins Land. Die Zielsetzung der tun. Außenpolitik seit 1987 war der Versuch, günstige Bedingungen für die eigene wirtschaftliche Entwicklung zu schaffen und sich möglichst aus den „arabischen Querelen“ herauszuhalten.

7. Bilanz und Perspektiven

Die bisherige Entwicklungsgeschichte T.s verlief keineswegs geradlinig. Die charismatische Führungskunst *Bourguibas* vermochte zwar die politischen Kräftegruppierungen gegeneinander auszuspielen und verhinderte damit eine Monopolisierung der politischen Macht bei einer sozialen Gruppe, förderte aber auch eine Entwicklung permanenter Unberechenbarkeiten: Nach der kapitalistischen Entwicklungsphase (1956–61), in der der Staat nur gelegentlich intervenierte, folgte die sozialistische (1962–69), in der die ökonomischen und sozialen Infrastrukturen im Rahmen des staatlich geförderten Genossenschaftswesens für die nachfolgende liberal-kapitalistische Entwicklung geschaffen wurden (1971 bis heute).

Da jede Phase mit einer politischen Person verbunden war, konnte auch jede Krise des Systems lediglich durch das Auswechseln des verantwortlichen Ministers überwunden werden (*Ben Salah* 1962–69; *Bahi Ladgham* 1969–70; *He di Nouira* 1970–80). Doch jede Krise verstärkte das Protestpotential, das sich zunehmend den islamischen Fundamentalisten zuwandte.

Die seit 1971 zunehmende Oppositionsbewegung rekrutiert sich heute aus islamischen Integristen, aber auch aus europäisch Gebildeten. Die Besonderheit der gesellschaftlichen Situation im postkolonialen T. liegt darin, daß sich die Protestbewegung nicht gegen eine Kolonialmacht richtet, sondern gegen eine zwar westlich gebildete, aber zuweilen islamisch argumentierende autochthone Führung. Die Führer der europäisch gebildeten Opposition wie *Ahmed Ben Salah* und *Ahmed Mistiri* bekämpfen die Regierenden unter Berufung auf die emanzipatorischen Aspekte der frz. politischen Kultur, also die Prinzipien, denen die Regierenden heute ihre politische Macht verdanken, die sie den Opponenten aber verweigern. Die islamische Opposition arbeitet dagegen auf die Eliminierung der europ. Kultur und die Rückbesinnung auf ein islamisches Denk- und Wertsystem hin.

Seit 1987 gingen die Islamisten auf Konfrontationskurs, der mit der Inhaftierung fast aller islamistischen Führer endete (insgesamt etwa 3000 Personen). Ob damit die Gefahr des radikalen islamischen Fundamentalismus gebannt werden konnte, ist heute noch nicht absehbar. Doch die Furcht der politischen Führung vor der fundamentalistischen Opposition führte das Land in eine Art Hysterie, bei der fast jegliche Opponentenbewegung mißtrauisch betrachtet wurde. Mitte 1993 veröffentlichten 200 Intellektuelle einen Appell, der auf die „staatlich verordnete geistige Einkesselung" in ihrem Land aufmerksam machen sollte.

Die bisherigen Entwicklungserfolge konnten die strukturelle Unterentwicklung des Landes nicht überwinden. Die Auslandsabhängigkeit (Handel, Kapital, Tourismus) hat sich eher noch verschärft, der Prozeß der Kapitalakkumulation wurde auch durch die hohe Auslandsverschuldung gebremst. Der niedrige Entwicklungsstand der Landwirtschaft und ihre Witterungsabhängigkeit machten hohe Nahrungsmittelimporte notwendig. Die Industrie blieb aufgrund ihres niedrigen technologischen Niveaus einseitig auf arbeitsintensive Bereiche ausgerichtet. Außerdem verstärkte die Konzentration der Wirtschaftsaktivitäten auf die Küstengebiete regionale Ungleichgewichte.

Nach den Zielvorgaben des 8. Fünfjahresplans (1992–96) sollen das Wirtschaftswachstum um 6 % gesteigert und 320 000 neue Arbeitsplätze geschaffen, das Haushaltsdefizit auf 1,2 % des BIP und die Verschuldung auf 42,5 % gedrückt werden. Das Pro-Kopf-Einkommen soll real um 20 % steigen und die Zahl der unter der Armutsgrenze lebenden Menschen verringert werden. Neue Prioritäten sind neben dem Gesundheits- und Bildungswesen der Umweltschutz, die Stadtentwicklung und die Förderung der Frauen in allen gesellschaftlichen Bereichen.

Finanziell könnte T. diese Ziele verwirklichen, weil ihm die internationalen Banken immer wieder Kreditwürdigkeit attestiert haben. Die Frage ist nur, ob es der neuen politischen Führung unter *Ben Ali* gelingt, die wirtschaftlichen Erfolge der Bevölkerungsmehrheit zugute kommen zu lassen und die von ihr postulierten Grundsätze einer pluralistischen Demokratie zu verwirklichen.

Literatur

Balta, P./Rulleau, C. 1990: Le Grand Maghreb des Indépendances à l'an 2000, Paris.
Banque Centrale de Tunisie (Hrsg.): Rapport annuel, Tunis.
Ben Salem, M. 1988: L'Antichambre de l'Indépendance, Tunis.
Bessis, S./Belhassen, S. 1988: Bourguiba, Tome 1: A la conquête d'un destin (1901–1957), Paris.
Bolz, R. 1976: Tunesien. Wirtschaftliche und soziale Strukturen und Entwicklung, Hamburg.
– 1981: Entwicklung und Abhängigkeit. Zur Entwicklung des peripheren Kapitalismus in Tunesien als ein Beispiel der neuen internationalen Arbeitsteilung im Mittelmeerraum, Bremen.
Germann, R. 1968: Verwaltung und Einheitspartei in Tunesien, Zürich.
Hermassi, E. 1984: La société tunisienne au miroir islamiste, in: Maghreb-Machrek, Nr. 103, 39–56.
Harris, D. R. 1993: Tunisia, in: The Middle East and North Africa, 39. Aufl., London.
Mensching, H. 1968: Tunesien. Eine geographische Landeskunde, Darmstadt.
Nerfin, M. 1976: Gespräche mit Ben-Salah – Eine sozialistische Alternative in Tunesien, Bonn.
Poncet, J. 1980: L Tunisie: la Politique d'Industrialisation (=CERES), Tunis.
Richter-Dridi, I. 1981: Frauenbefreiung in einem islamischen Land – ein Widerspruch?, Frankfurt/M.
Rochot, Ph. 1981: La grande fièvre du monde musulman, Paris.
Ruf, W. K. 1969: Der Bourguibismus und die Außenpolitik des unabhängigen Tunesien, Bielefeld.
Sahli, S. 1980: Politique démographique, enseignement et emploi (=CERES), Tunis.
Tibi, B. 1981: Die Krise des modernen Islam, München.
Tessler, M. 1990: Tunisia's New Beginning, in: Current History, Bd. 89, Nr. 546, 169–184
– (Coed.) 1982: Political Elites in Arab North Africa, New York.
Ware, L. B. 1988: Ben Ali's Constitutional Coup in Tunisia, in: Middle East Journal, Bd. 42, 597–601.

Naher Osten

Bahrain

Konrad Schliephake

1. Wirtschaftsgeographische Grundlagen

Der Staat Bahrain *(Dawla Bahrain)* gehört zu den wenigen von der Natur (relativ) begünstigten Plätzen entlang der arabischen Seite des Persischen/Arabischen Golfs. Im Spannungsfeld zwischen den genuinen arabischen Kräften der Halbinsel und des Fruchtbaren Halbmonds, dem persisch-iranischen Gegenüber und den mediterranen bzw. (imperialen) europäischen Mächten war die Insel daher ein wichtiger, häufig umstrittener Stützpunkt.

Der Name Bahrain (arabisch: zwei Meere, möglicherweise das umgebende Salzmeer und die Süßwasserlinse, auf der B. „schwimmt") taucht bereits im 11. Jh. auf, als er das gesamte Umland einschließlich der arabischen Küste *(Al Hassa)* umfaßte. Die Hauptinsel wurde bis ins 19. Jh. *Awal* genannt, die Nebeninsel Muharraq (21,3 qkm) *Arad* (vom griechischen *arados*).

Mit mehreren Brücken an die Hauptinsel angeschlossen sind die Nebeninseln Nabih Saleh (0,75 qkm) und Sitra (14,3 qkm). Die vorgelagerte Insel Um Nassan (18,9 qkm) hat durch die Landverbindung nach Saudi-Arabien als „Zwischenpfeiler" Bedeutung gewonnen. Unbewohnt ist die flache Sandinsel Hawar (50,6 qkm) vor der Küste Katars. Die Gesamtfläche einschließlich weiterer 27 unbewohnter Inseln und Riffe geben bahr. Quellen mit 693,15 qkm an.

Die 587 qkm große Hauptinsel besteht im Kern aus eozänen Kalken (frühes Tertiär); die Küstensäume bilden quartäre Sande und Lehme. In ihrer Mitte liegt mit dem 134 m hohen Jabal Dukhan (= Rauch-Berg) die höchste Erhebung. Das Klima ist entsprechend der Lage im subtropischen Trockengürtel arid. Die Niederschläge von durchschnittlich 81 mm/Jahr fallen äußerst unregelmäßig (z. B. 1987: 25,1 mm; 1988: 129,2 mm) und erlauben Landwirtschaft nur mit Bewässerung. Neben den hohen Temperaturen (durchschn. Tagestemperatur 24 Stunden im Sommer: 33–35° C, im Winter: 16–18° C) ist die hohe Luftfeuchtigkeit mit 57–59 % im Sommer und 70–74 % im Winter bei durchschn. Maximum von 80 % lästig.

Gunstfaktor sind die reichen Süßwasserquellen, die heute noch ca. 75 Mio. cbm/Jahr (allerdings mit zunehmender Versalzung) schütten und die Anlage eines 5 km breiten Gürtels mit Feldbau (Brunnenbewässerung) im Norden der Insel ermöglichen. Meerwasserentsalzungsanlagen in Sitra Abu Jarjur und Al Dir versorgen die städtische Bev. nochmals mit 66 Mio. cbm/Jahr.

Neben dem Süßwasser sind die durchaus fruchtbaren, kalkreichen Böden traditionell die wichtigste natürliche Ressource. Ca. 5 % der Hauptinsel (3 % der Staatsfläche) sind landwirtschaftlich nutzbar, davon je zur Hälfte in Dauerkulturen (Palmen, Gärten) und Bewässerungsfeldbau (Gemüse, Viehfutter). Kalke und Gipse werden seit historischer Zeit für die Bauindustrie verwendet.

2. Erdöl und Erdgas

Wie bei den Nachbarstaaten waren Erdöl und Erdgas die Ressourcen für die schnelle ökonomische Entwicklung. Bereits 1928 begann die Exploration. 1929 gründeten die US-Firmen *Standard Oil of California* und *Texaco* die *Bahrain Petroleum Co.* (BAPCO) gegen brit. Widerstand. BAPCO fand 1931 im Zentrum der Insel (Al Awali) das erste Ölfeld, das ab 1932 produzierte. 1934 begann die Verschiffung über den Hafen Sitra, wo 1936 die erste Raffinerie am Arabischen Golf mit einer Kapazität von 16800 bpd (= 500 000 t/Jahr) entstand.

Im Juli 1975 übernahm der bahr. Staat 60 % der Anteile an BAPCO und gründete zur Wahrnehmung seiner Interessen die *Bahrain National Oil Co.* (BANOCO). Sie hat seit 1978 das Monopol für Erdölverarbeitung und -verteilung und übernahm am 1. 1. 1982 die restlichen BAPCO-Anteile von *Texaco*. Der gut ausgebauten Erdöl-/Erdgas-Infrastruktur mit Raffinerie (seit 1945 über die 54 km lange und 30 cm dicke Leitung mit dem saudischen Festland verbunden) und verschiedenen Industriebetrieben stehen schnell abnehmende Reserven und eine schrumpfende Produktion gegenüber.

Die Reserven wurden für 1993 von unabhängigen Gutachtern auf 9,2 Mio. t geschätzt, von amtlichen Quellen mit 19,9–26,5 Mio. t angegeben. Die ursprünglichen Vorräte des einzigen produzierenden Awali-Feldes betrugen knapp 200 Mio. t.

Die Explorationsmaßnahmen in den frühen 80er Jahren (durch *Kuwait Foreign Petroleum Exploration Co.*) und 90er Jahren (*Harken Bahrain Oil Co.*)

Tabelle 1: *Förderung von Erdöl und Erdgas – Erlöse*

	1970	1980	1985	1990	1992
Erdölförderung (Mio. t)	3,75	2,33	2,03	2,04	1,93
Erdgasförderung (Mio. cbm)	..	4393	6325	8238	8217
Einnahmen aus Erdöl und Erdgas (Mio. BD)[a]	12	460	375	319	314
Lebensdauer der Reserven					
- Erdöl (in Jahren)	9	12	10	8	5[b]
- Erdgas (in Jahren)	..	..	32	21	21

[a] 1 Bahraini Dinar (BD) = 2,5 US-$; [b] genauer: 4,8
Quelle: Arab Oil and Gas Directory 1993.

waren erfolglos. So wird bei dem ungünstigen Verhältnis von Reserven zu Bedarf B. der erste Staat am Golf sein, dessen Förderung ausläuft. Schon jetzt wird die Raffinerie in Sitra (Kapazität derzeit: 12 Mio. t/Jahr) zu 85 % mit saudischem Rohöl versorgt. Saudi-Arabien stellt 50 % der Einkünfte aus dem Abu Safaa-Feld zur Verfügung, dessen Wert bereits 60 % der Erdöleinnahmen von 712 Mio. US-$ (1991) ausmachte.

Ein positives Gegengewicht bilden die Erdgasvorräte (1993: 170 Mrd. cbm), davon 82 % nicht-assoziiertes (trockenes) Gas aus der Khuff-Formation (siehe Beitrag Katar), die eine steigende Produktion und Versorgung der Schwerindustrie ermöglichen (vgl. Tab. 2).

Tabelle 2: *Produktion und Verbrauch von Erdgas (Anteile in %)*

	1988	1990	1991	1992
Reinjektion	29,2	29,6	32,3	..
Strom/Wasserentsalzung	22,8	23,5	22,9	..
ALBA-Aluminium Co.	21,7	19,2	17,5	..
GPIC-Petrochemie	13,1	13,7	13,9	..
Raffinerie	13,7	12,2	12,1	..
Gesamtförderung (Mio. cbm)	7524	8238	8172	8217

Quelle: wie Tab. 1.

Das assoziierte Erdgas (Awali-Erdölfeld) wird seit 1979 von *Bahrain National Gas Co.* zu Flüssiggasen wie Propan (Kapazität seit 1990: 120 000 t/Jahr), Butan (100 000 t) und Naphta (180 000 t) verarbeitet, überwiegend für den Export.

3. Geschichte

Funde in Al Makh und Jabal Dukhan weisen eine Besiedlung seit der Jungsteinzeit (5000 v. Chr.) nach. Das seit 3200 v. Chr. in sumerischen Urkunden erwähnte Land *Dilmun* wird auf B. lokalisiert. Als Handelsemporium kontrollierte es den Austausch (Kupfer) mit Mesopotamien, dem Indus-Tal und dem SO der Arabischen Halbinsel. Die bronzezeitliche „Dilmun-Periode" ist inzwischen mit den Perioden „Vorzeit" (3200–2200 v. Chr.), frühe (2200–1600 v. Chr.), mittlere (1600–1000 v. Chr.) und späte (1000–330 v. Chr.) Phase archäologisch gesichert. 170 000 Grabhügel, davon 150 000 aus der Zeit vor 1600 v. Chr., im Zentrum der Insel (Awali) sind Zeugen für eine kulturell hochstehende Bauern- und Händlerbevölkerung von kaukasisch-europäischem Typus.

Die Antike nannte die Inseln Tylos (= Manama) und Arados (= Muharraq), deren Perlenreichtum griechische Händler anzog. 628 brachte *Ala bin al Hadhrami* den Islam auf die Inseln. Die älteste noch bestehende Moschee stammt aus der Zeit des Omaggaden-Khalifen *Omar Ibn Abdulaziz* (717–720).

Im Spannungsfeld zwischen Persien und der Arabischen Halbinsel konnten sich die Inseln relativ eigenständig entwickeln. 900–1076 waren sie Hauptbestandteil des Staates der Karmaten, einer ismailitischen, mit den schiitischen Fatimiden-Khalifen verbundenen Sekte mit Hauptsitz in Al Hassa. Danach wechselten lokale und persische Dynastien in der Herrschaft ab. Der portug. Besetzung 1521–1602, die ein imposantes Fort hinterließ, folgten wiederum die Perser, die sich mit den zaiditischen Omanis bis Mitte des 18. Jh.s um den Besitz der Insel stritten.

Ab 1783 ließ sich die von der Arabischen Halbinsel eingewanderte arabisch-beduinische Familie der *Al Khalifa* nieder und übernahm die Herrschaft über die Insel. Attacken aus Oman (1799), Persien und der Wahhabis (1809) abwehrend, konnte sie ihre Herrschaft konsolidieren, nicht zuletzt durch mehrere Verträge mit GB. Damit war B. nicht nur *de facto* Protektorat, es wurde auch als Sitz des brit. *Politischen Agenten* (ab 1904) bzw. des *Residenten* für den (arabischen) Golf (ab 1936) wichtigster imperialer Stützpunkt, mit Flottenbasis seit 1935. Diese Mittelpunktfunktion, die GB nach 1923 durch die Organisation der inneren Verwaltung verstärkte, brachte dem Land – im Gegensatz zu seinen Nachbarn – eine ganzheitliche Entwicklung, die auch das Bildungs- und Gesundheitswesen umfaßte.

Andererseits schirmte der brit. *Politische Resident* den Staat vor fremden Einflüssen ab: nur er hatte die Jurisdiktion über die Ausländer, deren Bewegung er kontrollierte. Im II. Weltkrieg konnten die vom Irak und Iran *(Schah Reza)* ausstrahlenden nationalistischen Bewegungen unter Kontrolle gehalten werden. Eine kleine Freiwilligenarmee bildete den Kern des späteren Heeres.

Der von GB 1968 angekündigte Rückzug nach „westlich von Suez" schockte die Bahrainis, die sich allerdings nicht der geplanten Förderation der arabischen Emirate am Golf (vgl. VAE) anschließen wollten. Nach Wegfall der iranischen Annexionsdrohungen 1970 erklärte Emir Shaikh *Isa Bin Sulman Al Khalifa* am 15. 8. 1971 die Unabhängigkeit des Landes mit seiner Hauptstadt Manama, das Mitglied der UNO, der *Arabischen Liga*, der OAPEC sowie ab 1981 des *Golf-Kooperationsrates* (GCC) wurde.

4. Ethnien – Bevölkerung

Über die Ethnizität der frühen Inselkulturen wissen wir wenig. Archäologen ordnen die Skelettfunde der *Dilmun*-Perioden den „kaukasischen" Gruppen und Rassen zu. Der Islam traf bereits auf eine semitische Bevölkerung, die allerdings kulturell stark von Iran beeinflußt wurde. Der ständige Wechsel zwischen persischer und arabischer Domination, abgeschlossen erst durch die Ansiedlung der *Al Khalifas* (ab 1783), ließ zwei Bevölkerungsgruppen entstehen, die im wesentlichen durch ihre Konfessionszugehörigkeit innerhalb des Islam zu unterscheiden sind:

- Die immer seßhaften schiitischen (ursprünglichen) Bauern, deren Nachkommen heute ca. 60 % der Bev. ausmachen und als *Baharna* bezeichnet werden. Sie sprechen zwar Arabisch, doch werden in vielen Familien Persisch als Bildungssprache ebenso wie kulturelle Beziehungen zum Festland gepflegt.
- Die Nachfahren der seit dem 18. Jh. eingewanderten rein arabischen Beduinen von der Arabischen Halbinsel (*Al Khalifa* und verwandte Familien), die Sunniten und eher panarabisch orientiert sind.

Weitere Gruppen sind einwandernde Gastarbeiter, traditionell aus dem Iran und dem indischen Subkontinent (Händler), seit Beginn der Erdölförderung auch aus den USA und Europa (Erdöltechniker mit kurzfristigem Aufenthalt). Mit dem Wirtschaftsaufschwung der 60er und 70er Jahre kam es zu starken Gastarbeitermigrationen aus Südasien. Ausländer machen seit Anfang der 80er Jahre 34 % der Gesamtbev. aus. Im Gegensatz zu den Nachbarländern will B. die temporäre Niederlassung von ausländischen Managern eher erleichtern, da es die Zukunft des Landes im Bereich der international orientierten Banken und Industriebetriebe sieht.

Wie in allen Golfstaaten ist die Bev. in den letzten 40 Jahren durch Verbesserung der hygienischen Verhältnisse und Zuwanderung schnell gewachsen (vgl. Tab. 3).

Tabelle 3: *Bevölkerung*

	1950	1971	1981	1992
Anteil Bahrainis (%)	83,1	82,5	68,0	63,6
Jugendliche unter 15 Jahren (in %)	..	35,0	32,9	40,0
Urbanisierungsrate	..	78,8	80,7	83,0[a]
Bev. gesamt (in Tsd.)	109,6	216,1	350,8	508,0

[a] 1990
Quellen: Bahrain Statistical Abstract 1993; World Tables 1992.

Bei Geburtenraten von 3,1 % (Bahrainis) bzw. 2,8 % (Gesamtbevölkerung) und Sterberaten von 0,4 % bzw. 0,3 % wird das Bevölkerungswachstum weiter anhalten, insbesondere wenn man das Durchschnittsalter der Bev. von (1989) 18,54 Jahren für die Bahrainis und 24,5 Jahren einschließlich der Ausländer berücksichtigt. Das natürliche Bevölkerungswachstum der bahr. Bevölkerung liegt bei ca. 9000 Menschen.

Wenn auch die bisherigen Projektionen, die für das Jahr 2000 654 000 E. vorsahen, wohl nicht so eintreten werden – vgl. die leichte Bevölkerungsabnahme im Gefolge des Golfkrieges –, so ist doch bei absolut gleichbleibender Gastarbeiterpopulation (von derzeit ca. 180 000) im Jahr 2000 mit ca. 436 000 Bahrainis, somit insgesamt mit 616 000 E. zu rechnen.

Tabelle 4: *Entstehung des BIP (Anteile in %)*

	1975	1980	1985	1989
Landwirtschaft	1,1	1,0	1,2	1,2
Erdöl/Erdgas	32,2	34,8	28,6	17,5
Industrie	16,7	16,2	10,1	17,8
Strom/Wasser	0,3	1,0	1,8	2,1
Bauwirtschaft	6,7	7,0	9,6	6,5
Verkehr	7,0	8,7	11,9	11,3
Private Dienstleistungen	25,6	29,3	35,9	31,2
Verwaltung	12,6	11,7	18,2	22,2
- abzüglich Steuern	-2,2	-9,7	-17,2	-9,8
gesamt in Mio. US-$	..	3098	3691	3692

Quelle: Bahrain Marketing and Promotion Office, Ms 1993.

Die starke Landflucht (nur noch 2,2 % der Bev. leben von der Landwirtschaft) hat zu einer Konzentration auf die Städte geführt, wo 80 % der Bev. leben, insbesondere in der Hauptstadt Manama (35 % der Gesamtbev.), der fast vollständig bebauten Insel Muharraq (18 %) und der neuen Wohnstadt Isa-Town (6 %). Problematisch ist die wachsende Arbeitslosenquote bei den Bahrainis von 15 % der insgesamt 90 700 Berufstätigen (1991/92), weil der private Sektor die billigeren Gastarbeiter vorzieht. Das durchschn. Monatsgehalt für einen Bauarbeiter liegt bei 380 US-$.

Tabelle 5: *Leistungsbilanz (in Mio. US-$)*

	1989	1990	1991
Erdölexporte	2121	2928	2715
übrige Exporte	697	819	742
Erdölimporte	-1237	-1781	-1712
übrige Importe	-1885	-1918	-2342
Handelsbilanz	-304	48	-597
Reisekosten[a]	39	42	64
Gastarbeiterüberweisungen[a]	-198	-252	-269
Investitionstransfers[a]	230	-33	94
übrige Kapitaltransfers[b]	418	266	942
Kapitalbilanz	489	23	831

[a] Saldo; [b] Subsidien aus Saudi-Arabien und Einnahmen während bzw. nach dem Kuwait-Krieg
Quelle: Bahrain Statistical Abstract 1993.

5. Wirtschaftliche Struktur und Entwicklung

Die frühe Inwertsetzung des Erdöls, die günstige strategische Position und der hohe Ausbildungsstand der Bev. haben B. zu einem der wohlhabenderen Staaten in der Dritten Welt gemacht. Das BIP wurde 1992 auf 4 Mrd. US-$ oder (je nach Bevölkerungsannahme) 7000–8500 US-$ pro Kopf geschätzt. Die Entwicklung und Aufteilung des BIP zeigt Tab. 4.

Danach steuern Erdöl und Erdgas mit ihren Derivaten weiterhin die ökonomische Entwicklung und bestimmen, wie aus Tab. 5 sichtbar wird, den Außenhandel.

Bedenklich – und für die Erdölförderländer typisch – ist der zunehmende Anteil der Verwaltung, während die Industrie trotz aller Anstrengungen eher stagniert. Den Außenhandel blähte der Erdölimport aus Saudi-Arabien auf. Tab. 6 zeigt, daß eine Diversifizierung des Außenhandels nur teilweise gelungen ist; er wird weiterhin vom Erdöl bestimmt.

5.1 Landwirtschaft

Geringer Niederschlag und zunehmende Konkurrenz mit der Stadtbevölkerung um das knapper werdende Grundwasser lassen die Landwirtschaft und ihre Produktion stagnieren; seit 1972 darf sie keine privaten Brunnen mehr anlegen. 1989 wurden 851 ha landwirtschaftlich genutzt (nur Gemüse- und Obstanbau), davon 61,2 % mit traditioneller Pumpenbewässerung, 1,7 % unter Gewächshäusern und 37,1 % mit Tropfenbewässerung.

Tabelle 6: *Struktur des Außenhandels (Anteile in %)*[a]

	Anteil an Importen 1982	Anteil an Importen 1989	Anteil an Exporten 1982	Anteil an Exporten 1989
Erdöl	54,6	42,6	85,4	75,5
Nahrungsmittel	7,3	10,7	0,1	0,9
Chemikalien	4,9	8,3	0,1	2,5
Maschinen/Fahrzeuge	20,9	24,4	5,6	2,7
andere Industrieprodukte	12,2	14,0	8,7	18,4
gesamt (Mio. BD)	1159,9	1050,3	1383,3	1061,0

[a] inkl. von/zu Freihandelszonen und Re-exporten
Quelle: Berechnet nach Bahrain Statistical Abstract 1989.

Knapp 4000 Menschen arbeiten in der Landwirtschaft, die pflanzliche Produkte (1140 t) im Wert von 1,8 Mio. BD erzeugte, vor allem Tomaten und Gurken. Industriemäßige Großprojekte produzieren daneben 20 000 t Milch (80 % des Bedarfs), 3420 t Geflügel (21 % des Bedarfs) und 56 Mio. Eier (54 %). Die Küstenfischerei versorgt mit Anlandungen von 9200 t etwa drei Viertel des Marktes.

Mittelalterliche Reisende nannten B. zwar das „Land der tausend Palmen", doch ist die Qualität der Datteln wegen zu hoher Luftfeuchtigkeit relativ gering. Ohne wirtschaftliche Bedeutung verfallen die traditionellen Palmengärten (noch knapp 1000 ha mit einer Produktion von angeblich 40 000 t). Den Süßigkeitenbedarf decken nun Limonaden und importierte Zuckerwaren.

Alle weiteren Grundnahrungsmittel müssen importiert werden. Obwohl der Staat den Landwirten jährlich ca. 0,5 Mio. US-$ für Investitionen zur Verfügung stellt, ist eine vertikale Erweiterung der Anbauflächen nicht vorgesehen. Die Rate der Selbstversorgung, die wertmäßig bei ca. 18 % liegt, dürfte künftig eher weiter abnehmen.

5.2 Die Industrie

Bei Abnehmen der Erdölproduktion begann das Land sehr früh mit der Inwertsetzung des „assoziierten" Erdgases, wozu heute noch Trockengas aus der Khuff-Formation (Reserven: 182 Mrd. cbm) kommt. Neben dem Export als Flüssiggas wird es vor allem in der ALBA-Aluminiumhütte (seit 1971) eingesetzt, die zu drei Vierteln dem Staat und zu einem Viertel Saudi-Arabien gehört. Sie beschäftigt 2000 Arbeitskräfte; im Nov. 1992 wurde die Kapazität nochmals auf 460 000 t/Jahr erhöht. Nachgeschaltet sind ein Aluminiumwalzwerk (*Garmco*, seit 1986, Kapazität von 60 000 t/Jahr) sowie weitere Aluminiumverarbeitungsbetriebe. Eine 1984 in Betrieb genommene Anlage zur Herstellung von Eisenoxid-Pellet (4 Mio. t/Jahr) lag wegen technischer und Absatzschwierigkeiten mehrmals still; mit iranischer Hilfe soll ihre Kapazität erhöht und ein Stahlwerk angeschlossen werden.

1985 eröffnete im petrochemischen Bereich – mit Kapitalhilfe der Nachbarländer – die *Gulf Petrochemical Industries Co.* ein Werk mit Kapazitäten zur Herstellung von Ammoniak und Methanol (je 400 000 t/Jahr) als Grundlage für Kunstdünger und Kunstharze. Ebenso der Schwerindustrie zuzuordnen ist das ASRY-Trockendock (seit 1978), das seit 1992 in drei Schwimmdocks Tanker bis 500 000 t aufnehmen kann. Weitere Industrieprojekte umfassen:

- Harnstoff-Erzeugung (durch GPIC) mit einer Kapazität von 600 000 t/Jahr, seit Anfang 1993 in Bau; Schwefelverarbeitung; die Verdoppelung der Kapazität des Aluminiumwalzwerkes auf 110 000 t/Jahr; ein Aluminiumkabelwerk für Hochspannungsleitungen mit einer Kapazität von 50 000 t/Jahr; die Herstellung von Aluminium-Autorädern (mit deutscher Beteiligung) seit Herbst 1992.

Gut entwickelt ist bereits der Konsumgütersektor, der Nahrungsmittel, Getränke und Haushaltsgüter für das Land und die Nachbarn herstellt.

5.3 Dienstleistungen

In Anbetracht des Arbeitskräftepotentials und der guten Infrastruktur setzte B. auch auf den Dienstleistungsbereich. Es wollte in den frühen 80er Jahren Beirut ablösen und der „Libanon am Golf" werden. Neben der Konsumgüterindustrie wollte es vor allem Banken anziehen. Seit 1975 konnten sich internationale Institute ohne besondere Kontrolle als *off-shore*-Banken (OBU) niederlassen. Ihre Zahl stieg bis 1984 (Maximum) auf 76 mit Guthaben von 62 Mrd. US-$.

Der Rückzug der Saudis aus dem bahr. Geldmarkt (1983) und vor allem der Kuwait-Krieg ließen die Intensität der Geschäfte stagnieren. Die 1991 noch verbliebenen 51 OBU's mußten während des Krieges einen Rückgang der Einlagen von 15–50 % und 1990 Verluste von 750 Mio. US-$ in Kauf nehmen. Inzwischen wird auch das Kuwait-Kapital abgezogen. Die internationalen Verflechtungen in einem Geschäft, das zu 60 % mit den arabischen Erdölförderstaaten, zu 25 % mit Europa und zu 10 % mit Asien abgewickelt wurde, lockern sich zugunsten einer mehr lokalen Rolle.

Auch die Position als Luftverkehrsdrehscheibe am Golf hat gelitten. Zwar betreibt die von den GCC-Staaten Katar, Oman, Abu Dhabi und B. finanzierte Fluglinie *Gulf Air* weiterhin ihr Zentrum auf dem Flughafen Muharraq. Doch sind die großen internationalen Fluglinien, für deren Ostasien-Routen der Zwischenstop auf halbem Weg in B. technisch günstig war, teils nach Süden (Dubai, Sharjah) ausgewichen bzw. fliegen nun *non-stop*.

Einen wesentlichen Impuls für den regionalen Tourismus brachte die 1986 eröffnete 25 km lange Brücke von der Insel nach Saudi-Arabien. Sie führt 1 Mio. saudische Touristen pro Jahr ins Land und eröffnet der bahr. Konsumgüterindustrie einen Markt vor der Tür. Die Liberalisierung des Niederlassungsrechtes, das auch rein ausländische Firmen zuläßt, hat bisher 120 Betriebe in den Bereichen Baustoffe, Metallverarbeitung und Service angezogen, die sich auf den einheitlichen GCC-Binnenmarkt 1999 einrichten.

6. Soziale Struktur und Entwicklung

Die traditionellen Gegensätze zwischen schiitischen seßhaften Bauern und sunnitischen Beduinen und der daraus abstammenden Verwaltungselite gibt es nicht mehr; außerhalb der höchsten Staatsfunktionen haben beide Gruppen gleiche Chancen, denn sie sind Mitglieder der islamischen Gemeinschaft (ausschließliche Religion für die Staatsbürger). 15 % der Berufstätigen (fast ausschließlich Bahrainis) sind bei staatlichen Behörden, 16 % im Baugewerbe (Ausländer) und 9 % in der Industrie abhängig beschäftigt. Die Banken stellen etwa 7000 Arbeitsplätze bereit.

Bei den 180 000 Ausländern gibt es traditionelle Hierarchien. Die einflußreichen persischen Händler sind oft schon viele Jh.e im Land ansässig, pflegen jedoch ihre Familienbande in den Iran. Die größte Gastarbeitergruppe kommt vom indischen Subkontinent (Indien, Pakistan, Sri Lanka) und ist vor allem mit einfachen Arbeiten in Industrie und Dienstleistungen beschäftigt. Etwa 5000 europäische und nordamerikanische Manager haben Leitungsfunktionen in den Banken und der Schwerindustrie; ihre Zahl dürfte im Gefolge des Kuwait-Krieges und des Niedergangs der *off-shore*-Banken abgenommen haben.

Tabelle 7: *Sozialindikatoren*

	1970	1980	1990
Lebenserwartung bei Geburt	62,1	66,5	69,1
Säuglingssterblichkeit	64,2	42,2	31,9
Alphabetenquote	..	..	77,0
- Frauen	..	..	69,0
Einschulungsraten (in %)			
- in Primarschulen	99,0	104,0	110,0[a]
- Mädchen	84,0	97,0	108,0[a]
- in Sekundarschulen	51,0	65,0	84,0[a]

[a] 1988
Quellen: World Tables 1992 (Weltbank); Human Development Report 1992 (UNDP).

Das Gesundheits- und Bildungswesen wird vom Staat kostenlos bereitgestellt und ist gut entwickelt. 660 Ärzte (710 E. pro Arzt) und 1500 Krankenbetten versorgen eine junge Bev. (Durchschnittsalter der Bahrainis: 18,5 Jahre) mit hohen Geburten- (26,5 Geburten pro Tsd.E.) und niedrigen Sterberaten (3,2) bei einer Lebenserwartung von gut 69 Jahren.

Circa 116 000 Schüler besuchen die zu 90 % staatlichen Schulen. Es besteht Schulpflicht. Lt. Weltbank/UNDP sind 77 % der Bev. alphabetisiert. Die ca. 12 000 Studenten verteilen sich auf die Universität von Bahrain (entstanden 1986 aus dem *Gulf Technical College* und *Gulf University College*) mit 6000 Studenten, dem *Gulf Polytechnicum* (2600) und der 1988 mit Finanzierung durch die GCC-Staaten und den Irak eröffneten *Arabian Gulf University* (AGU). Streitigkeiten in der Finanzierung und die Konkurrenz der Nachbaruniversitäten führten allerdings dazu, daß von den geplanten 5000 Studenten der AGU erst 600 eingeschrieben sind.

Die früh einsetzende wirtschaftliche Entwicklung hat den Frauen größere Freiheiten als in den Nachbarländern gebracht. Weder ist der Schleier als Kleidervorschrift verbindlich noch wird die Frau an beruflicher Tätigkeit gehindert. Sie ist zwar nicht wahlberechtigt, stellt aber pro Jahr 51 % der 4000 Oberschulabsolventen und 54 % der 800 Universitätsabsolventen. Von den 27 000 Staatsbediensteten sind 32 % Frauen. Die in den 80er Jahren unternommenen Bestrebungen zur „Bahrainisierung“ haben folgerichtig dieses Arbeitskraftpotential angezapft und damit die Frauen in das öffentliche Leben integriert. Insgesamt sind 18 % der Beschäftigten Frauen.

7. Politische Struktur und Entwicklung

Der Gegensatz zwischen den schiitischen Ureinwohnern und den eingewanderten sunnitischen Wüstenarabern prägt auch unmittelbar die politische Landschaft in einem Staat mit feudaler Tradition. Schon in den 20er Jahren brachen Konflikte zwischen den Bevölkerungsgruppen aus. Ein 1954 gegründetes „Exekutiv-Komitee", in dem Schiiten und Sunniten gleichberechtigt vertreten waren, und eine daraus sich entwickelnde Gewerkschaftsbewegung konnten jedoch die politische Entwicklung nicht maßgeblich beeinflussen.

Die 1971 zum Teil gewählte, zum Teil vom Emir ernannte Verfassunggebende Versammlung erarbeitete eine Verfassung, die im Juni 1973 in Kraft trat, aber schon 1975 außer Kraft gesetzt wurde. Im Dez. 1973 wählten 28 000 Männer das in der Verfassung vorgesehene Parlament mit 30 Mitgliedern (plus 14 Minister). Die „linken" Abgeordneten (Opposition zu den *Al Khalifa*) bildeten die Mehrheit. Streiks und die Weigerung der Regierung, Gewerkschaften offiziell zuzulassen, führten im August 1975 zur Auflösung des Parlaments. Seitdem regiert der Emir Shaikh *Isa Bin Sulman Al Khalifa* (geb. 1933) mit Kronprinz Shaikh *Hamad Bin Isa Al Khalifa* (geb. 1950) weitgehend absolutistisch. Sie ernennen die Minister des 15köpfigen Ministerrates, davon sieben *Al Khalifas*.

Man darf bei der Analyse der heterogenen Gruppen und der inneren Streitigkeiten aber nicht übersehen, daß in der islamischen „Konsensgesellschaft" mit starker sozialer Kontrolle die Konflikte sehr gemäßigt ablaufen, zumal auf einer überschaubaren Insel, wo gerade einmal 80 000 erwachsene bahr. Männer „politikfähig" sind. Im *Majlis*, der wöchentlichen Versammlung des Herrschers, hat jeder Zutritt. Auch die *Al Khalifa* wissen, daß nur der „gerechte Herrscher", der die Zustimmung der breiten Mehrheit seiner Untertanen hat, nach der islamischen Staatslehre Bestand hat. Die Einrichtung einer Beratenden Versammlung mit 30 Mitgliedern durch die Dekrete des Emirs Nr. 7 (1992) und 10 (1993) ist die logische Umsetzung dieser Gedanken. Die Versammlung traf sich am 16. 1. 1993 zu ihrer ersten Sitzung.

7.1 Politische Gruppen

Obwohl nach der Verfassung durchaus möglich, sind politische Gruppen, Parteien und Gewerkschaften nicht zugelassen. Frühe gewerkschaftliche (Union der Arbeiter Bahrains, 1955) und demokratische Bewegungen äußerten sich bereits in den 50er Jahren in Streiks, die mit der Ausrufung des Ausnahmezustandes endeten. In der Illegalität soll es kommunistische, panarabisch-sozialistische, sunnitische und schiitische islamische fundamentalistische Gruppen geben.

Durch Verhaftungswellen und Pressionen verhindert das in anderen Bereichen durchaus liberale Regime die Konsolidierung der Opposition. 1981 schickte es 57 Oppositionelle ins Exil, denen der Herrscher im April 1992 straffreie Rückkehr zusicherte.

Der Golfkrieg zwischen Irak und Iran (1980–88) sowie die Besetzung Kuwaits (1990/91) haben die wichtigsten regionalen Partner der Oppositionsgruppen paralysiert, so daß die innenpolitische Szene relativ ruhig blieb. Mit der Niederwerfung des Irak (1991) erstarkte der Iran, der seine historisch engen Bindungen zu B. gerne durch eine schiitische „fünfte Kolonne" verstärken möchte. Noch wirken die paternalistischen Systeme auf der arabischen Seite des Golfes, wo jeder am Erdöl-Wohlstand partizipiert, auch für den schiitischen Bazarhändler und Bauern attraktiver als die „islamische Demokratie" iranischer Prägung. Trotzdem blieb der Ruf nach inneren Reformen. Ende 1991 mahnte eine Londoner Oppositionsgruppe die Wiedereinsetzung des Parlamentes an, die der Herrscher im Dez. 1990 versprochen hatte.

7.2 Außenpolitische Orientierung

Bis zur vollständigen Unabhängigkeit (1971) liefen alle Außenkontakte über den brit. *Politischen Residenten.* Die iranische Bedrohung (erst 1970 gab Iran seine Ansprüche auf die Insel auf) ließ es B. im Vorfeld der Unabhängigkeit angebracht erscheinen, einer Förderation der Arabischen Emirate (gemeinsam mit Katar und den heutigen VAE) beizutreten. Doch überwogen die Bedenken, resultierend aus der Ungleichheit der sozioökonomischen Strukturen und dem latenten Territorialkonflikt mit Katar.

1981 schlossen sich die konservativen Golfstaaten zum *Golf-Kooperationsrat* (GCC) zusammen, der inzwischen neben einer Koordination der Außen- und Verteidigungspolitik auch Bewegungsfreiheit für Staatsangehörige und ihre Investitionsmittel beinhaltet. Trotzdem bleibt genügend Spielraum für den einzelnen Staat. B. kooperiert traditionell eng mit GB und den USA (Flottenstützpunkt Al Jufayr 1948–78, Verteidigungsabkommen vom 23. 6. 1992, Luftdrehscheibe während des Kuwait-Krieges 1990/91) sowie mit Saudi-Arabien, das Budgetzuschüsse leistet. Es hat die ökonomische und politische Paralysierung des Irak seit 1991 als Bedrohung für das Gleichgewicht am Golf erkannt. Die imperialen Ansprüche des Iran ängstigen den Kleinstaat, der mit seiner Armee von ca. 3000 Mann (plus 500 Mann Marine) wenig Chancen gegenüber dem großen Nachbarn hat (und deshalb auf den Schutz der USA und der GCC-Staaten setzt).

Trotz saudischer Vermittlungsversuche blieb der Streit mit Katar um die Insel Hawar und die Korallenriffe Fasht al Dibal und Qita'at Jaradah offen. Im April 1993 erweiterte B., wie Katar schon 1992, seine Territorialgewässer auf die 12-Meilen-Zone plus weitere 12 Meilen Wirtschaftszone. Beide Seiten haben in getrennten Anträgen den Internationalen Gerichtshof in Den Haag um Klärung gebeten. Ob sie den Schiedsspruch akzeptieren, ist ungewiß.

8. Entwicklungsperspektiven

Umgeben von mächtigen Nachbarn wie dem Iran – der in der schiitischen Bevölkerungsmehrheit auf eine „fünfte Kolonne" hofft – und Saudi-Arabien, das die Liberalität (Emanzipation der Frauen) mißtrauisch beäugt, ist der Kleinstaat in einer schwierigen Situation. Die finanziellen Sorgen, resultierend aus Auslandsschulden von ca. 12 Mrd. US-$ und den geschätzten internen Kosten des Golf-Krieges von 2 Mrd. US-$ (u.a. durch Gewinnausfälle der *off-shore*-Banken), sind noch zu verkraften. Diffiziler ist die Position im Kräftespiel am Golf bei anhaltender Schwächung des Irak und Stärkung des Iran.

Die künftige Entwicklung muß wieder stärker eigengesteuert werden mit den Schwerpunkten

- Konsolidierung der vorhandenen Industriekapazität und verstärkte Einbindung von lokalem Kapital und Unternehmertum;
- Verbesserung der Infrastruktur mit Containerhafen und Industriezone, wahrscheinlich in Hidd (Insel Muharraq);
- Verstärkung der Rolle als Tourismus- und Finanzdrehscheibe;
- Besinnung auf die historischen Traditionen und Nutzung des wissenschaftlich-technischen Potentials der beiden Universitäten;
- Demokratisierung des politischen Systems.

Es ist zu hoffen, daß Bahrain, aufbauend auf seinen Traditionen, den Weg der eigenständigen sozioökonomischen Entwicklung jenseits der „Rentner-Mentalität" mancher Nachbarstaaten gehen und das Zusammenleben der verschiedenen religiösen Gruppen als Vorbild dienen kann.

Literatur

Alkazaz, A./Gälli, A. 1985: Der arabische Banken-Sektor, München und Hamburg.

Bahrain Marketing and Promotion Office: Bahrain – Gateway to the Middle East, Manama (o.J.).

Kay, S. 1989: Bahrain Island Heritage, Dubai.

Al Hashimi, I. G. 1988: Integration of Managerial Manpower Planning into Social and Economic Development: The Bahraini Experience, in: Proceedings, Conference on Industrial and Techno-Economics Cooperation between the F. R. of Germany and the Arab Gulf States, Doha und Würzburg, 465–476.

Koszinowski, T. 1990: Bahrain, in: G. Shanneik (Hrsg.), Die Beziehungen zwischen der Bundesrepublik Deutschland und den GCC-Staaten, Bonn, 57–65.

Maull, H. W. 1985: Zusammenarbeit am Golf?, in: F. Scholz (Hrsg.), Die Golfstaaten, Braunschweig, 171–186.

Nakleh, E. 1980: Political Participation and the Constitutional Experiments in the Arab Gulf: Bahrain and Qatar, in: T. Niblock (Hrsg.), Social and Economic Development in the Arab Gulf, London, 161–176.

Said Zahlan, R. 1985: Anglo-American Rivalry in Bahrain, 1918–1947, in: Dilmun, Nr. 12, 41 ff.

Schliephake, K. 1993: Bahrain, in: U. Steinbach u.a. (Hrsg.), Politisches Lexikon Nahost, München (i.E.).
Scholz, F./Zimmermann, J. 1985: Bahrain – Inselstaat mit Erdölmangel, in: F. Scholz (Hrsg.), Die kleinen Golfstaaten (= Klett Länderprofile), Stuttgart, 52–91.
Zimmermann, J. 1988: Bahrain, in: U. Steinbach/R. Robert (Hrsg.), Der Nahe und Mittlere Osten, Bd. 2, Opladen, 73–81.

Irak

Ferhad Ibrahim

1. Wirtschaftsgeographische Grundlagen

Die *Republik Irak* gehört aufgrund ihrer Größe, Bevölkerungszahl und Ressourcen zu den wichtigsten Staaten des Nahen und Mittleren Ostens. Sie ist mit 438 317 qkm nach Saudi-Arabien und Jemen der drittgrößte Staat im arabischen Osten. Die Bezeichnung Irak, die seit den arabischen Eroberungen ab 637 gebräuchlich ist, wurde bis zur Gründung des neuen Staats Irak (1920) auf die Region südlich von Bagdad bezogen. Irak war demnach nicht dekkungsgleich mit dem historischen Namen Mesopotamien.

Im Norden grenzt der Irak an die Türkei (305 km), im Osten an Iran (1515 km), im Süden an den Persisch-Arabischen Golf, im SW an Saudi-Arabien (895 km), im Westen an Jordanien (147 km) und im NW an Syrien (603 km). Im Süden teilt sich der Irak mit Saudi-Arabien eine *Neutrale Zone*, die aufgrund des Vertrages von Uqair (1922) entstanden war. Da seine Grenzen aufgrund des 1916 zwischen Frankreich und GB geschlossenen *Sykes-Picot-Abkommens* gezogen und später in verschiedenen bilateralen Grenzabkommen korrigiert wurden, waren sie Gegenstand langwieriger Konflikte. Die letzten Grenzabkommen wurden mit dem Iran (1975) und mit Jordanien (1984) geschlossen. Die endgültige Festlegung der Grenze zum Iran (1975) am Schatt al-Arab steht nach der Annullierung des Algier-Vertrags von 1975 durch den Irak beim Beginn des irakisch-iranischen Krieges (1980) noch aus.

Das irak. Staatsgebiet umfaßt vier unterschiedliche Landschaftsräume mit großen Kontrasten:

1. Das Bergland Kurdistans im NO mit fruchtbarem Boden und zahlreichen Flüssen (Tigris, Khabur, der kleine und große Zab). Reichliche jährliche Niederschläge (400–1000 mm) ermöglichen Ackerbau und Viehhaltung. In der Nähe von Mosul und Kirkuk liegen die wichtigsten Erdölquellen.
2. Das nördlich von Bagdad gelegene Gebiet zwischen Euphrat und Tigris, die sog. *al-Jazira* (die Insel), mit reichlichen Niederschlägen (150–400 mm) und Bewässerungsanlagen für Getreide.
3. Das Gebiet zwischen Tigris und Euphrat südlich von Bagdad bis zum Arabisch-Persischen Golf mit geringem jährlichen Niederschlag (50–200), der nur Bewässerungsfeldbau zuläßt. An der Grenze zu Kuwait liegen die Ölfelder von Rumaila, deren Nutzung durch Kuwait zur Vorgeschichte des 2. Golfkrieges gehörte.

4. Das dünnbesiedelte Wüstengebiet im Westen erhielt erst durch die Erschließung der Phosphatvorkommen in den 70er Jahren einige wirtschaftliche Bedeutung.

Irak hat drei Klimazonen: das trocken-heiße Wüstenklima im SW, die nördliche Gebirgsregion mit gemäßigten Temperaturen im Sommer und extrem kalten im Winter und das gemäßigte Klima der mittleren Region zwischen Wüste und Gebirge.

Seit der Entstehung der altmesopotamischen Zivilisationen hatten Euphrat und Tigris eine große wirtschaftliche Bedeutung. Große Projekte zur Verhinderung periodischer Überschwemmungskatastrophen und zur Bewässerung der Landwirtschaft wurden jedoch erst in den 50er Jahren in Angriff genommen. In den 70er und 80er Jahren wurde durch ein Staudammsystem die Fläche des bewässerten Landes wesentlich erweitert. Das türkische Südostanatolien-Projekt (GAP) mit insgesamt 22 Staudämmen verringerte bereits die Wassermenge des Euphrat auf irak. Gebiet und könnte deshalb zu einem Streitobjekt in den Beziehungen zum nördlichen Nachbarn werden. Der nach dem 2. Golfkrieg fertiggestellte Kanal zwischen Euphrat und Tigris soll den im Süden in den Sommermonaten auftretenden Wassermangel beheben.

In der verkehrsmäßigen Erschließng des Irak spielten die Flüsse keine große Rolle, obwohl schon Mitte des 19. Jh.s die erste Schiffahrtsgesellschaft gegründet wurde. Erst Mitte der 80er Jahre wurde ein Projekt zur Verbindung Basras mit Bagdad über Wasserwege in Angriff genommen und nach dem 2. Golfkrieg fertiggestellt.

Der Irak verfügte 1985 über 2029 km Haupteisenbahnlinien. In der zweiten Hälfte der 80er Jahre wurde das Netz erweitert und modernisiert. Eine 1986 eröffnete Linie (550 km) verbindet Bagdad mit Husaibah an der syrischen Grenze. Der Irak gab beim Ausbau des Transportsystems dem Landtransport den Vorrang. Eine Schnellstraße von Bagdad nach Jordanien (1200 km), die für den Außenhandel, auch nach den vom UN-Sicherheitsrat verhängten Wirtschaftssanktionen, große Bedeutung gewann, wurde 1989 fertiggestellt. Eine vor dem 2. Golfkrieg geplante Schnellstraße zur türkischen Grenze und nach Kuwait sollte das Fernstraßensystem vervollständigen.

Das von westlichen Firmen und Japan Ende der 70er und Anfang der 80er Jahre aufgebaute Kommunikationssystem wurde im 2. Golfkrieg durch gezielte Luftangriffe stark beschädigt. Nach dem Krieg konnte wegen des Handelsembargos nur ein Teil des Systems wieder funktionsfähig gemacht werden.

Der Irak verfügt neben Erdöl über weitere wichtige Bodenschätze: Phosphate, Schwefel, Quarz, Eisen- und Kupfererz und Uran. Im Rahmen des Industrialisierungsprogramms entstanden mehrere Fabriken zur Produktion von Düngemitteln auf Grundlage der Schwefel- und Phosphatvorkommen.

2. Bevölkerung

Die Bev. des Irak ist seit der Volkszählung von 1977 von 12,2 auf 19 Mio. E. (1990) angestiegen. Das jährliche Bevölkerungswachstum betrug im Jahrzehnt 1980–90 durchschnittlich 3,6 %. Auch wenn die zu erwartende Wachstumsrate sich um 0,2 % senken sollte, zählt der Irak zu den Staaten mit der am schnellsten wachsenden Bevölkerung. Im Jahre 2000 wird eine Bev. von 26 Mio. erwartet. Die Fortschritte in der medizinischen Versorgung führten zur Senkung der Sterberate und der Säuglingssterblichkeit (vgl. Tab. 13).

Die Verstädterung infolge der anhaltenden Landflucht, die schon in den 40er Jahren eingesetzt hatte, nahm in den letzten Jahrzehnten in rasantem Tempo zu. In den 80er Jahren lebten bereits über 70 % der Bev. in Städten.

Tabelle 1: *Bevölkerung*

	1965	1980	1990
Bev. in Mio.	6,8[a]	13,1	18,9
Urbanisierungsrate	51,0	72,0	71,0
Bev. unter 14 Jahren	..	..	46,5
Wachstum (p.a. in %)	1965-80		1980-90
- Gesamtbevölkerung	3,4		3,6
- Stadtbevölkerung	5,3		4,4

[a] 1960

Quellen: Human Development Report 1992; Weltentwicklungsbericht 1992.

Der Irak weist eine Vielfalt von ethnischen und religiösen Gruppen auf. Es liegen zwar keine aktuellen Daten über die ethnische Zusammensetzung der Bev. vor, aber es ist davon auszugehen, daß etwa 75 % Araber sind. Die Kurden sind mit ca. 20 % die wichtigste nicht-arabische Gruppe. Zu den kleineren ethnischen Gruppen gehören die Turkmenen, Assyrer und Perser. Die irak. Juden, die nach der Volkszählung von 1947 noch 117 000 zählten, wanderten größtenteils 1948–52 nach Israel aus.

Aus politischen Gründen deportierte der Irak Anfang der 70er Jahre, aber vor allem nach Ausbruch des 1. Golfkrieges, persische Bürger, aber auch viele irak. Bürger mit iranischen Vorfahren, in den Iran. Die Zahl der Deportierten wird auf etwa eine halbe Mio. geschätzt. Wegen des Mangels an Arbeitskräften warb der Irak Mitte der 70er Jahre etwa eine Mio. Arbeitskräfte vor allem aus Ägypten, Marokko und Sudan an. Ein Teil dieser ausländischen Arbeitskräfte mußte nach dem 2. Golfkrieg das Land verlassen.

Obwohl etwa 96 % der Bev. Muslime sind, ist der Islam kein Integrationsfaktor. Während die Schiiten, die vorwiegend im Süden leben, mehr als 50 % der gesamten Bev. ausmachen, bilden die arabischen und die kurdischen Sunniten mit ca. 40 % die Minderheit innerhalb der islamischen Bevölkerung. Die Schiiten wurden infolge der Binnenmigration auch in den beiden größten Städten Bagdad und Basra zur Mehrheit. Im Singar-Gebirge sowie im Westen

Tabelle 2: *Ethnische und religiöse Gruppen (in %)*

Ethnische Gruppe (1978)	Anteil (in %)	Religionszugehörigkeit (1980)	Anteil (in %)
Araber	76,9	Muslims	95,8
Kurden	18,6	Christen	3,5
Turkmenen	1,5	andere	0,7
Perser	1,3		
Assyrer	0,8		
andere	0,9		

Quelle: Stat. Bundesamt 1988.

und Norden von Mosul leben die kurdischen Yazidi, Anhänger altiranischer Religionen. Im südlichen Sumpfgebiet *(al-Ahwar)* sind die kleinen Minderheiten der Mandäer und Sabäer ansässig. Die vorwiegend im Norden und in Bagdad lebenden Christen gehören den alten orientalischen Kirchen an, die zum Teil seit dem 19. Jh. mit dem Vatikan uniert sind.

3. Die historische Entwicklung bis zur Machtübernahme durch die Baath-Partei (1968)

Mit zunehmender Schwäche des Abbasiden-Kalifats Ende des 10. Jh.s verlor Bagdad als kommerzielles, politisches und geistiges Zentrum der islamischen Welt seine Bedeutung. Die Zerstörungen, die die Mongolen nach ihrer Eroberung Bagdads (1258) anrichteten, führten zur Bedeutungslosigkeit der Stadt. Die Herrschaft der mongolischen Ilkhanen dauerte bis zum Tode *Timurs des Prächtigen* (1405) und die der darauffolgenden turkmenischen Dynastien der *Kara Kounlu* und *Ak Koyunlu* bis 1516.

Mit der Entstehung des schiitischen Safawiden-Reiches im Iran (1501) und zu Beginn der osmanischen Eroberungen im Mittleren Osten wurde Irak einer der Schauplätze der beiden rivalisierenden islamischen Reiche. Die Osmanen verdrängten nach ihrem Sieg in der Schlacht von Caldiran (1514) die Safawiden aus Mesopotamien. Obwohl es ihnen 1555 gelang, Bagdad und Basra zu annektieren, verloren sie 1623 die beiden Provinzen wieder an die Safawiden. Zwar konnten die Osmanen 1639 die verlorenen Provinzen zurückerobern, aber der Drang der Safawiden, die schiitischen heiligen Städte Karabala und Nagaf sowie Kazimiya unter ihre Kontrolle zu bringen, führte bis Anfang des 19. Jh.s wiederholt zu bewaffneten Konflikten.

Die periphere Lage Mesopotamiens begünstigte auch die Verselbständigung der Herrscher gegenüber dem osmanischen Sultan. So gelang es den georgischen Mamelucken zwischen 1704 und 1831, bei Anerkennung seiner nominellen Herrschaft im Irak selbständig zu regieren. Jene Herrschaft reichte aber über die Städte, in denen die Garnisonen stationiert waren, nicht hinaus. Die beduinischen Stämme unternahmen ständige Überfälle auf die bäuerlichen Regionen. Diese Unsicherheit und die häufigen Kriege zwischen rivalisierenden Mächten führten zum wirtschaftlichen Niedergang des Zweistromlandes.

Erst im Zeitalter der sog. *Tanzimat*-Reformen begann die Integration der Provinzen Bagdad, Mosul und Basra in das Osmanische Reich. Auch wenn Bagdad der Sitz eines Großpaschas war und die Osmanen verwaltungsmäßig die anderen beiden Provinzen an Bagdad zu binden versuchten, bildeten die drei Provinzen keine geopolitische oder wirtschaftliche Einheit. Basra war im Handel eher zum Golf und nach Indien orientiert, Bagdad war eine Zwischenstation im Handel zwischen Persien und der arabischen Welt. Mosul stand in engem wirtschaftlichen Austausch mit den östlichen türkischen Provinzen und mit Aleppo.

In ihrem Bemühen, die politische Zentralisierung voranzubringen und höhere Steuereinnahmen zu erzielen, widmeten die osmanischen Reformer in der zweiten Hälfte des 19. Jh.s dem Irak besondere Aufmerksamkeit. Die Anstrengungen, die Bewässerung des Landes zu verbessern und die innere Sicherheit durch Anerkennung der Dorfscheichs als Vertreter des Staates in den Stammesgebieten zu stärken, wurden vor allem unter *Midhat Pascha* (Gouverneur von Bagdad 1869–72), einem der Initiatoren der *Tanzimat*-Reformen, mit Erfolg fortgesetzt. Die Reformen und die Einführung der Dampfschiffahrt auf Euphrat und Tigris machten die armen und entlegenen irak. Provinzen wirtschaftlich wichtig.

Den Osmanen ging es bei allen Reformen in erster Linie darum, die Steuereinnahmen zu erhöhen. Häufig führten diese Reformen zu langwierigen sozialen Konflikten, wie etwa die Einführung des Bodenkodex von 1858. Sein Ziel war die Zurückgewinnung der Steuerhoheit, die nach der Einführung des Steuerpachtsystems *(Iltizam)* an die Steuerpächter *(Multazim)* verloren gegangen war. Zu diesem Zweck mußten aber die Besitzverhältnisse geklärt werden. Im Irak war das Privateigentum an Grund und Boden nicht verbreitet, sondern der Boden war das Kollektiveigentum der Stämme. Die Vergabe der Besitzurkunde an städtische Kaufleute, ehemalige Steuerpächter und an einige Stammesscheichs führte unweigerlich zum Interessenkonflikt zwischen den Urkundenbesitzern und den tatsächlichen Landeigentümern.

Eine weitere Konsequenz der osmanischen Politik, die sich bis in die Gegenwart desintegrativ auswirkt, war die politisch und konfessionell motivierte Marginalisierung der Schiiten. Ihre Diskriminierung führte dazu, daß sie von den positiven Errungenschaften der *Tanzimat*-Reformen nicht profitieren konnten. So wurden sie, anders als die arabischen Sunniten, nicht zu den modernen Schulen des Irak oder gar zu den Istanbuler Militärakademien und Hochschulen zugelassen.

Die britische Okkupation des Irak begann am 6. 11. 1915 mit der Landung des Indischen Expeditionskorps in Fao. Die wichtigsten Beweggründe für diese Operation waren die Sicherung der Route nach Indien, die Beteiligung an Ölkonzessionen der *Turkish Petroleum Company* (TPC) und die Handelsbeziehungen zu den irak. Provinzen. Obwohl der Völkerbund GB das Mandat über den Irak zusprach, führte eine Revolte von 1920 dazu, daß die Mandatsmacht ihre Kontrolle mittels der *indirect rule* ausübte. Der im August 1921 nach manipulierten Wahlen eingesetzte König *Faisal ibn Husain* mußte den britisch-irak. Vertrag von 1922, der ihn zur Hinnahme des Mandats zwang, gegen erheblichen Widerstand in der Bev. durchsetzen. Der Vertrag und seine modifizierte Fassung von 1930 sicherten GB militärische Stützpunkte sowie seine Ölinteressen. Der Irak wurde zwar 1932 formal unabhängig, blieb aber politisch und ökonomisch von GB abhängig.

Die Aufstände der Kurden, die in den neuen Staat hineingezwungen wurden, und die Proteste der Schiiten, die sich wegen der Unterrepräsentanz in den staatlichen Institutionen von der arabisch-sunnitischen Minderheit beherrscht fühlten, zeigten den Grad der Desintegration im neuen Staatswesen. Die wiederholte Intervention der Armee gegen die Aufständischen und die Staatsstreiche von 1937 und 1941 brachten das Land in eine Phase der politischen und wirtschaftlichen Instabilität. Nach dem II. Weltkrieg versuchte das Regime durch verstärkte Partizipation der schiitischen und kurdischen Elite, der Opposition der arabisch-nationalistischen und linken Kräfte zu begegnen. Die prowestliche Politik der Monarchie, die 1955 ihre Krönung in der Unterzeichnung des *Bagdad-Pakts* fand, verstärkte den Einfluß des arabischen Nationalismus, der auch die jungen Offiziere erfaßte. Nur wenige Monate nach der Proklamation der VAR stürzte die Armee am 14. Juli 1958 die Monarchie.

Die Frage des Anschlusses an die VAR, der von den arabisch-nationalistischen Offizieren vehement gefordert wurde, führte zur Polarisierung der politischen Kräfte und begünstigte die Formierung des diktatorischen Regimes von *Abd al-Karim Qasim*. Der Aufstand der Kurden von 1961 schwächte sein Regime und erleichterte im Februar 1963 den Putsch der *Baath-Partei* und ihrer Verbündeten, der arabisch-nationalistischen Offiziere um *Abd al-Salam Arif*.

Die blutige Rache der paramilitärischen „Nationalgarde" der *Baath*-Partei an den Anhängern des *Qasim*-Regimes und der KP und der erneute Ausbruch des Kurden-Krieges im Sommer 1963 brachten auch dieses Regime in innen- und außenpolitische Bedrängnis. *Arif* nutzte die innerparteilichen Kämpfe zwischen rechten und linken Baathisten, um im Okt. 1963 durch einen erneuten Putsch die *Baath*-Partei zu entmachten. Er versuchte bis zu seinem Tode (1966), die Politik und Ökonomie des Irak nach dem nasseristischen Staatsmodell zu gestalten.

Die nach diesem Modell aufgebaute *Arabische Sozialistische Union* wurde nach dem Tode *Arifs* wieder aufgelöst. Die Verstaatlichung der völlig veralteten Industrie (1964) war eher eine Belastung des Staatshaushaltes, der vorwiegend von der Erdölrente finanziert wurde. Die irak. Unternehmer hatten wegen der politischen Unsicherheit kaum investiert. Das schwache Regime *Abd al-Raham Arifs*, eines Bruders von *Abd al-Salam Arif*, war mehr mit Rivalitäten zwischen Offizierscliquen denn mit der Lösung drängender wirtschaftlicher und sozialer Probleme beschäftigt, die auch aus der politischen Instabilität resultierten.

Am 17. Juli 1968 putschte die kleine, aber gut organisierte *Baath*-Partei mit Unterstützung der konservativen Offiziere um den stellvertretenden Chef des Geheimdienstes *Ab al-Razaq Nayif* und den Kommandeur der *Republikanischen Garde (Ibrahim al-Dauud)*. Zwei Wochen später entledigte sich die *Baath*-Partei durch einen erneuten Putsch dieser konservativen Putschpartner. 1968 endete die Phase häufiger und gewaltsamer Regimewechsel und begann die Herrschaft der *Baath*-Partei, die durch Repression Kriege und Aufstände überstand.

4. Die Herrschaft der Baath-Partei

Das neue *Baath*-Regime begann sofort damit, die anderen politischen Machtzentren zu schwächen und mit einer revolutionären Rhetorik die Massen zu mobilisieren. Hunderte von potentiellen Rivalen, vor allem arabische Nationalisten mit Einfluß in den Offizierskreisen, wanderten in die Gefängnisse und kamen unter der Folter um. Oppositionsgruppen wurden mit dem Angebot der Machtbeteiligung umworben oder unterdrückt.

Gleichzeitig begann das *Baath*-Regime, die staatlichen Institutionen zu „baathisieren". Für eine Partei, die durch einen Militärputsch an die Macht gekommen war, lag es nahe, zuerst die Armee unter ihre Kontrolle zu bringen. In wenigen Jahren baute sie aus Parteimitgliedern ein neues loyales Offizierskorps auf. Die politische Betätigung in Armee, Polizei und in anderen Sicherheitsorganen wurde unter Androhung der Todesstrafe auf die *Baath*-Partei beschränkt. Die Gründung einer Parteimiliz und wiederholte Säuberungen im Offizierskorps sorgten für die Parteiergebenheit der Armee.

Nach dem Coup von 1968 trat der von der Partei berufene *Revolutionäre Kommandorat* (KRR) als eine omnipotente Institution mit uneingeschränkten legislativen und exekutiven Befugnissen auf, die in der Provisorischen Verfassung von 1970, die bis heute gültig ist, verankert wurden. Die Nationalversammlung, die nach der Verfassung nur eingeschränkte legislative Aufgaben hat, wurde erst 1980 konstituiert.

Unter dem *Baath*-Regime veränderte sich, trotz der arabisch-nationalistischen Legitimation der Partei, die ethnisch-konfessionelle Struktur der politischen Herrschaft nicht. Die Sunniten behielten ihre Dominanz in allen wichtigen Entscheidungsbereichen. Aber auch innerhalb der sunnitischen Gruppe bestimmten regionalistische und verwandtschaftliche Bindungen den Zugang zur politischen Macht. Als bestimmende Kraft in Partei und Staat erwies sich die *Takriti-Gruppe* um den Staatspräsidenten und KRR-Vorsitzenden *Ahmad Hasan al-Bakr* und seinen Vize *Saddam Husain*, die beide aus der Stadt Takrit stammten.

Der Aufstieg der *Takritis* in der Partei begann schon im Untergrund, als

Saddam Husain 1966 die Führung der *Baath*-Partei übernahm. In der Phase 1968–74 rekrutierte sich die Parteiführung fast ausschließlich aus dem sunnitischen Dreieck nordwestlich von Bagdad. Erst Mitte der 70er Jahre wurde die Repräsentanz der Schiiten in der Partei- und Staatsführung erweitert, 1977 zum ersten Mal ein Schiit in den 17-köpfigen KRR aufgenommen. Mitte der 80er Jahre waren 30% der Mitglieder des KRR Schiiten. In der regionalen Führung der *Baath*-Partei kam es zu einer ähnlichen Entwicklung.

4.1 Der Aufstieg von Saddam Husain

Nach dem Aufstieg *Saddam Husains* (1979) zum Staatspräsidenten, Vorsitzenden des KRR und Generalsekretär der *Baath*-Partei besetzte er wichtige Partei- und Staatsposten mit Angehörigen seiner Familie und baute ein engmaschiges Netz von Geheimdienstorganisationen auf. Weder die Kontrolle der Armee noch die Entmachtung der Rivalen *Bakrs* und *Husains* wäre ohne den Aufbau eines solchen Netzes von geheimdienstlichen Organisationen möglich gewesen.

Die besondere Struktur von Staat und Partei begünstigte auch den Aufstieg *Saddam Husains* zum Diktator. Den Hintergrund seiner Machtübernahme bildete die syrisch-irak. Annäherung nach der Unterzeichnung des *Camp David-Abkommens* zwischen Ägypten und Israel (1979). Die beiden *Baath*-Staaten einigten sich darauf, ernsthafte Schritte zur Beilegung der politischen Differenzen als ersten Schritt zur politischen Union zu unternehmen. *Saddam Husain* war im Gegensatz zum Staatspräsidenten *Hasan al-Bakr* wenig begeistert von diesen Plänen, weil er befürchtete, daß seine Rivalen in der Führung sie zum Anlaß nehmen könnten, ihn zu stürzen.

Im Juli 1979 zwang *Husain* den Präsidenten, von allen Ämtern zurückzutreten, und erklärte sich selbst zum Nachfolger. Auf einer gemeinsamen Versammlung von KRR und Parteiführung berichtete er über ein vom syrischen Präsidenten *al-Asad* gelenktes Komplott. Über die Hälfte der bisherigen Führung wurde noch im Konferenzsaal verhaftet, vor das Parteigericht gestellt und von dem Rest der Parteiführung eigenhändig exekutiert. Mit den „Säuberungen" in der Staats- und Parteiführung war der Weg zur Diktatur von *Saddam Husain* geebnet, die zunehmend despotische Formen annahm.

4.2 Der Kurdenkonflikt

Anfang der 70er Jahre bestand die Opposition aus kurdischen Organisationen, die trotz der militärischen Operationen der irak. Armee einen beachtlichen Teil von Kurdistan unter ihrer Kontrolle hielten, und der KP, die seit 1963 mit der DPK verbündet war. Die islamistische schiitische Opposition hatte noch keine große politische Bedeutung. Vor allem die kurdische Widerstandsbewegung unter Führung von *Mulla Mustafa Barzani* stellte eine Gefahr für das neue Regime dar, zumal der Iran durch die Aktivierung des Konflikts um den Schatt al-Arab das neue Regime unter Druck setzte.

Ende 1969 rückte die *Baath*-Partei von ihrer bisherigen Kurdenpolitik ab und verhandelte mit der DPK-Führung über eine friedliche Beilegung des Konflikts. In dem sog. März-Abkommen von 1970 erklärte sie sich bereit, die Autonomie-Forderung der Kurden zu erfüllen. Einige geheime Zusatzvereinbarungen über deren Beteiligung an der Staatsmacht und die geographische Festlegung der „Autonomen Region" sollten nach einer Volkszählung und nach Wahlen entschieden werden.

Gegenseitige Vorwürfe über Verletzungen des März-Abkommens und ein (gescheitertes) Attentat auf *Mustafa Barzani* verschärften die Spannungen. Die außen- und innenpolitische Entwicklung in den vier Jahren nach dem Abkommen von 1970 machten einen neuen Waffengang immer wahrscheinlicher. Innenpolitisch war es der *Baath*-Partei gelungen, die KP als Verbündeten zu gewinnen, nachdem diese bereit war, die in der Charta der *Nationalen Patriotischen Front* festgelegte Führungsrolle der *Baath*-Partei zu akzeptieren. 1979 ging die KP nach einer Verhaftungswelle wieder in den Untergrund. Außenpolitisch sicherte sich der Irak mit der Unterzeichnung des Freundschaftsvertrags mit der Sowjetunion Waffenlieferungen und politischen Beistand. Die in Bedrängnis geratenen Kurden hofften im Gegenzug auf iranische Unterstützung und bauten auf geheime Beistandsversprechen der US-Regierung.

Die Verabschiedung des Autonomiegesetzes von 1974, das wichtige Forderungen der Kurden nicht erfüllte, bildete den Auftakt zu einem neuen Kurdenkrieg. Die abrupte Einstellung der Unterstützung durch den Iran und die USA nach der Unterzeichnung des iranisch-irak. Grenzvertrages (Algier-Vertrag) vom 6. März 1975 führte zum Zusammenbruch der kurdischen Widerstandskraft. Dennoch nahm die 1975 gegründete *Patriotische Union Kurdistans* 1976 mit der Unterstützung Syriens den bewaffneten Widerstand wieder auf. Bis zum Ausbruch des 1. Golfkrieges gelang es der irak. Armee, die völlige Kontrolle über die kurdische Region zu erlangen. Zeitweilig waren etwa zwei Drittel der Armee an den militärischen Operationen im Norden beteiligt. Die schiitisch-islamistische Opposition war nach den Verhaftungs- und Hinrichtungswellen von 1974 und 1977 lahmgelegt.

5. Das kriegerische Jahrzehnt

Wenn die 80er Jahre für viele EL als „verlorenes Jahrzehnt" gelten, so gilt dies für den Irak in doppelter Hinsicht: Zum einen wegen der hohen Verluste an Menschen und Ressourcen im 1. Golfkrieg und zum anderen, weil viele Entwicklungsprojekte zugunsten der Kriegsfinanzierung zurückgestellt werden mußten.

Eine besondere Bedeutung für die Herrschaftsstabilisierung hatten die

Kriege, die das Regime nach innen und außen seit 1968 führte. Es löste die beiden Golfkriege aus und war seit 1974 fast ununterbrochen in bewaffnete Auseinandersetzungen mit der kurdischen Opposition verwickelt. Allein die internen Konflikte verursachten 1961–91 Kosten von fast 50 Mrd. US-$, 300 000 Kriegsopfer und über eine Mio. Vertriebene. Krieg war aber für das *Baath*-Regime nicht immer die *ultima ratio*. Die Entscheidung über Krieg oder Frieden hing vielmehr nach dem Opportunitätsprinzip davon ab, ob sie für seine eigene Stabilität positive oder negative Folgen erwarten ließ. So suchte es Anfang 1975 einen politischen Ausgleich mit dem Iran, als im Kurdenkrieg eine Konfrontation mit ihm drohte, und anerkannte im Algier-Vertrag alle territorialen und regionalpolitischen Forderungen des Schahs.

5.1 Der irakisch-iranische Krieg (1. Golfkrieg)

Die Ursachen des 1. Golfkrieges sind vielschichtig. Erfordernisse der Herrschaftssicherung spielten aber auch bei seinem Ausbruch eine nicht unwesentliche Rolle. Der Grund für die Eskalierung der monatelangen Grenzscharmützel zu einem offenen Krieg am 22. 9. 1980 beruhte höchstwahrscheinlich auf zwei Fehleinschätzungen der irak. Führung. Sie überschätzte unter dem Eindruck der militärisch unbedeutenden Anschläge der schiitischen Untergrundparteien das Ausmaß der Sympathien der irak. Schiiten für das *Khomeini*-Regime. Die Hinrichtung von Ayatollah *Muhammad Baqir al-Sadr*, des geistigen Führers der schiitischen Opposition (Anfang 1980), entsprang dieser Fehleinschätzung. Ihr wohl gravierendster Fehler war die Unterschätzung des Patriotismus und der mobilisierenden Kraft, die der Krieg auf iranischer Seite hervorrief.

Tabelle 3: *Militärisches Potential des Irak und Iran*

	Irak 1979/80	Irak 1987/88	Iran 1979/80	Iran 1987/88
Panzer	1900	6310	1985	1310
Kampfflugzeuge	339	500	455	60
Hubschrauber	231	422	684	300
Schützenpanzer	1500	4000	825	1060
Soldaten (Tsd.)	222	1000[a]	415	355[b]

[a] inkl. 400 000 der Parteimiliz; [b] ohne 800 000 Revolutionswächter, Freiwillige u.a.
Quelle: IISS 1979/80 - 1987/88.

Der Verlauf des Krieges offenbarte diese Fehleinschätzungen der irak. Führung. Die irak. Schiiten verhielten sich loyal. Die Bemühungen der iranischen Führung, sie zu mobilisieren, schlugen fehl. Auch die auf Veranlassung *Khomeinis* gegründete „Oberste Führung der Islamischen Revolution im Irak“ fand lediglich eine mäßige Anhängerschaft unter den nach Iran deportierten Irakern und unter den schiitischen Kriegsgefangenen im Iran.

Die irak. Führung wollte den durch eine Revolution geschwächten Iran in einem Blitzkrieg überrumpeln, unterschätzte aber dessen moralische und materielle Potenzen. Die iranischen Streitkräfte warfen schon im März 1981 die irak. Invasionstruppen an die Grenze zurück, drangen ein Jahr später auf irak. Territorium vor und erreichten die Außenbezirke Basras. Nur Lieferungen von wirksameren Waffen durch die Sowjetunion und den Westen, mit Subsidien aus den Golfstaaten finanziert, ersparten dem Irak ein militärisches Desaster.

Tabelle 4: *Kosten des 1. Golfkrieges (in Mrd. US-$)*

1. Verluste an potentieller Wirtschaftsleistung	91,4
2. Ausfälle an Erdöleinnahmen	197,7
3. Verluste an Devisenreserven	78,8
4. Verluste an Devisenreserven aufgrund des hohen MILEX	80,0
5. Verluste durch Umleitung der Importe	4,7
6. Gesamtverluste (geschätzt)	452,6

Quelle: Kamran Mofid 1990.

Nach dem Verlust der Insel Fao im Februar 1986 verstärkten die USA und die Sowjetunion ihre Hilfe für den Irak. US-Kriegsschiffe griffen iranische Erdölanlagen und Schiffe an. Politisch schlüpfte der Irak seit 1982 durch seine Bereitschaft, den Waffenstillstand zu akzeptieren, in die Rolle des Angegriffenen. Die Bedingung des Iran für den Waffenstillstand, nämlich die Absetzung von *Saddam Husain*, war mit den irak. Gegenoffensiven Ende 1987 in den Hintergrund geraten.

Als die iranischen Streitkräfte und die mit ihnen verbündeten kurdischen Parteien im März 1988 die kurdische Stadt Halabja einnahmen, setzte die irak. Luftwaffe Giftgas ein. Sie griff in dem achtjährigen Krieg mindestens 38mal zu diesem Kriegsmittel, das der Irak mit Hilfe von Technologieimporten aus dem Westen (besonders aus der Bundesrepublik Deutschland) entwickelt hatte. Nach mehreren (auch an Giftgas) gescheiterten Offensiven der iranischen Armee erklärte sich *Khomeini* am 18. Juli bereit, die Resolution 598 des UN-Sicherheitsrates zu akzeptieren.

Trotz der massiven finanziellen Kriegshilfe von den Golfstaaten, insbesondere von Saudi-Arabien und Kuwait, zerrüttete der Krieg die irak. Staatsfinanzen. Die Kriegskosten umfaßten die Zerstörungen der Infrastruktur, die Verluste durch die geringeren Erdölexporte und die Aufwendungen für den Kauf von Waffen. Die Zerstörung der Infrastruktur blieb zwar im Vergleich zu den iranischen Verlusten, die monatlich auf 4,9 Mrd. US-$ beziffert wurden, mit 0,8 Mrd. US-$ monatlich relativ gering (vgl. den Beitrag Iran). Die gesamten Kriegskosten und Kriegsfolgekosten wurden auf über 452 Mrd. US-$ geschätzt (vgl. Tab. 4).

Der achtjährige Krieg forderte 400 000 Menschenleben und 750 000 Verwundete, davon ein Viertel auf irak. Seite. Beide Kombattanten konnten aber ihre Ziele nicht erreichen. Die schiitische Revolution im Irak fand nicht statt und *Saddam Husain* (der „Teufel" in der iranischen Propaganda) war noch an der Macht. Dieser wiederum suchte nach dem Überfall auf Kuwait einen Ausgleich mit dem Iran auf der Grundlage des Algier-Vertrags, den er im Sept. 1980 feierlich zerrissen hatte.

5.2 Der zweite Golfkrieg

Der vermeintliche Sieg im 1. Golfkrieg stürzte den Irak in eine tiefe wirtschaftliche Krise. Gleichzeitig beanspruchte das *Husain*-Regime, gestützt auf seine militärische Stärke, die es auch nach dem Waffenstillstand ausbaute, weiterhin die Führungsrolle in der arabischen Welt. Es gelang ihm zwar, die Ölproduktion 1989 wieder auf 2,841 Mio. bpd zu erhöhen, aber die Erdöleinnahmen von 15 Mrd. US-$ konnten kaum die laufenden Ausgaben decken. Allein der Schuldendienst erforderte 1989 mehr als 3 Mrd. US-$.

Das mit ca. 70 Mrd. US-$ verschuldete Land gab in den beiden Jahren zwischen dem 1. und 2. Golfkrieg jährlich 5 Mrd. US-$ für Rüstungsimporte aus. Trotz der Wirtschaftskrise beschloß die Regierung, 50 *Mirage 2000* zum Preis von 1,24 Mrd. US-$ zu kaufen. Mit der Sowjetunion schloß sie einen Vertrag über den Lizenzbau des Panzers T-72.

Die Regierung versuchte, die Wirtschafts- und Finanzkrise zunächst durch Kürzungen der Staatsausgaben, vor allem durch die Demobilisierung von 200 000 Soldaten, und durch die Begrenzung der Überweisungen der ausländischen Arbeitskräfte zu meistern. Die Demobilisierung der Soldaten und der Beschluß, die Zahl der Staatsbediensteten zu halbieren, verstärkte aber den Druck auf den Arbeitsmarkt. Um die Inflationsrate von 25–40 % (gemäß verschiedenen Quellen) zu verringern, wurde ein „Zentrales Preiskomitee" eingesetzt, das die Preise für Lebensmittel festsetzte und einen Preisstopp für Dienstleistungen und Produkte des staatlichen Sektors verordnete.

Die Hauptlast des Wiederaufbaus sollten die Golfstaaten tragen. Die irak. Regierung machte bei jeder Begegnung mit ihren Führern klar, daß sie den Krieg gegen die persischen „Expansionspläne" stellvertretend für alle Golfstaaten geführt habe und nun ihren Beitrag zum Wiederaufbau des Irak erwarte. Die Golfstaaten hielten dagegen, mit etwa 34 Mrd. US-$ genügend Kriegshilfe geleistet zu haben.

Husain wandelte das arabische Gipfeltreffen Ende Mai 1990 in Bagdad zum Tribunal gegen die Golfstaaten um. Neben der massiven Klage über das Ausbleiben weiterer Finanzhilfen beschuldigte er sie, durch Überschreiten der von der OPEC festgelegten Förderquoten den Preisverfall für Erdöl verursacht zu haben und einen Wirtschaftskrieg gegen den Irak zu führen. Durch eine Note des irak. Außenministers an den Generalsekretär der *Arabischen*

Liga im Juli 1990 eskalierte der Konflikt, vor allem mit Kuwait und den VAE. Der Irak machte außerdem Kuwait den Vorwurf, einen Teil des Rumaila-Erdölfelds widerrechtlich ausgebeutet zu haben. Schließlich erneuerte er den historisch begründeten Anspruch auf das Territorium von Kuwait, das im 19. Jh. zeitweilig zur osmanischen Provinz Basra gehört hatte. Es war offensichtlich, daß *Saddam Husain* unter Mißachtung der außenpolitischen Realitäten die Finanzkrise des Irak durch die Kontrolle über das kuwaitische Erdöl sanieren wollte.

Am 2. 8. 1990 besetzten irak. Truppen Kuwait und begannen ihr Zerstörungswerk. Kuwait wurde als 19. Provinz des Irak annektiert. Das am 10. 8. nach Kairo einberufene arabische Gipfeltreffen zeigte, daß es keine „arabische Lösung“ für die Krise gab. *Saddam Husain* versuchte mit einiger Raffinesse, die Herstellung des *Status quo ante* von der Lösung anderer regionalpolitischer Konflikte abhängig zu machen: Der Abzug der irak. Truppen aus Kuwait sollte mit dem Abzug israelischer Truppen aus den seit 1967 besetzten arabischen Gebieten und mit dem Abzug der syrischen Armee aus dem Libanon gekoppelt werden. Zudem forderte er eine gerechtere Verteilung der arabischen Reichtümer – und machte sich damit bei den Golfstaaten keine Freunde.

Die Bildung einer internationalen Koalition und die Entsendung westlicher und arabischer Streitkräfte in die Golfregion machte einen 2. Golfkrieg immer wahrscheinlicher. Nach einem vom UN-Sicherheitsrat gesetzten Ultimatum begann am 17. 1. 1991 der Gegenschlag der alliierten Truppenverbände unter Führung der USA, der am 2. März den Irak zu einem Waffenstillstand mit harten Bedingungen zwang.

Der Irak mußte sich der Resolution 687 des UN-Sicherheitsrates beugen, die – u.a. durch ein Handelsembargo und Flugverbot über dem Norden und Süden – die Souveränität des Landes substantiell einschränkte. Aufgrund dieser Resolution nahm auch die *UN Special Commission on Iraq* (UNSCOM) im Mai 1991 ihre Inspektionen auf. Sie hatte den Auftrag, die Massenvernichtungswaffen sowie Forschungs-, Entwicklungs- und Produktionsstätten Iraks ausfindig zu machen und zu zerstören. Trotz bürokratischer Hindernisse und gezielter Irreführungen entdeckte sie bis Dez. 1991 bei 24 Inspektionen große Mengen an chemischen und ballistischen Waffen und an *Scud*-Raketen, außerdem ein weit fortgeschrittenes Programm zur Herstellung von Atomwaffen und Pläne zur Entwicklung von biologischen Waffen.

Die Weigerung der irak. Regierung, den UN-Inspektoren ungehinderten Zugang zu allen verdächtigen Gebäuden und Anlagen zu gewähren, führte wiederholt zur Androhung von militärischen Strafaktionen. Im Sommer 1993 bestraften die USA den Plan eines Attentats auf den früheren US-Präsidenten *Bush* mit der verlustreichen Bombardierung der Geheimdienstzentrale in Bagdad. Trotz der Zerstörung von Massenvernichtungswaffen verfügt der Irak immer noch über ein beträchtliches Militärpotential, das er teilweise aus eigener Produktion aufstocken kann.

5.3 Aufstand der Schiiten und Kurden

Die repressive Politik gegen die Opposition vor dem 1. Golfkrieg und die Fähigkeit *Saddam Husains*, den Krieg als nationalen Verteidigungsakt darzustellen, schwächten die innere Opposition, die sich nur im Exil oder in den Gebieten, die unter Kontrolle der kurdischen Guerilla standen, artikulieren konnte. Zudem zersplitterten die ethnisch-konfessionellen und ideologischen Gegensätze ihre Kräfte und erschwerten durch das Bündnis mit fremden Mächten (Iran und Syrien), die als Feinde Iraks galten, den Aufbau einer glaubwürdigen Alternative zum *Husain*-Regime.

Tabelle 5: *Irakische Oppositionsparteien*

Kurdische Parteien	Demokratische Partei Kurdistans Patriotische Union Kurdistans Sozialistische Partei Kurdistans* Demokratische Volkspartei* Kurdische Sozialistische Einheitspartei*
Islamistisch-sunnitische Parteien	Islamische Irakische Partei Islamische Partei Kurdistans
Islamistisch-schiitische Gruppierungen	Hizb al-Dawa al-Islami (Islamische Aufrufpartei) Islamische Aktionsorganisation Oberster Rat der Islamischen Revolution im Irak
Linke Parteien	Irakische Kommunistische Partei
Konservative Parteien	Der Freie Irakische Rat
Arabisch-nationalistische Parteien	Arabische Sozialistische Baath-Partei Arabische Sozialistische Bewegung Sozialistische Partei Demokratische Nationalisten Nasseristisch-Progressive Sammlung Irakische Befreiungsfront Union der Irakischen Demokraten

* Diese Parteien schlossen sich 1992 in der **Unity Party of Kurdistan** zusammen.

Die beiden großen kurdischen Parteien, die *Demokratische Partei Kurdistans* und die *Patriotische Union Kurdistans*, sowie die KP in Kurdistan kämpften bis 1985 gegeneinander um die Herrschaft in Kurdistan. Die kurdischen Gruppierungen verbündeten sich ab 1986 mit dem Iran. Nach dem Ende des 1. Golfkriegs startete die irak. Armee unter dem Codewort *Anfal* (Beute) eine Offensive, die zur Zurückdrängung der Guerilla und zur Verschleppung und Liquidierung von ca. 180 000 Kurden führte.

Auch der Überfall auf Kuwait brachte kein Bündnis der Oppositionskräfte zustande. Während sie sich im März 1991 auf einem Kongreß in Beirut über die Zukunft des politischen Systems im Irak und über die Lösung der Kurdenfrage stritten, brachen im schiitischen Süden und in Kurdistan Aufstände gegen das *Husain*-Regime aus. Seinen *Republikanischen Garden* gelang es jedoch, die Aufstände in wenigen Wochen zu unterdrücken. Ihr brutales Vorgehen löste vor allem in Kurdistan eine Massenflucht in die Türkei und nach Iran aus. Aufgrund der Resolution 688 des UN-Sicherheitsrats wurde im Norden Iraks für die Flüchtlinge eine Schutzzone eingerichtet.

Die US-Regierung hatte zwar die Iraker zum Aufstand gegen *Saddam Husain* aufgerufen, hoffte dabei aber auf einen Führungswechsel innerhalb der sunnitischen Führung – und nicht auf einen Erfolg von Schiiten und Kurden. Während die Kurden in der internationalen Schutzzone *(safe haven)* Zuflucht fanden, setzte die irak. Armee in den südlichen Sumpfgebieten die Jagd auf schiitische Widerstandsgruppen fort und vertrieb vermutlich Hunderttausende in den Iran.

Der Zusammenbruch des Aufstandes und die Haltung des Westens veranlaßten die kurdische Führung im April 1991, mit *Saddam Husain* zu verhandeln. Die Verhandlungen scheiterten jedoch, weil sich die Kontrahenten weder über das Ausmaß der von den Kurden geforderten Autonomie noch über die zukünftige politische Ordnung im Irak einigen konnten. Die Kurden begannen, gestützt auf den Status der Sicherheitszone, politische und administrative Institutionen aufzubauen. Die Wahl zur kurdischen Nationalversammlung im Mai 1992, die Bildung einer autonomen Regierung sowie die Proklamation einer kurdischen Föderation innerhalb des Irak schufen eine neue Situation, die sowohl von den Nachbarstaaten mit kurdischen Minderheiten (Iran, Türkei und Syrien) als auch von Teilen der irak. Opposition nicht akzeptiert wurde. Die türkische Armee überschritt unter dem Vorwand, die im Grenzgebiet operierende PKK zu bekämpfen, mehrmals die irak. Grenze.

5.4 Gescheiterte Ansätze zu politischen Reformen

Der 2. Golfkrieg beendete die Liberalisierungs- und Demokratisierungsdebatte, die die *Baath*-Regierung zwischen dem Ende des 1. Golfkrieges und dem Überfall auf Kuwait in den Massenmedien führte. Bei den Wahlen zur Nationalversammlung Anfang April 1989 durften sich zwar mehr Kandidaten zur Wahl stellen, die Opposition wurde aber ausdrücklich ausgeschlossen. *Saddam Husain* war offensichtlich bestrebt, die politischen Institutionen, die nach 1968 entstanden waren, umzuformen. Dabei sollten aber weder die Führungsrolle der *Baath*-Partei noch seine eigene Stellung im politischen System angetastet werden.

Den Kernpunkt der Reformdiskussion bildete der Entwurf einer neuen Verfassung, die aber im Kern eine unveränderte Auflage der provisorischen Verfassung von 1970 war. In mehreren Artikeln wurde die Verquickung zwischen *Baath*-Partei und Staat festgeschrieben. Neu war nur die Abschaffung des KRR und die Einführung eines Präsidialsystems. So sollte ein 50-köpfiger Staatsrat, der zur Hälfte vom Staatspräsidenten ernannt werden sollte, den KRR ablösen. Die Nationalversammlung erhielt gemäß Art. 133 wiederum kein Recht, Gesetzentwürfe zu Sicherheitsfragen, Verfassungsänderungen oder -ergänzungen und Änderungen der Kompetenzen des Staatspräsidenten vorzulegen.

Die Zuspitzung der innenpolitischen Lage nach dem 2. Golfkrieg veranlaßte *Saddam Husain*, anläßlich der Ernennung des neuen Ministerpräsidenten *Sadun Hammadi* neue Reformen anzukündigen. Das von *Hammadi* versprochene Demokratisierungsprogramm war aber enttäuschend. Das neue Parteiengesetz erlaubte zwar die Zulassung von politischen Parteien, aber nur dann, wenn sie sich zu den Zielen und Errungenschaften der „Revolution von 1968" bekennen und die Staatssicherheit und nationale Einheit nicht gefährden. Die politische Tätigkeit innerhalb der Armee und Sicherheitsdienste blieb auf die *Baath*-Partei beschränkt. Eine Ergänzung zum Parteiengesetz versagte Parteien auf der Grundlage von Atheismus, Konfessionalismus, Rassismus, Regionalismus und Anti-Arabismus die Legalisierung.

Der 10. Regionalkongreß der *Baath*-Partei im Sept. 1991 machte die bescheidenen Reformschritte *Hammadis* rückgängig. *Saddam Husain* erteilte vor dem Kongreß eine Absage „an diejenigen, die mit dem Westen verflochten und von ihm beeinflußt sind". Die *Baath*-Partei sollte sich zwar nicht in alle Angelegenheiten des Staates einmischen, aber weiterhin als Kontrollinstanz fungieren. Die Ablösung *Hammadis* durch den Schiiten *Muhammad Hamza al-Zubaidi*, der eine führende Rolle bei der Unterdrückung des Schiiten-Aufstandes im März 1991 gespielt hatte, signalisierte das Ende der nach dem 1. Golfkrieg versprochenen politischen Liberalisierung.

5.5 Wirtschaftliche Auswirkungen des zweiten Golfkriegs

Der Irak erlitt auch im 2. Golfkrieg hohe Verluste. Die Kriegsschäden wurden auf 50 Mrd. US-$ geschätzt. Die Zerstörung der Infrastruktur- und Kommunikationseinrichtungen lähmte die Wirtschaft. Durch das Handelsembargo konnte der Irak sein Erdöl nicht exportieren. Damit fiel seine finanzielle Hauptquelle aus. Kriegsbedingt ging die Produktion 1991 im Vergleich zu 1990 im Agrarsektor um 55%, im Industriesektor um 40% und im Dienstleistungssektor um 35% zurück. Der Rückgang des BIP wurde auf 40% geschätzt (vgl. Tab. 6).

Auch wenn in den zwei Jahren nach Kriegsende die Schäden an Infrastruktur und Industrieanlagen zum Teil behoben wurden, konnte die Versorgung der Bev. ohne Importe nicht aufrechterhalten werden. Die mangelhafte Versorgung mit Lebensmitteln und Medikamenten sowie Inflationsraten von über 250% führten zu dramatischen Preiserhöhungen und Kaufkraftverlusten. Die im Herbst 1991 von der Regierung verhängte Wirtschaftsblockade

Tabelle 6: *Wirtschaftswachstum*
(Veränderung gegenüber dem Vorjahr in %)

	1986	1987	1988	1989	1990[a]	1991[a]
Landwirtschaft	4,5	-0,4	2,6	2,8	2,0	-55,0
Industrie	-11,6	4,9	7,4	6,6	0,0	-40,0
Dienstleistungen	-5,8	-2,9	1,6	4,5	1,0	-35,0
BIP	-4,7	-1,9	5,1	5,5	0,5	-40,0

[a] vorläufige Schätzungen
Quelle: FAZ-Informationsdienste, Nov. 1991.

Tabelle 7: *Verbraucherpreise ausgewählter Güter (in ID)*

	Oktober 1990	Juni 1991	Veränderung in %
Hammelfleisch (1 kg)	8,25	15,0	81,8
Zucker (1 kg)	0,2	3,5	1650,0
Tee (1 kg)	1,25	37,0	2860,0
Weizenmehl (1 kg)	0,06	3,5	5733,3
Reis (1 kg)	0,3	4,5	1400,0
Speiseöl (1 Liter)	4,9	36,0	634,7

Quelle: FAZ-Informationsdienste, Nov. 1991.

gegen die Bewohner der im Norden eingerichteten Sicherheitszone führte dort zu einer katastrophalen Versorgungslage, zumal auch sie von dem vom UN-Sicherheitsrat verhängten Handelsembargo betroffen war. Ein potentiell reiches Land verarmte.

6. Wirtschaftliche Struktur und Entwicklung

Gleich nach ihrer Machtergreifung (1968) propagierte die *Baath*-Regierung die „sozialistische Transformation" von Wirtschaft und Gesellschaft, die Beseitigung des ausländischen Einflusses, insbesondere auf die Erdölwirtschaft, und die Schaffung von Bedingungen für eine autozentrierte Entwicklung.

Die Erhöhung der Erdölpreise führte zu einer enormen Steigerung der Erdöleinnahmen, die ihren Niederschlag in einer rasanten Steigerung des BIP, des Pro-Kopf-Einkommens sowie in der Vollbeschäftigung fand. Der Staat erhielt durch die Verfügung über große finanzielle Mittel eine Schlüsselrolle in der sozioökonomischen Entwicklung. Weil er seine Haupteinnahmen durch die Erdölrente von außen bezog, war er zum einen gegenüber der gesellschaftlichen Basis relativ autonom und zum anderen hatte er die Möglichkeit, über die Rentenverteilung die gesellschaftlichen Strukturen umzumodeln.

In der Phase der politischen Konsolidierung zwischen dem Putsch von 1968 und der Niederwerfung des kurdischen Aufstands von 1975 repräsentierte die *Baath*-Partei ein Bündnis zwischen der Staatsklasse mit den Unter- und Mittelschichten. Die Wirtschafts- und Gesellschaftspolitik zielte darauf ab, die Bedürfnisse dieser Schichten zu befriedigen. Die Landreform, der Ausbau des Staatsapparats zur Versorgung der Mittelschicht und die wohlfahrtspolitischen Maßnahmen sollten die notwendige Massenlegitimation schaffen. Die politische Konsolidierung und der unerwartete Anstieg der Ölrente von 575 Mio. US-$ (1972) auf 6 Mrd. US-$ (1974) und ihre Vervielfachung in den folgenden Jahren ermöglichten so etwas wie ein Wirtschaftswunder, allerdings auch eine gigantische Aufrüstung.

Die enorme Erdölrente bestimmte den neuen Wirtschaftskurs. Es war nicht mehr notwendig, über die „sozialistische Transformation" das System politisch zu stabilisieren. Das Regime hatte die Möglichkeit, über den Zugang zum Rentenzyklus die politische Loyalität zu erkaufen. Der Staat gab dem Aufbau der Infrastruktur und der Industrie, insbesondere dem Erdölkomplex und der Petrochemie, höchste Priorität. Über die Rentenverteilung integrierte und begünstigte er den Privatsektor und ermöglichte über Aufträge, Kredite und sonstige Privilegien die Formierung eines parasitären Konglomerats aus Kontraktoren und Zwischenhändlern, die über ethnisch-konfessionelle Klientelbeziehungen an das Regime gebunden waren.

Die faktische Aufgabe der „sozialistischen Transformation" wurde ideologisch durch neue Begriffe wie der „eigene Weg", „Revolution des neuen Weges" oder das „besondere Modell" legitimiert. Das Ziel der Entwicklung war nicht mehr der „Aufbau des Sozialismus", sondern die „Prosperität" und die „ökonomische Stärke".

Tabelle 8: *Entstehung des BIP (Anteile in %)*

	1970	1980	1985	1989
Landwirtschaft	15,5	4,6	13,9	13,9
Bergbau (Erdöl)	29,5	60,5	22,5	16,9
Verarb. Industrie	9,2	4,5	9,6	11,4
Baugewerbe	3,2	7,9	9,1	7,6
Großhandel/Gastronomie	7,8	5,1	12,5	11,8
Transport/Kommunikation	5,7	4,2	5,0	7,0
Handel/Finanzen	6,4	4,1	8,4	9,8
Öff. Dienstleistungen	14,9	8,2	17,3	15,7

Quelle: UN-National Accounts Statistics 1990.

Der wirtschaftliche Aufschwung in den Jahren 1974–81 wurde durch den 1. Golfkrieg und den drastischen Rückgang der Erdöleinnahmen von 26,5 Mrd. US-$ (1983) abgebrochen. Die Erdölpreise fielen von 32 US-$ pro Barrel (1979/90) auf weniger als die Hälfte in der Mitte der 80er Jahre. Die Devisenreserven, die 1980 auf 35 Mrd. US-$ geschätzt wurden, schrumpften innerhalb von drei Jahren auf 3 Mrd. US-$. Außerdem belastete die Zunahme der Auslandsschulden die Wirtschaft (vgl. Tab. 13).

6.1 Erdöl und Erdgas

Die Erdöleinkommen gehörten seit Anfang der 50er Jahre zu den Haupteinnahmen des Irak. Aufgrund der Schätzungen über die Erdölreserven, die nach irak. Angaben bei 280 Mrd. Barrel liegen, wird das Erdöl auch weiter diese dominierende Stellung behalten. Die Einnahmen aus dem Erdölexport machten 1974–90 über 90% der gesamten Devisenerlöse aus.

Tabelle 9: *Produktion und Export von Erdöl*

Jahr	Produktion Mio. bpd	Export Mio. US-$	Jahr	Produktion Mio. bpd	Export Mio. US-$
1973	2,018	1836	1984	1,221	11242
1979	3,477	21289	1985	1,404	10285
1980	2,646	26136	1986	1,688	6465
1981	0,897	10388	1987	2,079	9785
1982	1,012	10250	1989	2,841	15000
1983	1,099	9650	1990	2,055	..

Quelle: Petroleum Economist, Dez. 1991.

Die Nationalisierung der Erdölindustrie, die 1972 mit der Verstaatlichung der *Iraq Petroleum Company* (IPC) ihren Anfang nahm und mit der Verstaatlichung der *Basrah Petroleum Company* abgeschlossen wurde, und der Anstieg der Erdölpreise 1973/74 und 1979/80 bildeten die Basis für die großen Entwicklungsprogramme, die in den 70er und 80er Jahren durchgeführt wurden. Die 1964 gegründete *Iraq National Oil Company* (INOC) übernahm nach der Verstaatlichung die Aufgabe der ausländischen Erdölfirmen. Die Dienstleistungen bei der Erdölproduktion und beim Aufbau von Verarbeitungsanlagen wurden weiter von ausländischen Ölgesellschaften erbracht. So schloß der Irak Verträge mit ERAP (Frankreich), *Japan-Iraq Petroleum Company* (Japan), *Petrobras* (Brasilien) und mit der *Indian Oil and Natural Gas Commission*. Mit dem Aufbau von zehn Raffinerien mit einer Kapazität von rund 600 000 bpd deckte er den Eigenbedarf und konnte einen Teil der Raffinerieprodukte exportieren.

Wegen des beschränkten Zugangs zum Meer war der Erdöltransport, vor allem nach dem Ausbruch des Krieges mit dem Iran, ein Hindernis für den Erdölexport. Der Irak war darauf angewiesen, über die Nachbarländer Pipelines zu den Verladehäfen am Golf und am Mittelmeer zu verlegen. Neben der alten Pipeline durch Syrien verlegte er 1987 eine Pipeline durch die Türkei zum Mittelmeer. Eine heimische Pipeline verband die südlichen Förderfelder mit den Häfen Mina Bakr und Khur al-Amaya am Golf.

Der Irak konnte vor Ausbruch des 1. Golfkrieges 1,7 Mio. bpd über die Pipelines befördern. Nachdem Syrien die Beförderung des irak. Erdöls über die Pipeline, die nach Banias in Syrien und Tripoli in Libanon führte, kappte, stand ihm neben dem Transport mit Tankwagen über Jordanien nur noch die Pipeline durch die Türkei zur Verfügung. Die im Sept. 1989 fertiggestellte IPSA II verbindet die irak. Erdölfelder mit dem saudischen Hafen Muajjiz am Roten Meer. Dadurch erhöhte sich die mögliche Exportkapazität auf mehr als 3,14 Mio. bpd.

Nach der Verhängung des Wirtschaftsembargos aufgrund der Resolution 661 des UN-Sicherheitsrates sank die Erdölproduktion auf 400 000 bpd. Wegen der Kriegsschäden konnten die Raffinerien nur mit etwa 25 % der Kapazität arbeiten. Brennstoff und Gas mußten rationiert werden. Der Erdölexport kam zum Erliegen. Der Irak durfte zwar, um die Versorgungslücken zu überwinden, Erdöl im Gegenwert von 1,6 Mrd. US-$ exportieren, davon sollten aber 700 Mio. US-$ zur Deckung der Tätigkeit der *UNSCOM* und der Rest für den Import von Lebensmitteln und Medikamenten verwendet werden.

Das bisher gefundene Erdgas kommt nur in assoziierter Form, d. h. in Verbindung mit Erdöl, vor. Die Reserven wurden Anfang 1989 auf 2,890 Mrd. m^3 geschätzt. Die Gasproduktion sank infolge von Kriegsschäden von 20,160 Mio. m^3 (1979) auf 5,290 Mio. m^3 (1984), stieg aber bis 1989 wieder auf 10,680 Mio. m^3 an. Während 1979 noch 80 % des Erdgases abgefackelt wurden, führte die stärkere Verflüssigung und industrielle Nutzung dazu, daß 1989 nur noch 40 % abgefackelt werden mußten. Der Gasexport erreichte im gleichen Jahr 30 % der gesamten Produktion. Die Verlegung einer Gaspipeline mit einer Kapazität von 4,2 Mio. m^3 pro Tag vom Süden nach Bagdad wurde 1986 in Angriff genommen. Ein Gaspipeline-Netz im Norden sollte später das Erdgas-Netz vervollständigen.

6.2 Landwirtschaft

Wie in keinem anderen wirtschaftlichen Bereich, machte die Landwirtschaftspolitik der *Baath*-Partei deutlich, daß der Rentier-Staat über strukturelle Möglichkeiten verfügte, die ihn in die Lage versetzten, die sozioökonomische Entwicklung nach Kriterien der politischen Legitimation zu gestalten. Die Agrarpolitik durchlief zwei Phasen, die mit dem Wandel der politischen und ökonomischen Orientierung der *Baath*-Partei eng verzahnt waren: Die staatsinterventionistische Phase zwischen der Durchführung der Agrarreform von 1970 und dem Beginn der Liberalisierung in der zweiten Hälfte der 70er Jahre und Anfang der 80er Jahre.

Im Rahmen des „sozialistischen Wandels" hob die *Baath*-Regierung aufgrund des Gesetzes vom 20. Mai 1969 die Abfindungsansprüche der ehemaligen Großgrundbesitzer auf. Ein Jahr später verabschiedete sie ein neues Agrarreformgesetz, welches die erste Landreform von 1958 gründlich modifizierte. Das neue Gesetz ging bei der höchstzulässigen Obergrenze des Grundbesitzes differenzierter vor. Während das alte Gesetz von 1958 die Obergrenze für Regenfeldland auf 500 ha und für Bewässerungsland auf 250 ha festlegte, halbierte das neue Gesetz die Obergrenze des Regenfeldlandes und beschränkte das Besitztum bei bewässertem Getreideland auf 75–150 ha, bei bewässertem Sommerfruchtland auf 20–30 ha und in Tabakanbaugebieten auf 10–12 ha. Bis 1975 wurden 2,575 Mio. ha enteignet, davon 1,55 Mio. ha an 169 175 Personen verteilt, der Rest verpachtet. Nach der Beendigung des Kurden-Krieges im März 1975 erfaßte das Gesetz auch die kurdische Region, so daß sich die Fläche des enteigneten Landes auf 1,9 Mio ha und die Zahl der in den Genuß von Landzuteilungen kommenden Personen auf 235 559 (1976) erhöhten.

Gleichzeitig begann die Regierung, um die Formierung einer neuen kurdischen Guerilla-Bewegung zu erschweren, mit Zwangsumsiedlungen. Sie tat dies unter dem Vorwand, den Stadt-Land-Gegensatz abbauen und die Infrastruktur für die ländliche Bev. verbessern zu wollen. Nur ein Teil der zwangsumgesiedelten kurdischen Bauern konnte – wegen der langen Wege zwischen den neuen Siedlungen und ihren Feldern – das Land bestellen. Der größere Teil wurde aus der landwirtschaftlichen Produktion abgezogen und war auf staatliche Zuwendungen angewiesen. Die Entvölkerung des fruchtbaren Akkerlandes im Norden erklärt auch, warum der Irak in den 80er Jahren zunehmend auf Lebensmittelimporte angewiesen war.

Aufgrund des Gesetzes von 1970 sollten die kleineren Nutzflächen durch Gründung von Kooperativen zu größeren Einheiten zusammengelegt werden. Zwischen 1970 und 1978 erhöhte sich die Zahl der Kooperativen auf 2000 mit ca. 400 000 Mitgliedern und einer Nutzfläche von 5,9 Mio. ha. Daneben existierten 30 Staatsfarmen mit 300 000 ha Nutzfläche. Im Rahmen der Mechanisierung der Landwirtschaft wurden staatliche Maschinenstationen errichtet, die von den Kooperativen, aber auch von privaten Betrieben, genutzt werden konnten. Der Entwicklungsplan von 1976–80 sah den weiteren Ausbau des „sozialistischen Sektors“ vor.

Nach dem Aufstieg *Saddam Husains* zum Präsidenten wandte sich jedoch die Regierung von der bisherigen Agrarpolitik ab. Die Zahl der Staatsfarmen sank 1979–83 von 77 auf 10, die Zahl der Kooperativen von 1923 auf 811. Ende 1987 hatten die Kooperativen noch 376 392 Mitglieder. Die Ineffizienz des „sozialistischen Sektors“ veranlaßte die Regierung zu einigen Schritten, die die ländlichen Produktionsverhältnisse einschneidend veränderten. Das Gesetz Nr. 35 von 1983 gestattete irak. Bürgern und Bürgern anderer arabischer Staaten, für die Dauer von fünf bis 20 Jahren Land in unbegrenztem Umfang zu pachten. Seit 1987 wurden infolge der „administrativen Revolution“, deren Ziel die Einschränkung der Bürokratie sein sollte, weitere Staatsfarmen an Agrarunternehmer verpachtet.

Die niedrigere Produktivität in der Landwirtschaft war zwar auch ein Grund für ihre „Reprivatisierung“, galt aber vor Ausbruch des 1. Golfkrieges nicht als essentielles Problem, weil die Nahrungsmittel mit Hilfe der Erdöleinnahmen importiert werden konnten. In dieser Hinsicht unterschied sich der Irak nicht von den anderen arabischen Erdölrentier-Staaten. Er wandelte sich von einem agrarexportierenden Land vor 1958 zu einem Importland, weil die Selbstversorgung weder nach der Landreform von 1958 noch nach 1970 das Ziel der Agrarpolitik war. Als Konsequenz der ungleichen Entwicklung des Einkommens zwischen Land und Stadt verstärkte sich die Landflucht, so daß die Zahl der in der Landwirtschaft tätigen Bev. auf ca. 20% der Gesamtbeschäftigten sank (vgl. Tab. 10).

Tabelle 10: *Beschäftigte in der Landwirtschaft (in Tsd.)*

Jahr	Gesamte Bev.[a]	Ländliche Bev.	Beschäftigte gesamt	in Landwirtschaft in Tsd.	in %[b]
1975	11020	4092	2890	1073	37,1
1980	13291	4044	3551	1081	30,4
1985	15898	3893	4529	1043	23,0
1988	17660	3876	4752	1041	21,9
1990	18920	3879	5119	1049	20,5

[a] geringe Abweichungen von Daten in Tab. 1; [b] in % der Gesamtbeschäftigten
Quelle: FAO: Production Yearbook 1990.

Die Hauptschwächen der Agrarreformen lagen darin, daß die reicheren Bauern ihre Position durch Verpachtung des Landes, Zugang zu günstigen Darlehen und Kauf von Maschinen weiter ausbauen konnten; daß zweitens trotz des Aufbaus eines „sozialistischen Sektors" in der Regel die tradierten Produktionsverhältnisse weiter bestanden. So wurde in den Regenfeldgebieten das Land nicht von den Genossenschaftsbauern selbst bewirtschaftet, sondern entweder von den Lohnarbeitern der Maschinen- und Traktorenstationen oder von den privaten städtischen oder ländlichen Kontraktoren. Die Genossenschaftsbauern erhielten bei dieser Form der Bewirtschaftung 40% der Ernte.

In der Wasserregulierung erreichte der Irak mit dem Bau von zahlreichen Dämmen an Tigris und Euphrat wesentliche Fortschritte, so daß 1991 ein Drittel der 12 Mio. ha kultivierbaren Landes bewässert werden konnte. Das große türkische Bewässerungsprojekt am Euphrat und der syrische Euphrat-Damm verringerten jedoch die Wassermenge, die der Irak erhält. Die Verhandlungen zwischen den drei Ländern über die Wasseranteile kamen nach dem 2. Golfkrieg zum Erliegen. Ein großes Projekt im südlichen Sumpfgebiet (*al-Ahwar*), das als der „Dritte Fluß" bezeichnet wird, hat nach offiziellen Angaben das Ziel, 15000 qkm Nutzfläche zu bewässern. Das Trockenlegen des uralten Sumpfgebietes kann zu einer ökologischen Katastrophe führen.

Ein brisantes Problem, mit dem besonders die Neulanderschließung im Süden konfrontiert ist, ist die Versalzung des neu gewonnenen Ackerlandes aufgrund unzureichender Drainagemethoden. Das oben erwähnte Projekt zwischen Euphrat und Tigris könnte, falls nicht bewässerungstechnisch aufwendige Maßnahmen getroffen werden, nur für eine begrenzte Zeit landwirtschaftlich nutzbar bleiben.

6.3 Industrie

Die Tatsache, daß der Staat über das Erdöl 60% des Nationalprodukts kontrollierte, verlieh ihm die Hauptrolle bei der Entwicklung des staatlichen und privaten Industriesektors. Das erklärte Ziel der Wirtschaftspolitik war die Diversifizierung der Wirtschaft, um die Abhängigkeit vom Erdölexport zu verringern. Der massiv ausgebaute staatliche Sektor sollte mit dem Privatsektor und einem vom Staat und privatem Kapital getragenen gemischtwirtschaftlichen Sektor koexistieren. Die Rolle des Privatsektors wurde nach der Propagierung der „sozialistischen Transformation" dadurch gerechtfertigt, daß er in seiner kleinbetrieblichen Organisationsform schneller auf die Bedürfnisse der Verbraucher reagieren könne.

Der staatliche Sektor konzentrierte sich auf die kapitalintensive Schwerindustrie (inkl. Rüstungsindustrie), Petrochemie, Düngemittel- und Stahlindustrie. In diese Branchen flossen in der Phase 1970–77 rund 50% der gesamten Investitionen. Die Gesamtinvestitionen in der Industrie beliefen sich im Zeitraum 1970–86 auf rund 14 Mrd. ID (d. h. etwa 45 Mrd. US-$ nach amtlichen Wechselkursen). Das wichtigste Industrieprojekt war – neben den Erdölraffinerien – der 1978 fertiggestellte Eisen- und Stahlkomplex in Khur al-Zubair mit einer Jahreskapazität von 1,2 Mio. t Eisen und 400 000 t Stahl. Weitere staatliche Großprojekte gab es in der Gewinnung und Verarbeitung von Phosphat und Schwefel sowie in der Zement-, Textil-, Pharma- und Tabakindustrie zur Substitution von Importen. Die Betriebe mit mehr als zehn Arbeitnehmern (deren Zahl das Planungsministerium für 1977 mit 1548, für 1984 aber nur noch mit 782 auswies) beschäftigten 1984 nur etwa 170 000 Personen.

Gleichzeitig förderte der Staat den Privatsektor durch vielfältige Anreize und Vergünstigungen wie der Bereitstellung von günstigen Gründungskrediten (bis zu 80% des Startkapitals) durch die Industriebank und der Befreiung von Einkommensteuern und Zollabgaben in den ersten fünf Jahren nach Produktionsbeginn. Die Stimulanz durch die steigende Nachfrage nach Konsumgütern gab ihm zunächst zusätzlichen Auftrieb, bevor auch er in den 80er Jahren unter der kriegs- und weltmarktbedingten Wirtschaftskrise (u.a. unter dem Kriegsdienst von arbeitsfähigen Männern) zu leiden hatte.

Das Gesetz Nr. 115 von 1982 erhöhte die Kapitalobergrenze bei Privatunternehmen auf 7 Mio. ID (d. h. etwa 22,5 Mio. US-$) und rückte damit weiter vom sozialistischen Credo ab. Das Investitionsgesetz Nr. 42 von 1988 gab schließlich den Privatinvestoren in der Industrie weitgehend freie Hand. Der Staat beschleunigte den Privatisierungsprozeß, indem er Betriebe und Betriebsanteile im Wert von 2,2 Mrd. US-$ veräußerte. Nach dem 2. Golfkrieg trieb er durch die Konzessionsvergabe an vier Privatbanken und durch die

Eröffnung einer Börse (1992) auch die Privatisierung des Finanzsektors voran – nicht zuletzt mit der Absicht, das für den Wiederaufbau dringend benötigte Auslandskapital anzulocken.

Ein Wirtschaftsbereich, der kein besonderes Können, sondern gute Beziehungen zur Partei- oder Staatsführung voraussetzte, war die *Contracting*-Branche. Viele Regimegünstlinge stiegen in diese Branche ein, zumal die Lizenzen übertragbar waren und ihr Verkauf erhebliche Profite abwarf. Besonders der von der Ölpreisexplosion von 1973/74 ausgelöste Bauboom trug zu ihrem Florieren bei. Der Staat förderte die Branche (und die Partei erweiterte ihr Patronage- und Korruptionspotential), indem er den *Contractors* subventionierte Rohmaterialien und zollfrei importierte Maschinen überließ. Das Geschäft mit Lizenzen bedeutet ein wechselseitiges Geben und Nehmen und ist besonders anfällig für Korruptionspraktiken.

7. Außenhandel und Auslandsschulden

Der Export von Erdöl erbrachte bis 1990 trotz aller Bemühungen um Diversifizierung noch immer rund 95 % der Exporterlöse Devisen- und Staatseinnahmen waren abhängig von der Menge des exportierten Erdöls und von der Entwicklung der Erdölpreise. Es war dem Irak weder gelungen, der OPEC höhere Förderquoten abzuringen, noch die Golfstaaten zu einer aggressiveren Preispolitik zu bewegen. Aber es waren vor allem die von ihm angezettelten Kriege, die seine Export- und Importfähigkeit verminderten.

Tabelle 11: *Außenhandel (in Mio. US-$)*

	1980	1982	1984	1986	1987	1988[a]
Importe	14067	21728	11178	10100	10400	11400
Exporte	26278	10230	9050	6800	12000	12500
Handelsbilanz	12211	-11498	-2128	-3300	1600	1100

[a] geschätzt
Quellen: Stat. Bundesamt 1988; Middle East Economic Digest vom 23.9.1988.

Schon der 1. Golfkrieg führte, abgesehen von Waffenimporten, zum Schrumpfen des Handelsvolumens und zu einem Minus in der Handelsbilanz (vgl. Tab. 11). Die in den Statistiken ausgewiesene positive Handelsbilanz nach 1987 täuscht angesichts der hohen Rüstungsimporte, von denen allenfalls die *Dual-Use*-Güter in der Handelsstatistik auftauchen, und angesichts der hohen Auslandsschulden, die wesentlich durch Rüstungskäufe verursacht wurden, über die kritische außenwirtschaftliche Lage hinweg, die seit Beginn der 80er Jahre bestand.

Nach dem 2. Golfkrieg schrumpfte schließlich der Außenhandel, bedingt durch Kriegszerstörungen und das vom UN-Sicherheitsrat verhängte Handelsembargo, auf Restgrößen zusammen. Ein ehemals potenter Wirtschaftspartner durfte nur noch kleine Mengen an Erdöl ausführen und lebensnotwendige Nahrungsmittel und Medikamente einführen. Das Handelsembargo sollte das Regime bestrafen und schwächen, traf aber vor allem die Bev. und blockierte außerdem die Fähigkeit, die Schulden zu bedienen und Reparationen zu zahlen.

In den 80er Jahren entwickelten sich die EG-Staaten, Japan und die Türkei zu den wichtigsten Handelspartnern. Während diese Ländergruppe vorwiegend Maschinen, Fahrzeuge sowie andere industrielle Produkte lieferte, beschränke sich der Handel mit der Sowjetunion fast ausschließlich auf den Import von Rüstungsgütern.

Tabelle 12: *Auslandsschulden (in Mio. US-$)*

	1983	1985	1987	1989	1990
Gesamtschulden	7219	12839	20407	22777	22713
Schuldendienst	1726	2135	2715	3633	1849

[a] Diese OECD-Zahlen weichen erheblich von anderen Schätzungen ab, die im Text erwähnt werden.
Quelle: OECD: Financing and External Debt of Developing Countries 1991.

Nach irak. Angaben, die allerdings von OECD-Angaben stark abweichen (vgl. Tab. 12), erreichte die Auslandsverschuldung Ende 1990 rund 42,3 Mrd. US-$. Hinzu kommen bis 1995 auflaufende Zinsen in Höhe von 32,4 Mrd. US-$. Die Verbindlichkeiten gegenüber Saudi-Arabien und Kuwait in Höhe von ca. 34 Mrd. US-$ sind darin nicht enthalten, da die irak. Regierung sie als verlorene Subsidien für die Kriegsführung gegen den Iran betrachtet. Der Schuldendienst und die Reparationsforderungen stellen das Land, auch wenn es den Erdölexport wieder aufnehmen darf, vor große finanzielle Schwierigkeiten. Allein für die Reparationszahlungen sollen nach Beschluß des UN-Sicherheitsrates 30% der Exporterlöse einbehalten werden.

8. Soziale Struktur und Entwicklung

Die Frage nach den Veränderungen der Sozialstruktur spielt bei der Einschätzung des baathistischen Gesellschafts- und Wirtschaftsmodells eine wichtige Rolle. Die Kritiker des *Baath*-Modells stellen fest, daß das Ziel einer sozialistischen Gesellschaft schon nach dem Anstieg der Erdölpreise nach 1973 aufgegeben wurde. Die irak. Gesellschaft wurde in den 70er und 80er Jahren durch mehrere Faktoren und Entwicklungen geprägt: den Anstieg des Pro-Kopf-Einkommens; eine beschleunigte Urbanisierung und Alphabetisierung; eine durch die Bildungs- und Medienpolitik geförderte Säkularisierung, die auch die Rolle der Frauen veränderte; einen tiefgreifenden sozialen Wandel durch neue Arbeitsverhältnisse; ethnisch-konfessionelle Klientelbeziehungen, die Nabelschnüre zwischen Gesellschaft und Politik bilden.

Die wirtschaftliche Aufwärtsentwicklung und die Zunahme der Beschäftigten im öffentlichen Dienst hatten in der 2. Hälfte der 70er Jahre zu Vollbeschäftigung und einem relativen Wohlstand geführt. Dieser Entwicklungstrend wurde jedoch nach 1982 durch Kriegsfolgen und sinkende Öleinnahmen abgebrochen. Die 1987 angekündigte „administrative Revolution" bedeutete Entlassungen im öffentlichen Dienst. Die 1989 beschlossene Halbierung der rund 800 000 Staatsbediensteten fiel mit der Demobilisierung von 200 000 Soldaten zusammen, so daß – bevor die Mobilisierung für den 2. Golfkrieg begann – Irak mit dem sozialen Problem einer wachsenden Arbeitslosigkeit konfrontiert wurde, nachdem in der Boom- und Kriegsphase (hier als Ersatz für Kriegsdienstleistende) ausländische Arbeitskräfte angeworben worden waren.

Trotz der Subventionen für Grundnahrungsmittel wurde die Teuerungsrate in den 80er Jahren auf etwa 40 % geschätzt. Die durch die Privatisierung und Umstrukturierung der Wirtschaft ausgelöste Inflation, die 1989 bei 40 % lag, führte bei Beziehern von Gehältern und Löhnen zur Senkung des Realeinkommens. Ihre Position wurde auch durch die Abschaffung der Gewerkschaften im öffentlichen Sektor (1987) und die Modifizierung des Arbeitsrechts verschlechtert. Das Dekret des KRR Nr. 652 von 1987 annullierte das im Arbeitsrecht garantierte Recht auf Arbeit, hob aber das Verbot auf, ohne Erlaubnis den Arbeitsplatz zu wechseln. Die Artikulation von Unzufriedenheit wurde durch Repression unterdrückt.

Während sich die soziale Situation der Mittel- und Unterschichten im Gefolge der Kriege zunehmend verschlechterte, erhielt der Privatsektor immer mehr Privilegien und Vergünstigungen. Seit den 70er Jahren war aber der Zugang zu dem vom Staat verwalteten Rentenzyklus nicht primär durch wirtschaftliches Engagement, sondern über politische und ethnisch-konfessionelle Klientelbeziehungen zu erhalten. Sie spielten sowohl bei der Vergabe von finanziell lukrativen *Contracting*-Verträgen als auch bei der Vergabe von Pachtverträgen bei der Reprivatisierung der staatlichen Ländereien eine große Rolle, kamen aber nur einer kleinen Gruppe von Regimegünstlingen zugute.

Die soziale Lage der Bevölkerungsmehrheit verschlechterte sich schon in den 80er Jahren und fiel zu Beginn der 90er Jahre auf ein Subsistenzniveau zurück: Sie mußte die Zeche für die Kriege bezahlen, die ein Diktator anzettelte. Das gut ausgebaute Gesundheitswesen konnte aus Mangel an Medikamenten, Material und Geräten nur noch eine notdürftige Versorgung leisten. Die Säuglingssterblichkeit stieg wieder an (was die aktuellen Entwicklungen nachhinkenden internationalen Sozialstatistiken noch nicht erkennen lassen).

8.1 Bildungs- und Kulturpolitik

Das *Baath*-Regime wollte einen „neuen Menschen" schaffen und ihn aus der kulturellen und sozialen Rückständigkeit befreien. Die Grundlage für diese soziale Transformation bildete eine neue Bildungspolitik. Wichtige Schritte waren die Durchsetzung der Schulpflicht und die Bereitstellung kostenlosen Lernmaterials für alle Schulstufen. Eine von der Partei und den zuständigen Institutionen getragene Alphabetisierungskampagne hatte großen Erfolg: Von 1978 bis Anfang 1981 absolvierten über zwei Mio. Iraker das Alphabetisierungsprogramm. Der Alphabetisierungsgrad stieg von 26 % (1975) auf 47 % (1979/89) und erreichte 1990 schon 60 % der gesamten Bevölkerung.

Tabelle 13: *Sozialindikatoren*

	1965	1980	1990
Lebenserwartung bei Geburt	48[a]	56	65
Säuglingssterblichkeit	119	76	65
E. pro Arzt	5000	1800	..
Alphabetenquote	34[b]	..	60
- Frauen	..	..	49
Einschulungsraten in %			
- in Primarschulen	74	..	96
- Mädchen	45	..	87
- in Sekundarschulen	28	..	47
- Mädchen	14	..	37

[a] 1960; [b] 1970
Quellen: Human Development Report 1992; Weltentwicklungsberichte.

Im kulturellen Bereich erwies sich die Verpflichtung auf die Politik und Ideologie der *Baath*-Partei als einschränkend und hemmend. Die Uniformierung der Medien seit 1968 diente in erster Linie der Propagierung der *Baath*-Ideologie. Mit dem Aufstieg *Saddam Husains* zum Diktator wurden Kunst, Musik und Literatur zum Personenkult instrumentalisiert. Die von Staat und Partei verordnete Renaissance der alten mesopotamischen Kulturen in den Jahren des Krieges mit dem Iran hatten neben dem Erstarken des neuen „irakisch-mesopotamischen" Patriotismus den Vergleich *Saddam Husains* mit dem mesopotamischen Reformer *Hammurabi* und dem Eroberer *Nebuchadnezzar* zum Ziel.

8.2 Rolle der Frauen

Obwohl den Frauen keine nennenswerte Rolle in der politischen Führung zukommt, veränderte die *Baath*-Politik die traditionelle Geschlechterrolle. Die *General Federation of Iraqi Women* sollte als „Massenorganisation" der Partei die Gleichberechtigung der Frauen durchsetzen. Im Arbeits- und Sozialrecht wurden sie den Männern gleichgestellt. Aufgrund einer Ergänzung des zivilen Personenstandsrechts (1978) wurde die Eheschließung außerhalb der Gerichte verboten, der Zwang zur Ehe untersagt, die Bigamie und Polygamie von der Zustimmung des Gerichts abhängig gemacht. Die Frauen erhielten das Recht, sich scheiden zu lassen, und durften im Irak als einzigem arabischen Land seit 1978 das Richteramt bekleiden.

Der Anteil der Frauen an den Hochschulen stieg bis 1990 auf 37%. Sie stellten 1980 schon 46% der Lehrer, 29% der Ärzte, 46% der Zahnärzte, 70% der Apotheker und 30% der leitenden Angestellten im Erdölministerium. Diese Anteile dürften sich nach dem 1. Golfkrieg noch erhöht haben. Aufgrund eines Gesetzes von 1977 wurden den Frauen auch Tätigkeiten in den Streitkräften, im Sanitätsbereich auch im Offiziersrang, eröffnet.

Die Rolle der Frauen war aber abhängig von den ideologischen und politischen Zielen der Partei. Ein Dekret des KRR von 1982 war beispielhaft für die Widersprüchlichkeit ihrer Frauenpolitik. In diesem Dekret stellte die Regierung eine Prämienzahlung in Aussicht, wenn sich die mit iranischstämmigen Frauen verheirateten irak. Männer scheiden lassen. Arabische Männer wurden mit einer finanziellen Prämie belohnt, wenn sie kurdische Frauen heirateten.

Die Frauen waren während der beiden Golfkriege großen Belastungen ausgesetzt. Sie dienten als Reservearmee im Arbeitsprozeß. Viele mußten als Kriegswitwen allein für die Kinder sorgen oder sich um verkrüppelte Männer oder Söhne kümmern. Gleichzeitig trat mit dem zunehmenden Rückgriff auf islamische Werte die Gleichstellung der Geschlechter in den Hintergrund. Die 1993 angekündigte Abschaffung der Koedukation an den Schulen signalisierte den Beginn einer neuen Frauenpolitik.

9. Entwicklungsperspektiven

Die zwei großen Kriege, die das *Baath*-Regime innerhalb eines Jahrzehnts führte, stürzten das Land in eine tiefgreifende politische, wirtschaftliche und soziale Krise. Der Wiederaufbau der Wirtschaft wurde durch die großen Kriegsschäden und die Schuldenlast erschwert. Der 2. Golfkrieg stellte, nachdem die „Mutter aller Schlachten" zum Desaster wurde, den Irak vor eine politische und ökonomische Zerreißprobe. Die Zerstörungen des Krieges und das vom UN-Sicherheitsrat verhängte Wirtschaftsembargo führten zum Kollaps der schon vor dem Krieg fragilen Wirtschaft. Der Schuldendienst und Reparationsforderungen, die sich im Falle Kuwaits auf 44 Mrd. US-$ belaufen, werden die Entwicklung des Irak jahrzehntelang beeinträchtigen.

Auch politisch ist die Zukunft des Landes höchst ungewiß. Außenpolitisch steht die Normalisierung der Beziehungen zu den Golfstaaten noch aus. Der Westen versucht, wegen der empfindlichen politischen Konstellation in der Region und der schwer einschätzbaren Entwicklung des Irak nach einem Abgang *Saddam Husains* den Status quo aufrechtzuerhalten. Ein Regimewechsel könnte nicht nur die Aufhebung der internationalen Sanktionen beschleunigen, sondern auch den Zugang zu arabischen und internationalen Hilfsfonds eröffnen. Die Golfstaaten werden aber den Geldhahn ohne Abbau des militärischen Bedrohungspotentials kaum aufdrehen.

Innenpolitisch verschärfte sich trotz der Niederwerfung der Aufstände der Kurden und Schiiten die ethnisch-konfessionelle Polarisierung. Nur Repression und die regionalen und internationalen Befürchtungen über die unvorhersehbaren Folgen eines Auseinanderfallens des Irak halten das Land zusammen. Auch wenn es zu einer nationalen Versöhnung und zu einem friedlichen politischen Wandel kommen sollte, wird die Veränderung der ethnisch-konfessionellen Stratifikation unvermeidbar sein. Die schiitische Mehrheit wird die ihr bis jetzt aufgezwungene Minderheitenrolle nicht mehr akzeptieren.

Literatur

Baram, A. 1991: Culture, History and Ideology in the Formation of Ba'thist Iraq, 1968–89, New York.

Batatu, H. 1978: The Old Social Classes and the Revolutionary Movements of Iraq, Princeton.

Farouk-Sluglett, M./Sluglett, P. 1991: Der Irak seit 1958. Von der Revolution zur Diktatur, Frankfurt/M.

Ferna, R. A./Louis, W. R. (Hrsg.) 1991: The Iraqi Revolution of 1958. The Old Social Classes Revisited, London.

Gunter, M. M. 1993: The Kurds of Iraq, New York.

Helms, Chr. M. 1984: Iraq, Eastern Flank of the Arab World, Washington, D.C.

Hiro, D. 1992: Desert Shield to Desert Storm. The Second Gulf War, London.

Ibrahim, F./Ferdowsi, Mir A. (Hrsg.) 1992: Die Kuwait-Krise und das regionale Umfeld. Hintergründe, Interessen, Ziele, Berlin.

Khadduri, M. 1988: The Gulf War. The Origins and Implications of the Iraq-Iran Conflict, New York.

Ismael, T. Y. 1982: Iraq and Iran. Roots of Conflict, New York.

Karsh, E. (Hrsg.) 1987: The Iran-Iraq War. Impact and Implications, London.

Khalil, Samir [Pseud.] 1989: The Republic of Fear. The Politics of Modern Iraq, London.

Krell, G./Kubbig, B. W. (Hrsg.) 1991: Krieg und Frieden am Golf. Ursachen und Perspektiven, Frankfurt/M.

Makiya, K. 1993: Cruelty and Silence. War, Tyranny, Uprising, and the Arab World, London.

Marr, Phebe 1985: The Modern History of Iraq, London.

McDowell, D. 1992: The Kurds. A Nation Denied, London.

Metz, H. C. (Hrsg.) 1990: Iraq. A Country Study, Washington, D.C.

Mofid, K. 1990: The Economic Consequences of the Gulf War, London.

Penrose, E./Penrose, E. F. 1978: Iraq: International Relations and National Development, Boulder/Colorado.
Rasoul, F. 1987: Irak-Iran. Ursachen und Dimensionen eines Konflikts, Wien.
Stein, G. (Hrsg.) 1992: Nachgedanken zum Golfkrieg, Heidelberg.
Wiley, J. N. 1992: The Islamic Movement of Iraqi Shi'as, Boulder/London.

Iran

Mir A. Ferdowsi

1. Wirtschaftsgeographische Grundlagen

Mit 1 648 000 qkm, ca. 4 ½mal so groß wie die Bundesrepublik, ist Iran (bis 1934 Persien, ab 1979 *Islamische Republik*) einer der größten Staaten des Nahen und Mittleren Ostens, eingebettet zwischen Zentralasien und dem Kaspischen Meer im Norden sowie der Region des Arabisch-Persischen Golfes im Süden. Im Westen grenzt Iran an die Türkei und an den Irak, im Osten an Afghanistan und Pakistan. Angesichts dieser geographisch-strategischen Lage im Schnittpunkt verschiedener Kulturen und Völker stellt Iran ein Bindeglied zwischen Zentralasien, dem indischen Subkontinent, der arabischen Welt und der türkischen Einflußsphäre im Westen dar (vgl. *Schweitzer* 1991).

Klimatisch gehört Iran mit Ausnahme der immerfeuchten Nordhänge des Elbersgebirges der subtropischen Trockenzone an, mit starken Temperaturgegensätzen zwischen Sommer und Winter. Bedingt durch die ungünstigen natürlichen Bedingungen sind von der Gesamtfläche des Landes höchstens 15% landwirtschaftlich nutzbar. Davon wiederum entfällt nur ein kleiner Teil auf intensiv zu nutzendes Bewässerungsland. Sowohl für die bäuerliche Tierhaltung als auch für den nach wie vor in vielen Gebieten vorherrschenden Nomadismus bedeutsam sind die ausgedehnten Weideflächen.

Unter den bergbaulich genutzten Ressourcen sind Erdöl und Erdgas mit Abstand die bedeutendsten. Iran gehört trotz der Förderbeschränkungen seit der *Islamischen Revolution* (1979) und im Gefolge des 1. Golfkrieges nach wie vor zu den führenden Produzenten und Exporteuren von Erdöl und Erdgas auf der Welt und verfügt derzeit etwa über 10% der bekannten Weltvorräte an Erdöl und über 12% der nachgewiesenen Reserven an Erdgas. Zwar war kriegsbedingt nach einem Tiefstand der Erdölproduktion 1981 (1,5 Mio. bqd) erst 1987 wieder die OPEC-Förderquote von 2,3 Mio. bpd erreicht worden; in den letzten Jahren allerdings konnte die Fördermenge wieder beachtlich erhöht werden.

Die Regierung will Erdgas zum heimischen Energieträger Nr. 1 machen und baut deshalb ein landesweites Verteilernetz auf, um die Versorgung von Industrie und Haushalten zu verbessern. Die Anschlüsse stiegen von 50 000 (1979) auf 950 000 (1990). Bis 1994 sollten 2,5 Mio. Haushalte und 1500 Industriebetriebe angeschlossen sein.

Tabelle 1: *Daten zur Erdöl- und Erdgaswirtschaft*

	1986/87	1987/88	1988/89	1989/90	1990/91
Erdöl in Mio. barrel					
- Förderung	794	898	927	1069	1132
- Ausfuhr	456	564	602	756	811
Erdgas in Mrd. m^3					
- Förderung	25,3	30,9	30,7	32,3	35,3
- Inlandsverbrauch	15,6	20,3	20,2	21,3	23,5
- Abgefackelt	9,7	10,6	10,5	10,9	9,7

Quelle: Stat. Bundesamt 1992.

Neben den Kohlenwasserstoffen verfügt Iran über große Vorkommen an mineralischen Bodenschätzen, zu denen Chromerze, Blei, Zink, Kupfer, Eisenerze, Steinkohle, Mangan, Zinn, Wolfram und Gold gehören. Das wichtigste Bergbauvorhaben in den vergangenen Jahren war die Erschließung der auf 800 Mio. t geschätzten Kupfererzvorkommen. Außerdem wurde seit 1985 mit dem Aufbau von zwei Bleiwerken mit Kapazitäten von 60 000 bzw. 40 000 t begonnen.

Seit der *Islamischen Revolution* sind – kriegsbedingt – nur geringe Investitionen im Verkehrs- und Nachrichtenwesen getätigt worden. Lediglich strategisch wichtige Verkehrsverbindungen, die den Zugang zur Kriegsfront ermöglichten, wurden ausgebaut. Das niedrige Investitionsniveau führte zu erheblichen Engpässen im Gütertransport. 1990 umfaßte die Streckenlänge der Eisenbahn insgesamt 4567 km. Bis Ende 1993 soll sie um 550 km verlängert werden. Außerdem ist die Modernisierung von 1750 km Eisenbahnstrecke vorgesehen.

Das gesamte Straßennetz hatte 1986 eine Länge von rd. 151 488 km. Bislang existieren erst 459 km Autobahn. Nur 14 % der Straßen sind als Hauptstraßen klassifiziert und als Allwetterstraßen ausgebaut. Straßen zweiter Ordnung befinden sich im allgemeinen in einem guten Zustand. Rund 93 000 km allerdings sind einfache Erdstraßen, die zum Teil nur unzureichend den Verkehrsanschluß der ländlichen Regionen sichern. Bis 1994 sollen auf einer Länge von rd. 360 km neue Schnellstraßen bzw. Autobahnen entstehen.

2. Bevölkerung

Schätzungen gingen zur Jahresmitte 1992 bereits von 56,9 Mio. E. aus. Auf die Gesamtfläche bezogen, ergab sich eine durchschn. Bevölkerungsdichte von 34,7 E. pro qkm. In diesen Zahlen nicht enthalten sind die rund 4 Mio. Flüchtlinge, darunter 3 Mio. Afghanen und 1 Mio. Iraker (Schiiten und Kurden).

Tabelle 2: *Bevölkerung*

	1966	1976	1986	1990	1992
Bev. in Mio.	25,8	33,7	49,4	54,6	56,8
E. pro qkm	15,7	20,6	30,2	33,3	34,7
Urbanisationsrate (%)	38,0	47,0	54,3	56,7	..
Anteile in %					
- unter 15 Jahren	..	44,6	45,5	43,9	..
- unter 20 Jahren	..	55,3	56,0	54,3	..
Wachstum (p.a. in %)		1970-80		1980-91	
- der Bevölkerung		3,3		3,6	
- der Stadtbevölkerung		5,2		5,0	

Quellen: Stat. Bundesamt 1992; Weltentwicklungsbericht 1993.

Die Ursache für den Anstieg der Wachstumsrate von 3,2 % vor 1979 auf 4 % in den 80er Jahren war nicht zuletzt das Resultat der Politik der neuen Führung, die sämtliche Maßnahmen zur Geburtenkontrolle bekämpft und Frühehe und Familie gefördert hatte. Die daraus entstehenden wirtschaftlichen Probleme zwangen Regierung und religiöse Führer erst in jüngster Zeit, Maßnahmen zur Familienplanung mit dem Ziel der Drei-Kinder-Familie einzuleiten. Denn nach Schätzungen der UNO würde die iran. Bev. bei gleichbleibend hohem Wachstum bis zum Jahr 2000 auf 78 Mio., bis 2025 gar auf 166 Mio. E. anwachsen.

Der Altersaufbau der Bev. entspricht dem für die meisten EL typischen Aufbau und ist gekennzeichnet durch die Dominanz jüngerer Altersgruppen (vgl. Tab. 2).

Aufgrund der unterschiedlichen klimatischen und geographischen Bedingungen des Landes ergeben sich in der regionalen Bevölkerungsverteilung erhebliche Unterschiede. Im NW leben auf ca. 29 % der gesamten Landesfläche ca. 70 % der Bevölkerung. Die Bevölkerungsdichte schwankte 1986 zwischen 308 E. pro qkm in der Provinz Teheran und 4,6 E. pro qkm in der Provinz Semnan. In den 80er Jahren wiesen sechs der 24 Provinzen einen jährlichen Bevölkerungszuwachs von 5–6 % auf, bedingt durch Wanderungsbewegungen aus ländlichen Gebieten in die Städte. Die Landflucht ließ die Urbanisationsrate rasch ansteigen (vgl. Tab. 2).

Neben rund 50 % Persern und verwandten iran. Völkern (Kurden, Belutschen) stellen osttürkische Aserbajdschaner, Araber, Turkmenen, Armenier und andere Gruppen rund 15 % der iran. Bevölkerung. Die Amtssprache *Farsi* ist Umgangssprache für etwa zwei Drittel der Bevölkerung. 10 % sprechen verwandte Sprachen wie Belutschi und Kurdisch, etwa 20 % eine Turksprache. Bedeutendste Religionsgemeinschaft ist der Islam. Über 90 % der Bev. bekannten sich 1987 zu ihm. Nach Schätzungen waren davon 95 % Personen schiitischer und 3 % sunnitischer Glaubensrichtung.

Die Proklamierung der *Islamischen Republik* hat dazu geführt, daß sich die Zahl der Angehörigen von nichtislamischen Religionsgemeinschaften wie armenische und assyrische Christen, Juden, Parsen und Baha'i infolge von Auswanderung verringert hat. Insbesondere letztere wurden in zunehmendem Maße Opfer von Repressionen, da die Baha'i-Religion nach wie vor verboten ist und nicht zu den als „Schutzbefohlene" geltenden religiösen Minderheiten nach Art. 13 der Verfassung gezählt wird. Baha'i, die sich offen zu ihrem Glauben bekennen, werden weder zur Schule oder Universität noch zur Arbeit zugelassen. Seit 1979 wurden Hunderte von ihnen verhaftet und etwa 200 getötet. Der „Oberste Revolutionäre Kulturrat" wies im Febr. 1991 die Behörden an, sich gegenüber den Baha'i so zu verhalten, daß „ihr Fortschritt und ihre Entwicklung verhindert werden" (lt. FAZ v. 4. 3. 1993).

3. Historischer Abriß

Mit der Machtübernahme durch *Kyros I.* (558–528 v. Chr.) betritt Persien die Bühne der Weltgeschichte. Iran ist also einer der ältesten Staaten der Erde. Der Dynastie der Achämeniden folgen die Dynastien der Araskiden (Parther/ 250 v. Chr. bis 224 n. Chr.) und Sassaniden, deren letzter Herrscher im Jahre 636 in der Schlacht von Quadisiyah von den arabischen Eroberern gestürzt wurde, was die Islamisierung des Landes zur Folge hatte. Erst im 9. Jh. entwikkelten sich wieder Ansätze zu einer neben dem arabisch-islamischen Einfluß auch auf persischer Tradition und Sprache beruhenden „nationalen" Kultur.

Nach den zum Teil mit katastrophalen Verwüstungen einhergehenden Einfällen der Mongolen (1220) und Tataren (*Timur Leng* 1370–1405) bildete sich erst in der zweiten Hälfte des 15. Jh.s eine regionale Konstellation heraus, in der 1500 dem Führer des Ordens der Safawiden, Schah *Ismail I.* (bis 1524), die Gründung der gleichnamigen Dynastie (1501–1722) und, aus heutiger Sicht, die Schöpfung des iran. Nationalstaates gelang. Dabei bedeutete vor allem die unter den Safawiden institutionalisierte Übernahme der *Schia* als Staatsreligion einen entscheidenden Schritt in Richtung auf die Begründung der nationalen Eigenständigkeit.

Nach dem Niedergang der Safawidenherrschaft (1722) und einem turbulenten Interregnum verschiedener Machthaber setzten sich schließlich die ebenfalls turkstämmigen Qadscharen als neue Herrscher durch (1796–1925). Iran war in dieser Periode zum ersten Mal in den Kampf um die kolonialistische Vorherrschaft Europas in Asien verstrickt. Die Herrschaft dieser Dynastie war eine Geschichte wechselvoller Auseinandersetzungen mit Rußland und GB. Besonders Rußland versuchte, sich auf Kosten des Iran auszudehnen. Von ihm besiegt, verzichtete der Schah im Frieden von Gulistan (1813) auf seine Ansprüche auf Georgien und trat im Frieden von Turkomanchai (1828) Armenien an Rußland ab.

Der fortschreitende wirtschaftliche Ausverkauf des Landes und die wachsende politische Abhängigkeit führten dann anläßlich der Vergabe der „Tabakkonzessionen" im Jahre 1890 an einen Engländer zu ersten Massenprotesten, in denen sich die Geistlichkeit, Modernisten, städtische Bevölkerung, Liberale und die Basaris gegen die Regierung verbündeten. Fünf große Ereignisse haben seit Beginn des 20. Jh.s die politische Geschichte des Iran geprägt und verändert:

1. *Die „Konstitutionelle Revolution" von 1905 bis 1911:* Von einer demokratischen, anti-feudalen und anti-imperialistischen Gesinnung geprägt, gelang es einer von liberalen Kräften des Adels, der Geistlichkeit und des Großgrundbesitzes getragenen Bewegung, den absoluten Monarchen im Jahre 1907 zur Einsetzung eines Parlaments *(Madjlis)* und zur Einführung einer Verfassung zu zwingen. Im Okt. 1907 wurde eine Gesetzesklausel verabschiedet, die das politische Gewicht des Klerus widerspiegelte: Nicht nur wurde die *Zwölfer-Schia* zur Staatsreligion erklärt, sondern Art. II der neuen Verfassung bestimmte darüber hinaus, daß ein Rat aus mindestens fünf hohen islamischen Rechtsgelehrten die Übereinstimmung der vom Parlament beschlossenen Gesetze mit den Grundsätzen des Islam überprüfen sollte.

   Der Iran blieb außenpolitisch nach wie vor von den beiden Kolonialmächten GB und Rußland abhängig, die ihre Rivalität 1907 im Vertrag von Petersburg beilegten, indem sie das Land in drei Einflußzonen aufteilten: eine russische Einflußsphäre, die Nord- und Zentraliran umfaßte, eine britische Zone im SO und eine neutrale Zone zwischen den beiden Zonen, in der 1908 Ölvorkommen entdeckt wurden. Der Zeitraum von 1914 bis zur Machtübernahme durch *Reza Schah Pahlawi* (1925) ist von einer katastrophalen wirtschaftlichen Entwicklung und dem Wirken zentrifugaler Kräfte geprägt, gipfelnd in der Errichtung unabhängiger Republiken in Gilan (1917/18) und Aserbaidschan (1919).

2. *Reza Khans* Putsch im Jahre 1921 und die anschließende Absetzung des letzten Qadscharenherrschers *Ahmed Schah* (1925): Die Pläne *Ahmed Schah's*, nach dem Vorbild von *Mustafa Kemal Atatürk* eine Republik zu gründen, stießen auf den entschiedenen Widerstand der Geistlichkeit, die bereits 1924 unter der Führung des Geistlichen *Modarres* eine Kampagne gegen dieses Vorhaben eingeleitet hatte. Die *Ulema* setzten die angestrebte republikanische Staatsform mit der laizistischen Politik *Atatürks* gleich, der das Kalifat abgeschafft hatte. *Reza Khan* lenkte schließlich ein, ließ sich im Dez. 1925 vom Parlament als König bestätigen und krönte sich 1926 als *Reza Schah Pahlawi* (der Name einer mittelpersischen Sprache und Dynastie). Ideologisch pflegte er einen iran. Nationalismus, bei dem die vorislamische Vergangenheit in den Vordergrund gerückt wurde. Die Jh.e der arabischen Herrschaft wurden zunehmend als Ursache für den Niedergang Irans verantwortlich gemacht.

Gestützt auf Armee und Bürokratie, begann der neue Herrscher das Land zu zentralisieren und zu industrialisieren. Seßhaftmachung der Nomaden, Reformen im Bildungswesen durch Einführung säkularer Volksschulen und die Eröffnung der Universität Teheran (1935), die Einführung westlicher Kleidung für die Männer und das Verbot für Frauen, Schleier zu tragen, waren Maßnahmen, die darauf abzielten, die nationale Unabhängigkeit herzustellen, die Zentralgewalt in Teheran zu stärken, die Rolle der Geistlichkeit und des Islam zurückzudrängen und die Grundlage für eine industrielle Entwicklung zu schaffen.

Das Fazit der Herrschaft *Reza Schahs* bis zu dessen Absetzung durch die Besatzungsmächte Sowjetunion und GB (1941) ist ambivalent. Einerseits erlebte das Land „eine bedeutende Modernisierung und Entwicklung". Iran wurde ein Nationalstaat mit einem funktionierenden Verwaltungsapparat. Auf der anderen Seite waren die Gewinner jedoch in erster Linie die expandierende Bürokratie, das Militär und die besitzende Klasse. Die Herrschaft des Schahs war autokratisch. Zwar trat der *Madjlis* weiterhin zusammen, mußte sich aber darauf beschränken, die Politik des Schahs formal zu bestätigen. Die Ansätze zu einer „Landreform" machten die Großgrundbesitzer noch reicher und die Bauern noch ärmer (*Steinbach* 1979:93). Auch nach der Einsetzung *Mohammed Rezas*, des Sohnes des abgesetzten Schahs, änderte sich an dieser Grundstruktur des Staates wenig.

3. *Annullierung der Erdölverträge als Maßnahme zur Erlangung der nationalen Unabhängigkeit:* Unter dem Druck der Massen mußte das Parlament 1951 die Nationalisierung der *Anglo-Iranian Oil Company* beschließen. Infolge eines internationalen Ölboykottes führte diese Politik zu einer Krise, in der der Schah das Land verließ. Doch die von Ministerpräsident *Mossadegh*, Führer der *Nationalen Front*, eingeleiteten tiefgreifenden Reformen wurden durch einen von den USA (CIA) und der Armee geführten Gegencoup und die Rückkehr des Schahs zunichte gemacht. Das Parlament verfiel der gleichen Bedeutungslosigkeit wie unter *Reza Schah*. Um so stärker wurde die Armee, die zum einen als innenpolitisches Instrument des Regimes, zum anderen als Instrument der Wahrung westlicher Interessen in der Region eingesetzt wurde.
4. *Die Revolution von 1979:* Ihr Ausbruch war zum einen auf den Widerspruch zwischen wirtschaftlicher Entwicklung mit rascher Steigerung der Erdöleinnahmen und forcierter Industrialisierung und Einengung des politischen Systems mit nahezu totaler Repression zurückzuführen (*Graham* 1979; *Massarat* 1979). Zum anderen waren die Entstehung von wirtschaftlichen Ungleichgewichten zwischen Landwirtschaft und industriellem Sektor, die Korruption unter den Nutznießern des Entwicklungsprozesses und die Bereicherung des Hofes ausschlaggebend für die iranische Revolution. Dieses Bündel von Faktoren bildete den Nährboden für jene Massenbewegung, die Ende 1977 an der Polytechnischen Universität Teheran begann und Anfang 1978 im religiösen Zentrum Qom zu Sympathiemärschen für *Khomeini* eskalierte.

Nach einer Reihe weiterer Protestaktionen in verschiedenen Städten versuchte das Regime, die Gemüter durch einige religiöse Gesten zu besänftigen: durch die Schließung von Kasinos und die Zensur einiger anstößiger Filme, die Wiedereinführung der islamischen Zeitrechnung und die Ablösung von Premier *Amuzegar* durch den aus einer religiösen Familie stammenden *Scharif Emami*. Doch die Opposition ließ sich durch solche Gesten nicht mehr von ihrem Konfrontationskurs abbringen. Während die zuvor im Untergrund agierende *Nationale Front* mit einem 12-Punkte-Programm an die Öffentlichkeit trat, in dem sie die Wiederherstellung der Verfassung von 1907 und eine Freilassung politischer Gefangener forderte, kam es zum Ende des Fastenmonats *Ramadan* zu Großdemonstrationen in mehreren Städten, die immer lautstärker die Rückkehr *Khomeinis* und die Abdankung des Schahs forderten.

Für das Schah-Regime wurde die Entwicklung erst im Nov. 1978 bedrohlich, als infolge eines Streiks auf den Ölfeldern die Ölproduktion von 6 Mio. bpd auf nur noch 230 000 bpd sank. Der Schah versuchte, sich durch eine Flucht nach vorne zu retten: Er beauftragte den stellvertretenden NF-Vorsitzenden *Shapour Bachtiar* mit der Bildung einer neuen Regierung. Obwohl dieser eine Politik im Geiste *Mossadeghs* ankündigte, wurde er von der NF-Führung ausgeschlossen und von *Khomeini* aus dem Pariser Exil für illegal erklärt. Damit war auch dieser Rettungsversuch gescheitert. Als es dann am 14. 1. 1979 während einer Demonstration zu Verbrüderungen zwischen den Soldaten und Demonstranten kam, war dem Schah auch die militärische Machtstütze entglitten. Am Tag darauf verließ er den Iran.

Am 1. 2. 1979 kehrte *Khomeini* nach 15-jährigem Exil zurück und beauftragte den Vorsitzenden der „Gesellschaft zur Verteidigung der Freiheit und der Menschenrechte", *Mehdi Bazargan*, mit der Bildung einer Gegenregierung, die vom größten Teil des Verwaltungsapparates unterstützt wurde. *Bachtiar* trat zurück, nachdem die Armeeführung ihre Neutralität im Kampf um die legitime Führung erklärt hatte. Damit war der Weg zur Machtübernahme durch *Khomeini* und *Bazargan* geebnet. Bereits am 30. 3. 1979 wurde der Iran durch ein Referendum zur *Islamischen Republik* erklärt und im Nov. eine „Islamische Verfassung" per Volksentscheid verabschiedet. Diese hier nur ansatzweise skizzierte Entwicklung verdeutlicht, daß es der Geistlichkeit erst allmählich gelang, sich an die Spitze der Protestbewegung zu setzen (vgl. *Nirumand* 1985).

Neben der politischen Rolle des Klerus in der iran. Geschichte, dem politischen Vakuum, das durch die Zerschlagung jeglicher Opposition während des Schah-Regimes entstanden war, und der ideologisch-politischen Fraktionierung der Oppositionskräfte lassen sich mindestens vier weitere Faktoren aufzählen, die für die Machtergreifung der Geistlichkeit günstige Voraussetzungen geschaffen hatten.

- Ausdrucksformen der Religion, die über alle Klassen und Schichten hinweg verstanden wurden. Die Religionssprache bot zudem eine Möglichkeit, das Rede- und Druckverbot außerhalb der Moscheen zu umgehen.
- Die Organisationsformen der Geistlichkeit, die vor Übergriffen der Polizei und SAVAK einigermaßen geschützt waren, und deren Zentren sich auf alle Regionen und Stadtteile verteilten. Insgesamt verfügte sie über

eine Infrastruktur mit 80 000 Moscheen und Heiligtümern und konnte dieses Netz benutzen, um Informationen zu verbreiten und den Widerstand zu formieren.

- Finanzielle Unabhängigkeit, beruhend auf Einkünften aus Frommen Stiftungen (Moscheen, Heiligtümer, Schulen und Grundbesitz) und der Religionssteuer *(Zakat)*.
- Die Rolle und charismatische Persönlichkeit *Khomeinis* (vgl. *Nirumand/Daddjou* 1987; *Encke* 1989).

5. *Der am 23. 9. 1980 mit einer Blitzoffensive Iraks begonnene und nach fast acht Jahren zu Ende gegangene irakisch-iran. Krieg:* Dieser Krieg war nicht nur einer der längsten konventionellen Kriege des Jahrhunderts, sondern mit 500 000 Toten und annähernd 1 Mio. Verwundeten auch einer der grausamsten und mit Kriegskosten von ca. 350 Mrd. US-$ der kostspieligste Krieg nach dem II. Weltkrieg. So sehr er bislang als ein Kampf des laizistischen Baath-Regimes gegen die schiitische Gottesstaatsideologie und als Ausdruck des „Exportes der Revolution" bewertet oder aber als Wiederauflage alter Gegensätze zwischen Persern und Arabern interpretiert wurde, da *Saddam Hussein* den Krieg *„Saddams Quadisiyah"* nennen ließ, war der Ausbruch des Krieges die Manifestation eines seit 1923 „verschleppten" Konflikts um die Grenzziehung am Schatt-al-Arab, der bereits früher, im Kontext des Verdrängungswettbewerbs um die regionale Hegemonie, Gegenstand von Auseinandersetzungen gewesen war (vgl. *Ferdowsi* 1988).

Für den Ausbruch des Krieges entscheidend war das durch den Sturz des Schahs entstandene politische Vakuum. *Saddam Hussein* erhoffte sich von dem Krieg eine Schwächung oder gar Beseitigung der iran. Revolutionsregierung. Damit hätte Irak sich nicht nur den konservativen arabischen Monarchien als Stütze empfehlen können, die ihre Herrschaft vor dem Überspringen des revolutionären Funkens sichern wollten, sondern auch der Weltöffentlichkeit als Garant für die Sicherheit der Region.

Auch für die iranischen Machthaber war der Krieg ein „Geschenk des Himmels", bot er doch die Möglichkeit, alle bestehenden wirtschaftlichen und sozialen Mißstände zu rechtfertigen, die revolutionären Energien nach außen zu lenken und Armee und Revolutionswächter zu beschäftigen (*Lerch* 1988). Der Verlauf des Krieges hat allerdings die Hoffnungen Iraks zunichte gemacht. So konnte Iran nach anfänglichen Niederlagen seine besetzten Gebiete wieder befreien und in späteren Offensiven sogar irakisches Gebiet besetzen.

Mit dem sog. „Tankerkrieg" versuchte Irak ab 1986 nicht nur, die Finanzquellen Irans trockenzulegen, sondern auch den Krieg zu internationalisieren, sollte der Iran seine Drohungen wahr machen und die Straße von Hormuz für alle Öltransporte schließen. Doch erst die Zerstörung der US-Fregatte *Stark* am 17. 5. 1987 durch den Irak veranlaßte die USA und einige westeuropäische Staaten zu stärkerem militärischen Engagement und zur Entsendung von Kriegsschiffen. Irak verstärkte erst seit 1988 seine Bemühungen, durch die massive Bombardierung iran. Städte, Erdölförder- und Industrieanlagen den Iran an den Verhandlungstisch zu zwingen – nicht ganz ohne Erfolg.

4. Wirtschaftliche Struktur und Entwicklung

Obgleich die Regierung zu Beginn der 90er Jahre im Rahmen des Fünfjahresplans für 1990–95 mit Gesamtausgaben von 383,6 Mrd. US-$ eine gigantische wirtschaftliche, soziale und kulturelle Entwicklung ankündigte, hat eine Reihe von strukturellen Defekten des Wirtschafts- und Gesellschaftssystems dazu beigetragen, daß sie bislang weit davon entfernt ist, ihre Planziele zu erfüllen: Stärkung der Verteidigungskapazität, Wiederaufbau und Modernisierung von Produktionsmitteln, Verbesserung von Infrastruktur und Siedlungen, mit erhöhter Unabhängigkeit verbundenes Wirtschaftswachstum, Selbstversorgung bei strategischen Gütern, Reform der Verwaltung, Schaffung klarer Rechtsgrundlagen, Verwirklichung islamischer sozialer Gerechtigkeit, bessere Ausbildung usw.

Tabelle 3: *Entstehung des BIP (Anteile in %)*

	1965	1973	1980	1990
Landwirtschaft	24,2	12,6	16,3	20,6
Industrie	34,1	49,4	32,3	20,1
- Verarb. Industrie	11,6	12,5	10,0	7,4
Dienstleistungen	36,0	33,8	49,0	57,0
Indirekte Steuern	5,8	4,2	2,4	2,6[a]

[a] 1989
Quelle: Trends in Developing Economies 1992 (Weltbank).

Tabelle 4: *Wirtschaftswachstum (im jährlichen Durchschnitt)*

	1965-73	1973-80	1980-91	1991
Landwirtschaft	5,2	3,0	3,7	2,5
Industrie	10,5	-10,2	3,7	7,5
- Verarb. Industrie	13,7	0,5	0,6	8,0
Dienstleistungen	11,9	1,5	1,6	2,6
BIP	10,2	-1,7	2,5	4,6
BSP	11,1	-1,7	2,5	5,0
BSP pro Kopf	8,3	-2,8	-2,0	..
Importkapazität	18,5	-7,8	-6,6	-12,1

Quelle: Trends in Developing Economies 1992 (Weltbank).

Struktur- und Kriegsfolgeprobleme erschwerten oder behinderten die Realisierung der o.g. Vorhaben: Erstens die durch Kriegseinwirkungen stark angeschlagene bzw. zerstörte Infrastruktur; zweitens der Rückgang der Industrieproduktion infolge ausgebliebener Reparaturen und Investitionen während des Krieges, drittens eine Inflationsrate von fast 40 % aufgrund des geringen Güterangebots; viertens die große Zahl von Erwerbspersonen, die sich zwischen den Volkszählungen von 1986 und 1990 von 12,8 auf 15,8 Mio. erhöht hatte, aber nicht produktiv absorbiert werden konnte.

Die Arbeitslosigkeit wurde zu Beginn der 90er Jahre amtlich auf 30–40 % geschätzt, dürfte aber tatsächlich noch höher liegen. Ein besonderes Problem in einer Gesellschaft mit einem hohen Anteil jüngerer Altersgruppen (vgl. Tab. 2) bildet die steigende Zahl von Schulabgängern, die keine feste Beschäftigung finden können (teilweise auch deshalb, weil sie am Bedarf vorbei ausgebildet wurden). Ein zusätzliches soziales Problem entstand durch die hohe Zahl der im Krieg verkrüppelten Personen im erwerbsfähigen Alter. Die geringe Teilnahme der Frauen am Erwerbsleben (vgl. Tab. 5) entlastet zwar den Arbeitsmarkt, erschwert aber ihren Ausbruch aus der traditionellen Rollenzuweisung.

Tabelle 5: *Daten zur Beschäftigungslage*

	1966	1976	1986	1990
Erwerbspersonen (Tsd.)	7842	9796	12821	15253
- Männer	6808	8347	11512	12510
- Frauen	1034	1449	1308	2743
Anteil an der erwerbsfähigen Bev. (in %)	46,1	42,6	39,0	42,1

Quelle: Stat. Bundesamt 1992.

Die wirtschaftliche Entwicklung wurde außerdem durch den geringen Anteil des Privatsektors gelähmt. Er liefert zwar etwa ein Fünftel der Industrieproduktion, beschränkt sich jedoch weitgehend auf die wenig innovative Konsumgüterindustrie. Bisher blieb auch der ernsthafte Versuch aus, die in der Schah-Zeit eingeleiteten strukturellen Fehlplanungen in Landwirtschaft und Industrie zu korrigieren. Auf dieser Grundlage können weder die Verheißungen der „islamischen Revolution“ erfüllt noch die ambitiösen Ziele des laufenden Fünfjahresplanes verwirklicht werden.

4.1 Landwirtschaft

Die Agrarpolitik der vergangenen drei Jahrzehnte wurde von zwei wesentlichen Entwicklungen bestimmt: zum einen durch die drei Phasen der Landreform (1962–72) und zum anderen durch Förderungsprogramme. Doch alles deutet darauf hin, daß diese Landreform allenfalls jene Voraussetzungen schaffen sollte, die die Modernisierungstheoretiker dem Agrarsektor zuweisen:

- Das große Potential an Arbeitskräften, die weitgehend in Abhängigkeit von den Landbesitzern lebten und sich zumeist mit Hungerlöhnen zufriedengeben mußten, sollte freigesetzt werden;
- die erbärmlichen Einkommen der Massen sollten verbessert werden, um die nötige Kaufkraft für eine florierende Industrie zu schaffen;
- durch die Modernisierung der Landwirtschaft sollten die nötigen Nahrungsmittel für eine wachsende Zahl der nicht in der Landwirtschaft tätigen Bev. bereitgestellt und die Lieferung agrarischer Rohstoffe für die Industrie sichergestellt werden.

Die Landreform initiierte zwar auf dem von Großgrundbesitz und allen Strukturmerkmalen der Unterentwicklung geprägten Hinterland einen tiefgreifenden Wandel, der jedoch weder zu einer erhöhten Agrarproduktion führte noch die sozialen Reformerwartungen der Bauern erfüllte. Dies lag zum einen an der Halbherzigkeit der im Rahmen der „weißen Revolution" durchgeführten Landreform. Sie erlaubte es den Großgrundbesitzern, für sich das Beste aus dem Gesetz herauszuholen bzw. dieses zu umgehen, z. B. durch die Übertragung von überschüssigem Land an Verwandte, Schein-Mechanisierungen, die den Vorwand für Landvertreibungen lieferten, oder Deklarierung des Grundeigentums als „Obstplantagen", die von der Reform nicht erfaßt worden waren. Allein die Nutzung dieser Möglichkeit hat dazu geführt, daß 1962–68 die Pistazien- und Apfelproduktion nominell um ca. 600 % anstieg (*Halliday* 1979:108).

Weitaus gravierender war allerdings die parallel laufende Bildung von landwirtschaftlichen Aktiengesellschaften und agro-industriellen Kombinaten, um die Agrarproduktion zu steigern. Die sozial folgenschwere Begründung lautete: „Die kleinen und relativ unproduktiven Bauern sind eine Extravaganz, die sich das Land nicht mehr leisten kann."

Bereits die Statistiken von 1976 verdeutlichten, wie ineffektiv diese Betriebe wirtschafteten. Während nur ganze 4 % der Produktion von den mechanisierten Großbetrieben und 9 % von traditionellen Großbetrieben beigesteuert wurden, stammten etwa 77 % der vermarkteten Erzeugnisse aus mittleren und kleineren Betrieben, die auf traditionelle Weise produzierten (*Planck* 1980:178). Die Gründe für diese Ineffektivität waren neben dem Drang zum Gigantismus

- die Übermechanisierung und damit Überkapitalisierung;
- die unzureichende lokale Infrastruktur, insbesondere für die Bearbeitung und Vermarktung der erzeugten Agrarprodukte;
- die ungenügende Vorbereitung der Projekte, unzureichende Erforschung der Sortenwahl und Erntevoraussetzungen; unzureichende Versorgung mit Wasser;
- die mangelnde Versorgung mit ausgebildeten Fachkräften, da diesen in nahegelegenen städtischen Industriezentren doppelt so hohe Löhne gezahlt wurden wie auf dem Lande. Die Folge war, daß die auf fremde Arbeitskräfte

angewiesenen Betriebe zunehmend unter dem Mangel an Arbeitskräften litten und sich mit steigenden Lohnforderungen der Landarbeiter konfrontiert sahen.

Aufgrund der durch die Landreform ausgelösten Organisationsprobleme, der produktionshemmenden Unsicherheiten unter den Bauern sowie der unzureichenden Versorgung mit Krediten blieb nicht aus, daß die Agrarproduktion pro Kopf nach der Landreform weiter hinter der Pro-Kopf-Produktion in den Jahren vor der Reform zurückblieb (1968: 107; 1973: 93).

Die unzureichende Förderung der Kleinbauern, die zwar neues Land, aber keine ausreichende technische und finanzielle Unterstützung erhielten, aber auch die wachsenden sozialen Disparitäten zwischen Stadt und Land beschleunigten die Landflucht von durchschnittlich 500 000 Menschen pro Jahr, mit dem Ergebnis, daß sich das zahlenmäßige Verhältnis zwischen Stadt- und Landbevölkerung ungewöhnlich rasch veränderte (vgl. Tab. 2). Der Beitrag des Agrarsektors zum BIP, der in den 50er Jahren noch bei 38 % gelegen hatte, fiel innerhalb eines Jahrzehnts von 23 % (1966) auf 9,6 % (1976), wobei allerdings die Steigerung der Erdöleinnahmen den Zahlenvergleich verzerrt.

Mit dieser Politik gelang es dem Schah-Regime zwar, seine Zielvorstellung von einer modernen Industriegesellschaft zu verwirklichen, indem es die Landwirtschaft zugunsten des industriellen Sektors „passiv" sanierte, doch diese Entwicklung bewirkte zugleich eine Steigerung der Nahrungsmittelimporte. Während die Nachfrage nach Nahrungsmitteln in der 5. Fünfjahresplanung (1973–78) um 10–15 % jährlich zunahm, nahm die Eigenproduktion nur um 4 % zu.

Angesichts dieser Ergebnisse der „weißen Revolution" verwundert es nicht, wenn der Sieg der Revolution gerade für die Bauern die Hoffnung auf eine grundlegende Reform der Grundbesitzverhältnisse aufkommen ließ. Die Revolutionsführung hatte Landreformen versprochen, und direkt nach dem Sturz des Schahs war es zu spontanen Landbesitznahmen gekommen. Zwischen Sept. 1979 und April 1980 wurden insgesamt fünf „Gesetze zur Überlassung und Urbarmachung von Ländereien" erlassen. Allerdings deutete sich bald der wachsende Widerstand seitens mancher einflußreicher Gruppen gegen eine echte Reform der Bodenbesitzverhältnisse an. Aufgrund massiver Proteste von Großgrundbesitzern und eines nicht geringen Teils des Klerus erging schließlich am 20. 10. 1980 *Khomeinis* Anweisung, „mit Rücksicht auf die derzeitige Lage und für die Vermeidung der Gegensätze und Zwietracht, vorläufig die Überlassung von Grund und Boden einzustellen" (nach *Kooroshy* 1987: 235).

Die ständige Betonung islamischer Prinzipien in diesem Zusammenhang läßt vermuten, daß Religion hier allenfalls als Instrument zur Erhaltung gesellschaftlicher Privilegien eingesetzt wurde. Interessenkonflikte standen auch hinter den Streitigkeiten zwischen den verschiedenen staatlichen Institutionen (Parlament, Wächterrat), die schließlich maßgeblich für das Scheitern sowohl der Landreform als auch der Reformen der Wirtschaftsordnung verantwortlich waren.

Erst nach vierjährigen Auseinandersetzungen zwischen *Majlis* und Wächterrat konnte das Parlament am 30. 10. 1986 ein achtes Gesetz mit Zweidrittel-Mehrheit beschließen, das sich allerdings nur auf Ländereien bezog, die „nach dem Sieg der Revolution bis zum Ende des Jahres 1981 (in den von Kurden bewohnten Gebieten bis zum Ende des Jahres 1985) von Nichteigentümern angeeignet und bebaut wurden." Diese Ländereien sollten „den Bauern überlassen werden, die sie besetzt haben, vorausgesetzt, daß sie landlos sind oder kein ausreichendes Land besitzen, kein ausreichendes Einkommen aus anderen Quellen haben und ortsansässig sind" (nach *Kooroshy* 1987: 240).

Im Rahmen des Gesetzes sollten den Bauern ca. 800 000 ha landwirtschaftliche Nutzfläche übertragen werden, die 5600 Grundherren gehört hatten. Diese Fläche wurde von ca. 120 000 Bauernhaushalten bebaut. Verglichen mit den ca. 13 Mio. ha an bebauter Nutzfläche mit ca. 4,5 Mio. Bauernhaushalten machen die überlassenen Ländereien etwa 6 % der gesamten landwirtschaftlichen Nutzfläche aus. Somit ist die Frage einer umfassenden Landreform keineswegs gelöst.

4.2 Industrialisierung

Die Industrialisierungspolitik unter der *Pahlawi*-Dynastie konzentrierte sich auf eine massive Investitionstätigkeit des Staates, die mit den wachsenden Einnahmen aus dem Erdölexport finanziert wurde (vgl. *Halliday* 1979). Die staatlichen Investitionen sollten günstige Startbedingungen für das in- und ausländische Privatkapital schaffen und die Funktion einer Initialzündung übernehmen, sich ansonsten auf den Aufbau strategisch wichtiger Grundindustrien und auf weniger profitträchtige Bereiche, in denen das Privatkapital nicht tätig werden wollte, beschränken.

Das Land hatte dabei alle Vorteile der von den Modernisierungstheorien aufgezählten Voraussetzungen, nämlich: die notwendigen finanziellen Mittel, die es in die Lage versetzten, Investitionen zu tätigen, ohne Kredite im Ausland aufnehmen zu müssen; einen potentiellen Markt von ca. 35 Mio. Menschen; eine breite Palette an mineralischen und landwirtschaftlichen Rohstoffen; einen starken Staat, der daran interessiert war, ein Industrialisierungsprogramm durchzuführen.

Diese Industrialisierungsstrategie scheiterte u. a. deshalb, weil sie nicht den Möglichkeiten und Bedürfnissen des Landes, sondern den Großmachtambitionen eines Monarchen folgte, der im Ölrausch von 1973 verkündete, er werde seinem Land noch zehn Jahre Zeit geben, um eine Weltmacht zu werden. Diese Großmachtambitionen und Neigung zur Gigantomanie überschätzten die Kräfte des Landes und führten zu kostspieligen Fehlplanungen. Der rasche sozioökonomische Wandel vollzog sich sektoral und regional höchst ungleichgewichtig und ungleichzeitig. Neben der Großindustrie und Erdölwirtschaft, die im Eiltempo mit hohem Kapitaleinsatz entwickelt wurden, verkümmerten die traditionelle Landwirtschaft und Kleinindustrie, das Handwerk und der Kleinhandel.

Es liegt daher nahe, die Entwicklungsstrategie der *Islamischen Republik* als eine Reaktion auf die vom Schah-Regime verfolgte Modernisierungsstrategie zu interpretieren. So versuchte die Revolutionsregierung, aus den Traditionen des Islam ein eigenes Entwicklungskonzept abzuleiten. Art. 4, Grundsatz 43, der Verfassung verpflichtet den Staat zur „Befriedigung der menschlichen Bedürfnisse im Entwicklungsprozeß". Diese grundbedürfnisorientierte Entwicklungspolitik basierte auf jenen „Anti-Perspektiven", die *Bani-Sadr* bereits in seinem Pariser Exil entwickelt hatte. Bei genauerer Analyse läßt sich in diesen Abhandlungen allerdings wenig spezifisch Islamisches finden. Ihre Grundgedanken können auch in der im Westen diskutierten Theorie der „autozentrierten Entwicklung" entdeckt werden (vgl. *Meyer* 1987):

- Abkehr von der Hauruck-Industrialisierung der Schah-Zeit, Förderung der Klein- und Mittelindustrie sowie Entwicklungspriorität für die Landwirtschaft;
- Binnenorientierung der gesamten Volkswirtschaft und soweit wie möglich Abkoppelung von den internationalen Finanzmärkten;
- Abbau der Abhängigkeit von den entwickelten IL bis auf das entwicklungspolitisch notwendige Maß und verstärkte Zusammenarbeit mit den Ländern der Dritten Welt;
- Aufrechterhaltung des „vom Islam gewollten privaten Eigentums" und Forcierung des Handels, der das traditionelle unternehmerische Betätigungsfeld im Islam ausmacht.

Es ließe sich vortrefflich darüber debattieren, ob es der Machtoligarchie langfristig gelungen wäre, ein solches Wirtschaftssystem zu implementieren, wäre der Krieg mit dem Irak nicht ausgebrochen, der in erheblichem Maße finanzielle und personelle Ressourcen absorbierte und zu einer Vernachlässigung produktiver Investitionen führte.

Nach dem Waffenstillstand (1988) entbrannte die Diskussion um den Entwicklungsweg neu (*Koorosby* 1990). Einiges deutet darauf hin, daß die einflußreichsten Kräfte für die Übernahme des exportorientierten Industrialisierungskonzepts plädierten. Dieses Konzept beinhaltete neben dem Wiederaufbau der vom Krieg zerstörten Industrieanlagen auch die Beendigung der Blockade alter Projekte und die Entwicklung neuer Projekte zur Exportproduktion (*Allafi* 1990:607).

Die Regierung will die Exporte von Fertigprodukten erhöhen und dadurch die Dominanz der Ölexporte als Hauptdevisenquelle vermindern (Diversifizierung). Im Umfeld dieser Politik versucht sie, mit der Reprivatisierung der in der Anfangsphase der Revolution verstaatlichten Betriebe bestimmte Schichten der Technokraten zu gewinnen. Mit Krediten, ausländischen Devisen zu günstigen Preisen und Lockerungen der bürokratischen Kontrollen bemüht sie sich darum, exportorientierte Produktionszweige zu fördern. Sie wirbt zunehmend um die Gunst ausländischer Investoren, um im Rahmen von *Joint-ventures* zu einer Zusammenarbeit im Exportbereich zu kommen.

Der Industrialisierungsprozeß erstreckt sich dabei auf zwei Ebenen: einmal auf die modernen Branchen und Sektoren, die von der Metall- über die Elektro- bis zur Chemieindustrie reichen; zum anderen auf die traditionellen Industriezweige wie Textil- und Nahrungsmittelindustrie. Neben einer Steigerung der Produktion im Stahlwerk von Isfahan von derzeit 1,1 Mio. t auf 4 Mio. t soll das Stahlwerk in Ahwas seine Produktion von derzeit 70 000 t bis Ende des Fünfjahresplanes 1995 auf 1,5 Mio. t erhöhen.

Im Rahmen des Fünfjahresplanes (1990–95) ist außer der Produktion von Blei und Zink auch die Erweiterung des Kupferkomplexes in der Provinz Kerman vorgesehen, dessen Bau im Jahr 1971 begonnen wurde und der mit 1,2 Mrd. t Ressourcen das zweitgrößte Werk der Welt ist. Dort werden derzeit jährlich 12 000 t Kupfer produziert, was bisher allerdings noch nicht für Exportzwecke ausreichte, da der Eigenverbrauch in den Jahren 1985–87 zwischen 12 und 15 000 t schwankte. Der Iran könnte allerdings zu einem wichtigen Exporteur von Kupfer und Kupferprodukten aufsteigen, wenn man die Produktionskapazität von jährlich 140 000 t ausschöpfte und weitere Fabrikationsstätten errichtete.

Neben Kupfer soll auch die Aluminiumproduktion für Exportzwecke kräftig erweitert werden. Bedeutendste Produktionsstätte ist das Aluminiumwerk von Arak mit einer jährlichen Produktion von 70 000 t, die im Laufe des Fünfjahresplanes auf 120 000 t gesteigert werden soll.

Seit Mitte der 80er Jahre ist die Produktion bzw. Montage in allen Branchen der Automobilindustrie zurückgegangen. Dies führte zu einer beispiellosen Spekulation auf dem Automarkt. Nach offiziellen Angaben werden zur Zeit etwa 70 *Peykan* täglich produziert. Doch diese Zahl blieb weit hinter der Nachfrage zurück. Nach neuesten Plänen sollen im Rahmen eines Vertrages mit Frankreich bald täglich 100 *Peugeot 405* produziert werden. Wichtiger wäre freilich die Steigerung der Produktion von landwirtschaftlichen Fahrzeugen im Tabrizer Traktorenwerk, das eine Jahreskapazität von 10 000 Traktoren hat.

Außerdem sind der Wiederaufbau und Ausbau weiterer Branchen im Gange, so z. B. der Bau neuer Raffinerien in Arak und Bandar Khomeini, der Wiederaufbau von acht bereits vorhandenen Raffinerien und der beiden petrochemischen Komplexe sowie der Neubau von 35 Fabriken in Bereichen wie der Gummi-, Zement- und Papierindustrie. Im Rahmen des Fünfjahresplanes sollen durch diese Projekte rund 2 Mio. neue Arbeitsplätze geschaffen werden. Doch litten alle diese Baupläne unter einem Mangel an Baumaterialien, so daß die Planziele kaum erreicht werden können.

4.3 Außenwirtschaft

Trotz aller Beteuerungen, sich vom Westen unabhängig machen zu wollen, ist der Außenhandel nach wie vor in hohem Maße von der Preisentwicklung auf dem Weltenergiemarkt abhängig, da – unverändert seit den 70er Jahren –

90–95 % aller Exporte aus Rohölverkäufen bestehen. Der Preisverfall auf dem Welterdölmarkt zur Mitte der 80er Jahre sowie Produktions- und Verladebeeinträchtigungen durch den Krieg mit dem Irak begrenzten erheblich die Importfähigkeit. 1986 gingen die Einnahmen aus dem Ölexport gegenüber 1983 um mehr als zwei Drittel zurück (vgl. Tab. 6). Erst nach 1989 ermöglichten steigende Ölpreise und die allmähliche Überwindung der Kriegsschäden eine Ausweitung des Außenhandels.

Tabelle 6: *Handels- und Zahlungsbilanz (in Mio. US-$)*

	1981	1983	1986	1988	1991
Exporte (fob)	11831	21507	7171	10709	15785
- Erdöl	11491	21150	6255	9673	14443
Importe (fob)	13138	18027	10585	10608	18744[a]
Handelsbilanz	-1307	3480	-3414	101	-2959
Zahlungsbilanz	-3446	358	-5155	-1868	-3961[b]

[a] lt. WEB 1993: 21688 Mio. US-$; [b] lt. WEB 1993: -7806 Mio. US-$
Quellen: Balance of Payments Statistics Yearbook 1992; Trends in Developing Economies 1992 (für 1991).

Die Bemühungen um eine Diversifizierung der Exportstruktur hatten bislang noch keinen Erfolg. Die Exporte neben dem Erdöl konzentrieren sich weiterhin auf einige wenige traditionelle Produkte und bestehen gut zur Hälfte aus Teppichen und Pistazien. Bei den Importen stellen Maschinen, elektronische Erzeugnisse und Fahrzeuge den größten Anteil, gefolgt von Stahl- und Metallprodukten. Nahrungsmittel haben einen Importanteil von 12–15 %. In den frühen 80er Jahren verengten zudem Importe von militärischen Gütern, deren Wert für 1985 auf 30–40 % der Gesamtimporte geschätzt wurde, die Importfähigkeit.

Die Bundesrepublik Deutschland, die USA und GB waren traditionell die wichtigsten Handelspartner. Nach der Revolution wurde Japan zum wichtigsten Abnehmer iran. Erdöls. Die EG-Länder blieben aber die bei weitem wichtigsten Handelspartner, wobei die Bundesrepublik als Lieferant und Italien als Abnehmer den größten Anteil hat. Die Bundesrepublik profitierte zu Beginn der 90er Jahre vor allem von der steigenden Nachfrage nach Investitionsgütern, die das Investitionsprogramm des laufenden Fünfjahresplans auslöste.

Zur Belebung des Außenhandels wurde im Herbst 1991 eine Reform des Außenhandelssystems beschlossen, das Importe und Exporte erleichtern sollte. Der Abbau bürokratischer Hindernisse und dirigistischer Kontrollen sollte den Privatsektor zu außenwirtschaftlichen Aktivitäten animieren, die Aufhebung von Preis- und Distributionskontrollen über bestimmte Güter sollte den Regelungsmechanismus von Angebot und Nachfrage reaktivieren.

Dem Ziel der Liberalisierung und Revitalisierung des Außenhandels diente auch der Beschluß der Regierung vom April 1993, die Landeswährung *Rial* voll konvertibel zu machen. Der neue amtliche Kurs wurde auf 1541 *Rial* pro US-$ festgesetzt, was einer Abwertung des *Rial* um 95,6 % gleichkam. Bis dahin gab es drei verschiedene Wechselkurse: einen amtlichen Kurs von 70 *Rial* pro US-$ für die Einfuhr von Grundnahrungsmitteln und Medikamenten, um deren Preis zu subventionieren; einen Präferenzkurs von 600 *Rial* pro US-$ für Kapitalgüterimporte und einen für alle übrigen Geschäfte flottierenden Marktkurs von 1500 *Rial* pro US-$, der nunmehr annähernd als amtlicher Kurs bestätigt wurde.

Tabelle 7: *Auslandsverschuldung (in Mio. US-$)*

	1980	1985	1988	1990	1991
Gesamtschulden	4508	6057	5831	9021	11511
Kurzfr. Schulden	0	3667	3776	7224	8775
Langfr. Schulden (LDOD)[a]	4508	2390	2055	1797	2736
Öffentl. Gläubiger (LDOD)	903	520	413	225	164
Private Gläubiger (LDOD)	3605	1870	1642	1572	2572
Schuldendienst	963	613	625	655	777
Schulden/BSP (%)	..	3,2	4,4	7,6	10,8
Schuldendienstquote	..	4,1	5,6	3,5	4,6

[a] öffentlich und öffentlich verbürgt
Quelle: World Debt Tables 1992-93.

Während die Regierung in den 80er Jahren bestrebt war, trotz der hohen Kriegskosten die Auslandsverschuldung auf einem niedrigen Niveau zu halten, stieg diese zu Beginn der 90er Jahre sprunghaft an, wobei der hohe Anteil von kurzfristigen Verbindlichkeiten auffällt (vgl. Tab. 7). Zur Finanzierung des ambitiösen Investitionsprogramms im Rahmen des Fünfjahresplans sind bis 1995 Auslandskredite in Höhe von 27 Mrd. US-$ eingeplant. Auch in dieser Bereitschaft, die Risiken einer höheren Auslandsverschuldung einzugehen, ist ein deutliches Abrücken von den auf Unabhängigkeit bedachten Prinzipien der 80er Jahre zu erkennen.

Von einer konsequenten Öffnung gegenüber dem Westen erhoffen sich nicht zuletzt die Basaris, die eine wirtschaftlich mächtige Klasse bilden und die wesentlich zum Fall des Schahs beigetragen haben, neue Exportmärkte und bessere Geschäfte. Doch solange die Beziehungen zum Westen, insbesondere zu den USA, von Mißtrauen geprägt bleiben, wird die Regierung die Wirtschaft schwerlich in Schwung bringen können. Denn die wichtigsten IL bringen ihr Kapital nur zögerlich in den Iran, nicht zuletzt wegen *Khomeinis* Todesurteil gegen *Salman Rushdie*.

5. Soziale Entwicklung

Die Lebensbedingungen der Bevölkerungsmehrheit haben sich in den 80er Jahren – auch kriegsbedingt – dramatisch verschlechtert.

Die Alphabetisierungsrate lag 1990, bezogen auf alle Erwachsenen, bei 54 %. Dabei gibt es jedoch gravierende Unterschiede sowohl zwischen Stadt und Land als auch zwischen Männern und Frauen (43 %) sowie zwischen den Regionen: Während in Teheran der Anteil der Alphabeten nach dem Zensus von 1986 schon 82 % betrug, lag die Alphabetisierungsrate in den Provinzen Isfahan, Semnan, Yazd und Fars erst bei 30–40 %.

Tabelle 8: *Sozialindikatoren*

	1960	1970	1980	1990
Lebenserwartung bei Geburt	50	54,8	59,4	66,2
Säuglingssterblichkeit	163	131,2	106,6	88,3
E. pro Arzt	..	3270	2721	3140
Zugang zu Trinkwasser (in % der Bev.)	..	..	51[a]	89[b]
Alphabetenquote	16	29	50	54
Einschulungsraten (%)				
- in Primarschulen	41	72	87	112
- Mädchen	27	52	80	106
- in Sekundarschulen	12	27	44	56
- Mädchen	..	18	..	47

[a] 1975-80; [b] 1988-90
Quellen: Human Development Report 1993; World Tables 1992; Weltentwicklungsberichte; Stat. Bundesamt 1992.

Obgleich es eines der vorrangigsten Ziele der Regierung war, eine größere Gleichverteilung der Einkommen herzustellen, lebten nach einer Studie aus dem Jahr 1986 rund 12 der damals 47 Mio. Iraner unterhalb der Armutsgrenze, 22 Mio. knapp über dem Existenzminimum; weniger als 12 Mio. verfügten über ein mehr oder weniger auskömmliches Einkommen. Das Verhältnis zwischen den 10 % Haushalten mit dem niedrigsten und höchsten Einkommen lag 1977 bei 1:32. Diese Disparität verringerte sich zwar bis 1980 auf 1:25, vergrößerte sich aber in den 80er Jahren wieder, weil die Reallohnentwicklung nicht mit dem Anstieg der Inflationsraten von 25–50 % Schritt hielt.

Der Versuch der Regierung, die staatlichen Subventionen abzubauen, die pro Jahr mit etwa 3 Mrd. US-$ nahezu 15 % des Gesamthaushalts verschlangen, bewirkte drastische Preissteigerungen und Reallohnverluste. So sind zwischen Mai und Sept. 1992 die Preise für Hühner um mehr als 60 %, für Eier um 41 % und für Tomaten um 55 % gestiegen. Für einen Staatsangestellten mit einem Durchschnittsgehalt von 60 000 *Rial* zählte ein Kilo Fleisch zum Preis von 5000 *Rial* schon fast zum Luxus. Sozialen Sprengstoff enthält auch die Wohnungsnot. Sie trieb die verarmenden Massen Mitte August 1991 zum Protest, als es in mehreren Städten zu regierungsfeindlichen Kundgebungen kam.

Aufgrund kriegsbedingter Budgetkürzungen waren der geplanten Verbesserung der Gesundheitsversorgung für die ländliche Bev. Grenzen gesetzt. Deshalb änderte sich an den seit der Schah-Zeit bestehenden Disparitäten in der medizinischen Versorgung von Stadt und Land wenig. Ein Drittel der 599 privaten und staatlichen medizinischen und der 1591 medizinisch-technischen Einrichtungen war im Großraum Teheran konzentriert. Nach Kriegsende wurden allerdings die Ausgaben für das Gesundheitswesen von Jahr zu Jahr erheblich gesteigert (z. B. 1991 um 25 % gegenüber 1990). Der Ausbau der Basisgesundheitsdienste mit neuen Berufen (wie den „Gesundheitsarbeitern zur Versorgung der ländlichen Regionen“) trug dazu bei, daß die Rate der Säuglingssterblichkeit in den letzten beiden Jahrzehnten kontinuierlich gesunken ist (vgl. Tab. 8).

Tabelle 9: *Preisindex für die Lebenshaltung (1982/83 = 100)*

	1986/87	1988/89	1990/91
Nahrungsmittel/Getränke	172	244	293
Bekleidung	147	322	539
Wohnung	163	257	323
Verkehr/Nachrichten	168	332	449
Bildung/Unterhaltung	298	609	562
gesamt	168	276	353

Quelle: Stat. Bundesamt 1992

6. Politische Entwicklung

Die sichtbarsten Folgen der *Islamischen Revolution* für die politische Entwicklung der 80er Jahre sind im kulturellen Bereich zu beobachten. Es ging dabei in erster Linie um die Abschaffung von Säkularismus und Modernismus westlicher Prägung. So wurde das Tragen des *Tschadors* (Schleier) wieder eingeführt, begleitet vom Badeverbot für Frauen, der Schließung von Kinos und einer Islamisierung von Funk und Fernsehen. Diese „kulturelle Revolution“ ist vor allem als „religiös“ und nicht als „national“ zu bewerten, da sie die alt-persischen Elemente in Musik und Folklore nicht verschont hat.

Ebenso gravierende Veränderungen haben sich im Bildungswesen vollzogen. Unliebsame Lehrer wurden entlassen und eine Überarbeitung der Schulbücher in Angriff genommen (vgl. *Samadzadeh Darinsoo* 1986). Im Mittelpunkt des Interesses stand zunächst die Schaffung eines neuen Geschichtsbildes: Wurde während der Schah-Zeit die Islamisierung Irans im 7. Jh. als

„Überfall der Araber" bezeichnet und galt die Zeit der arabischen Herrschaft als „Schande", so nahm man in den neuen Geschichtsbüchern eine gegenteilige Bewertung vor: Die Eroberung Irans wird „Befreiung" genannt, da der Islam Iran gerettet habe.

Die Einführung eines von außen kaum zu durchschauenden Vergabe- und Quotierungssystems für die Universitäten führte dazu, daß nicht immer die Fähigsten ausgewählt wurden. Vielmehr wurden nach einem Quotensystem Kontingente für ehemalige Revolutionswächter, Kriegsteilnehmer und Familienangehörige von Kriegsopfern, Führungskader der Volksmiliz etc. freigehalten, unabhängig von der Befähigung der Kandidaten, so daß nicht einmal 5% der Bewerber um einen Studienplatz studieren konnten. Die Islamisierung des Schul- und Universitätswesens hat nicht nur das Machtmonopol der Geistlichkeit und einer ihr verbündeten Schicht von Intellektuellen gefestigt, sondern auch die von *Reza Schah* seit 1925 eingeführte laizistische Bildungspolitik vollends revidiert.

Ebenso rigoros ging das Regime gegen die Opposition und politisch Andersdenkende vor (*Nirumand* 1985). Gestützt auf ihr Machtmonopol, auf die von ihnen beherrschten Massenmedien und die ständig wiederholte Behauptung, nur die religiösen Moslems hätten den Sturz des Schah-Regimes herbeigeführt, gingen die neuen Herrscher mit allen zur Verfügung stehenden repressiven Mitteln gegen jegliche Art von Opposition vor. Nach und nach erließ die Regierung gegen alle nicht-islamischen Organisationen und Parteien Verbotsverfügungen. Aufgrund dieser Verbote setzte ein Exodus der Intelligenz ein, dessen Opfer selbst die engsten politischen Berater und Mitarbeiter *Khomeinis* aus dem Exil und der ersten Phase der Revolution waren, wie *Yazdi, Ghotbzadeh, Bani-Sadr* und *Bazargan*.

Hauptinstrumente der Repression sind – neben dem Justizapparat – die noch unter *Bazargan* gegründete neue Geheimpolizei SAWAMA und die Revolutionswächter. Nach Berichten der UN-Menschenrechtskommission vom Februar 1993 gehört Iran nach wie vor durch die exzessive Anwendung der Todesstrafe, meistens wegen Drogendelikten, zu den größten Mißachtern der Menschenrechte. Waren seit Sommer 1990 etwa 3000 Menschen durch Erschießen oder Erhängen bestraft worden – etwa 90% der Todesurteile, die in dieser Zeit in der Welt vollstreckt wurden – hat *Amnesty International* allein für 1991 mehr als 750 Hinrichtungen nachgewiesen. Außerdem wurden Hunderte von Menschen aufgrund ihrer politischen Überzeugung verhaftet, unfaire Gerichtsverfahren durchgeführt und zahlreiche Menschen der Folter unterworfen.

Nicht minder rabiat reagierte das Regime seit Beginn der 80er Jahre auf Autonomieforderungen der ethnischen Minderheiten. Für die Kurden, denen der Kampf gegen das Schah-Regime mehr Opfer als anderen Gruppen abverlangt hatte, brachte die Revolution kein Stück mehr Autonomie. Die Minderheitenprobleme wurden zwar durch den Krieg mit dem Irak überdeckt, haben aber ihre latente Brisanz nicht verloren.

Angesichts der politischen Entwicklung überlagerten zunehmend Enttäuschung und Frustration die anfängliche Aufbruchstimmung und den revolutionären Eifer. Ein Gutteil dieser Entwicklung ist Konsequenz eines der „merkwürdigsten Stücke geschriebener Staatsgrundgesetze, das die Verfassungsgeschichte kennt" (*Kapferer* 1980:17), nämlich die Verfassung der *Islamischen Republik*. Sie beruht auf dem islamisch-schiitischen Glauben und ist ein Gemisch aus Glaubensbekenntnis, Parteiprogramm und Verfassung im herkömmlichen Sinn. Das auf die Person *Khomeinis* zugeschnittene Prinzip der „Regentschaft des Rechtsgelehrten" (*Wilayat-e faqih*) bestimmt, daß dieser mit allen Machtmitteln ausgestattete religiöse Führer nicht dem Volk, sondern allein Gott verantwortlich ist.

Die politische Rolle des Volkes wurde darauf beschränkt, ein Parlament zu wählen, das nicht Gesetze, sondern Vorschriften erläßt. Allerdings werden selbst diese Erlasse und Vorschriften von den „Sechs Gerechten Islamischen Rechtsgelehrten", die vom islamischen Führungsrat gewählt werden, und von „Sechs Juristen verschiedener Rechtsgebiete", die vom *Obersten Richterrat* aus der Reihe der moslemischen Juristen der Versammlung des Nationalrates vorgeschlagen und von ihm gewählt werden, d. h. vom sog. „Wächterrat", auf ihre Vereinbarkeit mit den religiösen Vorschriften und mit der Verfassung geprüft.

Obwohl dem Parlament eine Reihe von wichtigen Funktionen (wie etwa das Kontrollrecht über Regierung und Staatshaushalt sowie die Amtsenthebung des Staatspräsidenten) zugestanden wurden, so blieb dennoch nicht aus, daß etliche Vorhaben nicht verwirklicht werden konnten, weil sie am Veto des Wächterrates scheiterten oder die Meinungsverschiedenheiten innerhalb der Regierung und des Parlaments zu groß waren. Dazu gehörten vor allem solche Gesetzesvorhaben, die privates Eigentum und seine Nutzung beschränken wollten, Gesetze zur Verstaatlichung des Außenhandels, das Landreformgesetz, das Gesetz über Enteignung von Republikflüchtlingen und ein sehr arbeitnehmerfreundliches Arbeitsgesetz (Nov. 1987). Da diese Interessenkonflikte das Land zu lähmen begannen, lag eine Änderung der Verfassung nahe.

Obgleich die Verfassung kein Verfahren vorsah, das ihre Änderung ermöglicht hätte, veranlaßte *Khomeini* am 24. April 1989 in einer Direktive die Bildung einer 20 Mitglieder umfassenden Kommission, die eine Reform der Verfassung prüfen und binnen zwei Monaten Verbesserungsvorschläge zu acht Bereichen der Verfassung machen sollte: u.a. zur Position der „Islamischen Führung"; zur Stärkung der Führung von Exekutive, Justiz, Rundfunk- und Fernsehorganisation; zur Stellung des Schlichtungsrates; zum Verfahren von Verfassungsänderungen. Am 28. Juli 1989 wurden die Kommissionsvorschläge zusammen mit der Wahl des neuen Präsidenten dem Volk zur Abstimmung vorgelegt und mit 97,3 % angenommen. Bei näherer Betrachtung erweisen sich diese Verfassungsänderungen als pragmatische Reaktionen auf bisherige Erfahrungen (vgl. *Tellenbach* 1990).

Neben der Schwächung der Position der „Islamischen Führung" – nicht zuletzt deshalb, weil aus dem Umkreis *Khomeinis* niemand sonst zur Verfügung stand, der nach dessen Ableben diesem Amt auch nur annähernd hätte gerecht werden können – wurden die Kompetenzen des Schlichtungsrates eingeschränkt. Dieser kann wie bisher erst dann eingreifen, wenn sich Parlament und Wächterrat nicht über eine Gesetzesvorlage einigen können, doch die ihm früher zugestandene Gesetzgebungsbefugnis wurde ihm entzogen und ihm außerdem auferlegt, nicht die Befugnisse der anderen Organe zu beeinträchtigen.

Die wesentlichste Änderung ergab sich unter dem Schlagwort der Zentralisierung bei der Exekutive. Hier wurde die nach frz. Vorbild gestaltete „doppelköpfige Exekutive" durch Staats- und Ministerpräsident aufgegeben. Mit der Streichung des Ministerpräsidentenamtes und zusätzlichen Bestimmungen wurde die Stellung des Staatspräsidenten erheblich gestärkt, der nun statt der vormaligen vermittelnden Position eindeutig zum Chef der Exekutive wurde.

Charakteristisch für das Parlament seit der Revolution ist und war die relativ geringe Rolle von organisierten politischen Parteien. Bereits im Zeitraum 1980–87 und erst recht nach Auflösung der seit 1981 einzig zugelassenen Partei, der *Islamischen Republikanischen Partei*, bestimmten verschiedene lose Gruppierungen das politische Leben.

Seit dem Tode *Khomeinis* (am 4. 6. 1989) scheint es den sog. „Pragmatikern" um Präsident *Rafsandjani* gelungen zu sein, ihre Machtposition gegenüber den „Radikalen" auszubauen. Vor den Parlamentswahlen vom 8. Mai 1992 wurde 1110 Kandidaten von 3150 Bewerber für die 270 Sitze durch Sonderausschüsse die Eignung abgesprochen. Unter den abgelehnten Kandidaten befanden sich vor allem Mitglieder der vom früheren Innenminister *Ali Akbar Mohtashemi* geführten „Versammlung der kämpfenden Ulema", die für eine revolutionäre Außenpolitik und eine staatliche Kontrolle der Wirtschaft eintrat. Die Führer der „Radikalen" wie *Mohtashemi* und Parlamentspräsident *Karubi* wurden aus dem Parlament verdrängt, in dem die Anhänger des Präsidenten drei Viertel der Sitze innehaben. Dem Parlament gehören außerdem neun Frauen an, aber nur noch 39 Geistliche (bisher 140). Gleichwohl hat das Parlament in seiner bisherigen Tätigkeit keine Indizien für einen möglichen echten neuen „Frühling der Freiheit" geliefert.

Allenfalls im außenpolitischen Bereich ist eine gewisse Flexibilität auszumachen (*Precht* 1988; *Ramazani* 1989). Hierfür spricht zum einen das Verhalten der Regierung während des II. Golfkrieges, als innerhalb der Machtoligarchie ein Streit darüber entbrannte, ob Iran sich neutral verhalten oder sich aktiv zugunsten Iraks am Kriegsgeschehen beteiligen solle. Während die „Radikalen", insbesondere deren Wortführer *Mohtashemi*, mit islamischen Parolen für ein Engagement Irans eintraten, war die Argumentation der Befürworter einer Neutralität eher von macht- und realpolitischen Überlegungen geprägt. Zum anderen eröffneten die rapiden Veränderungen in der internationalen Szenerie durch den Zerfall des Sowjetimperiums dem Land die Tore zu zwei Regionen: dem Kaukasus und Zentralasien auf der einen, der Golfregion auf der anderen Seite. In den beiden erstgenannten Regionen allerdings sieht sich Iran einer bisher überlegen erscheinenden Konkurrenz gegenüber – dem Einfluß der Türkei, die mit westlicher Hilfe und aufgrund sprachlich-kultureller Gemeinsamkeiten in der Region Fuß zu fassen begann.

Die Regierung unter *Rafsandjani* scheint von *Khomeinis* Prämisse der Außenpolitik des „weder Ost, noch West, Islamische Republik" auf eine Politik des „Sowohl Süd als auch Nord" umzuschwenken, wobei sich die Koordinaten aus iran. Perspektive auf den Kaukasus und Zentralasien im Norden und den Persischen Golf im Süden beziehen. Das Regime bemüht sich um eine Verbesserung der Beziehungen zum Westen auf jenen Gebieten, auf denen es ihm ratsam erscheint, wie in der Außenwirtschaftspolitik. Andererseits beharrt es auf jenen alten Positionen, die seine besondere Rolle in der islamischen Welt stärken und zugleich die Radikalen im eigenen Land beschwichtigen können – etwa durch die Weigerung, das von *Khomeini* ausgesprochene „Todesurteil" gegen *Salman Rushdie* aufzuheben.

Insgesamt weisen *Rafsandjanis* außenpolitische Konzepte mehr geopolitische als ideologische Züge auf. Dies gilt besonders für die Beziehungen zu den mittelasiatischen Republiken: Trotz aller Beteuerungen hinsichtlich deren Bedeutung „für die Welt des Islam" dürfte der Umstand bedeutsamer sein, daß Iran in seiner Geschichte mehrfach von Norden her angegriffen worden ist – zuletzt nach dem II. Weltkrieg, als die Rote Armee den NW Irans besetzte und die Gründung zweier Republiken in Kurdistan und Aserbaidschan erzwang, zweier Republiken allerdings, die im Sommer 1946 zusammenbrachen. Angesichts solcher historischen Traumata hat ein Puffer aus asiatischen Republiken gegen den befürchteten russischen Expansionismus höchste Priorität.

7. Entwicklungsperspektiven

Insgesamt sind die Ausgangsbedingungen für die weitere Entwicklung des Landes heute erheblich ungünstiger als zu Beginn der Revolution. Neben den Verwüstungen des Krieges und dem Rückgang der Einnahmen aus dem Erdölexport sieht sich Iran nicht nur mit einer dauerhaften Wirtschaftskrise konfrontiert, sondern auch mit einer zumindest gleichbleibenden Importabhängigkeit und einer gegenüber 1978 von 34 auf 57 Mio. angestiegenen Bevölkerung.

Dabei wird angesichts der anhaltenden Abwanderung der Bauern in die Städte, des Rückganges der Produktion von Agrargütern und des infolge des hohen Bevölkerungswachstums steigenden Importbedarfs an Lebensmitteln die Frage einer Landreform zur Überlebensfrage. Eine Beschwichtigung der Bauern durch die Vertreter der führenden Geistlichkeit, die sich auf ihre angeblich bäuerliche Familienherkunft berufen oder Verständnis für die Bitterkeit der Bauern äußern, ist kein Ersatz für die aktive Mitwirkung der Bauern an der Entwicklung des Agrarsektors.

Es ist ebenso fraglich, ob *Rafsandjanis* Sanierungsprogramm, vor allem der

Abbau der staatlichen Subventionen, das Los der „Entrechteten“, einst fanatische Anhänger *Khomeinis*, vierzehn Jahre nach der Revolution ins Positive wenden kann. Alle Bemühungen der Regierung, für sie verbesserte Lebensbedingungen zu schaffen, werden aufgezehrt von dem ungeheuren Bevölkerungswachstum. Doch es sind wohl weniger die Schulabgänger und die Masse der „Entrechteten“, aus denen sich langfristig ein Potential an Unzufriedenen rekrutieren könnte, wie es sich bei den Präsidentschaftswahlen vom 11. Juni 1993 angedeutet hat.

Das Ergebnis war in mehrerer Hinsicht bemerkenswert und darf als Barometer der politischen Stimmungslage gelten. Überraschend war erstens der Stimmenanteil *Rafsandjanis*: Denn hatte er 1989 noch 94,5 % der Stimmen errungen, so waren es diesmal nur 63 %. Zweitens ist die mit 57,6 % erheblich gesunkene Wahlbeteiligung und drittens das überraschend gute Abschneiden der drei Gegenkandidaten zu erwähnen.

Der Wahlausgang zeigt zwar, daß immer noch eine Mehrheit der Iraner *Rafsandjanis* Absichten, das Land aus seiner Isolierung zu führen und die Wirtschaft zu liberalisieren, für den besten Weg in Richtung auf einen höheren Lebensstandard und etwas mehr Freiheit hält. Doch das Votum ist gleichzeitig Ausdruck der Enttäuschung darüber, daß der Präsident bisher noch keine Wende herbeiführen konnte. Denn viele Reformpläne haben sich am Widerstand der konservativen Geistlichkeit, die ein erneutes Eindringen westlicher Kultureinflüsse befürchtet, festgefahren.

Literatur

Allafi, M. H. 1990: Wirtschaftliche Paradigmenwechsel der Islamischen Republik Iran? Zur Reaktivierung des Industrialisierungsprozesses, in: Orient, 31 (4), 603–615.

Bakhash, Shaul 1989: The Politics of Land, Law, and Social Justice in Iran, in: Middle East Journal, Bd. 43 (2), 186–201.

Behrawan, Abdol H. 1980: Iran – Die programmierte Katastrophe, Frankfurt/M.

Clawson, P. 1988: Islamic Iran's Economic Politics and Prospects, in: Middle East Journal, Bd. 42 (3), 371–388.

Ehteshami, A. 1991: After Khomeini: the Structure of Power in the Iranian Second Republic, in: Political Studies, Bd. 39 (1), 148–157.

Encke, U. 1989: Ayatollah Khomeini. Leben, Revolution und Erbe, München.

Ferdowsi, Mir A. 1988: Die Ursprünge und Verlauf des iranisch-irakischen Krieges (Forschungsinstitut für Friedenspolitik), Starnberg.

Graham, R. 1979: Iran – Die Illusion der Macht, Frankfurt/M.

Halliday, F. 1979: Iran. Analyse einer Gesellschaft im Entwicklungskrieg, Frankfurt/M.

Kapferer, R. 1980: Islamische Renaissance, islamische Revolution, islamische Theokratie, in: Aus Politik und Zeitgeschichte, B51–52, 3–23.

Kooroshy, J. 1987: Agrarverfassung der Islamischen Republik Iran, in: Orient, 28 (2), 229–243.

– 1990: Wirtschaftsordnung der Islamischen Republik Iran: Anspruch und Wirklichkeit, Hamburg.

Lerch, W. G. 1988: Der Golfkrieg: Ereignisse, Gestalten, Hintergründe, München.
Massarat, M. 1979: Iran – von der ökonomischen Krise zur sozialen Revolution, Offenbach.
Menashri, D. 1992: The Domestic Power Struggle and the Forth Iranian Majlis Elections, in: Orient, 33 (1), 387–408.
Meyer, L. 1987: Die Islamische Republik Iran – ein Beispiel für autozentrierte Entwicklung und Dissoziation?, in: Orient, 26 (3), 389–406.
Mottahedeh, R. 1987: Der Mantel des Propheten, München.
Nirumand, B. 1987: Iran – hinter den Gittern verdorren die Blumen, Reinbek.
–/Daddjou, K. 1987: Mit Gott für die Macht. Eine politische Biographie des Ayatollah Chomeini, Reinbek.
Omid, H. 1992: Theocracy or Democracy? The Critics of Westernization and the Politics of Fundamentalism in Iran, in: Third World Quarterly, Bd. 13 (4), 675–690.
Pahlawi, M. Reza 1967: Die soziale Revolution Irans, Düsseldorf.
Planck, U. 1980: Die Rolle der Landwirtschaft in der neuen iranischen Wirtschaftspolitik, in: Friedrich-Ebert-Stiftung (Hrsg.), Iran in der Krise, Bonn, 161–181.
Precht, H. 1988: Ayatollah Realpolitik, in: Foreign Policy, Nr. 70, 109–128.
Ramazani, R. K. 1989: Iran's Foreign Policy: Contending Orientations, in: Middle East Journal, Bd. 43 (2), 202–217.
Rieck, A. 1989: Das Parlament in der Islamischen Republik Iran, in: Orient, 30 (4), 537–556.
Ritter, W. 1979: Der Iran unter der Diktatur des Schah-Regimes, Frankfurt/M.
Samadzadeh Darinsoo, F. 1986: Die Islamisierung des Schulsystems der Islamischen Republik Iran, I. Teil: Verlauf und organisatorische Maßnahmen; II. Teil: Inhalte und Leitvorstellungen, in: Orient, 27 (3 und 4), 450–462 und 629–641.
Schweitzer, G. 1991: Iran: Drehscheibe zwischen Ost und West, Stuttgart.
Shoaee, R. S. 1987: The Mujahid Women of Iran: Reconciling „Culture" and „Gender", in: Middle East Journal, Bd. 41 (4), 519–537.
Steinbach, U. 1979: Iran, in: ders./R. Hofmeier/M. Schönborn (Hrsg.), Politisches Lexikon Nahost, München, 88–105.
Tellenbach, S. 1987: Untersuchungen zur Verfassung der Islamischen Republik Iran vom 15. November 1979, Berlin.
– 1990: Zur Änderung der Verfassung der Islamischen Republik Iran vom 28. Juli 1989, in: Orient, 31 (1), 45–66.
Wright, R. 1989: In the Name of God: the Khomeini Decade, New York.

Jemen

Thomas Koszinowski

1. Wirtschaftsgeographische Grundlagen

Die *Republik Jemen* (J.), im SW der Arabischen Halbinsel gelegen, hat eine Fläche von 528 000 qkm, von denen 195 000 qkm auf den früheren Nordjemen (NJ.) und 332 968 qkm auf den früheren Südjemen (SJ.) entfallen. Zum Staatsgebiet gehören die Inseln Sokotra (3600 qkm) im Indischen Ozean (Golf von Aden) sowie über 100 Inseln im Roten Meer, von denen die Kamaran-Gruppe (57 qkm) die größte ist. Das Land grenzt im Westen an das Rote Meer (500 km) und im Süden an den Indischen Ozean (1200 km), im Norden und NO an Saudi-Arabien (Grenze teilweise nicht markiert) und im Osten an Oman.

Der J. läßt sich in vier Großlandschaften gliedern: 1. Die Küstenzone (an der Küste des Roten Meeres *Tihama* genannt); 2. die Randgebirgszone, die bis auf 1000 m ansteigt; 3. das zentrale Hochland (höchste Erhebung 3760 m), das sich nach Osten absenkt; 4. die Wüstenzone Rub' al-Khali. Das Hochland wird von zahlreichen cañonartigen Flußtälern durchschnitten, von denen das größte das Wadi Hadramaut ist. In der Küstenzone ist das Klima feuchtheiß, im Hochland gemäßigt. Das Gebiet der Randgebirge wird von Monsunregen erfaßt (bis zu 1000 mm Niederschlag). Zum Innern nehmen die Niederschläge ab; die östlichen Wüstengebiete sind nahezu niederschlagsfrei.

An Bodenschätzen sind Vorkommen an Gold, Silber, Kupfer, Magnesium, Schwefel und Uran bekannt, die aber noch nicht gründlich erforscht sind. Von wirtschaftlicher Bedeutung sind die Steinsalzvorkommen bei Salif. 1984 wurde Erdöl entdeckt.

Nach der Fertigstellung einer Pipeline vom Ölfeld bei Marib zum Roten Meer *(Salif)* wurde im Dez. 1987 mit dem Ölexport begonnen. Die Ölvorräte werden auf 850 Mio. Barrel geschätzt.

Die Infrastruktur ist noch unterentwickelt. Die größten Städte Sana, Ta'izz, Hudaida und Aden sind durch asphaltierte Straßen verbunden. Von den insgesamt 15 445 km Straßen sind 4937 km asphaltiert (1990). Die wichtigsten Häfen sind Aden, Hudaida, Mocha, Mukalla und Salif. Internationale Flughäfen gibt es in Sana und Aden.

2. Bevölkerung

Die Bevölkerungszahl lag 1992 bei 14,3 Mio. E.; davon entfielen rund 2,4 Mio. auf den SJ. Das Bevölkerungswachstum liegt bei 3,1 %. 48 % der Bev. sind unter 15 Jahre alt. Mit 21,4 % (nach der Bevölkerungszählung von 1986/88) ist der Anteil der städtischen Bev. noch niedrig, was darauf zurückzuführen ist, daß die arbeitsfähige Bev. nicht in die Städte abwanderte, sondern in die benachbarten Ölstaaten. Die größten Städte sind Sana (Hauptstadt) mit 1,3 Mio. E., Aden (Wirtschaftshauptstadt) mit 500 000 E., Ta'izz (300 000), Hudaida (250 000) und Mukalla (200 000). Die Bevölkerungsdichte liegt bei 22 E./qkm. Am dichtesten besiedelt sind die Provinzen Ibb (235 E. je qkm), Ta'izz (158) und al-Mahwit (149), die im Gebiet mit reichlichen Niederschlägen liegen, während die östlichen Gebiete nur 1–3 E. pro qkm haben. Die Stämme im Norden sind überwiegend seßhaft. Nur in den östlichen Gebieten leben noch Beduinen (rund 2 % der Bevölkerung).

Die Bev. setzt sich überwiegend aus Südarabern (Jemeniten) zusammen. Im Süden, vor allem in der Küstenzone, sind negroide Einflüsse vorhanden. Größere Minderheiten sind Inder (16 000) und Somalis (10 000). Staatssprache ist Arabisch.

Der J. ist traditionell ein Auswanderungsland. Bereits im 19. Jh. wanderten Jemeniten in die benachbarten Länder, aber auch nach Südostasien aus. Mit dem Einsetzen des Ölbooms in den Golfstaaten suchten Jemeniten verstärkt Arbeit in den bevölkerungsarmen Ölstaaten. Ihre Zahl belief sich zeitweilig auf über 2 Mio. Als Reaktion auf die irakfreundliche Haltung des J. im irakisch-kuwaitischen Konflikt entzog die saudische Regierung im Sept. 1990 den jem. Gastarbeitern den Sonderstatus (Freistellung von Einreisevisum und Arbeitserlaubnis), woraufhin rund 850 000 in den J. zurückkehren mußten und dort große Reintegrationsprobleme auslösten.

Die Bev. ist ausschließlich islamisch; der Islam ist Staatsreligion. Knapp die Hälfte der Bevölkerung, vor allem die Stämme in der nördlichen Gebirgsregion, gehört zur schiitischen Sekte der Zaiditen. Im Süden ist die Bev. überwiegend sunnitisch nach der schafiitischen Lehre. Von der einst bedeutenden jüdischen Minderheit sind nach der Auswanderung der Mehrheit der Juden 1948 nach Israel nur wenige hundert Familien geblieben.

3. Historische Entwicklung

Als sich im Jahre 1839 die Briten in Aden festsetzten und den Hafen zu einem wichtigen Stützpunkt zur Sicherung des Seeweges nach Indien ausbauten, trat der J. erstmals nach Jahrhunderten der Isolation mit der Außenwelt in direkten Kontakt. Bis zum I. Weltkrieg weiteten die Briten ihre Herrschaft auf die angrenzenden Gebiete aus. Der Norden wurde 1872, als sich nach Eröffnung des Suezkanals die strategische Bedeutung des J. erhöhte, von den Türken erobert. Beide Mächte einigten sich auf eine Abgrenzung ihrer Einflußsphären, was zur Teilung des J. führte. Die zaiditischen Stämme in der nördlichen Gebirgsregion erhoben sich wiederholt gegen die türkische Fremdherrschaft. 1911 erkannten die Türken die Herrschaft Imam *Yahyas*, der 1904 zum geistlichen und weltlichen Herrscher der zaiditischen Stämme gewählt worden war, an.

Nach dem Zusammenbruch des Osmanischen Reiches Ende des I. Weltkrieges übertrugen die Türken bei ihrem Abzug 1918 Imam *Yahya* die Herrschaft über die übrigen Gebiete des Jemen, der damit formell seine Unabhängigkeit erlangte. Nach einem kurzen Krieg 1934 mit Saudi-Arabien mußte Imam *Yahya* seinen Anspruch auf die drei jem. Provinzen Jizan, Najran und Asir aufgeben. Im selben Jahr unterzeichnete er einen Vertrag mit Großbritannien, in dem er den Status quo der Grenze akzeptierte, während die britische Regierung seine Herrschaft anerkannte.

Zur Sicherung seiner autokratischen Herrschaft versuchte Imam *Yahya*, das Land gegen alle fremden Einflüsse abzuschirmen. Viele Jemeniten emigrierten in das benachbarte Aden, wo sie die *Bewegung der freien Jemeniten* mit dem Ziel des Sturzes des Imams gründeten. Nach der Ermordung *Yahyas* 1948 trat sein Sohn *Ahmad* die Nachfolge an. Auch *Ahmad* führte ein despotisches Regime und hielt sein Land in Rückständigkeit. Durch die Intensivierung der Beziehungen nach außen (Ausbildung von Offizieren im Ausland, 1958 Beitritt zu der zwischen Ägypten und Syrien gegründeten Vereinigten Arabischen Republik) ließ sich die Ausbreitung fortschrittlicher Ideen jedoch nicht verhindern. Als Imam *Ahmad* am 18. 9. 1962 starb, konnte sein Sohn *al-Badr* zwar die Nachfolge antreten, wurde aber bereits eine Woche später durch einen Militärputsch unter Führung von *Abdallah al-Sallal* gestürzt.

Die Herrschaft übernahm ein Revolutionsrat, der das Imamat für abgeschafft erklärte und die Republik ausrief. Da Imam *al-Badr* fliehen und einen Teil der Stämme für sich mobilisieren konnte, kam es zu einem langwierigen und verlustreichen Bürgerkrieg. Die Republik überlebte nur durch die Entsendung eines ägyptischen Expeditionskorps. Die *Royalisten* wiederum konnten nur dank der reichlichen Subsidien des saudischen Königs *Faisal* den Krieg durchstehen. Nach der Niederlage im Junikrieg von 1967 einigte sich Präsident *Nasser* mit König *Faisal* auf die Einstellung ihrer Hilfe für die beiden Bürgerkriegsparteien und den Abzug der ägyptischen Truppen. Mit der Rückkehr der royalistischen Politiker nach Sana im Mai 1970 war der Bürgerkrieg beendet. Die Stämme hatten während des Bürgerkrieges ihren Einfluß ausweiten können und übten entscheidenden Einfluß auf das politische Geschehen in der Hauptstadt Sana aus. Ihr wichtigster Vertreter war der Oberscheich der Stammeskonföderation der Hashid, Scheich *Abdallah Ibn Husain al-Ahmar*.

Die Revolution im NJ. gab dem Widerstand gegen die britische Kolonialherrschaft in Aden Auftrieb. Im Oktober 1963 wurde die *Nationale Befreiungsfront* (NLF) gegründet, die den bewaffneten Kampf gegen die britische Kolonialherrschaft proklamierte. Am 30. 11. endete die Fremdherrschaft, und der SJ. wurde unabhängig. Im Kampf um die Macht innerhalb der NLF setzten sich die marxistischen Kräfte unter Führung von *Abd al-Fattah Isma'il* durch, der nach dem Sturz von Präsident *Qahtan al-Sha'bi* im Juni 1969 Generalsekretär der NLF wurde. Gemäß der 1970 verabschiedeten Verfassung wurde der *wissenschaftliche Sozialismus* zur Grundlage der Politik erklärt. Nach der Liquidierung von Präsident *Salim Rubai' Ali* (Juni 1978) konnte *Isma'il* die sozialistische Umgestaltung ungehindert vorantreiben. Im Okt. 1978 wurde die *Jemenitische Sozialistische Partei* (JSP) gegründet, im Dez. wählte der aus Wahlen hervorgegangene *Oberste Volksrat* (Parlament) *Isma'il* zum Präsidenten.

Im NJ. übernahm am 13. Juni 1974 das Militär unter Führung von Oberst *Ibrahim al-Hamdi* die Macht. Das Parlament wurde aufgelöst und Präsident *al-Iryani* ins Exil geschickt. Nach der Ermordung *al-Hamdis* am 11. 10. 1977 wurde Oberst *al-Ghashmi* zum Vorsitzenden des Revolutionsrates gewählt, nach dessen Ermordung am 24. Juni 1978 Oberst *Ali Abdallah al-Salih*. Er gründete den *Allgemeinen Volkskongreß* (AVK) als eine politische Organisation zur Mobilisierung der Bevölkerung. Parteien waren nicht zugelassen. In den Beziehungen zwischen den beiden J. wurde im Zusammenhang mit einem Grenzkonflikt im Sept. 1972 und seiner Beilegung durch Vermittlung der *Arabischen Liga* erstmals ein Abkommen unterzeichnet, das die Vereinigung des J. vorsah. Als im März 1979 erneut ein Konflikt ausbrach, bekräftigten die Präsidenten *Salih* und *Isma'il* in einem Abkommen erneut ihren Willen zur Vereinigung. Nach dem Sturz *Isma'ils* im April 1980 schlug sein Nachfolger *Ali Nasir Muhammad* einen gemäßigteren Kurs in der Innen-, Wirtschafts- und Außenpolitik ein, dem sich jedoch die Anhänger des linken Flügels in der Partei widersetzten. Im Januar 1986 entlud sich der Konflikt in einer bewaffneten Auseinandersetzung, die mit der Niederlage *Ali Nasir Muhammads* und seiner Flucht in den NJ. endete.

4. Wirtschaftliche Struktur und Entwicklung

Bis zur Vereinigung im Jahre 1990 verlief die wirtschaftliche Entwicklung in den beiden J. unterschiedlich. Im SJ. entstand im Zusammenhang mit dem Hafen von Aden, der als ein wichtiger Umschlagplatz für die britische Flotte diente, eine moderne Infrastruktur. Von großer wirtschaftlicher Bedeutung war die 1954 gebaute Erdölraffinerie in Aden. Die Schließung des Suezkanals 1967 brachte die Wirtschaftstätigkeit in Aden zum Erliegen. Nach der Unabhängigkeit verfolgte der SJ. eine sozialistische Wirtschaftspolitik, die sich auf die wirtschaftliche Entwicklung negativ auswirkte. Mit der von *Ali Nasir Muhammad* ab 1980 eingeleiteten Liberalisierungspolitik trat keine grundlegende Wende ein. Der Bürgerkrieg vom Januar 1986 verschärfte die Krise in der südjem. Wirtschaft und zwang die neue Führung zur Annäherung an den NJ. und schließlich zur Vereinigung.

Der NJ. war bis zur Revolution von 1962 ein reines Agrarland mit Subsistenzwirtschaft ohne jede Industrie, abgesehen von handwerklichen Betrieben, die den Bedarf an traditionellen Gütern deckten. Die Modernisierung der Wirtschaft und der Aufbau einer Infrastruktur und industriellen Basis begann zu Beginn der 70er Jahre mit der Errichtung der zentralen Planungsbehörde in Sana und dem ersten Dreijahresplan (1973–75). Im Jahrzehnt vom Beginn der 70er bis zum Beginn der 80er Jahre wurde ein durchschn. jährliches Wirtschaftswachstum von knapp 9% erreicht. Voraussetzung für diese Entwicklung waren eine auf den Prinzipien der freien Marktwirtschaft beruhende Wirtschaftspolitik und die Überweisungen der jem. Gastarbeiter aus den benachbarten Ölstaaten (jährlich rund 900 Mio. US-$) sowie die hohen Finanzhilfen und Kredite seitens des Auslandes (jährlich ca. 1 Mrd. US-$).

Diese günstige Periode endete Anfang der 80er Jahre, als infolge des Rückgangs des Ölpreises die Gastarbeiterüberweisungen und Finanzhilfen der Ölstaaten zurückgingen. Die Regierung reagierte auf das wachsende Budget-, Handels- und Zahlungsbilanzdefizit mit drastischen Sparmaßnahmen (Verringerung der Investitionen, Drosselung der Einfuhren sowie Abwertung der Währung). Als Folge flachte sich das Wirtschaftswachstum ab und betrug während des 2. Fünfjahresplanes 1982–86 im Durchschnitt nur 4,3%. Das Pro-Kopf-Einkommen ging von 739 (1982) auf 640 US-$ (1987) zurück. Der landwirtschaftliche Sektor wuchs um 2,7% (geplant 4,2%), der Bergbau um 25,3% (12%) und das produzierende Gewerbe um 22,4% (13,5%). Da viele Projekte gestrichen wurden, erreichten die Investitionen nur 70% des ursprünglichen Ansatzes.

Tabelle 1: *Geplante Investitionen im 2. und 3. Fünfjahresplan (Anteile in %)*

	2. Plan 1982-86	3. Plan 1987-91
Landwirtschaft	15,76	7,96
Bergbau (Erdöl)	3,22	14,08
Industrie	12,49	8,91
Strom/Wasser	8,32	6,67
Bauwesen	2,27	0,52
Handel/Tourismus	10,21	5,07
Transport/Komm.	16,51	10,75
Wohnungsbau	13,32	8,02
Bildung und Gesundheit	16,54	35,28
Sonstiges	1,31	2,75
gesamt in Mrd. YR	28,10	38,58

Quellen: Central Planning Organization: Third Five Year Plan 1987-1991; Middle East and North Africa 1992.

Während der 2. Fünfjahresplan mit Gesamtinvestitionen von 6,5 Mrd. US-$ die Strukturverbesserung in den ländlichen Gebieten (Versorgung mit Wasser und Elektrizität) und die Entwicklung des produzierenden Gewerbes zwecks Abbau der Importabhängigkeit zum Ziel hatte, lagen die Prioritäten des 3. Fünfjahresplanes 1987–91 bei der Entwicklung des Erdölsektors, des verarbeitenden Gewerbes und der Landwirtschaft. Die Verknappung an Devisen führte zu einer Abwertung des YR zum US-$ um 46 % (1981–86) und einer Beschleunigung der Inflation auf 38 %. In Erwartung steigender Einnahmen aus dem Ölexport weitete die Regierung ab 1987 (zugleich Beginn des 3. Fünfjahresplanes 1987–91) ihre Ausgaben aus, was erneut zu einem Anstieg des Haushaltsdefizits führte.

Die Vereinigung belastete die Wirtschaft zusätzlich mit Mehrausgaben (u.a. mit der vollständigen Übernahme aller Staatsbediensteten beider Regierungen). In dieser ungünstigen Lage mußte der J. die Rückkehr von rund 850 000 Gastarbeitern aus Saudi-Arabien sowie die Einstellung jeglicher Finanzhilfe seitens der arabischen Ölstaaten als Strafe für die pro-irakische Haltung des J. im Golfkrieg (1990/91) verkraften, was zu einer weiteren Verschlechterung der Wirtschaftslage führte. Durch die Rückkehr der Gastarbeiter erhöhte sich die Arbeitslosenquote auf rund 40 %.

Die Wirtschaftsstruktur hatte sich Ende der 80er Jahre gegenüber den 70er Jahren grundlegend geändert. Während der Anteil der Landwirtschaft am BIP zurückgegangen war, wurden der Industrie- und Dienstleistungssektor mit einem relativ entwickelten Banken- und Finanzsystem ausgeweitet.

Tabelle 2: *BIP und Beschäftigung (Anteile in %)*

	1980[a]		1985[a]		1990	
	BIP	Besch.	BIP	Besch.	BIP	Besch.
Landwirtschaft	47	62	23	56	20	55
Bergbau	1	1	1	1	17	4
Industrie	4	5	8	7	7	8
Bauwesen	7	11	8	9	8	7
Dienstleistungen	41	21	60	28	48	26

[a] nur Nordjemen
Quelle: Central Planning Organization: Statistical Yearbook.

Die Abwanderung von Arbeitskräften und die hohen Devisenüberweisungen der Gastarbeiter veränderten auch den Arbeitsmarkt. Der Anteil der Arbeitskräfte in der Landwirtschaft ging von rund 80 % (1975) auf 55 % (1990) zurück, während er sich im verarbeitenden Gewerbe und im Dienstleistungssektor im gleichen Zeitraum erhöhte. Aufgrund des Arbeitskräftemangels stiegen die Löhne auf ein Niveau, das dem der Ölstaaten entsprach. Dies zwang die Wirtschaft zu kapitalintensiven Investitionen, um die Produktivität zu erhöhen und Arbeitskräfte einzusparen. Deshalb stieg der Anteil der Beschäftigten in der Industrie nicht proportional zum Anteil der Industrie am BIP.

4.1 Landwirtschaft

Die landwirtschaftlich nutzbare Fläche beträgt rund 4 Mio. ha, von denen jedoch nur 1,6 Mio. ha genutzt werden, davon 230 000 ha in Bewässerungswirtschaft. Aufgrund der Schwankungen der Niederschlagsmenge sind die Erträge im Getreideanbau sehr unterschiedlich. Wichtigste Getreideart ist Hirse, deren Anbaufläche kontinuierlich zurückgegangen ist (vgl. Tab. 3). Arbeitskräftemangel und hohe Löhne haben die landwirtschaftliche Struktur stark beeinflußt und verändert. Da sich der arbeitsintensive und aufwendige Terrassenbau nicht mehr lohnte, wurde er vielfach dem Verfall preisgegeben. Lohnintensive Kulturen wurden zugunsten von hochwertigen Anbaupflanzen aufgegeben. So gingen die Anbauflächen für Hirse, Gerste und Baumwolle zurück, während sie bei Gemüse, Weintrauben und Kartoffeln zunahmen. Stark ausgeweitet wurde der Anbau von Qat (einer Pflanze, deren Blätter wegen ihrer narkotisierenden Wirkung gekaut werden), der hohe Gewinne abwirft.

Tabelle 3: *Ernteerträge (Tsd. t) und Anbaufläche (Tsd. ha)*

	1974/75[a]		1980[a]		1990	
	Ernte	Fläche	Ernte	Fläche	Ernte	Fläche
Weizen	67	60	65	63	160	97,9
Gerste	62	57	48	47	60	52,3
Mais	39	23	49	31	70	51,5
Hirse	921	1056	636	681	610	643,0
Gemüse	168	18	261	27	480	22,3
Baumwolle	27	28	6	5,3	10	10,3
Weintrauben	40	8,5	55	11,5	130	17,1
Kaffee	4	7,7	3,6	7,7	5	24,8
Kartoffeln	71	6,5	127	10,6	130	13,5

[a] nur Nordjemen
Quelle: Statistical Year Book 1988-90.

Die Mehrzahl der Betriebe hat nur eine Betriebsfläche von 2–3 ha. Maschinen, Dünger und Pflanzenschutzmittel werden fast nur von mittleren und größeren Betrieben, die sich überwiegend im Hochland und an der Küste (Tihama) sowie im SJ. befinden, genutzt. Das hohe Lohnniveau auch der Landarbeiter hat die Mechanisierung beschleunigt. Vielfach haben die zurückgekehrten Gastarbeiter ihre Ersparnisse in Maschinen investiert.

Ziel der Landwirtschaftspolitik ist die Ausweitung der bewässerten Fläche durch die Anlegung neuer Brunnen, was allerdings bereits zu einer Absenkung des Grundwasserspiegels und Eindringen von Salzwasser in Küstennähe geführt hat. In der Viehwirtschaft ist die Geflügelhaltung stark ausgeweitet worden. Die Zahl der Hühner stieg von 2,49 Mio. (1976) auf 23,3 Mio. (1988). 1990 gab es 174 000 Kamele, 1,17 Mio. Kühe, 3,3 Mio. Ziegen und 3,7 Mio. Schafe. Von erheblicher wirtschaftlicher Bedeutung ist die Fischerei, insbesondere im SJ.

4.2 Erdöl und Industrie

Der Ölsektor entwickelte sich seit dem Beginn der Ölexporte im Dez. 1987 im NJ. zum wichtigsten Wirtschaftszweig, der allerdings nur geringe Beschäftigungseffekte hat. Die Ölförderung stieg 1992 auf 195 000 bpd und soll bis Mitte der 90er Jahre über 500 000 bpd erreichen. Durch die staatliche Vereinigung konnte auch die Erschließung der im Grenzgebiet liegenden Ölfelder vorangetrieben werden. Die steigenden Öleinnahmen könnten nicht nur das chronische Handelsbilanzdefizit überwinden, sondern auch – falls sie nicht konsumptiv verwendet werden – zur Verbesserung der unterentwickelten materiellen und sozialen Infrastruktur und zum Aufbau einer verarbeitenden Industrie beitragen, der bisher auch durch Kapitalmangel behindert wurde.

Die Industrie besteht bisher vorwiegend aus Kleinbetrieben, die auf der Handwerkstradition aufbauen. Mit ausländischer Hilfe wurden einige Großbetriebe (wie die Zementfabriken in Bajil und Amran und eine Textilfabrik in Sana) errichtet. Die Betriebe stellen neben handwerklichen Produkten (wie Möbel und Eisenwaren) Nahrungs- und Genußmittel, Baumaterialien, Textilien, Lederwaren, Papier und chemische Produkte für den heimischen Bedarf her.

Ziel der Industrialisierungspolitik ist die Förderung importsubstituierender Industrien auf der Grundlage einheimischer Rohstoffe (Baumwolle, Wolle, Häute, Tabak, Nahrungsmittel, Steine) zur Befriedigung der lokalen Konsumbedürfnisse. Einer breiteren Industrialisierung stehen der Mangel an Kapital und Fachkräften, ein relativ hohes Lohnniveau (das die Konkurrenzfähigkeit gegenüber Importwaren mindert), die begrenzte Aufnahmefähigkeit des Binnenmarktes, ungenügende Verkehrsverbindungen sowie hohe Transport-, Rohstoff- und Energiepreise entgegen.

Der Tourismus spielt noch keine Rolle, obwohl die Voraussetzungen (architektonische Denkmäler) nicht ungünstig sind. Durch den Ausbau der Infrastruktur sollen Voraussetzungen für seine Entwicklung geschaffen werden. Massentourismus soll allerdings vermieden werden.

4.3 Außenwirtschaft und Auslandsschulden

Der Außenhandel ist traditionell stark defizitär und seit Ende der 80er Jahre von der Preisentwicklung auf dem Erdölmarkt abhängig, weil nun 90–95 % der Exporte aus Erdöl und Ölprodukten aus der Raffinerie in Aden bestanden (vgl. Tab. 4). Bei den Importen fällt der hohe Anteil (35–45 %) von Nahrungsmitteln auf.

Die Entwicklung der Zahlungsbilanz hing wesentlich von der Höhe der Überweisungen der jem. Gastarbeiter in den Golfstaaten (vor allem in Saudi-Arabien) ab – und damit auch von den politischen Beziehungen, die durch die Allianzbildungen im Golfkrieg gestört wurden und zu der erwähnten Ausweisung von jem. Gastarbeitern führten.

Tabelle 4: *Handels- und Zahlungsbilanz (in Mio. US-$)*

	1989	1990	1991
Exporte (fob)	1356	1402	1116
- Erdöl/Derivate	1244	1328	1070
Importe (cif)	1852	1812	1422
- Nahrungsmittel	582	643	645
Handelsbilanz	-496	-410	-306
Ressourcenbilanz	-897	-799	-512
Überweisungen[a]	409	1366	800
Netto-Kapitalzufluß	606	51	-186
Zahlungsbilanz[b]	-712	189	22

[a] von Gastarbeitern im Ausland; [b] nach öffentlichen Transfers
Quelle: Trends in Developing Economies 1992 (Weltbank).

Tabelle 5: *Auslandsverschuldung (in Mio. US-$)*

	1980	1985	1988	1991
Gesamtschulden	1684	3341	5240	6471
Langfr. Schulden (LDOD)[a]	1453	2968	4388	5207
Öffentliche Gläubiger	1438	2950	4180	5050
- multilateral	251	694	919	1059
- bilateral	1187	2256	3261	3991
Schuldendienst	73	131	308	161
Schulden/BSP (%)	..	43,4	76,2	88,1
Schuldendienstquote	..	..	12,0[b]	7,3

[a] öffentlich und öffentlich verbürgt; [b] 1989
Quelle: World Debt Tables 1982-83.

Die Auslandsschulden vervierfachten sich in den 80er Jahren und erreichten Ende 1991 fast 6,5 Mrd. US-$ (vgl. Tab. 5). Die Regierung des vereinigten J. stellte nicht nur die Rückzahlungen des SJ. an die ehemaligen RgW-Verbündeten ein, sondern konnte aus Devisenmangel auch nur einen Teil der übrigen Tilgungs- und Zinsverpflichtungen von rund 400 Mio. US-$ (1990) bedienen. Die in Tab. 5 ausgewiesene Schuldendienstquote zeigt nicht den fälligen, sondern den tatsächlich geleisteten Schuldendienst. Umschuldungen entspannten ein wenig die kritische Situation und setzten auf die in Zukunft zu erwartenden höheren Öleinnahmen.

5. Soziale Struktur und Entwicklung

Im J. haben sich aufgrund der Abgeschlossenheit des Landes unter der Herrschaft der Imame bis zur Revolution von 1962 die traditionellen Strukturen stärker erhalten als in den meisten anderen arabischen Ländern. Zwar verlor die Aristokratie der *Saiyids* (Nachkommen des Propheten *Mohammed*) ihre Ämter und Privilegien, trotzdem genießt sie, wie auch die im islamischen Recht ausgebildeten Richter *(Qadis)*, immer noch hohes Ansehen. Die überkommenen Stammesstrukturen änderten sich hingegen kaum. Im SJ. wurde eine Politik verfolgt, die ganz bewußt darauf abzielte, die alten Stammesstrukturen und die auf dem Islam basierenden Traditionen zu zerschlagen und durch ein am „wissenschaftlichen Sozialismus" orientiertes Gesellschaftssystem zu ersetzen. Wie die blutigen Auseinandersetzungen im Januar 1986 zeigten, haben sich auch im SJ. die Stammesbindungen als zählebig erwiesen.

Die Stammesstrukturen können als ein wesentliches, ja bestimmendes Merkmal der jem. Gesellschaft betrachtet werden. Dies gilt insbesondere für die nördliche Gebirgsregion, wo die zaiditischen Stämme innerhalb ihrer Stammesterritorien nahezu unabhängig von der Zentralgewalt ihre Stammesherrschaft und ihr Stammesrecht *(urf)* ausüben. Ausländische Ölgesellschaften haben deshalb nicht nur mit den Behörden in Sana zu verhandeln, sondern oft auch mit den Stammesscheichen der Territorien, in denen sie tätig sind.

Einzelne Stämme können sich zu einer größeren Konföderation zusammenschließen. Die beiden wichtigsten Stammeskonföderationen sind die der Hashid und Bakil. Der Oberscheich der Hashid-Konföderation, *Abdallah Ibn Husain al-Ahmar*, der über 50 000 Krieger mobilisieren kann, gilt seit der Revolution von 1962, als er mit seinen Kriegern das republikanische Lager verteidigte und später als Parlamentspräsident fungierte, als einer der mächtigsten Männer. Seine Wiederwahl zum Parlamentspräsidenten im Mai 1993 im vereinten J. unterstreicht seine überragende Bedeutung im politischen Kräftespiel.

Die Stämme sind überwiegend seßhaft und als Ackerbauern tätig. Die zunehmende Mobilität der Stammesmitglieder und ihre Abwanderung in die Städte bzw. in die benachbarten Ölstaaten zwecks Arbeitssuche haben den Stammeszusammenhalt geschwächt. Ihre einstige Autarkie haben sie weitgehend eingebüßt, weil sie immer mehr für den Markt produzieren, wie z. B. Qat, das höhere Gewinne abwirft als der Anbau von Getreide. Dadurch sind die Stämme auf Nahrungsmittelimporte angewiesen und von der Regierung abhängig. Auch der Kauf moderner Konsumgüter, wie Autos, kann nicht aus eigenen Einnahmen finanziert werden, weshalb sich die Stämme ihre Loyalität durch Subsidien bezahlen lassen, entweder von der Regierung, oder von anderen Geldgebern wie z. B. Saudi-Arabien, das auf diese Weise eine Möglichkeit der Einflußnahme auf die jem. Politik hat.

Das mit dem Stammesbewußtsein verbundene stärkere Beharren auf den vom Stammesrecht und vom Islam geprägten Traditionen wirkt sich auf die

Modernisierung der Gesellschaft hemmend aus. Dies zeigt sich besonders an der Stellung der Frau, die noch weitgehend in ihrer traditionellen Rolle verharrt. Lediglich im SJ. haben die Frauen ihre Stellung verbessern können. Von den 49 Frauen, die sich bei den Parlamentswahlen vom April 1993 zur Wahl stellten, stammten fast alle aus dem Süden; die beiden Wahlkreise, in denen Frauen in das Parlament gewählt wurden, liegen in den südjem. Städten Aden und Mukalla. Allerdings hat die im Zuge der Vereinigung vorgenommene Angleichung der Gesetzgebung bereits zu einem Rückschritt für die Emanzipation der Frauen im SJ. geführt, da die Gesetze des SJ. an die traditionelleren im NJ. angeglichen wurden. Ende März 1992 wurde das Personenstandsrecht dahingehend geändert, daß nun auch wieder im SJ. die Vielehe erlaubt ist. Protestdemonstrationen der Frauen im März 1992 in Aden blieben ungehört.

Auch im Erziehungswesen erwies sich das „sozialistische System" des SJ. als fortschrittlicher und effektiver. Hier bestand allgemeine Grundschulpflicht und der Anteil der Mädchen in den Schulen war höher als im Norden. Die Analphabetenquote lag 1990 im vereinigten J. noch bei 61 %, im Norden höher, im Süden aber deutlich niedriger. Ein besonderer Erfolg der südjem. Schulpolitik war, daß an den Schulen keine Ausländer mehr lehrten, während im NJ. an den Grundschulen rund 60 % und in der Oberstufe sogar 72 % (1989/90) der Lehrkräfte Ausländer, meist Ägypter, waren. Diese Mangelsituation kann sich bald ändern, weil 1989/90 an der 1970 gegründeten Universität Sana über 31 000, an der 1975 gegründeten Universität Aden 3840 und an den 84 Lehrerbildungsanstalten weitere 15 700 Studierende ausgebildet wurden.

Tabelle 6: *Sozialindikatoren (Nordjemen)*

	1960	1970	1980	1990
Lebenserwartung bei Geburt	36,5	42,4	45,6	51,5
Säuglingssterblichkeit	212,0	175,2	147,0	123,6
Krankenhäuser	..	28[a]	..	74
- Betten	..	2988[a]	..	7970
Ärzte		280[a]	..	2708[b]
E. pro Arzt	..	34790	5639[c]	..
Alphabetenquote	3	8	21	39[d]
Primareinschulungsrate	8	22	47	..
- Mädchen	3	7	12	..

[a] 1975; [b] davon 817 ausländische Ärzte; [c] 1984; [d] bei Frauen 26 %
Quellen: Human Development Report 1993; World Tables 1992; Weltentwicklungsbericht 1993.

Die medizinische Versorgung ist noch unterentwickelt, vor allem in den ländlichen Gebieten. Die Situation im Gesundheitssektor ist nicht nur durch eine zu geringe Zahl an Krankenhäusern und Ärzten gekennzeichnet, sondern ebenso durch unvollkommene hygienische Verhältnisse aufgrund mangelhafter Ernährung, schlechter Trinkwasserversorgung und meistens nicht vorhandener Abwasserentsorgung. Deshalb sind viele Krankheiten noch sehr verbreitet wie Bilharziose, Malaria, Tuberkulose, Typhus und parasitäre Darmkrankheiten. Die Bekämpfung dieser Krankheiten ist ein Schwerpunkt der Gesundheitspolitik. Mit Unterstützung der UNO sowie vor allem Saudi-Arabiens wurden die Impfaktionen ausgeweitet und das Gesundheitswesen ausgebaut (vgl. Tab. 6).

6. Politische Entwicklung

Die Krise in der südjem. Führung im Januar 1986 hatte weitreichende Auswirkungen für die politische Entwicklung im gesamten Jemen. Der linke Flügel übernahm erneut die Macht, sah sich aber aufgrund der inneren Schwächung (Tod führender Kader, u.a. auch *Isma'ils*) zur Fortsetzung der gemäßigteren Politik *Muhammads* gezwungen. Zudem erwartete die Sowjetunion, auf deren Hilfe man mehr denn je angewiesen war, im Rahmen der neuen Politik unter *Gorbatschow* eine politische Liberalisierung. Die Flucht von rund 30 000 Anhängern des gestürzten Präsidenten in den NJ. und die damit verbundenen Probleme für die nordjem. Behörden führten zu einer Intensivierung der Kontakte zwischen beiden Seiten. Bei ihrem Treffen im Juni 1987 betonten der nordjem. Präsident *Ali Abdallah Salih* und der neue Generalsekretär der JSP, *Ali Salim al-Baid,* das Festhalten an der Einheit und die Entschlossenheit, die bestehenden Probleme zu lösen, wobei der NJ. an das Flüchtlingsproblem dachte, der SJ. hingegen eine Koordination in der Wirtschaftspolitik wünschte.

Während sich das Regime im SJ. in einer tiefen Krise befand, konnte *Ali Abdallah Salih* das Herrschaftssystem im NJ. und seine eigene Position durch die Wahlen zum Parlament *(Majlis al-Shura)* am 5. Juli 1988 festigen. Außer dem AVK waren keine Parteien zugelassen, lediglich unabhängige Kandidaten. Das neue Parlament wählte *Ali Abdallah Salih* zum dritten Mal zum Präsidenten des NJ.

1989 wurde die Zusammenarbeit zwischen den beiden J. spürbar verstärkt und eine Reihe von gemeinsamen Komitees zur Koordinierung der Aktivitäten gebildet (u.a. die *Interjemenitische Ministerkommission* und das *Vereinigte Politische Organisationskomitee*). Anläßlich der Feiern zum Jahrestag der Unabhängigkeit des SJ. am 30. 11. 1989 unterzeichnete der nordjem. Präsident *Salih* gemeinsam mit dem Generalsekretär der JSP ein Etappenprogramm zur Vereinigung der beiden J. innerhalb eines Jahres. Im Rahmen einer engeren militärischen Zusammenarbeit wurde im Dez. mit dem Abzug der Truppen aus dem Grenzgebiet begonnen. Ende Juli 1989 veröffentlichte die JSP ihr Reformprogramm, das eine Revision der Verfassung, die Garantie bürgerlicher Grundrechte, die Trennung von Partei- und Staatsämtern und eine stärkere Identifizierung mit der arabisch-islamischen Kultur vorsah. Am 11. 12. hob das ZK das Parteienverbot und damit das Machtmonopol der JSP auf.

Die Ernsthaftigkeit der neuen Politik im SJ. wurde im Januar 1990 unter Beweis gestellt, als eine Welle von Streiks gegen niedrige Löhne und schlechte Arbeitsbedingungen nicht, wie das in der Vergangenheit der Fall gewesen war, von den Sicherheitsbehörden unterdrückt wurde. Im Mai 1990 verabschiedete der *Oberste Volksrat* (Parlament) in Aden eine Reihe von Gesetzen zur Verwirklichung des politischen und wirtschaftlichen Reformprogramms, durch die die Anfang der 70er Jahre erlassenen Gesetze zur sozialistischen Umgestaltung von Wirtschaft und Gesellschaft außer Kraft gesetzt wurden (Rückgabe verstaatlichter Betriebe und enteigneten Landes an ihre Besitzer). Alle politischen Opfer wurden rehabilitiert, unter ihnen die ersten beiden Präsidenten *Qahtan al-Sha'bi* und *Salim Rubai Ali*.

Auf ihrem 6. Gipfeltreffen im Mai 1990 beschlossen *Salih* und *al-Baid* die Vorverlegung der Vereinigung um sechs Monate. Grund hierfür waren die verstärkten Aktivitäten islamistischer Kräfte im Norden, die gegen die Vereinigung agitierten, weil sie eine Ausbreitung sozialistischer und atheistischer Gedanken befürchteten. Am 21. Mai 1990 ratifizierten die beiden Parlamente den Vertrag über die Einheit, der vom südjem. Parlament einstimmig angenommen wurde, während 25 Mitglieder des nordjem. Parlaments, vorwiegend Islamisten, die Abstimmung boykottierten. Zugleich wählten der 17köpfige *Präsidialrat* des SJ. und die 25köpfige *Beratende Versammlung* des NJ. in einer gemeinsamen Sitzung in Aden *Ali Abdallah Salih* zum Vorsitzenden des neuen fünfköpfigen *Präsidialrates* und damit zum Staatspräsidenten der vereinigten *Republik Jemen*. Am 22. Mai 1990 proklamierte *Salih* in Aden die Vereinigung des Jemen. Am selben Tag wurde *Haidar Abu Bakr al-Attas*, bis dahin Staatspräsident des SJ., zum Ministerpräsidenten ernannt. Das gesamtjem. Parlament umfaßte 301 Mitglieder, 159 bzw. 111 Mitglieder der beiden Parlamente in Sana und Aden sowie 31 vom Präsidenten ernannte.

Im Mai 1991 stimmte die Bev. in einem Referendum über die neue Verfassung für den vereinigten J. ab. Wahlberechtigt waren alle Personen ab dem 18. Lebensjahr, einschließlich der Frauen. 98,3 % der Abstimmenden stimmten zu. Die Islamisten lehnten die Verfassung ab, weil nach Art. 3 die „islamische Scharia die Hauptquelle für die Gesetzgebung" ist, nicht aber die „alleinige" Quelle. Wortführer der Kampagne gegen die Verfassung war *Abdallah Ibn Husain al-Ahmar*, Führer der Partei der *Jemenitischen Allianz für Reform* (Reform-Partei). Auch Art. 27 über die Gleichheit aller vor dem Gesetz, also auch der Frau, wurde von den Islamisten abgelehnt

Die Parlamentswahlen, die bis zum Nov. 1992 stattfinden sollten, wurden vom Wahlkomitee auf den 27. April 1993 verschoben, da die Zeit für die technischen Vorbereitungen nicht ausreichte. An den Wahlen beteiligten sich 44 % der Wahlberechtigten (77 % der Männer und 15 % der Frauen). Um die 301 Parlamentssitze bewarben sich rund 3500 Kandidaten, davon 49 Frauen. Aus den Wahlen ging der AVK unter *Ali Abdallah Salih* als Sieger hervor, verfehlte jedoch die absolute Mehrheit. Im neuen Parlament waren die Parteien wie folgt vertreten: AVK 122 Sitze, Reform-Partei 62, JSP 56, Unabhängige 47, Ba'th-Partei 7, Partei des Rechts 2, drei nasseristische Gruppierungen je 1 Sitz.

Der AVK und die JSP vereinbarten die Bildung einer Koalition mit dem Ziel der Vereinigung beider Parteien. Dem neuen Kabinett, das vom bisherigen Ministerpräsidenten *al-Attas* geführt wurde, gehörten 15 Minister dem AVK an, 8 der JSP, 6 der Reform-Partei und 1 der Ba'th-Partei. *Al-Ahmar* erhielt das wichtige Amt des Parlamentspräsidenten. Das neue Parlament beschloß in seiner ersten Sitzung die Änderung von Art. 3 der Verfassung dahingehend, daß die *Scharia* „alleinige" Quelle der Rechtssprechung sein soll, womit eine wichtige Forderung der Konservativen erfüllt wurde.

Mit den Parlamentswahlen vom April 1993 war der Vereinigungsprozeß abgeschlossen. Durchgesetzt hatte sich das politische System des Nordjemen. Die Politiker des SJ. hatten nach Ausbruch des innerparteilichen Konflikts im Januar 1986 und der darauf folgenden wirtschaftlichen Krise nur die Wahl, sich dem NJ. anzuschließen oder die Macht zu verlieren. Ohnehin war der SJ. wirtschaftlich und nach der Zahl der Einwohner zu schwach, um sich gegenüber dem Norden durchsetzen zu können. Die Vereinigung leitete die Ausbreitung der nordjem. Wirtschafts- und Gesellschaftsordnung auf den SJ. ein. Sie dürfte insgesamt zu einer Stärkung der Zentralgewalt beitragen.

Die Wahlen bestätigten die bestehenden Machtverhältnisse. Diese beruhen auf einem diffizilen Gleichgewicht zwischen der Zentralgewalt und den zaiditischen Stämmen im Norden, die auch weiterhin über ein Vetorecht verfügen, um eine für ihre Eigeninteressen gefährlich werdende Stärkung der Zentralgewalt zu verhindern. Der Gegensatz zwischen beiden Kräften ist zugleich eine wesentliche Voraussetzung für den Pluralismus, der sich in der Bildung einer Vielzahl von (über 40 meist unbedeutenden) Parteien und einer Medienvielfalt (mit über 100 Zeitungen) manifestiert. Der Sieg der JSP in rund 90% der Wahlkreise im SJ. zeigt, daß sie hier immer noch über Einfluß verfügte.

Der Demokratisierungsprozeß sollte durch die neue Verfassung abgesichert werden. Gemäß Art. 40 ist das Parlament die höchste legislative Autorität. Der Präsidialrat, und somit der Präsident, wird durch das Parlament gewählt. Die Regierung ist dem Parlament gegenüber verantwortlich und kann durch Entzug des Vertrauens durch dieses abgesetzt werden.

Die Außenpolitik war vor der Vereinigung im SJ. auf eine enge Zusammenarbeit mit der Sowjetunion und dem Ostblock ausgerichtet, während der NJ. eine pro-westliche Politik verfolgte. Allerdings bemühte sich die nordjem. Führung immer auch um gute Beziehungen zum Ostblock, nicht zuletzt auch mit dem Ziel, Wirtschafts- und Militärhilfe zu erhalten. Während des Golfkonfliktes zwischen dem Irak und Kuwait 1990/91 unterstützte der J. die irakische Position, was zu einer Belastung der Beziehungen zu den Staaten der Anti-Irak-Koalition, vor allem Saudi-Arabien und Kuwait, führte. Die Einbindung der konservativen Kräfte unter Führung *al-Ahmars* in die Regierung dürfte die Befürchtungen in den Golfstaaten über die politische Entwicklung im J. zerstreuen und die Bemühungen um eine Wiederannäherung erleichtern.

7. Entwicklungsperspektiven

Nach den Parlamentswahlen vom April 1993 und dem Ende der Übergangsperiode hat der vereinigte J. seinen größten Test bestanden, und die Einheit kann als gesichert gelten. Die gemeinsame Koalitionsregierung durch den AVK, die JSP und die Reformpartei dürfte die Gewähr für eine stabile Herrschaft sein. Von entscheidender Bedeutung für die innenpolitische Stabilität wird die Überwindung der Wirtschaftskrise sein, die sich als Folge der Sanktionen einiger arabischer Staaten wegen der Haltung des J. im Golfkonflikt noch verschärft hat. Hierbei wird die Erdölindustrie eine wichtige Rolle spielen. Die zusätzlichen Öleinnahmen allein werden aber nicht ausreichen, um den Finanzbedarf zu decken.

Auch in Zukunft wird der J. von ausländischer Finanzhilfe abhängig sein. Dem Ausbau des produktiven Sektors im Nicht-Ölbereich kommt deshalb höchste Priorität zu, wie es in einem im Januar 1992 vom Präsidialrat gebilligten Allgemeinen Wirtschaftsmemorandum hieß. Ein neues Investitionsförderungsgesetz soll die notwendigen Voraussetzungen für in- und ausländische Investoren schaffen. Die Verwirklichung dieser Ziele stößt jedoch auf eine Vielzahl ungünstiger Faktoren. Auch einer Entwicklung der Landwirtschaft stehen verschiedene Engpässe im Wege. Insbesondere der Wassermangel dürfte einer starken Ausweitung der landwirtschaftlichen Produktion im Wege stehen, so daß der J. auch in Zukunft auf die Einfuhr von Nahrungsmitteln angewiesen sein wird.

Literatur

Braun, U. 1992: Ein anderer Fall von Vereinigung: Jemen, in: Außenpolitik, II/92, 174–184.
Burrowes, R. 1987: The Yemen Arab Republic: The Politics of Development, 1962–1986, Boulder/Col.
Dresch, P. 1989: Tribes, Government and History in Yemen, Oxford.
Frese-Weghöft, G. 1986: Ein Leben in der Unsichtbarkeit: Frauen im Jemen, Reinbek.
Gause, G. 1990: Saudi-Yemeni Relations: Domestic Structure and Foreign Influence, New York.
Ismail, T. und J. 1986: The People's Democratic Republic of Yemen. Politics, Economics and Society, London.
Lackner, H. 1985: Yemen. Outpost of Socialist Development in Arabia, London.
Pridham, B. (Hrsg.) 1984: Contemporary Yemen: Politics and Historical Background, London.

Schneider, C. 1989: Der südliche Jemen und die Sowjetunion. Großmachtengagement und politische Radikalisierung in der Dritten Welt, Hamburg.
Statistisches Bundesamt 1987: Länderbericht Jemen, Demokratische Republik, Wiesbaden.
– 1989: Länderbericht Jemenitische Arabische Republik, Wiesbaden.

Jordanien

Gudrun Krämer

1. Wirtschaftsgeographische Grundlagen

Mit einer Gesamtfläche von 89 206 qkm zählt Jordanien (J.) zu den kleinsten Staaten des Nahen Ostens. Seine geostrategische Lage ist von zentraler Bedeutung für die wirtschaftliche und politische Entwicklung des Landes: J. grenzt im Westen an Israel, im Norden an Syrien, im NO an den Irak, im Osten und Süden an Saudi-Arabien. Mit seinen langen Grenzen, an denen wichtige Bewässerungs- und Industrieprojekte liegen, bleibt J. anfällig für regionale Spannungen und Pressionen seiner Nachbarn. Sein Anteil am mineralienreichen Toten Meer beträgt 755 qkm; sein Zugang zum Roten Meer beschränkt sich auf den Küstenstreifen um Aqaba.

J. gliedert sich in drei Landschaftsräume: Der 6–20 km breite Jordangraben, der in Nord-Süd-Richtung bis zum Toten Meer (396 m u. M.) abfällt und in den Golf von Aqaba mündet, markiert die Westgrenze des Landes. Von ihm steigt steil das von tiefen Wadis durchschnittene ostjord. Bergland auf, das allmählich in das östliche Wüstenplateau übergeht. Im Westen herrscht mediterranes Klima mit Jahresniederschlägen von 300–800 mm, im Süden und Osten Wüstenklima mit Niederschlägen von max. 200–250 mm.

J. leidet unter einem Mangel an natürlichen Ressourcen, namentlich Wasser. Nicht einmal ein Viertel des Landes ist zur Besiedlung geeignet, etwa 5 % sind landwirtschaftlich nutzbar. An Bodenschätzen weist J. nur Phosphat (geschätzte Reserven 1,5–2 Mrd. t) und Pottasche (Kali) auf. Die intensive Ölsuche blieb bislang ohne nennenswerte Erfolge, doch befinden sich im Süden des Landes umfangreiche Ölschieferlager. Nachgewiesen sind daneben Kupfer und Eisen, Mangan, Nickel, Quarzsand, Magnesiumoxid, Bitumen, Kalk, Gips und Feldspat. Berichtet wird auch über Vorkommen nichtmetallischer Mineralien, vor allem Diamanten und Halbedelsteine.

2. Bevölkerungsstruktur

Die Gesamtbev. wurde Mitte 1990 auf 3,45 Mio. E. geschätzt (fortgeschriebene Zahl; der letzte Zensus fand im Nov. 1979 statt). Im Gefolge des Golfkrieges kehrten 1990/91 zusätzlich etwa 300 000 jord. Auslandsarbeiter aus den Golfstaaten zurück. Statistisch getrennt erfaßt sind die bei der UNRWA *(United Nations Relief and Works Agency)* registrierten Palästinaflüchtlinge (Mitte 1989: 900 000), von denen 1990 noch immer knapp 25 % in Lagern lebten.

Tabelle 1: *Bevölkerung (ohne Palästinaflüchtlinge)*

	1970	1979	1985	1989	1990
Bev. in Tsd.	1508	2133	2694	3111[a]	3453
E. pro qkm[b]	92,1	130,3	164,6	190,1	210,9
Bevölkerungswachstum p.a.	1965-80: 4,3			1980-90: 3,7	

[a] außerdem rund 900 000 Palästinaflüchtlinge (Mitte 1989);
[b] im besiedelten Gebiet
Quellen: World Tables 1992; Weltentwicklungsbericht 1992.

Das jährliche Bevölkerungswachstum lag 1980–90 nach Weltbank-Daten bei 3,7 %. Es ist, wenngleich auf hohem Niveau, rückläufig und lag 1992 bei 3 %. Dieses hohe Bevölkerungswachstum bei sinkender Säuglingssterblichkeit (vgl. Tab. 5) verjüngte die Bev. und vergrößerte die Anforderungen an das Bildungswesen. 1990 waren 43,6 % der Bev. jünger als 15 Jahre und nur 4,6 % älter als 60 Jahre.

Als Folge anhaltender Landflucht lebten 70 % der Bev. in Städten (40 % allein im Ballungsraum Amman) und nurmehr 30 % in Dörfern oder Flüchtlingslagern. Die größten Städte waren Ende 1990 Amman mit 1,21 Mio. E., Zarqa mit 515 000, Irbid mit 314 700 und Salt mit 162 900 E.

In ethnisch-religiöser Hinsicht ist die Bev. mit 99 % Arabern und über 90 % sunnitischen Muslimen weit homogener als die der meisten arabischen Nachbarstaaten. Unter den Minderheiten sind neben Kurden und Armeniern (zusammen 0,3 % der Bev.) die turkstämmigen Tscherkessen und die arabischen Christen zu nennen. Die nach dem Russisch-Türkischen Krieg von 1877/78 aus dem Kaukasus übergesiedelten Tscherkessen (0,5 % der Bev.) stellten die politische Ordnung des Landes nie in Frage und sind in Wirtschaft, Politik und Armee prominent vertreten. Durch Loyalität und wirtschaftlichen Erfolg fallen auch die rd. 120 000 Christen (unter ihnen auch Beduinen) unterschiedlicher Konfession (in ihrer Mehrheit Griechisch-Orthodoxe) auf. Anders als die nicht-arabischen, aber muslimischen Tscherkessen sind die Christen in politischen und militärischen Führungspositionen kaum vertreten.

Gesellschaftlich noch immer wichtig ist die Unterscheidung in die seit Generationen seßhafte Dorf- und Stadtbevölkerung auf der einen Seite und (halb-)nomadisierende oder erst seit kurzem seßhafte Beduinen auf der anderen (ca. 120 000). Die Beduinen sind in Regierung und Parlament durch Mitglieder ihrer führenden Familien vertreten, in der Armee sogar deutlich überrepräsentiert. Politisch relevant ist jedoch vor allem der Gegensatz zwischen der beduinischen, städtischen und bäuerlichen (trans-)jord. „Urbevölkerung" und den seit den 20er Jahren zugewanderten Palästinensern, die seit 1949 die jord. Staatsbürgerschaft erwerben konnten.

Knapp 900 000 Personen waren Mitte 1989 bei der UNRWA als Palästinaflüchtlinge registriert, von denen ein Viertel in Flüchtlingslagern lebte. Bürger paläst. Abstammung stellen Schätzungen zufolge etwa 60% der Gesamtbevölkerung. Sie spielen in Wirtschaft, Bildungswesen und Medien eine bedeutende Rolle. Auch in Regierung und Verwaltung wurden Angehörige der paläst. Elitefamilien von den 50er Jahren an einbezogen, doch erhielten sie nur in seltenen Fällen sicherheitsrelevante Posten in Armeeführung, Sicherheitsapparat oder Innenministerium. Wenn sich zunehmend auch Loyalitäten gegenüber dem Staat J. herausgebildet haben, bleibt für viele Palästinenser die Frage nach Status und Identität weiterhin offen.

3. Geschichtlicher Abriß

Das Gebiet des heutigen *Haschemitischen Königreiches von J.* ist seit Jahrtausenden besiedelt. Als Teil des syrischen Großraums erlebte es unter der Herrschaft der Nabatäer mit ihrer Hauptstadt Petra, später unter den Römern und der christlichen Dynastie der Ghassaniden (5./6. Jh.) Zeiten wirtschaftlich-kultureller Blüte. Nach der muslimischen Eroberung (633–636) spielte es aber allenfalls als Durchgangsland für die Pilgerkarawanen nach Mekka und Medina eine bescheidene Rolle. Unter osmanischer Herrschaft war vom 16. Jh. an der größere Teil des heutigen J. dem Verwaltungsbezirk *(vilayet)* von Damaskus zugeordnet; Aqaba gehörte zum Hedschas. Es gelang dem osmanischen Gouverneur allerdings immer nur für kurze Zeiten, die örtlichen Stämme tatsächlich zu kontrollieren.

Den Grundstein für die Entwicklung zu einem eigenständigen Staat J. legte Scharif *Husain* von Mekka, als er in Abstimmung mit Großbritannien (GB) im Juni 1916 einen „arabischen Aufstand" gegen den osmanischen Sultan ausrief. Sein Ziel, die Gründung eines unabhängigen arabischen Reichs unter Führung der vom Propheten *Muhammad* abstammenden Familie der Haschemiten, ließ sich jedoch nicht mit zwei weiteren brit. Abmachungen vereinbaren: dem *Sykes-Picot-Abkommen* vom Mai 1916 über die Aufteilung frz. und brit. Einflußsphären nach dem Zerfall des Osmanischen Reichs und der *Balfour-Erklärung* vom Nov. 1917 über die Errichtung einer jüdischen Heimstätte in Palästina.

Husains Sohn *Faisal* nahm im Juli 1917 Aqaba ein und wenig später Damaskus, wurde im Juli 1920 aber von den Franzosen vertrieben und erhielt von GB als Ersatz den irakischen Thron. Sein jüngerer Bruder *Abdallah* stieß daraufhin im Nov. 1920 mit einer kleinen Beduinentruppe nach Ma'an im Süden des heutigen J. vor, um von dort aus Syrien zurückzuerobern. Im April 1920 hatten sich die Siegermächte in San Remo allerdings bereits auf die Abgrenzung ihrer Einflußbereiche (Mandatsgebiete) geeinigt. Der brit. Kolonialminister *Winston Churchill* vermochte *Abdallah* im März 1921 zum vorläufigen Verzicht auf seine Pläne zu bewegen und zum Ausgleich das im brit. Einflußbereich gelegene Gebiet östlich des Jordans anzunehmen. Im Juli 1922 sprach der Völkerbundsrat „Transjordanien“ dem brit. Palästina-Mandat zu, grenzte es im Sept. 1922 aber ausdrücklich gegenüber dem Territorium der vorgesehenen jüdischen Heimstätte ab. Transjordanien war damit eine künstliche koloniale Schöpfung, wäre jedoch ohne die aktive Mitwirkung *Abdallahs* nicht geschaffen worden.

Nach dem *Anglo-Transjordanischen Vertrag* vom 25. 3. 1923 blieb GB für die Finanz-, Außen- und Sicherheitspolitik des autonom verwalteten Emirats von Transj. verantwortlich. Auf dessen dünn besiedeltem Territorium (mit insgesamt rund 350 000 E.) gelang es *Abdallah* schrittweise, die miteinander verfeindeten Stammesföderationen zu regelmäßigen Steuerzahlungen zu zwingen und die seßhafte Bev. vor beduinischen Überfällen zu schützen. 1925 erhielt Transj. in einem Abkommen mit Saudi-Arabien durch Aqaba einen Zugang zum Roten Meer, im April 1928 eine erste Verfassung *(Organic Law)*. Der Vertrag von London entließ das Emirat im März 1946 als Königreich von Transj. in die formale Unabhängigkeit. Auch nach dem Abzug seiner Truppen im März 1948 bewahrte GB jedoch über die 1921 von ihm aufgestellte, bezahlte und von brit. Offizieren befehligte *Arabische Legion* seine Kontrolle über das entscheidende Herrschaftsinstrument des Königs.

Im 1. Arabisch-Israelischen Krieg besetzte die *Arabische Legion* im Mai 1948 große Teile des im UNO-Teilungsplan vom Nov. 1947 den Arabern zugewiesenen Gebiets westlich des Jordans sowie die Altstadt von Jerusalem. Im Dez. 1948 proklamierte eine Versammlung mehrerer hundert paläst. Notabeln der „Westbank“ (auch Westjordanland oder Cisjordanien) in Jericho *Abdallah* zum König von Gesamt-Palästina. Er setzte daraufhin im Mai 1949 eine jord. Ziviladministration auf der Westbank ein, nahm Palästinenser in Kabinett und Verwaltung auf und gewährte – gegen den Wunsch führender paläst. Vertreter und im Gegensatz zu allen anderen arabischen Regierungen – im Dez. 1949 allen Palästinensern die jord. Staatsangehörigkeit.

Am 24. 4. 1950 billigte ein auf West- und Eastbank neugewähltes Parlament die Vereinigung beider Landesteile im *Haschemitischen Königreich von Jordanien*. J. hatte damit (gegen den Willen der *Arabischen Liga*) ein Territorium gewonnen, das nach dem Stand von Landwirtschaft, Handel und Gewerbe, Urbanisierung, Bildung und medizinischer Versorgung deutlich weiterentwickelt war als Transjordanien. Bei allem politischen und wirtschaftlichen Gewinn waren damit von Anfang an Spannungen angelegt. *Abdallah* selbst wurde im Juli 1951 durch einen paläst. Gegner seiner Familie und deren großsyrischer Politik ermordet.

Unter seinem Sohn *Talal b. Husain* trat im Jan. 1952 die mit einigen Modifikationen bis heute gültige Verfassung in Kraft. Schon im Sept. 1952 dankte der geistig erkrankte *Talal* zugunsten seines minderjährigen Sohnes *Husain* ab. Gerade 18jährig, trat *Husain* am 2. 5. 1953 in einer Zeit wachsender panarabischer, antiwestlicher und anti-monarchischer Strömungen die Thronfolge an. Die haschemitische Dynastie, die ihre Herrschaft über J. und den Irak den Briten verdankte und ihr jord. Territorium nur durch die von Israel hingenommene Annexion der Westbank vergrößert hatte, war als Protégé der Kolonialmächte kompromittiert.

Durch die Entlassung des brit. Kommandeurs der *Arabischen Legion*, den Abschluß militärischer Kooperationsabkommen mit Syrien, Ägypten und Libanon sowie die Aufkündigung des *Anglo-Jordanischen Vertrags* von 1948 suchte der König Zeichen seiner Unabhängigkeit zu setzen. Im Juli 1957 zogen die letzten brit. Einheiten aus J. ab; ein Jahr später stellte GB seine Wirtschafts- und Militärhilfe fast vollständig ein. An seine Stelle traten zunehmend die USA, später Saudi-Arabien. Als aber im Juli 1958 die haschemitische Dynastie im Irak gestürzt wurde und zugleich in Libanon ein Bürgerkrieg ausbrach, ließ *Husain* zu seinem Schutz erneut brit. Truppen einfliegen. Zuvor war bereits der Versuch pro-nasseristischer Nationalisten gescheitert, auf parlamentarischem Weg die pro-westliche Orientierung des Landes zu korrigieren. Der König setzte 1957 eine Militärregierung ein, verhängte das Kriegsrecht und verbot alle politischen Parteien. Im Inneren war die Opposition damit ausgeschaltet, im arabischen Umfeld war J. isoliert.

Im 3. Arabisch-Israelischen Krieg von 1967 gelang es Israel, die Westbank und Ost-Jerusalem zu erobern. J. verlor nicht nur den wirtschaftlich wertvollsten Teil seines Territoriums, sondern mußte auch 300 000 paläst. Flüchtlinge aufnehmen. Die Palästinenser, die seit 1964 mit der *Palästinensischen Befreiungsorganisation* (PLO) über ein eigenes Organ verfügten, intensivierten in den Folgejahren ihre militärischen Operationen gegen Israel gerade von J. aus, wo sie die Flüchtlingslager kontrollierten. Nach zahlreichen Zusammenstößen und einem Attentatsversuch auf den König vernichteten beduinische Kerntruppen der Armee zwischen Sept. 1970 und Juli 1971 einen Großteil der von syrischen Panzerverbänden unterstützten PLO-Einheiten. Der „Schwarze September" kostete J. die arabische Finanzhilfe, die es auf der Gipfelkonferenz von Khartum im Nov. 1967 zugesagt bekommen hatte. Während des 4. Arabisch-Israelischen Kriegs vom Okt. 1973 entsandte es lediglich kleine Einheiten an die syrische Golan-Front.

Auf der arabischen Gipfelkonferenz von Rabat im Okt. 1974 mußte auch J. die PLO als alleinige legitime Vertreterin des paläst. Volkes anerkennen – nach der Befreiung der israelisch besetzten Gebiete. Dementsprechend wurden der Anteil von Palästinensern an Regierung, Parlament, Verwaltung und Justiz verringert, das Abgeordnetenhaus, in dem Palästinenser bislang zu 50 % vertreten waren, aufgelöst und Wahlen auf unbestimmte Zeit verschoben. Die rechtliche Zugehörigkeit der Westbank zu J. – die Rechtslage des nach dem UNO-Teilungsplan von 1947 zu internationalisierenden Jerusalem, das Israel 1980 zu seiner Hauptstadt erklärte, ist komplizierter – bis zur endgültigen Regelung des Palästinakonflikts blieb hiervon freilich unberührt. Für die arabische Bev. der Westbank galten weiterhin die jord. Gesetze und Lehrpläne; auch die lokale Verwaltung wurde bis 1988 weitgehend von Amman bezahlt.

Das durch Vermittlung der USA zustandegekommene *Camp David-Abkommen* vom Sept. 1978 sah die spätere Beteiligung J.s (nicht hingegen der PLO) an den geplanten Autonomieverhandlungen für die paläst. Bewohner der besetzten Gebiete vor. Seine Weigerung, sich am *Camp-David-Prozeß* zu beteiligen, wurde von arabischer Seite honoriert. Auf dem Gipfel von Bagdad erhielt J. im Nov. 1978 für die Dauer von zehn Jahren Zusagen über jährliche Hilfsleistungen in Höhe von 1,25 Mrd. US-$, ergänzt durch die von J. und der PLO gemeinsam zu verwaltenden Hilfsgelder für die besetzten Gebiete über 1,5 Mrd. US-$ jährlich. Seine Unterstützung für den Irak im Irakisch-Iranischen Krieg von 1980–88 und die Schwächung der PLO durch die israelische Libanon-Invasion vom Juni 1982 stärkten J.s Position im arabischen Lager, nicht jedoch gegenüber den Palästinensern. Der Ausbruch der *Intifada* im Dez. 1987 besiegelte diese Entwicklung: Am 31. 7. 1988 verzichtete der König in aller Form auf die Westbank und Ost-Jerusalem, für die er die Verantwortung definitiv an die PLO übergab.

Im folgenden konzentrierte sich die Regierung ganz auf die Lösung der inneren Probleme des früheren Ostjordanien. 1989 einigte sie sich mit dem IWF auf ein einschneidendes Strukturanpassungsprogramm. Aus Protest gegen eine 15–20 %ige Anhebung der Preise und Steuern bei steigender Inflation kam es bereits im April 1989 zu Unruhen, die von Armee und Polizei niedergeschlagen wurden. Zur Repression kamen allerdings vorsichtige Liberalisierungsschritte: Im Nov. 1989 wurden erstmals seit 1967 Parlamentswahlen abgehalten.

Die Golfkrise von 1990/91 drohte die Fortschritte bei der wirtschaftlichen und politischen Stabilisierung zunichtezumachen. Die wirtschaftliche Bindung an den Irak und die pro-irakische Stimmung in der Bev. erforderten eine Solidarisierung mit Bagdad; die Golfstaaten und der Westen verlangten die Einhaltung des UNO-Embargos und eine Verurteilung der irakischen Aggression gegen Kuwait. Durch geschicktes Taktieren vermochte der König auch diese Krise zu meistern. Seine Weigerung, der antiirakischen Allianz beizutreten, brachte ihm unter Jordaniern wie Palästinensern nie gekannte Anerkennung. Die Europäer und die USA würdigten zumindest J.s Dilemma und seine Pufferrolle zwischen Israel und dem Irak. Die arabischen Golfstaaten hingegen kündigten ihre Zahlungen, Öllieferungen und die Arbeitsverträge jord. Bürger auf.

In seiner exponierten Lage, die es einerseits für Repressalien verwundbar macht, zugleich aber auch unverzichtbar im arabisch-israelischen Friedensprozeß, mußte sich J. nach der Niederlage des Irak den veränderten Kräfteverhältnissen anpassen. Es beteiligte sich daher an der Madrider Friedenskonferenz vom Okt./Nov. 1991 und den anschließenden bi- und multilateralen Verhandlungen mit Israel. Das Konzept einer, wie auch immer gearteten, Verbindung zwischen J. und der Westbank blieb weiterhin in der Diskussion.

4. Wirtschaftliche Entwicklung

J. verfügt über ungünstige Voraussetzungen für eine ausgeglichene, selbsttragende Wirtschaftsentwicklung: Zu dem Mangel an natürlichen Ressourcen, namentlich Wasser, dem hohen Anteil landwirtschaftlich nicht nutzbarer Böden, einem begrenzten Binnenmarkt, der Abwanderung gerade der besser qualifizierten Arbeitskräfte in Länder mit höheren Löhnen *(brain drain)* und den negativen Auswirkungen einer auf Klientelismus und persönlichen Bindungen aufbauenden Wirtschafts- und Gesellschaftsordnung kommt J.s strategische Lage in einer gefährdeten Krisenregion, die es zu hohen Rüstungsausgaben zwingt (durchschn. 20–25 % der Staatsausgaben) und zur Aufrechterhaltung eines großen Heeres (1992: 99 400 Mann, d. h. etwa 20 % und nach Abzug der Gastarbeiter sogar 25 % der männlichen Arbeitskräfte).

Im Beitrag zum BIP dominiert der Dienstleistungssektor (inkl. Verwaltung und Streitkräften): Bei einem Anteil von fast 50 % der Beschäftigten trug er 1990 annähernd 60 % zum BIP bei, die verarbeitende Industrie (vor allem Düngemittel, Zement, Raffinerieprodukte) etwa 17 %, die Landwirtschaft nur 7,5 % und der Bergbau (Phosphat und Pottasche) 4 %.

Diese Rahmenbedingungen machen J. hochgradig abhängig von Importen und Devisenzuflüssen aus dem Ausland, die wiederum vom Grad regionaler Stabilität abhängen und/oder an politisches Wohlverhalten geknüpft sind, wobei die Geberländer vielfach unterschiedliche Erwartungen hegen. Die regionale Verflechtung zeigte sich zwischen 1967 und 1970/71 vor allem in ihren negativen Auswirkungen: 1967 verlor J. mit der Westbank und Ost-Jerusalem einen großen Teil seiner Einnahmen aus Tourismus, agrarischen Exporten, Handel und sonstigen Dienstleistungen; zugleich mußten rd. 300 000 Flüchtlinge integriert werden. In den folgenden Jahren zerstörten israelische Vergeltungsschläge gegen paläst. Guerilla-Aktionen weite Teile des Bewässerungssystems im Jordan-Tal *(Ghor)*; auch der Bürgerkrieg von 1970/71 fügte der Wirtschaft schwere Schäden zu.

Regionale Spannungen müssen der jord. Volkswirtschaft jedoch nicht notwendig abträglich sein. Die Flüchtlingsströme nach 1967 und 1990 bedeuteten auch einen Anstoß für die Wirtschaft, namentlich den Bausektor. Die *spill-over*-Effekte des 1974 einsetzenden Ölbooms in Saudi-Arabien und den Golfstaaten ließen zwar die jord. Ölrechnung (und damit das Handelsbilanzdefizit) dramatisch ansteigen, vervielfachten zugleich aber die Zahl seiner Auslandsarbeiter, deren Rücküberweisungen sowie den Export von Früchten, Gemüse und Fertigprodukten in die Golfstaaten, die nach 1974 überdies ihre Zahlungen an den Frontstaat J. erhöhten. 1975/76 profitierte die jord. Wirtschaft von der Verschärfung des libanesischen Bürgerkriegs, durch den ein beträchtlicher Teil der bislang in Beirut getätigten Handels- und Bankgeschäfte in das seit 1970/71 als stabil geltende Amman gelenkt wurde. Der irakisch-iranische Krieg verlieh der jord. Wirtschaft 1980–88 durch den Transithandel mit dem Irak via Aqaba, irakische Großaufträge, Investitionen (bes. im Transportwesen) sowie verbilligte Öllieferungen neue Impulse.

Tabelle 2: *Wirtschaftswachstum (p. a. in %)*

	1980-91	1987	1989	1990	1991[a]
Landwirtschaft	8,1	29,0	-15,0	30,6	-13,3
Industrie	-0,1	1,4	12,8	-8,5	-2,3
- Verarb. Industrie	1,4	4,0	26,1	8,3	-0,4
Dienstleistungen	-2,7	..	..	..	..
BIP	-1,5	3,4	-9,2	-0,1	0,5
BSP	..	2,1	-8,1	-7,3	..
BSP pro Kopf	-1,7	..	-19,2	-19,2	..

[a] vorläufig
Quelle: Trends in Developing Economies 1992; Weltentwicklungsbericht 1993.

Nach dem Aufschwung der frühen 80er Jahre schlug die regionale Rezession Mitte der 80er Jahre auch auf J. durch. Das BIP war rückläufig, hohe Haushaltsdefizite verstärkten die Inflation. 1989 belebte die Einigung mit dem IWF über ein Strukturanpassungsprogramm die Hoffnung auf wirtschaftliche Erholung, die die Golfkrise zunächst gefährdete. Die Verluste für die jord. Volkswirtschaft – 1989/90 gingen allein 40 % der jord. Ausfuhren in den Irak und nach Kuwait – wurden vom UNO-Sicherheitsrat im April 1991 auf rund 3,261 Mrd. US-$ geschätzt. Die internationalen Kredit- und Hilfszusagen deckten im März 1991 nur 40 % des berechneten Schadens ab.

Hunderttausende von Flüchtlingen suchten im Verlauf der Golfkrise in J. Zuflucht. Etwa 300 000 jord. und paläst. Gastarbeiter mußten aus den Golfstaaten nach J. zurückkehren und ließen dort die Arbeitslosenquote auf 30–35 % ansteigen. Zugleich strichen die Golfstaaten die bislang gewährte und auf 4–500 Mio. US-$ jährlich geschätzte Finanzhilfe, um das Königreich für seine Haltung im Golfkrieg zu bestrafen. Das BSP ging 1990 um mehr als 7 % zurück; das Handelsbilanzdefizit stieg auf ein Rekordhoch von über 1,6 Mrd. US-$. Lediglich die Bauwirtschaft erlebte durch die Nachfrage der rückkehrenden Auslandsarbeiter einen neuen Boom; ihr Anteil am BIP kletterte 1992 auf 8,7 %. Den Investitionen der Rückkehrer verdankte die jord. Wirtschaft auch ihre unerwartete Erholung: 1992 wurde ein BIP-Wachstum von real 11 % verzeichnet.

Dank eines Umschuldungsabkommens mit dem *Pariser Club* konnten die öffentlichen Schulden von 7,2 Mrd. US-$ (1991) auf 6,5 Mrd. US-$ gesenkt werden. Der Haushaltsentwurf für 1992 sah gemäß dem vom IWF verordneten Sparkurs Subventionskürzungen, Steuererhöhungen und Streichungen im Militärhaushalt von real 1,3 % vor. Importerleichterungen, die Zulassung privater Wechselstuben u. a. sollten der Privatwirtschaft eine freiere Entfaltung erlauben.

Im Prinzip steht der private Sektor gleichberechtigt neben dem staatlichen. Obgleich in- und ausländische Privatinvestitionen aktiv gefördert werden, führen die Höhe der vom Staat empfangenen und verteilten Hilfszahlungen und die Größe des Staatsapparats jedoch zu einem Übergewicht des staatlichen Sektors. Seit 1961 bemühen sich staatliche Stellen um eine langfristige Wirtschaftsplanung (1. Plan 1961–67, ersetzt durch den Siebenjahresplan 1964–70, gefolgt von einem Dreijahresprovisorium nur für Ostj. 1973–75).

Die Fünfjahrespläne 1976–80 und 1981–85 setzten den Akzent auf Importsubstitution und Exportförderung durch Steigerung und Diversifizierung der inländischen Güterproduktion. Eine breitere regionale Streuung der Investitionen sollte darüber hinaus die Einkommensunterschiede zwischen Stadt und Land abbauen sowie die Probleme der Wasser- und Wohnraumversorgung mildern. Der Fünfjahresplan 1986–90 legte das Schwergewicht auf die Entwicklung von Landwirtschaft, Kleinindustrie und Dienstleistungssektor.

4.1 Erwerbstätigkeit – Arbeitsmigration

Aufgrund des hohen Anteils schulpflichtiger Jugendlicher unter 15 Jahren (fast 45 % der Bev.) und der geringen Frauenquote (ohne Landwirtschaft 4,2 % der Beschäftigten, zu 87 % im Dienstleistungsgewerbe) waren 1990 nur 18 % der Bev. erwerbstätig, darunter knapp 50 % im Dienstleistungssektor, 21,4 % im prod. Gewerbe, 8,5 % im Verkehrs- und Nachrichtenwesen und 7,3 % in der Landwirtschaft. 1986 arbeiteten etwa 250 000 Jordanier im Ausland, darunter etwa 145 000 – in ihrer Mehrheit hoch qualifizierte junge Männer paläst. Abstammung – vorübergehend (zu annähernd 90 % in Saudi-Arabien und Kuwait). Knapp 35 % aller jord. Haushalte bezogen daher einen Teil ihres Einkommens aus der Auslandsarbeit von Familienmitgliedern (*Czichowski* 1990).

Ungeachtet dieser Entlastung des Arbeitsmarktes stieg die Arbeitslosenrate 1980–90 von 3 % auf etwa 20 %; infolge der Rückkehr fast aller jord. Auslandsarbeiter aus den Golfstaaten kletterte sie 1990/91 Schätzungen zufolge auf 30–35 %. Zugleich wurden für minder qualifizierte Tätigkeiten Ausländer eingesetzt, in der Landwirtschaft vorwiegend Ägypter, in privaten Haushalten überwiegend Asiatinnen.

4.2 Landwirtschaft - Wasserproblem

Die im wesentlichen kleinbäuerliche Landwirtschaft spielte 1990 mit 7,5 % des BIP, 12 % der Exporte und 7,3 % der Erwerbstätigen eine vergleichsweise geringe und tendenziell abnehmende Rolle. Von den gut 89 000 qkm der Gesamtfläche werden nur 5 % landwirtschaftlich genutzt. Wassermangel, Bodenerosion, Siedlungs- und Straßenbau bedrohen auch diesen Bestand. Die einheimische Produktion deckt weniger als die Hälfte des inländischen Nahrungsmittelbedarfs; bis 1990 wurde allerdings der größte Teil der

Frucht- und Gemüseproduktion in die Golfstaaten exportiert. Trotz intensiver Aufforstung ist nur 1 % der Gesamtfläche bewaldet. Etwa ein Drittel der Agrarproduktion entfällt auf die Tierhaltung (Schafe, Ziegen, Rinder, Kamele), die auch in den Steppen und Wüstengebieten betrieben werden kann. Der Fischfang am Golf von Aqaba ist von geringer Bedeutung.

Entsprechend den topographischen und klimatischen Gegebenheiten konzentriert sich die landwirtschaftliche Produktion im wesentlichen auf zwei deutlich unterschiedene Gebiete: das Jordan-Tal *(Ghor)* mit mediterranem Klima, das dank umfangreicher Bewässerungsanlagen (East-Ghor/König-Abdullah-Kanal gespeist vom Yarmuk, König-Talal-Damm am Zarqa-Fluß, Wadi-Araba-Damm) seit Ende der 50er Jahre für den Obst- und Gemüseanbau genutzt wird; und das östliche Hochland, wo in regenabhängigem Trokkenbau in erster Linie Getreide (80 %) sowie Oliven angebaut werden. Da hier noch immer rd. 92 % der Fläche von den extrem schwankenden Regenfällen abhängig sind, können die Erträge von Jahr zu Jahr erheblich voneinander abweichen.

Das gravierendste Problem stellt die zunehmende Wasserknappheit dar. Das rasche Bevölkerungswachstum, ein steigender Lebensstandard, die Ausweitung von Tourismus, Industrialisierung und landwirtschaftlicher Produktion lassen die Nachfrage stetig ansteigen. 1990 stand einem Bedarf von 900 Mio. cbm ein Angebot von 550 Mio. cbm Wasser gegenüber; für das Jahr 2000 wird der Bedarf auf 1,6 Mrd. cbm, das Angebot auf lediglich 700 Mio. cbm Wasser geschätzt. Rd. 66 % des Verbrauchs entfallen auf die Landwirtschaft, insbesondere den wasserintensiven Obstanbau. Etwa 60 % der derzeitigen Versorgung stammen aus Regen- und Grundwasser, wobei die ergiebigsten Grundwasserreserven im Osten des Landes liegen, die Bev. sich jedoch im Westen und NW konzentriert. Meerwasser-Entsalzungsanlagen (am Roten Meer) sind für J. zu teuer und überdies an Ruhe im Grenzbereich zu Israel geknüpft. Verringern ließen sich aber die hohen Verluste im Leitungssystem. Im Raum Amman versickern etwa 50 % des Wassers ungenutzt. Durch den Bau neuer Staudämme soll das Regenwasser besser genutzt werden. Langfristig wird sich eine ausreichende Wasserversorgung jedoch nur in Zusammenarbeit mit Syrien und Israel sicherstellen lassen.

4.3 Bergbau und Industrie

Bergbau und verarbeitende Industrie konnten in den 70er und 80er Jahren ihren Anteil am BIP gegenüber Dienstleistungen und Landwirtschaft kontinuierlich steigern (1990: 4 % bzw. 17 %). Zahlenmäßig dominieren noch immer private Klein- und Mittelbetriebe, deren Produktion zunächst vorrangig auf Importsubstitution hin angelegt war, die in den 80er Jahren infolge staatlicher Förderungs- und Diversifizierungspolitik jedoch zunehmend in den arabischen Markt exportierten.

Zum Wachstum von Bergbau und Industrie trugen in erster Linie einige exportorientierte staatliche Großunternehmen bei, die die wenigen Bodenschätze des Landes abbauen oder importiertes Rohöl verarbeiten. Rohphosphat als Grundstoff der Düngemittel- und damit auch der landwirtschaftlichen Produktion wird im Tagebau besonders kostengünstig abgebaut; trotz rückläufiger Produktion trägt es dank gestiegener Preise nach wie vor rd. 40 % zu den Exporten bei. 1992 stand J. hinter Marokko (42 %) und den USA (33 %) mit 15 % weltweit an dritter Stelle der Phosphatproduzenten. Die Gewinnung von Pottasche (Kali) am Roten Meer konnte seit 1983 von 0,28 Mio. t auf 1,45 Mio. t (1991) gesteigert werden. Die industrielle Produktion beruht vorrangig auf Erdölverarbeitung, Energieerzeugung, Düngemittel- und Kalisalzindustrie, Eisen und Zement.

4.4 Dienstleistungs- und Bausektor

Der Dienstleistungssektor macht traditionell einen hohen Anteil am BIP aus (1990 rd. 60 %) und beschäftigte knapp die Hälfte der Erwerbstätigen. Politisch bedingt ist die Größe von Armee und Verwaltung (BIP-Anteil 1992: 18,6 %). Große Bedeutung kommt daneben dem Handel zu, insbesondere dem Transithandel mit Syrien, Libanon, dem Irak, den Golfstaaten und Europa; sein BIP-Anteil lag in den 80er Jahren bei 15 %. Im Handel dominieren Kleinbetriebe. Wachsende Bedeutung hat auch der Tourismus zu den hellenistischen Altertümern (Petra, Jerash, Madaba) und dem Strand von Aqaba. Sowohl Handel wie Tourismus sind allerdings extrem anfällig für regionale Krisen und Spannungen.

Von den regionalen Spannungen profitierte vielfach der in privater Hand befindliche und beschäftigungsintensive Bausektor: Der Zustrom paläst. Flüchtlinge bzw. jord. Auslandsarbeiter aus der Westbank und Israel nach 1967, aus Libanon nach 1975/76 sowie aus Kuwait und Saudi-Arabien 1990/91 bewirkten jeweils einen Bauboom mit stimulierender Wirkung auf die Zulieferindustrie (Baumaterialien, Farben, Möbel). Der auf den Großraum Amman konzentrierte Zustrom trieb zugleich aber die Bau- und Bodenpreise in die Höhe und verschärfte die ohnehin gravierenden Versorgungsprobleme mit Wohnraum, Energie und Wasser.

4.5 Außenwirtschaft

Aufgrund völliger Abhängigkeit von Öleinfuhren (bis in die 80er Jahre aus Saudi-Arabien zu OPEC-Preisen, seit dem irakisch-iranischen Krieg aus dem Irak zu Vorzugspreisen) sowie dem Import von Maschinen, Ersatzteilen und Nahrungsmitteln ist die Handelsbilanz strukturell – und mit wachsender Tendenz – defizitär. Die Einfuhren wurden in den 80er Jahren wertmäßig nur zu 30–40 % durch Ausfuhren gedeckt (vgl. Tab. 3).

Wichtigste Handelspartner waren die EG-Staaten (1990: 20 % der Einfuh-

Tabelle 3: *Handels- und Ressourcenbilanz (in Mio. US-$)*

	1985	1988	1989	1990	1991
Exporte (fob)	789	1015	1110	1064	1132
- Phosphat	168	204	255	209	181
- Pottasche	79	179	124	133	142
- Kunstdünger	61	52	57	67	80
- Chemikalien[a]	263	299	374	394	349
Importe (cif)	2722	2716	2398	2732	2571
- Nahrungsmittel	481	507	400	657	662
- Öl/Ölprodukte	566	420	415	470	430
Handelsbilanz	-1933	-1701	-1288	-1668	-1439
Dienstleistungen					
- Exporte	997	1415	1240	1448	1353
- Importe	828	1048	834	983	837
Ressourcenbilanz	-1764	-1333	-882	-1203	-923
Überweisungen[b]	1021	894	623	500	450

[a] und andere Fertigprodukte; [b] von Gastarbeitern in den Golfstaaten
Quelle: Trends in Developing Economies 1992 (Weltbank)

ren), gefolgt von den USA sowie (bis 1990/91) dem Irak und Saudi-Arabien; der Anteil Japans war Ende der 80er Jahre rückläufig. Hauptabnehmer jord. Exporte waren bis 1990/91 die arabischen Nachbarstaaten, Indien und Indonesien.

Das Handelsbilanzdefizit wurde noch 1990 durch die positive Transferbilanz aus Transithandel, Tourismus und Gastarbeiterüberweisungen weitgehend ausgeglichen. Die Überweisungen der über 300 000 jord. Gastarbeiter aus den Golfstaaten, Westeuropa und den USA übertrafen in den 80er Jahren den Beitrag der Güterexporte zum BIP. Der Zufluß von Geldern beschleunigte zugleich aber die Inflation, die 1989 auf über 25 % geschätzt wurde. Dieser Zufluß förderte die Boden- und Bauspekulation, die Einfuhr von Konsum- und Luxuswaren und vergrößerte die Kluft zwischen selbständigen Unternehmern, Financiers und Rentiers auf der einen Seite und lohnabhängigen Angestellten, Beamten und Industriearbeitern auf der anderen.

Der Zahlungsbilanzsaldo war infolge der Überweisungen jord. Auslandsarbeiter und hoher Auslandsleistungen bis zur Golfkrise von 1990/91 positiv. Ausländische Kredite, Wirtschafts- und Militärhilfe erhält J. aufgrund seiner strategischen Bedeutung im Nahost-Konflikt. Diese Mittel sind politisch bedingt und von außenpolitischem Wohlverhalten gegenüber der jeweils dominierenden Strömung abhängig. Dementsprechend wechselten über die Jahre die Geldgeber: GB stellte seine Budget- und Militärhilfe 1958 weitgehend ein, die USA unterbrachen sie 1967–70. An ihre Stelle traten 1967 Saudi-Arabien, Kuwait und Libyen mit jährlichen Zahlungen von rd. 450 Mio. US-$, die Libyen und Kuwait (nicht hingegen Saudi-Arabien) nach dem „Schwarzen September“ von 1970 aber suspendierten.

Die Ablehnung des *Camp-David-Abkommens* brachte J. als „Frontstaat" die Zusage über jährliche Zahlungen von 1,25 Mrd. US-$ für die Dauer von 10 Jahren. Während des irakisch-iranischen Kriegs leistete der Irak 1980–88 Unterstützung; die Golfstaaten überwiesen Ende der 80er Jahre jährlich 400–500 Mio. US-$ und auch die USA und Westeuropa setzten ihre Wirtschafts- und Militärhilfe fort. Die Golfkrise von 1990/91 brachte kurzfristig alle Hilfsleistungen zum Erliegen: Die Weigerung, der antiirakischen Allianz beizutreten, kostete J. die Zahlungen der Golfstaaten. Angesichts seiner strategischen Lage und seiner Beteiligung am Madrider Friedensprozeß nahmen westliche Geber (nicht jedoch die arabischen) ihre Hilfsleistungen 1991 wieder auf.

Tabelle 4: *Auslandsverschuldung (in Mio. US-$)*

	1980	1985	1988	1991
Gesamtschulden	1972	4160	6720	8641
Langfr. Schulden (LDOD)[a]	1486	3404	5500	7570
Öffentl. Gläubiger	1210	2241	2837	4759
- multilateral	159	418	743	936
- bilateral	1052	1823	2094	3822
Private Gläubiger	276	1164	2662	2811
Schuldendienst	210	564	1054	638
Schulden/BSP (%)	..	84,8	116,3	225,3
Schuldendienstquote	..	18,2	31,3	20,9

[a] öffentlich und öffentlich garantiert
Quelle: World Debt Tables 1992-93.

4.7 Staatshaushalt – Auslandsschulden

Als Folge der wirtschaftlichen Rezession zur Mitte der 80er Jahre war das Haushaltsdefizit bis 1988 auf 15% des BIP angewachsen, ohne externe Zuschüsse sogar auf 24%. Die Staatseinnahmen deckten lediglich 50% der Staatsausgaben ab, externe Zuschüsse weitere 20%; 30% blieben somit ungedeckt. 20–25% der Staatsausgaben entfielen auf Verteidigung und innere Sicherheit. Der finanz- und entwicklungspolitische Handlungsspielraum wurde außerdem durch den hohen Schuldendienst eingeengt, der durchschn. 40% der Kapitalausgaben verschlang. Im Rahmen der Strukturanpassung konnte das Budgetdefizit 1992 auf 6% des BIP (1991 noch 14%) gesenkt werden.

5. Soziale Struktur und Entwicklung

Umfassende und verläßliche Daten über die Sozialstruktur J.s liegen nicht vor. Untersuchungen zufolge leben 20 % der Bev. unter der Armutsgrenze (festgelegt auf 172 US-$ für eine 6–8köpfige Familie), 6,6 % in absoluter Armut (87 US-$). Grundlegend für Wirtschaft, Politik und Gesellschaft sind die Familie und andere personengebundene Klientel- und Loyalitätsbeziehungen, die Status und Einkommen des Individuums weitgehend bestimmen, wirtschaftliche Kreativität und Leistung jedoch tendenziell hemmen. Dennoch gelten die jord. Wirtschaft und Verwaltung im regionalen Vergleich als relativ effizient.

Tabelle 5: *Sozialindikatoren*

	1960	1970	1980	1990
Lebenserwartung bei Geburt	47	54,6	62,7	67
Säuglingssterblichkeit/Tsd.	..	102,0[a]	72,8	51
E. pro Arzt	2710[b]	2480	860[c]	770
Alphabetenquote	32	47	70	80
Primareinschulungsrate	77	..	104	..
- Mädchen	59	..	102	..

[a] 1965-70; [b] 1965; [c] 1984
Quellen: Human Development Report 1992; World Tables 1992; Weltentwicklungsbericht 1993.

Zu ihrer Leistungsfähigkeit trägt auch ein vergleichsweise hoch entwickeltes Bildungswesen bei, auf das 1989 13 % der Staatsausgaben und 6 % des BSP entfielen. Die Schulpflicht gilt von 6–15 Jahren; der Unterricht an den staatlichen Einrichtungen ist kostenlos. Obgleich J. in Grund- und Sekundarschulen mit 93 % bzw. 65 % die höchste Schülerrate des Nahen Ostens aufweist, lag die Analphabetenquote 1990 noch immer bei 20 % (11 % bei Männern, 30 % bei Frauen).

Die Zahl der Studenten explodierte förmlich und wuchs 1975–90 um 455 %. 1989/90 waren an den vier Universitäten des Landes 31 800 Studenten eingeschrieben (davon 14 300 Frauen); weitere 20 300 studierten im Ausland, vorwiegend in Ägypten oder in den USA. Die Palästinaflüchtlinge besuchen eigene, von der UNRWA getragene Schulen (1989/90: 133 100 Schüler).

Das Gesundheitswesen hat sich dank energischer Anstrengungen in den 80er Jahren erheblich verbessert (durchschn. Anteil an den Staatsausgaben 5 %). Die medizinische Versorgung ist im Großraum Amman gut, in ländlichen Gebieten und Provinzstädten deutlich schlechter; sie ist in den staatlichen Krankenhäusern kostenlos. Die paläst. Lagerbewohner werden von der UNRWA relativ gut betreut. Dank der allgemeinen Verbesserung der Lebensbedingungen halbierte sich die Säuglingssterblichkeit und stieg die Lebenserwartung bei Geburt von 47 Jahren (1960) auf 67 Jahre (vgl. Tab. 5).

6. Politische Struktur und Entwicklung

Der 1974 und 1992 modifizierten Verfassung vom Jan. 1952 zufolge ist J. eine konstitutionelle, in der haschemitischen Dynastie erbliche Monarchie, in der der König die Exekutive und, gemeinsam mit der aus Abgeordnetenhaus und Senat zusammengesetzten Nationalversammlung, auch die Legislative ausübt. Die Judikative ist unabhängig. In Personenstandsfragen sind, als letzter Überrest des osmanischen *millet*-Systems, die religiösen Gerichtshöfe der verschiedenen Konfessionen zuständig.

Faktisch hat der König, der zugleich Oberbefehlshaber der Armee und keiner Instanz verantwortlich ist, vor allem in Fragen der Außen- und Sicherheitspolitik die alleinige Entscheidungsgewalt inne. Er ernennt und entläßt den Ministerpräsidenten und die dem Parlament verantwortlichen Minister, die Senatoren, Richter und höheren Offiziere; er eröffnet das Parlament und löst es auf, bestätigt die Gesetze und entscheidet in Übereinstimmung mit dem Parlament über Krieg, Frieden und sonstige Vertragsabschlüsse. 1965 designierte er seinen jüngeren Bruder *Hasan* zum Thronfolger.

Die Nationalversammlung besteht aus zwei Kammern, dem auf vier Jahre gewählten Abgeordnetenhaus (seit 1989 mit 80 Mitgliedern) und dem Senat als beratendem Organ, dessen 40 Mitglieder vom König auf acht Jahre ernannt werden, wobei die Hälfte jeweils nach vier Jahren ausscheidet. Wahlberechtigt sind alle Bürger ab 18 Jahren, seit 1973 auch die Frauen.

Während den Minderheiten der Christen, Tscherkessen und Beduinen eine fixe Zahl von Sitzen zugestanden wurde, blieb die paläst. Bevölkerungsmehrheit unterrepräsentiert. Als Reaktion auf den Rabater Beschluß (1974) über den Alleinvertretungsanspruch der PLO in den zu befreienden Gebieten löste der König im Febr. 1975 das Abgeordnetenhaus auf und ließ im Febr. 1976 Neuwahlen qua Verfassungsänderung auf unbestimmte Zeit verschieben. Abgehalten wurden im folgenden nur noch Lokalwahlen. Statt dessen ernannte er im April 1978 einen 60köpfigen *Nationalen Konsultativrat,* der ihn vor allem in Fragen der Wirtschafts- und Sozialpolitik beraten sollte. Die Unruhen vom April 1989 bewogen ihn, die politische Liberalisierung zu beschleunigen. Bei den Parlamentswahlen vom Nov. 1989, zu denen noch keine Parteien zugelassen waren, errangen islamische Kandidaten 32 von 80 Sitzen.

Die Liberalisierung wurde im Gefolge des Golfkriegs nicht ausgesetzt: Im Juni 1991 wurde ein *Nationalpakt* verabschiedet, im Juli 1991 das seit 1967 geltende Kriegsrecht weitgehend aufgehoben, im August 1992 ein Parteiengesetz angenommen. Ab Dez. 1992 wurden erneut politische Parteien zugelassen, die zuvor nur während zweier kurzer Phasen (1953–57 und 1962–63) hatten legal agieren können. In der Zwischenzeit schickten die wichtigsten politischen Gruppierungen ihre Vertreter als „unabhängige Kandidaten" in Wahlkampf und Parlament. Eine bedeutende Rolle spielten daneben Berufs- und Interessenverbände.

Im Lauf der 80er Jahre verlagerten sich auch in J. die politischen Gewichte zugunsten der islamischen Bewegung. Über Jahrzehnte konnte sich nur der

1944 gegründete jord. Zweig der Muslimbruderschaft weitgehend unbehindert entfalten. Seit 1954 sandte sie verschiedentlich Vertreter in Parlament und Kabinett, trat unter der Führung von *Abd al-Rahman Khalifa* jedoch nicht als Partei, sondern als Wohltätigkeitsverein auf. Antikommunistisch, antizionistisch, aber prinzipiell königstreu, wirkte sie primär im schulischen Bereich und hielt sich bis in die späten 80er Jahre mit der Forderung nach einer Anwendung der *Scharia* zurück. 1989 errang sie 20 Sitze im Abgeordnetenhaus, unabhängige Islamisten weitere 12. Im Dez. 1992 wurde die von Muslimbrüdern dominierte *Islamische Aktionsfront* als Partei zugelassen. Anders als die Muslimbruderschaft verweigerten kleinere islamische Gruppen wie die 1952 in Jerusalem gegründete *Islamische Befreiungspartei (Hizb al-Tahrir al-Islami)* oder die mit dem paläst. Befreiungskampf verbundenen *Jihad*-Organisationen den Marsch durch die Institutionen.

Gegenüber der islamischen Strömung verloren arabisch-nationalistische und linke Gruppierungen an Boden: die *National-Sozialistische Partei*, die 1956/57 mit *Sulaiman al-Nabulsi* sogar einmal einen Ministerpräsidenten gestellt hatte, der jord. Flügel der *Baath*-Partei oder die seit 1948 verbotene, im Untergrund jedoch weiterhin aktive und im Januar 1993 erneut legalisierte *Kommunistische Partei*. Königstreue Kräfte stellen im Parlament nach wie vor die Mehrheit, ohne über eine gesellschaftlich verankerte Partei zu verfügen.

Ungeachtet dieses Öffnungsprozesses ruht das politische System im wesentlichen auf der persönlichen Autorität des auf Armee, Polizei und Sicherheitsdienste gestützten, mit Hilfe traditioneller Eliten und einer wachsenden Technokratenschicht regierenden Königs. Die vom König ernannten Kabinette hatten bislang eine durchschn. Lebensdauer von 16–18 Monaten, konnten also kaum eine langfristig angelegte Politik verfolgen. Sie dienten dem König im allgemeinen dazu, durch die Ernennung eines als „hart“ oder eher liberal, als königstreu/ostjord. oder propalästinensisch, als panarabisch oder auf Frieden mit Israel ausgerichteten Premierministers zwischen den jeweils maßgeblichen Lagern im In- und Ausland zu balancieren. Der häufige Austausch der (immer gleichen) Personen sicherte das faktische Entscheidungsmonopol des inzwischen seit 40 Jahren regierenden Monarchen und seiner selbstgewählten Berater.

Der letztlich entscheidende Machtfaktor blieb die Armee, die aus der *Arabischen Legion* hervorging. Seit den 30er Jahren dominieren in den Infanterie- und Panzerverbänden Beduinen, denen die Armee die wichtigste Möglichkeit sozialen Aufstiegs bietet, während in technisch anspruchsvollen, aber weniger zentralen Armee-Einheiten vornehmlich Nicht-Beduinen, d. h. auch Bürger paläst. Abstammung, rekrutiert werden. Seit Dez. 1967 herrscht eine selektive Wehrpflicht, bei der aus Gründen der inneren Sicherheit Palästinenser weniger stark erfaßt werden.

Die Armee ist mit 99 400 Mann und 35 000 Mann Reserve (1992) zu klein, um nach außen als eigenständiger Machtfaktor auftreten und sich gegen die stärkeren Nachbarn Israel, Syrien, Irak und Saudi-Arabien behaupten zu können. Aber sie ist stark, diszipliniert und verläßlich genug, um zusammen mit den zivilen Sicherheitsdiensten die innere Sicherheit des Landes – d. h. im Kern den Fortbestand der Monarchie – zu garantieren. Hierfür sprechen die Ereignisse von 1970/71 und April 1989 ebenso wie die Tatsache, daß es seit den 50er Jahren zwar zu zahlreichen Attentatsversuchen auf den König kam, jedoch nur zu einem militärischen Putschversuch (1957 unter General *Ali Abu Nuwar*), der mit Hilfe loyaler Beduineneinheiten im Keim erstickt wurde. Immerhin wurden die Armeeangehörigen daraufhin von der Teilnahme an Wahlen ausgeschlossen.

Obgleich verwundbar und stets gefährdet, gilt J. zumindest seit 1970/71 und verstärkt seit der Golfkrise von 1990/91 als relativ stabil. Die Legitimation des Königshauses beruht zum einen darauf, daß die haschemitische Dynastie aus ihrer Abstammung vom Propheten *Muhammad* religiöse und dynastische Legitimation ableiten kann. Hinzu kommen historische Leistungen wie die jahrhundertealte Führungsrolle im Hedschas und die Leitung des arabischen Aufstandes von 1916. Dem steht der Verlust der heiligen Stätten von Mekka und Medina an die Saudis in den 20er Jahren und der heiligen Stätten in Jerusalem an die Israelis im Juni-Krieg von 1967 gegenüber, verbunden mit dem Ruf allzu enger Bindung an die westlichen Kolonial- und Hegemonialmächte.

Neben die religiös-dynastische Legitimierung treten seit den 70er Jahren materielle Leistungen, wobei bis in die ausgehenden 80er Jahre ökonomisches *laissez-faire* weitgehend für mangelnde Chancen politischer Mitsprache entschädigen mußte. Nach 1989 wurde die ökonomische durch eine politische Liberalisierung ergänzt, wobei der König keine entscheidenden Kompetenzen abgab, durch eine abgesicherte Beteiligung der Bev. an den wirtschaftlichen und politischen Entscheidungen jedoch die Verantwortung für die tiefgreifenden Wirtschaftsreformen breiter gestreut und die innere Stabilität, ja das Überleben des Landes auch über den eventuellen Tod des Königs hinaus gesichert werden sollten.

7. Entwicklungsperspektiven

Angesichts ihrer internen Begrenzungen – Wasser- und Energiemangel, begrenzter Binnenmarkt, *brain drain* und hohe Rüstungsausgaben – und ihrer Abhängigkeit von politisch konditionierten Hilfsleistungen sind der jord. Wirtschaft immer pessimistische Prognosen gestellt worden. Soziale Spannungen im Inneren, die durch einen harten Strukturanpassungs- und Sparkurs verschärft werden und durch wohlfahrtsstaatliche Maßnahmen (Nahrungsmittelsubventionen, sozialer Wohnungsbau, Ausbau der Sozialversicherung) nicht auszugleichen sind, werden vorerst durch (außen-)politische Probleme überlagert, an erster Stelle den Konflikt mit Israel über die Zukunft der Palästinenser und der besetzten Gebiete.

Eine eventuelle Regelung dieser Frage würde mittelfristig vermutlich eine Reduzierung ausländischer Hilfsleistungen und auch den Abzug paläst. Arbeitskräfte und Unternehmer bedeuten, zugleich aber die Rahmenbedingungen für Politik, Wirtschaft und Gesellschaft grundlegend und zum Positiven hin verändern.

Literatur

Aruri, N. H. 1972: Jordan: A Study in Political Development, 1921–1965, Den Haag.

Bailey, C. 1984: Jordan's Palestinian Challenge 1948–1983. A Political History, Boulder/London.

Czichowski, F. 1990: Jordanien: Internationale Migration, wirtschaftliche Entwicklung und soziale Stabilität, Hamburg.

Day, A. R. 1986: East Bank/West Bank. Jordan and the Prospects for Peace, New York.

Garfinkle, A. M. 1992: Israel and Jordan in the Shadow of War, Basingstoke.

Khader, B./Badran, A. (Hrsg.) 1987: The Economic Development of Jordan, London.

Haas, M. 1975: Husseins Königreich. Jordaniens Stellung im Nahen Osten, München.

Michal, S. 1978: West Bank/East Bank: The Palestinians in Jordan, 1949–1967, New Haven/London.

Mutawi, S. A. 1987: Jordan in the 1967 War, Cambridge.

Salibi, K. 1993: The Modern History of Jordan, London.

Shlaim, A. 1990: The Politics of Partition, Oxford.

Wilson, M. C. 1988: King Abdullah, Britain and the Making of Jordan, Cambridge.

Wilson, R. 1991 (Hrsg.): Politics and the Economy in Jordan, London/New York.

Katar

Wigand Ritter

1. Wirtschaftsgeographische Grundlagen

Das Staatsgebiet von Katar *(Dawlat al Qatar)* umfaßt die im Westen des Arabischen Golfs gelegene Halbinsel Katar und einige Eilande (mit zusammen 11 437 qkm) sowie eine Schelfmeerfläche von etwa 31 500 qkm. Die See- und Landgrenzen gegenüber den Nachbarländern sind noch nicht eindeutig bestimmt und gegenüber Bahrain wegen des Huwar-Archipels vor der Westküste Katars umstritten.

Die Halbinsel ist eine flache Kalktafel mit einer mittleren Höhe von 30–40 m über dem Meer. Die Oberfläche wurde von Winderosion geprägt, welche Felder voll kantigen Feuersteintrümmern freigelegt hat. Lockermaterial findet sich nur in einem Dünenfeld im SO und in rund 1000 Karstsenken, die als einzige dichtere Vegetation tragen und agrarisch nutzbare Böden bieten. Die flachen Küsten werden von Watten und Korallenbänken begleitet. Für Häfen müssen lange Zufahrten ausgebaggert werden.

K. hat trockenes Subtropenklima mit sehr heißen und schwülen Sommern. Niederschläge fallen unregelmäßig und sinken von 80 mm gegen SW auf 40 mm im Jahr ab. Dies erlaubt nur die Weidenutzung. Im Untergrund bildet der Niederschlag eine 100 m mächtige Süßwasserlinse, die über dem Salzwasser tieferer Schichten schwimmt, aber gegenwärtig stark übernutzt wird. Größere Wadis fehlen. Grundwasser tieferer Schichten stammt vom arabischen Festland, ist brackig und wenig brauchbar. Die oberflächennahen Gesteine sind teils Sedimente, teils massige Riffkalke. Kies- und selbst Sandvorkommen sind rar. Als Ersatz werden dolomitische Kalkpartien für die Bauwirtschaft aufbereitet. Ausreichend zu finden sind Tone, Gips und Speisesalz, aber kaum andere Werkstoffe.

Tektonisch ist K. eine flache Aufwölbung, umrandet von schärfer geformten Antiklinalstrukturen. Diese enthalten Erdöl und Erdgas sowohl auf dem Festland als auch *offshore*. Gefördert wird nur aus wenigen großen Lagerstätten. Für ein so kleines Land sind diese Ressourcen sehr reich.

K. kann als Stadtstaat bezeichnet werden. In der Hauptstadt Doha, an der Ostküste gelegen, lebten 1986 rund 217 000 Menschen, 320 000 oder 87 % der Gesamtbevölkerung in der Agglomeration. Andere Städte sind klein. Für Wakrah werden 24 000 E. angegeben, für das Industriezentrum Umm Said 6000. Umm Silal, ein Villenvorort Dohas, hat 11 000, Al Khor 9000 und Madinat Schimal im Norden der Halbinsel 4400 Bewohner. Die übrigen als Gemeinden *(municipalities)* organisierten Siedlungen haben, wie auch die Erdölsiedlungen Dukhan und Umm Bab, jeweils nur wenige hundert Einwohner.

Alle diese Siedlungen sind durch vorzüglich ausgebaute Straßen mit Doha verbunden und in weniger als einer Autostunde erreichbar. Buslinien dienen vornehmlich Frauen, Kindern und Gastarbeitern. Die Siedlungen sind an das Telefon- und Stromnetz angeschlossen; praktisch alle einheimischen Haushalte verfügen über Telefon, einen PKW oder Pickup. Schulen, Post, Bankstellen und Gesundheitsdienste sind überall eingerichtet, aber höherrangige Dienste finden sich generell nur in Doha, dessen Ausstattung einem Oberzentrum entspricht. Das reicht bei der Siedlungsstruktur Katars auch völlig aus.

International ist K. über Fernstraßen mit seinen Nachbarländern verbunden. Den Regionalluftverkehr besorgt *Gulfair*, an der K. mit 25 % beteiligt ist. Bei internationalen Flügen sind Direktverbindungen noch seltener. Als Hafenplatz der Linienschiffahrt hat Doha keine Bedeutung, weshalb viele Güter über Dubai importiert werden.

Elektrizitäts- und Wasserwirtschaft sind wichtige Teile der Landesentwicklung. Stromerzeugung und Meerwasserentsalzung sind in Großkraftwerken gekoppelt. Die zwei bestehenden Anlagen in Ras Abu Fantas und Ras Abu Abbud können etwa 100 Mio. cbm Süßwasser im Jahr erzeugen, mehr als das Vierfache der langfristig zulässigen Grundwasserausbeute. Neue Projekte sollen diese Menge in etwa verdoppeln. Das Verteilungsnetz für Trinkwasser versorgt die dichter bewohnten Landesteile. An Strom wurden 600 Mio. kWh bei rund 1100 MW installierter Leistung erzeugt. Ausbauprojekte sehen eine Verdreifachung der Kapazität vor mit Kraftwerken in Verbund mit neuen Industrieprojekten und Gasturbinenanlagen zur Spitzenlastdeckung. Pro Kopf hat K. seit Jahren schon den höchsten Energieverbrauch der Welt.

2. Bevölkerung

Der Zensus von 1986 wies 369 000 E. aus. Für 1993 ist mit 450 000 zu rechnen. Der Zuwachs erklärt sich aus dem kräftigen Geburtenüberschuß der Einheimischen und dem Gastarbeiterzustrom. Die Bevölkerungspyramide ist deshalb stark zugunsten arbeitsfähiger Männer verzerrt und die Erwerbsquote liegt mit 55 % für Arabien sehr hoch. Vor dem Einsetzen der Erdölproduktion (1949) lebten nur etwa 20 000 Menschen im Lande. Derzeit ist für Prognosen von einem natürlichen Zuwachs von 8800 E. im Jahr auszugehen, weil der Gastarbeiterzustrom nicht vorhergesagt werden kann.

Die Bev. teilt sich in die Segmente der Katari und Nicht-Katari (*Expatriates* = Gastarbeiter). Als Kataris und zugleich Staatsbürger zählen erstens die seßhaften Stadtbewohner, deren Vorfahren einst Fischer, Perlentaucher, Händler und deren Sklaven waren, darunter einige wenige Schiiten, zweitens beduinenstämmige Gruppen, die in der Perlentaucherzeit die „Beschützer" der

Seßhaften waren und heute die Oberschicht bilden. Zu ihnen gehört die weitverzweigte *Al-Thani*-Sippe, die den Herrscher stellt. Beiden Gruppen gleichgestellt sind später zugewanderte Nomaden, besonders aus den Stämmen der Manasir und Murrah aus Saudi Arabien, sowie auch die Na'im, welche traditionelle Beziehungen nach Bahrain pflegen, und die Bani Hajir im Dukhan-Ölfeld. Alle diese Gruppen sind Sunniten, zumeist strenge Wahhabiten.

Die *Expatriates* stammen aus vielen Ländern. Manche leben schon seit dem Beginn des Erdölzeitalters in Katar, werden aber nicht eingebürgert. Aus den IL kommen Techniker im Erdöl- und Industriebereich. Den Hauptteil aber stellen sunnitische Iraner, Pakistaner, Inder, Bengalen und Ceylonesen. Die früher große Zahl arabischer Gastarbeiter aus Palästina, Jordanien und Ägypten wurde reduziert. Trotz einer Bevorzugung muslimischer *Expatriates* dürfte der Anteil von Hindus, Christen und Buddhisten bei 10% der Bev. liegen.

Der wahre Anteil der Katari läßt sich nicht ermitteln. Er dürfte 1993 bei 120000 Personen oder 27% der Bev. liegen. Unter den Beschäftigten erreichten sie gerade 10%. Einheimische dominieren nur in einigen Dörfern im Binnenland.

3. Historische Entwicklung

Die Halbinsel K. hatte bis ins 19. Jh. weder einen Staat gebildet noch jemals eine politische oder wirtschaftliche Rolle gespielt. Dies wird angesichts des Fehlens einer größeren Oase, der Lage abseits der Seehandelsrouten und durch das Fehlen eines Hinterlands verständlich. Auch als Stützpunkt lockte die wasserarme Halbinsel niemanden. Aus den diffusen Ereignissen im Golfgebiet hebt sich K. erstmals mit der Ansiedlung der Stammesfraktion der *Utub* unter der Familie *Al-Khalifah* hervor, die sich, aus Kuwait kommend, in dem heute völlig verfallenen Zubarah im Norden K.s festsetzte und von hier aus Handel und Perlentaucherei aufnahm. 1783 nutzten die *Al-Khalifah* eine günstige Chance, um sich zu Herren von Bahrain zu machen, woraufhin K. zu einer Dependance dieser Insel wurde.

Der von GB durchgesetzte Seefrieden im Golf erlaubte nach 1820 ein Aufblühen des Perlengeschäfts und dessen Einbindung in den Welthandel. Die beduinischen Beschützer der Küstensiedlungen kamen zu geringem Wohlstand und bildeten eigene Scheichtümer, besonders die *Al-Thani* von Wukair mit dem Hafen Wakrah und jene von Rayyan mit dem Hafen Bida, dem heutigen Doha. Nach einer „unerlaubten Strafexpedition" mußte Bahrain unter dem Druck der Briten an diese Scheichs Reparationen zahlen, womit deren Selbständigkeit bestätigt war. Dies nutzten zuerst die Türken, welche 1871 eine kleine Garnison nach Bida legten. Diese nominelle Oberhoheit des Osmanischen Reichs wurde 1916 von einem brit. Protektorat abgelöst, wobei GB den Scheich der *Al-Thani* von Rayyan als Herrscher bestätigte.

In die Zeit nach dem I. Weltkrieg fällt die Hochblüte der Perlenwirtschaft. K. verdoppelte seine Einwohnerzahl auf über 30 000. Der Weltwirtschaftskrise und dem billigeren Angebot japanischer Zuchtperlen folgte nach 1930 ein Absturz in bittere Armut. K. verlor fast die Hälfte seiner Bevölkerung. Die leeren Häuser der Küstensiedlungen verfielen und ein Aufstand der Na'im bedrohte 1937 den Staat selbst.

Mit der Aufnahme der Erdölförderung 1949 blühte das Land rasch wieder auf. Die Emigranten kehrten zurück, Gastarbeiter strömten ein und ein Bauboom folgte. 1971 hatten das Staatswesen und die Wirtschaft bereits einen Stand erreicht, der es K. erlaubte, allein den Weg in die Unabhängigkeit zu wagen, während vorher ein Beitritt zu den VAE erwogen wurde.

1972 kam der jetzige Herrscher *Khalifah bin Hamad al-Thani* an die Macht. Er begann gezielt mit dem Ausbau des *Down-stream* Sektors der Erdölwirtschaft. Durch Verstaatlichung der Erdölfirmen erreichte K. 1977 die volle Eigenständigkeit. Eine neue Entwicklungsphase nahm mit der Aufnahme des Nordfeld-Gasprojekts 1991 ihren Anfang.

4. Wirtschaftliche Struktur und Entwicklung

K. konnte dank seines Erdöls ein moderner Staat mit perfekter Infrastruktur und umfassendem Wohlfahrtswesen werden; es zählt nur wegen seiner einseitigen Abhängigkeit vom Rohölexport noch zu den Entwicklungsländern. Alle wirtschaftlichen Aktivitäten sind in Doha konzentriert. Die Regierung freilich strebt eine räumlich-funktionelle Differenzierung an, weist bestimmten Standorten Aufgaben zu und tätigt dort die entsprechenden Investitionen. So wird Umm Said der Schwerpunkt der Großindustrie, Salwa der Leichtindustrie, Wakrah und Ruways der Fischerei, al-Khor und Shahaniyah der Erholung und des Sports. Dazu gehören jeweils auch prunkvolle Bauten für öffentliche Einrichtungen als Symbole.

Einige Landesteile behalten eine Sonderstellung. So bleibt die Erdölzone von Dukhan trotz Verstaatlichung der Erdölgesellschaft eine Wirtschaftsexklave. Hier investiert der Staat nicht, und die Ölgesellschaft sorgt selbst für die dort lebenden Bani Hajir. Weil kein *Mulk*-Eigentum entstehen soll, verhindert sie feste Wohnbauten und Gärten, da dann bei späteren Bohrarbeiten hohe Entschädigungen verlangt werden könnten.

In Zentralkatar ist ein größeres Gebiet für jene wenigen Familien reserviert, die weiterhin nomadisch leben wollen. Alle sonstigen Weide- und Wasserrechte der Beduinen hat die Regierung abgelöst und kann nun frei über Nutzung und Landvergabe bestimmen. Lediglich die Na'im haben ihre *Dira* nicht abgetreten, und die Regierung machte eine Ausnahme, um diesen Stamm nicht zusätzlich zu vergrämen.

4.1 Landwirtschaft

Ein Agrarsektor ist in K. erst im Erdölzeitalter entstanden. Vorher hatten nur einige Scheichs kleine Palmgärten, die sie aus den zur Versorgung der Perlenflotten gegrabenen Brunnen bewässerten. Als nach 1949 Brunnenbohrung und Dieselpumpen erschwinglich wurden, legten sich die Mitglieder der *Al-Thani*-Sippe, andere Scheichs und Beduinenfamilien ebenfalls Farmen mit Dattelgärten als Statussymbole zu. Nur auf einem Teil dieser in den Karstsenken (*Riyadh* = Gärten) in Nordkatar gelegenen Betriebe wird marktorientierter Anbau betrieben. Die FAO rechnete für 1981 mit 100 solcher Farmen unter insgesamt 450. 1991 gab es 842 Betriebe mit 21 000 ha Farmland, wovon 6900 ha tatsächlich bepflanzt wurden.

Für die Eigentümer steht der Prestige- und Freizeitwert ihrer Landgüter im Vordergrund. Die Arbeit machen Gastarbeiter nach den in ihrer Heimat üblichen Methoden. Die Besitzer verstehen nichts von Anbau und Pflege. Ihren Höhepunkt findet diese Einstellung in den *amenity farms* der politischen Elite mit ihren Palästen, Golfplätzen, weiten Grün- und Sportanlagen und auch Zoos, die nur der jeweiligen Familie dienen. Hier werden nebenher auch etwas Datteln, Gemüse und Obst gepflanzt.

Hauptprodukt der Landwirtschaft ist Alfalfa als Viehfutter, auf kommerziellen Farmen auch Gemüse (Wintertomaten), Datteln und wenig Obst, da sich dieses gegen Importe nicht durchsetzen kann. Getreide wird hoch subventioniert. Bei vielen Produkten drängen saudische Überschüsse auf den Markt.

Die Ausweitung der Landwirtschaft wurde in den letzten Jahren rasch vorangetrieben, vornehmlich zur Ausbildung eines Agrobusiness. Es bestehen jeweils mehrere Milch-, Geflügel- und Eierfarmen, Schafzuchtbetriebe, klimatisierte Gemüsebetriebe und Versuchsfarmen. Hervorzuheben ist die Milchfarm in Rakiyah im SW, die auf 600 ha das notwendige Grünfutter mit geklärten Abwässern aus Doha erzeugt. Ansonsten setzt der Wassermangel allen Expansionsplänen enge Grenzen. Das Grundwasser wird derzeit zu 300 % übernutzt und in Kürze erschöpft sein. Man kann es vielleicht nach Verwirklichung aktueller Projekte der Meerwasserentsalzung und Abwasserreinigung ersetzen bzw. regenerieren.

Im Bereich der Viehwirtschaft stehen die rund 9200 Rinder, 1100 Pferde, 3500 Antilopen und auch ein großer Teil der 122 000 Schafe auf den Farmen. Die ca. 102 000 Ziegen weiden im Umkreis der Siedlungen. Nomadismus ist keine ernsthafte Lebensweise mehr. Ältere Beduinen halten sich zwar gerne bei ihren Tieren auf, die Jüngeren kommen nur mehr zum Wochenende. Die rund 32 500 Kamele wandern frei umher und vermehren sich sehr schnell. Sie tragen zwar noch die Brandzeichen ihrer Besitzer, bringen aber, vom Prestige abgesehen, keinen Nutzen mehr. Die Kleinviehhaltung auf den Farmen stößt auf den Mangel an Grünfutter. Die Bestände sind trotz Ausweitung gegenüber den Importen von 600 000–800 000 Schlachtschafen pro Jahr aus Australien sehr klein.

Baumpflanzungen und Aufforstungen konnten gleichfalls aus Wassermangel nur wenig angelegt werden. Die wichtigsten finden sich entlang der Straßen von Doha nach Norden. Auffällig sind die Schutzstreifen rund um alle Farmen. Sie sind notwendig, weil die heftigen und trockenen Winde sonst zu starke Dürreschäden an den Kulturen verursachen würden.

Die Fischerei, einst die Wirtschaftsgrundlage Katars, spielt seit dem Ende der Perlentaucherei nur noch eine kleine Rolle. Es handelt sich vorwiegend um Strandfischereien mit Reusen und Handnetzen, womit ältere Männer einer der islamischen Ethik entsprechenden Betätigung nachgehen konnten. Seit der Staat die Fischerei durch den Bau von Häfen, Kredite für Boote und die Gründung von Vermarktungsgenossenschaften unterstützt, sind die Fänge in den küstennahen Gewässern auf über 6600 t gestiegen. Eine kleine moderne Flotte betreibt Garnelenfischerei und Konzessionsfang in fremden Gewässern.

4.2 Erdöl und Erdgas

Seit 1949 ist Erdöl die tragende Säule der kat. Wirtschaft. Rohöl wurde zunächst von der QPC *(Qatar Petroleum Co)* aus dem Dukhan-Ölfeld im SW gefördert. Als Verladestelle wählte man Umm Said an der Ostküste, die einzige Stelle, wo größere Schiffe in Ufernähe ankern konnten. Seit 1964 erschloß *Shell-Qatar* drei Felder im *Offshore*-Bereich. Dieses Öl wird auf der Insel Halul gesammelt und von dort verschifft, assoziiertes Gas aber nach Umm Said geleitet. Ferner betreibt K. gemeinsam mit Abu Dhabi das kleine Bunduq-Ölfeld.

Tabelle 1: *Ölförderung, Öleinnahmen, BIP und BSP pro Kopf*

Jahr	Ölförderung in Mio. t	Öleinnahmen Mio. US-$[a]	BIP in Mrd. US-$	BSP pro Kopf in US-$
1980	22,8	5387	7,838	26080
1981	19,5	5316	8,673	27720
1982	16,0	4079	7,611	21880
1983	13,0	3046	6,485	21210
1984	18,2	4322	6,878	19810
1985	14,5	3458	6,153	16270
1986	16,0	1666	5,017	13200
1987	15,0	1426	5,055	12430
1988	16,0	1335	5,687	9930
1989	19,1	1709	6,488	15500
1990	19,1	2460	7,380	15860
1991	18,8	..	7,627	14770
1992	20,9	..	..	..

[a] aus dem Export von Rohöl (lt. International Financial Statistics des IMF liegen die Devisenerlöse aus dem Ölexport wesentlich höher)
Quellen: UN-Statistical Yearbook; Petroleum Economist; Weltentwicklungsberichte; UNCTAD: Commodity Yearbook.

Bis 1971 blieb die Erdölwirtschaft rein exportbezogen. Lediglich eine kleine Spaltanlage in Umm Said und die Gasversorgung des Kraftwerks in Ras Abu Abud waren inländische Verwertungen. Ökonomisch wurde K. eine Geldkaskade (*Ritter* 1985). Die Zahlungen der Ölfirmen liefen in die Hände des Herrschers, der sie an inländische Empfänger weiterverteilte. Schließlich sammelte sich das Geld bei den Kaufleuten und ging in annähernd gleicher Menge wieder für Importwaren und als Gastarbeiterüberweisungen ins Ausland. Heute dagegen ist die Erdölwirtschaft der Anfang einer verzweigten Kette von nachgelagerten Industrieprozessen.

Die Rohölförderung belief sich 1992 auf 20,9 Mio. t. Sie wird begrenzt durch eine recht niedrige OPEC-Förderquote von derzeit 364 000 bpd gegenüber einer technischen Förderkapazität von über 600 000 bpd. Je nach Haushaltslage und den internationalen Preisen wird die Förderung hinauf- oder heruntergefahren. Verfügbare Reserven von über 500 Mio. t reichen mindestens für die nächsten 25 Jahre. Den geringen Inlandsbedarf an Treibstoffen von nur 0,6 Mio. t könnte K. für fast unbegrenzte Zeit selbst decken.

Tabelle 2: *Daten zur Ölindustrie (in Tsd. MT)*

	1980	1984	1986	1988	1990
Erdölexport	22492	20377	14702	14639	16740
Raffineriekapazität	..	3040	3040	3040	3040
Ölderivate	..	1639	2210	2635	4119
- Exporte	..	1145	1628	1875	3118
Erdgas	..	727	539	638	1360

Quellen: Energy Statistics Yearbook 1987/92; UNCTAD: Commodity Yearbook 1988/92 (basierend auf OPEC-Daten).

Die Ölfelder sind einfache Antiklinalstrukturen mit generell drei bis fünf Ölhorizonten übereinander und in mäßiger Tiefe. Die Ressourcen sind keineswegs vollständig erschlossen. Heute erst wird der Südteil des Dukhan-Ölfelds intensiver abgebohrt. Tiefere Horizonte und kleinere Lager bleiben ungenutzt, solange es rentabler ist, in den bekannten Feldern sekundäre Förderungsmaßnahmen einzurichten.

Assoziiertes Gas aus den Ölfeldern wird schon seit langem vollständig genutzt und in aufbereiteter Form an Kraftwerke und Industrien abgegeben. Sein Anfall hängt aber von der Höhe der Rohölförderung ab. Da die OPEC-Quote Katars zu gering ist, besteht Erdgasmangel. Der unter dem Dukhan-Ölfeld liegende Khuff-Gashorizont wurde mit 6–7 Mrd. cbm pro Jahr zu rasch genutzt und wird bald erschöpft sein.

K. muß daher eilends das große Erdgasprojekt im Nordfeld vorantreiben. Hier lagern in der nördlichen Fortsetzung der Katar-Aufwölbung gute 10 Bill. cbm Erdgas auf dem Staatsgebiet, wobei allerdings offizielle Angaben nur bis 4617 Mrd. für ganz K. gehen. Gegenwärtig laufen die Arbeiten der ersten Ausbaustufe für rund 10 Mrd. cbm im Jahr. Das Gas wird im Norden der Halbinsel in Ras Laffan angelandet und aufbereitet, d. h. von Kondensaten, Propan und Butan getrennt (ca. 1,7 Mio. t) und geht sodann an inländische Abnehmer.

Die Gasmenge der ersten Phase behebt den Gasmangel, übersteigt aber den derzeitigen Inlandsbedarf. Dies hat eine Welle neuer Industrieprojekte zur Folge. Ras Laffan erhält einen neuen Tiefseehafen und nebenan wird in Ras Qirtas eine weitere Großindustriezone ausgelegt. Für die zweite Ausbauphase, die aber nicht vor dem Jahr 2000 anlaufen wird, ist die Erdgasverflüssigung für den Export vorgesehen, die K. ein zweites ökonomisches Standbein gibt. Eine dritte Phase könnte Exportleitungen nach Indien und Europa zum Ziele haben. Konkret sind aber lediglich Pläne für eine Gasleitung nach Dubai. Die Reserven des Nordfelds wären groß genug, um all diese Vorhaben für 150 Jahre beliefern zu können. K. kann damit seine Zukunft langfristig planen, wird aber in Konfliktfällen viel verwundbarer.

4.3 Industrielle Entwicklung

Die Industrieentwicklung folgt gleichsam dem ökonomischen Lehrbuchrezept. Bis zur Unabhängigkeit gab es neben der Erdölspaltanlage in Umm Said nur das Zementwerk in Umm Bab. 1971 begann die gezielte Entwicklung von *Downstream*-Industrien durch den Staat in Verbindung mit ausländischen Partnern. Dies brachte 1975 eine echte Erdölraffinerie (2,5 Mio. t Kapazität), zwei Flüssiggaswerke (900 000 t), die seit 1980 laufen und gleichfalls 1980 ein Petrochemiewerk für Polyäthylen (QAPCO). Bei letzterem betreibt der frz. Partner ein Schwesterwerk in Dünkirchen, an dem K. zu 40 % beteiligt ist.

Zur Verwertung von Trockengas lief schon 1973 ein Kunstdüngerwerk (QAFCO) an. 1978 folgte das Stahlwerk der QASCO. Dieses ist eine sehr moderne Direktreduktionsanlage mit angeschlossenem Walzwerk und einem Jahresausstoß von 560 000 t. Sehr reines Roherz in Pelletform wird aus Schweden bezogen, in Umm Said zu Eisenschwamm reduziert, der im Elektroofen aufgeschmolzen, gegossen und sogleich zu Barren und Baustahl ausgewalzt wird. Alle genannten Betriebe liegen in Umm Said, rund 50 km südlich von Doha.

Die gegenwärtig anlaufende zweite Industrialisierungswelle soll umfassen: die Verdoppelung der Kapazität von QAFCO und QAPCO; ein drittes Flüssiggaswerk für 1,7 Mio. t; eine große Gasentschwefelungsanlage; zwei Werke für Methanol und dessen Weiterverarbeitung zu MTBE (= Antiklopfzusatz im Benzin); ein Werk für Ferrolegierungen (250 000 t), womit dann QASCO auch legierten Qualitätsstahl produzieren könnte; eine Aluminiumhütte (QALCO) für zunächst 180 000 t samt vorgeschaltetem Tonerdewerk; eine weitere Aluminiumhütte (DOHAL) für 240 000 t, die ursprünglich in den VAE hätte gebaut werden sollen. Die Standorte werden teils in Umm Said, teils in der neuen Industriezone bei Ras Laffan liegen.

Die Leicht- und Konsumgüterindustrien sind zum Großteil im *Salwa In-*

dustrial Estate westlich von Doha zusammengefaßt. Dorthin wurden auch die Betriebe von Doha ausgelagert, sofern sie zu großen Umfang erreicht hatten. 1990 gab es 465 Industriebetriebe mit über 10 Beschäftigten, die zum Hauptteil in Salwa lagen. Andere Orte können solche Betriebe noch nicht anziehen. Die Entwicklung wird vom IDTC *(Industrial Development Technical Center)* wirkungsvoll unterstützt. Metallwarenerzeugung, Baustoffe und Holzverarbeitung sind die wichtigsten Branchen, gefolgt von Textilien, Nahrungs- und Genußmitteln.

Neue Betriebe für aussichtsreiche Produkte entstehen schnell, sofern rührige Gastarbeiter einen einheimischen Sponsor dafür interessieren können. Bemerkenswerte Betriebe sind der städtische Schlachthof in Doha für importiertes Lebendvieh und die Kompostwerke der beiden Großkläranlagen. Sie liefern Erde für Parks, Gärten und Farmen, was in einem Land ohne Böden bedeutsam ist.

K. ist noch kein Industrieland, aber dennoch auf diesem Weg recht weit gekommen. Der Beitrag der Industrie zum BIP betrug 1990 ohne die Erdöl-, Elektrizitäts- und Wasserwirtschaft bereits 13%.

4.4 Dienstleistungen – Außenhandel

Im Gegensatz zu seinen Nachbarn Dubai und Bahrain ist K. kein internationales Dienstleistungszentrum. Handelsfirmen, Consultings, Banken (13; darunter sechs einheimische), Finanzdienste und internationale Speditionen sowie eine Handelsflotte von 306000 BRT entsprechen dem eigenen Bedarf. Eine gewisse Ausstrahlung haben die Universität Katar und GOIC *(Gulf Organization for Industrial Consulting)*, ein Koordinationsinstrument des GCC für Industrieprojekte der Mitgliedsstaaten. Auch die Militärbasis Udayd in Zentralkatar gewinnt an Bedeutung.

Für den Tourismus wäre K. mit erstklassigen, aber schlecht ausgelasteten Hotels gut versehen. Bekannt ist besonders das *Sheraton Hotel* mit Konferenzzentrum und angeschlossenem Messegelände. Touristen wurden aber bis vor kurzem nicht ins Land gelassen. Dies ändert sich nun langsam. Besondere Attraktionspotentiale hat K. nicht. Erholungseinrichtungen für Inländer wurden in al-Khor, Shahaniyah und auf den Inseln vor der Doha-Bucht aufgebaut. Wochenendziele sind die Zikrit-Halbinsel im Westen, Zubarah im Norden und einige Sandstrände, darunter die Umm Said Beach und das anschließende Sanddünenareal. Übernachtungseinrichtungen gibt es außerhalb Dohas nicht.

Im Außenhandel tritt K. als Exporteur von Rohöl (ca. 87%) und aus eigener Produktion von Flüssiggas, Raffinerieprodukten, Kunstdünger, Polyäthylen, Zement und Baustahl auf, neben einem kleinen Zwischenhandel mit Importwaren. Handelspartner auf der Exportseite sind Japan, Frankreich und USA, als reine Ölkunden auch Singapur und die Niederlande. Auf der Importseite stehen Japan, England und Deutschland voran. Frankreich ist ein wichtiger Lieferant von Anlagen und Rüstungsgütern. Nahrungsimporte machen 15 % des Einfuhrwerts aus. Im Zwischenhandel mit den Nachbarstaaten spielen die Gewerbezone und die Landzollstation in Salwa die Hauptrolle. Sie sind der Anlaufplatz für die Fernlaster aus Syrien, Jordanien, Oman und den VAE und dienen der Zwischenlagerung. Saudische Schikanen gegen diesen Verkehr waren Ursache von Grenzgefechten im Jahre 1992.

Finanziell gesehen ist K. ein sog. *low absorber*, d. h. ein Land, das seine Erdöleinkünfte nicht zur Gänze im Inland ausgeben kann. Dies gilt freilich mit der Einschränkung, daß anstehende Großprojekte doch die Finanzkapazität des kleinen Landes übersteigen. K. hat Auslandsschulden von nur etwa 1,2 Mrd. US-$. Vor der Geldaufnahme im Ausland schreckt die Regierung zurück und verschiebt lieber dringende Vorhaben solange, bis ein Finanzierungsweg gefunden ist, der ihr die Kapitalmehrheit sichert. Umgekehrt hat K. auch nur wenige Auslandsanlagen, aus denen Einkünfte von ca. 800 Mio. US-$ im Jahr entstehen.

5. Soziale Struktur und Entwicklung

K. hat eine Zweiklassengesellschaft. Einheimische erhalten für gleiche Arbeit höhere Löhne, ferner genießen sie freie Sozialleistungen aller Art, Grundstückszuweisungen, Sozialwohnungen und Arbeitsplätze. Nur sie dürfen Grundstücke und Betriebe als Mehrheitseigentümer besitzen. Alle Ausländer brauchen einen einheimischen Sponsor, der aus dieser Funktion Einkünfte bezieht.

Den meisten *Expatriates* ist diese rechtliche Benachteiligung unwichtig, da sie ja mit anderen Zielen nach K. kommen. Ihnen geht es um Steuerfreiheit, die Möglichkeit zu Geldüberweisungen in die Heimat, Anhäufen von Ersparnissen und auch um beruflichen Aufstieg. Die Diskriminierung wird erst fühlbar, wenn Ausländer mit ihren Familien oder im Alter im Land bleiben möchten, auf eine Einbürgerung aber nicht hoffen können.

Die Katari sehen sich durch die Ausländermehrheit ohne eigenes Verdienst oder eigene Fähigkeit in bequeme Mittelstandspositionen gehoben. Tätigkeiten als Arbeiter, Techniker, kaufmännischer Angestellter und selbst als kleiner Selbständiger locken sie nicht mehr. Daher sind fast alle Männer und ein Gutteil der Frauen im erwerbstätigen Alter Angestellte der Regierung.

Eine Sonderstellung haben die „Scheichs“, d. h. Angehörige der *Al-Thani*-Sippe. Sie sind bevorzugt in die Umverteilung der Erdölgelder einbezogen, was unmittelbar in ihren aufwendigen Villen sichtbar wird. Diese, bald festungsartig, bald mit architektonischer Extravaganz gestaltet, sind ein eigentümlicher Ausdruck eines besonderen Sozialgefüges. Insgesamt dürfte es davon in Rayyan, Gharrafah und Wukayr etwa 600 geben, entsprechend der Zahl der *Al-Thani*-Familien.

Armut im klassischen Sinne gibt es nicht. Wenn auch die Löhne des unteren Segments der Gastarbeiter jämmerlich gering erscheinen, so sind sie doch fürstlich, verglichen mit deren Herkunftsländern. Freilich reduzieren viele Gastarbeiter ihre Lebenshaltung auf das äußerste Minimum, um möglichst viel sparen zu können. Das hält die Preise für einfache Dienste und Konsumgüter niedrig, was wiederum den Arbeitgebern erlaubt, geringe Löhne zu zahlen. Dies ist eine Sackgasse der Entwicklung und das entscheidende Hemmnis für eine Katarisierung des Arbeitsmarkts. Die Beschäftigung Einheimischer müßte das Preisniveau hochtreiben.

Tabelle 3: *Sozialindikatoren*

	1960	1990
Lebenserwartung bei Geburt	53	70
Kindersterblichkeit (unter 5 Jahren)	239	36
Zugang zu Trinkwasser (in % der Bevölkerung)	..	94
Alphabetenquote	..	82
Einschulungsraten (in %)		
- in Primarschulen	..	96[a]
- in Sekundarschulen	..	85[a]

a 1988-89
Quelle: Human Development Report 1992.

Die Stellung der Frauen ist ambivalent. Die kat. Gesellschaft folgt konservativen beduinischen Traditionen. Oberschichtfamilien gewähren daher ihren Frauen und Töchtern viel Bewegungsfreiheit. Einheimischen Frauen bietet die Regierung reichlich Beamtenpositionen. Eine emanzipatorische Behinderung scheint eher von den Frauen der arabischen *Expatriates* auszugehen, die, ähnlich den Türkinnen in Europa, ein defensiv-traditionelles Rollenverhalten in die Öffentlichkeit tragen. Soziale Einrichtungen im Bildungs- und Gesundheitssektor sind, wie in den Golfstaaten üblich, voll ausgebildet. Beide Bereiche sind bis zu Spitzeneinrichtungen durchgebildet, die freilich alle in Doha konzentriert sind.

6. Politische Struktur und Entwicklung

Während die anderen Golfemirate und ihre Dynastien seit 200 Jahren und länger bestehen, ist K. erst seit drei Generationen ein eigenes Staatswesen. Die Genese des Staates erfolgte unter türkischem und britischem Schutz und wäre ohne diesen nicht zustande gekommen. Daraus resultieren Eigentümlichkeiten der Politik, wie ein betontes Streben nach Eigenständigkeit bis hin zur Einzelgängerei, und ein konfliktreiches Verhalten gegenüber den Nachbarn. Andererseits orientiert man sich am Vorbild der älteren Dynastien und versucht, deren Leistungen zu überbieten.

K. ist ferner durch das Wahhabitentum geprägt. Dessen Staatsverständnis ist demokratischen oder gewerkschaftlichen Bestrebungen abgeneigt. Trotz Einrichtung einer beratenden Versammlung behält der Emir die letzte Entscheidung, die jedoch stets der *Scharia* entsprechen muß. Man könnte dieses Herrschaftssystem als patrimonial-monarchisch bezeichnen. Daß viele engere Verwandte des Herrschers höchste Staatsämter bekleiden, ist nötig, um die Zweige des Hauses zufriedenzustellen. Führende Personen dissidenter Stämme werden mit hohen Beamtenposten ruhiggestellt. Das Militär ist vorzüglich gerüstet und setzt sich wie die Polizei aus beduinenstämmigen Katari und Söldnern aus Jemen, Somalia und Belutschistan zusammen. Oberkommandierender und Verteidigungsminister ist der offizielle Thronfolger.

Die wichtigste politische Entscheidung der jüngeren Zeit war wohl die Stationierung fremder, d. h. US-amerikanischer Truppen im Zuge des Golfkonflikts. Da selbst GB als Kolonialmacht niemals Truppen stationiert hatte, dürfte K. dies nicht leichtgefallen sein. Es bringt sehr deutlich das Gefühl der Bedrohung zum Ausdruck. Zugleich aber sorgten Verträge mit dem Iran über eine Wasserleitung und die Erdgasnutzung für ein Gegengewicht.

K. trat 1981 dem *Golfkooperationsrat* (GCC) bei, konnte sich aber aus allen Kriegsereignissen heraushalten. Während es mit dem Iran eine freundliche Nachbarschaft pflegt, flackerte mit Bahrain und Saudi-Arabien, das Bahrain unterstützt, immer wieder Streit auf. Seine außenpolitische Orientierung ist deshalb unentschlossen. Die ausländischen Investoren würden eine eindeutigere Anlehnung an Saudi-Arabien honorieren; sie sprangen aufgrund des politischen Investitionsrisikos bei mehreren Großprojekten wieder ab. Im Westen ist nicht mehr die ehemalige Kolonialmacht GB, sondern Frankreich der bevorzugte Partner.

Literatur

El-Mallakh, R. 1979: Qatar. Development of an Oil-economy, London.

FAO 1981: Qatar: The Water Resources of Qatar and their Development, 2 Bde., Doha.

Graham, H. 1978: Arabian Time-machine. Self-portrait of an Oilstate, London.

Horndasch, G. 1990: Die wirtschaftliche Zukunft der petrochemischen Industrie in den Staaten des Golf-Kooperationsrats (Nürnberger wirtschafts- und sozialgeographische Arbeiten, BD. 43), Nürnberg.

Ministry for Information and Culture: Qatar Year Book 1987/88, 1989/90, Doha.

Riad, M. 1985: Some Aspects of Petro-urbanism in the Arab Gulf States, in: W. Ritter (Hrsg.), Arabian Gulf Studies I (Nürnberger wirtschafts- und sozialgeographische Arbeiten, Bd. 37), Nürnberg, 63–84.

Ritter, W. 1985: Qatar: Ein arabisches Erdölemirat (Nürnberger wirtschafts- und sozialgeographische Arbeiten, Bd. 38), Nürnberg.

Said-Zahlan, R. 1979: The Creation of Qatar, London.

Scholz, F. 1985: Die kleinen Golfstaaten, Braunschweig.
State of Qatar/Central Statistical Organization: Annual Statistical Abstract, Doha.
Whelan, J. (Hrsg.) 1983: Qatar: A MEED Practical Guide, London.

Kuwait

Rainer Hermann

1. Wirtschaftsgeographische Grundlagen

Das *Emirat Kuwait* (K.) liegt innerhalb einer 2000 km langen und bis zu 600 km breiten Geosynklinale, die vom Norden Iraks bis Oman verläuft und deren Sedimente die größten Erdöllagerstätten der Erde bergen. Die nachgewiesenen Erdölreserven K.s wurden 1993 auf 92 Mrd. Barrel geschätzt: Das sind 10,4 % aller bekannten Vorkommen. Aufgrund einer unter hohem Druck stehenden Salzwasserblase in 4000 m Tiefe sind die Förderbedingungen günstig. Dieser Aquifer preßt das über dem Wasser liegende Öl durch poröses Gestein zum Bohrloch. Durch die irakischen Sprengungen der Ölquellen floß jedoch Wasser über die Ölschichten. Dies verringerte den Druck auf das Öl und erhöhte die Förderkosten um 20 %.

Die Tagesdurchschnittstemperaturen erreichen im wärmsten Monat Juli 38 Grad C. Von Mai bis September liegt die relative Luftfeuchtigkeit unter 30 %. Niederschläge in geringen Mengen fallen nur in den Wintermonaten. Der Grundwasserhorizont führt Brackwasser; Binnengewässer fehlen. Die Vegetation ist aufgrund des Klimas und der Überweidung karg: 0,2 % der Fläche von 17 818 qkm werden landwirtschaftlich genutzt, 7,5 % als extensive Weiden.

Die installierte Kapazität zur Erzeugung von Elektrizität lag 1990 bei 7200 MW. Eines der fünf Kraftwerke wurde während der irakischen Invasion so stark zerstört, daß es nicht instandgesetzt wird. Statt dessen nimmt K. das alte Projekt des 2400-MW-Kraftwerks in Subiya wieder auf. Fünf Wasserentsalzungsanlagen arbeiteten bis 1990 mit einer Kapazität von 215 Mio. Gallonen pro Tag; der jährliche Pro-Kopf-Verbrauch von Süßwasser lag bei 22 000 Gallonen. Den Strom- und Wasserverbrauch subventionierte die Regierung mit rund 0,9 Mrd. US-$ pro Jahr.

2. Bevölkerung – Immigration

Die Bev. Kuwaits nahm von 1980 bis Mai 1990 um 57 % auf 2,126 Mio. zu. Im Gefolge des Golf-Kriegs war sie bis Mai 1991 auf 397 000 E. gesunken, erhöhte sich aber bis Anfang 1993 wieder auf 1,45 Mio. Einwohner.

Tabelle 1: *Bevölkerung (Schätzungen in Tsd.)*

	Mai 1990[a]	Mai 1991[b]	Frühjahr 1992[a]	Herbst 1992[c]
Gesamtbevölkerung	2126	397	1187	1350
Kuwaiti	578	205	387	620[d]
Nicht-Kuwaiti	1548	192	800	730
Migranten aus arabischen Staaten	1000	179	490	..
- Jordanien	510	165	50	35
- Ägypten	250	0	240[e]	182
- Syrien	100	0	21	..
Migranten aus Asien	510	13	300	..

[a] nach al-Hayat (London) vom 26.6.1992; [b] nach MEED vom 4.10.1991; [c] nach Planungsministerium vom 14.11.1992; [d] inkl. Kuwaiti, die noch im Ausland lebten; [e] andere (wahrscheinlich realistische) Schätzungen gingen von nur 100.000 Migranten aus Ägypten aus.

Vor 1990 bekannten sich 90% der Bev. zum Islam (63% Sunniten und 27% Schiiten). 8% waren Christen (vor allem Inder, Libanesen und Syrer), 2% Hindus. Etwa 90% der Schiiten sind seit dem frühen 19. Jh. aus dem Iran eingewandert. Die schiitischen Zuwanderer der 30er und 40er Jahre gehören mehrheitlich der Mittelschicht an. Die Zahl der iranischen Fremdarbeiter steigt wieder an, nachdem in den 80er Jahren viele ausgewiesen worden waren. Die Besetzung durch den Irak trug zum Abbau der Barrieren zwischen Sunniten und Schiiten bei.

Rückgrat von Wirtschaft und Verwaltung sind die Nichtkuwaiti. Zur Einreise und Arbeitsaufnahme benötigen sie einen kuw. Sponsor, zum Betreiben eines Geschäftes einen kuw. Teilhaber. Ihr Anteil an den Arbeitskräften stieg von 1965 bis 1990 von 45% auf 86%. Etwa im selben Zeitraum nahm der Anteil der Familienangehörigen an allen *Expatriates* von 20% auf 58% zu, was den Willen vieler illustriert, sich dauerhaft in K. niederzulassen. Dennoch schwebt über ihnen die ständige Gefahr einer kurzfristigen Abschiebung, selbst wenn sie seit Jahrzehnten in K. leben, zum Beispiel weil ihr Sponsor die Aufenthaltsgenehmigung nicht verlängert. Auch sind sie von vielen Segnungen des Wohlfahrtsstaates ausgeschlossen; allerdings zahlten auch sie keine Einkommensteuer. Wirtschaftlich und sozial benachteiligt sind v. a. die *Expatriates* aus Dritte-Welt-Staaten.

Die Palästinenser lagen 1990 als zweitgrößte Bevölkerungsgruppe knapp hinter den Kuwaiti. Nur etwa 20% von ihnen waren erwerbstätig; sie arbeiteten überwiegend im operativen mittleren Management, in akademischen Dienstleistungsberufen sowie als Geschäftsführer kleiner und mittlerer Betriebe. Als viele nichtkuw. Geschäftspartner ihre Aufenthaltsgenehmigung 1991 verloren, gerieten ihre Betriebe in Existenznot. Ein Gesetz, das im März

1993 mit Blick auf die zur Auswanderung gezwungenen Palästinenser verabschiedet wurde, gestattet den kuw. Inhabern, ihre nichtkuw. Partner nach Zahlung einer Entschädigung zu entlassen, wenn sie sechs Monate nicht im Land waren.

Nach der Befreiung von der irakischen Besetzung nahm die kuw. Regierung die pro-irakische Haltung der PLO und einiger arabischer Staaten zum Anlaß, ihre seit Mitte der 80er Jahre verfolgte Politik der „Kuwaitisierung" von Wirtschaft und Verwaltung wiederaufzunehmen. Seit den 60er Jahren suchten die Kuwaiti unproduktive Beschäftigungen als *Business Executives* und Generaldirektoren – eine Neigung, an die sie nach der Befreiung sehr schnell wieder anknüpften. Da sie die Aufrechterhaltung des Lebensstandards der „Kuwaitisierung" vorziehen, wurde die zunächst verkündete Obergrenze der Bev. von 1,0 auf 1,5 Mio. E. angehoben; dabei soll der Anteil der Nichtkuwaiti unter 50% bleiben. Doch ist unwahrscheinlich, daß die billigen asiatischen *Expatriates*, die ohne Familienangehörige einreisen müssen, die qualifizierten Tätigkeiten etwa der Palästinenser übernehmen können.

Nach amtlichen Angaben sank die Zahl der begleitenden Familienangehörigen von 1990 bis Herbst 1992 um 677 000 auf 63 000, die des Hauspersonals nur um 51 000 auf 139 000. Gleichzeitig baute die öffentliche Verwaltung 60 000 Stellen ab; dort stieg der kuw. Anteil von 47% auf 69%. Ende 1992 war in den öffentlichen Unternehmen der Anteil der Kuwaiti von 1,7% auf 7,1% gestiegen.

3. Historische Entwicklung

Mutmaßlich gründeten die *Bani Khalid*, die im 17. Jh. über Ostarabien herrschten, K. 1680 als Sommerresidenz. Um jene Zeit zogen Familien des Stammes 'Anaiza während einer Dürre aus dem nördlichen Najd nach Katar. Einige von ihnen segelten über Bahrain weiter nach K. und übertrugen dort einer dieser Familien die politische Verwaltung. Ende der 1740er Jahre übernahm deren erster bedeutender Shaikh, *Sabah* (1752–64), die Geschicke der Stadt.

Als sein Nachkomme *Muhammad Al Sabah* (1892–96) eine stärkere Anbindung an das Osmanische Reich anstrebte, ermordete ihn sein Bruder *Mubarak* (1896–1915). Ein Vertrag mit GB sollte den neuen Herrscher nach außen schützen und den Weiterbau der Bagdadbahn nach K. verhindern. Nach innen errichtete er eine autokratische Herrschaft, die an die Stelle des bisherigen gesellschaftlichen Konsenses mit den Händler- und Kaufmannsfamilien trat. 1914 wurde K. britisches Protektorat. Nach Grenzkonflikten trat GB im Vertrag von Uqair 1922 zwei Drittel K.s an den Najd (später Saudi-Arabien) ab. Die dabei geschaffene 5172 qkm große erdölreiche *Neutrale Zone* zwischen beiden Ländern verwalteten K. und Saudi-Arabien gemeinsam, bis sie 1969 aufgeteilt wurde. Streitobjekte blieben danach die Hoheitsrechte über die vorgelagerten Inseln und die Ausbeutung des assoziierten Gases.

Die alten Kaufmannsfamilien büßten neben ihrer politischen Macht auch ihre wirtschaftliche Vorrangstellung ein. Britische Waren und Schiffe, japanische Zuchtperlen sowie ein Boykott des *'Abd al-'Aziz ibn Sa'ud* von 1923 bis 1937 ruinierten den kuw. Marktplatz. Die Kaufmannsclans versuchten wiederholt, das seit der Herrschaft des *Mubarak* (1896–1915) an die Herrscherfamilie *Al Sabah* verlorene Terrain wiederzugewinnen. Mitte des 18. Jh.s hatten die eingewanderten Händlerfamilien der ärmsten von ihnen, der *Al* („Familie") *Sabah*, den Auftrag zur Verwaltung des Gemeinwesens erteilt. 1921 rangen die Kaufmannsfamilien dem neuen Emir *Ahmad al-Jabir* einen aus Händlern bestehenden Konsultativrat ab. 1938 setzten sie die Wahl eines ebenso kurzlebigen „Gesetzgebenden Rates" durch.

Als 1946 der Export des Erdöls einsetzte, verschob sich das Machtgleichgewicht weiter zugunsten der *Al Sabah*. 1961 erhielt K. die Unabhängigkeit. Da K. im 19. Jh. zeitweilig der osmanischen Provinz Basra eingegliedert war, erhob der Irak Ansprüche auf Kuwait, ließ sie aber zunächst nach der Entsendung britischer Truppen und der Aufnahme K.s in die *Arabische Liga* 1963 fallen.

In der Verfassung vom Nov. 1962 gab die *Al Sabah* erstmals seit *Mubarak* Machtbefugnisse ab. 1963 wählten die Kuwaiti 1. Klasse die 50 Abgeordneten des ersten Parlaments. Sein erster Präsident wurde *'Abd al-'Aziz as-Saqr*, das Haupt einer der einflußreichen Kaufmannsfamilien. Er steht bis heute auch der schon 1959 als Gegenstück zur *Al Sabah* gegründeten „Handels- und Industriekammer" vor. Im Parlament erwuchs der *Al Sabah* neben den alten Kaufmannsclans durch die neue Mittelklasse eine noch stärkere Opposition. Um den Arzt *Ahmad al-Khatib* gruppierten sich linke Panarabisten, die unter dem Einfluß des Palästinenserführers *Habash* standen. Ende 1964 setzten sie durch, daß sechs Minister der *Al Sabah* durch Vertreter der Mittelklasse ersetzt wurden.

1967 verloren die Panarabisten in gefälschten Neuwahlen acht ihrer 12 Mandate. In der Wahl von 1975 errangen sie wieder ein Drittel der Mandate. Als die Macht der Palästinenser in Libanon wuchs und dort der Bürgerkrieg ausbrach, beunruhigte die *Al Sabah* der palästinensische Einfluß auf das Parlament. Die Opposition kritisierte die kuw. Libanonpolitik und die wachsende Ungleichverteilung des Vermögens. Der Emir nahm dies zum Anlaß, das Parlament 1976 aufzulösen. Ferner suspendierte er die Vorstände der Vereinigungen, in denen sich die säkulare Mittelklasse organisierte. Am 31. 12. 77 wurde *Jabir al-Ahmad al-Jabir* neuer Emir und *Sa'd al-'Abdallah* Kronprinz.

Aufgrund der Neueinteilung der Wahlkreise wurden 1981 keine linken Panarabisten mehr ins Parlament gewählt. Sunnitische Islamisten erhielten erstmals fünf und die Beduinen 23 der 50 Mandate. Im Parlament von 1985 stellten die Nationalisten mit anderen bürgerlichen Oppositionellen wieder

28 der 50 Abgeordneten. Erstmals zwangen sie im März 1985 einen Minister der *Al Sabah* zum Rücktritt. Weitere Minister mußten sich parlamentarischen Kreuzverhören unterziehen. Eine Kette schiitisch inspirierter Attentate von 1983 bis 1987 gipfelte im Mai 1985 in einem Anschlag auf den Emir. Die Attentäter waren zunächst *Expatriates*, später schiitische Kuwaiti. Am 3. 7. 1986 suspendierte der Emir das Parlament auf unbestimmte Zeit.

Im Herbst 1988 forderten 32 ehemalige Abgeordnete in einer Unterschriftenaktion die Wiedereinsetzung der Nationalversammlung und luden, nachdem ihnen der Emir eine Audienz verweigert hatte, zum Gedankenaustausch in ihre Häuser ein. Weil diese „Montags-Diwaniyyas" den Charakter politischer Versammlungen annahmen, verbot sie der Innenminister. Im April 1990 kündigte der Emir die Wahl einer nur beratenden Nationalversammlung an. Die Kaufmannsschaft rief zusammen mit der säkularen und religiösen Opposition zum Boykott auf. Die *Diwaniyyas* blieben ein politisches Barometer im Emirat.

Im ersten Halbjahr 1990 nahmen die Spannungen mit Saudi-Arabien zu, u. a. wegen der Aufteilung von Nutzungsrechten in der *Neutralen Zone*. Gleichzeitig attackierte der Irak seinen Nachbarn K. wegen des Überschreitens der OPEC-Förderquote und der Ausbeutung des gemeinsamen Rumaila-Ölfeldes. K. blieb in der Streitfrage der beiden Inseln Warba und Bubiyan, die der Irak pachten wollte, unnachgiebig und lehnte einen Erlaß seiner auf 16 Mrd. US-$ geschätzten Subsidien ab, die K. an den Irak während des 1. Golfkrieges geleistet hatte.

Am 2. 8. 1990 besetzten irakische Truppen das Emirat. Wenige Tage später erklärte Bagdad K. zur „19. Provinz" des Irak. (Zu den Interessen und Kriegszielen des Irak vgl. den Irak-Beitrag.) Eine internationale Allianz unter Führung der USA beendete am 27. 2. 1991 nach dem Einsatz der modernsten Kriegsmaschinerie die irakische Besetzung. Der Emir versprach – nach seiner Rückkehr aus dem Exil in Saudi-Arabien – unter dem Druck der USA, die ihre Intervention auch als Kampf für Völkerrecht und Demokratie gerechtfertigt hatten, für Okt. 1992 Neuwahlen. Mitte Okt. 1990 war es auf einer „Volkskonferenz" in Jidda zu einem Schulterschluß aller Kuwaiti gekommen. Die Opposition forderte nun Versprechen der *Al Sabah* auf mehr Demokratie ein (vgl. Kap. 6). Die irakische Invasion hinterließ tiefgreifende Veränderungen in Wirtschaft, Gesellschaft und Politik.

4. Wirtschaftliche Struktur und Entwicklung

K. erzielte 1989 mit 16 380 US-$ das höchste Pro-Kopf-Einkommen aller arabischen Staaten. Seine dreiteilige Entwicklungsstrategie galt als Modell einer Planung für die Ära nach dem Erdöl. Die *Downstream*-Diversifizierung erhöhte erstens die inländische Wertschöpfung. So stiegen die Einnahmen aus dem Export raffinierter Erdölprodukte 1989 gegenüber dem Vorjahr um

50% auf 3,9 Mrd. US-$. Der gesamte Ölsektor erwirtschaftete 1989/90 noch 87% der Staatseinnahmen und trug knapp 40% zum BIP bei. Der Anteil der verarbeitenden Industrie am BIP war mit 14,5% der höchste aller OPEC-Staaten.

Tabelle 2: *Daten zum Ölsektor (in Tsd. MT)*

	1980	1985	1988	1990
Erdölproduktion	84116	53771	70626	59550
- Exporte (Rohöl)	65381	24107	35300	32620
Raffineriekapazität	..	30700	41319	41319
Ölprodukte	..	26530	31857	27325
- Exporte	..	20877	26893	22960
- Eigenverbrauch	..	4138	3305	3156
Erdgas (Öläquivalente)	6200	3800	5800	4900

Quellen: Energy Statistics Yearbook 1987/92; UNCTAD; Commodity Yearbook 1992; Statistical Review of World Energy 1992.

Zweitens wurde K. zu einer Dienstleistungsgesellschaft ausgebaut. 1989 beschäftigte der tertiäre Sektor, in dem die Finanzbranche und der Handel dominierten, 75% der Arbeitskräfte. 80% des BIP, das außerhalb des Ölsektors erwirtschaftet wurde, kam aus den Dienstleistungen.

Drittens stiegen die Auslandsguthaben von 74 Mrd. (1982) auf 124 Mrd. US-$ (1989). Davon waren 100 Mrd. in Aktien, Staatsschuldverschreibungen, Immobilien u. ä. langfristig in den Industriestaaten angelegt. Ihre jährlichen Kapitalerträge beliefen sich 1989 auf 14–16 Mrd. US-$. Erstmals hatten sie 1986 mit 8,5 Mrd. US-$ die Einnahmen aus dem Ölexport übertroffen. In jenem Jahr stammten 50% der Einkommen aus dem „Fonds für künftige Generationen", in den 10% der Öleinkünfte fließen und dessen Gewinne reinvestiert werden müssen, 34% aus den „Allgemeinen Staatsreserven" und 16% aus der *Kuwait Petroleum Corp.* (KPC).

Zwei Institutionen investieren die Gelder. Die dem Finanzminister zugeordnete *Kuwait Investment Authority* (KIA) erwarb unter großer Verschwiegenheit in Industriestaaten Unternehmensanteile und Immobilien. Ihr untersteht das *Kuwait Investment Office* (KIO) in London, das zwei Drittel der Investitionen tätigte. Die KPC verfolgte die Strategie, die Kette vom Bohrloch bis zum Absatz an den Endverbraucher mit Unternehmen, die möglichst vollständig in ihrem Besitz sind, selbst lückenlos in der Hand zu halten. Sie galt 1990 mit ihren zehn Tochtergesellschaften als der achtgrößte Ölkonzern der Welt. In Europa erzielte sie mit ihrem Netz von 6500 Tankstellen einen *Downstream*-Absatz von 450 000 bpd. Ein Fünftel aller Ölexporte gelangte 1990 über kuw. Vermarktungskanäle zum Endverbraucher.

Diesen Erfolgen stand eine seit 1982 schleppende Binnenkonjunktur gegenüber. Der erste Golfkrieg hatte den Transithandel fast völlig zum Erliegen gebracht. Mit dem Rückgang der Erdölpreise sank der Handelsbilanzüberschuß von 14 Mrd. US-$ (1980) schrittweise auf unter 2 Mrd. US-$ (1986).

Außerdem löste der Zusammenbruch der inoffiziellen Börse am *Suq al-Manakh* im August 1982 eine Kette von Bankrotten aus. Dort wurden die Titel exterritorialer Gesellschaften gehandelt, die nicht an der regulären Börse zugelassen waren. Erworben wurden sie mit nachdatierten, in der Hoffnung auf spätere Gewinne häufig ungedeckten Schecks, die ihrerseits als Sicherheiten für Bankkredite dienten. Die Summe aller nachdatierten Schecks wurde nach dem Kollaps auf 17,5 Mrd. KD geschätzt, also auf das Dreifache der jährlichen Erdölexporte. Nach verschiedenen Bereinigungen dieser privaten Verbindlichkeiten gegenüber den Geschäftsbanken durch die Regierung standen dort 1990 noch immer 12,4 Mrd. KD offen in den Büchern. Zudem hatten sich die Privaten in der Ölära eine Subventionsmentalität zugelegt, so daß ihr Anteil am BSP stetig schrumpfte. Der *Suq al-Manakh* hat einen überschuldeten Banken- und Privatsektor sowie eine flaue Binnenkonjunktur mit geringen Investitionsmöglichkeiten hinterlassen.

4.1 Folgen der irakischen Invasion

Die irakischen Besatzungstruppen hinterließen große Schäden an Gebäuden, Industrieanlagen und Infrastruktureinrichtungen; sie entzündeten Ölquellen und zerstörten die Infrastruktur der Ölindustrie. Ihr Rückzug war begleitet von einer Politik der verbrannten Erde, von Rauben und Brandschatzen.

Tabelle 3: *Daten zur Außenwirtschaft (in Mio. US-$)*

	1984	1988	1990	1991	1992[a]
Exporte	12146	7710	6910	70	6150
- Erdöl	10876	6620	6800	80	..
Importe	6541	6000	3800	5400	8530
Handelsbilanz	5605	1710	3110	-5330	-2380
Dienstleistungsb.	2149	4090	6870	2580	-1875
Übertragungsb.	-1378	-1320	-10000	-13000	-2000
Leistungsbilanz	6375	4480	-20	-15750	-6255

[a] vorläufig
Quellen: National Bank of Kuwait; Petroleum Finance Corporation (April 1993).

Anfang 1993 wurden als ausgabenwirksame Kosten von Invasion und Befreiung 83 Mrd. US-$ genannt. Die unmittelbaren materiellen Schäden addierten sich auf 16 Mrd. US-$: 2 Mrd. für das Löschen der 732 brennenden Ölquellen; 2 Mrd. für die Reparatur der Ölquellen und Ölsammelanlagen; 5 Mrd. für den Wiederaufbau der drei Raffinerien; 5 Mrd. für die Instandsetzung der Infrastruktur (Elektrizität, Wasserversorgung); 2 Mrd. für die Reparatur von Krankenhäusern, Schulen u. ä.

Zusätzlich entstanden bis Sommer 1992 weitere invasionsbedingte Kosten in Höhe von rund 67 Mrd. US-$: 22 Mrd. für Zahlungen an die Alliierten; ein Defizit von 22 Mrd. im Haushalt 1990/91; 10 Mrd. an Ausgaben der Regierung im Exil (u. a. Stützung des KD); 5 Mrd. für Unterstützungs- und Entschädigungszahlungen an Kuwaiti; 4 Mrd. für zusätzliche Ausgaben nach der Befreiung; 4 Mrd. für Zahlungen an die Türkei, Ägypten und Syrien. Hinzu kamen um 20 % gestiegene Förderkosten, ein Ausfall der Öleinnahmen von über 10 Mrd. und die verbrannten 1,7 Mrd. Barrel Öl im Wert von 30 Mrd. US-$.

Von den Wiederaufbauaufträgen von 8 Mrd. US-$, die K. von Januar 1991 bis August 1992 vergeben hat, gingen 4 Mrd. an US-Firmen. Davon sicherten sich 13 Großunternehmen 97 %, allein die *Bechtel-Gruppe* 1,5 Mrd. US-$. Für andere Unternehmen fand die erhoffte Wiederaufbau-Bonanza nicht statt. Entsprechend nahm der Anteil der USA an den kuw. Importen von 10,5 % (1990) auf 26,2 % (1992) zu.

4.2 Abschmelzen der Auslandsguthaben

Die Ausgaben von 83 Mrd. US-$ fallen über mehrere Jahre verteilt an. Letztlich muß ein Großteil über die Liquidierung der Auslandsguthaben finanziert werden, was geringere Einnahmen aus ihnen und das Ende des selbsttragenden Anlageprozesses bedeutet. Aufgrund fehlender Öleinnahmen wurde erstmals der bis auf 90 Mrd. US-$ geschätzte *Fund for Future Generations* angezapft; zunächst wurden v. a. dessen Schuldverschreibungen veräußert. Viele Anlagen können nicht umgehend verflüssigt werden, andere will K. aus politischen oder wirtschaftlichen Gründen nicht verkaufen. Zu diesen zählen seine Beteiligungen an *Fiat* sowie *Daimler Benz, Hoechst* und der *Metallgesellschaft*, aber auch die *Downstream*-Investitionen in Europa von 4–5 Mrd. US-$.

Unklar bleibt, welche Anlagen K. bereits liquidiert hat. Bekannt ist der Verkauf von 7,7 % seiner 10 %-Beteiligung an der britischen *Midland Bank*. Das 1990 auf mindestens 60 Mrd. US-$ geschätzte Portfolio des KIO soll auf weniger als 20 Mrd. US-$ geschrumpft sein. 1990 verwaltete das KIO in Deutschland Anlagen von 6 Mrd. US-$ (70 % Aktien, 30 % Festverzinsliche) und in Japan die KIA 10 Mrd. (v. a. Festverzinsliche). Neben dem Verkauf seiner Anlagen kann K. auf den internationalen Kapitalmärkten Kredite aufnehmen bzw. Ausfuhrbürgschaften westlicher IL in Höhe von 5,5 Mrd. US-$ in Anspruch nehmen. Seine eigenen Staatsschuldverschreibungen sollen von 9 Mrd. (1990) auf 40 Mrd. US-$ (Anfang 1993) angewachsen sein.

Während die Liquidierung der Auslandsguthaben im dunkeln bleibt, geben die Defizite des Staatshaushalts eine Vorstellung von der Höhe der eingegangenen Verbindlichkeiten. In den Jahren 1990/91 und 1991/92 summierten sie sich auf über 42 Mrd. US-$. Zwar schlossen auch die Haushalte seit

1982/83 mit Defiziten von 2,5 Mrd. bis 7,5 Mrd. US-$ ab, doch waren in ihnen nicht die Einkünfte aus den Auslandsinvestitionen enthalten, die zuletzt 10 Mrd. US-$ überschritten. Größter Haushaltsposten war 1991/92 die Verteidigung mit 2,6 Mrd. KD (1 KD = 3,333 US-$ Anfang 1993).

Zur Finanzierung des Etats nahm K. im Dez. 1991 auf dem Euromarkt ein international syndiziertes Darlehen in Höhe von 5,5 Mrd. US-$ auf, an dem sich deutsche Banken mit 3,8 Mrd. US-$ beteiligten. Nachdem die OPEC 1993 die kuw. Förderquote auf nur 1,6 Mio. bpd festgelegt hat, kündigte die Regierung für 1993/94 einen rigiden Sparkurs an.

Tabelle 4: *Staatshaushalt (in Mrd. KD)*[a]

	1990/91[b]	1991/92	1992/93[c]	1993/94[c]
Ausgaben[d]	6,74	6,31	4,22	3,70
Einnahmen	0,27	0,87	2,22	2,80
Defizit	6,47	5,44	2,00	0,90

[a] 1 Kuwait-Dinar (KD) = 3,418 US-$ (11.6.1990) bzw. 3,333 US-$ (8.4.1993); [b] das Finanzjahr beginnt jeweils am 1. Juli; [c] Entwurf; [d] inkl. Fund for Future Generations
Quelle: Finanzministerium.

Zusätzlich entstanden der KIA bei der spanischen Industrieholding *Torras*, die zu 100% im Besitz des KIO ist, Verluste von 5 Mrd. US-$. Die *Torras-Gruppe*, in die K. seit ihrer Gründung 1986 etwa 4 Mrd. US-$ investiert hat, kontrollierte u. a. die jeweils größten spanischen Chemie-, Papier- und Nahrungsmittelunternehmen. Innerhalb von zwei Jahren wuchs sie zur größten privaten Industriegruppe Spaniens, die nicht einer spanischen Bank gehört. Als die *Torras*-Verbindlichkeiten auf 3,7 Mrd. US-$ geschätzt wurden, stellte das KIO Ende 1992 seine Zahlungen an die Gruppe ein und beantragte Gläubigerschutz; im Januar 1993 wurde das Konkursverfahren eröffnet. Vor diesem Hintergrund beschloß die Regierung, das KIO zu einer bloßen Repräsentanz der KIA zu stutzen.

4.3 Wiederaufbau von Ölindustrie und Petrochemie

Aufgrund der liquidierten Auslandsguthaben muß K. seine Einnahmen aus dem Ölexport maximieren. Der Anfang 1993 weitgehend abgeschlossene Wiederaufbau der *Upstream*-Einrichtungen genoß höchste Priorität. In der „Rückkehr" *(al-'auda)* genannten ersten Phase ließ die *Kuwait Oil Co.* (KOC) in acht Monaten zunächst die 732 brennenden Ölquellen löschen. In der zweiten Phase der „Wiederherstellung" *(at-ta'mir)* hob sie bis Okt. 1992 die Zahl der Ölsammelstellen auf 15 von ursprünglichen 26 an. Dadurch verdreifachte sich die Fördermenge auf 1,5 Mio. bpd. Mitte Februar 1993 stieg sie bei 520 alten und 80 neuen Brunnen auf 2,2 Mio. bpd (1,97 Mio bpd *onshore* außerhalb der *Neutralen Zone*; der Rest aus Wafra sowie *offshore* aus Hut und Khafji). Damit konnte K. im Fiskaljahr 1992/93 Öleinnahmen von 7 Mrd. US-$ erzielen.

Zusätzlich zu den invasionsbedingten Reparaturen sollen bis 1997 neue Projekte in Höhe von 6 Mrd. US-$ folgen. Einer Ausweitung der Produktion steht indessen die OPEC im Weg. Im Mai 1990 hatte K.s Förderkapazität bei 2,5 Mio. bpd gelegen, seine OPEC-Quote aber nur bei 1,5 Mio. bpd. Auf der OPEC-Tagung am 16. 2. 1993 in Wien konnte sich K. nicht mit dem Wunsch durchsetzen, vom Quotensystem befreit zu werden.

Die *Kuwait National Petroleum Corp.* (KNPC) reparierte zunächst ihre beiden weniger stark zerstörten Raffinerien *Mina 'Abdallah* und *Mina al-Ahmadi*. Ihre drei Anlagen hatten im Sommer 1990 eine Kapazität von 760 000 bpd. Die *Petrochemical Industries Co.* (PIC) reaktivierte die Produktion von Harnstoff und Ammoniak und nahm den Plan zur Errichtung eines neuen petrochemischen Komplexes wieder auf, wollte bzw. konnte ihn aber nicht mehr völlig aus Eigenmitteln finanzieren.

4.4 Spekulation und Stagnation

Die Wiederbelebung der Binnenkonjunktur wird durch die fehlenden Möglichkeiten bzw. Mittel für Investitionen außerhalb der staatlichen Ölindustrie behindert. Enge Grenzen setzen den Investoren und Kreditinstituten die *Manakh*-Verbindlichkeiten der privaten Spekulanten, die gegenüber den Banken auf 5,6 Mrd. KD geschätzt werden. Auf der Grundlage des Gesetzes Nr. 32 vom Mai 1992 hat die Zentralbank zunächst begonnen, die Bilanzen der betroffenen Banken durch die Ausgabe von Bonds, die eine sichere Zahlung gewährleisten und bis zu 20 Jahren laufen, zu entlasten. Damit sind aber 60 % der Bankenaktiva in Schuldverschreibungen angelegt. Obwohl nur 5 % Zinsen bezahlt werden, erreicht die Zinsbelastung 5,4 Mrd. KD und das Schuldenbereinigungsprogramm damit eine Größenordnung von 11 Mrd. KD. In einem zweiten Schritt tritt die Zentralbank an die Stelle des Gläubigers.

Das Parlament schlug vor, der Zentralbank diese Angelegenheit aus der Hand zu nehmen und einer neutralen Kommission zu überlassen. Im Kern geht der Streit darum, wo die Grenze zwischen Klein- und Großschuldnern zu ziehen ist und wieweit sie jeweils zur Rückzahlung verpflichtet werden. Das Parlament will den „Kleinschuldnern" – mit Verbindlichkeiten bis zu 0,5 Mio KD (das sind 88 % der Personen und 8 % des Wertes) – die Schulden zu 50–65 % erlassen, sofern sie den Rest binnen zwei Jahren in Raten begleichen. Die „Großschuldner" unter den 9500 betroffenen Kuwaiti sollen ihre Aktiva offenlegen. Die anhaltende Diskussion um die Schuldenbereinigung hat nicht, wie erhofft, die Wirtschaft stimuliert. Die von ihr ausgehende Unsicherheit lähmte die Binnenkonjunktur vielmehr weiter.

5. Soziale Struktur und Entwicklung

Das Staatsangehörigkeitsrecht aus dem Jahr 1959 definierte als „Kuwaiti 1. Klasse" diejenigen, deren Vorfahren mindestens seit 1920 in K. heimisch sind. Art. 4 und 5 zufolge können Araber und Nichtaraber, die seit mindestens 1945 bzw. 1930 in K. leben, die Staatsbürgerschaft „2. Klasse" erwerben; u. U. reicht ein Aufenthalt von 15 bzw. 20 Jahren. Diese Eingebürgerten besitzen 30 Jahre kein aktives und grundsätzlich kein passives Wahlrecht. Ein Gesetz aus dem Jahr 1984 beschränkt die Zahl der Personen, die pro Jahr eingebürgert werden können, auf maximal 500. 1992 entfielen auf die 1. Klasse 432 000 und auf die 2. Klasse 188 000 Kuwaiti. Das Wahlrecht steht nur 81 440 männlichen Kuwaiti der 1. Klasse zu.

Die 1. Klasse zerfällt im wesentlichen in die Herrscherfamilie der *Al Sabah*, zwei Dutzend alteingesessene Kaufmannsfamilien, die neue Mittelschicht und die Beduinen. Art. 4 der Verfassung behält das Amt des Emirs den beiden Erblinien des *Mubarak Al Sabah* (1896–1915) vor; damit sind die Nachkommen seiner beiden Vorgänger von der Thronfolge ausgeschlossen. Die Zweige der *Mubarak*-Söhne *Jabir* und *Salim*, denen alternierend die Funktionen des Emirs und des Kronprinzen zufallen, rivalisieren miteinander. Auf der einen Seite stehen der Emir *Jabir al-Ahmad al-Jabir* und sein Bruder, der langjährige Außenminister *Sabah al-Ahmad*, auf der anderen Seite der Ministerpräsident und Kronprinz *Sa'd al-'Abdallah as-Salim*. Mindestens seit 1986 sollen die *Jabirs* versucht haben, die Stellung *Sa'ds* zu untergraben, um ihn durch *Sabah* zu ersetzen. *Sa'd* bringt der Demokratiebewegung mehr Sympathien entgegen und war vor der irakischen Invasion zu einem Ausgleich mit dem Irak bereit.

5.1 Gesellschaftliche Gruppen und Organisationen

In Opposition zur *Al Sabah* stehen große Teile der Kaufmannsschaft und der neuen Mittelklasse, die die beiden Träger der Demokratiebewegung sind. Die Kaufmannsschaft, traditionell angeführt von der Familie *as-Saqr*, organisierte sich in der „Handels- und Industriekammer". Bei der letzten Wahl des Aufsichtsrats im Mai 1992 gewann die Liste *as-Saqr* gegen die des Royalisten *Khalid Yusuf al-Marzuq* alle 24 Sitze. Die Kaufleute wollen sich die politische Mitsprache nicht mehr durch Ölgeld abkaufen lassen; sie fordern den Ausschluß inkompetenter *Sabah*-Prinzen aus der Bürokratie und den Rückzug der *Al Sabah* aus der Wirtschaft.

Die Unterschicht der 1. Klasse stellen die 150 000 Beduinen, die 1961 eingebürgert wurden, um den Anteil der Kuwaiti an der Bev. aufzustocken. Zur eigenen Existenzsicherung hatte die *Al Sabah* stets gute Beziehungen zu den Beduinen gepflegt. Da deren Loyalität nach der Naturalisierung weiter stieg, fanden sie bei der Polizei, der Armee und in der Ölindustrie Arbeit. Ihre Abgeordneten standen bisher fest hinter den *Sabah*. Mit ihren guten Beziehungen beschafften sie ihrer Klientel Arbeitsplätze und Dienstleistungen. Seit Mitte der 80er Jahre bröckelt jedoch die Unterstützung der Stämme mit der zunehmenden Bildung zugunsten der islamistischen Opposition ab.

Neben den *Badw*, den Beduinen, gibt es die *Bidun*, die keine Staatsangehörigkeit besitzen. Ihre Zahl lag 1990 bei 150 000 bis 250 000; nach der Befreiung soll sie auf 50 000 gesunken sein. Diese Beduinen irakischer, saudischer oder jordanischer Abstammung hatten bei der Unabhängigkeit zwar innerhalb K.s gelebt, aber nicht die Staatsangehörigkeit beantragt. Bis zur irakischen Invasion arbeiteten sie bei der Polizei und der Armee, in der sie ein Drittel der Soldaten stellten. Nach der Befreiung durften viele aufgrund des pauschalen Vorwurfs der Kollaboration mit dem Irak ihre Arbeit zunächst nicht wieder aufnehmen.

Da Parteien in der Verfassung nicht vorgesehen sind, erfolgt die politische Willensbildung in einer Vielzahl anderer Institutionen. Ihre wichtigsten Entscheidungen scheint die *Al Sabah* im Rat der Familienältesten zu fällen. Im Parlament werden die Gegensätze innerhalb der 1. Klasse ausgetragen. Die Kammer ist das Forum der Kaufleute. Die Mittelklasse organisiert sich in Vereinigungen. Die Presse ist relativ frei, seitdem im Okt. 1992 der Art. 35 des Pressegesetzes aufgehoben wurde, der den Behörden die vorübergehende Schließung von Zeitungen erlaubte.

Die Vereinigungen gehen zurück auf den 1922 gegründeten „Literarischen Zirkel" *(an-Nadi al-'arabi)*, der den arabischen Nationalismus des Ägypters *Mustafa Kamil* rezipierte. Später traf sich die säkulare Mittelklasse u. a. im „Unabhängigkeits-Club" *(Nadi al-istiqlal)*, der sich 1967 in einen pro- und einen antinasseristischen Flügel spaltete. Die Regierung schränkte die Vereinigungen nach den gefälschten Wahlen 1967 und nach der Auflösung des Parlaments 1976 ein. Danach gewann die „Graduiertenvereinigung" *(Jam'iyyat al-Khirrijin)* an Gewicht, die unter den Einfluß der Nasseristen geriet; ihr gehörten auch viele Kaufleute an. Seit 1977 nahm der religiöse Einfluß in den Vereinigungen zu.

Die Islamisten benutzten seither auch eigene Vereinigungen als politische Plattform. Zunächst waren diese in den 60er Jahren in einer Zeit der Neuerungen zur Verkündigung der Religion gegründet worden. Die Muslimbrüder sammelten sich in der „Vereinigung für gesellschaftliche Reform", die unter den städtischen Islamisten dominiert. Anfang der 80er Jahre war sie die wichtigste religiöse Bewegung am Golf. Unter den Beduinen überwiegt der striktere *Salafi*-Flügel, dessen Vertreter sich in der „Vereinigung des Erbes" organisieren. Die Schiiten schlossen sich in der „Vereinigung für gesellschaftliche Kultur" zusammen.

Während der irakischen Besatzung organisierten v. a. die säkularen und religiösen Vereinigungen den Widerstand. In „Volkskomitees" bauten sie eine alternative Verwaltung auf, die die Versorgung der Bev. mit Lebensmitteln und den wichtigsten Dienstleistungen sicherstellte. Nach dem irakischen Rückzug übernahmen zunächst sie die Kontrolle über das Emirat. Als die Herrscherfamilie zurückkehrte, erwies sie sich in den Augen ihrer Kritiker als unfähig, die Verwaltung und grundlegende Infrastrukturen rasch instandzusetzen. In den ersten vier weitgehend rechtsfreien Monaten versuchten Teile der *Al Sabah*, ihre Herrschaft wieder zu festigen. Sie setzten ihre Milizen gegen mutmaßliche Kollaborateure und Oppositionelle ein, die den Widerstand gegen die Besatzer organisiert hatten. So wurde der prominente Regimekritiker *Hamid al-Jau'an* an seiner Wohnungstür niedergeschossen. Dieses nicht aufgeklärte Attentat verschärfte die Konflikte zwischen Regierung und Opposition.

Als eine der Stützen des Widerstands forderten die Frauen seit der Befreiung die Einführung des Frauenwahlrechts. An ihrer Spitze stehen *Risha as-Sabah*, Dekanin der Fakultät für Gesellschaftswissenschaften an der Universität Kuwait, und *Fatima Hussein*, stellvertretende Chefredakteurin der Zeitung *al-Watan*. Das Frauenwahlrecht stand jetzt auf der Agenda des neu gewählten Parlaments. Auch Ministerpräsident *Sa'd* hat angekündigt, daß die Regierung die Voraussetzungen dafür schaffen wolle. Die Frauen sind im Berufsleben bereits sichtbar vertreten. Im staatlichen Sektor stellen sie 10 % der Arbeitnehmer, im privaten 1 %.

5.2 Bildungs- und Gesundheitswesen – soziale Sicherheit

Die erste Schule wurde 1911 gegründet, die erste für Mädchen 1937. Auf die Mädchen entfielen 1945 erst 5 % der 3600 Schüler. 1975 waren es bereits 45 % von 192 000. Die Schulausbildung ist kostenlos. Die Schulpflicht beträgt acht Jahre (Primar- und Mittelschule), die Sekundarschule (14–17 Jahre) ist freiwillig. In den 80er Jahren besuchten etwa 95 % eines Jahrgangs die Primarschule, 83 % die Sekundarschule und 14 % die 1966 gegründete Universität (vgl. Tab. 5). In vier Berufsschulen (Lehrer, Handel, Medizin, angewandte Technik) wurden 6000 Graduierte der Sekundarschulen ausgebildet. Aufgrund der geringen Industrialisierung und des geringen Ansehens der Handarbeit blieb jedoch die handwerkliche Ausbildung weit unter dem Bedarf der lokalen Industrie: Lediglich 5,3 % der 15–19jährigen waren in den seit 1972 eingerichteten Ausbildungszentren für technische Berufe eingeschrieben.

Die Analphabetenquote hatte 1961 noch 89 % betragen. Durch Pflichtkurse für 14–40jährige konnte sie bis 1986 auf 21,3 % bei den Männern und auf 30 % bei den Frauen gesenkt werden. Zu den Analphabeten gehören vor allem die Beduinen.

Die medizinische Versorgung ist für alle Kuwaiti inner- und außerhalb des Emirats kostenlos. Für Ausländer mit einer Aufenthaltsgenehmigung war die Einführung einer Eigenbeteiligung vorgesehen. 1993 hatte das Gesundheitswesen wieder 70–80 % des Niveaus von 1990 erreicht. Zur Kompensation der Defizite gründete K. in Mainz, London, Washington und Kairo vorübergehende Gesundheitszentren.

Nach WHO-Standards lag die medizinische Versorgung in K. in den 80er Jahren nur knapp hinter den westlichen IL: 600 E. pro Arzt, 200 E. pro Kran-

Tabelle 5: *Sozialindikatoren*

	1970	1980	1990
Lebenserwartung bei Geburt	66,1	70,8	74,1
Säuglingssterblichkeit	47,8	26,6	13,8
Alphabetenquote	54	..	73[a]
Einschulungsraten			
- in Primarschulen	89	102	100[b]
(Mädchen)	76	100	91[c]
- in Sekundarschulen	63	80	90[b]

[a] bei Frauen 67 %; [b] 1988; [c] 1989
Quelle: Human Development Report 1992; World Tables 1992.

kenschwester und 700 E. pro Krankenhausbett. 1977 wurde für staatlich Bedienstete die Renten-, Kranken- und Lebensversicherung eingeführt, seit 1986 wurde sie für alle Arbeitnehmer und Selbständige zur Pflicht. Finanziert werden diese Sozialversicherungen durch eine Abgabe von 20% auf das Einkommen. Davon tragen Arbeitgeber und -nehmer jeweils 5%, der Staat steuert 10% bei. Nach 30 Arbeitsjahren entsteht ein Rentenanspruch von 95% des letzten Gehalts. Die Lohnfortzahlung wird durch die Krankenversicherung abgedeckt. K. baute also mit seinen Öleinnahmen einen großzügigen Wohlfahrtsstaat auf.

6. Politische Struktur und Entwicklung

In K. entwickelte sich als Folge des 2. Golfkriegs, wenn auch mit anderthalbjähriger Verspätung, ein lebendiges Parlament, das mit Hilfe der freien Presse die Herrscherfamilie der *Al Sabah* kontrolliert. Die Verfassung ist seit 1962 in Kraft. Staatsoberhaupt mit absoluter Immunität ist der Emir aus der *Al Sabah*. Das mit dem Recht zur Gesetzesinitiative ausgestattete Einkammerparlament setzt sich aus 50 gewählten Abgeordneten und bis zu 16 stimmberechtigten Ministern zusammen. Da sich die Mitglieder der *Al Sabah* nicht um Abgeordnetenmandate bewerben, dient ihnen das Kabinett als Forum für die politische Betätigung. Seit 1964 wird der Kronprinz zum Ministerpräsidenten ernannt.

Die insgesamt 25 Wahlkreise entsenden – seit 1981 – jeweils zwei Abgeordnete ins Parlament. Die Kandidaten sind mehrheitlich Unabhängige, die keiner politischen Gruppierung angehören. 1992 schälten sich während des Wahlkampfs sechs parteienähnliche Bündnisse heraus, die in einem Teil der Wahlkreise eigene Kandidaten nominierten und in anderen sonstige Bewerber unterstützten, wodurch Querverbindungen zwischen der religiösen und säkularen Opposition entstanden. Zur religiösen Opposition zählen drei

Gruppierungen. Die „Islamische Verfassungsbewegung“ um *Isma'il ash-Shatti* ging aus den Muslimbrüdern hervor. Die „Islamische Volksallianz“ geht auf die striktere *Salaf*-Tradition zurück. Ihr prominentester Vertreter war in den 80er Jahren *Khalid Sultan*, der das Alkoholverbot durchsetzte. Die Schiiten sammelten sich in der „Nationalen Islamischen Koalition“.

Die säkulare Opposition organisierte sich in drei Bündnissen. Um den Parlamentspräsidenten von 1985, *Ahmad as-Sa'dun*, gruppierten sich im „Parlamentarischen Zusammenschluß“ weltanschaulich ungebundene ehemalige Abgeordnete des aufgelösten Parlaments von 1985. Die früheren linken Panarabisten führte *'Abdallah an-Naibari* im „Demokratischen Forum“ an. Diese religiösen und säkularen Formationen rekrutierten sich v. a. aus der akademisch geprägten Mittelklasse.

Die Kaufmannsfamilien der „Handels- und Industriekammer“ organisierten sich in der „Verfassungsallianz“. Die säkulare Opposition hat unter den Beduinen am Rande der Stadt kaum Fuß gefaßt. Während hier die radikaleren Islamisten der „Islamischen Volksallianz“ dominieren, liegen die Hochburgen der beiden anderen religiösen Gruppierungen in der Stadt.

6.1 Die Parlamentswahl von 1992 – Anschub zum politischen Wandel

Bei den Wahlen am 5. 10. 1992 ist den Islamisten der Einbruch bei den Beduinen gelungen, deren Oberhäupter traditionell enge Beziehungen zur *Al Sabah* pflegen. Diese hatte die Stämme seit 1963 eingesetzt, um die wachsende Opposition zu neutralisieren. Die gebildete Beduinenjugend sucht aber nach neuen Formen der politischen Betätigung. Auf der Seite der *Al Sabah* stehen ferner die Mitglieder der beratenden Nationalversammlung von 1990, die aufgrund ihrer guten Beziehungen zur Herrscherfamilie den Wählern die Erledigung begehrter Dienste anbieten, etwa die Vermittlung von Arbeitsplätzen oder Sozialleistungen. Zu ihnen, die die Einheimischen „Abgeordnete der Dienste“ nennen, zählen auch Parlamentarier früherer Nationalversammlungen.

Bei den Wahlen bewarben sich 278 Kandidaten um die 50 Mandate. Wahlberechtigt waren die 81 440 männlichen Kuwaiti 1. Klasse, die nicht in der Armee dienten: Dies waren 13,5 % aller Kuwaiti und 5 % der Bevölkerung. Die Opposition erhielt bei dieser freiesten Wahl in der Geschichte des Emirats mit 35 von 50 Sitzen ein klares Mandat für den Wandel. Die Islamisten gewannen elf Sitze direkt; zehn weitere Abgeordnete standen ihnen nahe. Die säkulare Opposition errang elf Mandate direkt; drei weitere Abgeordnete sympathisierten mit ihr. 13 Vertreter der Beduinen und zwei „Abgeordnete der Dienste“ unterstützten die *Al Sabah*.

In den städtischen Wahlkreisen fielen 25 der 26 Sitze an die Opposition. Dabei lag die säkulare Opposition, die ausschließlich hier ihre 14 Mandate errang, knapp vor den Islamisten mit 11 Mandaten. In den 12 Außenbezirken behauptete die *Al Sabah* mit 14 Sitzen eine Mehrheit. Hier fielen alle oppositionellen Sitze an die Islamisten. Die Spaltung geht quer durch die Stämme. Meistens entsenden die Wahlkreise jeweils einen Royalisten und einen Oppositionellen in das Parlament. So lautete das Verhältnis beim größten Stamm der 'Awazim 4:3 zugunsten der *Al Sabah*, bei den Mutair 2:3 und bei den Rashayida 2:1.

Kronprinz und Ministerpräsident *Sa'd al-'Abdallah* bildete sein siebtes Kabinett. Ihm gehörten erstmals sechs Parlamentarier an: drei Islamisten, zwei oppositionelle Unabhängige sowie ein den Islamisten nahestehender Vertreter der Beduinen. Die *Al Sabah* reservierte sich die vier Ressorts für Auswärtiges, Verteidigung, Inneres und Information. Das Parlament wählte *Ahmad as-Sa'dun* zu seinem Präsidenten. Insbesondere die Ausschüsse arbeiteten die Fehlentwicklungen der Jahre 1986–92 auf, als kein Parlament die Exekutive kontrollierte. Der Finanzausschuß durchleuchtete die Auslandsinvestitionen. 1986 hatte die *Al Sabah* das Parlament aufgelöst, als es in Sachen Auslandsinvestitionen ermittelte; jetzt unterstützte sie das Vorgehen der Abgeordneten. Außerdem deckte der Ausschuß eine Reihe von Veruntreuungen auf.

Das Parlament verabschiedete mit großer Mehrheit das „Gesetz zum Schutz des öffentlichen Vermögens". Alle Unternehmen, an denen die Regierung einen Anteil von mindestens 25 % hält, müssen ihre Transaktionen von über 100 000 KD binnen zehn Tagen dem Rechnungshof melden; dieser erstattet dem Parlament alle sechs Monate Bericht. Ferner kündigten die Parlamentarier an, noch weiter in das Revier der *Al Sabah* einzudringen und die Aufsicht über alle Auslandsinvestitionen zu übernehmen. Sie wiesen ein Dekret des Emirs aus dem Jahr 1988 zurück, das die Geheimhaltung von Dokumenten der Exekutive regelt. Erstmals äußerten Abgeordnete auch an den Sicherheitskräften massive Kritik.

Seit den Tagen des gemeinsamen Widerstands gegen die irakischen Besetzer sind die Islamisten in der kuw. Gesellschaft tief verankert. Sie gelten als politisch gemäßigt. Ihr Hauptaugenmerk richten sie nicht darauf, die *Shari'a* in der Verfassung als Hauptquelle der Gesetzgebung zu verankern, sondern auf die Stärkung des demokratischen Prozesses. Sie arbeiten deshalb eng mit der säkularen Opposition zusammen. Im Gegensatz zu früher sind die Muslimbrüder nicht mehr geheim organisiert und erkennen die Verfassung an. Von den internationalen Muslimbrüdern haben sie sich 1990 abgespalten; statt dessen gibt es zwischen ihnen und den *Salaf*-Islamisten kaum mehr dogmatische Differenzen. Auch die Vereinigung der Schiiten dient nach eigenem Verständnis nicht den Kontakten nach außen, sondern der Organisation des einzelnen in der Gemeinschaft.

6.2 Primat der Sicherheitspolitik

K. hatte 1990 eine Armee mit 20 300 Soldaten. Die Militärausgaben lagen 1987 bei 5,2 % des BIP. Nach der Befreiung lancierte die Regierung für Ersatzbeschaffungen und den Ausbau der Armee ein Rüstungsprogramm von

11,8 Mrd. US-$. Die USA liefern 450 *Patriot-* und 342 *Hawk*-Raketen, 236 Panzer des Typs *MI-A2 Abrams* sowie 40 S/A-18C/18D *Mc-Douglas-Hornets*. Das Volumen schätzen Experten auf mindestens 4,5 Mrd. US-$. Frankreich rüstete die Marine neu aus und bemühte sich außerdem darum, K. *Mirage-2000* zu verkaufen. GB verhandelte über den Verkauf gepanzerter Fahrzeuge für die Infanterie. Ägypten hat einen Vertrag zur Lieferung des Panzerwagens *Fahd* und der Rakete *Amon* für die Luftabwehr unterzeichnet. Rußland hat seine Bereitschaft bekundet, die militärische Zusammenarbeit mit K. zu intensivieren und dem Emirat Waffen zu verkaufen.

Militärische Beistandsabkommen hat K. mit den USA, GB und Frankreich abgeschlossen. Die USA stationierten seit Anfang 1993 etwa 2000 Soldaten in Kuwait. Der UN-Sicherheitsrat beschloß im Januar 1993, die 500 unbewaffneten Beobachter in der demilitarisierten Zone entlang der Grenze zum Irak durch 3645 bewaffnete Infanteristen zu ersetzen.

Die äußere Sicherheit genießt in der kuw. Politik absolute Priorität. Dabei stützt sich das Emirat auf seine westlichen Alliierten und nicht auf seine arabischen Nachbarn, denen Regierung und Bev. skeptisch gegenüberstehen. Die „Erklärung von Damaskus" vom März 1991 zwischen den sechs Staaten des Golfkooperationsrates (GCC) sowie Syrien und Ägypten erlangte keine konkrete militärische Bedeutung. In einer Umfrage im Frühjahr 1993 stimmten 72 % der Bev. den Abkommen mit den USA, GB und Frankreich zu; 43 % begrüßten die Anwesenheit von US-Soldaten, aber nur 16 % von arabischen Truppen, die 65 % nicht im Lande sehen wollten.

Kuw. Politiker schließen Beziehungen mit dem Irak kategorisch aus, solange *Saddam Hussein* an der Macht ist. Die kuw. Irakpolitik ist weiter vom Trauma der Invasion bestimmt. Genährt wird sie durch den vermeintlichen historischen Anspruch des Irak auf Kuwait, den die gelenkte irakische Presse ständig bekräftigt.

Die Neuziehung der Grenze zum Irak ist nach den Vorschlägen einer UN-Sonderkommission 1992 zu Lande abgeschlossen worden. Sie verlegt die Grenze 1570 m nach NW und 640 m nach NO. Der Irak verliert damit Teile seines wichtigsten Hafens Umm Qasr und sechs Ölquellen um das Rumailafeld. K. hat begonnen, die 198 km lange Grenze mit einem 5 m hohen Wall abzusichern, der für 1 Mrd. US-$ ausgebaut werden soll. Die neue Wassergrenze in der Fahrrinne zu Umm Qasr, der Khor 'Abdallah, soll entlang des mittleren Wasserwegs verlaufen. Der Irak lehnt die neuen Grenzen ab.

7. Entwicklungsperspektiven

Invasion und Befreiung haben K. das wohl lebendigste Parlament in der arabischen Welt beschert. Dieses hatte sich zum Ziel gesetzt, nach der Aufarbeitung der Invasion und wirtschaftlicher Unregelmäßigkeiten die Partizipation der Bev. zu erweitern. Neben den männlichen Kuwaiti der 1. Klasse sollen die

Frauen und die Kuwaiti der 2. Klasse das Wahlrecht erhalten. Einige Parlamentarier kündigten ferner an, daß auch die *Bidun* von der Vereinheitlichung der Staatsangehörigkeit profitieren sollen. Damit würde die demokratische Grundlage des bisher dynastisch geprägten politischen Systems erheblich erweitert werden.

Die Rückkehr zum *Status quo ante*, d. h. zur autokratischen Herrschaft der *Al Sabah* wie 1986–92, erscheint unwahrscheinlich. In Parlament und Presse wurde eine offene Diskussion aller bisherigen Tabuthemen (Gleichstellung aller Kuwaiti, Frauenwahlrecht, Kontrolle der Auslandsinvestitionen etc.) eröffnet. Das Verhalten der Herrscherfamilie vor und nach der Besatzung hinterließ eine schwere Vertrauenskrise und gab den demokratischen Kräften Auftrieb.

Die Besetzung des Emirats durch irakische Truppen hinterließ ein Sicherheitstrauma und schwere wirtschaftliche Lasten. Anschläge von vermutlich irakischen Agenten hielten das Gefühl der Bedrohung durch das Regime von *Saddam Hussein* wach und überlagerten die frühere Weltoffenheit der Kuwaiti mit einem Gefühl der Unsicherheit. Deshalb setzen sie auf den militärischen Beistand der westlichen Alliierten.

Wirtschaftlich hat die Invasion K. weit zurückgeworfen. Der ehemalige Warenumschlagplatz der Region ist gegenüber seinem Konkurrenten Dubai zurückgefallen. Die hohen Folgekosten der Besatzung und die Liquidierung der Auslandsguthaben haben auch das Vertrauen der internationalen Geschäftswelt in das Finanzzentrum K. geschwächt. Selbst wenn Bagdad die von K. geforderten Reparationen von mindestens 44 Mrd. US-$ bezahlen sollte, wird sich K. nur schwer von dem wirtschaftlichen Niedergang erholen können, der schon vor der Invasion eingesetzt hatte. Seine wirtschaftliche Stabilisierung hängt u. a. davon ab, ob es der Regierung gelingt, das Programm zur Schuldenbereinigung durchzuziehen und das Vertrauen der eigenen Geschäftswelt wiederherzustellen, um den Abfluß von Kapital zu stoppen. Nach dem Abschmelzen der Auslandsguthaben ist K.s wirtschaftliche Entwicklung außerdem wieder mehr von der Entwicklung des Ölpreises abhängig, als dies in den 80er Jahren der Fall war.

Literatur

Abu, H./Ahmad, M. 1983: The Modern History of Kuwait 1750–1965, London.

Freyer, E. 1990: Aspekte der deutsch-kuwaitischen Beziehungen, in: Ghazi Shanneik (Hrsg.), Die Beziehungen zwischen der Bundesrepublik Deutschland und den Arabischen Golfstaaten (GCC), Bonn, 25–42.

Ghabra, Shafeeq 1991: Voluntary Associations in Kuwait: The Foundation of a New System?, in: The Middle East Journal, 45/2, 199–225.

Hermann, R 1992: Die drei Krisen Kuwaits vor der irakischen Invasion, in: Orient, 34/1.

Kochwasser, F. 1969: Kuwait. Geschichte, Wesen und Funktion eines modernen arabischen Staates, Tübingen/Basel.

Köhler, W. 1992: Kuwait. Besetzt und mißhandelt; ein reicher Staat wird zum Wrack, in: Frankfurter Allgemeine Magazin, 9. 10. 92.
Krämer, G. 1992: Der irakische Überfall auf Kuwait und seine Vorgeschichte, in: W. Wagner/M. Gräfin Dönhoff u.a. (Hrsg.), Die internationale Politik 1988–1990, München, 193–209.
Looney, R. E. 1992: Employment Creation in an Oil-Based Economy: Kuwait, in: Middle Eastern Studies, 28/3, 565–576.
Middle East Economic Digest vom 15. 1. 93. Special Report Kuwait.
Sabah, Y. S. F. al- 1980: The Oil Economy of Kuwait, London/Boston.
Salih, K. O. 1991: Kuwait. Political Consequences of Modernization, in: Middle Eastern Studies, 27/1, 46–66.
– 1992: The 1938 Kuwait Legislative Council, in: Middle Eastern Studies, 28/1, 66–100.
Seifert, P./Seifert, A. 1991: Kuwait. Erdöl – Banken – Beduinen, Berlin.
Shah, N. M./Al-Qudsi, S. S. 1989: The Changing Characteristics of Migrant Workers in Kuwait, in: International Journal of Middle Eastern Studies, 21/1, 31–55.

Libanon

Volker Perthes

1. Wirtschaftsgeographische Grundlagen

Mit einer Fläche von 10 452 qkm ist der Libanon (L.) das kleinste Land im engeren nahöstlichen Konfliktraum. Als Nachbar Israels, an das er im Süden, und Syriens, an das er im Osten und Norden grenzt, ist er gleichzeitig einer der vom arabisch-israelischen Konflikt meistbetroffenen Staaten.

Naturräumlich gliedert sich der L. in vier, grob in nord-südlicher Richtung parallel verlaufende Großlandschaften:
- ein schmaler, zwischen 1,5 und 6,5 km breiter Küstenstreifen, in dem sich auch die Hauptstadt Beirut, die nördliche Großstadt Tripoli und die kleineren südlichen Hafenstädte Sidon (Saida) und Tyros (Sur) befinden;
- die stellenweise zu Gipfeln von über 3000 m ansteigende Gebirgskette des Libanon (Mount Lebanon), an die sich im Süden das Hochplateau des Jabal Amil anschließt;
- die etwa 180 km lange und 9,5 bis 16 km breite Beqaa-Hochebene, die sich im NO zur Ebene von Homs in Syrien hin öffnet;
- die östliche Bergkette des Mount Hermon und des Anti-Libanon, über die die Grenze zu Syrien verläuft.

Knapp ein Viertel des Staatsgebietes (240 000 ha) gilt als Kulturland. Wenn der Libanon auch marginales Land nutzte und die Bewässerungssysteme ausbaute, ließe sich die landwirtschaftliche Nutzfläche weiter ausdehnen. Die tatsächliche Anbaufläche ist allerdings durch Kriegseinwirkungen und Baumaßnahmen zurückgegangen. Das sowohl vom Mittelmeer als auch von den Gebirgen geprägte Klima erlaubt den Anbau europäischer wie auch tropischer Produkte. Angebaut werden vor allem Obst, Gemüse, Oliven und Wein, in der fruchtbaren Beqaa-Ebene auch Getreide und Haschisch. Höhere Bergregionen dienen in begrenztem Maße als Weideflächen.

Der L. verfügt über keine nenneswerten Bodenschätze. Seine verarbeitende Industrie besteht vor allem aus einer leichtindustriellen Basis, einigen größeren Betrieben der Lebensmittel- und Baustoffindustrie sowie zwei Raffinerien. Wichtigster Wirtschaftssektor war und ist der tertiäre: Der L. hat traditionell die Rolle des Handels- und Bankplatzes des Nahen und Mittleren Ostens gespielt und war bis 1975 auch ein bevorzugtes Ziel europäischer und arabischer Touristen; seine Infrastruktur war vornehmlich auf Transithandel, Finanzdienstleistungen und Tourismus ausgerichtet. Die Infrastruktur ist durch Krieg und Bürgerkrieg der Jahre 1975–90 schwer beeinträchtigt worden.

2. Bevölkerung – konfessionelle Heterogenität

Eine demographische Analyse des L. ist schwierig, weil offizielle statistische Daten nicht vorliegen. Die letzte Volkszählung fand 1932 statt. Sie ergab ein knappes Übergewicht der christlichen über die muslimischen Libanesen und wurde zur Grundlage eines politisch-konfessionalen Proporzsystems, das staatliche Schlüsselpositionen nach Konfessionszugehörigkeit verteilte. Dabei wurde den maronitischen Christen eine dominante Stellung eingeräumt, während vor allem die schiitischen Muslime, unter Proporzgesichtspunkten betrachtet, benachteiligt wurden. Aus politischen Gründen fand dann nach 1932 keine weitere Volkszählung statt, weil die maronitische Elite um ihre privilegierte Stellung fürchtete, falls ein neuer Zensus eine muslimische Mehrheit nachweisen würde.

Demographische Fragen waren deshalb, und sind bis heute, ein Politikum ersten Ranges. Auch die im Zusammenhang des nahöstlichen Friedensprozesses wieder aktuelle Frage einer möglichen Einbürgerung der überwiegend muslimischen palästinensischen Flüchtlinge, die zum größten Teil seit mehreren Generationen im L. leben, hat vor allem deshalb politische Sprengkraft, weil eine solche Einbürgerung die konfessionellen Gewichte weiter zugunsten des muslimischen Bevölkerungsteils verschieben würde.

Der konfessionelle Proporz oder politische Konfessionalismus, also die Verteilung von Positionen und anderen Ressourcen nach konfessioneller Zugehörigkeit, ein konfessionalistisches Wahlrecht und das Fehlen eines zivilen Personenstandsrechts – Ehe-, Familien- und Erbrecht richten sich nach dem Recht der jeweiligen Konfessionsgemeinschaft – haben die Bedeutung konfessioneller Zugehörigkeiten und Bindungen und den politischen Einfluß religiöser Führer verstärkt. Ingesamt 17 Konfessionsgemeinschaften sind offiziell anerkannt und Teil des Proporzsystems.

Die für Geschichte und Politik des L. wichtigsten dieser Konfessionen sind die maronitischen Christen, eine seit dem 18. Jh. offiziell mit der römisch-katholischen Kirche vereinigte Gemeinschaft; die sunnitischen und die schiitischen Muslime sowie die Drusen, eine im 11. Jh. entstandene muslimische Religionsgemeinschaft, deren Notabeln bis ins 18. Jh. hinein den Mount Lebanon dominierten, ihre Macht aber nach und nach an maronitische Eliten verloren. Dazu kommen griechisch-orthodoxe und griechisch-katholische Christen, Protestanten, armenische Christen verschiedener Konfession, die schiitisch-heterodoxe Sekte der Alawiten und andere.

Der L. hat, obwohl es Siedlungsschwerpunkte einzelner Konfessionen gab, mindestens bis zum Bürgerkrieg immer das Bild einer multikonfessionellen Gesellschaft präsentiert. Allein die Drusen bildeten eine relativ kompakte, vor allem auf den Shuf, den südlichen Teil des Mount Lebanon, sowie einen Teil der südlichen Beqaa konzentrierte Minderheit. Der historische Siedlungsschwerpunkt der Maroniten liegt im nördlichen Teil des Mount Lebanon. Maronitische Siedlungen gibt es aber auch im Shuf, im Norden, im Süden und in der Beqaa. Die Sunniten fanden und finden sich vor allem in den Küstenstädten sowie in den an Syrien grenzenden Gebieten des Ostens und Nordens, die Schiiten vor allem im Süden und in der Beqaa, zunehmend auch in Beirut und seinen südlichen, bis 1975 auch in seinen östlichen Vororten. In Beirut fanden und finden sich alle Konfessionen; der kleinere, östliche Teil der Stadt war historisch ein überwiegend, allerdings nicht ausschließlich christliches Viertel, der westliche Teil eine im Grunde multikonfessionelle, wenngleich überwiegend muslimische Stadt.

Diverse Schätzungen und Stichprobenuntersuchungen lassen wenig Zweifel daran, daß durch höhere Geburtenzahlen beim muslimischen Bevölkerungsteil einerseits und eine stärkere Auswanderung von Christen andererseits bereits Anfang der 70er Jahre eine knappe und Anfang der 90er Jahre eine deutliche zahlenmäßige Mehrheit der Muslime bestand. Ihr Anteil wird heute auf 60–65 % geschätzt, der christliche auf 35–40 %. Die größte Konfessionsgemeinschaft sind die Schiiten mit einem Anteil von mehr als 30 % der Bevölkerung. Sunniten dürften 20 % oder etwas weniger, Drusen um 7 % ausmachen. Der Anteil der Maroniten wird auf etwa 20 % geschätzt, der anderer Christen auf 15 % oder mehr. Etwa 300 000 palästinensische Flüchtlinge, die immerhin etwa 10 % der Gesamtbevölkerung ausmachen, gehen in diese Berechnungen nicht ein.

Krieg und Bürgerkrieg haben sich direkt oder indirekt vor allem in zweierlei Hinsicht auf die demographische Struktur des L. ausgewirkt: Seine Bevölkerungszahl stagniert; eine neue ethnographische Landkarte mit klareren Grenzen zwischen „muslimischen" und „christlichen" Gebieten hat sich herausgebildet. Bis zum Beginn des Bürgerkriegs wuchs die Bev. rasch: von weniger als 900 000 E. bei der Volkszählung von 1932 auf geschätzte 2,1 Mio. (1960) und 3,3 Mio. (1976). Anfang der 90er Jahre schwankt die Bevölkerungszahl nach wie vor um 3 Millionen. Männer und Frauen haben sowohl wegen der Kriegsereignisse wie auch aufgrund veränderter sozialer Strukturen später geheiratet und weniger Kinder in die Welt gesetzt als zuvor; vor allem aber hat die Emigration zugenommen.

Der L. ist schon immer ein Land mit hohen Auswanderungszahlen und mit vielen temporären Arbeitsemigranten gewesen. In den Kriegsjahren nahmen aber sowohl die temporäre wie die permanente Abwanderung zu, ersteres vor allem ein Ergebnis zeitweise großer Arbeitschancen in den arabischen Ölstaaten, letzteres vor allem ein Ergebnis des Krieges. Die Nettoabwanderung aus dem L. für die Jahre 1975–90 wird auf ca. 930 000 Personen geschätzt.

Neben der Emigration produzierte der Krieg große interne Migrationsströme. Vor allem in den ersten Bürgerkriegsjahren, 1975/76 sowie 1978 und 1982–84, kam es in verschiedenen Teilen des Landes zu Fluchtbewegungen und mehr oder weniger forcierten Abwanderungen von Teilen der jeweiligen

Bevölkerung. 1992 zählte die lib. Regierung noch 681 000 *displaced persons* oder „permanent" Vertriebene; weitere 700 000 bis 800 000 Personen waren während der Kriegsjahre wenigstens einmal zum Verlassen ihres Wohnortes gezwungen. Am Ende des Bürgerkriegs teilt sich der L. deshalb deutlicher als zuvor in eine fast ausschließlich christliche Region, die den nördlichen Teil des Mount Lebanon, die ihm vorgelagerten Küstengebiete und Ostbeirut umfaßt – die sog. „östliche Region" –, und ein gemischtes, allerdings überwiegend muslimisches Gebiet – Norden, Süden und Beqaa –, in dem noch etwa ein Drittel der Christen lebt.

3. Historischer Hintergrund und politische Entwicklung bis zum Ende des Bürgerkriegs

Seit der osmanischen Eroberung Syriens und Ägyptens (1516) bis zum Ende des I. Weltkriegs war das Gebiet des heutigen L. Teil des Osmanischen Reiches; der sog. kleine Libanon – Mount Lebanon und seine Küstengebiete ohne Beirut – genoß aber fast ständig, in wechselnder Form, einen quasi-selbständigen Status. Von 1516 bis 1842 regierten drusische und maronitische Fürsten mit Sitz im Libanon-Gebirge ihr Gebiet als praktisch autonome Statthalter der Hohen Pforte. Fürst *Fakhr al-Din II* (1570–1625) dehnte seine faktische Autorität zeitweise sogar bis in die syrische Wüste hinein aus.

Nach Konflikten zwischen Drusen und Christen, die zum Teil von Frankreich, England und den Osmanen bewußt gefördert wurden, wurde der letzte Fürst des Mount Lebanon 1842 abgesetzt. Das Gebiet wurde vorübergehend in zwei von osmanischen Vize-Gouverneuren, einem Christen und einem Drusen, verwaltete Bezirke geteilt. Ein ursprünglich antifeudaler Bauernaufstand, der von lokalen Notabeln in konfessionalistische Bahnen gelenkt wurde und 1860 zu einem Massaker an Tausenden von Christen führte, wurde zum Anlaß einer direkten frz. Intervention. Unter dem Druck Frankreichs, Englands, Preußens und Österreichs stimmte die *Hohe Pforte* 1861 einer Regelung zu, der zufolge der Mount Lebanon eine weitgehend autonome osmanische Provinz unter einem christlichen Gouverneur wurde, dessen Ernennung der Zustimmung der europäischen Mächte bedurfte. Dem Gouverneur wurde ein *Administrativer Rat* aus Vertretern der Konfessionsgemeinschaften zur Seite gestellt. Während des I. Weltkriegs hob die osmanische Regierung den semi-autonomen Status des „kleinen Libanon" auf.

Der L. in seiner heutigen Form entstand erst 1920 durch Beschluß der vom Völkerbund über Syrien und L. eingesetzten frz. Mandatsmacht. Aus der osmanischen Provinz Mount Lebanon – dem mehrheitlich christlichen „kleinen Libanon" – entstand unter Hinzufügung von Beirut, dem Süden, dem Norden und der Beqaa, die zuvor Teil der osmanischen Provinz Damaskus gewesen war, der *Grand Liban*. 1926 gab die Mandatsmacht dem L. eine Verfassung, die ein Präsidialsystem und ein auf konfessioneller Grundlage gewähltes Parlament vorsah. 1943 setzte der L. seine Unabhängigkeit durch. Die Verfassung von 1926 wurde im wesentlichen, unter Streichung der Mandatsklauseln, übernommen.

Von seinen Einwohnern wurde der 1920 geschaffene Staat anfänglich nur teilweise akzeptiert. Zwar hatten maronitische Politiker und Notabeln sowohl die Eigenständigkeit L.s von Syrien und seiner arabischen Umwelt wie auch die Vergrößerung des allein wirtschaftlich nicht überlebensfähigen „kleinen Libanon" um die dem neuen Staat zugeschlagenen, mehrheitlich muslimischen Gebiete verlangt. Muslimische Politiker aber betrachteten den ganzen L. als Teil Syriens, sahen sich in dem neuen Staat als Minderheit einer knappen christlichen Mehrheit gegenüber und befürchteten auch wirtschaftliche Nachteile, da insbesondere der Norden und die Beqaa durch die Schaffung des *Grand Liban* von ihrem natürlichen syrischen Hinterland abgetrennt wurden.

In der politischen Debatte verknüpfte sich die Frage der nationalen Eigenständigkeit des L. oder seiner Zugehörigkeit zu einer größeren syrischen oder arabischen Nation eng mit der Frage der historischen Identität. Vor allem maronitische Christen bestanden darauf, daß der L. sich bereits vor 1920 durch eine eigene, von seiner arabischen Umwelt unterscheidende Geschichte ausgezeichnet habe, während Muslime und viele orthodoxe Christen die Geschichte des L. eher als Teil der syrischen und arabischen Geschichte verstanden. Dieser Identitätskonflikt verlor nur allmählich an Bedeutung, während die staatliche Eigenständigkeit auch von den muslimischen Eliten bereits in den späteren Jahren der Mandatsherrschaft als eine durchaus vorteilhafte Lösung akzeptiert wurde. Vor allem die sunnitischen Notabeln wurden spätestens mit der Unabhängigkeit des Landes zum Partner der maronitischen Führungsschicht.

3.1 „Nationalpakt" und „Konkordanzdemokratie"

Politisches System und politische Kultur des seit 1943 unabhängigen L. gründeten sich auf den sog. *Nationalpakt*, eine ungeschriebene Kompromißformel, auf die sich die führenden Repräsentanten der maronitischen und der sunnitischen Elite mit der Unabhängigkeit geeinigt hatten. Mit dieser Übereinkunft wurde die Identität des L., wie vor allem vom muslimischen Bevölkerungsteil gewünscht, als „arabisch", gleichzeitig jedoch, christlichen Wünschen entgegenkommend, als von „speziellem Charakter" definiert. Die muslimische Seite verzichtete damit darauf, auf einen Anschluß an Syrien hinzuarbeiten; die christlichen Repräsentanten verzichteten auf die Forderung nach westlicher Protektion. Zudem wurde festgelegt, daß die wichtigsten – und auch weniger wichtige – Staatsämter nach einem festgelegten Proporz verteilt werden sollten. Staatspräsident wurde seither immer ein Maronit, Ministerpräsident ein Sunnit, das weniger bedeutende Amt des Parlamentspräsidenten wurde für die Schiiten reserviert. Parlamentssitze wurden im

Verhältnis 6:5 zwischen Christen und Muslimen aufgeteilt, Kabinettsposten und seit 1958 auch die Positionen der Spitzenbeamten paritätisch.

Das politische System des L. ist bis in die 70er Jahre häufig zum erfolgreichen Beispiel einer Konkordanzdemokratie erklärt worden, eines demokratischen Systems, das sich auf die institutionalisierte Koexistenz unterschiedlicher Gemeinschaften bzw. eine permanente große Koalition der Vertreter dieser Gemeinschaften gründet. Das System war allerdings in mehrerer Hinsicht problematisch. Die Institutionalisierung des politischen Konfessionalismus festigte und verstärkte konfessionalistische Züge der Gesellschaft und erlaubte bei Bedarf eine Konfessionalisierung politischer und sozialer Konflikte. Konfessioneller Proporz und insbesondere das konfessionalistische Wahlrecht, das die Sitze jedes Wahlkreises nach konfessionellem Proporz verteilte, banden die Libanesen an ihre Konfessionsgemeinschaften und deren Eliten, förderten konfessionale Patronagebeziehungen, stärkten so die Position der Notabeln, Clanführer und des „Klerus" in allen Religionsgemeinschaften und behinderten die Entstehung eines konfessionsunabhängigen, entlang ideologischer Linien strukturierten Parteiensystems.

Im übrigen reagierte das System auf soziale und sozio-demographische Veränderungen, wie etwa die Entwicklung einer schiitischen Mittelschicht mit entsprechenden politischen Mitwirkungsansprüchen, ausgesprochen unflexibel. Das System war in seiner konkreten Form in unterschiedlicher Weise für unterschiedliche Gruppen immer diskriminierend. Nicht von ungefähr bestand die politische Elite – Parlament, Präsident und die wichtigsten Regierungsmitglieder – bis Anfang der 90er Jahre fast ausschließlich aus Repräsentanten eines engen Kreises notabler Familien. Parlamentssitze wurden vielfach faktisch vererbt.

3.2 Entwicklung und Ursachen des Bürgerkriegs

Einen ersten Beinahe-Zusammenbruch des politischen Systems erlebte der L. 1958. Rivalitäten zwischen Clanführern, offensichtliche Wahlfälschungen durch Anhänger des Präsidenten und ideologische Auseinandersetzungen zwischen westorientierten und panarabisch-orientierten Kräften mündeten in einen kurzen Bürgerkrieg. Präsident *Shamoun* suchte erfolgreich um eine US-Truppenintervention nach, die allerdings eher symbolische Bedeutung hatte. Die lib. Armee verhielt sich weitgehend neutral. Die Krise endete ohne erkennbare Sieger und Verlierer.

Der L. hatte 1948 am ersten arabisch-israelischen Krieg teilgenommen und 1949 mit Israel ein Waffenstillstandsabkommen geschlossen. An den Kriegen von 1967 und 1973 beteiligte sich der L. nicht. Dennoch wurde er seit der arabischen Niederlage von 1967 zu einem der wesentlichen Schauplätze des arabisch-israelischen Konflikts. Seit 1967 begannen palästinensische Guerillaaktionen über die libanesisch-israelische Grenze. Seit der Vertreibung der palästinensischen Guerilla aus Jordanien (1970/71) wurde der

Südlibanon das Hauptoperationsgebiet der PLO. Ihre Angriffe wurden regelmäßig durch israelische ‚Vergeltungsschläge' beantwortet, von denen allerdings die lib. Bevölkerung stärker betroffen war als die Guerilla.

Immer wieder kam es auch zu Zusammenstößen zwischen PLO und lib. Armee. Gleichzeitig begannen die meisten politischen Gruppen, Parteimilizen aufzustellen bzw. vorhandene Milizen auszubauen. Linke Gruppen, an erster Stelle die *Progressive Socialist Party* (PSP) von *Kamal Junblatt*, solidarisierten sich mit den Palästinensern und forderten eine aktive Unterstützung für deren Kampf. Viele, auch konservative Muslime betrachteten die palästinensische Nationalbewegung zumindest mit Sympathie. Die größte maronitische Partei dagegen, die *Kata'ib* (Phalange), forderte ein energisches Vorgehen des Staates gegen die Palästinenser. Zusammenstöße zwischen PLO-Gruppen und Phalange blieben nicht aus. Die allgemeine Militarisierung der politischen Szene begünstigte, daß politische und soziale Konflikte 1975 in einen offenen Bürgerkrieg umschlugen.

In der Debatte über die Ursachen des Bürgerkriegs finden sich im wesentlichen zwei Schulen: eine, die den Krieg vor allem als Produkt externer Einflüsse, als Ersatzkrieg um Palästina, in dem der Bürgerkrieg nur ein „Epiphänomen des Nahostkonfliktes" darstellt (*Hanf* 1990: 234), oder sogar als ursprünglich libanesisch-palästinensischen Krieg betrachtet (etwa: *Deeb/Deeb 1991)*; eine andere, die innere Faktoren, insbesondere das konfessionalistische System und sozioökonomische Konflikte, als entscheidend ansieht *(Petran* 1987). Die unterschiedlichen Tendenzen in der wissenschaftlichen Debatte spiegeln weitgehend die Ursachenanalyse der beteiligten Parteien selbst wider.

Während die *status-quo*-orientierten Gruppen die Hauptursache von Instabilität und Unruhe in der Anwesenheit und der Aktivität bewaffneter palästinensischer Organisationen sahen, verwiesen die Herausforderer auf Strukturmängel des Systems. Einer der inneren Faktoren, die zweifellos zum Zusammenbruch der politischen Ordnung beitrugen, war ein breites Unbehagen am konfessionalistischen System. Dieses Unbehagen äußerte sich bei den verschiedenen Gruppen unterschiedlich. Die sunnitische Elite war mit dem System der interkonfessionellen Machtverteilung im Prinzip durchaus einverstanden, verlangte aber unter Verweis auf veränderte demographische Verhältnisse eine Anpassung des Proporzes in Richtung auf christlich-muslimische und maronitisch-sunnitische Parität. Die Linke forderte ursprünglich eine Säkularisierung von Staat und Gesellschaft, verzichtete schließlich zugunsten eines Bündnisses mit konservativen muslimischen Elementen auf den Ruf nach gesellschaftlicher Säkularisierung und beschränkte ihre Forderung auf die Abschaffung des politischen Konfessionalismus.

Eine solche politische Säkularisierung und die Einführung eines Mehrheitssystems anstelle des konfessionalen Konkordanzsystems entsprach sowohl den Interessen der Schiiten als der zwar größten, im Proporzsystem aber auf den dritten Platz verwiesenen Gemeinschaft wie auch den Interessen ambitionierter und fähiger Angehöriger kleinerer Konfessionsgemeinschaften wie den Drusen oder den orthodoxen Christen, die durch ihre Konfessionszugehörigkeit von den wichtigsten Staatsämtern ausgeschlossen waren. Zu den inneren Konfliktfaktoren gehörten auch krasse soziale und regionale Gegensätze und eine Elitenpolitik, die diese Gegensätze verschärfte (vgl. Kap. 5).

3.3 Phasen und Fronten des Bürgerkriegs

Der lib. Bürgerkrieg (1975–90) bestand tatsächlich aus einer Anzahl von Kriegen und Kleinkriegen mit wechselnden Konfliktlinien und Koalitionen. Externe Kräfte und Mächte haben sich massiv eingemischt, in erster Linie die PLO, Israel und Syrien, später in unterschiedlichem Maße – militärisch, diplomatisch oder ökonomisch – vor allem Iran und Irak, die USA, Frankreich und Saudi-Arabien. Diese Kräfte haben ihre eigenen Interessen gehabt, sind aber anfänglich stets von Akteuren, die glaubten, mittels ausländischer Verbündeter machtpolitische Gewichte im L. verschieben zu können, in die inneren Auseinandersetzungen des Landes hineingezogen worden. Ohne die inneren Widersprüche der lib. Gesellschaft hätten ausländische Interventen kaum den Einfluß gewinnen können, den sie zum Teil bis heute ausüben.

Der Bürgerkrieg ist nie eindeutig entlang konfessioneller Fronten verlaufen. Tatsächlich sind vermutlich bei innermaronitischen und innermuslimischen Kämpfen mehr Menschenleben vernichtet worden als bei Auseinandersetzungen zwischen Angehörigen verschiedener Konfessionsgruppen. Grob lassen sich die Kriegsereignisse in vier Phasen einteilen. Die erste Kriegsrunde, der sog. Zweijahreskrieg von 1975/76, gab dabei ein Muster ab, nach dem die internationale Öffentlichkeit den Krieg auch später noch interpretierte, obwohl die Konfliktlinien sich verschoben hatten.

In diesen ersten Kriegsjahren bekämpften sich im wesentlichen zwei Bündnisse. Für die *Libanesische Nationalbewegung*, eine Allianz aus linken und traditionell-muslimischen Kräften unter Führung der PSP, die sich mit der PLO verbündeten, war das zentrale Anliegen eine Veränderung des politischen Systems, mit der die christlich-maronitische Dominanz beendet und der politische Konfessionalismus abgeschafft, zumindest jedoch veränderten demographischen Gegebenheiten angepaßt werden sollte. Ihnen gegenüber standen die in der *Libanesischen Front* zusammengeschlossenen christlich-maronitischen Verteidiger des *Status quo*, als deren stärkste Gruppe sich seit 1978 die aus der *Kata'ib*-Partei hervorgegangenen *Forces Libanaises* (FL) etablierten. Ihnen ging es wesentlich um eine Beendigung der palästinensischen Guerillaaktivitäten. Ein Teil dieses Lagers war zu politischen Systemreformen im Sinne einer stärkeren Beteiligung der muslimischen Eliten bereit. Der radikalere Flügel dieses politischen Maronismus dagegen setzte für den Fall, daß eine maronitische Dominanz über den gesamten L. sich nicht aufrechterhalten lassen würde, auf die Option einer Teilung des Landes.

1976 intervenierte Syrien militärisch, um einen Sieg der „Linken“ zu verhindern. Syrische Truppen sind seither im L. geblieben und Syrien wurde zum stärksten Akteur auf der lib. Szene. Die Konstellationen von 1975/76 wiederholten sich später nicht wieder. Die PSP und zeitweise auch die PLO rückten wieder prinzipiell in den syrischen Orbit und das Bündnis der *Status quo*-Kräfte mit Syrien zerbrach. Die *Libanesische Front* zerfiel in teilweise blutigen Auseinandersetzungen in zwei Lager: Die sog. „christliche Enklave“ im nördlichen Mount Lebanon und Ost-Beirut wurde von den eher anti-syrischen FL dominiert; im Norden dominierten eher pro-syrische maronitische Gruppen.

Die zweite Kriegsphase, 1978–82, war sowohl durch innerlib. Kleinkriege, wie auch durch Kämpfe zwischen Syrern und FL und zwischen Israelis und Palästinensern bestimmt und mündete in der israelischen Invasion von 1982, die die israelische Armee bis nach Beirut brachte. Ziel des unprovozierten israelischen Feldzuges war, die palästinensische und die syrische Präsenz im L. zu beenden, einen israelfreundlichen Präsidenten zu installieren und den israelischen Einfluß, mindestens über den Süden des Landes, zu sichern.

Die Invasion stellte in vieler Hinsicht einen Wendepunkt der Kriegsereignisse dar. Die Jahre 1982–88 waren von Auseinandersetzungen um die regionalpolitische Orientierung des Libanon, durch die Entstehung einer vorwiegend schiitischen Widerstandsbewegung gegen die israelische Besatzung und durch innerlib. Kämpfe bestimmt, bei denen es vor allem um die Kontrolle der von Israel bis 1985 schrittweise geräumten Gebiete, aber auch um die Macht hinter den großen Frontlinien und im Staat ging. Unter israelischem Druck schloß der L. 1983 einen Vertrag mit Israel, in dem der israelische Rückzug mit Kontrollrechten verknüpft wurde. 1984 kündigte die lib. Regierung diesen Vertrag unter dem Druck Syriens und der lib. Gegner des Vertrags, insbesondere der schiitischen *Amal*-Bewegung und der PSP, wieder auf. Gleichzeitig wurden die *warlords* durch die Bildung einer Regierung der „Nationalen Einheit“, d.h. einer Regierung aus Vertretern der traditionellen Führungsschicht und der Milizen, in die politische Führung kooptiert. Diese neue Formel der Verteilung legaler politischer Macht hatte bis in die Nachkriegszeit Bestand.

Zu den Kriegsereignissen dieser Phase gehörten vor allem Kämpfe zwischen der PSP, die sich im Verlauf des Bürgerkriegs von einer linken zu einer drusischen Partei und Miliz gewandelt hatte, und den christlich-maronitischen FL um die Kontrolle vor allem von Teilen des Shuf; zwischen *Amal*, PSP und linken Gruppen einerseits und den Präsident *Jumayyil* loyalen Teilen der Armee andererseits, bei denen es um die politische Frage des israelisch-libanesischen Vertrags und um die Kontrolle West-Beiruts und seiner Vororte ging; später zwischen *Amal* und PSP um die Macht in West-Beirut und zwischen *Amal* und *Hizbullah* um die südlichen Vororte.

Die PLO suchte, nachdem sie infolge der israelischen Invasion von 1982 aus Beirut evakuiert worden war, verlorengegangene Positionen zurückzugewinnen. Sie war von 1983 bis 1988 zuerst in Kämpfe mit der syrischen Armee, später mit *Amal* und wiederholt in innere Kämpfe zwischen pro- und antisyrischen Fraktionen verwickelt, aber immer weniger in Guerillaaktionen gegen Israel. Anstelle der PLO hatte Israel sich mit seiner Invasion und seiner Besatzungspolitik im Südlibanon einen neuen Feind geschaffen: 1982 entstand die islamistische schiitische *Hizbullah*. In Konkurrenz zu *Amal* entwikkelte sie sich zur wichtigsten Kraft des auch nach Ende des Bürgerkriegs noch anhaltenden anti-israelischen Widerstands.

Die letzte Bürgerkriegsphase begann 1988, als die Amtszeit Staatspräsident *Jumayyils* zu Ende ging, ohne daß die beteiligten in- und ausländischen Parteien sich auf einen Nachfolger einigen konnten. Bis 1990 regierten daraufhin zwei konkurrierende Exekutiven: eine von Syrien und dessen lib. Alliierten unterstützte unter dem amtierenden Ministerpräsidenten *Salim al-Huss*; eine zweite unter Armeechef *Michel 'Aun*, den *Jumayyil* zum Übergangsregierungschef ernannt hatte. *'Aun* initiierte 1989 einen „Befreiungskrieg" gegen Syrien, in dem auf beiden Seiten auch lib. Milizen mitkämpften, und 1990 einen Krieg gegen die FL, die mit ihm um die Macht in der christlichen Enklave konkurrierten.

Angesichts der drohenden Spaltung des L. begann die *Arabische Liga* 1989, nach einer Konfliktlösung zu suchen. Im Ergebnis dieser Bemühungen versammelten sich im Okt. 1989 die Abgeordneten des lib. Parlaments, der einzig noch intakten der drei zentralen Verfassungsorgane (Präsident, Regierung, Parlament) im saudi-arabischen Ta'if und berieten dort das später sog. *Ta'if-Abkommen* oder, offiziell, „Dokument nationaler Verständigung". Im Nov. versammelte sich das Parlament auf lib. Boden, beschloß dieses Abkommen, das die Grundzüge innerer Reformen und der zukünftigen Beziehungen zu Syrien festlegte, und wählte einen neuen Präsidenten. *'Aun*, der weder das Abkommen von Ta'if noch den neuen Präsidenten anerkannte, isolierte sich intern und international zusehends und wurde im Okt. 1990 von syrischen Truppen und Teilen der lib. Armee besiegt. Mit der Entfernung *'Auns* wurde der L. unter einer gemeinsamen Regierung wiedervereinigt und der Bürgerkrieg beendet.

4. Wirtschaftliche Struktur, Entwicklung und Kriegsfolgen

Die Wirtschaft des L. ist seit seiner Unabhängigkeit in erster Linie eine Dienstleistungsökonomie gewesen, die eine Mittlerrolle zwischen dem Nahen und Mittleren Osten und den westlichen Industriestaaten spielte. Mit einer nahezu völlig freien Marktwirtschaft, einem offenen politischen Klima und einem gut ausgebildeten Arbeitskräfteangebot stellte der L. ein für regionales und internationales Kapital attraktives Dienstleistungszentrum dar. Transithandel, internationales Banking und Tourismus gehörten zu den wichtigsten Erwerbszweigen. Die Landwirtschaft trug mit weniger als 10 %, verarbeitende Industrie, Bauwesen und Energiewirtschaft mit etwa 20 %, der tertiäre Sektor mit über 70 % zur Entstehung des BIP bei.

Aufgrund des Bürgerkriegs gibt es seit 1975 wenig exakte Wirtschaftsdaten. Verschiedene Schätzungen zur Entstehung des BIP zeigen aber die Auswirkungen des Krieges: Demnach hat der Anteil der Landwirtschaft zu Beginn der 90er Jahre gegenüber der Vorkriegszeit leicht auf 8–9 % abgenommen. Der Anteil der Industrie ist in etwa konstant geblieben, hat sich aber zugunsten der Bauwirtschaft und kleinerer Einheiten der verarbeitenden Industrie verschoben. Der Dienstleistungssektor erwirtschaftet weiterhin über 70 % des BIP; dabei haben die Anteile der Finanzwirtschaft und des Handels auf Kosten anderer öffentlicher und privater Dienstleistungen – vor allem des Tourismus – zugenommen.

Bis 1975 war die lib. Wirtschaft stetig gewachsen. Auch die erste Hälfte des Krieges, bis etwa 1982, erlebten die Libanesen in fortwährender Prosperität. Der Ölboom Anfang der 70er Jahre bewirkte auch einen Aufschwung der lib. Wirtschaft: ein großer Teil der Petrodollars floß durch lib. Banken; und die Ölstaaten boten zahlreiche Arbeitsplätze für qualifizierte lib. Arbeitskräfte. Überweisungen von Arbeitsmigranten trugen bis zu einem Drittel und mehr zum Nationaleinkommen bei. Diese Transfers, der Zufluß von politischen Geldern, mit denen diverse ausländische Interessenten die Bürgerkriegsparteien finanzierten, ausländische Bankeinlagen und Einnahmen aus dem Haschischanbau glichen auch nach Beginn des Bürgerkriegs und dem Ausfall des Tourismus die chronisch defizitäre Handelsbilanz in der Regel aus. Der L. importiert etwa 80 % seiner Konsum- und Kapitalgüter.

Die Industrie erlitt zwar erhebliche Kapitalverluste, gleichzeitig aber ließ eine kriegsforcierte Dezentralisierung insbesondere die Bauwirtschaft, den Immobiliensektor und das Bankwesen florieren: Auf Kosten der Hauptstadt, in der sich vor dem Krieg die Hälfte der Bev. und die wirtschaftliche Macht des Landes konzentriert hatten, entstanden neue Wirtschafts- und Wohnzentren in den Provinzen. 1982 lag das geschätzte Pro-Kopf-Einkommen noch höher als vor dem Krieg.

Die israelische Invasion von 1982 leitete die Wende zum ökonomischen Absturz ein. Mit der PLO verschwand auch deren Finanzkraft aus Beirut. Die Invasion und die innerlibanesischen Kämpfe um die nach und nach von der israelischen Armee geräumten Gebiete verursachten große Schäden an Agrarland und Industrieanlagen. Kapitalflüsse aus dem Ausland blieben aus, je mehr das Land und insbesondere West-Beirut im Chaos zu versinken schienen. Zudem nahmen seit Anfang der 80er Jahre mit dem Ende des Ölbooms auch die Überweisungen von lib. Arbeitsemigranten spürbar ab. Vor allem aber entzogen politisches Chaos und Milizenherrschaft dem Staat den größten Teil seiner Einnahmen (Zölle, Steuern und Gebühren), während weiterhin staatlich subventionierte Güter und öffentliche Einrichtungen von den Milizen „bewirtschaftet" wurden.

Die Regierung finanzierte ein seit Mitte der 80er Jahre regelmäßig bei 80–90 % liegendes Haushaltsdefizit durch Anleihen auf dem lokalen Kapitalmarkt. Die Auslandsverschuldung blieb mit weniger als 600 Mio. US-$ (1991) gering, weit unter dem Wert der lib. Goldreserven. Budgetdefizite und das Ausbleiben externer Transfers ließen den Wert der lib. Währung rapide verfallen. Das lib. Pfund (LL) fiel gegenüber dem US-$ von 4,3 (1981) auf über 1000 (1990). Zwar nutzte die lib. Industrie den Verfall der Währung, das niedrige Lohnniveau und staatlich subventionierte Energie, um ihre Produktion und ihre Exporte seit 1984 allmählich wieder auszuweiten. Insgesamt aber sanken Leistungskraft und Produktivität der Wirtschaft deutlich; Modernisierungsinvestitionen blieben praktisch aus.

Im letzten, noch einmal besonders verlustreichen Kriegsjahr 1990 erbrachte die lib. Wirtschaft noch schätzungsweise 40–50% ihrer realen Leistung von 1974. Das Pro-Kopf-Einkommen fiel von über 2000 US-$ Anfang der 80er Jahre auf 1000–1300 US-$ Anfang der 90er Jahre. 1991, im ersten Nachkriegsjahr, belebten sich Handel, Produktion und vor allem die Bauwirtschaft. Die weiterhin enormen Budgetdefizite aber, das Ausbleiben ausländischer und auslandslib. Investitionen (mit Ausnahme von Immobilienkäufen) und politische Auseinandersetzungen ließen 1992 die lib. Währung auf einen neuen Tiefstand sinken. Erst die Bildung einer Regierung unter L.s erfolgreichstem Geschäftsmann, *Rafiq al-Hariri*, gab Hoffnungen auf eine nachhaltige Gesundung der Wirtschaft. Diese Hoffnungen setzten sich unmittelbar in eine Stabilisierung der Währung um.

Der lib. Krieg hat von 1975 bis 1990 fast eine Mio. Libanesen, darunter viele hochqualifizierte Kräfte, ins Ausland getrieben; er hat nach amtlichen Statistiken etwa 150 000 Todesopfer gefordert; mehr als 17 000 Menschen blieben verschwunden, mehr als 13 000 wurden verkrüppelt. Die gesamten materiellen Kriegsschäden belaufen sich verschiedenen Schätzungen zufolge auf 6–12 Mrd. US-$. Die Zahl der irreparabel zerstörten Wohnungen wurde auf mindestens 60 000–90 000 geschätzt. Das gesamte Trinkwasser- und Abwassersystem der Hauptstadt und unzählige öffentliche und private Gebäude wurden schwer in Mitleidenschaft gezogen, etwa 60% des Telefonnetzes zerstört. Die Kraftwerke erbrachten aufgrund von Kriegsschäden gegen Ende des Krieges noch ein Viertel ihrer Nennleistung. Die Kosten eines auf fünf Jahre angelegten Programms (1992–96) prioritärer öffentlicher Wiederaufbau- und Reparaturmaßnahmen wurden auf 4,5 Mrd. US-$ kalkuliert, die weitgehend durch ausländische Kredite und Investitionen aufgebracht werden sollen und müssen.

5. Soziale Strukturen und Entwicklungen

Das *laissez faire*-System, auf das sich L.s wirtschaftlicher Erfolg in der Unabhängigkeitszeit gründete, beinhaltete auch ein weitgehendes Fehlen staatlicher Sozial- und Strukturpolitik. Dies entsprach den Interessen der herrschenden notablen Oberschicht, die den Staat nur als Nachtwächterstaat akzeptierte und die Verteilung staatlicher Ressourcen vorwiegend als Element von Patronage betrachtete. Lediglich unter Präsident *Fu'ad Shihab* (1958–64) wurden Ansätze einer aktiven staatlichen Strukturpolitik deutlich, die darauf zielte, die vernachlässigten ländlichen Regionen – den Süden, die Beqaa und den Norden – durch Infrastrukturinvestitionen und eine Ausweitung des staatlichen Bildungssystems gezielt zu fördern. Die Reformen *Shihabs* verbesserten die Chancen der jungen Generation in den peripheren Regionen; regionale, sektorale, und soziale Gegensätze blieben dennoch kraß. So betrug 1970 das Durchschnittseinkommen in der Landwirtschaft etwa ein Siebtel, das der Industrie weniger als die Hälfte dessen im tertiären Sektor. Aus der Beqaa und dem Süden wanderten Zehntausende überwiegend schiitische Arbeitssuchende in die Hauptstadt und siedelten sich dort in einem rasch wachsenden Elendsgürtel an.

In den Jahren vor 1975 nahmen soziale Auseinandersetzungen zu, insbesondere Revolten von Pächtern und Landarbeitern sowie Streiks in großen Betrieben. Diese Konflikte, die keinerlei konfessionellen Hintergrund hatten, wurden häufig gewaltsam ausgetragen, wobei der Staat mit seinen Machtmitteln auf seiten der Grundbesitzer und Unternehmer eingriff. Der Beginn des Bürgerkriegs trug deshalb zum Teil auch den Charakter eines Aufstands der Unterprivilegierten gegen den Staat und den soziopolitischen *status quo*. Im übrigen half die partielle Überschneidung von Klassen- und Gemeinschaftsstrukturen dazu, soziale Konflikte zu konfessionalisieren.

Tatsächlich war die lib. Oberschicht (3–4% der Bevölkerung), die das größte Interesse an einer Aufrechterhaltung der sozioökonomischen Verhältnisse hatte, konfessionell gemischt. Sie bestand aus einer vorwiegend griechisch-katholischen, maronitischen und sunnitischen Handels- und Industriebourgeoisie und vorwiegend sunnitischen und schiitischen Großgrundbesitzern. In den Mittelschichten (ca. 60%), also beim städtischen Mittelstand, bei Freiberuflern, Beamten, Angestellten und selbständigen Bauern, war der Anteil der Christen, aber auch der sunnitischen Muslime überproportional hoch; Schiiten waren besonders unterrepräsentiert.

In der Arbeiterklasse (mehr als 20%) überwog das muslimische Element leicht und in besonderem Maße bei weniger qualifizierten Arbeitern. Beim ärmsten Teil der Bev. (ca. 14%), in der Schicht der Landarbeiter und Tagelöhner, gab es zwar Christen aller Konfessionen, aber ein deutliches muslimisches und vor allem schiitisches Übergewicht. Der schiitische Bevölkerungsteil stellt, obwohl er im Vergleich zu den anderen Gemeinschaften erheblich aufgeholt hat, vermutlich auch nach dem Krieg noch die Gruppe mit dem insgesamt geringsten Bildungsstand, der höchsten Analphabetenquote und den größten Unterschieden im Bildungsniveau von Männern und Frauen.

Das Bildungssystem des L. ist im Vergleich zu anderen arabischen Staaten gut, die Analphabetenquote dürfte unter 20% liegen; Unterschiede zwischen Männern und Frauen sind gering. Kinder der ärmeren Schichten sind allerdings vorwiegend auf die staatlichen Bildungseinrichtungen angewiesen, deren Standards unter denen der privaten, meist konfessionellen oder von Ausländern getragenen Schulen und Universitäten liegen, die in Beirut und im Mount Lebanon überwiegen.

Über die jüngeren Veränderungen der Sozialstruktur gibt es keine genauen Daten. Es ist aber deutlich, daß die Entwicklungen der Kriegsjahre sowie der unmittelbaren Nachkriegszeit in zwei Richtungen gewirkt haben: einerseits auf eine interkonfessionelle Egalisierung, andererseits auf eine Vertiefung der Einkommensdisparitäten. Der fortgesetzte Anstieg durch Bildung, die Abwanderung vom Land – vor allem in die Hauptstadt Beirut – und temporäre Arbeitsemigration sowie die politischen Kriegsgewinne neuer schiitischer Akteure haben die sozioökonomischen Abstände zwischen den Schiiten und den anderen Gemeinschaften deutlich geringer werden lassen. Vor allem hat sich eine neue schiitische Mittelschicht etabliert, die ihren Anspruch auf Führungspositionen in Staat und Wirtschaft zunehmend deutlich gemacht und umgesetzt hat. Gleichzeitig sind seit dem Regierungseintritt *Amals* (1984) zunehmend Regierungsgelder in den vernachlässigten Süden gepumpt worden. Alle peripheren Regionen – Süden, Norden, Beqaa – haben mehr oder weniger stark von der kriegsbedingten Dezentralisierung der Wirtschaft profitiert.

In den Kriegsjahren hat sich eine neue, konfessionell gemischte superreiche Schicht entwickelt. Sie besteht vorwiegend aus Kadern der verschiedenen Milizen, die ihre faktische Herrschaft über Teilgebiete des Landes zur persönlichen Bereicherung genutzt und ihre Einkünfte vor allem im Immobilien-, Bank- und Mediensektor investiert haben, aus Unternehmern und Geschäftemachern, die die Chancen der politischen und sozioökonomischen Veränderungen genutzt oder, anstatt sich am Krieg zu beteiligen, im Ausland, vornehmlich am Golf und in Westafrika, Vermögen erworben haben, sowie aus korrupten Beamten, die sich meist in Kooperation mit den *warlords* bereichert haben.

Zur gleichen Zeit und in den unmittelbaren Nachkriegsjahren sind viele Mittelschichtangehörige um einen großen Teil ihres Vermögens und Einkommens gebracht worden. Vor allem die Empfänger von Löhnen und Gehältern, also Beamte, Angestellte und Arbeiter, haben erhebliche Realeinkommensverluste hinnehmen müssen, während Arbeitgeber sich im Lohnkostenbereich spürbar entlasten konnten. Lib. Schätzungen zufolge ist der Anteil nicht-selbständiger Arbeit am Nationaleinkommen von 33 % in der Vorkriegs- auf 18 % in der Nachkriegszeit gefallen. Die Kaufkraft der Löhne und Gehälter fiel, trotz mehrfacher Anhebung, auf ein Drittel bis ein Viertel ihres Vorkriegswerts. Viele Mittelschichtfamilien fanden es zunehmend schwer oder unmöglich, Schul- und Studiengebühren für private Bildungseinrichtungen aufzubringen. Kleinkorruption im Beamtenapparat und die Verbreitung von Zweitjobs bei Mittelschichtangehörigen nahmen zu. Ein wachsender Teil der Mittel- und Unterschichten ist unter das Existenzminimum gefallen.

Mit dem Ende des Kriegs und der Demobilisierung der Milizen nahm die Arbeitslosigkeit vor allem in der jungen Generation deutlich zu. Soziale Probleme (Arbeitslosigkeit, Armut, Wohnungsnot) sowie Konflikte um den Wiederaufbau zerstörter Stadtviertel, der u. a. die Umsetzung Tausender illegaler Bewohner halbzerstörter Häuser beinhaltet, gehören deshalb zu den großen Herausforderungen der aus dem Krieg hervorgegangenen Zweiten Republik.

6. Politische Neuordnung in der Zweiten Republik

Die Zweite Republik wurde formal im Sept. 1990 mit einer Reihe von Verfassungsänderungen begründet, die sich auf den innenpolitischen Teil des Ta'if-Abkommens stützten. Dies bedeutete vor allem ein Neuarrangement der im *Nationalpakt* von 1943 enthaltenen Kompromißformel. Die ohnehin in der Verfassung nicht explizierte, sondern auf eine ungeschriebene Übereinkunft gegründete Verteilung der politischen Spitzenpositionen (Staatspräsident, Ministerpräsident, Parlamentspräsident) zwischen den drei größten Konfessionsgemeinschaften blieb unberührt, die Kompetenzen zwischen den Verfassungsorganen wurden aber neu verteilt.

Die Stellung des maronitischen Präsidenten wurde zugunsten des sunnitischen Ministerpräsidenten und des Kabinetts als Kollektivvorgang eingeschränkt. Während die alte Verfassung die exekutive Gewalt in die Hände des Präsidenten legte und den Ministern die Funktion zuschrieb, dem Präsidenten bei der Ausübung dieser Gewalt zu assistieren, liegt nach der geänderten Verfassung die exekutive Gewalt beim Kabinett. Auch die Legislative und die Stellung des Parlamentspräsidenten wurden gestärkt; vor allem kann der Staatspräsident nicht mehr nach eigenem Gutdünken den Ministerpräsidenten bestimmen, sondern hat dies im Einvernehmen mit den Parlamentariern zu tun, und das Kabinett muß sich, auch dies war eine Neuerung, innerhalb einer festgelegten Frist einer parlamentarischen Vertrauensabstimmung stellen.

In ihrer Präambel beschreibt die geänderte Verfassung es als ein grundlegendes nationales Ziel, den politischen Konfessionalismus, also das Prinzip der Verteilung von Positionen auf der Grundlage konfessioneller Zugehörigkeiten, schrittweise völlig abzuschaffen. Für eine Übergangszeit wird das konfessionelle System demographischen Gegebenheiten angepaßt. Das Parlament, dessen Mandate seit 1943 im Verhältnis von 6:5 zwischen Christen und Muslimen aufgeteilt waren, soll sich bis zur ersten nichtkonfessionalistischen Wahl paritätisch aus Muslimen und Christen zusammensetzen. Das erste paritätisch gebildete Parlament soll die Abschaffung des politischen Konfessionalismus einleiten.

Bei Teilen vor allem der maronitischen Christen blieb die geplante Abschaffung des politischen Konfessionalismus unpopulär. Maronitische Privilegien, die mit der Säkularisierung des politischen Systems fortfallen würden, sind in ihren Augen vor allem Garantien gegen muslimische Majorisierung und Assimilierungsdruck. Um christlichen Ängsten vor dem Verlust ihrer verfassungspolitischen Privilegien sowie Befürchtungen entgegenzuwirken, die muslimische Mehrheit könne die staatliche Unabhängigkeit des L. zugunsten einer größeren, syrischen oder arabischen Einheit aufgeben, definierte die Verfassung das „interkonfessionelle Zusammenleben" zu einem Grundprinzip des Staates und den L. als „souveränes, freies, unabhängiges und endgültiges Vaterland aller seiner Bürger". Im übrigen soll ein mit der politischen Säkularisierung zu schaffender Senat aus Vertretern aller Religionsgemeinschaften eine nicht näher definierte Autorität in allen „Schicksalsfragen der Nation“ erhalten.

Die Passagen des Ta'if-Abkommens, die die syrisch-lib. Beziehungen behandeln, stellen fest: Syrien und L. sollen durch „besondere“ oder „privilegierte“ Beziehungen verbunden sein. Beide Staaten sollen sich verpflichten, keine Aktivitäten zuzulassen, die darauf abzielen, die Sicherheit oder Unabhängigkeit des jeweils anderen zu bedrohen. Die syrischen Truppen sollen der lib. Regierung zunächst helfen, die Autorität des lib. Staates durchzusetzen, danach sollen sie sich im Benehmen der beiden Regierungen in die Beqaa-Ebene und gegebenenfalls auch an andere Orte zurückziehen. Die gängige Interpretation des Ta'if-Abkommens besagte, daß dieser Rückzug spätestens zwei Jahre nach dem Inkrafttreten der Verfassungsänderungen vom Sept. 1990 erfolgen sollte. Damaskus setzte allerdings seit Mitte 1992 eine andere, in zeitlicher Hinsicht unbestimmte Interpretation durch.

Die Leitgedanken des Ta'if-Abkommens und der Verfassungsänderungen waren nicht neu. Seit langem war klar, daß der alte Konfessionsproporz und die Machtverteilung zwischen den Verfassungsorganen den Realitäten nicht mehr entsprach. Das Besondere am Ta'if-Abkommen waren deshalb weniger die einzelnen Aussagen zur Reform des politischen Systems als vielmehr die Tatsache, daß das Dokument ein zwar mit externer Hilfestellung, aber eben doch von legitimen lib. Repräsentanten beschlossenes Abkommen darstellte. Als Neufassung eines Kompromisses, dessen Erstauflage – der *Nationalpakt* von 1943 – gescheitert war, wurde das Ta'if-Abkommen von den meisten lib. Akteuren nicht enthusiastisch aufgenommen, gleichwohl aber als eine Formel akzeptiert, die, gerade weil sie arabischerseits und international unterstützt wurde, einen Übergang vom Krieg zum Frieden möglich machte. Der kritischste Teil des Abkommens war der über die syrisch-lib. Beziehungen. Zwar widerspricht das Prinzip „besonderer“ Beziehungen zu Syrien nicht notwendig lib. Interessen; unter den gegebenen Machtbedingungen liegt die Definitionsmacht über diesen weit interpretierbaren Begriff aber im Zweifelsfall immer in syrischer Hand.

7. Entwicklungsperspektiven

Mit Kriegsende stellten sich dem L. drei vordringliche und komplexe Aufgaben: Es galt, innere Sicherheit und äußere Souveränität zumindest ansatzweise wiederherzustellen, den wirtschaftlichen und sozialen Wiederaufbau einzuleiten und vor allem eine neue politische Kultur als Grundlage eines selbsttragend lebensfähigen Gemeinwesens zu entwickeln. Die relativ größten Erfolge erzielten die Nachkriegsregierungen im Bereich der inneren Sicherheit. Die während des Bürgerkriegs zerfallene Armee wurde wieder unter ein einheitliches Kommando gestellt, die Milizen wurden weitgehend entwaffnet und demobilisiert. Öffentliche Einrichtungen, die die Milizen sich angeeignet hatten, wurden wieder unter staatliche Kontrolle gebracht. Bis Ende 1992 kontrollierten die staatlichen Sicherheitskräfte auch die letzten bis dato staatsfreien Räume (insbesondere Beiruts südliche Vororte) mit Ausnahme der weiterhin israelisch besetzten sog. Sicherheitszone im Süden (ca. 10 % des Landes) und dem Frontgebiet zwischen israelischen Truppen und lib. Widerstand.

Die erfolgreiche Ausdehnung staatlicher Autorität über den größten Teil L.s beruhte wesentlich auf der demonstrativen Unterstützung Syriens, das mit seinen Truppen der stärkste Machtfaktor im L. blieb. Syriens sicherheitspolitische Dominanz im L. wurde 1991 durch einen syrisch-lib. Grundlagenvertrag über „Bruderschaft, Zusammenarbeit und Koordination" und einen Verteidigungs- und Sicherheitspakt bestätigt. Die beiden Verträge legalisieren den syrischen Anspruch, alle aus Damaszener Perspektive sicherheitsrelevanten Vorgänge im L. zu kontrollieren, und schließen faktisch einen Abzug der syrischen Truppen aus, solange Syrien seine eigene Sicherheit dadurch gefährdet sieht.

Syriens Rolle im L. ist ambivalent. Einerseits wäre der Frieden von Ta'if ohne die syrische Truppenpräsenz kaum durchsetzbar gewesen, andererseits schränkt das „besondere" syrisch-lib. Verhältnis L.s Souveränität deutlich ein. Damaskus strebt nicht nach Annexion, verlangt aber ein Vetorecht über wesentliche Personalentscheidungen und über politische Entwicklungen, die aus syrischer Sicht sicherheitsrelevant erscheinen. Ein Rück- oder Abzug der syrischen Truppen ist keinesfalls zu erwarten, solange Israel noch einen Teil des Landes besetzt hält. Der L. ist damit, auch nach Beginn der Nahost-Friedensverhandlungen im Herbst 1991, der Schauplatz geblieben, auf dem der arabisch-israelische Konflikt weiterhin militärisch ausgetragen wird. Seine Souveränität wird zumindest solange ausgehöhlt bleiben, bis ein israelisch-syrischer Frieden in Sicht ist.

Der Bürgerkrieg hat erhebliche soziale und wirtschaftliche Probleme hinterlassen. Der materielle Wiederaufbau und die Rehabilitation von Kriegsopfern und demobilisierten Milizionären sind mit finanziellen Lasten verbunden, die der Staat allein nicht aufbringen kann; ausländische Hilfen und arabische, auslandslibanesische und internationale Investitionen sind dringend notwendig. Zu den materiellen Schäden kommt, daß der L. während des Krieges seine traditionelle Rolle als Dienstleistungs-, Handels- und Bankplatz und als *brain pool* der Region weitgehend verloren hat. Das primäre Entwicklungsziel der Regierung ist es, dem Land diese Rolle als regionales Finanz- und Dienstleistungszentrum zurückzugeben

Angesichts der grundsätzlich wirtschaftsliberalen Orientierung L.s und aller seiner wichtigen politischen Akteure, seiner kulturellen Offenheit, des immer noch relativ hohen Ausbildungsniveaus und auch des internationalen Vertrauens in die im Herbst 1992 gebildete „Geschäftsleuteregierung" *Hariri* ist dieses Ziel nicht notwendig illusorisch. Die komparativen Vorteile gegenüber anderen nahöstlichen Staaten sind allerdings geringer geworden. Das Land wird auch mit starker israelischer Konkurrenz zu rechnen haben, wenn eine regionale Friedenslösung zustande kommt. Im übrigen sind nennenswerte Kapitalzuflüsse erst zu erwarten, wenn Befürchtungen gegenstandslos werden, daß die Nachbarn das Land wieder destabilisieren oder innere Fronten erneut aufbrechen könnten.

Das Ende des Bürgerkriegs ist im wesentlichen von außen vermittelt worden, zweifellos mit der Unterstützung der Mehrheit der Bevölkerung, die selbst nicht in der Lage gewesen war, die Kriegsparteien zu stoppen. Über das Ta'if-Abkommen hinaus müssen nun die internen Akteure versuchen, die Voraussetzungen der Neukonstituierung eines überlebensfähigen Staatswesens zu schaffen. Entscheidend ist dabei weniger die Frage der Identität: Die große Mehrheit der Libanesen versteht sich heute ungeachtet unterschiedlicher Konfessionszugehörigkeiten als Teil einer lib. Nation, die arabisch ist, sich aber, mindestens durch ihre pluralistische Verfassung, vom Rest der arabischen Welt positiv unterscheiden läßt.

Bleibt die Frage der Glaubwürdigkeit des Staates und die Aufgabe, eine politische Kultur zu entwickeln, die eine friedliche Konfliktaustragung ermöglicht. Die alte Elite, die in den Regierungen der unmittelbaren Nachkriegszeit (1990–92) noch einmal die Führung übernommen hatte, versagte in dieser Hinsicht völlig. Ein Konflikt um die Durchführung von Parlamentswahlen im Sommer 1992 entwickelte sich zu einer Kraftprobe zwischen dem von Syrien gestützten Regierungslager und einer vor allem maronitischen Opposition gegen das Abkommen von Ta'if und seine konkrete Umsetzung. Die Wahlen – die ersten seit 1972 – brachten trotz eines partiellen Wahlboykotts und geringer Wahlbeteiligung tendenziell repräsentative Ergebnisse. Sie drückten einen allgemeinen Wunsch nach Veränderung aus, stellten ein Mißtrauensvotum gegen die alte politische Klasse dar, ersetzten zahlreiche Notabeln durch Aufsteiger aus der Mittelschicht und bestätigten dabei auch die Milizführer als Teil einer neuen politischen Elite. Die Ernennung des lib.-saudischen Geschäftsmanns *Rafiq al-Hariri* zum Ministerpräsidenten symbolisiert die Ablösung der Notabilität durch eine leistungsorientierte, machtbewußte, aber weniger in traditionell-konfessionalistischen Denkmustern verfangene Elite.

Zu den schwierigsten und wichtigsten Aufgaben, die sich Regierung und Parlament stellen, gehört neben einem erfolgreichen Management wirtschaftlicher und sozialer Herausforderungen die in der neuen Verfassung avisierte politische Säkularisierung. Solange das politische System nach konfessionellen Kriterien strukturiert ist, bleibt auch die Konfessionalisierung politischer und sozialer Konflikte möglich. Die graduelle Abschaffung konfessionalistischer Elemente wird deshalb zwar schwierig, aber – wenn die Zweite Republik nicht den Weg der Ersten gehen soll – unvermeidlich sein. Gleichzeitig gilt es, die demokratischen Strukturelemente gegen Aushöhlungstendenzen zu schützen, um die Entwicklung eines politisch statt konfessionell strukturierten Parteiensystems und die Integration auch jener Kräfte in ein neues Gemeinwesen zu ermöglichen, deren Machtressourcen durch die Abschaffung des politischen Konfessionalismus geschmälert werden.

Literatur

Beyhum, N. 1991: Reconstuire Beyrouth. Les paris sur le possible, Lyon.

Collelo, T. 1989: Lebanon: a Country Study, Washington, D. C.

Deeb, M.J./Deeb, M. 1991: Regional Conflict and Regional Solution: Lebanon, in: Annals of the American Academy of Arts of Political and Social Science, 518, 82–94.

Dubar, C./Nasr, S. 1976, Les classes sociales au Liban, Paris.

Faour, M. 1991: The Demography of Lebanon: a Reappraisal, in: Middle Eastern Studies, 27, 631–641.

Hanf, T. 1990: Koexistenz im Krieg. Staatszerfall und Entstehen einer Nation im Libanon, Baden-Baden.

Perthes, V. 1992: Problems with Peace. Post-War Politics and Parliamentary Elections in Lebanon, in: Orient, 33, 409–432.

Petran, T. 1987: The Struggle over Lebanon, New York.

Rieck, A.1989. Die Schiiten und der Kampf um den Libanon. Politische Chronik 1958–1988, Hamburg.

Salibi, K. 1988: A House of Many Mansions. The History of Lebanon Reconsidered, Berkeley.

Schiff, Z./Ya'ari, E. 1984: Israel's Lebanon War, New York.

Shehade, N./Mills, D. H. 1988: Lebanon: a History of Conflict and Consensus, London.

Oman

Jörg Janzen und Fred Scholz

1. Wirtschaftsgeographische Grundlagen

Das Sultanat Oman im SO der arabischen Halbinsel umfaßt den traditionellen Kernraum Muscat und Oman, die südliche Provinz Dhofar, die 1879 dem Sultanat angegliedert wurde, und die Halbinsel Musandam, eine Enklave, die durch das 90 km breite Emirat Eujaira vom übrigen Oman abgetrennt ist. Mit Musandam grenzt Oman im Norden an den Arabisch-Persischen Golf, mit dem 1700 km (Küstenlinie) entfernten Dhofar im Süden an das Arabische Meer.

Das rund 300 000 qkm große Oman (Hauptstadt: Muscat) liegt zwar im Einzugsbereich monsunalen Klimas, ist dennoch ganz zum altweltlichen, passatischen Trockengürtel zu zählen. Die Hauptstadtregion *(Capital Area)* umfaßt die Städte Muscat, Matrah, Ruwi, Qurm und Seeb, die 1990 zusammen etwa 445 000 E. hatten.

Ungefähr 15 % der Landesfläche werden von fast vegetationslosen Gebirgen eingenommen, 65 % von den weiten, von Dorn- und Trockensavannenvegetation bedeckten Schotterflächen der vom Gebirge zur Wüste oder zum Meer verlaufenden Wadis. Die verbleibende Fläche stellt eine Wüste dar, in der die Sande eine Mächtigkeit von mehreren hundert Metern erreichen können. Weniger als 1 % der Fläche (41 024 ha) wird von Oasen und Agrarprojekten eingenommen und ackerbaulich intensiv genutzt. In Oman bilden Dattelpalmen, in den Oasen Dhofars Kokospalmen die Hauptanbaukultur. Daneben werden noch Limonen, Papayas und Bananen geerntet und als Unterkultur vor allem Luzerne als Futtermittel, Gemüse und Weizen angepflanzt.

Das Bewässerungswasser entstammt in den meisten Oasen unterirdischen Wassersammelanlagen *(falaj)* oder auch Brunnen. Die Wasserverteilung folgt jahrhundertealten Regeln und erschwert durch ihre Kompliziertheit die optimale Nutzung der geringen Wasservorräte. Der größte Teil des Landes ist zwar ackerbaulich nicht nutzbar, stellt aber den Lebens- und Wirtschaftsraum einer Wanderviehwirtschaft treibenden Bev. dar. Einzig die hier umherschweifenden Beduinen und *Shawawis* und *Jebalis* (=Bergnomaden) vermochten mit ihren Kamel-, Schaf-, Ziegen- oder/und Rinderherden (Dhofar) die spärlichen Weiden zu nutzen.

Ursache der geringen landwirtschaftlichen Möglichkeiten sind – neben den hier nicht weiter ausgeführten geomorphologischen Verhältnissen – das Klima und die Böden. Bestimmende klimatische Merkmale sind dabei geringe Niederschläge und hohe Temperaturen. Regenmengen von weniger als 50 mm im Jahr werden im Inneren gemessen. Die entsprechenden Werte an der Küste liegen bei 120–150 mm. Lediglich in den Gebirgsaufragungen im Norden (bis 3100 m) und Süden (bis 1400 m) sind Niederschläge von über 300 mm festzustellen. Doch fallen sie unregelmäßig, lokal begrenzt und in Form von Schlag- oder Starkregen. Dazu kommt, daß das Wasser schichtflutartig abfließt, da die Bodenkapillaren mit Luft gefüllt sind und ein Versickern weitgehend verhindern. Die dennoch entstehende Bodenfeuchte verdunstet infolge der hohen Temperaturen (Juli: Mitteltemperatur 34°–38° C). Durch den Evaporationssog gelangen Salze an die Bodenoberfläche, führen zur Mineralisierung und schränken die Nutzungsmöglichkeiten ein.

Wenn auch die natürlichen Voraussetzungen für die Landwirtschaft begrenzt sind, liegen hier dennoch Entwicklungsmöglichkeiten, die Oman – bei einer sinnvollen und ausgewogenen Agrarpolitik – zum Nahrungsmittellieferanten für die agrarisch benachteiligten übrigen arabischen Erdölförderländer befähigen könnten. Oman muß diese Chance ergreifen, denn es ist mehr als die Nachbarländer auf die Nutzung selbst der bescheidensten natürlichen Ressourcen angewiesen, zumal die Erschöpfung seiner begrenzten Erdölreserven bei einer mittleren Förderleistung von 641 000 bpd und 233,8 Mio. Barrel pro Jahr (1989) in den ersten Jahrzehnten des 21. Jh.s. absehbar ist. Infolge der Erschließung neuer Erdölvorkommen in den südlichen Landesteilen konnte die Rohölförderung in den 80er Jahren deutlich gesteigert werden (Tab. 1). Die Rohölvorräte wurden 1991 auf 4300 Mio. Barrel geschätzt.

Tabelle 1: *Erdölförderung, Erdöleinnahmen und Anteil von Erdöl an Exporten:*

	1970	1975	1980	1985	1989
Förderung in Mio. Barrel	121,3	124,6	103,7	181,8	233,8
Erdöleinnahmen in Mio. US-$[c]	210,2[a]	1219,3[b]	2825,2	4650,6	3468,6
Erdölanteil an Exporten (%)	..	99,8	96,1	93,0	88,9

[a] 1971; [b] 1974; [c] nach amtlichen Wechselkursen
Quelle: Statistical Yearbook 1990.

Verstärkt wird seit Anfang der 80er Jahre die Nutzung des Erdgases betrieben. Die Erdgasproduktion erreichte 1989 schon 171.172 Mrd. Standard-Kubik-Fuß (lt. SYB 1990). Das Gas wird für die Energieversorgung der Elektrizitätswerke, einer Kupferschmelze und der Erdölfelder verwendet. Die Erdgasvorräte wurden 1989 auf 283 Mrd. m^3 geschätzt.

Oman verfügt auch über andere Bodenschätze wie Glimmer, Flußspat, Asbest, Magnesium, Eisen, Gips und reinen Kalk. Während diese Mineralien kaum abbauwürdig sind, werden Chrom, Gold und Silber in bescheidenem Umfang abgebaut. Die größte Bedeutung besitzen die Kupferlagerstätten. 1989 wurden 14 963 t Kupfer produziert u. v. a. nach Japan und Taiwan exportiert.

O. hebt sich in den natürlichen wirtschaftlichen Grundlagen und in der Notwendigkeit zu ihrer gezielten Inwertsetzung von den erdölreicheren Ländern der Golfregion ab. Auch ist der für den altweltlichen Trockengürtel typische wirtschaftsräumliche Zweiklang besonders deutlich ausgeprägt: wenige verstreute, ackerbaulich genutzte und bevölkerungsreiche Punkte (Oasen) – weite, viehwirtschaftlich genutzte bevölkerungsarme Flächen (Wüsten). Dieser wirtschaftsräumliche Gegensatz stellt ein persistentes Raummuster dar, das nicht nur in der Vergangenheit die politische, ökonomische und demographische Entwicklung Omans bestimmte, sondern auch den Rahmen für den modernen Aufbau des Landes bildet.

Seit 1976 hat Oman begonnen, den Fischreichtum seiner Gewässer mit Hilfe japanischer, koreanischer und neuseeländischer Firmen zu erschließen und unter Anleitung US-amerikanischer und europäischer Firmen die landwirtschaftliche Nutzfläche unter Einsatz moderner Produktionsmittel zu erweitern und die Erträge zu steigern, die Qualität der Dattel durch neue Aufbereitungsverfahren zu verbessern und exportfähig zu machen und durch Zuchtversuche leistungsfähigere Viehsorten zu gewinnen.

Doch sind diesen Bemühungen von der Landesnatur enge Grenzen gesetzt. Ökologisch nicht angepaßte Formen agrarischer Nutzung haben in einigen Teilen des Landes ernste Umweltbelastungen zur Folge. So hat in den Küstenebenen der Batinah (Nordoman) und Dhofars übermäßiger Wasserverbrauch für Bewässerungszwecke zu einer starken Grundwasserabsenkung geführt und damit das Eindringen salzigen Meerwassers in die küstennahen Anbaugebiete gefördert (Bodenversalzung). Die Tendenz zu einer weniger mobilen Tierhaltung hat v. a. in Dhofar aufgrund höherer Bestockungsdichten Überweidung und damit Degradation von Vegetation und Böden gefördert. Maßnahmen zur Erhaltung der natürlichen Agrarpotentiale sind daher dringend geboten.

2. Grundzüge der historischen Entwicklung

Am 23. Juli 1970 setzte Sultan *Qaboos bin Sa'id bin Taimur al-Sa'id* in einer unblutigen Palastrevolte seinen Vater ab und beendete damit eine fast ein Jh. währende Periode, in der Oman von einer mächtigen Handelsnation zu einem armen, isolierten Land abgestiegen war und Strukturen geschaffen worden waren, die das Sultanat – obwohl niemals *de jure* Kolonie – in Fremdbestimmung und Abhängigkeit hielten. In den europ. Gesichtskreis war Oman nach der Entdeckung des Seeweges nach Indien durch die Portugiesen im 16. Jh. und deren Eroberungen an den Küsten des Arabischen Meeres getreten. Doch erst im 17. Jh. setzte die Entwicklung ein, deren Kenntnis Voraussetzung für das Verständnis der heutigen Situation ist.

Die Stämme Omans, unter der hierokratischen Herrschaft des Imam, des geistlichen Führers der Ibaditen, lose zusammengefaßt, waren auf Inner-Oman ausgerichtet. Sie mieden die durch Persien ständig bedrohten Küsten. Dennoch ging von den hier gelegenen Hafenorten Sohar, Sur, Qalat und Muscat stets ein bis in vorchristliche Jh.e zurückreichender Seehandel aus. An diese Tradition knüpften im 17. Jh., z. Zt. der Herrschaft der *Ya'ariba*-Dynastie, die Stämme Inner-Omans an. Die *Ya'ariba*-Imame nutzten die durch die Europäer erzwungene Schwächung Persiens und den zwischen Portugal und GB um die Vorherrschaft im Indischen Ozean schwelenden Konflikt zum Aufbau eines eigenen Handelsimperiums. Sie vermochten, von GB geduldet und gestützt, die Portugiesen aus ihren oman. und ostafrikanischen Besitzungen zu verdrängen.

1749 gelangte die Familie *Al-Sa'id* aus dem Stamm der *Al-Bu Sa'id* an die Macht. Diese Dynastie, die bis zur Gegenwart ohne Unterbrechung regiert, kontrollierte rund ein Jh. lang ein Seereich, das die Ostküste Afrikas von Kap Guardafui bis Beira und landeinwärts bis an die ostafrikanischen Seen, die Südküste Arabiens, Teile des Arabisch-Persischen Golfes und der Südküste Persiens umschloß. Ihre Flotte kontrollierte den Handel im gesamten Indischen Ozean und dessen Randmeeren. Oman war Hauptakteur im ostafrikanischen Sklaven-, Weihrauch- und Gewürzhandel jener Zeit.

Der Höhepunkt der oman. Machtentfaltung lag in der ersten Hälfte des 19. Jh.s Aus dieser Zeit datieren auch die ersten internationalen Verträge. 1798 wurde der erste Vertrag zwischen Oman und GB geschlossen. Bis 1958 folgten 23 weitere Verträge, davon allein 20 mit GB. Es handelte sich um Schutz-, Militär-, Handels- und Beistandspakte sowie um Abmachungen über das Verbot der Piraterie, des Sklaven- und Waffenhandels. Doch während bis zur Mitte des 19. Jh.s die Vertragstexte partnerschaftliche Abmachungen beinhalten, sind die nachfolgenden eindeutig zugunsten oder unter dem Druck von GB verfaßt worden. Der darin erkennbare Wandel geht einher mit dem Verfall der oman. Macht. Dafür sind verschiedene Ursachen verantwortlich: Eingeleitet wurde der Machtverfall durch „Diadochen"-Kämpfe innerhalb der *Al-Sa'id*-Dynastie am Ende des 18. Jh.s, die letztlich zur Entstehung des Sultanats Muscat an der Küste und des Imamats Oman im Landesinneren führten. Diese interne Konfliktformation bestimmte hinfort die Entwicklung des Landes und sollte Ansatzpunkt externer Einflußnahme werden. Erste Konsequenz der internen Machtaufteilung war, daß der Sultan seine wirtschaftlichen Aktivitäten einzig auf das Seereich konzentrierte. Sichtbarer Ausdruck dafür war die Verlagerung der Hauptstadtfunktion von Muscat nach Zanzibar im Jahre 1820. Darin lag der Keim einer erneuten internen Machtaufsplitterung, die 1861 unter brit. Schirmherrschaft vollzogen wurde. Das oman. Seereich wurde in zwei selbständige Sultanate aufgeteilt. Das wohlhabendere Zanzibar wurde zu einer „Zanzibar subsidy", der Zahlung einer jährlichen Rente an das ärmere Sultanat Muscat verpflichtet, doch die Zahlung dieser Rente, die Haupteinnahme Muscats, wurde 1873 von London und Britisch-Indien übernommen (seit 1947 nur noch von London). Der erste Schritt zur ökonomischen Abhängigkeit des Sultans von Muscat von GB war getan.

Die „Zanzibar subsidy" wurde zu einer wirksamen politischen Waffe. Denn Muscat verlor nicht nur Zanzibar, sondern in der Folgezeit auch alle übrigen ökonomischen Grundlagen. 1820 hatte es schon den Vertrag über das Verbot des Sklavenhandels unterzeichnen müssen, 1869 büßte mit der Eröffnung des Suezkanals der Hafen von Muscat seine Funktion als Etappenstation und Stapelplatz am Seeweg nach Indien ein, und in den in Europa entwickelten Dampfschiffen erwuchs den Segelschiffen der oman. Handelsflotte eine übermächtige Konkurrenz. Der Versuch, die dadurch eingetretenen finanziellen Verluste durch Waffenhandel auszugleichen, führte zum ersten nachweisbaren direkten Eingriff Englands in die oman. Innenpolitik. Dem Verbot des von Frankreich geförderten Waffenhandels durch GB 1912 stimmte zwar der Sultan, nicht aber stimmten der Imam und die Stämme Inner-Omans zu.

Der militärische Konflikt zwischen Sultan und Imam (1913) wurde 1915 mit brit. Hilfe zugunsten des Sultans entschieden, der hinfort nicht nur auf die finanzielle, sondern auch militärische Unterstützung angewiesen war. Der zur Beilegung des Konflikts geschlossene Vertrag von Seeb (1920) war ein brit. Diktat, dem sich der Sultan infolge vertraglicher Bindungen und finanzieller Abhängigkeit, der Imam jedoch nur infolge militärischer Drohungen unterwarf. Wiederholt wurde die Stellung GBs. sichtbar, so beim Imam-Sultan-Konflikt (1955–59) um die Vergabe der Erdölkonzessionen in Inner-Oman. Der Imam, von Saudi-Arabien und damit der ARAMCO unterstützt, sprach dem Sultan das Recht ab, über die Konzessionen zugunsten brit. Firmen zu entscheiden. Die militärische Auseinandersetzung endete unter Beteiligung brit. Militärs mit der Beseitigung des Imamats und der Ausdehnung der Sultansherrschaft über ganz Oman.

Trotz dieser direkten Eingriffe Englands zugunsten des Sultans kann als das Ziel der Politik von Sultan *Sa'id bin Taimur* (1932–70) das Bemühen um die Abschüttelung externer Abhängigkeit gewertet werden. Er hatte erkannt, daß wirtschaftliche Eigenständigkeit die Voraussetzung für politische Unabhängigkeit bildet. Doch seine Absicht verkehrte sich ins Gegenteil. Oman wurde – nicht ohne brit. Zutun – wirtschaftlich und politisch isoliert und blieb ohne Entwicklungsimpulse.

Die daraus und aus dem traditionellen Konflikt zwischen dem Sultan und den 1879 zwangsweise dem Sultanat eingegliederten Stämmen Dhofars erwachsenden Spannungen führten – wiederum unter brit. Duldung oder Förderung – zur Absetzung von Sultan *Sa'id* durch dessen Sohn *Qaboos*. Oman verfügte zu dieser Zeit nur über drei Schulen, drei Hospitäler und etwa 10 km Asphaltstraße; es wurde diplomatisch von GB vertreten; Polizei, Armee und Verwaltung wurden von brit. Spezialisten geführt.

Seit 1970 ist Oman ein souveräner Staat und unterhält zu allen wichtigen

Ländern diplomatische Beziehungen. Das Interesse der westlichen Länder an Oman, das wegen seiner strategischen Lage am Zugang zum wichtigsten Erdölfördergebiet der Welt schon immer bestand, erlangte nach der Revolution im Iran und dem Einmarsch sowjetischer Truppen in Afghanistan eine neue Dimension: Den westlichen Wünschen, in Oman Marine- und Luftwaffenbasen aufzubauen und das Sultanat mit modernem Kriegsgerät auszurüsten, konnte sich der Sultan nicht nur aus außenpolitischen Zwängen, sondern auch aufgrund der geringen wirtschaftlichen Eigenständigkeit nicht entziehen.

Oman erlangte seit Ende der 70er Jahre einen großen politischen und militärstrategischen Bedeutungsgewinn. Dies zeigte sich auch während des Golfkrieges von 1991, als die Versorgung der US-Truppen ohne seine Luftbasen kaum möglich gewesen wäre. Dieser Bedeutungszuwachs ging jedoch einher mit einer wachsenden Außenabhängigkeit. Sie findet nicht nur Ausdruck in der Zunahme ausländischer Militärberater und im Import kostspieliger Waffensysteme, sondern auch darin, daß an der Finanzierung anspruchsvoller Entwicklungsvorhaben das Ausland in wachsendem Maße beteiligt ist.

3. Bevölkerungs- und Sozialstruktur

Die demographischen Angaben über Oman basieren überwiegend aus Schätzungen und sind daher sehr widersprüchlich. Für Mitte 1988 wurde die Bev. auf 1,33 Mio. geschätzt, wovon 64 % als Omanis und 36 % als in Oman lebende Ausländer eingestuft wurden. Das *Statistical Yearbook 1993* (SYB 1933) nennt für 1991 eine Bev. von rund 2,2 Mio., die eine durchschn. Bevölkerungsdichte von 7,4 E. pro qkm ergibt. Der Anteil der Gastarbeiter wurde mit 17,3 % angegeben.

Außer der *Capital Area* sind als bedeutende Städte noch zu nennen (1990 in Tsd.): Sohar 90, Salalah 75, Rustaq 66, Nizwa 63, Sur 60, Sumali 45 und Al-Buraimi 40. Trotz des sprunghaften Anwachsens der städtischen Bev. verteilen sich 58 % immer noch auf die punkthaft verstreuten Oasen an der Küste und im Nahbereich des Gebirges, während die Nomaden in den weiten Flächen des Landes kaum auffindbar sind.

Offizielle Angaben über Wachstums-, Sterbe- und Geburtenraten, Kindersterblichkeit und den Altersaufbau der Bev. sind kaum vorhanden. Tatsache ist, daß aufgrund der verbesserten medizinischen Versorgung die Kindersterblichkeit deutlich gesenkt und die durchschn. Lebenserwartung auf 68 Jahre erhöht werden konnte (vgl. Tab. 5). Die Weltbank weist für die 80er Jahre ein jährliches Bevölkerungswachstum von 4,7 % aus.

Für die Bevölkerungsstruktur sind neben den demographischen vor allem die ethnisch-sozialen Verhältnisse bedeutsam. Zwei Gruppierungen seien hier hervorgehoben: Omanis und Nicht-Omanis. Die Omanis lassen sich gliedern in

– arabischstämmige und nicht-arabische Omanis, deren Vorfahren aus Persien, Makran (Belutschen) oder Afrika (als negroide Sklaven) zugewandert sind;
– ansässige und zugewanderte arabischstämmige Omanis, bei denen es sich größtenteils um Rückwanderer aus den ehemaligen ostafrikanischen Besitzungen handelt;
– eine große Zahl von unterschiedlich volkreichen Stämmen, die sich in zwei traditionelle, innenpolitisch ehemals bedeutsame Fraktionen, die *Hinawiyya* und die *Ghafariyya*, teilen.

Mit jeder dieser Gruppen ist eine besondere Problematik verbunden. So besetzen z. B. – nicht ohne Widerspruch der Ansässigen – die aus Zanzibar zurückgekehrten, i. d. R. gebildeteren Omanis die meisten höheren Positionen in Regierung, Verwaltung und Wirtschaft und bestimmen das gesellschaftliche Leben in der *Capital Area*. In der großen Zahl meist negroider Zuwanderer aus Ostafrika bildete sich eine starke Gruppe heraus, die teilweise nicht Arabisch spricht, eine hohe Geburtenrate aufweist, oft wenig qualifiziert ist, Handarbeit jedoch aus Prestigedenken ausländischen Arbeitskräften überläßt. Hier wächst eine große Zahl zukünftiger Arbeitssuchender heran, deren Eingliederung sich schwierig gestaltet.

Auch die Angehörigen traditionell sozial niedrig stehender Gruppen, die sog. Nicht-*Qabilis* – das sind Personen, die in der überlieferten Stammeshierarchie nicht den „vollwertigen" freien Stämmen angehörten und deren Mitglieder Dienstleistungen erbringen mußten –, besitzen bis heute eine unterprivilegierte Stellung. Das bedeutet jedoch keineswegs, daß nicht auch die meisten von ihnen in irgendeiner Weise materiell an den Errungenschaften der modernen Entwicklung teilhaben.

Ähnlich wie bei den meist hellhäutigen Nicht-*Qabilis* stellt sich auch die Situation der Nachkommen ehemaliger Sklaven dar. Zwar ist die Sklaverei (seit 1970, mit Nachdruck betont!) offiziell abgeschafft, doch am Status der ehemaligen Sklaven hat sich wenig geändert, zumal der Schutz durch den bisherigen Herrn für diese wenig qualifizierte Gruppe wirtschaftliche und rechtliche Sicherheit bedeutet. Eine Ausnahme bilden die zum Hofstaat der Sultansfamilie gehörenden, aus dem Sklavenstand hervorgegangenen Bediensteten. Aufgrund ihrer engen Loyalität zum Herrscherhaus erfreuen sie sich zahlreicher ökonomischer Vorteile.

Ein anderes Problem stellen die nichtarabischen Omanis dar, deren Vorfahren z. T. schon vor mehreren Jh.en eingewandert sind, die sich aber kaum mit der arabischen Bev. vermischt haben. Es sind vor allem Belutschen. Sie geraten in dem Maße, wie das omanisch-arabische Nationalbewußtsein wächst, in eine Minoritätenrolle und laufen Gefahr, sozial diskriminiert zu werden. Zu den Nicht-Omanis gehören außer einigen tausend indischen Händlerfamilien, die meist schon seit mehreren Generationen in Oman leben und recht wohlhabend sind, vor allem die seit 1970 ins Land gerufenen Experten oder auch nur in einfachsten Tätigkeiten eingesetzten Arbeitskräfte. Oman ist zwar nicht in gleichem Maße von ausländischen Arbeitskräften abhängig wie die anderen kleinen Golf-Staaten, aber auch hier hat der Bedarf stark zugenommen. Für das Jahr 1991 wurde eine Zahl von rund 380 000 ausländischen Arbeitskräften angegeben, was einem Ausländeranteil von 17,3 % entsprach.

Interessant ist ein Blick auf die Entwicklung der Arbeitsmigration. Während 1970 nur 120 Ausländer im öffentlichen Dienst beschäftigt waren, ist ihre Zahl Anfang der 70er Jahre sprunghaft angestiegen. 1975 waren bereits 5507 Ausländer für den Staat tätig; 1989 waren es dann 29 484 (lt. SYB 1990). Die Bedeutung der Gastarbeiter für die Privatwirtschaft läßt sich an der Anzahl der von der Regierung ausgegebenen Arbeitsgenehmigungen (*Labour Cards*) ablesen. Danach waren 1989 insgesamt 258 360 Ausländer im Privatsektor tätig. Die größten Anteile wiesen mit jeweils gut 30 % die Sektoren Handel und Bauwesen auf, gefolgt von den Bereichen Gemeinde- und Sozialdienste und Hauspersonal mit 12,7 %, dem produzierenden Gewerbe mit 10,7 % sowie der Landwirtschaft und Fischerei mit 8,2 %.

Bei den Herkunftsgebieten der Arbeitsmigranten liegt Asien weit an der Spitze. Von den 250 398 der 1989 in der Privatwirtschaft tätigen Asiaten stammten 59,1 % aus Indien, 16,9 % aus Pakistan, 15 % aus Bangladesh, 3,8 % aus Sri Lanka und 1,9 % von den Philippinen. Der Anteil der arabischen Gastarbeiter liegt dagegen mit 1,6 % sehr niedrig. Von den 3259 Fachkräften aus Europa stellten die Briten mit 2226 traditionsgemäß das größte Kontingent.

Obwohl selbst im ländlichen Raum eine Zunahme an ausländischen Arbeitskräften (als Landarbeiter, Hirten und Bauarbeiter) festzustellen ist, konzentriert sich ihre große Mehrheit nach wie vor in den Ballungsgebieten der *Capital Area* und von Salalah, in denen sie sogar die Bevölkerungsmehrheit bilden. Die wachstumspol-orientierte raumwirtschaftliche Struktur Omans findet auch darin einen deutlichen Ausdruck.

Ohne die ausländischen Arbeitskräfte wäre der seit 1970 vehement betriebene Aufbau des Landes nicht möglich gewesen. Obwohl ihre Position *de jure* abgesichert ist, sind sie *de facto* keineswegs gleichgestellt. Besonders prekär erscheint die Lage der asiatischen Gastarbeiter, die teilweise durch recht skrupellose oman. Arbeitskräftevermittler ins Land geholt werden und deren Verfügungsgewalt völlig unterstellt sind. Nicht unbedeutend für die von der Regierung betriebene Omanisierung der Arbeiterschaft ist auch die Tatsache, daß der Omani nicht immer bereit ist, Tätigkeiten, die vornehmlich Ausländern vorbehalten sind, auszuführen.

Die ethnisch-soziale Differenzierung der Bev. reicht aber nicht aus, um eine Aussage über deren Klassenstruktur vorzunehmen. Mit einiger Berechtigung ist festzustellen, daß sich neben der ehemals allgemeingültigen, durch Alter und Genealogie sowie durch die Stammestradition bestimmten Zwei-Schichten-Gliederung (Oberschicht: ökonomisch gleichberechtigte, verwandtschaftlich verbundene, positionell differenzierte Stammesmitglieder unter der Führung von Scheichen; Unterschicht: ökonomisch nicht gleichberechtigte, assoziierte stammesfremde Gruppen und ehemalige Sklaven) in der *Capital Area* eine Drei-Schichten-Gliederung besteht.

Die Oberschicht ist z. T. identisch mit derjenigen des stammlichen Lebensraumes; hinzu gehören aber auch die neue Kaufmanns- und Unternehmerschaft sowie die höheren Regierungsbeamten meist zanzibarischer Provenienz. Zur Unterschicht zählen die ausländischen Arbeitskräfte, ehemaligen Sklaven und die Zuwanderer aus den assoziierten Stammesgruppen. Qualitativ weit hingegen ist die Mittelschicht zu fassen: z. B. einheimische Händler und Handwerker, einheimische und ausländische Beamte und Angestellte, die vor allem durch ihre Beschäftigung bei ausländischen Firmen einen Zugewinn an sozialer Wertschätzung erfahren, sowie Lehrer, Ärzte und Polizisten.

Die soziale Differenzierung wird zwar weitgehend vom Leistungsprinzip bestimmt, doch wird dieser Maßstab nur an die ausländischen Gruppen angelegt; denn unter den Einheimischen werden z. B. Regierungspositionen noch immer nach tradierten verwandtschaftlichen Gesichtspunkten und nicht nach Fähigkeit und Eignung vergeben. Beinahe alljährlich aufgedeckte Mißstände, Pfründenwirtschaft und Korruption haben in dieser Patronage ihre Ursachen.

Die Unterschicht, zu der die Masse der ausländischen Arbeitskräfte zu zählen ist, ist vorwiegend im Baugewerbe, aber auch im Handel und Dienstleistungsbereich sowie in der Landwirtschaft beschäftigt. Ihre Mehrzahl konzentriert sich in der *Capital Area* und im Raum Salalah (Dhofar). Ihre Verdienstmöglichkeiten haben sich nach dem Zerfall des Ölpreises und der Abwertung des *Rial Omani* (RO) im Jahre 1986, aber auch aufgrund eines Überangebots an Arbeitskräften in manchen Branchen kaum erhöht, in manchen Berufen sogar verringert. 1993 verdiente beispielsweise ein Landarbeiter/Viehhirte 40–50 RO, ein Koch 60–80 RO oder ein Bauarbeiter 70–80 RO im Monat. Die Gehälter von Krankenschwestern lagen bei 100 RO, von Lehrern bei 190 RO und von Ärzten zwischen 850 und 2500 RO je nach Qualifikation. 1993 war ein 1 RO nach amtlichen Wechselkursen 2,58 US-$ oder 4,35 DM wert.

Zusammen mit den Zuwanderern aus Inner-Oman und den Ein- und Rückwanderern aus Afrika trugen die Gastarbeiter zum rasanten flächen- und einwohnermäßigen Wachstum der Stadtgebiete bei. Zwar ist es bisher nur vereinzelt zur Entstehung von *squatter settlements* gekommen und konnten Bretterhüttenlager durch staatliche Wohnbauprojekte und Auflagen an die Firmen für die Unterbringung ihrer Arbeitskräfte immer wieder beseitigt werden, doch dürfte ihr Entstehen nicht auf Dauer verhindert werden können. Denn die in den billigen Behausungen (*low-cost-houses*) lebende Bev. ist kinderreich, die Arbeitskräfte sind wenig qualifiziert, teilweise der arabischen Sprache nicht mächtig und zu einem hohen Anteil auf schlechter bezahlte Gelegenheitsarbeiten angewiesen.

Während in der Beschaffung von Wohnraum – trotz beachtlicher städtebaulicher Erfolge – vor allem für die Unterschicht noch erheblicher Bedarf besteht, gelang es, ein fast alle Siedlungen erfassendes Straßennetz (mit größtenteils asphaltierten Straßen), ein halböffentliches Personentransportsystem, ein dichtes Telefonnetz und Kommunikationssystem sowie im Erziehungs-

und Gesundheitswesen eine fast beispielhaft zu nennende Versorgung aufzubauen (vgl. Kap. 5).

Doch die in der bisherigen Darstellung anklingende, landesumspannende und -durchdringende Entwicklung muß an Grenzen stoßen. Diese Grenzen sind durch die Finanzkraft des Landes vorgegeben, aber auch durch die traditionelle raumstrukturelle Situation Omans und dadurch, daß im Zuge des infrastrukturellen, wirtschaftlichen und administrativen Ausbaus der *Capital Area* ein alle Landesteile erfassender und dominierender „Entwicklungspol" entstand, dessen Wachstum bislang nicht wirklich Einhalt geboten wurde. Zwar sind die Oasenorte des Hinterlandes vorerst noch die ersten Zielpunkte intraregionaler Migration und die Ansatzstellen für die mobilen Bevölkerungsgruppen, doch der Trend zur befristeten, wiederkehrenden oder permanenten Abwanderung in die *Capital Area* und das Stadtgebiet von Salalah ist unübersehbar. Die daraus erwachsenden Folgen für die Herkunfts- und Zielgebiete – aus anderen „älteren" EL bekannt – sind auch in Oman in einigen Landesteilen bereits spürbar.

Tabelle 2: *Entstehung des BSP (Anteile in %)*

	1981	1985	1989
Erdöl	58,18	47,46	43,87
Erdgas	0,71	1,04	1,39
Landwirtschaft/Fischerei	2,49	2,71	3,63
Industrie	1,08	2,38	4,24
Elektrizität/Wasser	0,75	1,07	1,49
Baugewerbe	5,82	7,01	3,28
Handel	10,09	12,39	12,18
Gastronomie/Transport	2,16	2,88	3,48
Banken/Versicherungen	3,04	3,95	3,91
Immobilien	5,25	4,62	5,11
Öffentlicher Dienst	10.46	13,84	16,99
BSP zu Marktpreisen in Mio. RO	2490,5	3453,8	3230,6

Quelle: Statistical Yearbook 1990.

4. Wirtschaftsstruktur und wirtschaftliche Entwicklung

Bis 1967 bildeten Fischerei und Landwirtschaft die einzigen einheimischen Einnahmequellen. Doch diese auf Selbstversorgung ausgerichteten Wirtschaftsbereiche (1967: 33% des BSP) warfen nur einen bescheidenen Überschuß ab. Einzig Datteln, getrocknete Zitronen, Tabak, Fisch, vereinzelt auch Kamele und Ziegen kamen zum Export. Den geringen Verdienst- und Arbeitsmöglichkeiten entsprechend wanderten zahlreiche Männer illegal über die Grenzen nach Saudi-Arabien, VAE oder auch nach Kuwait, Bahrain oder

Katar. Die nach 1967 einsetzenden Erdöleinnahmen brachten keine Wende, denn die Mittel wurden fast ausschließlich zur Bedürfnisbefriedigung des alten Sultans verwendet oder gehortet.

Den Forderungen der innenpolitischen Gegner des Sultans auf Öffnung des Landes kam – erst nach 1970 – der junge Sultan nach. Er hob die Ein- und Ausreiseverbote auf, gestattete den zollfreien Import aller Güter (Ausnahme: z. B. Alkohol, Zigaretten) und versuchte, in einem großartig konzipierten, staatlich finanzierten Aufbauprogramm die Basis für die Entfaltung privatwirtschaftlicher Initiativen und die Schaffung von Arbeits- und Verdienstmöglichkeiten zu legen. Vor allem für das Baugewerbe und den Handel wurde ein günstiges Entwicklungsklima bereitet. Mit dem Gesetz, das jedem Omani die kostenlose Zuweisung eines Grundstückes zu Wohn- und Gewerbe- bzw. landwirtschaftlichen Zwecken zusichert, soll die breite Bev. direkt am wirtschaftlichen Aufschwung beteiligt und auch für das neue Regime geködert werden.

Das Ausmaß der Entwicklung, die seit 1970 stattgefunden hat, ist in der Zunahme von Krankenhäusern und Schulen (vgl. Kap. 5), dem Ausbau des Verkehrswesens, der Anlage eines Telefonnetzes, dem Aufbau des Postdienstes, von Rundfunk und Fernsehen sowie in der Niederlassung von elf nationalen und 13 internationalen Banken mit insgesamt 255 Zweigstellen zu sehen. Sie zeigte sich auch in der Steigerung der Importe von nur 33,1 Mio. US-$ (1971) auf 2239 Mio. US-$ (1989), die zu 24,2 % aus den VAE, zu 15,7 % aus Japan, zu 11,7 % aus GB, zu 8,4 % aus den USA und zu 5,5 % aus Deutschland kamen. Die Zusammensetzung der Importe zeigt Tab. 3.

Tabelle 3: *Importe nach Warengruppen (1989)*

	in Tsd. US-$	Wertanteil in %
Maschinen/Fahrzeuge	808,3	36,1
Konsumgüter	406,4	18,2
Lebensmittel/Lebendvieh	383,1	17,1
Sonstige Fertigwaren	302,1	13,5
Chemikalien	138,0	6,2
Getränke/Tabakwaren	45,2	2,0
andere	156,9	6,9
gesamt	2239,4	100,0

Quelle: Statistical Yearbook 1990.

Finanzielle Grundlage dieser boomartigen Entwicklung bildeten – bei annähernd gleichbleibenden Fördermengen – die rasch anwachsenden Erdöleinnahmen aufgrund der 1974 sprunghaft gestiegenen Erdölpreise (vgl. Tab. 1). Ursache dafür war aber auch die Tatsache, daß im Jahre 1974 Oman die Mehrheitsanteile an der *Petroleum Development Ltd. Oman* (PDO) übernommen (60 % Regierung, 34 % Shell, 4 % CFP, 2 % Partex) und sich, ohne Mitglied der OPEC oder damals OAPEC zu sein, den höheren Preisforderungen der übrigen Erdölförderländer angeschlossen hatte. Mit diesen sprunghaft angestiegenen Einnahmen waren die finanzielle Basis verbreitert und die Voraussetzungen für die Realisierung der ehrgeizigen Entwicklungspläne geschaffen worden.

Tab. 1 verdeutlicht die Entwicklung seit 1970. Danach erreichten die Einkünfte aus der Erdölförderung 1985 ihren Höhepunkt, fielen dann aber – aufgrund des Preissturzes für Erdöl 1986 und der folgenden Abwertung des RO - trotz steigender Fördermengen erheblich zurück.

Der Verfall der Erdölpreise hatte tiefgreifende wirtschaftliche Auswirkungen. Es kam nicht nur zur Verzögerung laufender Projekte, auch geplante Großvorhaben wurden gar nicht erst begonnen oder auf unbestimmte Zeit verschoben. Ein Blick auf die Handelsstatistik (vgl. Tab. 4) zeigt, daß dadurch bei den Importen ein deutlicher Einbruch zu verzeichnen war. Gleichzeitig kann bei den Exporten jedoch auch eine deutliche Erhöhung des Anteils von Nicht-Erdölprodukten festgestellt werden. Hauptexporterzeugnisse bildeten 1989 mit einem wertmäßigen Anteil an den Gesamtexporten (ohne Erdöl und Re-Exporte) mit 36,5% Erze und Metallerzeugnisse (v.a. Kupfer) sowie mit 34% Lebendvieh und Viehprodukte.

Tabelle 4: *Außenhandel (in Mio. RO)*[a]

	1975	1980	1985	1989
Importe	264,3	593,3	1088,9	868,0
Exporte gesamt	489,2	1294,5	1717,3	1512,2
- Erdöl	488,1	1244,6	1597,0	1344,4
- Nicht-Erdölpr.	1,1	4,6	22,9	66,6
- Reexporte	..	45,3	97,4	101,2

[a] RO per US-$ nach amtlichen Wechselkursen: 1980=0,4405; 1985=0,3794; 1989=0,5053
Quelle: Statistical Yearbook 1990.

Die Staatsausgaben sind aufgrund geringerer Erdöleinkommen seit Mitte der 80er Jahre stark eingeschränkt worden. Lagen sie 1986 noch bei 1682 Mio. US-$, so wurden 1989 nur noch 746 Mio. US-$ bereitgestellt. Der größte Teil des Staatshaushaltes floß mit 43,7% in den Bereich Infrastruktur (Wasserressourcen, Verkehrswege, Stadtplanung, Bildungs- und Gesundheitswesen, Soziale Dienste, religiöse Einrichtungen und Verwaltungseinrichtungen inkl. Militär und Sicherheitsdienste), gefolgt von Rohstoffgewinnung und -verarbeitung, Landwirtschaft, Fischereiwesen und produzierendem Gewerbe mit einem Anteil von 39% und schließlich den Dienstleistungssektoren mit einem Anteil von 17,3%. Der zweitgrößte Etatposten stand 1989 dem *Diwan of Royal Court* zur Verfügung.

Die Aufwendungen für die Landesentwicklung, die alle zivilen Regierungsausgaben umschließt, werden seit Ende der 70er Jahre – objektiv gesehen – gezielter und bedachter als in den vorausgegangenen Jahren eingesetzt. Spektakuläre, nicht unproblematische Einzelprojekte, wie z.B. der *Desalination Plant*, der 1975 allein 23% der zivilen Staatsausgaben verschlang und zu einem negativen Staatshaushalt beitrug, wurden nicht mehr begonnen. Sie gehörten in eine Phase, in der sich Oman in raschem Aufbruch befand und nach eigenständigen Wegen suchte. Entscheidungen für die „richtigen" Zukunftsprojekte wurden den Omanis nicht immer leicht gemacht, fehlte es doch an Kenntnissen und Erfahrungen und auch an den Möglichkeiten, wirkungsvoll zwischen den externen Angeboten zu selektieren.

Tabelle 5: *Verteilung der Haushaltsmittel 1989*

	Mio. US-$
Petroleum Development Ltd. (PDO)	392,4
Diwan of Royal Court	103,2
Verkehrsministerium	50,3
Ministerium für Elektrizität/Wasser	41,0
Landwirtschafts- und Fischereiministerium	34,6
Sultan Qaboos-Universität	32,0
Ministerium für Erdöl und mineralische Rohstoffe	31,0
gesamt	684,5

Quelle: Statistical Yearbook 1990.

Im 1. Fünfjahresplan (1976–80) wurden erstmals Rahmenrichtlinien für den Wirtschaftsausbau formuliert und in den folgenden Fünfjahresplänen (1981–85, 1986–90, 1991–95) erneuert. Zentrales Anliegen ist die Diversifizierung der Volkswirtschaft mit dem Ziel einer Reduzierung der einseitigen Erdölabhängigkeit. Möglichkeiten dazu werden im Aufbau der Industrie, der Ausweitung der Landwirtschaft, einer Steigerung der privaten Investitionen und im Abbau regionaler Disparitäten gesehen.

In den 80er Jahren konnte eine weitere Diversifikation der Wirtschaft erreicht werden. War es bis Mitte der 80er Jahre aufgrund großer Infrastrukturprojekte v.a. die Bauindustrie, in der private Investitionen stattfanden und in der der Staat den Schwerpunkt bei der Vergabe von Mitteln sah, gilt seit Mitte der 80er Jahre das besondere Interesse der Förderung der Mittel- und Leichtindustrie. Hierbei wird aufgrund des begrenzten einheimischen Marktes weniger Importsubstitution als vielmehr Exportorientierung angestrebt. Es entstanden zahlreiche Betriebe, wobei besonders eine Textilspinnerei, eine Getreidemühle zur Futtermittelherstellung, eine Kupferschmelze, eine Raffinerie und zwei Zementfabriken erwähnt werden müssen.

Aus dem sich seit 1982 entwickelnden Industriepark von Rusayl z.B. wurden 1989 von mehr als 60 oman. Unternehmen der unterschiedlichsten

Branchen bereits Güter im Wert von 90,1 Mio. RO exportiert (SOI 1991). Drei neue Industrieparks sind bei Sur (NO-Oman), Sohar (Batinah) und Raysut (Dhofar) geplant. Trotz aller Anstrengungen ist noch immer das Erdöl mit 43,9% (1989) die wichtigste Quelle des BSP (vgl. Tab. 2).

Der zukünftige Erfolg der wirtschaftlichen Entwicklung hängt entscheidend mit von der qualitativen und quantitativen Beteiligung der Privatwirtschaft ab. Deren Bereitschaft war bis 1975 (22,5% der Gesamtinvestitionen) gering, sektoral auf Handel und Bauwesen und regional auf die *Capital Area* (84%) beschränkt. Die Forderung der Regierung in Verbindung mit dem Hinweis auf ihre für die Privatwirtschaft dienlichen Vorleistungen, z.B. im Infrastrukturbereich und im Kreditwesen, haben – wie die Betriebsgründungen der vergangenen Dekade zeigen – bereits eine sichtbare Wende eingeleitet. Die privaten Investitionen sind bis 1980 immerhin auf 33,6% gestiegen und dürften auch im Laufe der 80er Jahre deutlich zugenommen haben; statistische Daten darüber sind jedoch nicht verfügbar.

Für die breite Bev. hat die geschilderte Entwicklung vor allem nach 1976 zwar eine Ausweitung des Warenangebots, neue Arbeitsstellen und Einkommensmöglichkeiten, aber auch – abgesehen von zahlreichen sozialen Problemen – wirtschaftliche Schwierigkeiten gebracht. So hat das üppige Konsumangebot neue Bedürfnisse geweckt, die Nachfrage gesteigert und zur Verschuldung geführt. Für die niederen Einkommensgruppen war dafür nicht zuletzt auch der Preisanstieg vor allem der wichtigen Baumaterialien und Lebensmittel verantwortlich.

Es gibt in Oman zwar keine extreme Armut, wie man sie aus anderen EL kennt, trotzdem ist das Wohlstandsgefälle zwischen den sozialen Schichten deutlich erkennbar. Solange der Wohlfahrtsstaat funktioniert, wird es wohl kaum soziale Konflikte geben. Sollten die finanziellen Leistungen des Staates jedoch einmal nachlassen, könnte es zu sozialen Spannungen kommen.

5. Soziale Entwicklung: Bildungs- und Gesundheitswesen

Wie bereits erwähnt, wurden die wachsenden Einnahmen aus dem Erdölexport auch dazu benutzt, das Erziehungs- und Gesundheitswesen wesentlich zu verbessern. Während 1970 im staatlichen und privaten Gesundheitswesen insgesamt nur 88 Personen tätig waren, stieg diese Zahl bis 1989 auf 5589 (u.a. 1392 Ärzte und 96 Zahnärzte). Nicht weniger beeindruckend ist die Zunahme der staatlichen Gesundheitseinrichtungen. Von 1975 bis 1989 wurde die Zahl der Krankenhäuser von 13 auf 47, die der Gesundheitszentren von 11 auf 88, der Bettenbestand von rund 1000 auf 3360 und die Zahl der Gesundheitszentren für vorbeugende ambulante Behandlung von 20 auf 96 gesteigert. Besonders positiv ist, daß – wie bei den Bildungseinrichtungen – auf eine der Bevölkerungsverteilung angepaßte räumliche Streuung geachtet wurde.

Die in den 70er Jahren noch weit verbreiteten Krankheiten (Malaria, Trachom, Hepatitis, Tuberkulose, Pneumonia, Windpocken, Mumps und Anämie) sowie die selteneren Krankheiten (wie Lepra, Cholera und Typhus) sind stark im Rückgang begriffen. Wirkungsvoll waren dabei nicht nur die modernen Krankenhäuser, sondern vor allem auch Aufklärungskampagnen zur Ungeziefer- und Fliegenbekämpfung, Trinkwasserverbesserung, Vorbeugeuntersuchung u. a. m. Begünstigt wurden diese Bemühungen auch durch neue Versorgungseinrichtungen. Dazu zählen ein landesumspannendes Telefonnetz sowie die Strom- und Wasserversorgung aller größeren Oasensiedlungen. Nicht zuletzt wurde die Verbesserung der Volksgesundheit auch durch den gezielten Ausbau des Erziehungswesens gefördert.

Tabelle 6: *Sozialindikatoren*

	1970	1980	1990
Lebenserwartung bei Geburt	47,4	56,6	65,9
Säuglingssterblichkeit	159,4	78,0	33,3
Alphabetenquote	..	..	35,0
Einschulungsraten			
- in Primarschulen	3,0	60,0	102,0
- Mädchen	1,0	42,0	97,0
- in Sekundarschulen	..	14,0	48,0[a]

[a] 1989
Quellen: Human Development Report 1992; World Tables 1992.

Während es 1970 nur drei Schulen gab, ist ihre Zahl bis 1989/90 auf 772 gestiegen. Beachtlich für ein islamisches Land ist der hohe Anteil (46 %) von Schülerinnen. Durch den steigenden Einsatz von ausländischen Lehrkräften, vor allem aus Ägypten – 1989/90 standen nur 4011 oman. Lehrkräften 10 765 ausländische gegenüber –, konnten die Klassenstärken verringert, durch neue Schulbücher ein angepaßtes Curriculum eingeführt und durch praktischen Unterricht die Ausbildung bedarfsgerechter gestaltet werden. 1989/90 besuchte bereits ein Viertel der Schüler weiterführende Schulen – während es 1970 noch keine weiterführende Schule gegeben hatte.

Seit der zweiten Hälfte der 80er Jahre wird auch der berufspraktischen Ausbildung größere Aufmerksamkeit geschenkt, um den einheimischen Anteil an qualifizierten Technikern und Handwerkern zu erhöhen. Diese Ausbildung wurde von deutscher Seite durch die Entsendung von Lehrkräften, den Bau von Gewerbeschulen, deren technische Ausstattung und durch die Entwicklung von Lehrplänen maßgeblich mitgestaltet.

Seit der Gründung der *Sultan Qaboos University* (1986/87) sind nicht mehr alle oman. Studenten gezwungen, an ausländischen Universitäten zu studieren. Weil aber die neue Landesuniversität nicht alle Fachrichtungen anbietet, studierten im Studienjahr 1989/90 noch 1100 oman. Studierende (davon nur 201 Frauen) im Ausland, vorwiegend in GB (294), Ägypten (225), in den USA (216) und in Jordanien (132). Bemerkenswert ist, daß von den 2550 Studierenden an der Landesuniversität (davon 43,6% Frauen) im Studienjahr 1989/90 über 1000 Islamwissenschaften, aber nur 347 Ingenieurwissenschaften, 311 Agrarwissenschaften und 238 Medizin belegten.

6. Außen- und Innenpolitik, Entwicklungsperspektiven

Oman ist Mitglied der *Arabischen Liga*, der *Islamischen Konferenz*, der OAPEC, der Organisation der Blockfreien Staaten und ist Gründungsmitglied des *Gulf Cooperation Council* (GCC). Es unterhielt 1991 zu etwa 100 Ländern diplomatische Beziehungen.

Außenpolitisch war Oman schon immer über GB eng an den Westen angelehnt, duldete bis 1977 die Stationierung brit. Militärs auf seinem Territorium, war aber stets bemüht, Kontakte zu allen westlichen Staaten zu unterhalten. Es stand deren Wünschen nach Nutzung seiner Luftbasen bislang offen gegenüber. So verlief die Versorgung der US-Truppen während des Golf-Krieges zu einem bedeutenden Teil über oman. Luft- und Marinestützpunkte.

Mit den politischen Veränderungen in der erdölreichen Golfregion und deren Umfeld (Afghanistan, Libanon, Somalia/Äthiopien, Jemen) gewann Oman eine neue geostrategische Bedeutung. Der Ausbau der Insel Masirah im Indischen Ozean zu einem US-Luftstützpunkt, der Bau eines Marinehafens an der Küste der Batinah, der Militärflugplatz in Thamarit im Innern Dhofars und Beobachtungsposten an der Straße von Hormuz sind sichtbarer Ausdruck der Einbindung Omans in westliche Militärstrategien. Die strategische Bedeutung, die Oman für die Golfregion und damit für den gesamten Mittleren Osten seit Ende der 70er Jahre gewann, hat auch die Beziehungen zu den GCC-Staaten gestärkt, obgleich das Verhältnis zu den VAE zeitweise durch Grenzstreitigkeiten überschattet war. Seine Beziehungen zur VR Jemen waren im Gefolge des Dhofar-Konflikts stark gestört.

Die Probleme bezüglich des Grenzverlaufs zwischen Oman und Saudi-Arabien sowie den VAE konnten inzwischen beigelegt werden. Die Grenzstreitigkeiten zwischen der VR Jemen und Oman an der dhofarischen Westgrenze wurden nach der Vereinigung der beiden jemenitischen Staaten ebenfalls bereinigt. Am 1. Oktober 1992 erfolgte in San'a die Unterzeichnung des Grenzvertrages und am 31. Oktober 1992 die Ratifizierung durch beide Regierungen. Der Jemen hatte bei den Grenzverhandlungen durch Aufgabe seiner maximalen Gebietsansprüche auf oman. Territorium etwa von der Größe der Hälfte Dhofars die Hauptvoraussetzung für den erfolgreichen Abschluß des Grenzabkommens geschaffen. Der Vertrag, in dem Oman dem Jemen lediglich einen schmalen Gebietsstreifen abtritt, bildet einen Neubeginn in den Beziehungen zwischen beiden Staaten. Die direkte Einmischung des Süd-Jemen in den Dhofar-Krieg hatte dazu geführt, daß zwischen beiden Ländern seit der Gründung der VR Jemen im Jahre 1967 eine gespannte, militärisch brisante Situation herrschte.

Der *Dhofar-Konflikt* (Beginn 1965) war ursprünglich ein rein internes Problem, dessen Wurzeln in der oman. Expansionspolitik des 19. Jh.s und der seither bestehenden Gegnerschaft zwischen den unterworfenen dhofarischen Stämmen und dem Sultan liegen. Durch Einmischung linker Kräfte aus der VR Jemen wurde dieser inneromanische Konflikt zu einem ideologischen Befreiungskrieg. Ziel der tragenden Organisation PFLOAG war anfangs die Befreiung aller Golfstaaten von der despotischen Herrschaft der Sultane, Emire und Scheiche. Im Juni 1974 änderten sich Name und Zielsetzung der Bewegung. Die nunmehr als PFLO bezeichnete Befreiungsorganisation konzentrierte sich in ihren Aktivitäten nur noch auf Oman. Verdeckt unterstützt mit Waffen anfangs durch China, später durch die UdSSR und ČSSR, getragen durch jemenitische und palästinensische Freischärler und gefördert durch die Bergbewohner Dhofars, die jetzt eine Möglichkeit sahen, sich erfolgversprechend gegen den Sultan aufzulehnen, kämpfte die Befreiungsbewegung gegen eine technisch hochmodern ausgerüstete, von Saudi-Arabien finanziell, von Jordanien, GB und vor allem Iran (seit 1973) personell unterstützte oman. Armee. Ihre Kerntruppe setzte sich aus Söldnern meist brit. Herkunft zusammen.

Der von Oman mit hohem materiellen Aufwand geführte Krieg wurde im Herbst 1975 beendet. Zu seiner Beendigung beigetragen haben folgende Entwicklungen: Erstens hob die VR Jemen unter dem Druck Saudi-Arabiens die Unterstützung und Duldung der Befreiungsbewegung auf ihrem Territorium auf und entzog ihr damit die Operationsbasis. Zweitens änderte Oman 1974 mit der Schaffung des *Civil Aid Department* (CAD) seine Politik gegenüber den Stämmen Dhofars. Sie wurden durch Geld-, Kleider-, Nahrungsmittel- und Hausratsgeschenke quasi gekauft. Mit der Einrichtung des *flying doctor service*, von Schulen und Krankenhäusern und dem Bau von Brunnen und Straßen wurden ihre Forderungen nach Gleichbehandlung mit den übrigen Omanis erfüllt. Wohl entscheidend war drittens die Verkündung einer allgemeinen Amnestie für alle Gegner des Sultans, wenn sie zur Abgabe der Waffen und – bei Zahlung eines monatlichen Gehalts – zum Eintritt in seine Dienste bereit waren. 1977 waren über 3100 Männer (d. h. etwa 95% der männlichen Gebirgsbev. im wehrfähigen Alter) in seine Gebirgsmiliz eingetreten.

Diese bis heute gewährte umfangreiche materielle Hilfe für die nomadische Gebirgs- und Wüstenbevölkerung und die umfassende infrastrukturelle Erschließung Dhofars hat zu einer völligen Befriedung der Stämme geführt. Solange der Sultan diese geschickte Politik fortsetzt, kann er sich einer breiten Loyalität in Inner-Dhofar erfreuen.

Oman wird von einem Sultan regiert, der als Premierminister auch für die Außen- und Sicherheitspolitik verantwortlich ist. Die Regierung setzte sich 1991 aus 26 Ministerien und einigen weiteren Regierungsinstitutionen mit eigenen Budgets zusammen. Für die Landesentwicklung von besonderer Bedeutung sind die Zentralbank und der interministerielle *Development Council* zur Koordinierung und Steuerung der Entwicklungspolitik.

Mit dem Ziel, Oman allmählich in ein „parlamentarisches Sultanat“ zu überführen, wurde am 18. Oktober 1981 auf Geheiß des Sultans ein „Staatskonsultativrat“ geschaffen, der aus 55 Regierungs- und Volksvertretern bestand, die alle vom Sultan ausgewählt wurden. Seine Aufgabe bestand in der Erarbeitung von Vorschlägen für die wirtschaftliche und soziale Entwicklung des Landes. Auf diese Weise sollte in einem ersten Schritt das Volk an der politischen Entscheidungsbildung beteiligt werden.

Zehn Jahre nach der Gründung des „Staatskonsultativrates“ wurde am Nationalfeiertag 1991 (18. November) mit seiner Abschaffung und der Einrichtung der *Majlis Al-Shura*, eines „beratenden Staatsrates“, ein weiterer Schritt zur Demokratisierung des politischen Systems vollzogen. Das Neue an der *Majlis Al-Shura* war, daß sie ausschließlich aus Volksvertretern zusammengesetzt wurde, die von der Bev. der 59 Regierungsbezirke (*Wilayate*) gewählt wurden.

Die Gründung des „Staatskonsultativrates“ und der *Majlis Al-Shura* wird in Oman als Fortsetzung einer Politik gewertet, die 1970 eingeleitet wurde und die wichtigste Aufgabe im Aufbau von Vertrauen in die neue Administration und in der Schaffung eines stammesübergreifenden Nationalbewußtseins sah; denn der stammlich segregierten Bev. waren übertribale Loyalitätsverpflichtungen unbekannt, Stammesegoismus tief verwurzelt und der traditionelle Gegensatz zwischen Imam und Sultan, in dem die Stämme Partei ergriffen hatten und der erst 1959 mit der Deportation des Imam ein Ende gefunden hatte, noch immer bewußt. Die Maßnahmen, die die Regierung zur Erlangung ihrer innenpolitischen Ziele anfangs verfolgte, lassen sich folgendermaßen zusammenfassen:

1. Die Stammesoberhäupter (=Scheiche) erhielten eine Art *political pension* sowie gelegentlich Geld-, Grundstücks- und Sachgeschenke und wurden mit staatlichen Aufgaben oder Ämtern betraut. Deportationen widerspenstiger Scheiche waren seltene Ausnahmen.
2. Parallel dazu versuchte die Regierung, die Funktionen der Scheiche innerhalb und für ihre Stämme einzuschränken, indem alle wichtigen Fragen (z. B. Rechtsprechung, Landverteilung) von neu eingerichteten Regierungsinstitutionen behandelt wurden. Die auf diesen Maßnahmen aufbauende Entwicklung vor allem in den Stämmen des Hinterlandes wurde begleitet von einer allmählichen strukturellen und institutionellen Sicherung des 1970 zur Macht gelangten Sultans. Die institutionelle Sicherung wurde durch den Ausbau von Verwaltung, Polizei, Geheimdienst und Militär erreicht; die strukturelle nicht zuletzt durch die Persönlichkeit des Sultans. *Qaboos bin Sa'id Al-Sa'id* wird in seinen Handlungen – so lassen sich alle Aussagen über ihn und alle Erfahrungen mit ihm deuten – von einer ausgeprägt patriarchalischen Grundeinstellung bestimmt, hängt von der Zustimmung des Volkes gefühlsmäßig ab und wird von der nicht ideologiefreien, erzieherischen Idee eines oman. Nationalbewußtseins sowie einer zwar in den Kreis der arabischen Staaten eingebundenen, doch aber führenden Nation geleitet.

Die Voraussetzungen für die Schaffung eines oman. Nationalbewußtseins werden im Aufbau einer funktionierenden Verwaltung, einer diversifizierten Wirtschaft, in einer infrastrukturell fortschrittlichen Landesentwicklung und in einer wirtschaftlich gesunden Bev. gesehen. Zwar haben sich die Mittel zur Erreichung dieser Voraussetzungen seit 1970 gewandelt, doch lassen sie sich folgendermaßen zsuammenfassen: Vergabe von Geld-, Sach- und Landgeschenken an alle Bittsteller; Betonung des in Oman verbreiteten ibaditischen Glaubens und Errichtung von Moscheen; Rekrutierung von Jugendlichen aus ganz Oman für die Armee und die staatlichen Eliteschulen; landesweit einheitliches Erziehungsprogramm in den Schulen mit allmorgendlichem, auf den Sultan und Oman ausgerichteten Appell; Aufbau der Infrastruktur: z.B. kostenlose Schulbildung, Kranken-, Strom- und Wasserversorgung; Ausweitung der wirtschaftlichen Ressourcen; Auffächerung der Aktivitäten in Landwirtschaft und Industrie; Vergabe von Land und Importlizenzen; Beteiligung der Bev. an den Aktien staatlicher Projekte u.a.m.

Über die Erfolge dieser Maßnahmen gehen die Meinungen auch unter den Omanis auseinander. Doch während zunächst die Stellung des Sultans und die von ihm propagierte und mit seiner Person verbundene Landesentwicklungspolitik nicht unumstritten waren, außerdem Kritik am Personenkult, am üppigen Lebensstil und an der Volksferne des Herrschers geübt wurde, trat seit Ende der 70er Jahre eine wachsende Wertschätzung des Sultans in den Vordergrund. Die Frage, ob dafür letztlich seine inzwischen gefestigte Macht, die auf seine Person ausgerichtete Propaganda, sein Ansehensgewinn auf dem internationalen „Parkett" oder die verbesserte ökonomische Lage der Bev. verantwortlich sind, ist nur schwer zu beantworten. Eine öffentliche Opposition ist derzeit nicht erkennbar.

Während die Person des Sultans somit weitgehend geachtet ist, gilt für die Mehrzahl der Verantwortlichen des Landes noch immer der nicht unbegründete Vorwurf der Patronage und Korruption, der Verfolgung einzig eigener ökonomischer und politischer Interessen. Die enge Verfilzung hoher und höchster Regierungsvertreter mit allen Bereichen der Wirtschaft des In- und auch des Auslandes und die Nutzung ihrer Stellung zur persönlichen Bereicherung wurde auch vom Sultan angeprangert, doch nicht wirkungsvoll eingedämmt. Bei der Bevölkerung macht sich dagegen Unmut breit.

Nach wie vor gibt es in Oman trotz gewisser Kritik und Unzufriedenheit keine Alternative zur bestehenden Regierungspolitik und zur Person des Sultans. Seine innenpolitische Position und die außenpolitische Stellung Omans erscheinen gefestigter als je zuvor, obgleich die innenpolitische Bedeutung der wachsenden externen Abhängigkeit, möglicher weiterer Einnahmeeinbußen infolge eines sich verändernden Erdölmarktes oder der politischen Instabilität der Golfregion nicht unterschätzt werden darf.

Literatur

Asche, H. 1982: Mobile Lebensformgruppen Südost-Arabiens im Wandel, Berlin.

Bierschenk, Th. 1984: Weltmarkt, Stammesgesellschaft und Staatsformation in Südost-Arabien (Sultanat Oman), Bielefelder Studien zur Entwicklungssoziologie, Bd. 23, Saarbrükken.

Clements, F. A. 1980: Oman. The Reborn Land, London/New York.

Düster, J./Scholz, F. (Hrsg.) 1980: Bibliographie über das Sultanat Oman (Deutsches Orient-Institut, Dokumentations-Leitstelle Moderner Orient), Hamburg.

Eickelman, D. F. 1984: Kings and People: Oman's State Consultative Council, in: The Middle East Journal, 38 (1), 51–71.

– 1985: From Theocracy to Monarchy: Authority and Legitimacy in Inner Oman 1945–1957, in: Journal of Middle East Studies, 17, 3–24.

Janzen, J. 1980: Die Nomaden Dhofars-Sultanat Oman. Traditionelle Lebensformen im Wandel (=Bamberger Geogr. Schriften, H. 3), Bamberg.

– 1982: Dhofar: Vom Weihrauch zum Erdölland. Abriß der historischen Entwicklung der politischen und sozio-ökonomischen Verhältnisse in einer peripheren Region Arabiens, in: Orient, 23. Jg., H. 4, 600–649.

– 1991: Sozio-ökonomischer Wandel und Ressourcenzerstörung im Lebensraum der Bergnomaden Dhofars/Sultanat Oman. Kritische Betrachtung der Entwicklung seit 1970 und Zukunftsperspektiven, in: F. Scholz (Hrsg.), Nomaden/Mobile Tierhaltung. Das Arabische Buch, Berlin, 329–354.

Janzen, J./Zimmermann, W. 1985: Oman – Flächenstaat mit Wirtschaftsvielfalt, in: F. Scholz (Hrsg.), Die kleinen Golfstaaten (=Klett/Länderprofile), Stuttgart, 122–165.

Krause, R. 1983: Die Bedeutungsverschiebungen omanischer Seehäfen und Wandlungstendenzen im omanischen Seehandel in den letzten 1500 Jahren, Würzburg. (Diss.).

Martinetz, D./Lous, K./Janzen, J. 1989: Weihrauch und Myrrhe. Kostbarkeiten der Vergangenheit im Licht der Gegenwart, Berlin.

Phillips, W. 1967: Oman. A History, London.

Scholz, F. 1977: Sultanat Oman: Ein Entwicklungsland im Südosten der Arabischen Halbinsel, in: Die Erde, 1/2, 23–74.

– 1979: Zur Entstehung von „Zentrum" und „Peripherie". Das omanische Entwicklungskonzept und Probleme bei seiner Realisierung, in: DGFK-Hefte 12, 123–144.

– (Hrsg.) 1981: Beduinen im Zeichen des Erdöls. Studien zur Entwicklung im beduinischen Lebensraum Südost-Arabiens, Tübingen.

– 1982: Landverteilung und Oasensterben, in: Erdkunde, 36, 199–207.

– 1983: Kupferproduktion in Oman, in: Geogr. Zeitschrift, 71 (4), 229–246.

– (Hrsg.) 1985: Die kleinen Golfstaaten. Reichtum und Unterentwicklung – ein Widerspruch? (=Klett/Länderprofile), Stuttgart.

– 1989: Vom Hirten zum Geschäftsmann. Essay über einen bemerkenswerten Fall, in: Sociologus, N. F., Jg. 39, H. 2, 97–112.

– 1990: Muscat/Sultanat Oman. Geographische Skizze einer einmaligen arabischen Stadt, 2 Bde. (Das Arabische Buch), Berlin.

Skeet, J. 1974. Muscat and Oman. The End of an Era, London.

Statistical Yearbook (SYB)/Sultanate of Oman 1990.

Sultanat Oman Informationsministerium (SOI) 1991: Oman 1991, Muscat.

Townsend, J. 1977: Oman. The Making of a Modern State, London.

Weisgerber, G. 1981: Mehr als Kupfer in Oman, in: Der Anschnitt, 33/1981, 174–263.

Zimmermann, W. 1981: Tradition und Integration mobiler Lebensformgruppen. Eine empirische Studie über Beduinen und Fischer in Musandam/Sultanat Oman (Diss.), Göttingen.

– 1987: Wandel ländlicher Beschäftigungsstrukturen im Sultanat Oman/SO-Arabien, in: Sociologus, Bd. 37, 60–78.

Saudi-Arabien

Johannes Reissner

1. Wirtschaftsgeographische Grundlagen

Mit 2 149 690 qkm ist Saudi-Arabien (SA) der größte Staat der Arabischen Halbinsel. Häufig werden auch 2 240 000 qkm genannt. Die Differenz ist durch die umstrittenen bzw. nicht fixierten Grenzen zu Katar, Oman und dem Jemen bedingt. Über den Grenzverlauf zu Katar wurde im Dezember 1992 Einigung erreicht. Mit Oman wird verhandelt. Flächenmäßig und wegen Ölvorkommen steht bei den Differenzen mit dem Jemen am meisten auf dem Spiel. Zwischen SA und dem Irak, SA und Kuwait besteht aufgrund von Verträgen mit der damaligen Kolonialmacht Großbritannien (GB) seit 1922 jeweils eine rautenförmige *Neutrale Zone.*

Im Westen von SA steigt vom Roten Meer das Hochland (bis über 3000 m) des Hedschas und des Asir auf. Dem schließt sich das Schichtstufenland in Zentralarabien an, das zu großen Teilen von Wüsten (im Norden: Nafud, im Osten: das „leere Viertel") überdeckt wird. 59,2 % der Staatsfläche sind Sand-, Fels- oder Schotterwüste, 39,5 % Weidegebiete der Nomaden; die landwirtschaftliche Nutzfläche beläuft sich auf etwa 0,5 %. In den sanft nach NO zum Persischen Golf bis unter den Meeresspiegel abtauchenden Schichten des Mesozoikums liegen 257,8 Mio. t förderbares Erdöl (Schätzung 1992). Das sind knapp ein Viertel der nachgewiesenen Weltreserven, die bei jetzigem Förderrhythmus noch mindestens 110 Jahre reichen. Zusätzlich verfügt SA über Eisen-, Kupfer-, Zink-, Blei-, Gold- und Silbererze, von denen jedoch derzeit nur Gold und Silber (26 Mio. t mit einem Reinerzgehalt von 24 t Gold und 14 000 t Silber) förderungswürdig sind (*Schliephake* 1990:72).

SA liegt im altweltlichen Trockengürtel und gehört zu den niederschlagärmsten Ländern der Welt. Die Bevölkerungsstruktur ist von der „Trias" Städter, Bauern und Nomaden bestimmt. Fernhandel (Weihrauchstraße) war die wichtigste traditionelle Einkommensquelle der Städter. Nomaden lebten von Kleinvieh- und Großviehzucht und Raub (Beduinen). Landwirtschaft teilt sich in Oasenanbau in der Zentralregion und im Osten sowie in Regenfeldbau in Terrassenkulturen im Hochland des Asir, das kulturgeographisch eine Fortsetzung des Jemen darstellt, und im Hedschas. Der Wandel der traditionellen Lebensformen setzte erst in den 50er Jahren infolge des Erdölexports ein.

Der Wasserknappheit versucht man mit Tiefbrunnen und seit den 70er Jahren mit Meerwasser-Entsalzungsanlagen zu begegnen. Die Abschöpfung der

Grundwasservorräte (geschätzt maximal 2300 Mrd. cbm, jährliche Abnahme ca. 7,9 Mrd. cbm) bereitet schon jetzt große Sorgen. Die Kapazität der Meerwasser-Entsalzungsanlagen ist 1990 auf 0,75 Mrd. cbm gestiegen, der Verbrauch liegt jedoch bei 10 Mrd. cbm/Jahr. Die Planung zielt sogar auf die Befriedigung eines Wasserverbrauchs von 500 Litern pro Tag (Hamburg: 210) hin (*Schliephake* 1990:79).

Mit den gestiegenen Erdöleinnahmen ab 1973/74 setzte der verstärkte Ausbau der Infrastruktur ein, der jetzt weitgehend abgeschlossen ist. Trotz des großzügigen Straßenausbaus (1986: 91 350 km Straßenlänge, davon 33 800 km befestigt) fehlt dem Land ein leistungsfähiges öffentliches Landverkehrsmittel zur Überwindung der großen Abstände zwischen den Zentren von Produktion und Verbrauch. Der Personenverkehr wird überwiegend in der Luft abgewickelt (über 20 Flughäfen, darunter drei internationale). Die beiden einzigen Eisenbahnlinien von Dammam nach Riyadh (über Hofuf 562 km und ab 1985 direkt 440 km) transportieren überwiegend Fracht.

Besondere Anforderungen an die Infrastruktur stellen die jährlichen Mekkapilger. 1987 waren es 960 400 aus dem Ausland, von denen fast drei Viertel auf dem Luftweg SA erreichten.

Im Beherbergungsgewerbe konnten die Engpässe Ende der 70er/Anfang der 80er Jahre in den großen Städten beseitigt werden. Im Süden, Norden und NW des Landes besteht jedoch weiterhin Bedarf an Hotels für den Inlandstourismus.

2. Bevölkerung – Arbeitsmigration

Zuverlässige Bevölkerungsdaten gibt es nicht. Die Zahlen der letzten Volkszählung von 1974 galten auch im Lande als unrealistisch. Nach saud. Schätzungen vom Dezember 1992 hatte SA damals knapp 17 Mio. Einwohner. In der wissenschaftlichen Literatur werden 14,4 Mio. E. genannt. Die UNO geht in ihren Schätzungen für 1995 von einem mittleren Wert von 16,7 Mio. aus. Zwar dürften sich die Möglichkeiten einer annähernd exakten Erfassung der Bev. verbessert haben, aber das politische Interesse der saud. Regierung, gegenüber dem Jemen mit einer möglichst hohen Bevölkerungszahl aufwarten und einen relativ geringen Ausländeranteil vorweisen zu können, besteht wohl noch.

Von den knapp 17 Mio. E. waren nach saud. Angaben 12,3 Mio. (=72,7 %) Saudis, von den 4,6 Mio. Nicht-Saudis (=27 %) 3,2 Mio. Männer und 1,4 Mio. Frauen. Über 50 % der Bev. sind unter 15 Jahre alt.

Die Urbanisierungsrate ist im Jahrzehnt 1975–85 von 58,7 % auf 72,4 % gestiegen und dürfte jetzt bei gut drei Vierteln liegen. Tab. 1 zeigt die Stadtentwicklung. Sie läßt eine gewisse Stagnation der starken Urbanisierung in den ersten Jahren nach der Ölpreisexplosion von 1973/74 erkennen. Daß die Hauptstadt Riyadh gegenüber Djidda wieder an die erste Stelle gerückt ist, hängt mit ihrem funktionalen Ausbau als Hauptstadt zusammen. Mitte der 80er Jahre wurden z.B. alle diplomatischen Vertretungen von Djidda nach Riyadh verlagert.

Tabelle 1: *Entwicklung der Städte (Einwohner in Tsd.)*

Stadt	1965	1974	1980	1991[a]
Riyadh	225	667	1308	1800
Djidda	194	561	1500	1500
Mekka	185	367	550	630
Taif	..	205	300	410
Medina	..	198	290	400
Dammam	..	128	200	350

[a] Schätzung
Quellen: Stat. Bundesamt 1988; EIU: Country Profile 1992/93.

Die saudische Bev. besteht fast einheitlich aus Arabern, die sich überwiegend zum sunnitischen Islam bekennen. Eine schiitische Minderheit von schätzungsweise 400 000 Menschen lebt zum größten Teil in der erdölstrategischen Ostprovinz. Der erwähnten offiziellen Schätzung zufolge blieb die Anzahl der nach wie vor für die saud. Wirtschaft unabdingbaren Ausländer 1985–92 fast konstant, das heißt aber, daß sich ihr Anteil an der Gesamtbev. von 41,4% auf 27% drastisch verringert hat. Dabei ist allerdings ein starkes saud. Interesse, den Ausländeranteil als möglichst gering auszuweisen, zu berücksichtigen. In der anteilsmäßigen Verringerung kommen aber auch die Rezession nach der Ölpreiskrise von 1986 sowie die Tatsache zum Ausdruck, daß viele Großprojekte nach der ersten Aufbauphase der Infrastruktur abgeschlossen sind.

Tabelle 2: *Ausländer nach ausgewählten Herkunftsländern (Anteile in %, 1985)*

Herkunftsland	insgesamt	Männer	Frauen
Indien	13,6	12,4	1,2
Ägypten	12,2	10,4	1,7
Philippinen	10,4	5,8	4,6
Pakistan	9,9	8,5	1,4
Jemen (Arab. Rep.)	9,7	8,8	0,9
Thailand	6,9	6,3	0,6
Südkorea	6,8	6,8	-
Jordanien[a]	5,1	3,1	2,0
Sudan	4,3	2,8	1,5
Sri Lanka	3,8	2,2	1,6
Türkei	2,2	2,1	0,1
gesamt in Tsd.	4563,0	3662,0	901,0

[a] inkl. Palästinenser
Quelle: Stat. Bundesamt 1988.

Der Anteil der Ausländer aus nicht-arabischen, asiatischen Ländern dürfte sich seit 1985 erhöht haben. Sie gelten politisch als unproblematischer. 1990 wurden ca. 850 000 Jemeniten wegen der politischen Haltung des Jemen in der Kuwait-Krise ausgewiesen. Die ausländischen Frauen arbeiten überwiegend im Haushalt, die aus arabischen Ländern (besonders Jordanierinnen und Palästinenserinnen) sind auch im Erziehungswesen tätig. Die Fachkräfte aus den westlichen IL und Japan werden in der Regel nicht dem Ausländeranteil der Bev. zugerechnet, da sie zumeist nur für die Zeit der Abwicklung von Projekten im Lande bleiben.

3. Historische Entwicklung

Mit der Entstehung des Islam durch das Auftreten des Propheten *Mohammed* (570/71–632) konnte zum ersten Mal auf der Arabischen Halbinsel eine politische Einigung der Stämme erreicht werden. Sie zerfiel jedoch, nachdem Damaskus (661) und dann Bagdad (750) die Hauptstädte des arabisch-islamischen Reiches geworden waren. Mekka und Medina blieben bis auf den heutigen Tag religiöse, weniger geistig-kulturelle Zentren der islamischen Welt.

Nach der Entdeckung des Seeweges um das Kap der Guten Hoffnung nach Indien zogen auch die Küsten der Arabischen Halbinsel das Interesse der Europäer auf sich. Das weit ausgedehnte arabisch-islamische Seehandelsnetz, das sich vom Mittelmeer über den Persischen Golf bis weit in den Indischen Ozean erstreckte, wurde anfangs von den Portugiesen in seiner Funktion gestört und schließlich von den Engländern (*East India Company*, ab 1617) zerstört. Dies hatte Auswirkungen auf die Wirtschaftsstrukturen der Arabischen Halbinsel, wo die Abgaben der Händler der Küstenstädte eine wichtige Einnahmequelle für die Stämme im Inneren der Halbinsel bildeten. Zugleich rief das wachsende Interesse GBs am Jemen (Mocha, Aden) die Osmanen auf den Plan, die seit 1617 nominell die heiligen Städte des Islam, Mekka und Medina, beherrschten.

Vor diesem Hintergrund ist die Verbindung zwischen dem puritanischen Reformer *Muhammad ibn 'Abd al-Wahhâb* und *Muhammad bin Sa'ûd* (Saud) Mitte des 18. Jh.s zu sehen, die zur Gründung des ersten saud. Staates führte. Legitimiert durch die streng dem Monotheismus und dem islamischen Recht verpflichtete und gegen den Heiligenkult und den unter den Beduinen weit verbreiteten Aberglauben gerichtete Lehre *Abd al-Wahhâbs* (Wahhabismus) sowie durch Aussicht auf Beute angespornt, gelang *ibn Saud* die Eroberung der Arabischen Halbinsel bis auf den Jemen, einschließlich des Hedschas mit Mekka und Medina. Im Auftrag der Osmanen zerschlug *Muhammad Ali* von Ägypten diesen ersten saud. Staat und zerstörte 1818 seine Hauptstadt ad-Dar'iyya (bei Riyadh). Nach dem Abzug der Ägypter konnte sich bald der zweite saud. Staat – allerdings ohne den Hedschas mit den heiligen Städten des Islam – entwickeln. Dieser unterlag 1891 dem von den Osmanen und GB gestützten Haus *Rashid* vom Stamm der Shammar; die Familie *Saud* flüchtete nach Kuwait.

1902 konnte *'Abd al-'Azîz Al Sa'ûd* (als *Ibn Saud* berühmt) Riyadh zurückerobern, womit der Grundstein für das heutige Königreich SA gelegt war. Die Streitmacht *Ibn Sauds* waren die *Ikhwân* („Brüder"), d. h. seßhaft gemachte Beduinen, die zugunsten der strengen Lehren des Wahhabismus ihre tribalen Bindungen partiell aufgegeben hatten. Während des I. Weltkrieges stellte sich *Ibn Saud* auf die Seite GBs gegen die Osmanen. In der Neuordnung der Region in Nationalstaaten nach dem Ende des Osmanischen Reiches stieß der werdende dritte saud. Staat an seine Grenzen. In den Verträgen von Uqair erkannte *Ibn Saud* 1922 gegenüber GB die Grenzen zu Kuwait und dem Irak an. Dies brachte ihn in Konflikt mit den *Ihkwân*, die um der Verbreitung des Glaubens und um der Beute willen keine Grenzen gegenüber aus ihrer Sicht Ungläubigen anerkennen wollten. 1929 wurden die *Ikhwân* im Kampf von *Abd al-Aziz* geschlagen.

Aufgrund seiner Parteinahme zugunsten der Allianz gegen die Osmanen erhielt *Abd al-Aziz* ab 1915 von GB Subsidien (und Waffen). Damit hatte die Etablierung des jungen Staats als Rentierstaat an der Peripherie des Vorderen Orients längst vor dem Einsetzen des Ölsegens begonnen. Die Subsidien wurden auch nach dem I. Weltkrieg für die Anerkennung der britischen Interessen in Kuwait und im Irak fortgezahlt. Nach der Eroberung des Hedschas 1924 kamen die Einkünfte aus der Pilgerfahrt nach Mekka und Medina als weitere Rentenquelle hinzu. Die Herrschaft *Abd al-Aziz'* über Zentralarabien und den Hedschas erhielt nach und nach internationale Anerkennung (Sowjetunion 1926, GB 1927). Am 23. September 1932 wurde das vereinigte Königreich SA *(al-mamlaka al-'arabiyya as-sa'ûdiyya)* proklamiert.

Ein Jahr darauf, während der großen internationalen Finanzkrise, wurde an US-amerikanische Firmen die erste Ölkonzession vergeben. 1939 führten die Bohrungen zu ersten Erfolgen; ab 1947 konnte mit dem Export des Erdöls in wirtschaftlich bedeutendem Umfang begonnen werden. Erdölrente, Klientelbildung (auch mittels Heiratspolitik) zur Sicherung der Loyalität der Stämme und die unbedingte Verpflichtung gegenüber dem Islam waren die Pfeiler, auf denen der dritte saud. Staat Bestand erhalten konnte. Aus der frühen Verbindung zu den USA durch die Erdölkonzessionen entwickelten sich seit dem II. Weltkrieg jene bis heute bestehenden „besonderen Beziehungen", die SA – wie sich in der Krise um Kuwait 1990/91 mit aller Deutlichkeit zeigte – zusätzlichen internationalen Schutz gewähren.

Schon *Abd al-Aziz* hatte sich vorsichtig um Modernisierung (Ausbau des Bildungs- und Gesundheitswesens) bemüht, war damit aber auf wahhabitischen Widerstand gestoßen. Nach seinem Tode (1953) wurde wegen des wachsenden Ölreichtums – die Einnahmen stiegen 1951–70 von 110 Mio. auf 1,2 Mrd. US-$ – die Entwicklung einer funktionierenden Infrastruktur immer dringlicher. Sein Nachfolger *Saud ibn Abd al-Aziz* betrieb jedoch die Modernisierung (außer dem Palastbau) nur halbherzig. Unter König *Faisal* (ab

1962/64) wurde dann der Ölreichtum energisch für die Entwicklung des Landes genutzt.

Die Niederlage der Araber im Krieg von 1967 gegen Israel ließ auch den Stern *Nassers* sinken und die massenmobilisierende Anziehungskraft seines säkulären Nationalismus verblassen. Der innerarabische Konflikt zwischen dem säkularen, arabisch-nationalistischen, pro-sowjetischen und dem konservativen, pro-westlichen Lager ebbte ab. Dank der Ölpreisexplosion von 1973/74 sowie im Rahmen einer generellen Reorientierung zum Islam konnte SA in der arabischen und islamischen Welt eine beachtliche Position noch zu Lebzeiten *Faisals*, der 1975 von einem Verwandten ermordet wurde, gewinnen.

Strenger Wahhabismus als staatstragende Ideologie war schon durch einen Neo-Wahhabismus in Anlehnung an die Ideologie der Muslimbrüder ersetzt worden. Doch die *Ikhwân*-Ideologie, verbunden mit sozial-sittlichem Protest und messianistischem Gedankengut, entlud sich im November 1979, als *Juhaiman al-'Utaibi* mit ca. 500 Anhängern die Große Moschee in Mekka besetzte. Die Ungeheuerlichkeit der Tat verhinderte, daß das Regime ernsthaft Schaden nahm, doch der Konflikt zwischen Modernisierung in dem ohnehin konservativ und ideologisch fundamentalistischen Land und radikal-islamistischen Kreisen blieb auch unter König *Khalid* (gestorben 1982) und König *Fahd ibn Abd al-Aziz* bestehen. Er erhielt durch die massive Anwesenheit von US-Truppen (einschließlich Frauen) während der Kuwait-Krise neue Nahrung. Die Einsetzung eines verfassungsähnlichen Grundgesetzes am 1. März 1992, 60 Jahre nach Proklamation des Königreichs, trug weder zur Besänftigung radikal-islamischen Protestes noch zur Demokratisierung bei.

4. Wirtschaftliche Struktur und Entwicklung

Seit den 50er Jahren gehört SA zu den rohstoffreichen EL. Die Erdölrente bildet die Basis der Wirtschaft sowie des sozialen und politischen Systems. Das Öleinkommen hatte sich Anfang der 70er Jahre verzwanzigfacht – von 1,2 Mrd. US-$ (1970) auf 22,6 Mrd. US-$ (1974). Bis 1981 stieg der „Rentensegen" (so *Pawelka* 1993: 114) noch einmal auf 115,5 Mrd. US-$ und bescherte dem Land einen gut zehnjährigen Entwicklungsboom. Dieser Rentensegen führte auch zu Gewichtsverlagerungen in der Wirtschafts- und Sozialstruktur, aber nicht zu einem grundsätzlichen Wandel SA.s als Rentierstaat.

Mitte der 80er Jahre kam es wegen der Überschwemmung des Weltölmarkts zu einer Export- und Preiskrise, die zu erheblichen Einnahmeeinbußen und zu einem bis heute andauernden Budgetdefizit führte (vgl. Tab. 3 und 5). Dieses Defizit konnte nur durch die Reserven des Königreichs aufgefangen werden, die in der Boomphase gebildet worden waren.

Tabelle 3: *Erdölproduktion (Mio. Barrels pro Tag), Export (in Mio. Faß) und Öleinnahmen (in Mrd. US-$)*

Jahr	Prod.	Export	Einn.	Jahr	Prod.	Export	Einn.
1975	7,075	2405,8	29,5	1988	5,086	1109,0	20,2
1985	3,175	785,0	25,9	1989	5,064	1152,9	24,1
1986	4,784	1192,0	19,5	1990	6,424	..	27,0
1987	3,975	882,0	22,4	1991	8,223	..	..

Quellen: EIU: Country Profile 1992-93; World Tables 1992.

SA hatte nach dem irakischen Einmarsch in Kuwait im August 1990 von der OPEC die Erlaubnis erhalten, seine Förderquote zu erhöhen. Während des Golfkonflikts waren die Quotenvorgaben der OPEC ausgesetzt. Schon im Dezember 1990 förderte SA 8, 615 Mio. bqd und erreichte im gesamten Jahr 1990 einen Mehrerlös von 23 960 Mio. US-$ gegenüber dem Vorjahr. Die am 15. Februar 1992 auf 7,88 Mio. bqd aufgestockte Förderquote lehnte SA als zu niedrig ab.

SA war aber nicht nur Nutznießer des Golfkrieges, sondern wurde auch durch hohe Kriegs- und Rüstungsausgaben belastet. Seine gesamte direkte und indirekte Kriegskostenbelastung wurde auf 48–49 Mrd. US-$ geschätzt (vgl. *Schönherr/Halbach* 1991: 29). Seine Finanzreserven (einschließlich Goldbestände) sollen Anfang 1992 auf einen Tiefstand von 10 Mrd. US-$ gefallen sein (lt. *Financial Times* v. 30. 1. 1992). SA hat zur Zeit absolut und relativ zum BIP den höchsten Verteidigungshaushalt der Region. Im Haushalt 1993 waren mehr als ein Drittel der Ausgaben für Verteidigung und Sicherheit veranschlagt.

Tabelle 4: *Die Position Saudi-Arabiens auf dem Weltölmarkt*

	Produktion 1990 (Mio. t)	Reserven (Mio. t)	Lebensdauer der Vorräte
Saudi-Arabien	321	35300	112[a]
Arab. Halbinsel	545	62950	86[a]
Welt gesamt	3005	136930	44[a]
Anteil von SA (%)	10,5	25,8	..

[a] in Jahren
Quelle: Arab Oil and Gas Directory 1991.

Mit Inkrafttreten des ersten Fünfjahresplanes 1970–75 setzten die Bemühungen um die Diversifizierung der Ölökonomie ein. Steigerung der Agrarproduktion mit modernster Bewässerungstechnik, Industrialisierung (vor allem Aufbau einer Petrochemie) und Ausbau der Infrastruktur waren die Kernbereiche, in denen sich der Boom im Gefolge der Erdölpreiserhöhung im Jahrzehnt nach 1973/74 bemerkbar machte. Da es sich bei der ange-

Tabelle 5: *Staatshaushalte 1985–92 in Mio. Saudi Rial (SR)*[a]

	1985/86	1988	1990	1992[b]
Einnahmen	200000	105300	118000	151000
- davon Erdöl	154250	73525	85910	..
Ausgaben	200000	141200	143000	186000
- Erziehungswesen	24533	23388	25869	31000
- Gesundheitswesen	12892	10806	11239	12000
- Transport/Komm.	14497	9493	8006	8000
- Infrastruktur	6924	3555	2586	2000
- Wirt. Entwicklung	9081	5888	4719	8000
- Kommunalverwaltung	11890	7017	5520	6000
- Verteidigung	63956	50080	48689	54000
- Regierung/Verw.	38584	25058	29188	53000
- Kredite	9300	590	..	5000
- Komm. Zuweisungen[c]	8343	5325	7184	7000
Bilanz	± 0	-35900	-25000	-35000

[a] seit 1986: 1 US-$ = 3.745 SR; [b] Schätzung; [c] Zuweisungen an Kommunen
Quelle: Saudi Arabian Monetary Agency: Annual Report.

strebten Diversifizierung und damit Reduzierung der Abhängigkeit vom Erdöl auch um ein politisches Ziel handelt, überrascht nicht, daß die saud. Angaben zum Anteil des Erdöls am BIP in der Regel geschönt werden.

4.1 Landwirtschaft und Industrie

Die traditionelle Landwirtschaft spielt für die Ernährung der Bev. kaum noch eine Rolle. Von 1966 bis 1972 war der Anteil der Landwirtschaft am BIP sogar von 6,5% auf 2,8% gefallen, während sich der des Erdöls von 54,2% auf 68,6% erhöht hatte. Wie Tab. 6 zeigt, hat in den letzten 20 Jahren eine gewisse Gewichtsverlagerung in der Wirtschaftsstruktur stattgefunden, nicht aber ein grundsätzlicher Wandel. Der starke Produktionszuwachs in der Landwirtschaft war nur durch Subventionen für moderne Farmbetriebe möglich. Von 1975 bis 1990 wurden insgesamt ca. 25 Mrd. SR an Subventionen gezahlt. Bei Weizen, Eiern und Datteln ist SA heute Selbstversorger; Weizen wird seit 1986 sogar exportiert. Versuche der Regierung, den Weizenanbau wieder zurückzustufen, stoßen auf eine bedeutende Lobby der Farmer.

Der Anteil der Nahrungsmittelimporte ist von 87% (1987) auf ca. 40% gesunken. Einwände westlicher Experten gegen die spektakuläre Wasserverschwendung für Weizenanbau und Viehhaltung werden von saud. Behörden trotz der Gefahr, daß das fossile Grundwasser in 15–20 Jahren aufgebraucht sein könnte, in der Regel in den Wind geschlagen. Das politische Ziel der subventionierten Landwirtschaft ist problematisch: „Nahrungsmit-

Tabelle 6: *BIP nach Sektoren (in %)*

	1973	1984	1989
Primärsektor	68,6	38,0	34,9
- Erdöl und Gas	65,6	34,2	27,0
- Landwirtschaft/Fischerei	2,8	3,3	7,3
Sekundärsektor	10,6	20,6	18,5
- Raffinerien/Petrochemie	4,5	3,9	3,0
- Baugewerbe	4,5	12,8	10,4
- Sonstige Industrie	1,5	3,9	5,1
Tertiärsektor	20,8	29,5	33,2
- Öff. Verwaltung/Militär	6,3	7,5	9,4
- Verkehr	5,3	6,8	7,4
- Handel/Hotels	3,9	8,6	8,4
- Finanzen/Versicherungen	3,8	3,6	4,1
- Dienstleistungen	1,0	2,8	3,7
Unbestimmte Bereiche	-	11,9	13,4

Quellen: Blume 1976 (für 1973); EIU: Country Profile 1992-93.

Tabelle 7: *Entwicklung des BIP außerhalb des Ölsektors nach Fünfjahresplänen (Anteile in %)*

	1984/85	1989/90	1994/95
Produzierender Sektor	36,8	38,5	43,3
- Landwirtschaft	5,0	10,4	11,9
- Verarbeitende Industrie	11,9	11,4	14,2
- Raffinerien	6,0	4,5	5,7
- Petrochemie	0,2	2,6	3,4
- andere Industrien	5,7	4,3	5,1
- Bauwesen	19,4	15,5	16,0
Dienstleistungssektor	40,7	35,7	35,2
- Handel	13,1	12,5	11,4
- Transport/Kommunikation	10,3	9,7	9,5
- Finanzen/Versicherungen	7,5	6,2	7,2
Öffentliche Dienste	22,5	25,8	21,5
BIP-Anteil von Erdöl und Erdgas	34,2	21,5	23,0

Quelle: Ministry of Planning: The Fifth Five Year Plan, 1990-95.

telsicherheit, die im Kontext komplexer Abhängigkeiten kaum ins Gewicht fällt, und eine Rentenzirkulation, die der Klientelbildung dient" (*Pawelka* 1993:115).

Die ebenfalls beachtlichen Steigerungen in der industriellen Produktion ergeben sich wesentlich durch die Petrochemie. Düngemittel, Aluminium- und Stahlproduktion sind weitere wichtige Industriebereiche. Im Verlauf des jetzigen Fünfjahresplanes (bis 1995) soll sich der Anteil der petrochemischen

Produktion von 0,2 % (1985) auf 3,4 % des BIP erhöhen, während der Anteil der sonstigen verarbeitenden Industrie ungefähr konstant bleiben soll (Tab. 7). Die von Kooperationen zwischen Staatsbetrieben und multinationalen Unternehmen getragene Petrochemie hat sich als konkurrenzfähig auf dem Weltmarkt erwiesen. Fast 13 Mio t. petrochemischer Produkte wurden in fast 70 Länder der Welt exportiert, fast die Hälfte der Gesamtverkäufe in privater Regie.

Der Wert der „gekauften Industrialisierung" ist umstritten, da sie zwar eine effektivere Rentenausschöpfung bedeutet, aber auf hohen Subventionskosten beruht und starke Technologieabhängigkeit vom Ausland impliziert (*Pawelka* 1993:117). War die Steigerung der Produktionsraten im ersten Jahrzehnt nach dem Ölboom von 1973/74 rasant, zeichnete sich Anfang der 80er Jahre nach Vollendung der wichtigsten Vorhaben im Infrastrukturbereich eine gewisse Sättigung ab. Diese fand vor allem im Bauwesen ihren Niederschlag, für das 1985 sogar eine negative Wachstumsquote von –16,9 % zu verzeichnen war (*EIU* 1993:14). Die Preiskrise im Erdölsektor 1985/86 machte sich in allen Wirtschaftsbereichen bemerkbar, führte aber zu keinem grundsätzlichen Wandel in der Gewichtung der Produktionsbereiche.

4.2 Außenhandel

Die angestrebte Reduzierung der Erdölabhängigkeit soll sich nach saud. Zielvorstellungen auch im Außenhandel bemerkbar machen. Hier allerdings sind die Spielräume für echte Diversifizierung naturgemäß entschieden geringer. Zwar ist der Anteil von Nicht-Öl-Güterexporten 1985–90 von 3 % auf 14 % gestiegen, doch für den laufenden Fünfjahresplan (bis 1995) wird mit einer Steigerung auf nur 15,7 % gerechnet. Der Ölexportanteil soll sich bis 1995 von 72,4 % (1990) auf 69,1 % verringern. Auch bei den Nicht-Öl-Exporten ist zu berücksichtigen, daß es sich zu einem nicht geringen Teil um subventionierte Güter (wie Weizen) handelt.

Bei den Außenhandelspartnern haben sich Ende der 80er Jahre die USA als wichtigster Abnehmer von Erdöl gegenüber Japan etabliert; Japan hingegen konnte wegen der Dollarstärke 1985 und 1987 vor den USA als Importeur an die erste Stelle rücken (Tab. 8). Trotz zunehmender Importe aus den Schwellenländern Ostasiens blieben die wichtigsten OECD-Staaten Hauptlieferanten.

5. Soziale Struktur und Entwicklung

An der Spitze der sozialen Pyramide steht die in ihren wichtigsten Verzweigungen etwa 20 000 Menschen umfassende Familie *Saud*, die zugleich den Staat in ihren Händen hält und damit über die für das Land so entscheidende

Ölrente verfügt. Die *Sauds* sind durch Heirat mit der Familie des Begründers der wahhabitischen Bewegung, der Familie *al-Shaikh*, die den Großteil der einflußreichen Religionsgelehrten (*ulama*) stellt, verbunden. Zusammen mit den Stammessheikhs, deren Einfluß jedoch abgenommen hat und sich überwiegend auf Lokales beschränkt, bilden diese Gruppen eine herrschende Schicht von etwa 100 000 Menschen.

Tabelle 8: *Haupthandelspartner (in % des Exportwertes)*

	1985	1987	1988	1989	1990
Exporte nach:					
USA	5,5	19,8	21,8	25,8	24,0
Japan	30,0	22,7	16,9	17,5	19,0
Singapur	2,9	5,1	5,8	6,0	6,4
Frankreich	5,0	2,7	5,0	5,2	4,8
Niederlande	5,8	6,2	5,4	4,5	4,7
Bahrain	4,2	5,1	4,1	4,5	3,9
Importe aus:					
USA	17,0	15,3	16,2	18,2	16,7
Japan	19,0	17,3	16,0	14,2	15,3
Großbritannien	6,2	7,8	7,3	10,2	11,3
Deutschland	8,4	7,7	7,2	6,3	7,4
Italien	7,8	6,8	6,5	5,7	4,6
Schweiz	2,3	2,5	2,3	5,0	6,6

Quelle: EIU: Country Profile 1992-93.

Die Abhängigkeit von der Ölrente hat alle Bevölkerungsgruppen, auch die Nomaden, erreicht. Deren soziale und kulturelle Integration in Modernisierungsprozesse läßt sich schwerlich auf eine allgemeingültige Formel bringen. Teilweise verdienen Nomaden ihren Lebensunterhalt durch das Hüten von Kamelherden, die von „Prinzen" der Familie *Saud* als Prestigeobjekte gehalten werden. Eine gewisse Anzahl seßhaft gewordener Nomaden lebt in fast Slums zu nennenden Vorstädten und bestreitet ihren Unterhalt teils durch staatliche Unterstützung, teils durch Arbeiten als Lastwagenfahrer, Hausmeister, Laufburschen in Büros etc. Es gibt auch arme Saudis, was die Regierung jedoch nach wie vor lieber verschweigt.

Die wichtigste soziale Folge des Ölbooms seit den 70er Jahren ist die Bildung einer „para-bürgerlichen Klasse, deren Existenz und wirtschaftliche Position auf dem Zugang zu den Rentenzyklen, der wiederum von politischen Verbindungen abhängt, beruht" (*Pawelka* 1993: 116). Zwar ist das saud. Regime an der Ausweitung des privaten Sektors interessiert, doch handelt es sich überwiegend um eine subventionierte Privatisierung (staatliche Landverkäufe für Landwirtschaft, Hausbau und Wirtschaftsansiedlung; günstige Kredite; Produktionsmittelsubventionierung; Produktankauf über Weltmarktpreise; freie Wassernutzung; Staatsaufträge).

Im laufenden Fünfjahresplan bis 1994/95 wird mit einem Anteil des privaten Sektors an der Kapitalbildung von 51,7% (1989/90: 51,6%) gerechnet.

Diese Zahl ist allerdings insofern als formal zu betrachten, als das Kapital im wesentlichen nicht auf selbständiger Produktion beruht, sondern auf unterschiedlichsten Formen der Allokationen der Ölrente. Für die viel diskutierte Frage des Heranwachsens eines privat wirtschaftenden „Bürgertums" kann sie nur bedingt als Indikator gewertet werden.

5.1 Beschäftigung – Rolle der Frauen

Deutlicher noch als an der Zusammensetzung des BIP lassen sich die strukturellen Verschiebungen in der saud. Wirtschaft an der gewandelten Beschäftigungsstruktur erkennen. Für ressourcenreiche EL typisch hat sich der Anteil der in der Landwirtschaft Beschäftigten von 1974 bis 1986 um die Hälfte verringert, obgleich sich in diesem Zeitraum die Gesamtbeschäftigtenzahl von 1,75 Mio. auf 3,87 Mio. mehr als verdoppelt hatte (*Stat. Bundesamt* 1988). Seit 1990 liegt der Anteil der in der Landwirtschaft Beschäftigten unter 10%. Ebenso typisch ist der gestiegene Anteil der im Dienstleistungssektor Beschäftigten.

Tabelle 9: *Beschäftigte nach Sektoren – Sektorale Beschäftigung von Saudis und Ausländern (1989)*

	1974/75 (Tsd.)	1984/85 (Tsd.)	1984/85 Saudis[a]	1984/85 Ausl.[a]	1989/90 (Tsd.)
Landwirtschaft[b]	695,0	317,4	22,7	11,2	569,2
Bergbau/Erdölsektor	30,8	70,2	2,2	1,0	64,9
Energie/Wasser	16,1	147,4	1,9	4,1	126,9
Verarb. Gewerbe	74,4	411,4	3,7	10,2	360,3
Baugewerbe	172,3	885,9	2,6	29,1	944,1
Handel	153,6	556,1	11,5	13,3	898,3
Banken/Vers.	13,1	136,3	1,1	1,8	99,0
Verkehr/Komm.	114,5	303,4	10,5	5,0	262,3
Öff. Dienst/andere Dienstleistungen[c]	476,7	1317,9	44,2	24,4	2446,8
gesamt	1746,5	4146,0	28,3	71,7	5771,8

[a] jeweils Anteil an Gesamtbeschäftigten der jeweiligen Gruppe; [b] ohne Nomaden, inkl. Fischerei; [c] ohne Militärangehörige
Quellen: Stat. Bundesamt 1988 und 1993 (Vorausinformation).

Der wirtschaftliche Rückgang Mitte der 80er Jahre kam dem Interesse an einer Saudiisierung der Arbeitskräfte entgegen. Das Haupthindernis für dieses Ziel bietet jedoch nach wie vor die negative saud. Einstellung zu bestimmten Tätigkeiten, insbesondere zu Handarbeit.

Den islamischen Bestimmungen saudisch-wahhabitischer Interpretation zufolge und weil man es sich leisten kann, sind die saud. Frauen dem öffentlichen Erwerbsleben entzogen, nicht jedoch dem aktiven Wirtschaftleben insgesamt. Von Frauen für Frauen geführte Banken haben ihr Eigenleben, über dessen Stellenwert in der Gesamtwirtschaft jedoch nichts bekannt ist. Auf die Gesamtbev. bezogen, belief sich der Anteil der erwerbstätigen Frauen 1985 auf 3,3% bzw. auf 7,4% der erwerbstätigen Saudis (*Stat. Bundesamt* 1988).

5.2 Bildungs- und Gesundheitswesen

Die vom Islam und von der Tradition geprägte Situation der Frauen zeigt sich auch in ihren Bildungschancen. Noch 1984 lag die Analphabetenquote bei Frauen (über 15 Jahren) bei 65,4%, unter Männern bei 42%. Im Verlauf der 80er Jahre haben sich die Ausbildungsmöglichkeiten für Frauen wesentlich verbessert. Von 1970 bis 1987 stieg die Zahl der Schulen und Einrichtungen für höhere Bildung insgesamt von 3107 auf 10 791, der Anteil der Schülerinnen (an getrennten Schulen) von 25% auf 56,2% (nach *Saudi Arabia* 1991: 756). In den Jahren 1981–85 wurde die Zahl der höheren Schulen für Mädchen mehr als verdoppelt.

Es besteht zwar keine Schulpflicht, aber die Schul- und sonstige Ausbildung ist grundsätzlich kostenlos. Der Anteil der Ausländer an den Lehrkräften, der 1983/84 bei allen Schularten (außer bei den Sonderschulen) noch über der Hälfte lag, sank im Gefolge der Vermehrung der Lehrerbildungsanstalten. Allein in den Jahren 1981–84 stieg die Zahl der Lehrerbildungsanstalten von 132 auf 201. Wie Tab. 4 zeigt, wendet der Staat erhebliche Mittel zum Ausbau des Bildungswesens auf. Er unterhält u.a. sieben Universitäten und elf „Girls' Colleges".

Der „Erdölsegen" ermöglichte auch einen raschen Ausbau des Gesundheitswesens. Die Zahl der Ärzte ist in den zehn Jahren 1975–85 von 3107

Tabelle 10: *Sozialindikatoren*

	1970	1980	1990
Lebenserwartung bei Geburt	52,3	59,7	64,5
Säuglingssterblichkeit	128,0	91,0	65,1
Zugang zu Trinkwasser (in % der Bevölkerung)	..	64[a]	94[b]
E. pro Arzt	7460	..	660
Alphabetenquote	9	..	62
Primareinschulungsrate	45	63	78
- bei Mädchen	29	50	72
Sekundareinschulungsrate	12	30	48
- bei Mädchen	5	..	41

[a] 1975-80; [b] 1988-90

Quellen: Human Development Report 1992; World Tables 1992; Weltentwicklungsbericht 1993.

auf 14 335 (davon 8242 in staatlichen Einrichtungen) angestiegen, so daß sich das Verhältnis der E. pro Arzt von 2326 auf 821 verbesserte. Im gleichen Zeitraum hat sich das Verhältnis von E. pro Krankenhausbett um fast die Hälfte auf 383 verringert (nach *Stat. Bundesamt* 1988). Dank dieser Verbesserung des Gesundheitswesens und der deutlichen Absenkung der Säuglings- und Kindersterblichkeit ist die Lebenserwartung bei Geburt in den zwei Jahrzehnten 1965–85 bei Männern von 47 auf 60 Jahre und bei Frauen von 50 auf 64 Jahre gestiegen (vgl. Tab. 10).

Es gibt aber im Gesundheitswesen noch ein erhebliches Stadt-Land-Gefälle. Während die Krankenhäuser in den Städten teilweise hochmodern sind, ist die medizinische Grundversorgung in den ländlichen Gebieten noch unzureichend. Die Inanspruchnahme des staatlichen Gesundheitsdienstes ist für In- und Ausländer gebührenfrei.

6. Politische Struktur und Entwicklung

Sechzig Jahre nach der Proklamation des Königreichs erhielt SA am 1. März 1992 ein verfassungsähnliches Grundgesetz. Ihm zufolge ist SA erbliche Monarchie, in der jedoch der König prinzipiell dem islamischen Recht, der *Scharia,* unterworfen ist. Darauf beruht zugleich die Legitimität der Herrschaft. Die vorherrschende Islaminterpretation ist nicht mehr der strenge Wahhabismus, sondern ein „Neo-Wahhabismus", der weitgehend auf der Ideologie der Muslimbrüder beruht, die den Islam als ein Diesseits und Jenseits umfassendes System sieht und differenzierter auf Fragen eingeht, die durch Technologie und Modernisierungsprozesse bis ins Familienleben reichend hervorgerufen werden.

Das Prinzip der Gewaltenteilung wird im saud. Grundgesetz prinzipiell anerkannt, doch die gesetzgebende Gewalt wird „verordnende" genannt, da nach vorwiegender Islaminterpretation Menschen nicht zusteht, eigenes Gesetz neben Gottesrecht zu stellen. Quasi unterhalb des Anspruchs ausschließlicher Gültigkeit islamischen Rechts wird der saud. Staat seit den 20er Jahren durch Verordnungen regiert, die häufig, vor allem im Finanz- und Bankwesen, islamischen Bestimmungen widersprechen. Seit 1953 regelt die Ministerratsordnung die Regierungsgeschäfte.

Anfang der 60er Jahre gab es innerhalb des Königshauses eine Verfassungsbewegung, doch die traditionellen Machtverhältnisse wurden mittels organisatorischer und struktureller Anpassung an Modernisierungsprozesse beibehalten. Auch das jetzige Grundgesetz bedeutet – trotz der Einführung einer beratenden Versammlung (*majlis ash-shura*) von 60 vom König ernannten Männern – nur die Festschreibung der bestehenden Verhältnisse. Reste des traditionellen Konsultativsystems („Beduinendemokratie") haben sich erhalten, wobei aus Systemerhaltungsgründen die Konsultation mit den Religionsgelehrten eine wichtige Rolle spielt.

Die neue Ratsversammlung bedeutet nur eine bescheidene Erweiterung öffentlicher Partizipation an der Regierung. Wenige Tage nach der Proklamation des Grundgesetzes gab König *Fahd* bekannt, daß freie Wahlen und westliche demokratische Praktiken für die traditionellen Gesellschaften der Halbinsel nicht passend seien, da man den Islam als umfassendes Gesetz besitze. Gleichwohl verpflichtet sich der Staat im Grundgesetz zum Schutz der Menschenrechte gemäß der *Scharia*.

Für die interne Entwicklung ist weniger wichtig, inwieweit die Proklamation des Grundgesetzes auch auf einem gewissen Druck von amerikanischer Seite beruht. Bemerkenswert ist vielmehr, daß allein schon die Bereitschaft, sich auf die Kategorie Menschenrechte – wenn auch mit dem Zusatz „gemäß der *Scharia*" – einzulassen, wie dies vorher schon in der „islamischen Menschenrechtserklärung" der von SA geförderten und in Mekka ansässigen „Muslimischen Weltliga" geschehen war, gewisse Wirkungen in der Bev. zeigt. Im Mai 1993 wurden Mitglieder eines „Komitees zum Schutz der Menschenrechte" verhaftet, das sich interessanterweise eher auf modernistisch-islamistisches Gedankengut als – wie sein Name zunächst vermuten läßt – westlich liberales berief.

Im Unterschied zur Verfassungsbewegung Anfang der 60er Jahre, die bezeichnenderweise von „freien Prinzen" getragen war, beginnt sich jetzt ein Bürgertum zu rühren, auch wenn dieses hinsichtlich seiner ökonomischen Basis als unselbständiges zu begreifen ist. Im Hinblick auf westliche Modernitätsarroganz wäre hinzuzufügen, daß bei solchen Entwicklungen die Frage, ob die unter islamischen Vorzeichen vorgetragenen Ansprüche in allen Punkten unseren Menschenrechtsidealen entsprechen, sekundär ist.

Gesellschaftliche Konflikte werden durch die reichlich strömenden Zuwendungen aus der Ölrente gedämpft. Die im Grundgesetz festgeschriebene Verpflichtung zur Gewährleistung sozialer Sicherheit und Wohlfahrt ist für einen „rentenkapitalistischen" Staat systemimmanent. Politische und ideologische Ansprüche lassen sich ohne Legitimation durch den Islam nicht formulieren. Das galt auch für linke Oppositionsbewegungen Ende der 60er/Anfang der 70er Jahre. Konnte die Moschee-Besetzung von 1979 noch als einzigartiges Ereignis gelten, so ist besonders seit der Krise um Kuwait, die nicht zuletzt durch die massive Präsenz von US-Truppen hervorgerufen war, fundamentalistische Opposition zum dauerhaften Bestandteil in der saud. Politik geworden. Diese läßt sich allerdings weder sozial noch ideologisch festlegen.

Gleichwohl sind die unzureichende soziale und kulturelle Integration von Randgruppen, wie z. B. der seßhaft gewordenen Beduinen, und die Unzufriedenheit mit der Korruption und „Verwestlichung" – keineswegs nur der herrschenden Schicht – als wichtige Gründe für Opposition auszumachen. Die Glaubwürdigkeit der amtlich zur Schau gestellten Islamität ist angesichts eines auch in SA um sich greifenden vielfältigen islamistischen Diskurses mit den Mitteln der sog. „Religionspolizei" schwerlich aufrecht zu erhalten. Bei der schiitischen Minderheit ist weniger iranischer Einfluß als die grundsätzliche soziale und politische Benachteiligung der vom Wahhabismus verachteten *Schia* als Grund für Opposition zu sehen.

Obgleich die Entstehung des Königreichs auf Eroberungen beruht, hat SA keinerlei militaristische Tradition. Neben der regulären Armee von 76 500 Mann (1991), die als Freiwillige dienen, gibt es noch die 35 000 Mann starke Nationalgarde und eine ca. 20 000 Mann starke Beduinentruppe. Die Nationalgarde steht wahhabitischem Geist noch näher. Es gibt Spekulationen über Rivalitäten zwischen Armee und Nationalgarde, die aber – soweit bekannt – keine ernsthaften Konflikte bilden.

Der weitreichenden Autonomie im Innern, die SA als reicher Rentierstaat hat, steht die starke außenwirtschaftliche Abhängigkeit gegenüber. In seiner Außenpolitik ist SA grundsätzlich am *Status quo* orientiert. Schon vor dem Ölboom von 1973/74 hatte SA eine ausgeprägte Scheckbuchdiplomatie betrieben, die zunächst vor allem der Abwehr der das System bedrohenden Gefahren der im Nasserismus verkörperten ideologischen Strömungen des (arabischen) Sozialismus und Säkularismus diente. Die generelle Reorientierung zum Islam seit den 70er Jahren kam dieser Politik, die mit einer schon sprichwörtlichen Kommunistenfurcht verbunden war, entgegen. Gewisse Grenzen sind ihr aufgrund des „besonderen Verhältnisses" zu den USA gesetzt, durch das unabhängig von *Khomeinis* Vorwurf des „amerikanischen Islam" unter anderem die Glaubwürdigkeit SA.s in der Palästinafrage trotz finanziellen Engagements kränkelte.

Nicht immer ganz zu trennen von der Scheckbuchdiplomatie sind die hohen Leistungen für Entwicklungshilfe, z. B. über den nach dem Golfkrieg 1991 geschaffenen *Arabischen Entwicklungsfonds*. SA hält 20 % der Anteile an der *Islamischen Entwicklungsbank* und steuerte ferner beachtliche Beiträge zu Entwicklungsvorhaben der Weltbank bei. Von 1974 bis 1991 vergab der *Saudische Entwicklungsfonds* rund 5 Mrd. US-$ an 61 Länder, schwerpunktmäßig an arabische und islamische Länder. Von den 1990 geleisteten Zahlungen gingen 83 % an arabische Länder (nach *Bellers* 1992). In diesen Zahlen sind die milliardenschweren Subsidien an arabische Nachbarn und Leistungen aus der Schatulle des Königshauses, z. B. zum Bau von Moscheen, nicht enthalten. Nach der Wirtschaftskrise in der Mitte der 80er Jahre hat sich der saud. Entwicklungshilfebeitrag, der 1989 einen Tiefstand erreichte, zu Beginn der 90er Jahre wieder auf dem früheren hohen Anteil von 3–5 % des BSP eingependelt (vgl. Tab. 11).

Tabelle 11: *Saudi-Arabiens Entwicklungshilfe (Nettoauszahlungen)*

	1980	1984	1986	1988	1989	1990
in Mio. US-$	5682	3300	3517	2048	1171	3693
in % des BSP	4,87	..	4,67	2,64	1,49	3,89

Quelle: Bellers 1992.

Trotz seiner engen internationalen Verflechtungen gilt auch für SA, daß nach dem Ende des Ost-West-Konflikts die regionale Eigenverantwortung gewachsen ist. Für die nähere Zukunft wird die Sicherheit am Persischen Golf durch die USA gewährleistet, die seit der Krise um Kuwait stark wie nie zuvor in der Region militärisch präsent sind. Die gegenwärtige Hochrüstung in der Region, bei der SA führend ist, hat eine gewisse abschreckende Wirkung. Der Schaffung eines regionalen Sicherheitssystems steht nach wie vor zweierlei im Wege: a) mangelndes Vertrauen unter den arabischen Staaten und b) die Notwendigkeit, auch Iran miteinzubeziehen.

Den Mitgliedern des 1981 gegründeten Golfkooperationsrates (SA, VAE, Kuwait, Bahrain, Katar, Oman) gelang es bislang nicht, ein funktionierendes Sicherheitssystem aufzubauen, welches überdies militärisch zu schwach wäre. Auch für die in der *Damaskus-Erklärung* vom März 1991 vorgeschlagene Bildung eines Sicherheitssystems des Golfkooperationsrats unter Einschluß Syriens und Ägyptens fehlt das Vertrauen, denn ein Sicherheitssystem erfordert Zusammenarbeit auch in sensiblen Bereichen. Außerdem weiß die saud. Führung, daß Iran einbezogen werden muß, wenn regionale Stabilitätspolitik Aussicht auf nur einigen Erfolg haben soll.

Das Verhältnis zu Iran hat sich seit dem Ende des iranisch-irakischen Krieges 1988 und nach den blutigen Zusammenstößen mit iranischen Pilgern ein Jahr zuvor erheblich gebessert. Auch die Tatsache, daß der Konflikt um die Inseln Abu Musa und Groß- und Klein-Tunb im Persischen Golf vom Sommer 1992 trotz heftiger gegenseitiger Polemik zwischen Iran und den arabischen Golfanrainern nicht zu einer dauerhaften Störung der Bemühungen um regionale Kooperation führte, darf als Zeichen dafür gewertet werden, daß alle Golfanrainer aus dem iranisch-irakischen und dem zweiten Golfkrieg um Kuwait etwas gelernt haben. Mit Hilfe vertrauensbildender Maßnahmen bei gleichzeitiger verstärkter Eingliederung in internationale Organisationen das historisch und kulturell tief verwurzelte Mißtrauen abzubauen, gehört zu den Aufgaben aller Staaten der Region.

7. Entwicklungsperspektiven

Mit seinem Ölreichtum hat SA eine einzigartige Stellung unter den EL. Auch in Zukunft werden die meisten Entwicklungsprobleme mit Geld wenn schon nicht gelöst, so doch zumindest für den Augenblick bewältigt werden können. Das gilt selbst für das so elementare und wahrhaft prekäre Problem der Süßwasserversorgung. Für SA als Extremfall eines Rentierstaats ist eine potentielle wirtschaftliche und politische Gefährdung in erster Linie von externen Einflüssen gegeben. Das Interesse der IL am stetigen Fluß saud. Erdöls zu günstigen Preisen wirkt hier als entscheidender Garant für den Bestand des Staates.

Die interne Entwicklung wird unter der Voraussetzung der Erdölrente weiterhin von schrittweiser Anpassung an notwendige Modernisierungsprozesse bestimmt sein. Darin hat das saud. Regime seit der Entstehung des Königreichs Erfahrung. Die vor allem nach der iranischen Revolution viel diskutierte Frage, ob das Regime durch radikal islamische Kräfte oder die aufsteigende Mittelschicht gefährdet sei, stellt sich heute folgendermaßen dar: Wie die Geschichte islamistischer Bewegungen zeigt, steht deren Ideologie keineswegs im Widerspruch zu den Interessen aufsteigender städtischer Mittelschichten islamischer Länder, im Gegenteil. Die heranwachsende Mittelschicht kann ihre Forderungen nach Sicherheit in den bürgerlichen Rechten und politischer Partizipation sehr wohl im Namen des Islam erheben, und zwar auch gegen die apologetischen Behauptungen des Regimes, daß dank des islamischen Rechts in SA alles in Ordnung sei.

Die saud. Führung ist heute mehr denn je gefordert, sich sowohl gegenüber der eigenen islamisch-traditionellen Legitimation als auch gegenüber den Interessen der Mittelschicht glaubwürdig zu erweisen, wenn gravierende Störungen im Modernisierungsprozeß vermieden werden sollen. Mit Irritationen und Turbulenzen ist gleichwohl zu rechnen, doch diese sollten nicht überbewertet werden. Denn die nach wie vor bestehende Abhängigkeit auch der wichtiger werdenden Mittelschicht von der Ölrente, die völlige Unabhängigkeit des Staates von Steuern sowie die gesellschaftliche und wirtschaftliche Verflechtung der Mittelschicht mit der vielköpfigen Familie *Saud* machen es unwahrscheinlich, daß sich intern eine sozial-politische Dynamik entwickelt, die zu grundlegenden Systemveränderungen führen könnte.

Literatur

Bellers, J. 1992: Saudi-Arabiens Entwicklungspolitik, in: E + Z, 1992/12, 20–21.

Blume, H. 1976: Saudi-Arabien. Natur, Geschichte, Mensch und Wirtschaft, Tübingen.

EIU (The Economist Intelligence Unit) 1993: Saudi Arabia, Country Profile 1992–93, London.

Ende, W. 1981/82: Religion, Politik und Literatur in Saudi-Arabien. Der geistesgeschichtliche Hintergrund der heutigen religiösen und kulturpolitischen Situation, I–IV, in: Orient, I: 22 (1981) 3, 377–390; II: 23 (1982) 1, 21–35; III: 23 (1982) 3, 378–393; IV: 23 (1982) 4, 524–539.

al-Farsy, F. 1990: Modernity and Tradition. The Saudi Equation, London/New York.

Al Hajjar, B./Presley, J. R. 1992: Constraints on Development: Small Business in Saudi Arabia, in: Middle Eastern Studies, 28 (2), 333–351.

Kingdom of Saudi Arabia/Ministry of Planning, o. J.: The Fifth Development Plan 1410/11–1414/15.

Koszinowski, Th. (Hrsg.) 1983: Saudi-Arabien. Ölmacht und Entwicklungsland, Hamburg.

Al-Naqeeb, Kh. H. 1990: Society and State in the Gulf and Arab Peninsula, London/New York.

Niblock, T. (Hrsg.) 1982: Society and Economy in Saudi Arabia, London.

Pawelka, P. 1993: Der Vordere Orient und die Internationale Politik, Stuttgart/Berlin/Köln.

Saudi Arabia 1991, in: The Middle East and North Africa. A Survey and Directory, London.
Schliephake, K. 1990: Natürliche Ausstattung und Ressourcenorientierte Entwicklungskonzepte. Beispiele aus Saudi-Arabien und Qatar, in: Pawelka, P./Aves, M. (Hrsg.) 1990, Arabische Golfstaaten in der Krise, Frankfurt, 7–90.
Schönherr, S./Halbach, A. J. 1991: Der Golf nach dem Krieg: Wirtschaft, Politik, Rüstung (ifo-Forschungsberichte der Abteilung Entwicklungsländer, Nr. 75), München.
Stat. Bundesamt 1988: LKB Saudi-Arabien, Stuttgart/Mainz.

Syrien

Volker Perthes

1. Wirtschaftsgeographische Grundlagen

Die *Arabische Republik Syrien*, die nur einen Teil des historisch naturräumlichen Syrien *(Bilad al-Sham)* bildet, zu dem auch Libanon, Israel/Palästina und Teile des heutigen Jordanien gerechnet wurden, grenzt im Norden an die Türkei, im Osten an den Irak, im Süden an Jordanien und im Westen an Israel und Libanon. Zwischen der Nordgrenze Libanons und der türkischen Grenze im Norden besitzt das heutige S. einen schmalen, fruchtbaren Küstenstreifen, in dem sich die Hafenstädte Lattakia, Banias und Tartus befinden. Dieser wird vom Landesinnern durch das Küsten- oder Alawitengebirge abgetrennt, an welches sich südlich der Senke von Homs der Anti-Libanon anschließt, über den die Grenze zum Libanon verläuft.

Im äußersten Süden befinden sich die regenreichen und fruchtbaren Gebiete des Golan, der Hauran-Ebene und des *Jabal al-Arab* oder Drusengebirges. Östlich des Anti-Libanon und des Küstengebirges verläuft eine schmale, landwirtschaftlich und industriell stark genutzte Zone, in der auch die vier größten Städte liegen: die Hauptstadt Damaskus sowie Homs, Hama und Aleppo.

Nordöstlich von Aleppo tritt Syriens Hauptlebensader, der *Euphrat*, auf syr. Gebiet und verläuft von dort in südöstlicher Richtung über 600 km durch syr. Territorium zur irakischen Grenze. Der Fluß liefert etwa 80% der Wasserressourcen des Landes. Sein wichtigstes Wasserreservoir ist der Asad-See am 1974 fertiggestellten Euphratstaudamm bei Tabqa. Vom Euphrat und seinen Zuflüssen, insbesondere dem *Khabur*, werden Teile der nordöstlich des Euphrat gelegenen *Jazira* bewässert. Die Ausweitung der Bewässerungswirtschaft hat bisher zum Programm aller Regierungen gehört.

Etwa 65% der Gesamtfläche Syriens erhalten durchschnittlich weniger als 250 mm Niederschläge und gelten damit als trocken oder semi-arid. Lediglich im Küstenstreifen, in Südsyrien, in einem schmalen Streifen östlich des Anti-Libanon und des Küstengebirges und einem 60–70 km breiten Streifen entlang der syrisch-türkischen Grenze ist auch regelmäßiger Regenfeldbau möglich. Nur ein knappes Drittel des 185 180 qkm großen Landes gilt als kultivierbar, davon werden 10–12% bewässert. Etwa 110 000 qkm – der Osten, SO und Teile des nördlich-zentralen Syrien – sind Steppen und Wüstensteppen und allenfalls in begrenztem Maße als Weideflächen nutzbar.

Hauptanbauprodukte sind Getreide, Baumwolle und Zuckerrüben, Oliven und Obst, Hülsenfrüchte und Gemüse. In der *Ghouta*, der Flußoase von Damaskus, im Küstengebiet und zunehmend auch in Südsyrien werden Obst und Gemüse angebaut, an der Küste auch Tabak, im nördlich-zentralen S. Oliven und, wie im Hauran, Getreide und Hülsenfrüchte. Das größte Getreideanbaugebiet ist die *Jazira*. Daneben produzieren die Bewässerungsgebiete von Euphrat und Khabur vor allem Baumwolle.

Wichtigste Bodenschätze sind Erdöl, Gas und Phosphat; daneben finden sich ausbeutbare Salz-, Asphalt-, Marmor- und Gipsvorkommen. Phosphat wird seit 1971 abgebaut. Seit 1968 wird im NO des Landes Öl in kommerziellen Mengen gefördert. Steigender Eigenbedarf an Brennstoffen ließ S. allerdings von Anfang bis Mitte der 80er Jahre zum Netto-Ölimporteur werden. Seit 1985 begann die Förderung aus neu erschlossenen Feldern bei Dayr al-Zur im Osten des Landes. Die Fördermenge nahm rasch zu: Während S. in den 70er und frühen 80er Jahren durchschnittlich 170 000 bpd überwiegend weniger wertvollen, stark schwefelhaltigen Öls förderte, stieg die Fördermenge bis 1992 auf fast 500 000 bpd überwiegend wertvollen, schwefelarmen Öls. Die Erdölvorkommen wurden Anfang der 90er Jahre auf ca. 3 Mrd. Barrel geschätzt. Anfang der 90er Jahre exportierte S. gut die Hälfte seiner Ölförderung und gehörte damit noch immer zu den kleineren Ölexporteuren. Die mit der Ölförderung freiwerdenden Gase wurden bis in die 80er Jahre zumeist abgefackelt, werden seither aber zunehmend zur Stromerzeugung und als industrieller Brennstoff genutzt.

Die infrastrukturelle Entwicklung hat seit Mitte der 60er und vor allem im Laufe der 70er Jahre große Fortschritte gemacht. Besonderer Wert wurde auf den Ausbau von Verkehrsinfrastruktur und Elektrizitätsversorgung gelegt. Alle wichtigen Orte des Landes sind ausreichend durch Straßen verbunden. Jeder Ort ist von der Hauptstadt aus binnen eines Tages mit öffentlichen Straßenverkehrsmitteln zu erreichen. Die größeren Städte sind per Eisenbahn miteinander verbunden; das Schienennetz hat allerdings noch Lücken. Vor allem fehlt es an internationalen Anschlüssen und an einer direkten Bahnlinie von Damaskus nach Dayr al-Zur.

Bis Mitte der 80er Jahre waren praktisch alle, auch die kleinsten Dörfer ans öffentliche Elektrizitätsnetz angeschlossen. Dagegen blieb die Versorgung mit Trinkwasser, Abwassersystemen und gesundheitlichen Diensten in den abgelegeneren ländlichen Gebieten noch unzureichend. In den rasch wachsenden Städten fehlt es vor allem an Wohnraum; auch die öffentliche Gesundheitsversorgung ist teilweise lückenhaft.

2. Bevölkerung und ethnische Struktur

S. liegt mit einem jährlichen Bevölkerungswachstum von 3,6 % weltweit unter den Spitzenreitern. Seine Einwohnerzahl nahm von nur 4,6 Mio. (1960) auf 8,7 Mio. (1980) und 12,1 Mio. (1990) zu; 1992 erreichte sie 13 Millionen. Die Bev. konzentriert sich vor allem im Küstengebiet und entlang der Nord-Süd-Achse mit den vier größten Städten Aleppo, Hama, Homs und Damaskus.

Die Abwanderung vom Land in die Städte ist kontinuierlich und stärker, als offizielle Statistiken wiedergeben. Nach den Zensusergebnissen lebten 1960 37 %, 1970 43,5 % und 1981 47 % der Bev. in Städten. Seither gab es keinen Zensus mehr. Das statistische Zentralamt gibt für 1992 den Anteil der städtischen Bev. mit 50,8 % an; tatsächlich dürfte er aber höher liegen. In den 70er Jahren verlangsamte sich die Wanderung in die großen Städte zeitweise, vor allem durch Arbeitsemigration in die Ölstaaten. Im übrigen zogen einige Provinzorte und kleinere Städte wie Tabqa, wo der Euphratdamm entstand, und Tartus, dessen Hafen ausgebaut wurde, Migranten an. In den 80er Jahren dürfte die Wanderung vom Land in die Städte, vor allem nach Damaskus, wieder zugenommen haben.

In Groß-Damaskus leben Anfang der 90er Jahre etwa 4,5 Mio. Menschen, mehr als ein Drittel der Gesamtbevölkerung. Aleppo zählt etwa 1,2 Mio., Homs knapp eine halbe Million, Hama etwa 300 000. Der Versuch staatlicher Entwicklungsplanung, Wachstumszentren in allen Regionen zu schaffen, hatte nur mäßigen Erfolg. Privates Kapital bevorzugte weiterhin die traditionellen Zentren, vor allem Damaskus. So sind in Damaskus nur etwa 25 % der staatlichen, aber etwa 40 % der privaten Industrie angesiedelt, in Damaskus und Aleppo zusammen 40 % der staatlichen und mehr als 70 % der privaten.

Fast 90 % der Bev. Syriens sind Araber; knapp 9 % sind Kurden, 1–2 % Armenier. Daneben gibt es kleine turkmenische, tscherkessische und assyrische Minderheiten. Eine Minderheit der syr. Kurden gilt als staatenlos und ist damit auch nahezu rechtlos; die Mehrheit der Kurden ist weitgehend integriert und zum Teil assimiliert. Kurdisch-nationale Bestrebungen sind von allen syr. Regimes im Keim erstickt worden; eine private Pflege kurdischer Kultur und Sprache wird allerdings geduldet. Im Gegensatz zu den Kurden hat die armenische Minderheit anerkannte Minderheitenrechte. Dazu gehört insbesondere die Unterhaltung eigener Schulen, die zwar staatlichen Curricula folgen, aber armenisch und arabisch unterrichten. Etwa 300 000 als Flüchtlinge registrierte Palästinenser haben zwar keine syr. Staatsbürgerschaft, sind aber syr. Staatsbürgern in ihren sozialen Rechten weitgehend gleichgestellt.

Die Existenz nationaler Minderheiten ist für die politische Entwicklung Syriens von geringerer Bedeutung gewesen als die Frage ethnisch-konfessioneller Zugehörigkeiten, die in der internationalen Literatur allerdings oft überbewertet wird. Tatsächlich haben sich konfessionelle und politisch-soziale Konflikte gelegentlich gemischt. Mehr als 70 % der Syrer sind sunnitische Muslime, darunter auch die meisten Kurden. Knapp 10 % der Bev. sind Christen verschiedener Konfession; 12–15 % gehören zur schiitischen Sekte der Alawiten, der auch Präsident *Asad* angehört. Der Rest verteilt sich auf Drusen, Schiiten und andere. Anders als die Christen lebten Alawiten und Drusen bis in die 60er Jahre mehrheitlich in relativ geschlossenen ländlichen Siedlungsgebieten, dem Küsten- oder Alawitengebirge und dem *Jabal al-Druz.*

Die frz. Mandatsmacht (1920-1943/6) versuchte in einer klaren Teile-und-Herrsche-Politik, Syriens konfessionelle Strukturen zu verfestigen und u. a. einen Alawiten- und einen Drusenstaat zu etablieren. Im übrigen rekrutierte sie ihre lokalen Hilfstruppen vorwiegend aus Angehörigen dieser Minderheiten. Auch nach der Unabhängigkeit blieb der Anteil der ruralen Minderheiten im Militär hoch, weil dieses eine auch für die Söhne kleiner und mittlerer Bauern zugängliche soziale Aufstiegsmöglichkeit darstellte. Offiziere ländlichen Ursprungs, die häufig Minderheiten, vor allem den Alawiten, angehörten, bestimmten seit der Machtübernahme der *Ba'th-Partei* (1963) zunehmend die Politik.

Auseinandersetzungen zwischen Regime und Opposition nahmen zeitweise den Charakter sowohl eines Stadt-Land-Konflikts wie auch einen konfessionalistischen Charakter an. Präsident *Asad* hat sich bei der Besetzung sicherheitsrelevanter Positionen zwar nicht ausschließlich, aber in besonderem Maße auf alawitische Gefolgsleute gestützt. Dies hat das Regime noch nicht zu einem alawitischen Minderheiten-Regime gemacht, ihm aber einen konfessionellen Anstrich gegeben und die politische Kraft konfessioneller und regionaler Bindungen in allen Gruppen gestärkt. Konfessionelle Identitäten sind allerdings nicht exklusiv, sondern können bruchlos mit einer syr. wie auch mit einer arabisch-nationalen Identität einhergehen. Es ist unübersehbar, daß sich seit der Unabhängigkeit und vor allem seit den 60er Jahren ein konfessions- und schichtenübergreifendes Nationalbewußtsein ausgebildet hat, das sich auf S. in seinen heutigen Grenzen bezieht und sich auf dessen nationalstaatliche Geschichte und seine Stellung in der arabischen Umwelt gründet.

3. Historische Entwicklung

S. gehörte seit 1516 und bis zum Ende des I. Weltkriegs zum Osmanischen Reich. Nachdem Großbritannien und Frankreich 1916 im *Sykes-Picot-Abkommen* ihre Interessen im Nahen Osten abgestimmt hatten, setzte im April 1920 der Völkerbund, der sich mit der Aufteilung der arabischen Gebiete des ehemaligen Osmanischen Reichs befaßte, Frankreich zur Mandatsmacht über S. und Libanon, Großbritannien zur Mandatsmacht über Palästina und Transjordanien ein. Diese Entscheidung fiel gegen den erklärten Willen einer in Damaskus zusammengetretenen „Syrischen Konferenz", die das ganze historische S. zu einer konstitutionellen Monarchie erklärt hatte.

Frankreich setzte seine Mandatsmacht militärisch durch, fügte einige zur ehemaligen osmanischen Povinz Damaskus gehörenden Gebiete dem neugeschaffenen Libanon zu und trat 1939 den Bezirk Alexandrette (Iskanderun) an die Türkei ab. Versuche der frz. Mandatsverwaltung, den Rest Syriens in mehrere ethnische Kleinstaaten aufzuteilen, scheiterten. Nach langen Auseinandersetzungen zwischen Mandatsmacht und syr. Nationalbewegung entstand 1943 die formal unabhängige „Syrische Republik". 1946 mußten die frz. Truppen das Land verlassen. S. erhielt seine volle Souveränität.

Das unabhängige S. gab sich eine demokratische Verfassung. Die tatsächliche Macht konzentrierte sich aber in den Händen einer kleinen Oberschicht aus Händler- und Großgrundbesitzerfamilien und zunehmend auch der Armee. Die politische Führung ließ das Land in den ersten arabisch-israelischen Krieg schlittern und erwies sich unfähig, drängende politische und soziale Probleme zu lösen. Von 1949 an erlebte das Land eine Reihe von militärischen Machtübernahmen. Mitte der 50er Jahre geriet S. in den Mittelpunkt regionaler Auseinandersetzungen um die Schaffung eines prowestlichen Militärbündnisses, des Bagdadpaktes.

Westlicher Druck, der darauf zielte, S. zur Aufgabe seiner neutralistischen Politik und zum Anschluß an den prowestlichen Kurs der Türkei und des Irak zu bewegen, verfehlte sein Ziel, destabilisierte das Land und trug dazu bei, daß S. sich 1958 in eine überstürzte staatliche Vereinigung mit Ägypten flüchtete. Nachdem die Führung der so entstandenen *Vereinigten Arabischen Republik* (VAR) im Sommer 1961 begann, einen erklärt sozialistischen Kurs einzuschlagen und dabei eine Reihe syr. Unternehmen verstaatlichte, beendeten konservative syr. Offiziere das Einheitsexperiment durch einen Putsch. S. entstand erneut als souveräner Staat und noch einmal, für eineinhalb Jahre, als ein halbdemokratisches System, in dem die Politiker der 50er Jahre das Sagen hatten.

Am 8. 3. 1963 putschte eine Gruppe jüngerer Offiziere, vornehmlich Nasseristen (Anhänger des ägyptischen Präsidenten *Abd al-Nasir* und seines gesamtarabischen Führungsanspruchs) und Mitglieder der arabisch-nationalen *Arabisch-Sozialistischen Ba'th-Partei.* Die der *Ba'th* zugehörige Fraktion setzte sich in den folgenden Monaten durch. Mitte 1963 hatte die *Ba'th* sich faktisch als Einheitspartei etabliert. Die folgenden Jahre waren durch eine unruhige, von mehreren Umstürzen und Putschversuchen bestimmte Doppelherrschaft von Partei und Armee geprägt.

Das Regime verfolgte einen sozialreformerischen, zum Teil auch sozialrevolutionären Kurs, der sowohl dazu diente, die ökonomische Basis der alten, jetzt von der Macht vertriebenen Elite zu schwächen, als auch dazu, die soziale Basis des Regimes – bei kleinen und mittleren Bauern, bei einem Teil der städtischen Arbeiter und der Intelligenz sowie unter den Angehörigen des rasch wachsenden öffentlichen Dienstes – zu festigen und auszubauen. In diesem Sinne wurde eine bereits 1958 während der Vereinigung mit Ägypten eingeleitete Landreform ausgeweitet, die rechtliche und wirtschaftliche Position von Pachtbauern verbessert, der öffentliche Dienst aus- und ein öffentlicher Wirtschaftssektor aufgebaut. 1964 und 1965, nach einer Reihe gewaltsamer Auseinandersetzungen zwischen dem Regime und der konservativen städtischen Opposition, wurden mehr als 120 Industrie- und Handelsunternehmen verstaatlicht.

Die politische Führung selbst teilte sich in mehrere gegeneinander konspirierende Fraktionen, die jeweils ihre eigene Basis in Armee und Partei hatten. Im Februar 1966 putschte sich ein radikaler Parteiflügel an die Macht. Die neue Führung forcierte die sozialistische Orientierung und baute die politische und militärische Zusammenarbeit mit den sozialistischen Staaten aus. Der israelische Angriff vom 5. 6. 1967 erwischte das Regime kalt. Israelische Truppen konnten einen großen Teil des Golan besetzen. Durch seinen radikalen innenpolitischen Kurs und eine konfrontative Politik gegenüber den konservativen arabischen Staaten und dem Westen isolierte sich das Regime innen- und außenpolitisch zusehends. Nach anhaltenden Richtungskonflikten innerhalb der Führung übernahm am 16. 11. 1970 Verteidigungsminister und Luftwaffenchef *Hafiz al-Asad* in einem zur „Korrekturbewegung" erklärten Putsch die Macht.

Unter der Führung *Asads*, der seither an der Spitze des Landes steht, ist S. innenpolitisch stabilisiert worden und hat außen- und regionalpolitisch erheblich an Gewicht gewonnen. *Asad* war populär, weil er einen pragmatischeren Kurs vertrat als seine Vorgänger. Seine Machtübernahme brachte eine innenpolitische Öffnung in Richtung auf die Unternehmerschaft und konservativere Schichten, eine gewisse wirtschaftliche Liberalisierung und außen- und regionalpolitisch eine Öffnung auf den Westen und die prowestlichen arabischen Staaten. In Vorbereitung auf einen für unausweichlich gehaltenen neuen Krieg gegen Israel, der die 1967 verlorenen Gebiete zurückgewinnen sollte, wurden die Streitkräfte ausgebaut und erheblich aufgerüstet.

Der Oktoberkrieg von 1973, den S. gemeinsam mit Ägypten vorbereitete und lancierte, brachte zwar keinen militärischen Sieg der arabischen Staaten, wohl aber politischen und auch territorialen Geländegewinn: S. erhielt mit dem Truppenentflechtungsabkommen von 1974 die Stadt Quneitra zurück. Dieser politische Erfolg und ein im folgenden mit reichhaltiger arabischer Hilfe eingeleitetes, enormes Entwicklungsprogramm steigerten die Popularität von Präsident und Regime.

1976 begann Syrien, militärisch im Libanon zu intervenieren. Dies stärkte zwar seine regionale Position, stieß aber im Innern auf wenig Zustimmung. Zudem schadeten Korruption, zunehmende Übergriffe der Sicherheitsorgane und Enttäuschungen über die wirtschaftliche und soziale Entwicklung der Legitimität des Regimes. Gewaltbereite islamistische Gruppen nutzten den wachsenden Unmut und setzten sich an die Spitze der Opposition. Von 1979 bis 1982 erlebte das Land eine Welle zum Teil bürgerkriegsähnlicher Auseinandersetzungen, in denen die Regierung nur durch den vollen Einsatz militärischer Mittel die Oberhand behielt.

Die 80er Jahre waren im ganzen kein gutes Jahrzehnt für Syrien, weder für das Regime noch für die Bevölkerung. 1982 bereitete die israelische Armee bei ihrer Libanoninvasion den syr. Truppen eine vernichtende Niederlage.

Damaskus hatte dieser Konfrontation auszuweichen versucht, indem es sich im Libanon strikt an gewisse, in einem indirekten Dialog mit Israel definierte rote Linien hielt. Der unprovozierte israelische Angriff und die Niederlage Syriens führten in Syrien zu einem gewaltigen Aufrüstungsprogramm. Der Anteil der Militärausgaben am BSP, der bis 1982 teilweise bei 10% gelegen hatte, stieg in den Jahren 1983 bis 1985 auf etwa 22%.

Eine schwere wirtschaftliche Krise reduzierte die innere Zustimmung zum Regime weiter. In seiner arabischen Umwelt geriet Damaskus, das im irakisch-iranischen Krieg eine pro-iranische Haltung einnahm und seit 1983 im Libanon einen Kleinkrieg gegen die PLO führte und führen ließ, erneut in eine gewisse Isolation. Im übrigen lag S. über den größten Teil der 80er Jahre in einem Dauerkonflikt mit den USA und anderen westlichen Staaten, in dem vor allem seine Rolle im Libanon und seine angebliche oder tatsächliche Verwicklung in internationale terroristische Aktivitäten eine Rolle spielten. Gegen Ende der 80er Jahre konnte S. sein Verhältnis zum Westen schrittweise wieder verbessern und auch seine regionale Isolation überwinden. Die Regierung trennte sich von einigen terrorismusverdächtigen Elementen. Ihre Rolle im Libanon wurde von den USA zunehmend wieder als konstruktiv betrachtet.

Auf regionaler Ebene verbesserte sich Syriens Position vor allem durch eine Wiederannäherung an Ägypten, das von ihm seit dem Abschluß des israelisch-ägyptischen Friedensvertrages (1979) boykottiert worden war. 1989 nahmen Kairo und Damaskus ihre diplomatischen Beziehungen wieder auf und begannen gleichzeitig, wichtige regionalpolitische Schritte zu koordinieren, wie dies in der gemeinsamen Haltung beider Staaten zum irakischen Einmarsch in Kuwait, zum zweiten Golfkrieg und zu den nachfolgenden regionalpolitischen Neuordnungsbemühungen deutlich wurde. Anfang der 90er Jahre hatten sich die Beziehungen zwischen S. und Ägypten zu einer der wesentlichen Achsen innerarabischer Politik entwickelt.

4. Wirtschaftliche Struktur und Entwicklung

In den drei Jahrzehnten seit der Machtübernahme der *Ba'th* (1963) ist aus dem Agrarland S. ein Land mit einer diversifizierten, allerdings keineswegs selbsttragenden Wirtschaft geworden. Bis 1970 war Syrien ein Netto-Exporteur, seither ist es ein Netto-Importeur von Nahrungsmitteln. 1960 arbeiteten laut Volkszählung noch 54% der Beschäftigten in der Landwirtschaft, 1970 noch 48%. Die Volkszählung von 1981 ergab dagegen, daß nur noch 25,4% in der Landwirtschaft tätig waren, 35,6% in Bergbau, Industrie und Bauwirtschaft, 6,8% im Transportwesen, 10,4% in Handel und Finanzwesen und 21,7% im übrigen Dienstleistungssektor. Zumindest bei dieser Volkszählung ist die Zahl der weiblichen Beschäftigten in der Landwirtschaft stark unterschätzt worden. Der Anteil der Erwerbstätigen in der Landwirtschaft müßte deshalb nach oben, der aller anderen Wirtschaftsbereiche nach unten korrigiert werden. Nach einer Stichprobenuntersuchung von 1991 beschäftigte die Landwirtschaft noch 28,2 % der Erwerbstätigen, Bergbau, Industrie und Bauwesen 24,9 %, Handel und Finanzwesen 12,3 %, der Transportsektor 5,1 % und der übrige Dienstleistungssektor 29,3 %.

Trotz der Verzerrung der Volkszählungsergebnisse durch die Unterbewertung weiblicher landwirtschaftlicher Arbeitskraft spiegeln die Zahlen wesentliche Züge der sozioökonomischen Entwicklung der 80er Jahre. Große, staatlich finanzierte Baumaßnahmen wie in den 70er Jahren gab es in den 80er Jahren nur noch in begrenztem Maße. Die Zahl der Beschäftigten im Bauwesen, die in den 70er Jahren erheblich zugenommen hatte, stagnierte. Das verarbeitende Gewerbe behielt seinen Anteil an der Gesamtbeschäftigtenzahl; Handel, Finanzwesen und sonstige Dienstleistungen dagegen wuchsen überproportional. Die Anteile der Wirtschaftssektoren am BIP blieben weitgehend konstant: In der Landwirtschaft entstehen niederschlagsabhängig regelmäßig 25–30 %, in der Industrie und im Bergbau 15–20 %, im tertiären Sektor ca. 50 % des BIP.

4.1 Wirtschaftsordnung und Entwicklungsstrategie

Der Staat beschäftigt etwa ein Drittel der Erwerbstätigen. Er hat insgesamt, durch Agrarreform, Landwirtschafts- und Erzeugerpreispolitik, durch den Aufbau eines öffentlichen Industriesektors, den Ausbau der staatlichen Verwaltung, die staatliche Aufsicht über Außenhandel, Devisen und Investitionen sowie durch Form und Ausmaß wirtschaftlicher Liberalisierungsmaßnahmen, die sozioökonomischen Entwicklungen im Land aktiv gesteuert – nicht immer mit den gewünschten Ergebnissen. Syrien unterhält der Verfassung nach ein planwirtschaftliches System. Staatliche Fünfjahrespläne, die es bis 1985 gab, hatten in der Praxis allerdings geringe Bedeutung. Die Wirtschafts- und Entwicklungspolitik folgte nur in den ersten Jahren der *Ba'th*-Herrschaft – bis 1970 – einem betont sozialistischen Kurs.

In den 70er Jahren setzte S. auf eine staatlich geführte Importsubstitutionsstrategie, in deren Zentrum der rasche Ausbau von Industrie, Energiesektor und Verkehrswesen stand. Mit Hilfe arabischer Hilfszahlungen und ausländischer Kredite initiierte der Staat ein gewaltiges Wachstums- und Investitionsprogramm, das vor allem große, moderne und meist schlüsselfertig gekaufte Anlagen sowohl der Grundstoff- (Eisen- und Stahlproduktion, Chemie, Petrochemie, Zement) wie der Konsumgüterindustrie (Bekleidung, Lebensmittel, Haushaltsartikel) beinhaltete. Privates Kapital sollte sich auf leichtindustrielle Produktion, Handel und Dienstleistungen konzentrieren.

Die Landwirtschaft nahm deutlich einen zweiten Platz ein, sowohl in den Entwicklungsplänen wie auch im tatsächlichen Investitionsprofil. Vorrang hatten hier Großprojekte wie der Euphratdamm bei Tabqa. Investitionen

Tabelle 1: *Wachstums- und Inflationsraten (im jährlichen Durchschnitt in %)*

	1970-80	1980-91
Landwirtschaft	8,6	-0,6
Industrie	9,0	6,8
Dienstleistungen	11,1	1,6
BIP	9,9	2,6
BSP pro Kopf	3,7[a]	-1,4
Brutto-Investitionen	..	-6,8
Exporte	7,0	20,6
Importe	12,4	3,9
Inflationsraten	11,8	14,3

[a] 1960-1980
Quelle: Weltentwicklungsbericht 1993.

zur Förderung der überwiegend klein- und mittelbäuerlichen Landwirtschaft blieben unzureichend.

Der Nutzen der großen Investitionen blieb hinter den Erwartungen zurück. Die gesamtwirtschaftliche Entwicklung geriet in den 80er Jahren in eine schwere Krise, die als Devisenkrise begann und sich zu einer allgemeinen Produktionskrise entwickelte. Eine hohe Importabhängigkeit der staatlichen wie der privaten Industrie, zunehmende Einfuhren von Lebensmitteln und anderen Konsumgütern und in der ersten Hälfte der 80er Jahre auch eine negative Bilanz der Ölein- und -ausfuhren ließen das traditionelle Handelsbilanzdefizit enorm wachsen. 1986 geriet das Land an den Rand eines Devisenbankrotts. Notwendige Importe ließen sich nicht länger finanzieren; es kam zu gravierenden Produktionseinbrüchen. Das BSP pro Kopf sank von 1790 US-$ (1982) auf 880 US-$ (1989), erholte sich aber 1990 wieder auf etwa 1000 US-$.

4.2 Liberalisierungsprogramm: Strukturanpassung ohne IWF

Die Krise zwang zu substantiellen Änderungen der Wirtschaftspolitik. Seit Mitte der 80er Jahre leitete die Regierung eine Serie von Reform- und Liberalisierungsmaßnahmen ein, die weitgehend dem Muster von IWF-Strukturanpassungsprogrammen folgten, allerdings nicht aus entsprechenden Abkommen mit IWF oder Weltbank hervorgingen. Der Anpassungsprozeß fand in dosierter, gradualistischer Form statt, ohne von Beginn an einem langfristigen Plan zu folgen.

Von 1985 bis 1990 verfolgte die Regierung eine strikt austeritäre Haushaltspolitik, zu der ein weitgehender Einstellungsstopp, eine restriktive Lohnpolitik und der Beginn eines anhaltenden Abbaus von Subventionen für

Grundbedarfsgüter gehörte. Gleichzeitig wurde begonnen, den Außenhandel zu deregulieren und schrittweise den Kurs der Währung freizugeben, privatem Kapital Investitionsmöglichkeiten in Bereichen zu öffnen, die bisher dem Staat vorbehalten waren, zuerst in der Landwirtschaft, später in ausgewählten Industriebranchen.

Weitreichende Steuer- und Zollfreistellungen sollten in- und ausländische Großinvestoren anwerben. 1988 begrub die Regierung endgültig die Importsubstitutionsstrategie der vergangenen Jahrzehnte und erklärte den Ausbau der Exportwirtschaft zum primären Entwicklungsziel. 1991 wurde ein weitreichendes Investitionsgesetz beschlossen, das die meisten gesetzlichen Schranken, die privaten in- oder ausländischen Investitionen bis dato noch im Wege standen, ausräumte.

Tabelle 2: *Produktionsindices*

	1970	1980	1985	1990
Verarbeitende Industrie	29	61	100	100
Ölförderung/Bergbau	26	99	100	267
Landwirtschaft	39	96	100	115
Ackerbau	36	102	100	107

Quelle: Central Bureau of Statistics: Statistical Abstracts 1975-1992.

Seit Ende der 80er Jahre verbesserte sich die Lage. Das Liberalisierungsprogramm griff, insofern die Gewichte sich vom öffentlichen zugunsten des privaten Sektors verschoben. Die Privatwirtschaft nutzte die Lockerung der Devisenbestimmungen, um notwendige Produktionsmittel und Rohstoffe zu importieren und die Produktionseinbrüche der Vorjahre zu überwinden. Der Privatsektoranteil an Investitionen, Beschäftigung und Außenhandel nahm zu. So hatte sein Anteil an den Investitionen in den frühen 80er Jahren bei 30–40 % gelegen und rangierte seit 1987 fast regelmäßig um 50 %; sein Anteil am Außenhandel stieg von 10–20 % in der ersten Hälfte der 80er Jahre auf 43–45 % zu Beginn der 90er Jahre. Vor allem verringerte sich das Handelsbilanzdefizit deutlich; 1989 und 1990 meldete die Regierung sogar eine positive Handelsbilanz.

Dies war nur zum Teil Ergebnis der wirtschaftlichen Liberalisierung; wesentlich war eine enorme Zunahme von Ölproduktion und -export. Der Netto-Export von Rohöl und Derivaten wuchs von 3,6 Mio. t (1986) auf 14,2 Mio. t (1991); der Wert der Exporte von Rohöl und Raffinerieprodukten belief sich 1991 auf ca. 1,8 Mrd. US-$. Dies entsprach mehr als 80 % der Exporte des öffentlichen Sektors und 53 % der Gesamtexporte. Die öffentliche Finanzdecke blieb dennoch bis 1989 dünn: Die jährliche Entwicklungs- und Wirtschaftshilfe des Westens und der OPEC-Staaten an S. sank 1988/89, vorwiegend aus politischen Gründen, von durchschnittlich 600-700 Mio. auf unter 200 Mio. US-$.

4.3 Industrie

Mit Ausnahme des Ölsektors hat sich der staatliche Industriesektor nicht zur Einnahmequelle, sondern zum Kostenfaktor entwickelt und trägt auch wenig zum Export bei. Der Staat beschäftigt etwa 20 % aller im verarbeitenden Gewerbe (einschließlich Bergbau) Beschäftigten. Ölförderung, Raffinerien, Düngemittelproduktion, Papierindustrie, Eisen- und Stahlproduktion sowie die Elektrizitäts- und Wasserwirtschaft sind bislang ausschließlich in staatlicher Hand und beschäftigen zusammen 12–15 % der Erwerbstätigen dieses Sektors. Bei den Konsumgüterindustrien herrschen private Betriebe vor. Textil- und Lebensmittelindustrie beschäftigen je etwa 20 %, Baustoff- und andere nichtmetallische Mineralstoffindustrien zusammen etwa 17 %. Fast 25 % aller in Handwerk und Industrie Beschäftigten arbeiten in der Metallverarbeitung; hierzu zählen nach der syr. Industriestatistik allerdings auch kleinste Reparaturwerkstätten.

Der öffentliche Industriesektor leidet unter Überbeschäftigung bei geringen Löhnen und insofern unter geringer Produktivität; er ist überzentralisiert. Viele der in den 70er Jahren errichteten Anlagen haben sich als zu groß, zu importabhängig und zu kapitalintensiv erwiesen. Durch die Devisenkrise der 80er Jahre sind einige Investitionsgüterindustrien (wie die Traktorenproduktion) vollständig zum Erliegen gekommen. Die staatlichen Konsumgüterindustrien sind auf dem Weltmarkt nicht konkurrenzfähig. Der mangelnde wirtschaftliche Erfolg des ambitiösen Industrialisierungsprojekts zeigt sich auch darin, daß der Industriesektor, obwohl sich hier in den 70er und frühen 80er Jahren bis zu 50 % aller Investitionen konzentrierten, nach wie vor nur etwa 20 % des BIP erwirtschaftet.

Im Gegensatz zur staatlichen Industrie konzentrierte sich der Privatsektor hauptsächlich auf die Konsumgüterproduktion, vor allem auf die Endfertigung von Produkten des gehobenen Bedarfs, die häufig auch exportfähig sind. Ca. 80 % der Privatsektorausfuhren sind verarbeitete Produkte, vor allem Textilerzeugnisse. Private Industrie und privates Handwerk sind vergleichsweise profitabel, allerdings herrschen handwerkliche Kleinstbetriebe mit geringer Kapitalausstattung vor. Durchschnittlich arbeiten nicht mehr als drei Personen pro Betrieb. Erst seit Mitte der 70er Jahre entstanden – nach den Verstaatlichungen der 60er Jahre – allmählich wieder mittelgroße moderne Privatbetriebe mit 10–100 Beschäftigten; seit Anfang der 90er Jahre wurden zunehmend auch größere, exportorientierte Projekte gestartet.

4.4 Landwirtschaft

Seit Ende der 80er Jahre haben private Exporte auch aus der Landwirtschaft zugenommen, vorwiegend Obst und Gemüse für die arabischen Golfstaaten. Der Aufbau einer exportorientierten Landwirtschaft kann jedoch nicht darüber hinwegtäuschen, daß die landwirtschaftliche Entwicklung weder den

Bedürfnissen noch den Erwartungen entsprochen hat. Pro Kopf der Bev. sank die Agrarproduktion in den 80er Jahren sogar um fast 20%. Die landwirtschaftliche Produktion ist weiterhin in großem Maße von unsteten Niederschlägen abhängig, da der Aufbau der Bewässerungswirtschaft langsamer vonstatten ging als geplant und Bewässerungsflächen durch Versalzung verloren gingen. Insgesamt wuchs die bewässerte Fläche von ca. 450 000 ha (Mitte der 70er Jahre) auf 790 000 ha (1991). Bis 1985 hätten planmäßig allerdings schon 900 000 ha bewässert sein sollen. Vor allem aber machten niedrige Erzeugerpreise für strategische Produkte, deren Aufkauf der Staat monopolisiert (Getreide, Baumwolle, Zuckerrüben), ihren Anbau unattraktiv, insbesondere für die Mehrheit der Landreformbauern, die überwiegend kleine Betriebe haben, ihr Land aber zentralen Produktionsplänen gemäß bebauen müssen.

Erst Ende der 80er Jahre begann die Regierung, landwirtschaftliche Erzeugerpreise deutlich anzuheben. Die langjährige Niedrigpreispolitik des Staates trug zu einem beschleunigten Strukturwandel in der Landwirtschaft bei: Über die 70er und 80er Jahre nahm die Zahl der selbständigen Hauptberufslandwirte um schätzungsweise 50% ab. Die Landwirtschaft erlebte einen Konzentrationsprozeß; neben die bäuerliche trat eine Investorenlandwirtschaft. Dazu gehörte ein Boom von Viehzuchtbetrieben und Obstbaumplantagen, die meist von reicheren Städtern oder Grundbesitzern errichtet und von landwirtschaftlichen Lohnarbeitern bewirtschaftet wurden. Seit 1986 erlaubte und förderte der Staat sogar – in Abkehr von der Landreformpolitik der 50er und 60er Jahre, die landwirtschaftliches Klein- und Mitteleigentum fördern wollte – die Gründung landwirtschaftlicher Aktiengesellschaften, die eine moderne, maschinenintensive und großflächige Landwirtschaft betreiben.

Insgesamt veränderte sich im Zuge dieser Entwicklungen auch die Struktur der landwirtschaftlichen Produktion: Der Anbau von Agrarprodukten des Grundbedarfs stagnierte, der von Produkten, die entweder für den Export oder für die Konsumbedürfnisse einer kaufkräftigen Minderheit im Land bestimmt waren, nahm zu. So wuchs die Obstproduktion innerhalb von zehn Jahren von 86 000 t (1981) auf 1,5 Mio. t (1991), während die Weizenproduktion seit Mitte der 70er Jahre um ein Jahresmittel von 1,6 bis 1,7 Mio. t schwankte.

4.5 Handel – Tourismus – Auslandsschulden

Profitabelster Sektor der syr. Volkswirtschaft blieben Handel und kommerzielle Dienstleistungen, die nur 12% der Erwerbstätigen beschäftigen, aber fast 25% des BIP erwirtschaften. Die Regierung ist vor allem bemüht, den potentiellen Devisenbringer Tourismus zu entwickeln; sie hat den Aufbau einer leistungsfähigen, vornehmlich auf zahlungskräftige Touristen ausgerichteten touristischen Infrastruktur gefördert. Tatsächlich verdoppelte sich die Zahl nicht-arabischer Touristen während der 80er Jahre knapp auf 280 000. Tourismus bleibt aber, wie Syrien im Golfkriegsjahr 1991 erleben mußte, ein stark von äußeren Faktoren abhängiges Geschäft.

Das Industrialisierungsprogramm und seine enormen Rüstungsimporte ließen sich angesichts eines chronischen Handelsbilanzdefizits nur durch ausländische Hilfen und Kredite finanzieren. Ein großer Teil der Rüstungsimporte ist von den arabischen Golfstaaten bezahlt worden. Einen Teil der arabischen Wirtschaftshilfe erhielt S. nur, weil es als hochgerüsteter Frontstaat im arabisch-israelischen Konflikt eine politische Funktion erfüllt. Dennoch ist S. im Verhältnis zu seiner Wirtschaftskraft stark verschuldet (vgl. Tab. 3). Der in den *World Debt Tables* ausgewiesene starke Anstieg der Auslandsschulden im Jahre 1983 ist allerdings auch darauf zurückzuführen, daß die Weltbank nun auch die Verbindlichkeiten gegenüber den RgW-Staaten berücksichtigte.

Tabelle 3: *Auslandsverschuldung (in Mio. US-$)*

	1980	1983	1985	1988	1991
Gesamtschulden	3549	8546	10819	16383	16815
Langfr. Schulden (LDOD)	2918	7595	9502	15165	14932
Öffentl. Gläubiger	2579	7212	8928	14353	14117
- multilateral	311	434	531	997	1048
- bilateral	2268	6778	8397	13357	13069
Private Gläubiger	339	383	574	812	815
Schuldendienst	382	394	381	544	719[a]
Schulden/BSP (in %)	27,1	49,0	66,4	162,8	118,1[b]
Schuldendienstquote	11,4	13,7	13,2	22,7	26,9[b]

[a] 1990: 1467 Mio. US-$; [b] 1990
Quelle: World Debt Tables 1992-93.

Der Schuldendienst wird nicht notwendig in Devisen geleistet. Forderungen der UdSSR bzw. Rußlands sind vorwiegend in Waren aus heimischer Produktion beglichen worden, die den Produzenten von der Zentralbank in lokaler Währung bezahlt werden. Die Kosten dieses Schuldendienstbarters, der praktisch ein Wirtschaftsförderungsprogramm für die syr. Industrie wurde, wälzte der Staat inflationär auf die Bezieher fester Einkommen ab. 1987 erreichte die Inflationsrate einen Spitzenwert von offiziell 60 %. Danach verringerte sie sich durch die Austeritätspolitik der Regierung bis Anfang der 90er Jahre wieder auf ca. 15 %.

5. Soziale Struktur und Entwicklung

S. erlebte nach der Machtübernahme der *Ba'th* (1963) und bis in die 70er Jahre einen egalitären Schub und einen politisch beschleunigten, tiefgehenden gesellschaftlichen Wandlungsprozeß. Die wichtigsten Instrumente dazu waren die Landreform, der Ausbau von öffentlichem Wirtschaftssektor und Bürokratie und eine Ausweitung des Bildungswesens. Im Zuge der Landreform war 4500 Großgrundbesitzern, die zusammen über mehr als die Hälfte der privaten landwirtschaftlichen Nutzfläche verfügt hatten, knapp die Hälfte ihres Besitzes abgenommen worden; 100 000 Bauernfamilien kamen in den Genuß von Landreformland. Nach der Durchführung der Landreform besaßen 1% aller privaten Landbesitzer – die Gruppe jener, die über mehr als 100 ha verfügten – zusammen immer noch mehr als 20 % des privaten Agrarlandes, aber kleiner und mittlerer Landbesitz hatte deutlich zugenommen. Zur einflußreichsten Gruppe auf dem Land und zur wichtigsten ländlichen Stütze des Regimes entwickelten sich die Bauern mit mittlerem Landbesitz (6–100 ha). Sie stellten etwa 38 % aller selbständigen Landwirte und besaßen zusammen mehr als 65 % des privaten Agrarlandes.

Die städtische Gesellschaft veränderte sich vor allem durch die Ausweitung des Staatssektors und der Bürokratie: Die Zahl der beim Staat Beschäftigten verdoppelte sich von 1965 bis 1970, verdreieinhalbfachte sich von 1970 bis 1980 und wuchs von 1980 bis 1991 noch einmal um gut 40 %. Dabei entstand vor allem eine neue, quantitativ und politisch bedeutende lohnabhängige Mittelschicht, die trotz des großen Industrialisierungsprogramms schneller wuchs als die Arbeiterklasse.

Fehlende staatliche Unterstützung für die Kleinbauernschaft, die, so sie Landreformland erhalten hatte, in Kooperativen organisiert war, diese aber in erster Linie als Instrumente zur Durchsetzung staatlicher Produktionspläne erlebte, eine austeritäre Haushaltspolitik und die Deregulierung und Liberalisierung des Wirtschaftssystems trugen spätestens seit den 80er Jahren wieder zu einer zunehmend inegalitären Entwicklung bei, ohne allerdings die Modernisierungseffekte der 60er und 70er Jahre ungeschehen zu machen. Weil Beschäftigungsmöglichkeiten beim Staat rar wurden und auch im Privatsektor nicht ausreichten, um ländlichen Migranten und städtischen Schul- und Hochschulabsolventen Arbeit zu geben, wuchs in den 80er Jahren vor allem die Schicht der Marginalisierten – des mehr oder weniger arbeitslosen, überwiegend städtischen Semi-Proletariats. Zu den Gewinnern gehörten vor allem die selbständigen Mittelschichten, während die lohnabhängigen Mittelschichten und die Arbeiterschaft an Bedeutung und Einkommen verloren.

Anfang der 90er Jahre läßt sich etwa 1 % der Bev. zur Oberschicht rechnen. Dazu gehört neben den größten privaten Unternehmern vor allem eine mit privaten Interessen zunehmend alliierte Staatsbourgeoisie oder Staatsklasse. Städtischer Mittelstand und selbständiges Kleinbürgertum machen etwa 11 % der Bev. aus, die mittlere Bauernschaft 3,5 %, die lohnabhängigen Mittelschichten mehr als 17 %. Knapp 35 % der Bev. zählen im weitesten Sinne zur städtischen Arbeiterklasse, knapp 15 % zum Semi-Proletariat; 3,8 % sind Kleinbauern und etwa 14 % bezahlte oder unbezahlte landwirtschaftliche Arbeiter.

In den 80er Jahren sind die Abstände zwischen den Klassen wieder größer geworden. Während der Wohlstand der oberen Mittelschicht und einer neuen, superreichen Oberschicht unübersehbar zunahm, sank ein Teil der lohnabhängigen Mittelschicht unter die Armutsgrenze. Löhne und Angestelltengehälter verloren im Laufe des Jahrzehnts etwa die Hälfte ihres realen Werts. 1980 konnten etwa 60 %, zehn Jahre später 70 % der Bev. als relativ arm gelten – so daß ein reguläres Einkommen nicht mehr ausreichte, um eine Familie mit dem Nötigsten zu versorgen.

Obwohl ihre ursprünglich egalitären Ziele nicht erreicht wurden, hat die *Ba'th*-Revolution von 1963 dennoch tiefgreifende Veränderungen bewirkt, vor allem eine hohe soziale Mobilität, die das Land vorher nicht kannte. Der Staatssektor und die neue politische Elite rekrutierten sich hauptsächlich aus ländlichen Aufsteigern. Bauernsöhne und -töchter wurden erstmals ermutigt, Schulen und Hochschulen zu besuchen. Klassenschranken verschwanden nicht, wurden aber durchlässiger. Selbst wenn die Möglichkeiten eines sozialen Aufstiegs durch Bildung in den 80er Jahren wieder geringer wurden, ist es heute eben nicht mehr ungewöhnlich, daß Kleinbauernsöhne und -töchter Ärzte, Ingenieure oder leitende Staatsangestellte werden. Obwohl gerade ländliche Bildungseinrichtungen zum Teil noch mangelhaft ausgestattet sind, ist dafür gesorgt, daß fast alle schulpflichtigen Kinder auch eingeschult werden. Die Analphabetenquote der über 14jährigen Jugendlichen ist zwischen 1970 und 1990 von 60 % (80 % bei Frauen) auf 36 % (49 %) gesunken.

Nach wie vor verlassen mehr Mädchen als Jungen die Schule vor dem Ende der sechsjährigen Grundschule, vor allem in ländlichen Gebieten. Insgesamt,

Tabelle 4: *Sozialindikatoren*

	1970	1980	1990
Lebenserwartung bei Geburt	55,8	61,6	66,1
Säuglingssterblichkeit[a]	95,6	62,2	42,5
E. pro Arzt	3860	..	1160
Alphabetenquote	40	58	65
Einschulungsraten			
- in Primarschulen	78	102	109
- Mädchen	59	..	102
- in Sekundarschulen	38	47	52
- Mädchen	21	..	43

[a] auf Tsd. Geburten
Quellen: Human Development Report 1992; World Tables 1992; Weltentwicklungsbericht 1993.

mit großen regionalen Unterschieden, sind 46% der Grund- und 43% der Sekundarstufenschüler Mädchen. Frauen stellen 60% der Absolventen der Fach- und Fachhochschulen und 35% der Hochschulabsolventen. Etwa 16% der Erwerbstätigen sind Frauen; gut die Hälfte davon arbeitet in der Landwirtschaft. Mehr als ein Drittel der städtischen erwerbstätigen Frauen arbeiten als Lehrerinnen.

Wie das Bildungswesen ist auch das Gesundheitswesen in den 70er und 80er Jahren stark ausgebaut worden. 1970 kamen noch fast 4000, 1980 noch 2300, 1991 nur noch 1100 E. auf jeden Arzt. Regionale Unterschiede sind auch hier stark. Vor allem in den östlichen Provinzen mangelt es an Gesundheitszentren und medizinischem Personal, in Gesundheitszentren und Krankenhäusern häufig an Medikamenten und Material. Theoretisch gibt es eine nahezu kostenlose öffentliche Gesundheitsfürsorge für alle Einwohner. Staatliche Impfkampagnen haben maßgeblich zu einer Senkung der Kindersterblichkeit von 11,4% (1965) auf 4,3% (1990) beigetragen. Praktisch bleibt wegen der mangelhaften Ausstattung öffentlicher Gesundheitseinrichtungen bei ernsthaften Erkrankungen aber nur der Weg zu privaten Ärzten und Krankenhäusern, deren Leistungen für einen zunehmenden Teil der Bev. nicht mehr bezahlbar sind.

6. Politische Struktur und Entwicklung

Das politische System Syriens ist seit dem Umsturz *Hafiz al-Asads* (1970) sowohl institutionell ausgebaut wie auch auf die personale Herrschaft *Asads* zugeschnitten worden. *Asad* ließ sich 1971 zum Präsidenten wählen; im Dezember 1991 wurde er per Referendum für eine vierte Wahlperiode bestätigt, offiziell mit einem 99,8%-Ergebnis. S. unter *Asad* ist nicht unzutreffend als „präsidentielle Monarchie" charakterisiert worden. Der Präsident ist gleichzeitig Oberbefehlshaber der Streitkräfte und Generalsekretär der herrschenden Partei. Die 1973 beschlossene und seither gültige Verfassung gibt dem Präsidenten eine quasi absolute Machtstellung. Er ernennt und entläßt seine Stellvertreter und das Kabinett, hat bestimmte legislative Vollmachten und ein Vetorecht gegen parlamentarisch beschlossene Gesetze. Verfassungsänderungen bedürfen seiner Zustimmung. Die Verfassung ist allerdings eher Ausdruck der personalen Machtstellung *Asads* als deren Ursache.

Asad hat, von Beginn seiner Herrschaft an, die wesentlichen Säulen politischer Macht – Bürokratie, Sicherheitskräfte und Partei – mit einem Netz informaler Patronagebeziehungen durchzogen, dessen Stränge bei ihm selbst zusammenlaufen. Persönliche Loyalität zum Präsidenten ist seither zur wichtigsten Bedingung eines Aufstiegs in die politische, militärische oder administrative Führung des Landes geworden. Dies schließt nicht aus, daß die Exekutive und ihr seit 1970 um das Fünffache gewachsener Apparat Politik rational planen und nach Möglichkeit umsetzen. Administrative und ökonomische Rationalität einerseits und Regimerationalität andererseits geraten jedoch gelegentlich in Konflikt – am deutlichsten da, wo Patronage auch eine dosierte, bei den höchsten Regimechargen nahezu unbegrenzte Lizenz zu Korruption und Bereicherung beinhaltet.

Zum institutionellen Ausbau des politischen Systems gehört neben der Ausweitung der Bürokratie die Einrichtung eines Parlaments, die Etablierung einer *Nationalen Fortschrittlichen Front* (NFF) als formalisierter Allianz der *Ba'th*-Partei mit einer Reihe kleinerer zugelassener Parteien und die Ausbildung einiger korporatistischer Strukturelemente. Letztere präsentieren sich vor allem in Gestalt verschiedener Volks- oder Massenorganisationen für je bestimmte Segmente der Bevölkerung (Bauern, Arbeiter, Schüler, Studenten, Lehrer), die teils neugeschaffen wurden, teils durch die Umstrukturierung existierender Interessenverbände – insbesondere der Gewerkschaften – zu zentralisierten und staatlich kontrollierten Transmissionsriemen zwischen Regime und Gesellschaft entstanden. Die wichtigsten dieser Volksorganisationen, namentlich die Gewerkschaften und der Bauernverband, sowie die Handels- und die Industriekammern sind als Repräsentanten ihrer Mitgliedschaft in diversen wirtschaftspolitischen Beschlußgremien vertreten.

Höchstes Beschlußorgan im Staat ist formal die Regionale (d. h. syrische) Führung der *Ba'th-Partei*, die laut Verfassung die „führende Partei in Staat und Gesellschaft" ist. An die Parteilinie sind auch die Parteien der NFF gebunden. Die Frontparteien selbst verfügen über halböffentliche Publikationen, in denen sie moderate Kritik an der Regierungspolitik, nicht aber am Präsidenten üben dürfen. Parteien außerhalb der Front sind nicht zugelassen. Der legale Rahmen politischer Tätigkeit ist damit abgesteckt.

Obwohl die *Ba'th* somit faktisch als Einheitspartei agiert, hat sie ihre Bedeutung als eigenständige politische Kraft zunehmend eingebüßt. Innerparteiliche Wahlen wurden weitgehend abgeschafft, Parteikonferenzbeschlüsse haben keine praktische Verbindlichkeit. Seit 1985 (bis Herbst 1993) hat keine Parteikonferenz mehr stattgefunden, obwohl dies spätestens 1990 hätte geschehen müssen. Seit Anfang der 90er Jahre spielt die Partei auch öffentlich eine immer geringere Rolle, im wesentlichen, weil sie immer weniger in die Politik des Regimes paßt: Sozial repräsentiert die *Ba'th* vor allem Verlierer des ökonomischen Anpassungsprozesses wie die Bürokratie und den öffentlichen Wirtschaftssektor; politisch steht sie immer noch für eine anti-bourgeoise, anti-imperialistische und arabisch-nationalistische Haltung. Opposition gegen die Wirtschaftspolitik des Regimes, dessen Position im zweiten Golfkrieg und gegen die Bereitschaft *Asads*, zu einem Frieden mit Israel zu kommen, hatte und hat das Regime ironischerweise in erster Linie aus seiner eigenen Partei zu erwarten.

Die wichtigste Stütze des Regimes sind die Sicherheitskräfte. Syrien unter *Asad* ist keine Militärdiktatur, aber Militär und Geheimdienste haben großen politischen Einfluß, und die schlagkräftigsten Armeeeinheiten dienen eher dem Schutz des Regimes als dem der Grenzen. Nahezu jedes Anzeichen organisierter Anti-Regime-Opposition wird unterdrückt. Offene Repression und ein ausgebautes Spitzelwesen schaffen allgemeine Rechtsunsicherheit und verhindern einen offenen politischen Diskurs selbst innerhalb von Partei, Volksorganisationen und Parlament.

Seit 1990 hat das Regime sich bemüht, den Eindruck zu vermitteln, daß sein wirtschaftlicher Liberalisierungskurs zumindest von einer gewissen politischen Pluralisierung begleitet ist. Bei den Parlamentswahlen von 1990 wurde Einzelkandidaten, die außerhalb der Front kandidierten, ein Drittel der Parlamentssitze eingeräumt; dem Parlament wird öffentlich ein größeres Gewicht gegeben als zuvor. Hoffnungen, daß auch konkurrierende Parteien zugelassen würden, erfüllten sich nicht. Das Parlament kann weder grundlegende politische Entscheidungen treffen noch in der Praxis die Exekutive überstimmen. Es dient vor allem als ein Beratungsgremium, das über seine unabhängigen Abgeordneten die zuvor politisch kaum integrierten, aber zunehmend wichtigeren oberen Mittelschichten und die neue Unternehmerelite inkorporiert.

S. rühmt sich gerade auch in der Werbung um ausländische Investitionen der Stabilität seines Systems. Dies ist insofern richtig, als *Asad* zu Beginn der 90er Jahre fester im Sattel saß als häufig zuvor in den mehr als zwei Jahrzehnten seiner Herrschaft. Diese Stabilität grenzt allerdings an politische Stagnation; sie ist erkauft durch die Kujonierung der Intelligenz, der organisierten Arbeiterschaft und anderer zivilgesellschaftlicher Elemente und die Initiativlosigkeit der Bürokratie.

In Spekulationen über die Nachfolge *Asads* werden gelegentlich Bürgerkriegsszenarien beschworen. Tatsächlich machen die soziopolitischen Veränderungen, die das Land unter der *Ba'th* erlebt hat, eine weniger spektakuläre Regelung der Nachfolgefrage wahrscheinlicher, einen Übergang, bei dem die vorhandenen Institutionen ihre verfassungsmäßige Rolle ausfüllen werden, um ein möglicherweise moderat islamistisches Regime zu errichten, das Parlament und Parteien größeren Einfluß gibt, ohne dem Militär ein Mitspracherecht zu verweigern. Weder die Bourgeoisie noch das Militär sind daran interessiert, Auseinandersetzungen zu wiederholen, wie das Land sie 1964/65 und 1979/82 gesehen hat, und damit ihre eigenen, mittlerweile weitgehend abgestimmten Interessen zu gefährden. In jedem Fall ist nicht zu erwarten, daß ein Regimewechsel heute einen radikalen Bruch der außen- oder der wirtschaftspolitischen Orientierung Syriens mit sich bringen würde.

7. Politische Herausforderungen und Entwicklungschancen

Syr. Entwicklungspolitik muß sich der konstanten Herausforderung einer rasch wachsenden Bev. stellen, die versorgt, ausgebildet und beschäftigt werden will. Die Krise der 80er Jahre hat deutlich werden lassen, daß die Entwicklungsstrategien der 60er und 70er Jahre diesen Anforderungen nicht entsprochen haben. Die graduelle Deregulierung der Ökonomie hat einige

Voraussetzungen dazu geschaffen, daß S. seine produktiven Ressourcen in den 90er Jahren besser wird ausnutzen können. Steigende Öleinnahmen geben dem Staat größeren Handlungsspielraum.

Das Land ist nicht arm. Günstige Bedingungen vorausgesetzt, zu denen nicht nur das Öl, sondern auch der regionalpolitische Rahmen gehört, hat es die Chance einer stabilen und nachhaltigen Entwicklung. Seine größten ökonomischen Chancen liegen in einer regionalen Orientierung, wobei die Märkte der Golfstaaten besonders wichtig sind, und insofern auch in größerer regionaler Kooperation. Solche Zusammenarbeit kann sich für S. nicht auf arabische Staaten beschränken, sondern wird auch den Iran, die Türkei – Syriens wichtigsten Wasserlieferanten –, die Mittelmeeranrainer der EG und langfristig auch den israelischen Nachbarn umfassen.

Im Innern wird der wirtschaftliche Reformprozeß weitergehen müssen. Vor allem eine Reform des öffentlichen Wirtschaftssektors ist unumgänglich und auch prinzipiell auf der Tagesordnung. Eine umfassende Privatisierung von Staatsbetrieben ist dabei nicht zu erwarten und auch nicht unbedingt empfehlenswert. Der öffentliche Sektor erfüllt selbst in seiner gegenwärtigen Form politische wie auch soziale und wirtschaftliche Zwecke. Er schafft Möglichkeiten der Patronage, gibt einem großen Teil der Bev. ein Mindestmaß an sozialer Sicherheit und versorgt das Land mit Verbrauchsgütern des Grundbedarfs und bestimmten Zwischenprodukten für Landwirtschaft, Bausektor und für Industrie und Handwerk (Düngemittel, Zement, Garne etc.) – nicht zu den wirtschaftlichsten Bedingungen, aber immerhin mit Beschäftigungs- und Linkageeffekten nach innen.

Ausländisches Kapital wird sich zu gezielten Investitionen, vornehmlich in exportorientierten Branchen, ins Land locken lassen, aber kaum dazu, den öffentlichen Industriesektor zu sanieren. Ein Ausverkauf der industriellen Basis an ausländische Wegsanierer liegt weder im Interesse des Regimes noch der Arbeiterschaft oder der Privatwirtschaft; und die noch stark fragmentierte Privatwirtschaft hat weder das Kapital noch die Erfahrung, um die Staatsindustrien zu übernehmen. Gerade wenn es um eine Reform und Sanierung des öffentlichen Sektors geht, wird der Staat deshalb in der Pflicht bleiben.

Eine solche Sanierung einschließlich der administrativen Reform des Staatssektors zu unterstützen, wäre auch eine sinnvolle Aufgabe westlicher Entwicklungshilfe. Administrative und ökonomische Reformen dürften langfristig vor allem Erfolg haben, wenn sie auch von einer politischen Liberalisierung begleitet werden. Dies ist unter dem gegenwärtigen Regime nicht zu erwarten; und Syriens neue Freunde in der Welt üben in dieser Hinsicht auch keineswegs besonderen Druck aus.

S. und das Regime *Hafiz al-Asads* haben den Zusammenbruch der UdSSR, die ihr wichtigster internationaler Alliierter war, überraschend gut überstanden. Während der Krise um Kuwait schloß sich S. der anti-irakischen Koalition an. Daß dabei syr. Truppen Seite an Seite mit US-amerikanischen der Armee eines arabischen Bruderstaates gegenüberstanden, war in S. nicht populär, hat Damaskus aber ermöglicht, ein stabiles, wenngleich nicht völlig konfliktfreies Verhältnis mit den USA einzugehen, und hat seine Stellung in der arabischen Welt gestärkt. Damaskus hat seine Position im Libanon ausbauen können, konkret: ihm durch Abschluß eines Grundlagen- und Sicherheitsabkommens (1991) einen sicherheitspolitischen Vasallenstatus aufdrükken können.

Zusammen mit Ägypten ist S. zu einem der privilegierten regionalen Partner der arabischen Golfstaaten geworden. Finanzhilfen aus Kuwait und Saudi-Arabien sind seit 1990 wieder reichlich geflossen, sowohl um sinnvolle Infrastrukturprojekte (wie die Erneuerung der Kanalisationssysteme der vier größten Städte Syriens) zu finanzieren, als auch um Waffeneinkäufe zu bezahlen.

Zu den wichtigsten Fragen der syr. Außenpolitik gehört Anfang der 90er Jahre der nahöstliche Friedensprozeß. Syriens Teilnahme an der Madrider Nahostkonferenz (1991) und den nachfolgenden bilateralen Verhandlungen mit Israel stellten keine radikale Änderung seiner Haltung, sondern eine pragmatische Korrektur von Verhandlungspositionen dar. Bereits früher (1974/75) war S. bereit gewesen, auf der Grundlage der UN-Sicherheitsratsresolutionen 224 und 338 zu einer verhandelten Lösung mit Israel zu kommen. Sein primäres und legitimes Ziel bei den Verhandlungen mit Israel ist, die Souveränität über den Golan zurückzuerhalten. Dafür ist Damaskus zu Konzessionen, wie etwa der Demilitarisierung von Grenzgebieten, bereit. Obwohl es innerhalb der *Ba'th* prinzipielle Vorbehalte gegen einen Frieden mit dem „zionistischen Feind" gibt, ist der Kurs des Regimes allgemein eher populär. Immer weniger Syrer sehen ein, warum S. palästinensischer sein sollte als die PLO, und Syriens Geschäftswelt, die immer mehr zu einer Basis des Regimes geworden ist, sieht vor allem in einem regionalen Frieden Chancen.

Literatur

Antoun, R./Quataert, D. (Hrsg.) 1991: Syria: Society, Culture, and Policy, Albany, N.Y.

Clawson, P. 1989: Unaffordable Ambitions. Syria's Military Build-Up and Economic Crisis, Washington (The Washington Institute for Near East Policy, Policy Papers No. 17).

Evron, Y. 1987: War and Intervention in Lebanon. The Israeli-Syrian Deterrence Dialogue, London.

Hinnebusch, R. 1989: Peasant and Bureaucracy in Ba'thist Syria. The Political Economy of Rural Development, Boulder/Col.

– 1990: Authoritarian Power and State Formation in Ba'thist Syria. Army, Party, and Peasant, Boulder/Col.

Hopfinger, H. 1991: Öffentliche und private Landwirtschaft in Syrien, Erlangen.

Lobmeyer, H.-G. 1990: Islamismus und sozialer Konflikt in Syrien, Berlin (Ethnizität und Gesellschaft, Occasional Papers Nr. 26).

Longuenesse, E. 1985: Syrie, secteur public industriel: les enjeux d'une crise, in: Maghreb-Machrek, Nr. 109, 5–22.

Perthes, V. 1990: Staat und Gesellschaft in Syrien, 1970–1989, Hamburg.

– 1992: The Syrian Private Industrial and Commercial Sectors and the State, in: International Journal of Middle East Studies, 24, 207–230.
– 1992: The Syrian Economy in the 1980s, in: The Middle East Journal, 46, 37–58.
Seale, P. 1988: Asad of Syria: The Struggle for the Middle East, London.
Seurat, M. 1989: L'État de barbarie, Paris.
Syrian Arab Republic/Central Bureau of Statistics: Statistical Abstract, Damaskus (jährlich).
Wirth, E. 1971: Syrien. Eine geographische Landeskunde, Darmstadt.

Türkei

Udo Steinbach

1. Wirtschaftsgeographische Grundlagen

Die Türkei (T.) hat – geographisch gesehen – die Gestalt einer Landbrücke zwischen Asien und Europa. Die Hauptmasse ihres Territoriums (745 634 qkm oder 97 %) liegt in Kleinasien (Anatolien), der kleinere Teil (23 458 qkm oder 3 %) auf dem östlichen Teil des Balkan (Thrakien). Beide Teile werden durch die Meerengen des Bosporus und der Dardanellen voneinander getrennt.

Das Staatsgebiet bildet nahezu ein Rechteck, das in seiner Ost-West-Ausdehnung bis zu 1600 km und in der Nord-Süd-Ausdehnung bis zu 650 km lang ist. Im Süden wird der asiatische Teil der T. von Syrien (877 km) und dem Irak (331 km), im Osten von Iran (454 km) und im NO von den kaukasischen Republiken Georgien, Armenien und Aserbaidschan (610 km) begrenzt, woran sich die lange Seegrenze des Schwarzen Meeres im Norden, des Ägäischen Meeres im Westen und des Mittelmeeres im Süden anschließt. Die Küstenlinie beträgt 7205 km; die Inseln haben außerdem eine Küstenlinie von 1760 km. Vor der Westküste Kleinasiens liegt eine ausgedehnte „Inselflur", von der ein geringer Teil (151 Inseln mit einer Gesamtfläche von 627,2 qkm) der T. gehört; jedoch sind vier Fünftel von ihnen weniger als 1 qkm groß. Jenseits der Meerenge der Dardanellen erstreckt sich die europäische T. mit den Nachbarn Griechenland (212 km) und Bulgarien (269 km).

Diese geographische Lage macht die T. zu einem wichtigen Bindeglied zwischen Europa und Asien. Strategische Bedeutung hat das Land durch den Besitz der Meerengen Dardanellen und Bosporus. Nicht zuletzt wegen der zahlreichen Verbindungen zu europäischen Einrichtungen und Institutionen rechnet sich die T. selbst politisch, wirtschaftlich und militärisch zu Europa und wird auch in der amtlichen deutschen Statistik unter Europa geführt.

Das Land ist in sechs geologisch, klimatisch und wirtschaftlich z. T. sehr unterschiedliche Regionen gegliedert: 1. Zentral- oder Inneranatolien, ein Hochland von 800–1300 m Höhe; 2. die Westküsten-Region, die sich von der Ägäisküste bis an den Rand der inneranatolischen Hochebene hinzieht. Der Raum ist stark zergliedert, buchtenreich und durch weit in die Ägäis vorspringende Halbinseln geprägt; 3. die Südküsten-Region, die sich zwischen dem parallel zur Küste verlaufenden Taurus-Gebirge und der Küste hinzieht und durch zwei weite Buchten, die Bucht von Antalya im Westen und die

Bucht in der Kilikischen Ebene (Çukurova) im Osten, gegliedert wird; 4. das ostanatolische Hochland, das ein Viertel der T. umfaßt und im Ararat mit 5167 m zu der höchsten Erhebung des Landes zusammenläuft; 5. Nordanatolien und die Schwarzmeerküste. Dieser Raum zieht sich in einer Länge von ca. 1100 km und in einer Tiefe von etwa 150–200 km von Westen mit Höhen von 2500 m (Ilgaz-Dagları) bis in den Osten auf fast 4000 m (Kaçkar-Dağı) hin und wird von den Läufen des Kızılırmak und des Yeşilırmak unterbrochen; 6. das Marmaragebiet und Thrakien, das in seinem Hauptteil eine von breiten Tälern durchzogene Tafel in Höhe von 100–200 m darstellt.

Die T. ist reich an Bodenschätzen. Die Erdölvorkommen decken ein Drittel des Bedarfs. Abbauwürdige Steinkohle findet sich an der Schwarzmeerküste im Gebiet von Zonguldak-Ereğli-Amasra (geschätzte Vorkommen 1100 Mio. t); es wird angenommen, daß sie sich unter dem Schwarzen Meer fortsetzen. Fast jedes der festländischen Becken enthält Braunkohle (geschätzte Vorkommen 4000 Mio. t). An Metallvorkommen ist in erster Linie Kupfer zu nennen, das auf zwei Landgürteln gefunden wird: in der Pontos-Region (Schwarzes Meer), wo bei Küre und Murgul größere Abbaugebiete sind, und in SO-Anatolien mit dem Hauptfördergebiet Ergani Madeni (geschätzte Vorkommen 185 Mio. t). Weitere wichtige Metalle sind: Blei und Zink, die im westanatolischen Gebirge, im westlichen Taurus und östlichen Anatolien (Keban, Gümüşhane, Bolkar) gefördert werden; Eisenerze (Hauptlagerstätten in Zentralanatolien bei Divriği und Hekimhan); ferner Chrom, Mangan, Wolfram, Aluminium, Bor, Phosphor und Magnesit, Bauxit, Quecksilber und Antimon.

Angesichts der weiten Ausdehnung des Landes sind die klimatischen Unterschiede erheblich, was für die landwirtschaftliche Entwicklung von großer Bedeutung ist. Größere Teile der pontischen Randgebiete und des Pontos erhalten jährlich bis über 2 m Niederschlag, während sich Zentralanatolien mit ungefähr einem Zehntel begnügen muß. In den ostanatolischen Hochländern spielt die Schneedecke eine wichtige Rolle. Die Schmelzwasser tränken hier die Kulturen auch dann noch, wenn im Westen Anatoliens kleinere Flüsse bereits versiegt sind. Am Fuß der westlichen Randgebiete bringt der warmfeuchte Meerwind üppige Obstkulturen hervor. Die stärksten Niederschläge fallen im ostpontischen Gebirgsbogen, wo sie jährlich 2,5 m erreichen. Andererseits bringt das feuchtheiße Klima in der kilikischen Region einschließlich der Bucht von Iskenderun Baumwolle und Zuckerrohr, Orangen, Zitronen und Bananenkulturen hervor.

Für die Landwirtschaft und in wachsendem Maße für die Energieerzeugung sind die Gewässer von ausschlaggebender Bedeutung. Die T. besitzt nur zwei größere Flüsse, die auf einer Länge von über 1000 km das Land durchfließen, Euphrat und Kızılırmak. Alle übrigen Flüsse sind relativ kurz und von schwankender Wasserführung. Die Anzahl der natürlichen Seen ist verhältnismäßig groß, doch sind sie aufgrund der starken Verdunstung meist mehr oder minder salzig. Die Zahl der Stauseen hat sich in den letzten Jahren rasch vermehrt. Im Rahmen des „Südostanatolienprojekts“ wird zwischen Euphrat und Tigris ein Staudammsystem errichtet, das der Stromerzeugung und Bewässerung dienen soll.

2. Bevölkerung

Die Bev. ist in raschem Wachstum begriffen. Der erste auf wissenschaftlicher Grundlage beruhende Zensus wurde im Jahre 1927 abgehalten; seit 1935 sind Bevölkerungserhebungen im Fünfjahresturnus durchgeführt worden. Bei Gründung der Republik betrug die Bev. des neuen Staates nur etwa 10 Mio. Jeweils in 30 Jahren hat sie sich etwas mehr als verdoppelt: 1993 war sie auf etwas über 60 Mio. angewachsen. Prognosen ergeben, daß sie bis zum Jahre 2010 bei etwa 100 Mio. liegen wird.

Tabelle 1: *Bevölkerung*

	1970	1980	1985	1990
Bev. in Mio.	35,6	44,7	50,7	56,1
E. pro qkm	45,7	57,4	65,0	69,5[a]
Urbanisierungsrate	38,4	43,8	52,5	61,3
Bevölkerungswachstum p.a.	1965-80		1980-90	
- Gesamtbevölkerung	2,4		2,4	
- Stadtbevölkerung	4,1		5,9	

[a] 1988
Quellen: World Tables 1992; Weltbevölkerungsbericht 1993.

Einen nicht unerheblichen Anteil an der Gesamtbevölkerung haben die Kurden, die sich nach Sprache und Kultur von den Türken deutlich unterscheiden. Die Mehrzahl von ihnen lebt in einem relativ geschlossenen Siedlungsgebiet, das durch die Linie Erzincan, Erzurum, Aras im Norden und durch den Euphrat im Westen begrenzt wird. Über ihre Zahl gibt es nur Schätzungen, da in der offiziellen Volkszählung keine Angaben über die „Muttersprache“ gemacht werden: Während die Regierung selbst inoffiziell etwa 2,5 Mio. zugibt (bis zum Beginn der 90er Jahre wurde eine eigene kurd. Identität offiziell negiert und wurden die Kurden z. B. als „Bergtürken“ kaschiert), geben kurd. Organisationen 20 Mio. an. Unparteiliche Schätzungen nennen 8–10 Mio.

Die ostanatolische kurd. Region gehört zu den unterentwickeltsten Regionen. Hier hat die jahrzehntelange Ignorierung des Vorhandenseins von Kurden überhaupt in der wirtschaftlichen und sozialpolitischen Benachteiligung dieser Region durch die Zentralregierung ihren Niederschlag gefunden. Der kurd. Raum mit seinen noch weithin geschlossenen Stammesstrukturen, seinem durch die islamische Religion geprägten Beharrungsvermögen, seiner geographischen Abgeschlossenheit und seiner extensiven halbnomadischen Landwirtschaft erweist sich auch heute noch für alle Entwicklungsbemühungen als nur schwer zugänglich. Systematische Entwicklungsanstrengungen, die sich vor allem um das Südostanatolienprojekt gruppieren, wurden erst seit der zweiten Hälfte der 80er Jahre unternommen.

Was die Religion betrifft, sind über 99% der Bev. islamisch, doch dürften der sunnitischen Mehrheit etwa 20–25% Aleviten, Anhänger einer aus der *Schia* hervorgegangenen Sekte, gegenüberstehen.

Bis zum Beginn des I. Weltkriegs waren die Armenier in den Ebenen um Van, auf dem östlichen Plateau um Kars und Erzurum und vor allem im Wirtschaftsleben der Städte das bestimmende Element. Die grausame Ausrottung von mehr als 1,5 Mio. Armeniern hat diese Volksgruppe heute zu einer verschwindenden Minderheit gemacht (ca. 4000). Die Araber stellen eine weitere ethnische Minderheit dar. Sie leben südlich des Osttaurus, konzentriert in den Provinzen Urfa, Mardin, Siirt und Hatay. Ihre Anzahl beträgt etwa 400 000. Von kaum mehr als historischer Bedeutung ist heute die griechische Minderheit. Vor der Einwanderung der Türken nach Anatolien die „einheimische" Bev. und im Laufe der Jahrhunderte zunehmend zurückgedrängt, lebten die Griechen bis zum I. Weltkrieg vor allem in den küstennahen Gebieten, aber auch in Zentralanatolien. Nach dem griechisch-türk. Bevölkerungsaustausch (1923–28) verblieb nur noch ein Rest zurück, dessen Zahl heute mit 40 000 angegeben wird. In Istanbul und Izmir entfalten sie heute noch eine rege wirtschaftliche Aktivität. Weitere Minderheiten sind: Juden (20 000), syrische Christen (ca. 5000), Georgier und Lasen (insgesamt etwa 60 000), Tscherkessen und Tataren, Molokanen und Yezidi.

Aufgrund der Ausdehnung des Landes ist die statistische Bevölkerungsdichte noch relativ niedrig, allerdings ansteigend. Während sie 1950 bei 26 Menschen/qkm lag, war sie 1980 auf 56 angestiegen. 1950 gab es nur eine Provinz mit einer Dichte von über 100 Menschen/qkm, nämlich Istanbul; 17 (von 67) Provinzen hatten eine Dichte von 20 und weniger. Anfang der 90er Jahre gehören acht Provinzen zur ersten und nur zwei zur zweiten Kategorie.

Wichtiger als diese rein statistischen Errechnungen sind die ungleiche Verteilung der Bev. innerhalb der T. und die Binnenwanderung, die in den 60er Jahren begann und in den wenigen Jahrzehnten seither das Gesicht des Landes weitestgehend verändert hat. Im Überblick gesehen, besteht ein drastischer Unterschied der Bevölkerungsdichte zwischen den westlichen Provinzen und den inneren Teilen Anatoliens, ganz besonders aber den Provinzen im äußersten Osten. Die Landesteile mit der größten Bevölkerungsdichte sind um die Zentren beschleunigter industrieller Entwicklung herum entstanden: der Großraum Istanbul, Ankara, Izmir, Bursa und Adana sind Beispiele hierfür. Hinzu kommt, daß es sich bei den dichtbesiedelten Teilen in der Regel um Küstenprovinzen handelt; dies gilt für die Mittelmeer- ebenso wie für die Schwarzmeerküste.

Hinter der extremen Ungleichheit der Bevölkerungsdichte tut sich die auffallendste soziale Veränderung seit der Gründung der Republik auf: die Wanderung der Landbevölkerung in die Städte und die Verstädterung als ein sozio-kulturelles Phänomen. Die türk. Wirtschaft ist herkömmlich landwirtschaftlich bestimmt gewesen. Trotz der politisch und gesellschaftlich dominierenden Stellung der Stadt lebte die Masse der Bev. auf dem Lande. Noch 1945 waren 82% dort und nur 18% in der Stadt heimisch; 1960 waren nur 26% Städter (als Stadt gilt hier eine Siedlung von 10000 Menschen und mehr). Bis 1992 hat sich das Verhältnis auf über 50% zugunsten der Stadtbevölkerung weiter verändert.

Die Auswanderung vieler Türken ins Ausland ist ein bedeutendes Element der wirtschaftlichen und sozialen Entwicklung des Landes. Die Emigration hat sich auf Westeuropa konzentriert. Allein in Deutschland leben gegenwärtig ca. 1,7 Mio. Bürger türk. Nationalität. Die Entsendung von Arbeitskräften bildet für die T. ein vielschichtiges Problem: Noch immer sind die Überweisungen der Gastarbeiter ein wichtiger Posten der Zahlungsbilanz (vgl. Tab. 4), auch wenn ein wachsender Teil der im Ausland lebenden Türken sich für ein dauerhaftes Verbleiben in den Gastländern entschließt. In den letzten Jahren sind in zunehmendem Maße Bemühungen unternommen worden, das geistige und technisch-handwerkliche Potential der zurückkehrenden Türken für die Entwicklung des Landes zu nutzen.

3. Historische Entwicklung

Die Einwanderung der Türken in den nah- und mittelöstlichen Raum aus ihren Stammgebieten in den Steppen des heutigen Süd- und Zentralrußland hat sich etwa seit dem 10. Jh. n. Chr. vollzogen. Wichtigste frühe Reichsgründung ist das Seldschukenreich (1055– ca. 1150), unter dem nach der Niederlage der Byzantiner bei Mantzikert (1071) auch die türk. Besiedlung Kleinasiens (Anatoliens) beginnt. Unter den türk. Fürstentümern Kleinasiens stieg zu Beginn des 14. Jh.s die Familie der Osmanen auf, die in den folgenden Jahrzehnten weite Teile Südosteuropas und Kleinasiens unter ihre Herrschaft brachte. Mit der Eroberung von Byzanz (1453) wurde das Osmanische Reich ein Großreich, das in der Folge nahezu den ganzen arabischen Raum (Eroberung Kairos 1517), Nordafrika und Südosteuropa bis an die Grenzen des Habsburgischen Reiches (Belagerung Wiens 1529 und 1683) unterwarf.

Dem Osmanischen Reich lag die universalistische islamische Staatskonzeption zugrunde, nach der das politische Oberhaupt des Reiches (Sultan) zugleich der geistliche Führer der islamischen Gemeinde (Imam, Kalif) ist. Machtausübung und Verwaltung beruhten weitgehend auf dem islamischen Lehenswesen (allerdings in Verbindung mit türk. Stammestraditionen), innerhalb dessen die Armee eine besondere Rolle spielte. Den zahlreichen nichtislamischen Völkern und Gruppen war im Rahmen des *millet*-Systems eine teilweise Selbstverwaltung zugestanden.

Der nach der zweiten Belagerung Wiens einsetzende und fortschreitende

Niedergang des Reiches und die sich abzeichnende militärische und politische Überlegenheit des Westens zwangen die osmanische Führung zu Reformen in Militär und Verwaltung. Das 19. Jh. ist durch Versuche gekennzeichnet, Elemente westlicher Zivilisation, Verwaltung (Gesetzgebung), Erziehung und Technik zu übernehmen, ohne die traditionalistische Grundsubstanz aufzugeben („Tanzimat"-Periode, 1839–76). Die Einführung einer Verfassung (1876) konnte den Verfall des Staatswesens freilich ebensowenig aufhalten wie die Machtübernahme durch die *jungtürkische* Bewegung. Während die europ. Besitzungen weitgehend verloren gingen und in Nordafrika und in Teilen des Nahen Ostens die Kolonialmächte GB und Frankreich die faktische Macht übernahmen, wurde unter den verbleibenden Untertanen, insb. den Arabern, ein Nationalismus wirksam, der sich mit der osmanischen Staatsstruktur nicht länger vereinbaren ließ. Die Niederlage im I. Weltkrieg besiegelte einen Verfallsprozeß, der wesentlich in der Unfähigkeit des osmanisch-islamischen Systems lag, neue geistige, gesellschaftliche, politische und wirtschaftliche Kräfte zu integrieren.

Die Anfänge des national-türk. Staates, der das Osmanische Reich ablöste, gehen auf die konstitutionelle Bewegung zurück, die Sultan *Abdülhamid II.* 1876 zur Einführung einer Verfassung zwang und teilweise mit der 1889 gegründeten *Gesellschaft für Fortschritt und Einheit* (seit 1907 *Komitee für Einheit und Fortschritt*) verbunden ist. Die Aktivitäten der Mitglieder des *Komitees*, die seit ihrem Pariser Kongreß (1902) als Jungtürken bezeichnet werden, waren in erster Linie gegen die Autokratie des Sultans gerichtet, der 1877 die Verfassung wieder außer Kraft gesetzt hatte. Träger der Bewegung waren Offiziere, Angehörige der Administration und Intellektuelle, die freilich in sich wieder einzelne Gruppen bildeten, die im wesentlichen den vier herrschenden Ideologien des Osmanismus, Panislamismus, Pantürkismus und türk. Nationalismus folgten.

Nach der Übernahme der Macht durch die Jungtürken (1908), die freilich bald diktatorische Auswüchse annahm, wurde zwar auf der Basis des türk. Nationalismus und Säkularismus ein politisches Programm verfolgt, das in manchen Zügen zur Grundlage der späteren Türk. Republik werden sollte. Die Zersplitterung der Bewegung aber, der weitere Verlust osmanischer Territorien an europ. Mächte und der stärker werdende Druck der Minoritäten gaben den Jungtürken nur wenig Raum, ihre Ziele zu verwirklichen.

Die Niederlage im I. Weltkrieg mit dem Verlust aller europ. und asiatischen imperialen Besitzungen bedeutete nicht nur einen politischen Einschnitt, vielmehr erforderte der Aufbau des aus Anatolien und Thrakien bestehenden Kernlandes, dessen Bestand im Frieden von Lausanne (1923) garantiert worden war, zum Nationalstaat nach europ. Vorbild zugleich die Neuausrichtung der türk. Gesellschaft auf sozialem, ideologischem und kulturellem Gebiet. Die Übertragung der Souveränität auf das Parlament, die Große Türk. Nationalversammlung (1920; Abschaffung des Sultanats im Oktober 1923), und die Abschaffung des Kalifats, des Oberhaupts der ganzen islamischen Welt, (März 1924) durch *Mustafa Kemal (Atatürk;* 1881–1938) waren der sichtbare Ausdruck des Beginns der Geschichte der neueren Türkei.

Für *Atatürk* war die Modernisierung der T. identisch mit einer vorbehaltlosen Verwestlichung, die er in sechs Prinzipien niedergelegt hatte: Nationalismus (Konstituierung eines türk. Nationalstaates), Laizismus (Forderung nach Freiheit von jeder religiösen Bindung im öffentlichen Leben), Republikanismus (keine neuerliche Errichtung einer sultanischen oder kalifischen Verfassung), Populismus (Gleichheit der Bürger ohne Unterschied von Klasse, Sprache und Glauben), Etatismus (führende Rolle des Staates bei der wirtschaftlichen Entwicklung) und Reformismus (Permanenz des Transformationsprozesses von Staat und Gesellschaft). Die in diesem Rahmen wichtigsten Maßnahmen waren: Einführung der internationalen Jahreszählung; Einführung einer europ. Gesetzgebung, des Frauenstimmrechts und der Einehe (1926); Nicht-Anerkennung des Islam als Staatsreligion; Einführung des lateinischen Alphabets und Abschaffung des Fes (1926–28); Einführung metrischer Maße (1931), von Familiennamen und des Sonntags als wöchentlichen Feiertags (1934).

Das politische System, das *Atatürk* durchgesetzt hat, trägt deutliche Züge des revolutionären Prozesses, aus dem es hervorgegangen ist. Die erste Verfassung wurde 1921 von der Nationalversammlung angenommen. Zum ersten Mal in der T. verkündete sie das Prinzip der nationalen Souveränität; legislative und exekutive Macht waren in der Nationalversammlung vereint. Bis zu seinem Tode (1938) regierte *Atatürk* auf dem Wege einer De-facto-Diktatur, die mit der Notwendigkeit begründet wurde, den „Modernismus" verwirklichen zu müssen. Speerspitze und Sammelbecken der kemalistischen Kräfte war die 1923 gegründete Einheitspartei *Republikanische Volkspartei* (RVP).

Unter dem Zwang zu wirtschaftlicher Liberalisierung und politischer Öffnung, insb. gegenüber den USA, wurde nach Kriegsende ein Demokratisierungsprozeß eingeleitet. Oppositionelle Politiker sowohl innerhalb der RVP sowie außerhalb gründeten die *Demokratische Partei* (DP), die in den Wahlen von 1950 83,8% der Sitze errang und die Regierung unter *Adnan Menderes* bildete. Die DP stützte sich in erheblichem Umfang auf die Landbevölkerung, d. h. Schichten, die von den kemalistischen Reformen nur marginal oder gar nicht berührt worden waren. In den Städten erhielt sie die Unterstützung der Unternehmer und des liberalen Bürgertums, die die von der DP verfolgte Abkehr von dem erstarrten etatistischen Wirtschaftssystem unterstützten. Als die DP einer wachsenden Opposition mit repressiven Maßnahmen zu begegnen begann, griff schließlich das Militär im Mai 1960 ein, setzte die Regierung ab und löste die DP auf. 1961 wurde mit der Verabschiedung einer neuen Verfassung die Demokratie wiederhergestellt.

Die 60er Jahre sahen eine weitere Demokratisierung des politischen Systems. Auf der Rechten des politischen Spektrums bildeten sich eine türkisch-nationalistische und gegen Ende des Jahrzehnts eine islamisch-fundamentalistische Partei heraus; auf der Linken entstanden marxistische Gruppierungen. Gewerkschaften begannen, eine aktive Rolle in den gesellschaftlichen und politischen Auseinandersetzungen einer T. zu spielen, in der sich angesichts einer beschleunigten Industrialisierung in Verbindung mit eskalierender Landflucht und Verstädterung das soziale Klima verschärfte. Als sich die konservative Regierung der *Gerechtigkeitspartei* (GP) unter *S. Demirel* unfähig erwies, mit einem beginnenden extremistischen Terror fertig zu werden, zwang ihn im März 1971 die militärische Führung zum Rücktritt und übte bis 1973 indirekt die Macht selbst aus.

Die Rückkehr zur Demokratie im Okt. 1973 hatte die innenpolitische Ausgangssituation nicht durchgreifend verändert. Zwar war mit dem Wandel der RVP von einer elitären Staatspartei zu einer sozialdemokratischen Massenpartei unter *Bülent Ecevit* nunmehr die Linke gestärkt, doch konnten Regierungen nur durch komplizierte Koalitionsarithmetik gebildet werden. RVP und GP wechselten sich in der Regierung ab, wobei die jeweiligen Allianzen mit extremistischen Parteien und Kräften die Regierungsgeschäfte in wachsendem Maße erschwerten und notwendige politische Reformen blockierten. Terroristische Kommandos der militanten Linken und nationalistisch-faschistoiden Rechten trugen ihre Auseinandersetzungen seit 1977 in eskalierender Gewaltanwendung auf der Straße aus, was das Land am Ende des Jahrzehnts in bürgerkriegsartige Zustände trieb. Eine wirtschaftliche Krise verstärkte 1979/80 die Unruhe unter der Bev. Am 12. 09. 1980 griff das Militär zum dritten Mal innerhalb von zwei Jahrzehnten ein.

Vom Ehrgeiz der Generäle, die T. so tiefgreifend umzugestalten, daß sich die Entwicklungen der 70er Jahre nicht mehr wiederholen würden, sind 1993 kaum noch Spuren zu erkennen. Mit der Durchsetzung der Marktwirtschaft anstelle des Etatismus griffen sie eine Maßnahme der letzten Regierung *Demirel* vor dem Putsch auf. Und die von ihnen durchgesetzte Verfassung steht zu tiefgreifender Änderung zur Diskussion. Mit den Wahlen vom Nov. 1983, aus denen die neugegründete *Mutterlandspartei* (*Anavatan Partisi*; ANAP) *Turgut Özals* als Sieger hervorging, setzte schon der Ablösungsprozeß von der von den Militärs geschaffenen Ordnung ein. Die 1981 aufgelösten alten Parteien erstanden – wenn auch unter anderem Namen – wieder. Per Referendum vom Sept. 1987 kehrten die von den Militärs aus der Politik verbannten Politiker auf die politische Bühne zurück. Schrittweise liberalisierte sich das innenpolitische Klima.

Zum schwierigsten innenpolitischen Problem wurde seit etwa der Mitte der 80er Jahre die kurd. Frage. 1984 hatte die *Arbeiterpartei Kurdistans* (*Partiya Karkeren Kurdistan;* PKK) ihre terroristischen Anschläge wieder aufgenommen. Obwohl diese in den folgenden Jahren in Richtung eines Bürgerkriegs im SO des Landes eskalierten, weigerte sich die türk. Staatselite weiterhin, eine kurd. Realität einzuräumen. Erst mit den Folgen der Golfkrise (Massenflucht von irakischen Kurden in die T.) begann sich eine realistischere Einstellung durchzusetzen. Der Gebrauch der kurd. Sprache wurde legalisiert; kurd. Publikationen wurden zugelassen. Trotzdem sind auch 1993 Konturen einer politischen Lösung des Problems noch nicht in Sicht.

4. Wirtschaftliche Struktur und Entwicklung

Die kemalistische Republik betonte die Prinzipien des „Nationalismus" und des „Etatismus", wobei das erstgenannte Prinzip seinen Ausdruck in der Verstaatlichung der in ausländischem Besitz befindlichen Einrichtungen fand, während der Etatismus ein verstärktes Engagement des Staates im Industriesektor bedeutete. Man ging davon aus, daß die privaten Unternehmen nicht in der Lage seien, eine differenzierte Industrialisierungspolitik zu entwickeln. Der Staat ergriff deshalb insb. die Initiative in Bereichen, die vom privaten Sektor vernachlässigt wurden.

Bereits 1924/25 waren die ersten Banken gegründet worden, denen die alten osmanischen Staatsbetriebe übereignet wurden und die die Funktion von Holdinggesellschaften ausübten. Mit dem Industrieförderungsgesetz von 1927 erhielten die Unternehmer für förderungswürdige Industrieprojekte vom Staat kostenlosen Boden, Steuer- und Zollfreiheit, billige Kredite und nach Produktionsziffern gestaffelte Prämien.

Die nur recht geringen Erfolge der noch immer stark privatwirtschaftlich orientierten Industrialisierungspolitik, die Weltwirtschaftskrise von 1931 und die sichtbaren Erfolge des ersten sowjetischen Fünfjahresplans waren Ursachen für eine weitere Verstärkung des staatlichen Bereichs. Das 1932 gegründete „Amt für Staatsindustrie" erhielt die Aufgabe, staatliche Industriebetriebe zu gründen und in den mit staatlicher Beteiligung gegründeten Unternehmen das gesamtwirtschaftliche Interesse zu vertreten. Der Staat ergriff deshalb die Initiative insb. in Bereichen wie Chemie, Eisen und Stahl, Papier, Keramik, Zement und Textilien. Die Investitionen wurden über die vom Staat neugegründete *Sümer-Bank* und *Eti-Bank* abgewickelt.

Ein erster Fünfjahresplan wurde 1933 (1933–37) in Angriff genommen. Er regelte im wesentlichen die staatlichen Investitionen, deren überwiegender Teil in der Schwerindustrie lag. Weitere Planungen sahen Industrieentwicklung auf der Basis lokaler Rohstoffe, regionale Streuung von Industriebetrieben und Versorgung der Bev. mit Massenkonsumgütern vor. Ein zweiter Schritt brachte die Entwicklung einer Energiebasis, eine Intensivierung der Bereiche Kohle-, Eisen-, Chrom- und Kupferbergbau sowie den Aufbau einer Kapitalgüter- und Rüstungsindustrie.

Infolge der Schwierigkeiten, die in der Führung der neu gegründeten Unternehmen auftraten, übernahmen die beiden Banken neben der Planung und Errichtung von Industriebetrieben auch deren Leitung. Die Finanzierung der Investitionen erfolgte fast ausschließlich aus nationalen Quellen, denn der Einsatz ausländischen Kapitals hätte gegen das Prinzip des Nationalismus verstoßen, abgesehen davon, daß ausländische Investoren nur wenig Interesse zeigten.

Dennoch spielte ausländisches Kapital in dieser Periode eine nicht unerhebliche Rolle: An 66 von 201 Aktiengesellschaften, die 1920–30 gegründet wurden, war ausländisches Kapital beteiligt. Diese 66 Unternehmen hatten 31,5 Mio. Türkische Pfund (TL) eingezahltes Grundkapital gegenüber 41,8

Mio. bei den ausschließlich türk. Aktiengesellschaften (*Bahadir* 1975). An der Finanzierung des 1. Fünfjahresplanes war die Sowjetunion mit einem zinslosen Kredit von 10 Mio. Golddollar zum Ankauf und zur Montage sowjetischer Maschinen und industrieller Anlagen beteiligt. Auch der 2. Fünfjahresplan (1938–42) gab der Schwerindustrie den Vorzug, mußte aber zu Beginn des II. Weltkrieges abgebrochen werden.

Der Erfolg dieser Politik blieb außerordentlich bescheiden, und die hochgesteckten Ziele sind bis Ende der 40er Jahre nur teilweise erreicht worden. Der Staat war zwar zum dominierenden Produzenten in vielen Bereichen geworden, die Produktivität seiner Betriebe war jedoch meist niedrig, weil unter anderem die Regionalisierungsbestrebungen sowie der Mangel an Fachkräften hemmend wirkten. Schätzungen für die durchschn. jährliche Wachstumsrate des Volkseinkommens für 1930–50 liegen bei ca. 2%. 1950 hatten die staatlichen Betriebe einen Anteil von rund 50% an der Produktion der verarbeitenden Industrie erreicht; es verursachte jedoch immer mehr Schwierigkeiten, das Prinzip des Etatismus beizubehalten.

Die Umorientierung der Innen- und Außenpolitik in Richtung auf die Schaffung eines Mehrparteiensystems und der insb. sicherheitspolitisch motivierte Anschluß an die USA haben auch die Wirtschaftspolitik der T. verändert: Die Liberalisierung des Außenhandels, die Förderung des ausländischen Kapitals und des privaten türk. Unternehmertums sind Elemente dieser Entwicklung. Die ab 1950 amtierende Regierung, die die *Republikanische Volkspartei* abgelöst hatte, öffnete sich deshalb gegenüber ausländischen Direktinvestitionen; daraufhin büßte der Etatismus seine Bedeutung ein. Die private Initiative, die auch von Auslandshilfen profitierte, erbrachte im Industriesektor beträchtliche Investitionen. Die jährliche Wirtschafts- und Militärhilfe, die die T. zunächst von den USA, später auch von anderen OECD-Staaten erhielt, der Beitritt zu NATO und CENTO mit den daraus resultierenden Verpflichtungen sowie schließlich das Inkrafttreten des Assoziierungsverhältnisses EG – T. (1964) haben zu vermehrten Kontakten der türk. Wirtschaft mit dem Ausland geführt.

Gleichwohl blieb das gemischtwirtschaftliche System bis 1980 für die T. charakteristisch. Dem Staat gehörten ca. 47% der Industrie. Wenn auch seit den frühen 50er Jahren eine Privatisierung der Staatsindustrie möglich war, schritt diese Entwicklung aufgrund knappen Kapitals im privaten Sektor nur langsam voran. Dennoch ist dieser am Anfang der 70er Jahre, insb. im Bereich der Investitionsgüterindustrie, stark gewachsen. Der Staat lenkte die wirtschaftliche Entwicklung durch Fünfjahrespläne, die in Jahresprogramme unterteilt werden und für den Staatssektor imperativen, für den Privatsektor indikativen Charakter haben. Die ersten drei Entwicklungspläne nach dem II. Weltkrieg haben einen wachsenden Anteil der Investitionen auf die Industrialisierung gelegt. Während die Industrie 1980 einen größeren Anteil als die Landwirtschaft am BIP hatte, war nach der Zahl der Beschäftigten letztere noch immer der dominierende Wirtschaftssektor.

Die wirtschaftspolitischen Weichenstellungen der 60er Jahre bestanden in der Entscheidung für eine binnenorientierte Industrialisierung ohne ergänzenden Aufbau eines leistungsfähigen Exportsektors sowie in der einseitigen Ausrichtung des Energieversorgungssystems auf Erdöl bei gleichzeitiger Vernachlässigung der Erschließung eigener Energiequellen; sie haben sich jedoch im nachhinein als Sackgassen erwiesen.

Trotz der Krise von 1970, in die diese Wirtschaftspolitik geriet, wurde sie – nicht zuletzt auch aus politischen Gründen – in den 70er Jahren fortgesetzt, nachdem das eher halbherzige Reformprogramm der militärisch-zivilen Regierungsphase 1973 endgültig zu den Akten gelegt worden war. Die koalitionspolitisch notwendige Rücksichtnahme *Demirels* auf seine – wenn auch aus unterschiedlichen Motiven – dezidiert national orientierten Partner, die in den kurzen Regierungsphasen der Opposition kaum unterbrochen wurde, führte vielmehr zu einer faktischen Verstärkung dieser Wirtschaftspolitik.

Die in den 70er Jahren verfolgte Wirtschaftspolitik brachte der T. zwar ein beträchtliches reales jährliches Wachstum von durchschn. ca. 6,5 %, was im wesentlichen durch das hohe Investitionswachstum als Folge der Importsubstitutionspolitik bewirkt wurde. Die Wachstumsraten gingen erst seit 1977 deutlich zurück, nachdem die Wirtschaft zunehmend unter den Druck der sich rapide verschlechternden Zahlungsbilanz geriet. Denn die auf eine größere Unabhängigkeit der nationalen wirtschaftlichen Entwicklung zielende Politik der Importsubstitution hatte in ihrer konkreten Ausführung die paradox anmutende Konsequenz eines zunehmenden Importbedarfs. Wie andere EL auch machte die T. die Erfahrung, daß eine Industrialisierung hinter Schutzzöllen, die primär der Produktion für den Binnenmarkt diente und dort Auslandsimporte ersetzen sollte, immer mehr Importbedürfnisse schuf, je länger man sie aufrechterhielt. Dies ging einerseits auf die Notwendigkeit zurück, für die nationalen Industrien Rohstoffe, Technologien, Maschinen, Energie usw. zu importieren, hing andererseits aber auch mit dem wachsenden Wohlstand im Inneren, der in zunehmendem Maße nach neuen Luxus- oder Gebrauchsgüterimporten rief, zusammen.

Tabelle 2: *Wirtschaftliches Wachstum (p. a. in %)*

	1965-73	1973-80	1980-91	1990
Landwirtschaft	2,5	4,5	3,0	11,8
Industrie	7,9	5,5	5,3	5,8
- Verarb. Industrie	9,5	4,1	7,2	8,0
Dienstleistungen	7,8	5,2	5,5	8,6
BIP	6,4	4,8	5,4	9,0
BSP pro Kopf	3,7	1,7	3,1	..

Quelle: Trends in Developing Economies 1992 (Weltbank).

Die in den Jahren 1973–78 intensiver verfolgte Wirtschaftspolitik, deren Grundzüge im Festhalten an Binnenmarktorientierung, Überziehung der Importsubstitutionsstrategie, überhasteter Industrialisierung, überaus schneller

Steigerung des gesamtwirtschaftlichen Konsums, expansiver Geldpolitik, permanenter Exportdiskriminierung, Vernachlässigung des Agrarexportpotentials, Ankurbelung der Agrarinputimporte sowie Erdölpreiserhöhungen, verfehlter Energiepolitik, Rückgang der Gastarbeiterüberweisungen, Ausbleiben der öffentlichen Entwicklungshilfe seitens der IL, waghalsiger privater Verschuldung und Überforderung des eigenen finanziellen Leistungsvermögens bestanden, ließ die wirtschaftliche Talfahrt der T. beschleunigen. 1979 geriet das Land in eine tiefe Wirtschaftskrise, die sich in einer drastischen Verschlechterung der Leistungsbilanz, in hoher kurzfristiger Auslandsverschuldung, im Rückgang des Wirtschaftswachstums und der industriellen Produktion, in hohen Inflationsraten, wachsenden Budgetdefiziten sowie zunehmender Arbeitslosigkeit ausdrückte.

Der drohende Staatsbankrott bewegte im Jan. 1980 die Regierung dazu, ein mit dem IWF abgestimmtes marktwirtschaftliches Sanierungsprogramm in Angriff zu nehmen. Dies war auch die Grundlage für eine ungewöhnliche Hilfsaktion (Kredite und Umschuldung): eine konzertierte Aktion von IWF, Weltbank und OECD-Staaten, ergänzt durch westliche Banken und arabische Kredite. Nach der Machtübernahme durch die Generalität im Sept. 1980 entschieden sich die Offiziere für dieses neue Sanierungsprogramm, was einen radikalen Kurswechsel in der Wirtschaftspolitik bedeutete.

Kern des Programms war die Abkehr von den bis dahin herrschenden Prinzipien des Protektionismus und der staatlichen Reglementierung zugunsten einer die Marktkräfte freisetzenden Öffnung nach außen. Wichtige Maßnahmen waren die Herstellung freier Preise, freier Zinsen, „echter“, d. h. laufend angepaßter Wechselkurse, die striktere Begrenzung der Haushaltsdefizite bei gleichzeitiger starker Verminderung der Zuschüsse an die Staatsbetriebe, eine konsequente Politik des knappen Geldes, gezielte Exportförderung und Begrenzung der Lohnerhöhungen in etwa auf die erwartete Inflationsrate.

Die türk. Wirtschaft befindet sich in einer Übergangsphase von einer rein agrarischen Gesellschaft in eine agro-industrielle. Die gegenwärtigen Wirtschaftsstrukturen sind gekennzeichnet durch einen – relativ gesehen – schrumpfenden Agrarsektor, eine wachsende Industrie sowie einen sich konsolidierenden Dienstleistungssektor.

Tabelle 3: *Anteile der Wirtschaftssektoren am BIP (in %)*

	1940	1950[a]	1970[a]	1980[a]	1986
Landwirtschaft	38,7	41,6	27,3	21,1	17,8
Industrie	18,9	14,6	21,4	25,3	33,4
Dienstleistungen	42,8	41,7	48,5	50,5	48,9

[a] Die Daten addieren sich nicht auf 100 %
Quellen: Industriekammer Istanbul 1987; Zentralbank der Türkischen Republik, Ankara 1987.

4.1 Landwirtschaft

In einem traditionellen Agrarland mit hohem Selbstversorgungsgrad kommt der Landwirtschaft eine besondere Bedeutung zu, obwohl sie von ihrer einstigen Größe eingebüßt hat. Zwischen 1955 und 1985 ist die Anzahl der in der Landwirtschaft Beschäftigten mit 9,5 Mio. absolut konstant geblieben, während ihr relativer Anteil von 80 auf 59% zurückging. Die landwirtschaftliche Nutzfläche beträgt etwa 36% der Gesamtfläche und setzt sich zusammen aus 87% Ackerfläche, 8,3% Obst- und Olivenanbau, 2,4% Gemüseanbau und aus 2,3% Weinanbau. 35% der Gesamtfläche werden als Weideland genutzt, während 26% auf Wälder entfallen. Weizen, Gerste und Mais machen einen Großteil der landwirtschaftlichen Produktion aus. Andere wichtige Agrarprodukte sind Baumwolle, Tabak, Zuckerrüben, Reis und Sonnenblumen. Obwohl die landwirtschaftliche Produktion witterungsabhängig jährlich schwankt, dokumentiert sie dennoch die Strukturveränderungen, wie sie sich seit der Republikgründung in der Wirtschaft vollzogen haben. So ging der Anteil des Agrarsektors am BIP von zwei Fünfteln (1923) auf weniger als ein Fünftel (1986) zurück (vgl. Tab. 3).

Die Strukturverbesserungen in diesem Sektor sind teils von außen hineingetragen, teils aus eigener Kraft erzielt worden. So sind in erster Linie staatliche Förderungsmaßnahmen, wie der Ausbau des Transport- und Kommunikationsnetzes sowie des Bewässerungssystems, verbilligte Kredite und Subventionen für landwirtschaftliche Erzeugnisse zu nennen, die zur Intensivierung der Agrarproduktion auf kapitalintensiver Basis mit wachsender Marktorientierung geführt haben. Die Entwicklung wurde zusätzlich getragen durch die schnelle Verstädterung, die die Nachfrage nach Agrarprodukten erhöhte. Aufgrund dieser hinreichenden Leistungsanreize wurden Hochertragssaatgut eingeführt, die Düngung gesteigert, Schädlingsbekämpfungsmittel eingesetzt und die technische Ausrüstung deutlich verbessert. Dadurch konnten die Produktionskosten gesenkt und die Hektarerträge gesteigert werden.

In den Jahren 1984–86 verzeichnete die Landwirtschaft eine reale Zuwachsrate von 4,4% im Jahresdurchschnitt, die deutlich über der Rate des Bevölkerungswachstums liegt und damit den Selbstversorgungsgrad auf hohem Niveau gewährleistet. Die Produktivitätssteigerungen haben zugleich Arbeitskräfte freigesetzt und die Landflucht verstärkt. Berücksichtigt man noch die starke Zuwachsrate der ländlichen Bev., die im Durchschnitt bei 3% liegt, so muß trotz anhaltender Landflucht mit einer weiteren Zunahme des Arbeitskräftepotentials im Agrarbereich gerechnet werden. Dies würde das Arbeitslosenproblem vom Land auf die städtischen Ballungszentren verlagern.

Der innere Wandel der landwirtschaftlichen Struktur ist unterschiedlich und durchzieht nicht das ganze Land. Er ist regional zu differenzieren. Mechanisierung, Motorisierung und Elektrifizierung haben die traditionellen bäuerlichen Höfe, die sich einst selbst versorgten, zu den Märkten geöffnet, wenngleich mit unterschiedlichem Erfolg. Zwei der wichtigsten Ursachen dieses Zustandes liegen in den unterschiedlichen Besitzverhältnissen sowie in der Aufteilung der agrarischen Räume nach den geographisch-klimatischen Gegebenheiten. Es herrschen überwiegend kleine und mittlere Höfe vor. 1980 gehörten 95,2 % der landwirtschaftlich genutzten Fläche zu Betrieben, die kleiner als 100 ha waren. Auf Betriebe bis zu 10 ha entfielen 41,3 %, zwischen 10 und 20 ha 23,8 % und zwischen 20 und 100 ha 30,1 % des gesamten landwirtschaftlich bebauten Bodens.

Die landwirtschaftlichen Großbetriebe befinden sich in den agrarischen Gunsträumen der küstennahen Regionen. Sie sind mechanisiert, motorisiert, verfügen über Fachkräfte und Bewässerungssysteme. Im SO dagegen, wo der Großgrundbesitz vorherrscht und das Wasser knapp ist, sowie an der Schwarzmeerküste, wo die kleinen Höfe überwiegen, wird noch z. T. nach den traditionellen Methoden gearbeitet. Die uneinheitliche Agrarstruktur wird noch verstärkt durch die historisch gewachsenen regionalen Entwicklungsunterschiede zwischen der West- und Osttürkei sowie zwischen Küste und Binnenland. Dadurch bleibt der Gegensatz zwischen den kleinen Höfen mit starker Selbstversorgung und den am Markt orientierten Mittel- und Großbetrieben noch weiter bestehen. Das „Südostanatolienprojekt“ soll die Situation in den bisher benachteiligten Südostregionen durchgreifend verbessern. Insgesamt 13 Staudämme und Bewässerungssysteme am oberen Euphrat sollen zwischen Urfa, Diyarbakır und Mardin zwei Mio. ha landwirtschaftliche Fläche besser bewässern und so drei Ernten pro Jahr ermöglichen. Mitte der 90er Jahre soll die Region zur „Kornkammer“ und zum „Gemüsegarten“ des Nahen Ostens werden.

Bis 1980 war die Landwirtschaft die Stütze der Exporte. Mit Haselnüssen, Trockenfrüchten, Tabak, Baumwolle und Zitrusfrüchten wurden noch 1980 wertmäßig 57,7 % der Exporte bestritten. Nach dem wirtschaftspolitischen Kurswechsel 1980/81 verlor die Landwirtschaft ihre herausragende Stellung in der Exportwirtschaft. Ihr relativer Anteil am Exportwert sank 1987 auf 17 %. Ihre Entwicklungschancen liegen in der Überwindung der ungleichen Betriebsstrukturen sowie in verbesserten Organisations- und Absatzmethoden. Dies würde die Modernisierung und Konzentration der kleinen Höfe zu größeren Produktionseinheiten erfordern. Eine befriedigende Lösung dieses Problems läge nicht zuletzt in der Verwirklichung einer Bodenreform.

4.2 Industrieentwicklung

Der politische Niedergang des osmanischen Vielvölkerreiches und die damit verbundene Einflußnahme der Kolonialmächte führten im 19. Jh. zu einem halbkolonialen Status, der die Entwicklung einer eigenen Industrie erschwerte. Bedeutsam war aber auch, daß die Türken im Osmanischen Reich die Beamtenschaft und das Militär stellten, während sie die Industrie vernachlässigten und den religiös-ethnischen Minoritäten (vor allem den Armeniern und Griechen) überließen. Nach der Beschneidung des Osmanischen Reiches auf das Gebiet der heutigen T. wurden die wirtschaftlich führenden Minoritäten umgesiedelt oder vertrieben, so daß zu Beginn der modernen T. eine einheimische Industriellenschicht kaum vorhanden war.

Das osmanische Erbe bestand aus einigen Fabriken für Textilien, Zement, Olivenöl und Zigaretten von bescheidenem Produktionsumfang. Sämtliche Industrieerzeugnisse, die das Land brauchte, und sogar wichtige Nahrungsmittel mußten aus dem Ausland eingeführt werden. Zu Beginn der 20er Jahre versuchte die T. im Zeichen der kemalistischen Revolution deshalb einen Prozeß der nachholenden Industrialisierung nach westeuropäischem Muster in Gang zu setzen. Die Voraussetzungen dafür waren jedoch ungünstig, da das Osmanische Reich agrarisch orientiert war und die Landwirtschaft keinen Beitrag zum Aufbau eines Industriesektors leisten konnte; sie war nur schwach und unzureichend entwickelt; zudem ist lediglich eine rudimentäre Infrastruktur vorhanden gewesen. Mit der vorgesehenen Industrialisierung sollte nicht nur die nationale Unabhängigkeit gesichert werden. Man wollte vielmehr in der neuen Republik auch möglichst schnell einen sozialen und ökonomischen Entwicklungsprozeß einleiten, um Anschluß an die Entwicklung in Westeuropa zu finden. 1927 wurde ein Grundgesetz zur Förderung der Industrie erlassen.

Da in den Anfängen der Republik für die notwendige Industrialisierung privates Kapital und Unternehmertum noch fehlten und der Staat den Wirtschaftsaufbau selbst in die Hand nehmen mußte, brachte erst die veränderte politische und wirtschaftliche Weltkonstellation nach dem Zweiten Weltkrieg einen nachhaltigen Durchbruch. Die Struktur des Industriesektors ist heute geprägt durch staatliche und private Unternehmen, die zusammen etwa 13 % aller Erwerbstätigen beschäftigen.

Im privaten Industriesektor existieren neben einem modernen Unternehmensbereich viele Kleinbetriebe – bis zu 10 Beschäftigte auf Werkstattniveau – mit geringer Produktivität. Ein besonderes Merkmal des Privatsektors ist die absolute Übermacht einer geringen Zahl großer Unternehmen. Es sind lediglich 1120 Betriebe, die mehr als 100 Beschäftigte haben, auf die aber 42 % der industriellen Wertschöpfung entfallen. Seit 1970 nimmt die Konzentration von Großunternehmen mit mehr als 1000 Beschäftigten zu.

Der staatliche Industriesektor befindet sich seit 1980 in einem Gesundschrumpfungsprozeß und wird in Teilen privatisiert. Während 1950 der staatliche Anteil an der industriellen Wertschöpfung 58,3 % betrug, erreichte er 1984 nur noch 36,6 %. Es ist zu erwarten, daß sich dieser Abwärtstrend weiter fortsetzt. Dennoch gehörten 1986 von den 500 größten Industrieunternehmen die ersten neun zum staatlichen Sektor.

Insgesamt zeichnet sich die Industrie durch regionale und strukturelle Unausgewogenheiten aus. Die Industriegebiete befinden sich an küstennahen Standorten mit den verkehrsgünstig erschlossenen Häfen von Istanbul, Izmit am Marmarameer, Izmir an der Ägäis, Mersin und Iskenderun am Mittelmeer sowie Zonguldak am Schwarzen Meer. An diese Industriegebiete schließt sich ein industriearmes Hinterland mit wachsendem West-Ost-Gefälle an. Unter den Industrie-Ballungsgebieten nimmt Istanbul den ersten Platz ein, gefolgt von den Provinzen Kocaeli, Izmir, Bursa, Icel, Adana und Zonguldak. Die Industrie der ersten fünf Standorte trug 1984 zu zwei Dritteln zu der gesamten industriellen Wertschöpfung bei. Die verarbeitende Industrie wuchs in den 80er Jahren im jährlichen Durchschnitt um 7,2 % (vgl. Tab. 2). Die Industrieproduktion setzt sich zusammen aus Konsumgütern sowie Zwischen- und Investitionsgütern. Zu den Konsumgütern gehören u. a. Lebensmittel, Textilien, Bekleidung, Schuhe, Möbel und die dauerhaften Konsumgüter. Zu den Zwischengütern zählen Eisen und Stahl, Glas, NE-Metalle, Zement sowie chemische und petrochemische Produkte. Die Investitionsgüter umfassen Metallwaren, Maschinen, Motoren und Fahrzeuge.

Nach einer Schwächeperiode zwischen 1977 und 1980, in der die Industrie bei niedriger Kapazitätsauslastung um ihre Substanzerhaltung gekämpft hat, erlebt sie gegenwärtig einen wirtschaftlichen Aufschwung, der hauptsächlich von der günstigen Inlandsnachfrage und vom Exportboom profitiert. Die staatlichen Investitionsförderungsmaßnahmen und Exporthilfen haben zur Verbesserung der Produktionstiefe und -breite beigetragen. Mit einer Produktpalette von mehr als 2000 Gütern wurde der Exportanteil von 36 % (1980) auf 81 % (1987) gesteigert.

Trotz dieser Erfolge hat der Industriesektor noch wesentliche Strukturschwächen aus der Vergangenheit zu überwinden. Zu diesen kommen die aktuellen Probleme hinzu, die mit den hohen Inflationsraten zusammenhängen. Die starke Importabhängigkeit von ausländischen Rohstoffen und Investitionsgütern verursacht bei fortlaufender Abwertung der türk. Währung eine Kostenexplosion und engt die Finanzierungsspielräume für neue Investitionen ein. Die Investitionen braucht die Industrie jedoch für den Ausbau ihrer Kapazitäten und für ihre Modernisierung, um international konkurrenzfähig zu bleiben. Wie der Anstieg der Investitionskosten pro Arbeitsplatz von 9,5 Mio. TL (1981) auf 35,8 Mio. TL (1986) zeigt, hat die Industrie den Weg von der lohn- zur kapitalintensiven Produktion beschritten. Dabei erhofft man sich eine wachsende Beteiligung des Auslands mit Kapital und Know-how an dem weiteren Ausbau der türk. Industrie. Mit der Liberalisierung der Investitionsbestimmungen für das Auslandskapital, mit staatlichen Investitionsanreizen und nicht zuletzt durch die Errichtung zollfreier Industrie- und Handelszonen in Mersin und Antalya wurden günstige Voraussetzungen für künftige Entwicklungen geschaffen.

4.3 Dienstleistungen

Der Dienstleistungssektor beschäftigte 1984 27,4 % aller Erwerbstätigen und erreichte zwischen 1984 und 1986 eine durchschn. jährliche Wachstumsrate von 5,1 %. 1986 wurden 48,8 % des BIP in diesem Sektor erwirtschaftet. Der Dienstleistungssektor ist seit den 60er Jahren zum Auffangbecken für Arbeitslose geworden, die durch die Landflucht in die Städte verschlagen wurden. Allein zwischen 1962 und 1977 wuchs die Zahl der Beschäftigten jährlich um 13000, was zur Aufblähung des Personals in den öffentlichen und privaten Dienstleistungsunternehmen führte.

Auch eine Vielzahl von Gelegenheitsarbeitern, wie z. B. Straßenhändler oder Schuhputzer, zählen statistisch zum Dienstleistungsbereich und verzerren das Bild. In der Tat vollzieht sich hier ein innerer Strukturwandel. Die zunehmende Bedeutung der energiewirtschaftlichen Aktivitäten, der Ausbau des Rohrleitungsnetzes für Erdöl und Erdgas, der Telekommunikation – insb. die landesweite Erschließung des Telefon- und Telexsystems und der Verbund mit dem internationalen Kommunikationsnetz – sowie der Unternehmensberatung, der EDV und der Werbung verändern die innere Struktur dieses Sektors, der traditionell von Handel, Banken, Versicherung, Transport und Verkehr bestimmt war. Die seit 1980 zu beobachtende relative Zunahme der produktionsbezogenen Dienstleistungen soll im Ansatz den Anschluß an die Entwicklungen in den post-industriellen Gesellschaften des Westens sicherstellen und somit einen eventuellen EG-Beitritt des Landes in den 90er Jahren erleichtern helfen.

Die umfassende staatliche Tourismusförderung seit den frühen 80er Jahren brachte einen erheblichen Aufschwung des internationalen Reiseverkehrs. Das Ausweisen touristischer Vorrangzonen, in denen parzellierte Grundstücke für eine Pachtdauer von 49 Jahren an in- und ausländische Investoren vergeben werden, stellt eine der wichtigsten Förderungsmaßnahmen staatlicherseits dar. Zudem trägt die Regierung in den Tourismuszonen die gesamten Kosten der Infrastrukturerschließung (Wasser, Strom, Straßen). Durch ein umfassendes Bündel an Steuererleichterungen (reduzierte Gewinnversteuerung, fünfjährige Körperschaftssteuerbefreiung), durch Zollbefreiung für einzuführende Sachwerte und Erleichterungen im Gewinntransfer ins Ausland hat die Regierung ein lukratives Anreizsystem für ausländische Direktinvestitionen in der Tourismusbranche geschaffen. Im Zeitraum 1980–87 hat sich die Zahl der Auslandsgäste fast verdreifacht. Allein von 1987 (2,86 Mio.) auf 1988 (4,17 Mio.) nahm sie um 46% zu. Sie brachten ca. 2,2 Mrd. US-$ Einnahmen.

Einen wichtigen Faktor in der türk. Wirtschaft stellen die Überweisungen von Gastarbeitern (besonders aus Deutschland) dar (vgl. Tab. 4).

4.4 Die neue türkische Wirtschaft zwischen Verschuldung und Exportboom

Die auf den Gebieten des Wirtschaftswachstums und der Exportwirtschaft nachweisbaren Erfolge der T. sind jener Wirtschaftspolitik zuzuschreiben, die seit 1980 weitgehend von marktwirtschaftlichen Prinzipien getragen wird und die staatliche Eingriffe in das freie Spiel der Marktkräfte auf ein Minimum reduziert. Flexible Wechselkurse, außenwirtschaftliche Liberalisierung, Abbau staatlicher Subventionen, freier Kapitalverkehr, Investitionsförderungsprogramme und Privatisierung von Staatsunternehmen bilden die Grundpfeiler dieser Politik. Begünstigt durch die Ausweitung der Industrieproduktion, der Exporte sowie der privaten und staatlichen Investitionen wurde in den 80er Jahren ein überdurchschnittliches Wirtschaftswachstum erreicht (vgl. Tab. 2).

Seit 1981 erlebt die T. eine wirtschaftliche Erholung, die vom Export getragen wurde. Der Wegfall von Importschranken und der Devisenbewirtschaftung sowie die Gewährung von zinsgünstigen Exportkrediten und steuerliche Anreize ließen die Ausfuhren in die Höhe schnellen (vgl. Tab. 4). Die positive Entwicklung ging mit einer Strukturveränderung der Exporte zugunsten der Industriegüter einher. Die Güterstruktur im Exportsektor ist ganz wesentlich (1989 zu 80 %) durch verarbeitete Industriewaren gekennzeichnet, die zu 46 % aus arbeitsintensiven Gütern, zu 17 % aus geringfügig weiterverarbeiteten natürlichen Ressourcen und zu 37 % aus Massenherstellungswaren bestehen. Der Anteil von High-Tech-Produkten ist vernachlässigbar gering.

Tabelle 4: *Handels- und Zahlungsbilanz (in Mio. US-$)*

	1980	1987	1989	1991
Exporte (fob)	2910	10190	11625	13672
- Agrargüter	1541	1497	1796	2074[a]
- Fertigprodukte	1047	8065	9086	10281[a]
Importe (cif)	7909	14162	15792	20998
Handelsbilanz	-4999	-3972	-4167	-7326
Dienstleistungen				
- Export	711	3520	5832	8380
- Import	569	1695	2465	3386
Überweisungen[b]	2071	2021	3040	2819
Öff. Transfers - Netto	18	324	423	2245
Zahlungsbilanz[c]	-3408	-806	961	272

[a] 1990; [b] der Gastarbeiter im Ausland; [c] nach öffentlichen Transfers
Quelle: wie Tab. 2.

Mit Hilfe von Investitionsförderungsprogrammen, die im einzelnen für in- und ausländische Investoren zollfreie Einfuhr von Industrieanlagen, Investitionsprämien und Steuernachlässe vorsahen, wurde versucht, industrielle Strukturen schwerpunktmäßig zu verbessern und die unterentwickelten Wirtschaftsregionen des Ostens und SOs wirtschaftlich zu fördern. In den Jahren 1981–86 wurden auf diesem Wege 570 000 zusätzliche Arbeitsplätze geschaffen. Allerdings blieb der Anteil der in der Ost- und SO-Türkei durchgeführten Investitionen mit 9,2 % hinter den Erwartungen zurück.

Das rasante Wachstumstempo führte 1986 zu einem Aufflammen der Inflation, die mit hohen Kaufkraftverlusten der Massen einherging und zur Negativbilanz dieser Wirtschaftsperiode zählt. Die Hauptursachen der Inflation sind die hohen Haushaltsdefizite als Folge staatlicher Investitionsausgaben für Infrastruktur, die hohen Kreditzinsen, die fortdauernde Abwertung der heimischen Währung, die wachsenden Einfuhren bei verschlechterten *terms of trade*, d. h. bei steigenden Preisen für Einfuhrgüter und sinkenden für Ausfuhrgüter, sowie die Auslandsschulden. Ein zusätzlicher inflationärer Druck ging von den hohen Infrastrukturinvestitionen aus, die zum Großteil arbeitsintensiv sind und einkommensmäßig unmittelbar nachfragewirksam werden. Ihre Kapazitätseffekte führen jedoch erst langfristig zu Produktionserweiterungen, die die güterwirtschaftlichen Ungleichgewichte beseitigen helfen.

Tabelle 5: *Auslandsverschuldung (in Mio. US-$)*

	1980	1985	1988	1991
Gesamtschulden[a]	19120	26008	40805	50252
Langfr. Schulden (LDOD)	15575	19923	34090	41135
Kurzfr. Schulden	2490	4759	6417	9117
Öffentl. Gläubiger	9636	12284	17243	18759
- multilateral	2149	4947	8806	10142
- bilateral	7487	7337	8436	8618
Private Gläubiger	5405	9966	16312	20448
- Privatbanken	4112	6150	11385	11743
Schuldendienst	1607	4579	7500	7882
Schulden[a]/BSP (%)	..	50,5	59,3	48,1
Schuldendienstquote	..	34,9	38,0	30,5

[a] öffentlich und privat, kurz- und langfristig; die Gesamtschulden weichen teilweise von der Summe der langfr. und kurzfr. Schulden ab
Quelle: World Debt Tables 1992-93 (Weltbank).

Sozialpolitisch bedenklich ist die Auswirkung der hohen Inflationsrate auf die Einkommensverteilung, die den Gegensatz zwischen Armut und Reichtum stark forciert hat. Der liberalen Wirtschaftspolitik haftet immer noch der Makel an, die Tarifautonomie der Sozialpartner durch eine staatliche Schiedsstelle ersetzt zu haben. Sie wacht über die Lohnabschlüsse und läßt solche zu, die unter der jährlichen Inflationsrate bleiben. Dadurch sinkt der Lebensstandard von Beziehern fester Einkommen. Im Herbst 1993 lag die Inflationsrate wieder bei etwa 70%. Nach einem Höchststand im Jahre 1980 mit 120% konnte sie im Durchschnitt der 80er Jahre auf 45% gesenkt werden (lt. Weltbank-Daten).

Gesamtwirtschaftlich unvorteilhaft ist auch die seit 1980 stetig wachsende Auslandsverschuldung. Zwar konnte die T. bis jetzt ihren Zahlungsverpflichtungen pünktlich nachkommen und ihre Kreditwürdigkeit beweisen; dies war z. T. jedoch nur durch Aufnahme neuer Auslandskredite möglich. Zwar hat die Regierung seit 1990 keine IWF-Kredite mehr in Anspruch genommen, und schon die Jahre davor waren durch Zurückhaltung gekennzeichnet gegenüber diesem Kreditgeber. Dennoch haben sich die Schulden sowohl im

Kurzzeit- als auch im Langzeit-Sektor in den letzten Jahren kontinuierlich erhöht. Die Gesamtschulden betrugen 1993 über 57 Mrd. US-$; das entsprach über 50 % des BSP. Entsprechend hoch sind die Transferzahlungen im Schuldendienst. Im Haushalt 1992 betrug der vorgesehene Schuldenservice bis zum 3. Quartal schon 3,6 Mrd. US-$ und stellte damit den dritthöchsten Soll-Posten im Haushalt. Die Schuldenpolitik und die derzeitige Hochinflation stellen die größten finanzpolitischen Probleme der T. dar.

Die hohen Zuwachsraten des Wirtschaftswachstums sind eine der Ursachen für die gestiegenen Auslandsschulden. Zum Abbau der hohen Arbeitslosigkeit, die auf 20 % geschätzt wird, und zur Modernisierung der Wirtschaftsstruktur wird auch künftig eine jährliche Wachstumsrate von mindestens 5 % erreicht werden müssen. Solange das hohe Wirtschaftswachstum beibehalten und das Leistungsbilanzdefizit durch anhaltende Exporterfolge und steigende Deviseneinnahmen aus dem Tourismus abgebaut werden kann, wird sich die Regierung wohl auf dem schmalen Pfad zwischen Inflation und außenwirtschaftlicher Öffnung fortbewegen.

5. Soziale Struktur und Entwicklung

Mit dem revolutionären Umbruch nach 1918 hat die T. auch eine tiefgreifende gesellschaftliche Umgestaltung erfahren. Die Elite hatte sich im Osmanischen Reich an der Spitze aus dem Sultan und seiner Familie, gefolgt von der Bürokratie und der höfischen Hierarchie, den militärischen Führern und der Geistlichkeit zusammengesetzt. Die politische Führung des Reiches und die Spitzen der osmanischen Gesellschaft befanden sich im wesentlichen in der Hauptstadt Istanbul als dem Zentrum des Reiches. Die beherrschten und verwalteten Gebiete außerhalb der Hauptstadt waren „Peripherie" und hatten an Entscheidungen keinen Anteil. Eine bürgerliche Gesellschaft im europ. Sinne hat sich bis zum Ende des Reiches nur ansatzweise entwickelt. Es fehlte dazu die wirtschaftliche Grundlage, da wirtschaftliche Aktivitäten wie der Handel und die ohnehin nur schwach entwickelte industrielle Produktion überwiegend in den Händen von Nicht-Türken lagen.

Die Formierung und der Sieg der nationalen Bewegung waren Ausgangspunkt für neue gesellschaftliche Entwicklungen. Die Führung ging nunmehr auf jene Kräfte über, die sich der kemalistischen Ideologie verschrieben hatten und deren Verbreitung durchzusetzen suchten. Dabei handelte es sich im wesentlichen um ehemalige Offiziere, Angehörige der freien Berufe, Intellektuelle und lokale Notabeln, auf die sich die Kemalisten stützten, da sie die Masse der ländlichen Bevölkerung, die tief in ihren traditionellen Wert- und Gesellschaftsvorstellungen verharrte, nicht zu erreichen vermochte. Zum wichtigsten Instrument der „Umerziehung" des Volkes im Sinne der neuen Werte wurde das Erziehungswesen. Wenn sich auf diese Weise auch die türk. Elite räumlich ausbreitete, so blieb sie doch von den ländlichen Massen ähnlich tief getrennt wie die „Peripherie" vom „Zentrum" in der Zeit des Osmanischen Reiches.

Mit dem Übergang zum Mehrparteiensystem vollzog sich abermals eine Verschiebung innerhalb der türk. Elite. Die Liberalisierung der Wirtschaft führte zur Verbürgerlichung der Gesellschaft. Zugleich wurden dabei aber zahlreiche Elemente traditionaler Wertvorstellungen, kultureller Ausdrucksformen und religiöser Gebräuche wiederbelebt. Die neue Elite hat versucht, das kemalistische Entwicklungskonzept einer durch eigene kulturelle und religiöse Traditionen geprägten Gesellschaft anzupassen. Die Auseinandersetzung zwischen einer „Staatselite", die die Schlüsselpositionen in der Verwaltung und lange auch an den Universitäten behauptete und ihren letzten Rückhalt in der Armee hatte, und einer „bürgerlichen Elite", die ein gemildertes und realistischeres Konzept der Modernisierung zu verwirklichen suchte, hat die türk. Geschichte zwischen 1945 und 1980 als roter Faden durchzogen.

Im ganzen gesehen ist die türk. Gesellschaft noch immer von tiefen Trennlinien durchzogen. Zum Beispiel ist weiterhin das anatolische Dorf *(köy)* eine Welt für sich; dies gilt für den materiellen Entwicklungsstand ebenso wie für die Verhaftung in religiösen und kulturellen Traditionen. Der Arm der Zentralregierung ist auf dem Land in vielen Fällen weit entfernt. Dort werden Konflikte vielfach immer noch auf traditionelle Weise geregelt, z. B. durch Blutrache. Entgegen den gesetzlichen Vorschriften kommt auch noch die Mehrehe vor, und die Eheschließung wird vom Imam ohne Einschaltung des Standesamtes vorgenommen.

Ein Grunddilemma der sozialen Situation ist das Gefälle zwischen dem entwickelteren Westen und dem noch immer weithin unterentwickelten Osten. Bis in die 50er Jahre hatte sich die wirtschaftliche Entwicklung auf den Westen konzentriert. Ein wachsendes soziales und wirtschaftliches Gefälle war die Folge gewesen: Dies hatte sich u. a. in der Bevölkerungsdichte, im Pro-Kopf-Einkommen, dem Erziehungswesen, dem Stand der Literarisierung (landesweit sind noch immer etwa 30% der Männer und 40% der Frauen Analphabeten) und der Gesundheitsversorgung niedergeschlagen.

Ansätze zu Bodenreformen sind in der Vergangenheit wiederholt gescheitert. Die landlosen Bauern, die Saisonarbeiter, die Landarbeiter sowie die Bauernfamilien mit einem Landbesitz unter 2 ha gehören zu den untersten Einkommensgruppen, die am Rande des Existenzminimums leben.

Vom Südostanatolienprojekt (GAP) könnten wohlstandsfördernde Impulse ausgehen. Bereits in den letzten Jahren hat die Region eine Anhebung des Lebensstandards durch den Ausbau der Infrastruktur und des Kommunikationsnetzes erfahren. Auch im Bildungsbereich wurden Anstrengungen unternommen. So wurden in den größeren Zentren, wie u. a. in Erzurum, Elaziğ, Malatya, Kayseri, Diyarbakır, Konya, Sivas und Van Universitäten gegründet.

5.1 Rolle der Frauen

Wie alle Bereiche der Gesellschaft, so hat *Atatürks* Revolution auch die Stellung der Frau tiefgreifend verändert. Die nach 1924 getroffenen Maßnahmen brachten die Ausweitung der Rechte der Frauen und ihre Gleichstellung hinsichtlich Erziehung, Rechtsstatus, Berufschancen und ihrer politischen wie bürgerlichen Rechte. Die Einführung des Schweizer Zivilgesetzbuchs (1926) und die Verleihung des aktiven und passiven Wahlrechts (1934) haben die völlige Gleichberechtigung festgeschrieben. Durch die Ausweitung der wirtschaftlichen Produktion nach dem II. Weltkrieg, namentlich aber auch durch die Migration der Männer aus den ländlichen Bereichen in den städtischen Westen bzw. nach Europa, haben Frauen auch in der Wirtschaft ihren Platz gefunden.

Auch das Problem der gesellschaftlichen Stellung der türk. Frau heute liegt in der Kluft zwischen Stadt und Land (namentlich in Zentral- und Ostanatolien). In der ländlichen Gesellschaft wird die Frau noch immer neben ihrer Rolle im Hause und in der Familie als billige ländliche Arbeitskraft gesehen. Mitte der 80er Jahre waren noch über 80 % der ländlichen Arbeitskräfte Frauen. Berufliche und schulische Ausbildung werden deshalb generell weiter vernachlässigt.

Andererseits ist der allgemeine Wandel in der T. in den letzten Jahrzehnten an den Frauen nicht spurlos vorübergegangen. Die Einführung des Fernsehens hat die Frau gerade im Osten mit der Außenwelt insofern in Berührung gebracht, als sie über die „modernen" Aspekte des gesellschaftlichen Lebens informiert wird. Die Mechanisierung mit ihren Auswirkungen hat ebenso zur Erleichterung ihrer Arbeit beigetragen wie die Entlastung durch die Einführung von Fertigprodukten etwa in Ernährung und Kleidung. Besonders aber der Weggang der Männer zur Arbeit in die Stadt oder ins Ausland hat das Leben türk. Frauen auf dem Lande verändert: Die finanziellen Überweisungen haben die Familien mehr zu Verbrauchern gemacht; die eigene Produktion wurde eingeschränkt. Die Abwesenheit der Männer ließ die Frauen in Tätigkeiten eintreten, die bislang jenen vorbehalten waren. Trotz anderer, auch negativer Elemente hat die Wanderung einen Beitrag zur Emanzipation der ländlichen Frau geleistet.

Wertvorstellungen und Einstellungen mit Bezug auf die Rolle der Frau liegen heute deutlich hinter dem raschen strukturellen Wandel der T. zurück. Stereotypen hinsichtlich der Rolle der Geschlechter werden noch immer weithin verbreitet und praktiziert. Sieht man von den Mittel- und Oberschichten ab, so zählen Knaben noch immer mehr als Mädchen; auf dem Land wird die Rolle der Frau zuvorderst im Lichte ihrer Rolle als Hausfrau und Mutter gesehen.

Erziehung und Sozialisation der Frau betonen noch immer weithin ihre Unterordnung und Passivität. Demgegenüber werden Autorität und die patriarchale Stellung des Mannes herausgestellt. So lebt die türk. Frau gerade dort, wo die Modernisierung in anderen Bereichen Einzug gehalten hat, häufig unter einem Rollenkonflikt zwischen scheinbarer Gleichheit des Status mit dem Mann und Emanzipation einerseits und andererseits einer aus dem Islam kommenden Ideologie, die Heirat und Mutterrolle in den Vordergrund stellt.

5.2 Bildungs- und Gesundheitswesen

Auf dem Erziehungssektor hat die T. mit der Einführung des allgemeinen Schulwesens (Abschaffung des religiösen Schulsystems und der Einführung der lateinischen Schrift) seit *Atatürk* erhebliche Anstrengungen gemacht. Der Aufbau des allgemeinen staatlichen Bildungssystems begann 1923. Es besteht allgemeine Schulpflicht, der normalerweise zwischen dem 7. und 11. Lebensjahr nachzukommen ist. Das Fehlen von Schulen und Lehrern, die rasche Bevölkerungsvermehrung und eine geringere Quote von Schulgängern im Osten lassen den Analphabetismus nur langsam abnehmen. Für die Minderheiten (insb. Kurden) ergeben sich außerdem Schwierigkeiten daraus, daß die Unterrichtssprache nur Türkisch ist: Viele Schüler verstehen im ersten Jahr ihren Lehrer nicht.

Die Datenlage ist im Bildungssektor außerordentlich schlecht. Valide Zahlen sind nur bis 1985/86 zu eruieren. Die Zahl der Schulen und Bildungseinrichtungen hat sich seit der Mitte der 70er Jahre in allen Bildungssektoren deutlich erhöht. Die Zahl der Grundschulen stieg von 42 000 (1975) auf über 49 000 (1985). Die Zahl der technischen Schulen für Männer hat sich seit der Mitte der 70er Jahre verdoppelt. Durch mehrere Universitätsgründungen in den letzten Jahren konnte der Bestand an Universitäten und Hochschulen auf insgesamt 27 erhöht werden.

Tabelle 6: *Sozialindikatoren*

	1960	1970	1980	1990
Lebenserwartung bei Geburt	50,1	56,7	62,3	66,6
Säuglingssterblichkeit	..	147,2	94,2	59,5
E. pro Arzt		2900[a]		1390[b]
Alphabetenquote	..	52	..	81
- bei Frauen		(49)[d]	..	71
Einschulungsraten (in %)[c]				
- Primarschulen	101[e]	110	96	112[f]
- Mädchen	83[e]	94	90	108[f]
- Sekundarschulen	16[e]	27	35	51[f]
- Mädchen	9[e]	..	..	39[f]

a 1965; b 1984; c in % der jeweiligen Altersgruppe; d in % der Männer; e 1965; f 1989
Quellen: Human Development Report 1993; World Tables 1992; Weltentwicklungsbericht 1992.

Bemerkenswert sind das auch in der Ära *Özal* (nach 1983) anhaltende Vordrängen der religiösen Ausbildung, die durch *Atatürk* verboten und unter dem Regime der *Demokratischen Partei* von *Adnan Menderes* (1950–60) wieder zugelassen wurde, sowie die Wiedereinführung des islamischen Religionsunterrichts an den Schulen seit 1982. Die Absolventen der religiösen *Imam-Hatip*-(Prediger-)Schulen werden in den staatlich kontrollierten Moscheen in Städten und Dörfern als Geistliche (Imam) tätig, bzw. können ein Studium an der Universität aufnehmen. Die Intensivierung der religiösen Erziehung bzw. die Verwendung von Absolventen in Teilen der Administration ist im Zusammenhang mit der Verstärkung der religiösen Kräfte in der türk. Innenpolitik zu sehen. Mit ca. 275 000 Studenten an religiösen Schulen lag die Zahl 1986 weit über dem Bedarf für religiöse Dienstleistungen.

Das Gefälle zwischen dem Westen und dem Osten des Landes schlägt sich auch im Gesundheitswesen nieder. Die Organisation und Entwicklung des staatlichen Gesundheitsdienstes wurden 1961 neu geregelt. Das Ziel freilich, bis 1984 ein System von Krankenhäusern und medizinischen Zentren aufzubauen, durch das alle Landesteile gleichmäßig versorgt werden könnten, erwies sich als illusorisch. Bis heute ist ärztliche Versorgung in manchen östlichen Landesteilen nur in den Provinzhauptstädten möglich. Zwei Indikatoren zeigen die Verbesserung des Gesundheitswesens an: die sinkende Sterberate und die finanziellen Aufwendungen seitens der Regierung. Der Anteil der Investitionen im Gesundheitssektor belief sich 1985 auf 1% der öffentlichen Investitionen, stieg 1987 auf 1,5% und lag 1988 bei 2,5%, was einer Steigerung um knapp 68% entspricht.

Die Zahl der medizinischen Einrichtungen (Krankenhäuser, Fachkliniken, Sanatorien) hat sich seit den 70er Jahren deutlich verbessert. Im Jahre 1975 gab es 498 Krankenhäuser, deren Zahl sich bis 1986 um 28,9% auf 642 erhöht hat. Die poliklinischen Haupt- und Nebenbehandlungsstellen – sie bilden den Grundstock der Gesundheitsversorgung – haben sich im selben Zeitraum verdreifacht und in den 90er Jahren die Zahl von 15 000 überschritten. Die Ernährungssituation der Bev. kann als gut bis ausreichend eingestuft werden: 1985 belief sich die Kalorienversorgung je E. auf 128% des von der FAO für eine ausreichende Ernährung als erforderlich angesehenen Grundbedarfs.

5.3 Einkommensverteilung

Wie in anderen EL sind in der T. die Einkommensunterschiede erheblich. Wenn es auch aufgrund unzureichenden Zahlenmaterials schwierig ist, sie präzise zu quantifizieren, kann doch aus den erheblichen Unterschieden der sektoralen Zuwachsraten oder des realen Pro-Kopf-Outputs in einzelnen Sektoren vermutet werden, daß sich die Einkommensunterschiede zwischen den verschiedenen Gruppen während des letzten Jahrzehnts (nach der Einführung der Marktwirtschaft zu Beginn der 80er Jahre) verstärkt haben.

Bei einem Vergleich von sechs sozioökonomischen Gruppen (Landeignern mit niedrigem, mittlerem und hohem Einkommen, Lohn- und Gehaltsempfängern und Unternehmern) liegt das Einkommen der ersten Gruppe weit unter dem Durchschnittseinkommen der anderen Gruppen, d. h. auch, daß das Durchschnittseinkommen auf dem Lande niedriger als in der Stadt ist. Die Löhne in den außeragrarischen Sektoren sind zusammen mit dem Anstieg der Produktivität im industriellen Sektor, im Gefolge der Mindestlohnpolitik der Regierung und durch Maßnahmen der Gewerkschaften anhaltend stärker als die Einkommen in der Landwirtschaft gestiegen. Auf der anderen Seite haben die Verbesserungen öffentlicher Leistungen wie der Schul- und Berufsausbildung oder des Gesundheitswesens sowie die Emigration türk. Arbeiter die Situation in den entlegenen Gebieten verbessern können.

Tabelle 7: *Erwerbstätige nach Sektoren (in Tsd.)*[a]

	1975	1980	1985	1987
Landwirtschaft/Fischerei	9463	9520	9390	9357
Produzierendes Gewerbe	2192	2352	2676	2967
- Verarbeitendes Gewerbe	1507	1548	1802	2000
- Baugewerbe	501	581	623	686
- Bergbau	108	124	119	129
- Energie/Wasser	76	99	132	152
Handel	600	628	763	861
Banken/Versicherungen/Imm.	176	211	229	240
Verkehr/Kommunikation	451	480	541	595
Sonst. Dienstleistungen[b]	1786	2040	2356	2527
gesamt[c]	14668	15231	15955	16548

[a] Personen im Alter von 15 und mehr Jahren; [b] inkl. nicht präzisierter Bereiche; [c] inkl. in der Tabelle nicht ausgewiesener Kleinsektoren
Quelle: Stat. Bundesamt 1989.

Die eklatante Ungleichheit der Einkommensverteilung entlang den Schnitten: Industriearbeiter – Landbevölkerung, Facharbeiter – ungelernter Arbeiter, Großgrundbesitzer – landwirtschaftlicher Kleinbetrieb oder Großunternehmer – Arbeiter hat freilich nicht zu einer verfestigten Klassenstruktur geführt. Sie ist zum einen im Erbe der Vergangenheit, zum anderen in den Unausgewogenheiten des Entwicklungsprozesses, insbesondere der einseitigen Ausrichtung auf die Industrialisierung, begründet. Trotz aller Schwierigkeiten ist die türk. Gesellschaft als ganzes in einer dynamischen Entwicklung, in der die Grenzen zwischen Wirtschaftsbereichen, unterschiedlichen Einkommensgruppen und dem gesellschaftlichen Status fließend sind. Die Entwicklung der türk. Innenpolitik belegt dies.

6. Politische Struktur und Entwicklung

Unter den islamischen Ländern hat sich die türk. Demokratie am weistesten westlichen Vorbildern angenähert. Mit der Rückkehr zur Demokratie (Nov. 1983) nach der dritten Einmischung des Militärs hat der Demokratisierungsprozeß weitere bemerkenswerte Fortschritte gemacht. An den Wahlen vom Okt. 1991 haben auch die kritischsten Beobachter keinen Anstoß nehmen können. Die Kritik konzentrierte sich im vergangenen Jahrzehnt auf die unzureichende Beachtung der Menschenrechte. Einer rapiden Verbesserung und Angleichung an europ. Standards standen und stehen Hindernisse entgegen, die aus einer von europ. Traditionen abweichenden politischen Kultur resultieren (z. B. Verhältnis von Individuum und Staat). Mit dem Beitritt der T. zur Konvention des Europarats gegen Folter und der entsprechenden UNO-Konvention (Januar 1988) und dem Kabinettsbeschluß über die Anerkennung der Zuständigkeit des Europ. Menschenrechts-Gerichtshofes für Individualbeschwerden türk. Bürger hat Ankara zum Ausdruck gebracht, daß es nicht zuletzt im Hinblick auf die noch immer angestrebte Vollmitgliedschaft in der EG bemüht ist, sich an europ. Standards zu orientieren.

Nach einem Jahrzehnt relativer innerer Stabilität sind seit 1990 verstärkt wieder Anzeichen einer die politische Stabilität gefährdenden Fragmentierung hervorgetreten. So hat das kurdische Problem eine neue Brisanz erhalten. Ein erheblicher Einsatz des türk. Militärs hat es nicht vermocht, den seit 1984 aufgeflammten Terror der PKK zu unterdrücken. Vielmehr eskalierte die Auseinandersetzung im Osten und SO des Landes immer mehr in bürgerkriegsähnliche Dimensionen. Eine veränderte Situation beginnt sich insofern abzuzeichnen, als unübersehbar unter Teilen der Kurden ein Prozeß kurd. Identifikation und Solidarisierung eingesetzt hat, der zu einer Kluft zwischen der Regierung in Ankara und den Kurden geführt hat. Die Errichtung einer kurd. Schutzzone im benachbarten Irak hat zum ersten Mal die Konturen eines kurd. Staates in den Blick treten lassen. Die Regierung in Ankara hat bis Ende 1993 noch keine politische Antwort auf diese Entwicklungen gefunden.

Auch das – wenn auch langsame – Erstarken eines politischen Islam hat Verwerfungslinien aufbrechen lassen. Zwar ist der Laizismus als eines der Kernstücke des kemalistischen Entwicklungsweges keineswegs von der Mehrheit der politischen Klasse und der Öffentlichkeit in Frage gestellt. Auch Kemalisten haben erkannt, daß der Islam in der T. ein gesellschaftliches Bindemittel sein kann, Friktionen, die im Zeichen eines militanten Laizismus, der von nicht wenigen Kemalisten mit Atheismus gleichgesetzt wurde, in vergangenen Jahrzehnten entstanden sind, abzumildern. In einer türk. Gesellschaft, die namentlich auch durch die Entstehung neuer gesellschaftlicher Eliten wachsend differenziert wurde, haben es die Islamisten schwer, eine politische Islamisierung voranzutreiben. Wie weit man dennoch von einem gesellschaftlichen Konsens entfernt ist, zeigt sich in den verstärkten Spannungen zwischen traditionalistischen sunnitischen Kreisen und der alewitischen (schiitischen) Minderheit.

Insbesondere die Eskalation des kurd. Problems hat das Militär wieder auf der politischen Bühne sichtbar gemacht. Seit der Gründung der Türkischen Republik hat sich dieses dem Erbe der Staatsgründer, die – wie *Atatürk* selbst – durchweg aus der Armee kamen, namentlich dem „Kemalismus", verpflichtet gefühlt. Seit dem Übergang zur Mehrparteiendemokratie nach dem Ende des II. Weltkrieges hatte es mit dem Ziel der politischen und gesellschaftlichen Stabilisierung des Landes im Namen des Kemalismus dreimal (1960/61; 1971–73; 1980–83) in die Politik eingegriffen. Insbesondere die dritte Intervention brachte die Unfähigkeit der Generäle zutage, Reformen durchzuführen, die das Land langfristig stabilisiert hätten. Mit der Rückkehr zur Demokratie begann dann dementsprechend ein rascher Verfall jener rudimentären Maßnahmen, mit denen die Militärs versucht hatten, dem Land einen Stabilisierungskurs zu verordnen. Die Rolle des Militärs als der Staatselite schlechthin war in der Vergangenheit – mit der Ausnahme *Celal Bayars* – dadurch manifestiert worden, daß sich aus ihm die Staatspräsidenten rekrutierten. Daß *Turgut Özal* 1989 in dieses Amt gewählt wurde, schien einen weiteren Rückzug des Militärs anzudeuten.

Mit der Eskalation des Kampfes in der kurd. Region ist das Profil des Militärs in der türk. Politik wieder sichtbarer geworden. Die Armee hat die Priorität einer „Lösung" des Problems auf die militärische Ebene (Vernichtung der PKK) eingeengt und damit die Diskussion über die politische Dimension in den Hintergrund gedrängt. Mit der Forderung nach einer schärferen Selbstzensur der Presse bei der Berichterstattung über die kurd. Frage und der Drohung einer Ausdehnung des Kriegsrechts auf weitere Landesteile wird der Schatten des Militärs über der türk. Politik erneut sichtbar. Auch eine Verstärkung der Aktivitäten fundamentalistischer Gruppen könnte einmal mehr das Militär zu einer unmittelbaren Rolle in der Politik provozieren.

Außenpolitisch haben sich mit dem Zusammenbruch der Sowjetunion und dem Ende des Ost-West-Konflikts neue Koordinaten ergeben. Die Mitgliedschaft in der NATO – wobei diese Organisation freilich in sich auch auf dem Weg einer Standortbestimmung ist – und enge wirtschaftliche und politische Beziehungen zur EG (mit der Perspektive einer Vollmitgliedschaft) bleiben nach wie vor wichtige Orientierungsmarken türk. Außenpolitik. Doch treten die angrenzenden Regionen, der Mittlere Osten, der Kaukasus, Zentralasien und der Balkan als Herausforderungen an die türk. Politik immer mehr in den Vordergrund. Damit endet eine Epoche noch von *Atatürk* verordneter Selbstbeschränkung in der Außenpolitik.

Die türk. Führung ist sich darüber im klaren, daß die Konflikte in der Golfregion, im Kaukasus und auf dem Balkan auf die T. destabilisierend zurückwirken können. Und unübersehbar hat das kurd. Problem eine auch regionale Dimension. Den weitreichendsten Ehrgeiz hegt die türk. Führung im Raum zwischen dem Schwarzen Meer und der chinesischen Grenze. Als Modell für den politischen, wirtschaftlichen und kulturellen Entwicklungsprozeß der islamischen Staaten propagiert Ankara das kemalistische Vorbild. Darüber hinaus hat es die Initiative zur Schaffung einer Schwarzmeer-Kooperationszone ergriffen und betreibt – in Kooperation mit Iran – den Ausbau des *Economic Cooperation Organization* (ECO), in dem neben Pakistan und Afghanistan auch eine Reihe zentralasiatischer Staaten Mitglieder sind. Die Intensivierung und Koordinierung von Zusammenarbeit soll langfristig einen Beitrag zu regionalpolitischer Stabilisierung leisten.

7. Entwicklungsperspektiven

Die T. hat auf der Grundlage des „Kemalismus", eines der ersten authentischen Entwicklungskonzepte der Dritten Welt, seit ihrer Gründung einen weiten Weg politischer, wirtschaftlicher und kultureller Entwicklung zurückgelegt. Die Erwartungen des Staatsgründers, daß die T. in einem überschaubaren Zeitraum mit dem nachgeahmten Westen gleichziehen werde, hat sich freilich als zu optimistisch erwiesen. Obwohl *Atatürk* einen radikalen Bruch mit dem Osmanischen Reich herbeizuführen suchte, haben sich Elemente der aus ihm nachwirkenden politischen Kultur, insbesondere solche, die mit dem Islam verbunden sind, bremsend ausgewirkt. So ist die Demokratisierung nicht im erwünschten Tempo vorangekommen. Und der Welle der Re-Islamisierung, die im ganzen Nahen Osten unübersehbar ist, hat sich auch die T. nicht verschließen können.

Am Anfang der 90er Jahre ist die gesellschaftliche und politische Kohärenz des Landes, die in den 80er Jahren nicht in Frage stand, wieder zum Problem geworden. Dabei könnte sich die türk. Führung mit dem Dilemma der Führungen auch anderer islamischer Staaten konfrontiert sehen: Die Entschärfung inneren Drucks erfordert weitere Demokratisierung – mit der Gefahr, daß radikale nationale oder religiöse Bewegungen versuchen könnten, extremistische Ziele durchzusetzen. Daraus würde dann wiederum die Rechtfertigung verstärkter Repression abgeleitet.

Was die wirtschaftliche Entwicklung betrifft, so muß die türk. Führung nach dem raschen Wachstum der 80er Jahre nunmehr eine gerechtere Verteilung der Mittel anstreben. Angesichts eines raschen Bevölkerungswachstums, extremer Disparitäten im Gefälle zwischen Ost und West, eines defizitären Staatssektors, wachsender Arbeitslosigkeit und einer hohen Auslandsverschuldung steht sie freilich vor einer sehr schwierigen Aufgabe.

In der Außenpolitik bieten sich nach dem Umbruch neue Gestaltungsmöglichkeiten. Sie sind aber auch von neuen Gefahren begleitet. Diese liegen vor allem darin, daß die T. in die Konflikte ihres geographischen Umfeldes hineingezogen wird. Das aber wäre nicht nur wirtschaftlich teuer, sondern könnte auch die Beziehungen mit auswärtigen Mächten (Rußland, aber auch die EG) belasten. Daß die T. noch in diesem Jahrtausend Vollmitglied in der EG wird, ist mehr als unwahrscheinlich. Auch für die Zeit danach sind die Perspektiven dafür nicht eben vielversprechend. Nach Jahrzehnten der Fixierung auf Europa könnte sich somit die türk. Elite der Herausforderung gegenübersehen, eine grundlegende neue Standortbestimmung des Landes vorzunehmen.

Literatur

Bahadir, S.A. 1975: Europa und die Türkei, in: Die Dritte Welt, Sonderheft 1975, 155–185.
Berkes, N. 1964: The Development of Secularism in Turkey, Montreal.
Feroz, A. 1975: The Turkish Experiment in Democracy, 1950–75, London.
Grothusen, K.-D. (Hrsg.) 1985: Türkei. Südosteuropa-Handbuch, Bd. IV, Göttingen.
Hale, W. 1981: The Political and Economic Development of Modern Turkey, London.
Hershlag, Z.Y. ²1968: Turkey – the Challenge of Growth, London.
Heyd, U. 1950: Foundations of Turkish Nationalism, London.
Hütteroth, W.D. 1982: Türkei, Darmstadt.
Kinross, L. 1965: Atatürk. The Birth of a Nation. London.
Kramer, H. 1988: Die Europäische Gemeinschaft und die Türkei, Baden-Baden.
Kündig-Steiner, W. (Hrsg.) 1974: Die Türkei. Raum und Mensch, Kultur und Wirtschaft in Gegenwart und Vergangenheit, Tübingen/Basel.
Lewis, B. 1961: The Emergence of Modern Turkey, Oxford.
Rumpf, Ch. 1987: Laizismus und Religionsfreiheit in der Türkei (Stiftung Wissenschaft und Politik) Ebenhausen.
Statistisches Bundesamt 1989: Länderbericht, Stuttgart.
Steinbach, U. (u. a.) 1989: Türkei. Informationen zur politischen Bildung, 223, Bonn.

Vereinigte Arabische Emirate

Konrad Schliephake

1. Wirtschaftsgeographische Grundlagen

Am 2. 12. 1971 vereinigten sich die sechs bis dahin unabhängigen Staaten Abu Dhabi, Dubai, Sharjah, Fujairah, Ajman und Umm al Qiwain zu den *Vereinigten Arabischen Emiraten (Imarat al 'Arabiyya al Mutahida)*, denen sich 1972 auch noch Ras al Khaimah anschloß. Die VAE haben nach eigenen Angaben eine Größe von 90 559 qkm; internationale Statistiken weisen meist 83 600 qkm aus.

Im subtropischen Trockengürtel gelegen, gliedern sich die VAE in drei verschiedene naturräumliche Einheiten. Dem flach ansteigenden amphibischen Küstensaum sind Korallenbänke vorgelagert, die Lagunen und Sabkahs (periodisch überschwemmte Salztonebenen) vom Meer abgrenzen. Abgesehen von einigen in das Inland reichenden Meerwasserrinnen (*creeks*, arabisch: *khur*) ist diese Ausgleichsküste ausgesprochen verkehrsfeindlich.

Das Hinterland besteht aus flach welligen, aus jungen Sand- und Schotterallusionen aufgebauten Ebenen. Sanddünen bewegen sich entsprechend der Hauptwindrichtung langsam nach SO zum Omanischen Gebirge hin. Nur wenige Süßwasserquellen (Abu Dhabi, Al 'hin) bzw. anstehendes Grundwasser (Liwa-Oasen) waren Ansatzpunkte für dauerhafte Nutzung. Klimatisch gehören Küsten- und Hinterland zu den unangenehmsten Gebieten der Welt. Die Sommertemperaturen liegen bei 35°–49° C (im Inland allerdings nachts zum Teil bis auf 20° C abkühlend), die Luftfeuchtigkeit überschreitet am Meer 90 %. Auch im Winter erreicht das Thermometer noch 20°–35° C. Die geringen Niederschläge (50–100 mm im Jahresmittel) fallen oft als Starkregen und führen dann zu Überschwemmungen.

Die dritte naturräumliche Einheit sind die Gebirgsränder und nördlichen Ausläufer des Omanischen Gebirges *(Jabal Hajar)*, das bis 2100 m aufragt. Niederschläge von bis zu 300 mm/Jahr regnen an den kahlen Steilhängen ab und versorgen Quellen (traditionell Grundwassergalerien) an den Gebirgsrändern. Die traditionelle Oasenwirtschaft an den Gebirgsrändern ist intensivem Gemüseanbau und industrieller Tierhaltung (Milchvieh, Hühner) gewichen. Eine Strauch- und Baumvegetation (Akazien) ermöglicht Rinder-Weidewirtschaft.

Küste mit Handel, Perlentauchen und Fischerei, wüstenhafter Dünengürtel und Kleinvieh-Nomadismus und Gebirgsrandoasen mit Getreide- und Dattelanbau ergänzten sich von alters her ökonomisch. Daraus erklärt sich auch die territoriale Zersplitterung der ursprünglichen Emirate, denn nur der Stamm, der an allen drei Einheiten Anteil hatte, konnte sich selbst versorgen.

Die geringen Grundwasserreserven werden nur noch für die Bewässerungslandwirtschaft genutzt. Die zunehmende Versalzung der Brunnen ist Anzeichen für ihre Erschöpfung. Die städtischen Haushalte werden inzwischen durch Meerwasserentsalzungsanlagen in Abu Dhabi versorgt (Kapazität derzeit: 200 Mio. cbm/Jahr, Ausbau auf 350 Mio. cbm/Jahr geplant), Dubai (190 Mio. cbm) und Sharjah mit einem Angebot von 456 Mio. cbm, das bis Ende der 90er Jahre auf 625 Mio. cbm gesteigert werden soll. In den nördlichen Emiraten fehlt es bislang an Kapital und Energie für den Anlagenbau, so daß dort Trink- und Bewässerungswasser zunehmend verknappen.

So bleiben als Ressourcen neben dem Erdöl lediglich Kalksteine, aus denen in acht Betrieben Zement mit einer Kapazität von 8,5 Mio. t pro Jahr erzeugt wird. Da die lokale Nachfrage bei 2 Mio. t stagniert, wird der Überschuß exportiert, vor allem nach Saudi-Arabien.

Quelle des Reichtums der VAE ist das Erdöl. Allerdings verwaltet jedes Emirat seine Vorräte selbständig. Das an Erdöl reichste Emirat ist Abu Dhabi (vgl. Tab. 1).

Tabelle 1: *Anteil der Emirate an Erdöl- und Erdgasproduktion und Reserven (1992 in %)*

Emirate	Erdöl-prod.	Erdöl-reserven	Erdgas-prod.	Erdgas-reserven	Lebensdauer Erdölres.
Abu Dhabi	81,8	94,0	60	92,1	133
Dubai	16,3	4,1	22	2,2	29
Sharjah	1,9	1,5	15	5,1	96
Ras al Khaimah	0,1	0,4	3	0,6	..
gesamt	112,8 Mio. t[a]	13,04 Mrd. t	33,1 Mrd. cbm	5600 Mrd. cbm	116 Jahre

[a] 1 t = 7,5 Faß
Quelle: Berechnet nach Arab Oil and Gas Directory 1993.

Abu Dhabi vergab 1939 seine erste Festlandkonzession an die damalige *Abu Dhabi Petroleum Co.* (ADPC), welche die heute noch fördernden Erdölfelder von Bu Hasa (1962), Asab (1965) und Sahil (1972) erschloß. Im *off-shore*-Bereich waren seit 1955 die *Abu Dhabi Marine Areas Co.* (ADMA) mit den Funden bei Umm Shaif (Förderung seit 1962) und die *Zakum Oil Co.* aktiv. Nach 1973 übernahm die 1971 gegründete *Abu Dhabi National Oil Co.* (ADNOC) schrittweise die Anteile an den ausländischen Konzessionen. Sie hat derzeit zusammen mit ADMA-OPCO *(off-shore)* einen Produktionsanteil von etwa drei Vierteln, die *Zakum Oil Co.* (an der ADNOC zusammen mit *Total* beteiligt ist) von rund 17 %. Den Rest teilen sich fünf kleinere Unternehmen; an drei von ihnen ist japanisches Kapital beteiligt.

Seit 1976 verfügt das Emirat exklusiv über seine Erdgasvorräte, die heute zu 89% gesammelt und teilweise in die Erdölfelder reinjiziert oder fraktioniert (LPG), verflüssigt (LNG) oder in der Industrie, Strom- und Wasserversorgung verwendet werden.

Dubai ist mit dem Fateh-Feld und seiner Umgebung nur zu 4% am Ölreichtum der VAE beteiligt. Das Erdgas aus dem Margham-Feld wird zur Stromerzeugung und in der *Dubal*-Aluminiumhütte eingesetzt. Das Emirat Sharjah ist mit seinen geringen Vorräten im Mubarak-Erdölfeld *(off-shore)*, die es seit 1974 mit dem Iran teilen muß, und den Erdgasfeldern von Saja'a und Moweyed in einer weniger glücklichen Position (vgl. Tab. 1). Die Hoffnungen des Emirats Ras al Khaimah auf Inbetriebnahme des Saleh-Feldes sind durch die geringen Vorräte gedämpft worden. In den anderen Emiraten konnte trotz intensiver Exploration seit den 70er Jahren keine kommerziell verwertbare Lagerstätte gefunden werden.

Tabelle 2: *Förderung von Erdöl und Erdgas – Vorräte*

	1970	1980	1985	1990	1992
Erdölförderung (Mio. t)	37,9	83,1	51,4	99,8	112,8
Erdölvorräte (Mio. t)	1704	4055	4399	13070	13040
Lebensdauer der Vorräte (in Jahren)	44,9	49	85,5	131	116
Erdgasförderung (Mrd. cbm)	11,2	14,9	22,4	29,8	33,0
Erdgasvorräte (Mrd. cbm)	873,6	658	929	5675	5600
Lebensdauer der Vorräte (in Jahren)	78	44	42	190	170

Quellen: OAPEC Secretary General: Annual Reports; Arab Oil and Gas Directory 1993.

Die Höherbewertung der Vorräte 1987 (Erdöl: Verdreifachung gegenüber 1986, Erdgas: Verfünffachung) war eine politische Maßnahme nach den Erhöhungen in Iran, Irak und Saudi-Arabien, um die strategische Bedeutung des Landes im Kräftespiel am Golf herauszustreichen. Mit 9,8% der Welterdölvorräte und 4,2% der Gasvorräte, die gemäß Tab. 1 auf die Emirate ungleichmäßig verteilt sind, ist diese Bedeutung unmittelbar sichtbar. Für die energiehungrigen IL in Europa (das 9% der Erdölexporte erhält), Nordamerika (3%) und Ostasien (84%) sind und bleiben die VAE ein bedeutsamer Partner. Erdöl und Erdgas bestimmen ihre Zukunft.

2. Bevölkerung

Mit dem Erdölboom ist es in den Emiraten, die schon früher während Zeiten guter Konjunktur (Perlenfischerei) Einwanderungsland waren, zu einer ungeahnten Bevölkerungsexplosion gekommen. Die vorliegenden Daten sind – wie für andere Golfstaaten – mit Vorsicht zu betrachten. Zum einen wissen wir wenig über die Entwicklung seit der letzten Volkszählung von 1985, insbesondere über das Ausmaß der Ausländerabwanderung im Gefolge des Kuwait-Krieges (1990/91). Zum anderen sind die Gastarbeiter schwierig zu erfassen. Man geht davon aus, daß sich trotz der 1983 verschärften Bestimmungen etwa die Hälfte der Ausländer ohne festen Arbeitskontrakt und ohne „Sponsor" im Lande aufhält.

Tabelle 3: *Bevölkerungsentwicklung in den Emiraten (in Tsd.)*

	1975	1980	1985	1990	1975-90[a]
Abu Dhabi	212	452	670	889	10,0
Dubai	183	276	419	559	7,7
Sharjah	79	159	269	377	11,0
Ras al Khaimah	44	75	116	159	8,9
Ajman	17	36	64	92	11,9
Fujairah	16	32	54	76	10,9
Umm al Qiwain	7	13	29	46	13,4

[a] Wachstum im jährlichen Durchschnitt
Quelle: UAE-MEED: Practical Guide, 1986/90.

Von der Jahrhundertwende bis 1968 stieg die Bev. von ca. 80 000 auf 180 000 E. relativ langsam, bestand aber teilweise aus Ausländern. Bevölkerungsstärkstes Emirat war 1968 Dubai (59 000 E., davon 13 % einheimische Araber) vor Abu Dhabi (46 000, 40 %) und Sharjah (32 000, 41 %). Weitere Zuwanderungen erhöhten die Gesamtzahl schnell über 0,56 Mio. (1975) und 1,621 Mio. (Volkszählung 1985) auf 2,01 Mio. (Schätzung Ende 1992). Die hohe Fruchtbarkeitsrate der Einheimischen ließ ebenso wie die erleichterte Einbürgerung (insbesondere für ausländische Ehefrauen) die Zahl der Staatsbürger 1980–85 um 3,8 % p.a. wachsen. Damit dürften heute nur noch 20 % der E. Einheimische sein.

Ein Leben ohne Gastarbeiter ist in diesem klassischen „Rentner-Staat", in dem 1987 nur 78 000 (= 17 % der Bev.) Staatsbürger ökonomisch aktiv waren, nicht denkbar. Versuche, den Zufluß zu bremsen und die „Illegalen" auszuweisen, wurden schnell abgebrochen, weil dadurch die billigsten Arbeitskräfte (oft Tagelöhner ohne soziale Absicherung), aber auch ihre Kaufkraft verlorengingen.

Von den 1,6 Mio. Ausländern sind 70 % Männer. 72 % kommen aus Asien, insbesondere aus Indien, Pakistan, Bangladesh, den Philippinen und Sri Lanka, teilweise auch aus Südkorea und Taiwan. Der Einzel- und Großhandel wird seit den 80er Jahren zunehmend von Iranern monopolisiert, die sich nach der islamischen Revolution in ruhigere Gefilde abgesetzt haben. Araber machen ca. 26 % der Ausländer aus, wobei die schon immer wenig willkommenen Palästinenser seit 1990 durch Ägypter (in der Verwaltung) weiter zurückgedrängt wurden. Inländer (ausschließlich muslimische Araber) stellten 1992 ganze 7 % der ca. 660 000 Erwerbstätigen; sie sind zu zwei Dritteln bei den Verwaltungen der Emirate und der Föderation beschäftigt, weitere 10 % im Handel. Nur 2 % der einheimischen Frauen sind berufstätig.

Tabelle 4: *Anteil der Emirate an BIP und Bevölkerung*

Emirat	Anteil an Bev. (1990)	Anteil an BIP 1988	1990[a]
Abu Dhabi	40,4	57,7	63,4
Dubai	25,4	25,7	23,5
Sharjah	17,2	9,6	7,7
Ras al Khaimah	7,2	3,6	2,8
Ajman	4,2	1,3	1,0
Fujairah	3,5	1,4	1,3
Umm al Qiwain	2,1	0,7	0,6
gesamt (in Tsd.)	2198		
- Mrd. DH		88,8	125,3

[a] vorläufig
Quellen: wie Tab. 3; BfAi 1992.

Die südasiatischen Gruppen und die damit verbundenen ethnischen und kulturellen Einflüsse prägen heute wesentlich die Gesellschaft, während die Beziehungen zu den arabischen Kernstaaten (Ägypten, Syrien, Irak) sich im Gefolge des Kuwait-Krieges eher gelockert haben. Bombay, Karachi und Shiraz markieren die Endpunkte des traditionellen, aber heute noch gültigen Beziehungsgeflechtes.

Die Gesellschaften der Emirate befinden sich in einem raschen sozialen und kulturellen Wandel. Die frühere Stammesbindung der VAE-Staatsangehörigen tritt zurück, während sich das einigende Band des Islam als Staatsreligion (sunnitische Richtung, daneben ca. 20 % Schiiten) und der arabischen Nationalität verstärkt. Historisch kann zwischen seßhaften Küsten- und Oasenbewohnern omanischer Herkunft *(Dawasir)* und den ehemaligen Nomadengruppen *(Bani Yas)* unterschieden werden. Eine Trennung zwischen Beduinen und Seßhaften ist jedoch heute nicht mehr möglich. Alle Gruppen sind verstädtert. Die durchschnittliche Urbanisationsrate schnellte im Zeitraum 1965–90 von 41 % auf 78 % hoch.

3. Geschichte

Älteste datierbare Spuren des Menschen sind die neolithischen, über 4000 Jahre alten Funde von Umm al Nar bei Abu Dhabi. Im 3. Jahrtausend v. Chr. blühte die Hili-Kultur (bei Al 'Ain) als Vermittlerin zwischen dem Kupferland Magan (Oman), den Indus-Kulturen und Mesopotamien. Es ist unklar, ob die ungenügende archäologische Erforschung oder die Unwirtlichkeit des Küsten- und Wüstenraumes die anschließenden Überlieferungslücken verursachten. Unbedeutende Funde aus der Antike und der Sassaniden-Zeit (Jumairah südlich Dubai) deuten auf geringe Handelsaktivitäten hin.

Mit der blutigen Schlacht von Dibba an der omanischen Küste (635 n. Chr.) setzte sich der Islam durch, doch ist auch hier die historische Überlieferung lückenhaft. Neben der dauerhaft besiedelten Gebirgsrandoase Al 'Ain erwähnen Urkunden die Städte Julfar und Khor Fakkan mit der ältesten Moschee des Landes in Bidiya. Unter loser Dominanz des Sultans von Oman wurden die seßhaften Siedlungen vom 14.–16. Jh. von Hormuz aus verwaltet. Im 16. Jh. trat mit Portugal die erste europ. Kolonialmacht auf, die den Seeweg nach Indien vor arabischen Störungen sichern wollte.

Mit dem Fall der Safawiden-Dynastie in Iran (1722) und der *Yaariba* im Oman (1724) entstand ein politisches Vakuum, in das aus dem arabischen Hinterland Beduinenstämme eindrangen. Der Stamm der *Bani Yas* und die mit ihm verwandten *Manasir* ließen sich in den Liwa-Oasen nieder und verlegten 1793 ihren Sitz an die Süßwasserquelle Abu Dhabi an der Küste. Während die Sippe der *Al Bu Falah* dort blieb, wanderten die *Al Bu Falis* weiter und ließen sich 1833 in Dubai nieder.

Als Gegenmacht organisierte sich aus den ursprünglichen Küstenbewohnern, den omanischen *Habala*, der Stamm der *Qawasim*, der sich im 18. Jh. von den omanischen Sultanen lossagte und Stützpunkte in Sharjah und Ras al Khaimah aufbaute. Aus dem Unabhängigkeitsbestreben der *Qawasim* resultierte ihr Antagonismus gegenüber den omanischen Herrschern. Im Gegensatz zu den *Al Bu Said* gehörten sie der Fraktion der *Ghafiri* an und standen der wahhabitischen Erneuerungsbewegung der *Sauds* nahe. Dagegen gingen die zugewanderten *Bani Yas* immer wieder Allianzen mit dem Sultan von Masqat ein.

Perlentauchen, Handel mit der Gegenküste, aber auch Piraterie waren die Hauptbeschäftigungen der Golfanrainer, womit sie sich schnell den Ärger Großbritanniens zuzogen. Nach mehreren brit. Vorstößen (1809, 1819 Zerstörung von Ras al Khaimah) schlossen 1820 neun Shaikhs einen Vertrag ab, in dem sie der Piraterie abschworen. Nach weiteren Abkommen untereinander kam es 1853 zum „Ewigen Frieden“ zwischen GB und den Shaikhs von Sharjah, Abu Dhabi, Dubai, Ajman und Umm al Qiwain, dem sog. „Vertrags-Oman“. Ein weiterer Vertrag von 1892 untersagte jeden außenpolitischen Kontakt und Konzessionen für Nicht-Briten, ohne daß sich die (inoffizielle) Protektoratsmacht in die inneren Angelegenheiten einmischte.

Die inneren Streitigkeiten hielten an und führten zu wechselnden Allianzen der Herrscherfamilien.

Den Niedergang der Perlenfischerei in den 30er Jahren (Konkurrenz durch japanische Zuchtperlen) kompensierte die zunehmende strategische Bedeutung durch die Niederlassung eines brit. *Politischen Residenten* (1937) und den Bau eines Flughafens in Sharjah (1932) nur teilweise. Mit der indischen Unabhängigkeit und den vielfältigen Handelsmöglichkeiten dorthin (Goldexport) begann der Wiederaufschwung von Dubai (ab 1953 Sitz des brit. Residenten), während Abu Dhabi sein Wiedererstarken dem Erdöl (Konzessionen seit 1953, Export 1962) verdankte. Die zunehmenden ökonomischen Disparitäten zwischen den nominell immer noch unabhängigen Staaten, die lediglich durch die alten Verträge sowie eine 1951 durch GB geschaffene Streitmacht *(Trucial Oman Scouts)* und einen Rat der Herrscher (1951) verbunden waren, und der 1968 verkündete Abzug der Briten „östlich von Suez" zwangen zum Handeln.

Nasseristische und baathistische Strömungen auch am Golf zeigten den sieben Herrschern über 180 000 Menschen (1968), daß nur gemeinsames Vorgehen ihren Thron retten könnte. Einem Kern von Abu Dhabi und Dubai sollten sich die übrigen Emirate anschließen. Bis 1970 waren auch Bahrain und Katar an einem Anschluß interessiert. Territoriale Ansprüche, z. B. von Saudi-Arabien auf die Buraimi-Oasen (die Saudi-Arabien 1952–55 teilweise besetzte), von Iran auf die Inseln Abu Musa (zu Sharjah) und Große und Kleine Tanab (Ras al Khaimah) und der einzelnen Nachbarn untereinander, verzögerten die Gründung der VAE bis zum 2. 12. 1971. Ras al Khaimah schloß sich 1972 an.

Der neue Staat wurde Mitglied in der *Arabischen Liga*, in internationalen Organisationen, in der OPEC und der OAPEC. Der rasche Aufschwung der Erdölproduktion und die Erdölpreissteigerungen von 1973 und 1979/80 machten die VAE zu einem der reichsten Flächenstaaten der Welt und formten die ärmliche Wüstenregion vollkommen um. Während sie vom Krieg Iran-Irak (1980–88) eher profitierten (Dubai als Handelsdrehscheibe), versetzte der Krieg um Kuwait (1990/91) dem Land einen Schock, von dem es sich nur langsam erholte.

Den Herrschern mit ihren glitzernden, Kalifornien nachgeahmten künstlichen Lebenswelten wurde die Fragilität ihrer von großen und begehrlichen Nachbarn umgebenen Wohlstandsinseln, die nur auf Erdöl und Erdgas aufbauen, bewußt. Die Wirtschaftskrise seit Mitte der 80er Jahre und die Konflikte in der Region haben ihnen gezeigt, daß sie die Zukunft nur gemeinsam meistern können.

4. Wirtschaftliche Struktur und Entwicklung

In einer Föderation, in der jeder Teilstaat seine eigene Wirtschaftspolitik betreibt, ist die Zusammenstellung von gesicherten Wirtschaftsdaten schwierig. Vieles beruht auf Schätzungen. Im folgenden soll ein Überblick über die wirtschaftliche Entwicklung in der Föderation und in den einzelnen Emiraten gegeben werden.

Tabelle 5: *BIP nach Sektoren (Anteile in %)*

	1972	1980	1985	1990
Erdöl	63,5	63,4	44,7	46,2
Industrie	4,0	4,9	11,8	7,4
Bauwirtschaft	6,3	8,8	9,1	8,1
Handel/Verkehr	15,0	11,5	20,7	26,4
übrige Dienstleistungen	11,2	11,4	12,2	12,5
gesamt in Mrd. DH[a]	6,5	110,4	98,4	125,3

[a] 1 DH = 0,272 US-$
Quellen: Arab Oil and Gas Directory 1993; Arab Economic Report 1985.

4.1 Wirtschaftliche Entwicklung in der Föderation VAE

Nach einem schnellen wirtschaftlichen Aufstieg im Gefolge der Ölpreissteigerungen von 1973 und 1979/80 konsolidierte sich die Wirtschaft. Das lt. Tab. 5 stagnierende BIP reflektiert nicht so sehr einen ökonomischen Niedergang, sondern die zunehmende lokale Absorption der Erdöleinnahmen.

Tabelle 6: *Erdöleinnahmen (in Mio. US-$)*

Jahr	Einnahmen	Jahr	Einnahmen
1970	233	1984	6980
1975	6000	1986	4250
1977	9030	1988	8200
1979	12900	1990	15700
1980	19500	1991	13900
1982	16000	1992	13750

Quelle: Arab Oil and Gas Directory 1993.

Das schwankende Erdöleinkommen des Staates ist für die Wohlstandsentwicklung entscheidend und erschwert eine vernünftige Langfristplanung (vgl. Tab. 6). Diese Schwankungen schlagen sich im BIP, im Pro-Kopf-Einkommen und in der Investitionskraft des Staates nieder. Nachdem die VAE in den in-

Tabelle 7: *Handels- und Zahlungsbilanzen (in Mrd. DH)*

	1975	1980	1985	1990	1992
Export	7,2	21,8	14,8	21,6	23,3
Import	2,4	7,8	5,9	11,6	17,4
Handelsbilanz	4,8	14,1	8,8	10,0	5,9
Leistungsbilanz[a]	-1,9	-4,0	-1,0	..	..
Kapitalbilanz[a]	-1,4	-5,2	-6,2	..	..
Zahlungsbilanz[a]	-3,3	-9,2	-8,1	-4,8	-3,3

[a] Salden

Quellen: Arab Oil and Gas Directory 1993 (abweichende Daten bei BfAi 1992).

ternationalen Statistiken 1981 mit einem BIP pro Kopf von 24660 US-$ als reichster Flächenstaat der Welt geführt wurden, mußten sie inzwischen diesen Rang abgeben. 1992 betrug das BIP pro Kopf noch rund 18000 US-$. Die VAE gehören aber, zusammen mit Katar und Brunei, immer noch zu den reichsten Ländern der Dritten Welt. Wie Tab. 4 zeigt, ist dieser Reichtum innerhalb der Föderation sehr ungleich verteilt.

Auch die außenwirtschaftlichen Verflechtungen beruhen fast ausschließlich auf Erdöl und Erdgas, die zusammen über 70% der Exporterlöse einbringen. Die Daten der Handels- und Zahlungsbilanz zeigen ihre Bedeutung, wobei allerdings bei vollkommen liberalem Geldmarkt die Zahlungsbilanzdaten wenig präzise sind.

Haupthandelspartner im Erdölexport ist Ostasien mit 83% der Ausfuhren; allein Japan erhält 46% der VAE-Exporte. Es folgen die EG (9,2% der Exporte) und die USA (3%). Auf der Lieferantenseite steht die EG mit 26% (darunter BRD: 6,4%) der Lieferungen vorne, gefolgt von Japan (14%) und den USA (9,4%) sowie Saudi-Arabien (4,1%). Wichtigste Drehscheibe des Handels ist Dubai, über dessen Häfen (Port Rashid, Jabal Ali) allein ein Drittel des gesamten Außenhandels und damit fast der gesamte Nicht-Erdölexport abgewickelt werden. Dazu kommen umfangreiche nicht-registrierte Exporte nach Iran (Konsumgüter) und Indien (Gold).

4.1 Landwirtschaft

Der Anteil der Landwirtschaft am BIP liegt bei unter 1%. Wie Tab. 8 zeigt, ist nur ein geringer Teil der gesamten Landfläche landwirtschaftlich nutzbar. Hauptprodukte sind Gemüse und Obst, Viehfutter, Fleisch, Eier, Milch und Fisch, die in agro-industriellen Betrieben von rund 43000 Beschäftigten erzeugt werden. Bäuerliche Familienbetriebe gibt es nicht.

Nur etwa 18% des heimischen Bedarfs an Nahrungsmitteln werden (wertmäßig) im eigenen Land erzeugt, für Nahrungsmittelimporte pro Jahr rund

1,7 Mrd. US-$ aufgewandt. Bei den relativ hohen Exporten von Nahrungsmitteln (400 Mio. US-$) handelt es sich um Reexporte aus den Kühlhäusern im Hafen von Jabal Ali (Dubai) sowie um Getränke und Genußmittel aus den exterritorialen Produktionszonen. Aufgrund der ungünstigen naturgeographischen Situation ist keine weitere Förderung der Erzeugung von Grundnahrungsmitteln geplant, deren Import mit einem Teil der Erdöleinnahmen leicht finanziert werden kann.

Tabelle 8: *Landwirtschaftliche Nutzfläche (in Tsd. ha)*

	1974	1990
Ackerland	9	29
- davon bewässert (in %)	(56)	(18)
Dauerkulturen	5	10
Dauerweiden	200	200
Gehölze	2	3
übrige Flächen	8144	8118
gesamt	8360	8360

Quelle: FAO Production Yearbook 1990.

4.2 Die industrielle Entwicklung in den einzelnen Emiraten

Im Vergleich zu den Nachbarstaaten setzte die Industrialisierung später ein und hing sowohl von den Erdöl-/Erdgasressourcen als auch von individuellen Entwicklungskonzepten ab. Heute bestreitet die Industrie auf VAE-Ebene bereits 35 % des Gesamtexportes (einschließlich Reexporten); sie ist mit 10 % am BIP beteiligt. Da jedes Emirat seine eigene Wirtschaftspolitik betreibt, sollen die regionalen Elemente nach Einzelstaaten getrennt vorgestellt werden.

4.2.1 *Abu Dhabi*

Bei einer Größe von 65 000–80 000 qkm beheimatet das Emirat 38 % der Bev. der VAE. Es gibt eine eigene Regierung mit 16 Ministern, davon die Hälfte aus der Familie *Al Nahayan*. Der am stärksten vom Öl geprägte Staat mit 12,3 Mrd. t oder 94 % der Erdölreserven, 82 % der Produktion und der Einnahmen hat bisher am wenigsten seine Wirtschaft diversifiziert. Seit Mitte der 70er Jahre hat die nationale Erdölgesellschaft ADNOC Mehrheitsbeteiligungen an allen Erdölfeldern. Die Stadt Abu Dhabi (ca. 600 000 E.) ist zur Kapitale mit protzigem *Outfit* geworden. Hier ist auch Sitz der VAE-Zentralbank und des *Arab Monetary Fund*. Die zweite städtische Agglomeration ist am Gebirgsrand Al 'Ain mit der VAE-Universität und intensiver landwirtschaftlicher Produktion (Obst, Gemüse).

Erdöl und Erdgas regten den Ausbau nachgeschalteter Aktivitäten an:
- den Bau von Erdölraffinerien in Ruwais (1981) und Umm al Nar (1985) mit einer Kapazität von zusammen 1,9 Mio. t/Jahr, die verdoppelt werden soll;
- den Bau einer Gasverflüssigungsanlage für den Export von Propan, Butan und Pentan mit einer Kapazität von 3,5 Mio. t/Jahr (auf der Insel Das) und einer Fabrik für Stickstoffdünger in Ruwais mit einer Kapazität von 450 000 t/Jahr (Harnstoff);
- den Bau von zwei Wasserentsalzungsanlagen, denen 1994 eine weitere folgen soll. 1994 soll auch eine neue Äthylenfabrik mit einer Kapazität von 300 000 t/Jahr in Betrieb gehen.

Ein eigenes Amt fördert die Ansiedlung weiterer petrochemischer und Konsumgüterindustrien. Allerdings will man einen Großteil der auf 40–50 Mrd. US-$ geschätzten Kapitalreserven (u. a. Anteile am Erdölkonzern *Total* und an Raffinerien in Europa und Asien) weiterhin im Ausland belassen. Daß diese Politik nicht immer erfolgreich ist, zeigte 1991 die Liquidation der *Bank of Credit and Commerce International* (BCCI), an der das Herrscherhaus zum Schluß 77 % der Anteile hielt. Die Verluste werden auf bis zu 1,2 Mrd. US-$ geschätzt. Eine weitere Belastung war der Kuwait-Krieg, an dessen Kosten sich Abu Dhabi mit fast 6 Mrd. US-$ beteiligte.

4.2.2 *Dubai*

Bei einer Fläche von 3900 qkm beherbergt das Emirat 32 % der VAE-Bevölkerung. Unter dem Herrscher *Maktoum Bin Rashid al Maktoum* (seit Okt. 1990) gibt es eine eigene Regionalverwaltung. Mit Erdölvorräten von 540 Mio. t und einer Produktion von 18 Mio. t (1992) ist Dubai viel schwächer vom Erdöl geprägt als das stammesverwandte Abu Dhabi, zumal die Lebensdauer der Reserven nur mit 29 Jahren berechnet wird (vgl. Tab. 2). Dubai-Stadt, auf die das ganze Territorium mit Ausnahme der von Oman umgebenen Gebirgsoase Hatta ausgerichtet ist, ist vielleicht das letzte klassische Handelsimperium in der Welt, zum Meer hin gerichtet, ohne starke Hinterlandverflechtungen.

Zu Beginn des Jh.s ließen sich arabische Händler von der persischen Gegenküste (Lingeh) beiderseits des *Creeks* von Dubai insbesondere als Perlenhändler nieder. Aufschwung brachten die Unabhängigkeit des indischen Subkontinents (Reexporte von Gold und Konsumgütern), die Erdölfunde in Abu Dhabi und im Lande selbst (seit 1966), die Verlagerung von arabischen Banken aus Beirut (Mitte der 80er Jahre 53 Banken) und der Krieg Iran–Irak (1980–88). 1991 betrug der Wert des (registrierten) Außenhandels 13,2 Mrd. US-$.

Die aus Ostasien und USA kommenden Güter werden auf dem Landweg oder mit traditionellen Schiffen *(Dhaus)* nach Saudi-Arabien, Iran, Indien und Pakistan verteilt. In der Freihandelszone Jabal Ali, dem größten künstlichen Hafen der Welt, haben seit 1987 etwa 450 internationale Unternehmen über 2,5 Mrd. US-$ investiert, um dort zu produzieren und hochwertige Güter zwischenzulagern. Das Freihandelsgesetz vom Herbst 1992 erleichterte ihre Niederlassung nochmals. Daneben sollen verschiedene Großbetriebe die Wirtschaft weiter diversifizieren:

- eine Reparaturwerft mit drei Trockendocks mit einer maximalen Kapazität von 1 Mio. t (seit 1993);
- die Aluminiumhütte *Dubal* mit einer Kapazität von derzeit 240 000 t, die mit fast kostenlosem Erdgas australisches Bauxit verhüttet und als Reinaluminium nach Japan exportiert;
- Anlagen für petrochemische Zwischenprodukte wie Kunstdünger, Acetylen und Säuren.

Jabal Ali und der an der Stadt gelegene Port Rashid gehören zu den bedeutendsten Häfen am Golf mit einem Umschlag von 13 Mio. bzw. 10 Mio. t/Jahr, wovon zwei Drittel aus Reexporten bestehen und größtenteils in Containern befördert werden.

4.2.3 *Sharjah*

Das 2600 qkm große Emirat, das 15% der VAE-Bevölkerung beherbergt, besteht aus der gleichnamigen Stadt am *Creek* und ihrem Umland, das bis zum Gebirge reicht, sowie den Exklaven Dibba (mit Oman und Fujairah geteilt), Khor Fakkan und Kalba am Indischen Ozean. Die eigenständige Verwaltung wird geleitet von Shaikh *Sultan Bin Mohammed al Qasimi*. Ursprünglich gegenüber Dubai der bedeutendere Staat, ist er in der Erdölausstattung (Reserven: 202 Mio. t, Produktion 1,7 Mio. t) benachteiligt. Allerdings fördert das Saja'a-Erdgasfeld mit 2,1 Mrd. cbm/Jahr genügend Erdgas, um die eigene Industrie zu versorgen und die Überschüsse an *Dubal* zu liefern. Ab 1993/94 soll das neue Feld Kahaif die Bilanz stützen. Der ambitiöse Ausbau der Infrastruktur mit Tiefseehäfen in Sharjah und Khor Fakkan und einem internationalen Flughafen, der nur 15 km vom Großflughafen Dubai entfernt ist, und der rasche Aufbau einer mit Prachtbauten geschmückten Stadt führten 1987 bei sinkenden Erdöleinnahmen zu einer Finanzkrise, als das Emirat Schulden in Höhe von 1 Mrd. US-$ aufgehäuft hatte.

Sehr gut entwickelt ist die Leichtindustrie (Konsumgüter, Baumaterialien), die der Entwicklungsplan 1989–93 gezielt förderte. 34% der VAE-Industriebetriebe arbeiten in diesem Bereich. Dagegen blieben Projekte der Schwerindustrie (Stahlrohre, Petrochemie) in der Planung stecken. Im Frühjahr 1992 flackerte der alte Streit mit dem Iran, der im Nov. 1971 die Insel Abu Musa besetzt hatte und dafür eine jährliche Rente an das Herrscherhaus bezahlte, wieder auf, als der Iran arabische Lehrer und Arbeiter vertreiben wollte; allerdings hält er das Abkommen zur Teilung der Erträge aus dem dortigen Mubarak-Erdölfeld ein.

Die Finanzkrise von 1987 war überschattet von einer politischen Krise, als der 1972 nach der Ermordung seines Bruders an die Macht gekommene Shaikh *Sultan* seinen wesentlich populäreren und von Abu Dhabi unterstützten Bruder *Abd al Aziz* stürzen wollte. Die Angst um die Erhaltung des fragilen *Status quo* stabilisierte jedoch den „legitimen“ Herrscher.

4.2.4 *Ras al Khaimah (RAK)*
In dem 1700 qkm großen Emirat (mit 6,5% der VAE-Bev.) herrscht Shaikh *Saqr Bin Mohammed al Qasimi*. Zu ihm gehören auch, von dem zum Golf hin orientierten Küstenstreifen getrennt, große Landstriche im omanischen Hajar-Gebirge. Zu den traditionellen ökonomischen Aktivitäten Fischfang, Bootsbau und Landwirtschaft kam 1984 die Förderung von Erdöl und Erdgas aus dem Saleh-Feld hinzu, das jedoch inzwischen fast erschöpft ist. Mit dem Erdgas (ca. 100 Mio. cbm/Jahr) werden die zwei Zementfabriken in Khor Khuwair versorgt. Zu RAK gehörten auch die 1971 von der iranischen Armee besetzten Golfinseln Große und Kleine Tanab. Der Streit um Abu Musa (siehe Sharjah) hat den Blick wieder auf diese Konflikte gelenkt.

4.2.5 *Die kleineren Emirate*
Ajman (259 qkm, 3,5% Bevölkerungsanteil), beherrscht von Shaikh *Humaid Bin Rashid al Nu'aimi*, ist vollständig von Sharjah umgeben; daneben besitzt es die Exklaven Masfut und Manama im omanischen Gebirge. Kohlenwasserstoffe fehlen, allerdings wird eine Stickstoffdüngerfabrik (Kapazität: 200 000 t/Jahr) mit importiertem Erdgas betrieben. Der gut erschlossene Küstenort ist daneben beliebtes Wohngebiet für Pendler nach Sharjah und Dubai.

Umm al Qiwain (777 qkm, 2% der VAE-Bev.), beherrscht von Shaikh *Rashid Bin Ahmad al Mualla*, gilt als das ärmste Emirat. Seit den 70er Jahren war die Erdölsuche erfolglos. Daher kamen auch Projekte wie das einer Aluminiumhütte nicht weiter. Hauptaktivitäten bleiben der Fischfang sowie – am Gebirgsrand – Geflügelzucht und Gemüseanbau.

Als einziges Emirat liegt Fujairah (1300 qkm, beherrscht von Shaikh *Hamad Bin Mohammed al Sharqi*), durch eine Enklave von Sharjah in zwei Teile getrennt, am Indischen Ozean. Die Erdölsuche war bislang erfolglos. Allerdings hat der Kuwait-Krieg die strategische Bedeutung einer eventuellen Erdölleitung an die Ozeanküste gezeigt. Ebenfalls aus strategischen Gründen wird der neue Containerhafen in Konkurrenz zu Khor Fakkan (Sharjah) ausgebaut. Das enorme touristische Potential wird durch einige moderne Hotels genutzt (vgl. *Ritter* 1985).

5. Soziale Struktur und Entwicklung

In Gesellschaften, die sich durch einen plötzlichen Reichtum und starke Außenbeziehungen in einem ständigen Wandel befinden, sind auch die Grenzen zwischen sozialen Gruppen fließend. Es gibt in den Emiraten aber eine klar ausgeprägte sozioökonomische Hierarchie, an deren Spitze die jeweiligen Herrscherfamilien und die mit ihnen verwandten Sippen stehen: in Abu Dhabi: *Al Nahayan*; in Dubai: *Al Maktum*; in Sharjah und RAK: *Al Qasimi* mit mehreren, teilweise verfeindeten Zweigen; in Ajman: *Al Nu'aimi*; in Umm al Qiwain: *Al Mualla*; in Fujairah: *Al Sharqi*.

Diese herrschenden Familien dürften in den größeren Emiraten kaum mehr als 10 000 Personen umfassen, davon vielleicht 2500 erwachsene Männer. Sie sind eng verbunden mit den großen Händlerfamilien und ihren weltweiten Beziehungsnetzen. Herrscherfamilien und Großkaufleute kontrollieren auch den Landbesitz und die gewerbliche Entwicklung, zumal Ausländer nur mit Erlaubnis eines heimischen „Sponsors" wirtschaften dürfen. Die übrigen Staatsangehörigen, die Araber und (sunnitische) Muslime sein müssen, partizipieren als Staatsangestellte und/oder „Sponsoren" an der Erdölrente.

Es gibt auch unter den Ausländern eine soziale Hierarchie. An ihrer Spitze stehen neben den europ. Beratern die alteingesessenen Kaufleute aus Iran und Pakistan (Belutschistan), gefolgt von ägyptischen Lehrern und Verwaltungsangestellten. Die asiatischen Arbeitsmigranten sind zwar weitgehend rechtlos, profitieren aber vom Wohlstand, der den Unterhalt ihrer Familien in den Herkunftsländern erlaubt.

In einem Land, in dem wie z. B. in Dubai bis Mitte der 60er Jahre ein Großteil der Bev. in Hütten aus Palmzweigen *(„Barastis")* lebte oder in dem das Trinkwasser per Schiff gebracht wurde (Abu Dhabi), kam es mit dem Erdölreichtum zu einer völligen Umwälzung der sozioökonomischen Bedingungen. 1953 eröffnete in Sharjah die erste Schule für Knaben; 1971 führte man die Schulpflicht ein. Bemerkenswert für islamische Gesellschaften sind die hohen Einschulungsraten bei Mädchen (vgl. Tab. 9). Der materielle Wohlstand war begleitet von einer raschen sozialen Entwicklung, die die VAE in dem vom *Human Development Report* (UNDP) angestellten Leistungsvergleich aller Länder an das obere Drittel heranrückte.

Die oft analphabetischen südasiatischen Gastarbeiter drücken allerdings die Alphabetisierungsquote auf 55% (1989). Seit 1977 besteht die von Abu Dhabi finanzierte Universität in Al 'Ain, die heute ca. 12 000 Studenten (56% Frauen) in sechs Fakultäten hat, mit Lehrpersonal überwiegend aus Ägypten. Die heimischen männlichen Jungakademiker bevorzugen das Studium im anglophonen Ausland.

Tabelle 9: *Sozialindikatoren*

	1970	1980	1990
Lebenserwartung bei Geburt	61,1	68,2	71,5
Säuglingssterblichkeit	68,2	34,4	23,0
E. pro Arzt	..	1020[a]	..
Alphabetenquote	..	..	55,0
Einschulungsraten (in %)			
- in Primarschulen	93,0	88,0	111,0[b]
- Mädchen	71,0	88,0	110,0[b]
- in Sekundarschulen	22,0	52,0	64,0[b]
- Mädchen	..	..	69,0[b]

[a] 1984; [b] 1989
Quellen: World Tables 1992; Human Development Report 1993.

Ebenso rasch entwickelte sich das Gesundheitswesen. Aus dem ersten Krankenhaus 1949 in Dubai entstand eine umfassende, für Staatsbürger kostenlose Gesundheitsfürsorge mit 2600 Ärzten und 6500 Klinikbetten. Die durchschn. Lebenserwartung liegt bei 71,5 Jahren. Die günstigen Zahlen resultieren natürlich auch aus der Tatsache, daß in der Bev. die Jugendlichen und die aktiven Altersgruppen überwiegen. Alte und kranke Gastarbeiter müssen nach Ablauf ihrer Aufenthaltsgenehmigung in ihre Herkunftsländer zurückkehren.

6. Politische Struktur und Entwicklung

An den Bundesstaat haben die sieben Mitglieder der VAE nur einen Teil ihrer Souveränität übertragen, nämlich die Bereiche Außenpolitik, Verteidigung, Infrastruktur (Straßen, Telefon, Post), Erziehung, Gesundheit, Geldpolitik, Statistik, Wirtschafts- und Sozialgesetzgebung. In der wirtschaftlichen Gestaltung ihrer Territorien sowie im Personenstands- und Kriminalrecht sind die einzelnen Emirate weiterhin autonom. Für das Familien- und Strafrecht blieben die traditionellen, auf der Grundlage der *Scharia* urteilenden islamischen Gerichtshöfe zuständig.

Der seit 1951 bestehende „Rat der Herrscher" ist die Keimzelle des Bundesstaates VAE und versteht sich – seit 1971 als „Oberster Rat" institutionalisiert – als die aus der Geschichte und von Gott legitimierte Führungskraft, d. h. als Legislative und Exekutive. Die vorläufige Verfassung von 1971, die ursprünglich nur fünf Jahre gültig sein sollte, ist seitdem immer wieder verlängert worden. Sie bezieht sich auf ein einheitliches Staatsvolk mit einheitlicher Sprache (Arabisch) und Religion (Islam). Jenseits der Wirtschafts- und Zollunion behielten die einzelnen Emirate über alle Bereiche, die nicht von der Verfassung abgedeckt sind, ihre Souveränität. Die provisorische Hauptstadt Abu Dhabi soll durch eine noch zu bauende neue Kapitale an der Grenze zwischen Abu Dhabi und Dubai ersetzt werden.

Der „Oberste Rat" als höchste Autorität der sieben Herrscher ist beschlußfähig mit fünf von sieben Stimmen; Abu Dhabi und Dubai haben ein Vetorecht. Er legt die politischen Leitlinien fest, bestellt und entläßt den Premierminister und schließt internationale Verträge. Er wählt aus seiner Mitte für jeweils fünf Jahre den Präsidenten als Staatsoberhaupt, Chef der Streitkräfte und der Exekutive. Dies ist traditionsgemäß der Herrscher von Abu Dhabi. Der Vizepräsident, der gleichzeitig Vorsitzender des Ministerrates ist, kommt aus Dubai.

Von den 21 Fachministern und weiteren vier Staatsministern stammen 40% aus den Herrscherfamilien. Der Ministerrat erarbeitet Budget und Gesetze zur Vorlage beim Präsidenten und beim *Nationalen Föderationsrat* (Beratung) und überwacht ihre Durchführung. Der *Nationale Föderationsrat* mit seinen 40 Mitgliedern (Abu Dhabi und Dubai je acht, Sharjah und Ras al

Khaimah je sechs, übrige je vier) hat beratende Funktion. Die von den jeweiligen Emiraten entsandten (ernannten, nicht gewählten) Mitglieder genießen parlamentarische Immunität. Der Rat „ruhte" von 1991 bis Jan. 1993 und soll nun wieder intensiver am Gesetzgebungsprozeß beteiligt werden, um den auf demokratische Reformen drängenden USA entgegenzukommen.

Ein Oberster Gerichtshof (Mitglieder vom Präsidenten der VAE ernannt) und zwei Berufungsgerichte sind der erste Schritt zu einem noch zu schaffenden einheitlichen Gerichtswesen, das insgesamt auf den Prinzipien der islamischen *Scharia* aufbaut.

6.1 Herrschaftssysteme

In den Emiraten werden im engsten Kreis der Herrscherfamilien durch interne Konsultationen und Abstimmungen die politischen Leitlinien festgelegt und der Zugang zu Regierungsämtern geregelt. Die Herrschaftssysteme sind geprägt durch eine Mischung aus Feudalismus, wohlwollendem Paternalismus und aufgeklärter, fast schon konstitutioneller Monarchie. In Abu Dhabi besteht seit 1971 ein „Nationaler Konsultativrat" in dem vom Emir berufene Notabeln an der Beratung der Staatsgeschäfte teilnehmen dürfen. Politische Parteien und Gewerkschaften blieben aber verboten. Unerwünschte politische Betätigung wird durch den Entzug von Privilegien oder auch härtere Maßnahmen sanktioniert, bei Ausländern mit der Ausweisung bestraft, wie 1990 etwa 5000 Palästinenser erfahren mußten.

Die konservativen Golfstaaten konnten sich nicht von politischen Veränderungen und Strömungen in der arabisch-islamischen Welt isolieren. Früher fand der Nasserismus/Baathismus, heute findet der islamische Fundamentalismus Anhänger (besonders in der schiitischen Minderheit). Aber das Beispiel des Iran vor der eigenen Haustür hat den Nutznießern des Ölsegens gezeigt, daß es sich in paternalistischen Emiraten mit „guten" Herrschern, die genügend von ihrem Reichtum an ihre Untertanen abgeben, nicht schlecht lebt. „Guten" und gerechten Herrschern schuldet die islamische Gemeinschaft nach traditioneller Lehre Treue.

Die fehlende demokratische Legitimation der Herrscherfamilien ist zwar kein aktuelles politisches Problem, aber die traditionell-dynastische Herrschaftsbegründung erodiert im Gefolge des umfassenden soziokulturellen Wandels, den auch der defensive Rückgriff auf die *Scharia* nicht aufhalten kann. Das an Legitimationskraft verlierende dynastische Prinzip könnte auch für revolutionäre Nachbarn (besonders den Iran) als Vorwand für die Begehrlichkeit nach den Ölreserven dienen, hat aber in Saudi-Arabien einen Schutzpatron, der eine Demokratisierung seines regionalen Umfeldes zu verhindern versucht.

6.2 Außen- und Sicherheitspolitik

Mit der Klammer seiner Erdölerlöse hält Abu Dhabi, das über 80 % des Budgets der Föderation bezahlt, den Staat zusammen. Inzwischen sind sich auch die übrigen Shaikhs der Tatsache bewußt, daß ihr Wirtschaftswunder in einem der reichsten Flächenstaaten der Welt in einer unruhigen Region mit großen, armen und begehrlichen Nachbarn stattfindet.

Dazu gehört an erster Stelle der Iran, der nach Ausschaltung des Irak durch die USA den Golf wieder als seine Hegemonialzone betrachtet. Die widerrechtliche Besetzung der Großen und Kleinen Tanab-Inseln (1971) und die Vertreibung der arabischen Arbeiter von der Insel Abu Musa (Sharjah) im Frühjahr 1992 weisen nicht auf gute Nachbarschaft hin, obwohl gerade Dubai enorm vom Handel mit Iran (offiziell und inoffiziell) profitiert und gute Beziehungen pflegt. Die im Sept. 1992 begonnenen Verhandlungen über die Zukunft der drei Inseln blieben bislang ohne Resultat. Die VAE riefen die UN-Vollversammlung auf, den Konflikt zu überprüfen.

Auch mit den arabischen Nachbarn gibt es Grenzprobleme. Der Oman schlägt aus seiner traditionellen Hegemonie über die *Qawasim* vorerst kein Kapital. Aufgrund der „besonderen" (delikaten) Beziehungen ließ er sich erst 1991 zur diplomatischen Anerkennung der VAE bewegen. Verschiedene Grenzabschnitte bleiben strittig. 1992 gab es Spannungen mit Saudi-Arabien wegen des auf der Grenze liegenden Erdölfeldes von Shaybah/Zarara (vermutete Reserven: 950 Mio. t), wo *Saudi-ARAMCO* ohne Rücksprache mit der Erschließung begonnen hatte. Unvergessen ist auch die saudische Besetzung von Buraimi (1952–55). Manche offiziöse saudische Karte zeigt noch heute die Liwa-Oasen und Buraimi als saudisches Territorium.

Die irakische Invasion Kuwaits war ein Schock, der zeigte, daß sich die reichen Kleinstaaten am Golf trotz ihrer hohen Militärausgaben (1990: 1,6 Mrd. US-$ bzw. 40 % des Föderationshaushaltes) nicht selbst verteidigen können. Auch die Mitgliedschaft im *Golf-Kooperationsrat* (GCC) schafft keine hinreichende Sicherheit. Die enge Anlehnung an die neue Schutzmacht USA beschneidet den außenpolitischen Spielraum und kostet Geld: 1990 und 1991 zahlte die Föderation zusammen 9,5 Mrd. US-$ als Beitrag für den Golfkrieg an die USA und ihre Verbündeten.

7. Bilanz

Am Ende von zwei märchenhaften Wachstumsdekaden wies die Kuwait-Krise die Emirate auf ihre substantiellen Schwächen hin. Zwar ist die politische Auseinandersetzung zwischen den *ittihadiyin*, die einen lockeren Verbund, und den *wahdawiyin*, die den Einheitsstaat wollen, wohl zugunsten der letzteren ausgegangen. Mit der Wachablösung durch eine jüngere Generation milderten sich auch die regionalen Streitigkeiten der Herrscherfamilien. Trotzdem wirtschaften die Emirate weiterhin eigenständig und nicht immer klug. Die Defizite zahlt dann der „gute Onkel" Abu Dhabi als Motor der Föderation.

Der Wohlstand der VAE beruht auf der Nutzung der flüssigen und gasförmigen Kohlenwasserstoffe, aber auch auf der billigen Arbeitskraft von Arbeitsmigranten aus Süd- und Südostasien: Sie leisten zu niedrigsten Löhnen die Hand- und Dreckarbeiten in dem „Rentier-Staat". Dubai wirbt sie zu Monatslöhnen von 150–220 US-$ an und spart sich die Alters- und Invaliditätsversicherung. Aber auch sie sind Nutznießer des Ölsegens, weil er ihnen und ihren Familien ein existenzsicherndes Einkommen verschafft; und ihre Herkunftsländer profitieren von den Überweisungen, die zu wichtigen Devisenquellen geworden sind.

Die Flucht von Gastarbeitern und Kapital im Gefolge der Golfkrise im Herbst 1990, als die Bankeinlagen von 50 auf 18 Mrd. US-$ sanken und bei den Investoren das Vertrauen in die Zukunft der Emirate schwand, hat den VAE geschadet. Dieses Vertrauen wurde durch die Militärpräsenz der USA in der Region wiederhergestellt, und die Gastarbeiter kamen wieder.

Sind die VAE überhaupt ein Entwicklungsland und damit ein Teil der Dritten Welt? Aufgrund ihres materiellen Wohlstands sicherlich nicht. Aber die Golfstaaten haben sich nicht selbst, nicht aus eigener Kraft und nicht durch eigenes Wissen und Können entwickelt. Die Einheimischen *(khalijis)* sind in den Verteilungs- und Zuordnungsmechanismus der Erdölrente eingebaut, die vom Herrscherhaus als Erstempfänger weitergegeben wird – auch zur Stabilisierung und Legitimierung seiner Herrschaft. Die etwa 80 000 erwachsenen männlichen Staatsangehörigen der VAE sind als Überwacher und „Sponsoren" jeglicher ökonomischen Aktivität vollauf mit der Verwaltung und Verwendung (auch Verschwendung) der Erdölrente beschäftigt.

Aber es fehlt der Anreiz und die Herausforderung. In der Wüste reihen sich Paläste an Paläste mit luxuriöser Ausstattung. Auf den vier- oder sechsspurigen Stadt- und Überlandautobahnen gleiten die europ. Nobelkarossen dahin. Im Haushalt werkelt die Schar der dienstbaren Geister. Das Kindermädchen aus Sri Lanka, der Chauffeur aus Indien und der Putzmann von den Philippinen erziehen die Kinder, die in dieses Schlaraffenleben hineinwachsen, in dem andere die produktive Arbeit tun. Sie alle eint die Hoffnung, daß keine revolutionären Eiferer oder fundamentalistischen Asketen das fragile Gebilde allzu kritisch in Frage stellen; denn fast alle profitieren vom plötzlichen Reichtum, der die kärgliche Wüste in ein neues Kalifornien verwandelt hat.

Literatur

BfAi (Bundesstelle für Außenhandelsinformation) 1992: Geschäftspartner VAE, Köln.

Cordes, R. 1985: Vereinigte Arabische Emirate, in: F. Scholz (Hrsg.), Die Golfstaaten, Braunschweig, 249–267.

Gabriel, E. F. (Hrsg.) 1987: The Dubai Handbook, Ahrensburg.
– 1990: Zu den Beziehungen zwischen den Vereinigten Arabischen Emiraten und der BR Deutschland, in: G. Shanneik (Hrsg.), Die Beziehungen zwischen der BR Deutschland und den GCC-Staaten, Bonn, 43–56.
Heard-Bey, F. 1982: From Trucial States to United Arab Emirates, London/New York.
– 1985: Vereinigte Arabische Emirate, in: F. Scholz (Hrsg.), Die kleinen Golfstaaten (= Klett Länderprofile), Stuttgart, 189–225.
Khalifa, M. A. 1979: The United Arab Emirates. Unity in Fragmentation, Boulder/London.
Maull, H. W. 1988: Vereinigte Arabische Emirate, in: U. Steinbach/R. Robert (Hrsg.), Der Nahe und Mittlere Osten, Bd. 2, Opladen, 451–467.
Ritter, W. 1985: Tourism in the United Arab Emirates, in: W. Ritter (Hrsg.), Arabian Gulf Studies I (= Nürnberger Wirtschafts- und Sozialgeographische Arbeiten, Bd. 37), Nürnberg, 165–199.
Said Zahlan, R. 1978: The Origins of the United Arab Emirates, London.
Schmid, C./ Pawelka, P. 1990: Der moderne Rentnerstaat im Vorderen Orient und seine Strategie der Krisenbewältigung, in: P. Pawelka/A. Maho-Aves (Hrsg.), Arabische Golfstaaten in der Krise, Frankfurt/M., 91–117.
UAE-MEED Practical Guide, London 1986[2], 1990[3].
Wirth, E. 1988: Dubai. Ein modernes städtisches Handels- u. Dienstleistungszentrum am Arabisch-Persischen Golf (= Erlanger Geographische Arbeiten, H. 48), Erlangen.

Anhang

Glossar

Das folgende Glossar beschränkt sich auf Begriffe und Organisationen, die für Nordafrika und den Nahen Osten relevant sind. Entwicklungstheoretische Begriffe und globale Organisationen (vor allem der Vereinten Nationen) werden im Glossar von Band 1/HDW erklärt. Das Sternchen * bedeutet, daß der erwähnte Begriff in alphabetischer Reihenfolge im Glossar zu finden ist. An der Anlage des Glossars haben *Hanspeter Mattes* und *Birgit Thomann* mitgewirkt.

ABEDA = Arab Bank for Economic Development in Africa
1974 gegründet, Sitz in Karthoum/Sudan; Mitglieder sind alle arabischen Staaten, größter Kapitalgeber ist Saudi-Arabien. Ziel war eine engere Zusammenarbeit zwischen der *Arabischen Liga** und den in der OAU* zusammengeschlossenen afrikanischen Staaten. Vor dem Einbruch der Erdöleinnahmen Mitte der 80er Jahre hat die ABEDA, häufig in Zusammenarbeit mit der Weltbank, erhebliche Mittel (bis Ende 1983 fast 800 Mio. US-$) nach Afrika geleitet.

ADF = Arabian Development Fund
Von den Mitgliedern des GCC* nach dem 2. Golfkrieg (1991) gegründeter und mit etwa 15 Mrd. US-$ ausgestatteter Fonds zur Förderung des privatwirtschaftlichen Sektors in den ärmeren arabischen Ländern.

AFESD = Arab Fund for Economic and Social Development
1971 von der *Arabischen Liga** gegründet; Mitglieder sind alle arabischen Staaten; Sitz in Kuwait. Der Fonds wurde nur mit geringen Mitteln ausgestattet, stellte aufgrund von Mißmanagement bis 1977 seine Tätigkeit weitgehend ein und blieb auch in den 80er Jahren keine wirksame Organisation zur Förderung eines „ausgewogenen und gleichgewichtigen Wirtschaftswachstums" im gesamten arabischen Raum (lt. Zielsetzung des Gründungsvertrages).

AMF = Arab Monetary Fund
1977 von allen Mitgliedern der *Arabischen Liga** (mit Ausnahme von Djibouti) gegründete Finanzorganisation zur Stabilisierung von Zahlungsbilanzen und Wechselkursen, zur Förderung der arabischen Finanzmärkte und Herstellung der gegenseitigen Konvertibilität. Die AMF-Facilitäten reichten aber nicht aus, die Zahlungsbilanzprobleme der ärmeren, bevölkerungsreichen und hoch verschuldeten arabischen Länder zu lösen, so daß auch für sie der IMF der Rettungsanker blieb.

AMU = Arabische Maghreb-Union
Die AMU ist – nach dem Vorbild des GCC* oder des allerdings nur kurzlebigen *Arabischen Kooperationsrates* – ein am 17. 2. 1989 in Marrakesch/Marokko gegründeter regionaler Staatenbund, dessen Mitglieder Algerien, Libyen, Marokko, Mauretanien und Tunesien

sind. Ziele sind primär die Intensivierung der politischen, wirtschaftlichen und sozialen Kooperation bis hin zum Aufbau integrativer Strukturen innerhalb des Vertragsgebietes, aber auch die außen- und sicherheitspolitische Abstimmung. Die bisher eingeleiteten Maßnahmen leiden unter den Sonderinteressen der AMU-Mitglieder und ihren spezifischen innen- und außenpolitischen Problemen (vgl. die Regionalanalyse von *Werner Ruf* in diesem Band).

AOHR = Arab Organization for Human Rights
Die AOHR mit Sitz in Kairo/Genf geht auf zwei Konferenzen engagierter arabischer Wissenschaftler und Journalisten in Tunesien und Zypern 1983 zurück und wurde am 1. 12. 1983 in Limassol gegründet. Ihr Ziel ist die Verbesserung des Menschenrechtsschutzes in den arabischen Staaten. Seit Mitte der 80er Jahre entstanden in verschiedenen arabischen Staaten oder Staaten mit starken arabischen Gemeinschaften Sektionen zur Umsetzung der Ziele der AOHR. Sie publiziert einen Jahresbericht und einen *Newsletter* zur Lage der Menschenrechte in den arabischen Staaten.

Arabische Liga bzw. Liga der arabischen Staaten
1945 gegründet; nach der Suspension der Mitgliedschaft von Ägypten (1979) im Gefolge des *Camp-David-Abkommens** Verlegung des Organisationssitzes von Kairo nach Tunis; nach der Wiederaufnahme Ägyptens wieder 21 Mitgliedsstaaten und PLO*. Oberstes Beschlußorgan ist der zweimal jährlich tagende Ligarat; ihm unterstehen inzwischen 16 Ausschüsse für verschiedene Kooperationsbereiche. Außerdem sind der Liga 16 Nebenorganisationen (wie die *Arabische Postunion* u. a.) angegliedert. Die Liga-Charta von 1945 erklärte die Herstellung der „arabischen Einheit" zum wichtigsten Organisationsziel. Diese Charta wurde 1950 durch den „Vertrag über gemeinsame Verteidigung und wirtschaftliche Zusammenarbeit" ergänzt, der zur Bildung weiterer Organe führte: Gemeinsamer Verteidigungsrat (1950), Arabischer Wirtschaftsrat (1953) und das „Vereinigte Arabische Militärkommando" (1964) zur Koordinierung des Kampfes gegen Israel. Die Liga hat zwar lange einen weitgehenden Konsens über die Politik gegenüber Israel gefunden, schuf zahlreiche Kooperationsinstrumente, konnte auch einige innerarabische Konflikte schlichten, war aber nicht in der Lage, die tiefen Gegensätze zwischen konservativen und „progressiven" Staatengruppen zu überwinden; dennoch blieb sie das wichtigste gesamtarabische Forum.

ARAMCO = Arabian-American Oil Company
1933 von den großen US-Ölgesellschaften gebildetes Erdöl-Konsortium in Saudi-Arabien, das weltgrößter Erdölproduzent wurde und bis 1976 schrittweise von Saudi-Arabien übernommen wurde.

Ayatollah
Wörtlich: „Zeichen Gottes", höchster Geistlicher der Schiiten.

BIP = Bruttoinlandsprodukt
Summe aller (von In- und Ausländern) innerhalb der Landesgrenzen einer Volkswirtschaft produzierten Güter bzw. erbrachten Dienstleistungen.

Blockfreiheit
Als blockfrei galten Länder, die nicht den ost-westlichen Bündnissystemen angehörten und sich zu einer Politik des Neutralismus bekannten. Letztlich galten alle Staaten jenseits teilweise sehr enger Außenverbindungen als blockfrei, die von der locker organisierten Bewegung der Blockfreien als Mitglieder aufgenommen wurden. Nach der Überwindung des Ost-West-Konflikts muß die Idee der Blockfreiheit neu definiert werden.

Brain Drain
Abwanderung von Fachkräften aus EL in die IL. Die ersteren übernehmen die Ausbildungskosten und die letzteren haben den Nutzen. Die *Brain-Drain*-Verluste der EL werden auf rund 5 Mrd. US-$ p.a. geschätzt.

Brundtland-Bericht
1987 vorgelegter Bericht der *World Commission on Environment and Development* unter Leitung der norwegischen Ministerpräsidentin *Gro Harlem Brundtland*. Der Bericht „Our Common Future" betonte die wechselseitige Abhängigkeit von Umwelt und Entwicklung und plädierte für eine sozial- und umweltverträgliche Wirtschaftspolitik in den IL und EL mit dem Ziel einer „dauerhaften Entwicklung"; er führte den Begriff *sustainable development** in die entwicklungspolitische Diskussion ein.

CAEU = Council of Arab Economic Unity
1964 gegründet, z. Z. 14 Mitglieder (inkl. PLO), mit dem Ziel eines „Gemeinsamen Arabischen Marktes". Bis 1971 sollten im innerarabischen Handel Zölle und Steuern abgebaut, sodann sollte die volle Zollunion angestrebt werden. Die Konflikte zwischen Staatengruppen und einzelnen Mitgliedern wirkten dieser Zielsetzung entgegen. 1977 wurde der AMF* gegründet. Der CAEU gründete eine Reihe weiterer Gemeinschaftsorganisationen (wie Investitionsgesellschaften), die in Teilbereichen durchaus erfolgreich arbeiteten.

Camp-David-Abkommen
Am 19. 9. 1978 unter Vermittlung des US-Präsidenten *Carter* von Ägypten *(Sadat)* und Israel *(Begin)* unterzeichnetes Rahmenabkommen für eine Friedenslösung im Nahen Osten, das – nach schwierigen Verhandlungen und einigen Unterbrechungen – zur Unterzeichnung des Ägyptisch-Israelischen Friedensvertrages vom 26. 3. 1979 führte.

CENTO = Central Treaty Organization
Das 1955 in der Nachfolge des *Bagdad-Pakts* gebildete Militärbündnis zwischen GB, Türkei, Iran und Pakistan bildete das von den USA arrangierte Verbindungsglied zwischen NATO und SEATO. Nach dem Ausscheiden von Iran und Pakistan erfolgte 1979 die Auflösung.

DAC = Development Assistance Committee (der OECD)
Dem DAC gehören 18 westliche IL und die EG-Kommission an. Aufgaben: Erhebung von ODA-Daten; Erarbeitung von gemeinsamen Grundsätzen und Zielen; Überprüfung der ODA-Leistungen der Mitgliedsländer anhand gemeinsamer Leitlinien („DAC-Examen").

Damaskus-Erklärung
Am 16. 3. 1991 von den Außenministern des GCC* sowie Ägyptens und Syriens verabschiedetes Dokument, das den Versuch zur Bildung eines neuen innerarabischen Bündnisses darstellt. Die „6 + 2"-Gruppe verkörpert eine Koalition der reichsten mit den politisch und militärisch stärksten arabischen Staaten.

Desertifikation
Vordringen von Trocken- oder Wüstengebieten („Verwüstung") als Folge der Zerstörung des ökologischen Gleichgewichts. Die Desertifikation ist das größte ökologische Problem im Sahelraum und die Ursache für eine wachsende Zahl von „Umweltflüchtlingen".

Desert Storm
Codewort für die Militäraktion der internationalen Koalition gegen den Irak im 2. Golfkrieg unter Führung der USA.

Diversifizierung
Auffächerung der Produktions- und Exportstruktur in vertikaler Richtung (Verbreiterung des Produktionsprogramms auf vor- und nachgelagerte Produkte) und in horizontaler Richtung (Verbreiterung der Produktion auf verschiedene Produkte).

Downstream Industries/Investment
Investitionen in nachgelagerte Industrien (z. B. in Petrochemie).

Dualismus
Das populäre, aber kritikwürdige Konzept des D. beschreibt EL (über alle Differenzierungen hinweg) als Zwei-Sektoren-Gesellschaften: Dem modernen, dynamischen (kapitalistischen), in den Weltmarkt integrierten Sektor wird ein traditioneller, stagnierender und rückständiger Sektor gegenübergestellt, obwohl beide Sektoren (z. B. durch Arbeitskraft und Güteraustausch) funktional miteinander verknüpft sind.

ECO = Economic Cooperation Organization
Wirtschaftszusammenschluß von Iran, Pakistan und der Türkei, der auch auf die islamischen Staaten der ehemaligen Sowjetunion und auf Afghanistan ausgeweitet werden soll.

Ethnozentrismus
Beurteilung wirtschaftlicher, sozialer, politischer und kultureller Verhältnisse, Vorgänge und Normen in anderen Kulturbereichen mittels Maßstäben und Werten des eigenen Kulturbereichs.

Exportquote
Dieses Verhältnis des Wertes der Exporte zum BIP* zeigt die Exportabhängigkeit einer Volkswirtschaft an.

Fedajin
Wörtlich: Jemand, der bereit ist, sein Leben zu opfern. Ursprünglich Angehörige des niedrigsten Grades in der Hierarchie der schiitischen Sekte der Assassinen, später Bezeichnung für Guerillakämpfer.

Food for Work
Arbeitsleistungen in Entwicklungsprojekten, die mit Nahrungsmitteln und anderen Gütern und Leistungen des Grundbedarfs entlohnt werden.

GAP = Südost-Anatolien-Projekt
Gigantisches Staudamm-Projekt mit 21 Staudämmen an den Oberläufen von Euphrat und Tigris als Grundlage für neue exportorientierte Agroindustrien. Die Verringerung der Wassermenge an den Unterläufen der beiden Flüsse droht Konflikte zwischen der Türkei, dem Irak und Syrien heraufzubeschwören.

GCC = Gulf Cooperation Council
Im Mai 1981 von den (mehrheitlich sunnitischen) Golfstaaten (Saudi-Arabien, Katar, Bahrain, Oman und VAE) unter Ausschluß des Irak gegründet. Vorrangiges Gründungsmotiv war zunächst die Eindämmung der schiitischen „islamischen Revolution“ des Iran. Der GCC bekam aber nach dem 1. Golfkrieg zunehmend eine anti-irakische Stoßrichtung, nachdem *Saddam Husain* die Ölpolitik der Golfstaaten attackiert und mit seinem regionalen Führungsanspruch konfrontiert hatte. In der *Damaskus-Erklärung** vom März 1991 schmiedete der GCC zusammen mit Ägypten und Syrien in der sog. „6 + 2-Gruppe“ eine Koalition der reichsten mit den militärisch stärksten arabischen Staaten. Das Sicherheitssystem des GCC erhält seine Wirksamkeit durch die massive Präsenz der USA.

Golfkrieg
Die Besetzung Kuwaits durch irakische Truppen am 2. 8. 1990 und die Annexion durch den Irak löste nach Scheitern letzter diplomatischer Initiativen zur Wiederherstellung der Unabhängigkeit Kuwaits am 17. 1. 1991 den 2. Golfkrieg aus, in dessen Verlauf den wochenlangen Luftangriffen auf militärische Ziele und Infrastruktur am 24. 2. 1991 eine Bodenoffensive folgte. Nach Befreiung Kuwaits wurde am 2. 3. 1991 ein vorläufiger Waffenstillstand geschlossen, dessen Überwachung seither im Zentrum des Konflikts zwischen dem Irak und der UN steht.

„Gruppe der 77"
Lockerer organisatorischer Zusammenschluß von inzwischen 128 EL (1991), der als *pressure group* der Dritten Welt gemeinsame Verhandlungspositionen gegenüber den IL auf internationalen Konferenzen durchzusetzen und die UNCTAD als Verhandlungsinstrument zu nutzen versucht.

Hamas
Wörtlich: „Islamische Widerstandsbewegung" *(Harakat al-Mugawama al-Islamiya)*, 1989 gegründete, militante und fundamentalistische Palästinenserorganisation, die nicht der PLO* angegliedert ist.

HDI = Human Development Index
Von UNDP im *Human Development Report 1990* vorgestellter Index, der aus den drei Elementen Lebenserwartung bei Geburt, Alphabetisierungsgrad und realer Kaufkraft pro Kopf zusammengesetzt ist und besser als frühere *Quality of Life*-Indices den Grad sozialer Entwicklung zu messen beansprucht.

Hisbollah
Wörtlich: „Partei Gottes", pro-iranische Schiiten-Miliz im Libanon.

Humankapital
Wissen und Fähigkeiten der Menschen, das im Produktionsprozeß eingesetzte Sachkapital zu nutzen und weiterzuentwickeln. In der Regel Umschreibung für technisch-wissenschaftliche Kompetenz und Intelligenz.

IDA = International Development Association
Tochtergesellschaft der Weltbank; 1960 als spezielle Organisation für Darlehen an die ärmsten Länder zu besonders günstigen Bedingungen (zinsfrei, Bearbeitungsgebühr von 0,75 %, Laufzeit von 50 Jahren) gegründet.

Imam
Religiöser Führer, der – durch Umdeutung der Nachfolgerschaft des Propheten im Sunnismus – allmähliche geistliche und weltliche Herrschaftsfunktionen in einem theokratischen Absolutismus verband. Im Schiismus entwickelte sich eine andere und politisch höchst bedeutsame Rollendefinition: In der *Schi'a**, für die das Fortleben des letzten Imams in der Verborgenheit einen dogmatisch-mystischen Kernpunkt bildet, sind einzig die Imame als Nachfolger *Alis* dazu erkoren, das Wort Gottes verbindlich auszulegen und Regeln für das soziale und politische Zusammenleben aufzustellen. Die Rolle *Khomeinis* ist nur mit Hilfe dieser schiitischen Mystik zu begreifen. Im allgemeinen Sprachgebrauch ist der Imam der Vorbeter bei den fünf vorgeschriebenen Gebeten.

Infitah
Unter Präsident *Sadat* eingeleitete Abkehr vom *Nasserismus** und Öffnung Ägyptens zum Weltmarkt mit Liberalisierung des Außenhandels und marktwirtschaftlichen Strukturreformen.

Informeller Sektor
Der „Schattenwirtschaft" oder „Überlebensökonomie" des I.S. werden zugeordnet: arbeitsintensive Produktion, einfache Technologie, geringe Qualifikation, schlechte Bezahlung, keine soziale Sicherheit, geringer gewerkschaftlicher Organisationsgrad, aber unternehmerische Initiative und Kreativität.

Intifada
Seit 1987 der Aufstand der palästinensischen Bevölkerung in den von Israel besetzten Gebieten (Westjordanland und Gaza) gegen die israelische Besatzungspolitik.

Iranisch-Irakischer Krieg
Der Krieg zwischen Iran und Irak, auch 1. Golfkrieg genannt, begann am 23. 9. 1980 mit einer Großoffensive Iraks und endete vorläufig mit der Annahme der Resolution 598 des UN-Sicherheitsrates vom 20. 7. 1987 durch den Iran und die Aufnahme von Waffenstillstandsverhandlungen am 20. 8. 1988. Er war letztlich Ausdruck eines seit 1823 „verschleppten" Grenzkonflikts am Schatt-al-Arab. Einer der längsten konventionellen Kriege des 20. Jh.s und einer der grausamsten (500 000 Tote, ca. 1 Mio. Verwundete).

Islamischer Fundamentalismus
Im Unterschied zur sog. Re-Islamisierung, die das Phänomen der Revitalisierung islamischer Konzeptionen (= Islamischer Fundamentalismus) und damit ein Zurückdrängen übernommener westlicher Normen umschreibt, bezieht sich der seit Mitte der 80er Jahre stärker in den Vordergrund rückende Begriff des politischen Islam/Islamismus auf den von Islamisten überwiegend militant vertretenen Anspruch, daß einzig durch die Wiedereinführung der *Scharia** die politischen, wirtschaftlichen und gesellschaftlichen Probleme gelöst werden können. Hauptvertreter dieser Islamkonzeption sind z. B. in Algerien die Anhänger der *Islamischen Heilsfront* (FIS), in Ägypten der *Jama'at Islamiya*, im Sudan die *National Islamic Front.*

Jihad
Vermutlich der am häufigsten mißverstandene Begriff des Islam, wörtlich: „Anstrengung", die sich sowohl auf die eigene religiöse Vervollkommnung als auch auf die Missionierung „Ungläubiger" (d. h. Religionsgemeinschaften außerhalb von Christentum, Islam und Judentum) beziehen kann. Der „heilige Krieg" kann, muß aber nicht kriegerische Aktionen einschließen.

Konditionalität
K. bedeutet die bedingte und mit Auflagen verbundene Gewährung von Finanzleistungen. Der IWF verlangt wirtschaftliche Strukturanpassungen, bevor er Beistandskredite gewährt. Neben dieser ökonomischen K. wenden die Geber eine „politische K." an, die Leistungen vom außenpolitischen Wohlverhalten, neuerdings von der Einhaltung der Menschenrechte und von der Verringerung der Rüstungsausgaben abhängig machen.

Kurden
Ca. 20 Mio. Menschen umfassendes Volk, dessen Siedlungsgebiet sich auf die heutigen Staaten Türkei, Irak, Iran, Syrien und auf Teile der ehemaligen Sowjetunion erstreckt. Die größte Gruppe der Kurden lebt in der Türkei. Weil die kurdischen Minderheiten in allen Staaten

um ihr Recht auf Selbstbestimmung kämpfen, teilweise auch militärisch (wie im Irak und in der Türkei), sind sie Opfer von Repression, Zwangsumsiedlungen, Vertreibungen und Vernichtungsaktionen. Nach dem 2. Golfkrieg richtete der UN-Sicherheitsrat im Norden Iraks Schutzzonen ein, nachdem die irakische Armee einen Aufstand der Kurden brutal niedergeschlagen und einen Massenexodus ausgelöst hatte.

LLDC = Least Developed Countries
Gruppe von EL, die nach einem Beschluß der UN-Vollversammlung von 1971 als „am wenigsten entwickelte EL" gelten. Die Zuordnung zu den LLDC erfolgte bis 1991 aufgrund von drei Indikatoren: BIP pro Kopf (seit 1985 unter 355 US-$); Anteil der industriellen Produktion am BIP (10 %); Alphabetisierungsquote (20 % der Altersgruppe über 15 Jahre). 1991 legte der ECOSOC verfeinerte Meßkriterien vor, wodurch die Zahl der LLDC von 42 auf 47 anwuchs.

Machrek bzw. Masriq
Der arabische Osten, der von Ägypten bis zum Irak reicht.

Madrider Friedenskonferenz
Mit den Madrider Gesprächen im Okt. 1991 sollte der Friedensprozeß im Nahen Osten neu angestoßen werden. Teilnehmer der Eröffnungskonferenz waren: Israel, Ägypten, Syrien, Libanon, Jordanien, eine palästinensische Delegation aus den besetzten Gebieten sowie USA, UdSSR und EG. Die Vereinten Nationen, der GCC* und die AMU* waren als Beobachter vertreten. Nach der Eröffnungsrunde in Madrid wurden die Friedensgespräche in bilateralen Verhandlungen sowie in multilateralen Expertentreffen zu den Themen Abrüstung, wirtschaftliche Entwicklung, Flüchtlingsfragen, Wasserprobleme und Umweltfragen fortgesetzt.

Maghreb
Zeit und Ort des Sonnenuntergangs, im geographischen Sinne der westliche Teil der „arabischen Welt" von Libyen bis zum Atlantik (vgl. die Regionalanalyse von *Werner Ruf*).

Mixed Economy
Gemischtwirtschaftliche Orientierung der Volkswirtschaft, d. h. ein Nebeneinander von Privat-, Staats- und Genossenschaftssektoren bei unterschiedlichen Mischungsverhältnissen, ergänzt durch eine Mischung von öffentlichen und privaten Kapitalanteilen in den Unternehmen.

Monokultur/Monostruktur
Unter M. wird die Ausrichtung der Landwirtschaft/Volkswirtschaft auf im wesentlichen ein (Rohstoff-)Erzeugnis verstanden, welches den Export bestimmt. Viele EL sind von M. gekennzeichnet, teilweise weil sie von den Kolonialmächten in die koloniale Arbeitsteilung hineingezwungen wurden. Entgegen dem Theorem der komparativen Kostenvorteile erweisen sich M. für die meisten EL als Entwicklungsfalle.

Mudschahedin
Islamische fundamentalistische Kämpfer, z. B. im afghanischen Bürgerkrieg.

Nahost-Konflikt
Dieser Konflikt bezeichnet die politischen und kriegerischen Auseinandersetzungen zweier Völker um ihr Recht auf das Land Palästina. Die Israelis gründen ihren Anspruch auf einen jüdischen Staat in Palästina auf die Geschichte, auf die Jahrhunderte währenden Verfolgungen der Juden in aller Welt und auf völkerrechtliche Vereinbarungen. Die Araber betrach-

ten Palästina als arabisches Land, das – unter Fremdherrschaft stehend – ohne ihre Einwilligung in internationalen Vereinbarungen zur Errichtung einer „nationalen Heimstätte" für Juden vergeben worden sei. Bisherige Kriege: 1948–1949; 1956 (Sinai-Krieg); 1967 (Sechs-Tage-Krieg); 1973 (Jom-Kippur-Krieg oder Oktober-Krieg). Der Golfkrieg* kann infolge der irakischen Raketenangriffe auf Israel als weiterer arabisch-israelischer Krieg bezeichnet werden, in dem Israel auf Druck der USA jedoch passiv blieb.

Nasserismus
Nach *Peter Pawelka* eine „Ideologie, die sich einer sozioökonomischen Transformation von oben, einer panarabischen Verantwortung und einer wohlfahrtspolitischen Abfederung des Entwicklungsprozesses verpflichtet fühlte".

Nation-building (Nationbildung)
Diese Formel bezeichnet das politische Struktur- und Organisationsproblem der aus künstlich arrondierten Kolonialterritorien hervorgegangenen „jungen Staaten", desintegrierte Konglomerate von Ethnien und Sprachgruppen durch die Schaffung eines Zusammengehörigkeitsgefühls, gemeinsamer Spielregeln und Ziele, Symbole und Kommunikationsmittel (Nationalsprache) zu Nationalstaaten zusammenzufügen.

Netto-Kapitaltransfer
Differenz zwischen dem Zu- und Abfluß von Devisen im Laufe eines Jahres. Seit 1983 wuchs der N. aus dem Süden in den Norden, weil einerseits der Schuldendienst anstieg, andererseits der Zufluß von Direktinvestitionen, Bank- und Exportkrediten abnahm.

NIC = Newly Industrializing Countries
Die NIC werden auch als *take-off countries*, im deutschen Sprachgebrauch als Schwellenländer bezeichnet. Aufgrund unterschiedlicher Definitionen erscheinen auf den NIC-Listen der internationalen Organisationen verschiedene Länder, aber immer die vier „kleinen Tiger" in Ost- und Südostasien sowie Brasilien. Inzwischen werden die NIC auch als „Exporteure von Industrieprodukten" definiert.

Nomadismus
Durch künstliche Grenzziehungen erschwerte und durch systematische Versuche der nachkolonialen Regierungen, Nomaden seßhaft zu machen und unter politische Kontrolle zu bringen, auf Restbestände geschrumpfte Wirtschafts- und Lebensform im ariden und semiariden Sahelraum.

OAU = Organization of African Unity
1963 gegründete gesamtafrikanische Organisation, der – mit Ausnahme der RSA und Marokkos (nach der Anerkennung der Westsahara durch die OAU-Mehrheit) – alle Staaten des Kontinents angehören. Sie war von Anfang an durch Gegensätze zwischen Nord- und Schwarzafrika, ideologische Differenzen zwischen „progressiven" und „konservativen" Staatengruppen und sich häufende inner- und zwischenstaatliche Konflikte geschwächt; sie fand nur in der gemeinsamen Gegnerschaft „zum weißen Süden" den kleinsten gemeinsamen Nenner. Für Nordafrika hat die von den Staaten Subsahara-Afrikas dominierte Organisation eine geringe Bedeutung.

OAPEC = Organization of Arab Petroleum Exporting Countries
Der 1968 von Saudi-Arabien, Kuwait und Libyen gegründeten Organisation gehören heute zehn Länder an, von denen sieben (Saudi-Arabien, Irak, Kuwait, VAE, Katar, Libyen, Algerien) zugleich Mitglieder der OPEC sind. Mit 45 Mrd. t verfügen die OAPEC-Länder über etwa 60% der bekannten Welterdölreserven. Seit 1973 bemühte sich die OAPEC um eine

koordinierende Ölpolitik innerhalb der OPEC, wurde aber durch den Gegensatz zwischen den konservativen und „radikalen" Mitgliedsländern paralysiert.

OPEC = Organization of Petroleum Exporting Countries
1960 von Iran, Irak, Kuwait, Saudi-Arabien und Venezuela in Bagdad gegründet, entwikkelte sich die OPEC zum Modell eines erfolgreichen Rohstoffkartells. Im Laufe der Jahre traten bei: Katar 1961, Indonesien und Libyen 1962, Abu Dhabi 1967 (ab 1974: VAE), Ecuador 1973, Gabun 1975. Mit Beginn der 80er Jahre nahmen die Einigungsfähigkeit der OPEC-Mitglieder auf eine gemeinsame Erdölpolitik und folglich die preisgestaltende Durchsetzungsfähigkeit des durch neue Anbieter (z. B. GB und Norwegen) geschwächten Kartells rapide ab.

OIC = Organization of the Islamic Conference
1971 in Jiddah gegründete Sammlungsbewegung der islamischen Länder (z. Zt. 40 Mitglieder), die sich die Förderung der Solidarität unter den mehrheitlich islamischen Staaten, die Organisierung und Artikulation ihrer Interessen in den internationalen Organisationen, den Kampf gegen Kulturimperialismus und politische Einmischung von außen, allgemein die Förderung der islamischen Kultur und konkret die Unterstützung der PLO zum Ziel gesetzt haben. Konkrete Resultate waren – neben einer Reihe unverbindlicher Resolutionen, deren wichtigste der Protest gegen die sowjetische Intervention in Afghanistan war – die Einrichtung der *International Islamic News Agency* (1972), der *Islamic Development Bank* (1974) und des *Islamic Solidarity Fund* (1977), größtenteils gespeist mit Subsidien aus Saudi-Arabien, das sich als Führungsmacht herausbildete.

Panarabismus
Vorstellung einer gesamtarabischen Nation, über deren konstituierende Elemente jedoch Uneinigkeit herrscht. *Sati al-Husri* sah die nationbildenden Kräfte in einer gemeinsamen Hochsprache, der islamischen Religion und den großen geschichtlichen sowie kulturellen Leistungen der Araber. In den 50er und 60er Jahren vertrat *Nasser* einen progressiven Panarabismus mit dem Ziel der Vereinigung aller Araber unter dem Vorzeichen eines arabischen Sozialismus. Aber auch *Saddam Husain* bediente sich u. a. dieser Argumentation, um seinen Kriegszug gegen den Iran zu legitimieren.

Panislamismus
Vorstellung, daß das gemeinsame Ziel aller Muslime darin besteht, die islamische Gemeinde (*„umma"*) als Urbild des wahren Staates über bestehende nationalstaatliche Grenzen hinweg zu errichten. Weder Rasse noch Sprache, sondern allein das Bekenntnis zum Islam ist dabei das entscheidende Identifikationskriterium. Der Nationalstaat erscheint lediglich als eine Verschwörung des Westens gegen den Islam. Am radikalsten wurde diese Vorstellung wohl von Ayatollah *Khomeini* vertreten.

PLO = Palestine Liberation Organization
1964 auf Betreiben *Nassers* gegründete Dachorganisation für alle paläst. Guerillagruppen, die seit 1969 unter Führung *Yassir Arafats* steht. Die PLO, von den arabischen Staaten als einzig legitime Vertretung des paläst. Volkes anerkannt, hat sich seit Mitte der 70er Jahre, als sie zunehmend von terroristischen Aktionen außerhalb Israels absah und mit Hilfe der arabischen Staaten zum politisch-diplomatischen Kampf gegen Israel überging, internationale Anerkennung verschafft. Sie wurde Vollmitglied in der Arabischen Liga* und erhielt Beobachterstatus in internationalen Organisationen. Die PLO, die sich im Libanon zum „Staat im Staate" entwickelt hatte, erlitt durch die militärische Intervention Israels im Libanon (im Sept. 1982) eine schwere militärische Niederlage, die sie zum Auszug in andere arabische Länder zwang. Gleichzeitig fand ihr Anspruch auf eine autonome „Heimstatt"

(freilich nicht ihr ursprüngliches Ziel eines selbständigen Staates in Palästina in den Grenzen von 1948, das die Existenz des Staates Israel in Frage stellte) immer breitere Zustimmung.

PPP = Purchase Power Parity
Diese Rechnungseinheit (die z. B. UNDP bei der Komposition des HDI* benutzt) berechnet die – durch die Umrechnung von Landeswährungen in US-$ verzerrte – reale Kaufkraft von Durchschnittseinkommen in den einzelnen Ländern.

Rentenkapitalismus
Spezifisch orientalische Produktionsweise, die dadurch gekennzeichnet ist, daß auf den handwerklichen und landwirtschaftlichen Produktionsfaktoren Rententitel ruhen, die dem Eigner einen festen Anteil am Produkt des Bauern oder Handwerkers garantieren.

Rentierstaaten
Sozioökonomisches Konzept, mit dem jene Staaten der Dritten Welt beschrieben werden, deren Staatseinkommen hauptsächlich von Renten – das sind von außen einfließende Einkommen, denen keine entsprechende inländische Arbeits- oder Investitionstätigkeit gegenübersteht – gebildet werden. Im Nahen und Mittleren Osten sind dies vor allem Ölrenten. Durch die Renten wird der Staat unabhängig von eigenen Steuereinnahmen. Es besteht somit keine Notwendigkeit, sich dem Druck nach politischer Partizipation der Bürger zu beugen. Rentierstaaten kennzeichnet daher ein ihnen eigenes Prinzip der Herrschaftssicherung. Die Verteilung der Öleinnahmen erfolgt primär nach politischen Gesichtspunkten. Durch geschickte Umverteilung und Gewährung ökonomischer Privilegien schafft sich die Herrschaftselite eine Legitimität, die nicht auf Demokratie, sondern auf einem funktionierenden Patronage-System basiert.

SAF = Structural Adjustment Facility
1986 vom IWF aufgelegtes Hilfsprogramm, um die Strukturanpassungspolitik in LLDC durch günstige Darlehen (0,5 % Zinsen, 10 Jahre Laufzeit bei 4,5 Freijahren) zu unterstützen.

SAP = Structural Adjustment Programme
Maßnahmepaket der Weltbank zur Unterstützung von markt- und weltmarktorientierten Strukturanpassungsprogrammen in Form von technischer Hilfe, Strukturanpassungsdarlehen (SAL) und Sektoranpassungsdarlehen (SEL).

Schari'a
Das aus dem Koran und dem *Hadith* (Aussprüche *Mohammeds* und seiner Gefährten) abgeleitete islamische Recht.

Schi'a
Zunächst die „Partei" des Kalifen *Ali*, später Sammelbegriff für Heterodoxie (aus der Sicht der Sunniten) und Sektenbildung. Zwischen der *Schi'a*, der Lehre des Schiismus, und der *Sunna**, dem „Pfad" der Sunniten, bestehen erhebliche theologische, rechtsphilosophische und politisch-theoretische Differenzen.

Schuldendienst
Die absolute Höhe der Zinsen und Tilgungsleistungen, die ein Schuldnerland in sog. „Hartwährungen" an die öffentlichen und privaten Gläubiger zahlen muß.

Schuldenquote
Die S. bezieht den Schuldenstand (nicht den Schuldendienst!) auf die jährlichen Exporterlöse Als kritische Grenze gilt eine Quote von 15 %.

Schuldendienstquotient
Der S. bezieht den gesamten Schuldendienst (Tilgung und Zinsen) auf die Exporterlöse eines Berechnungsjahres. Die kritische Grenze wird bei 20 % angesetzt.

Self-reliance
In der kritischen Auseinandersetzung mit westlich-kapitalistischen Entwicklungsstrategien entstandenes Konzept, das – ausgehend vom Vertrauen auf die eigenen Kräfte – die heimischen Ressourcen zur Befriedigung der menschlichen Grundbedürfnisse einsetzen will und dies per Massenmobilisierung und Partizipation der Bev. zu erreichen sucht. SR ist verbunden mit der Suche nach einem eigenen, den jeweiligen Traditionen eines EL angepaßten Entwicklungsweg.

SILIC/SIMIC = Severely Indebted Low-Income Countries bzw. Middle-Income Countries
Bezeichnung für die am höchsten verschuldeten EL, bei denen drei von vier Schuldenkennzahlen kritische Schwellenwerte überschritten haben: Verhältnis von Schulden zum BSP (50 %); Verhältnis von Schulden zu Exporterlösen (275 %); Verhältnis von Schuldendienstleistungen zu Exporterlösen (30 %); Verhältnis von Zinsleistungen zu Exporterlösen (20 %).

Sterblichkeits- bzw. Sterbequote/Mortalitätsrate
Maßzahl für den Pro-Tausend-Anteil der Sterbefälle an der Gesamtbevölkerung in einer bestimmten Periode; bestimmt zusammen mit der Geburtenrate die Wachstumsrate der Bevölkerung.

Strukturanpassung
Ordnungspolitisches Programm zur wirtschaftlichen Stabilisierung, marktwirtschaftlichen Deregulierung und Privatisierung sowie zur Liberalisierung des Außenhandels. Ziel ist die Wiederherstellung oder Verbesserung der internationalen Wettbewerbsfähigkeit und Kreditwürdigkeit auf der Grundlage eines ausgeglichenen Haushalts, der Erhöhung der internen Spar- und Investitionsrate und eines verbesserten Investitionsklimas für ausländische Investoren. IWF und Weltbank, flankiert von den regionalen Entwicklungsbanken und bilateralen Gebern, unterstützen durch ihre mit Auflagen verbundenen SAF* und SAP* diese Einpassung in den Weltmarkt und Anpassung an marktwirtschaftliche Strukturen.

Subsistenzwirtschaft
Agrikulturelle Produktion im Familienverband für den Eigenverbrauch, zu geringen Teilen auch für den Markt, um Tauschmittel für andere Bedarfsgüter zu erhalten; niedrige Produktivität durch einfache Arbeitsmittel (Hacke), Techniken und geringe Arbeitsteilung. Als nicht-marktorientierter Subsektor (obwohl in ihm die Mehrheit der Bauern lebt und arbeitet) geht die S. nicht oder nur in groben Schätzzahlen in die Sozialproduktrechnung ein; sie gilt – vor allem in den Dualismustheorien – als „traditioneller“ und rückständiger Sektor, der jedoch als Arbeitskräftereservoir und soziales Auffangbecken eine wichtige ökonomische und soziale Funktion erfüllt.

Sunna
Wörtlich: Pfad, Lebensführung. In der islamischen Terminologie faßt die *Sunna* die Aussprüche, Handlungen und Gepflogenheiten des Propheten und seiner Gefährten zusammen. Für die Sunniten (d. h. Leute der *Sunna*), die sich als Hüter des wahren Islam betrachten, bedeutet die *Sunna* eine authentische Erläuterung des Koran und bildet eine Rechtsquelle, die als gleichwertig mit dem Koran gilt.

Sustainable Development
Der vom *Brundtland-Bericht* (1987)* in die entwicklungspolitische Diskussion eingeführte

und meistens als „dauerhafte Entwicklung“ übersetzte Begriff fordert eine sozial- und umweltverträgliche Wirtschafts- und Entwicklungspolitik: von den IL einen ökologischen Umbau der Produktions- und Konsummuster, für die EL eine ökologisch angepaßte Befriedigung der Grundbedürfnisse. Der Begriff ist austauschbar mit *Ecodevelopment.*

Sykes-Picot-Abkommen
1916 zwischen GB und Frankreich unterzeichnet, um nach dem Untergang des Osmanischen Reiches ihre kolonialen Interessen im Nahen Osten abzugrenzen und aufzuteilen. Auf dieses Abkommen wird von arabischer Seite verwiesen, wenn dem Westen Machtkalkül und Ressourcensicherung nachgewiesen werden soll.

Terms of Trade (ToT)
Reale Austauschrelationen zwischen Primärgütern (Rohstoffen) und Industriegütern. Die von *R. Prebisch* entwickelte „Theorie der säkularen Verschlechterung der ToT“ folgert aus einem langfristigen Vergleich der Preise dieser beiden Gütergruppen, daß sich das Austauschverhältnis langfristig zuungunsten der Primärgüter (= EL) und zum Vorteil der IL verändert habe. Um die Wirkweisen der ToT angemessen bewerten zu können, muß zwischen ihren verschiedenen Typen und Berechnungsarten unterschieden werden.

Ulama
Die islamischen „Weisen“, Theologen und Rechtsgelehrten.

Umma
Sie bezeichnet die übernationale muslimische Gemeinde. Nach islamischer Auffassung hat Gott den arabischen Propheten dazu erkoren, den Islam zunächst den Arabern zu verkünden; die Gemeinde *Mohammeds* sollte jedoch alle Muslime umfassen.

UNIKOM = United Nations Iraq-Kuwait Observer Mission
Seit Mai 1991 an der Grenze Irak-Kuwait stationierte Blauhelme zur Überwachung der entmilitarisierten Zone.

UNRWA = UN Relief and Works Agency for Palestine Refugees
Die UNRWA betreut seit 1950, finanziert durch freiwillige Beiträge, durch Wohlfahrts-, Arbeits-, Gesundheits- und Bildungsprogramme die (meist in Lagern konzentrierten) Palästina-Flüchtlinge.

Urban Bias
Bevorzugung der Stadt und der Städter gegenüber dem Land und der Landbevölkerung, vor allem bei Investitionen in die soziale Infrastruktur; Vernachlässigung der Landwirtschaft und der ländlichen Entwicklung in der Entwicklungspolitik, auch das „Schröpfen“ der Bauern zugunsten der städtischen Konsumenten durch niedrige Produzentenpreise.

VAR = Vereinigte Arabische Republik
Ein 1958 aus Ägypten und Syrien gebildeter Staatenbund, der nur bis 1961 Bestand hatte. Nach seiner Auflösung behielt Ägypten bis 1972 den Namen VAR für sich allein bei.

Autorenverzeichnis

Büttner, Friedemann	Dr., Professor für Politische Wissenschaft an der Freien Universität Berlin; Leiter der Arbeitsstelle für Politik des Vorderen Orients
Büttner, Veronika	Dr., Wiss. Mitarbeiterin in der Stiftung Wissenschaft und Politik (SWP), Ebenhausen
Clausen, Ursel	Wiss. Mitarbeiterin im Deutschen Orient-Institut, Hamburg
Dridi, Mohamed	Dr., Politologe, Journalist, München
Elsenhans, Hartmut	Dr., Professor für Politische Wissenschaft an der Universität Leipzig
Ferdowsi, Mir A.	Dr., Akad. Rat (Politische Wissenschaft) an der Universität München
Halbach, Uwe	Dr., Wiss. Mitarbeiter im Bundesinstitut für Ostwissenschaftliche und Internationale Studien, Köln
Hermann, Rainer	Dr. (Islamwissenschaften), Korrespondent der Bundesstelle für Außenhandelsinformation (BfAI) in Istanbul (vorher in Kuwait)
Ibrahim, Ferhan	Dr., Wiss. Mitarbeiter in der Arbeitsstelle für Politik des Vorderen Orients an der FU Berlin
Janzen, Jörg	Dr., Akad. Rat im Zentrum für Entwicklungsländer-Forschung an der FU Berlin (FB Geowissenschaften)
Koszinowski, Thomas	Wiss. Mitarbeiter im Deutschen Orient-Institut, Hamburg
Krämer, Gudrun	Dr., Wiss. Mitarbeiterin in der Stiftung Wissenschaft und Politik (SWP), Ebenhausen
Mattes, Hanspeter	Dr., Wiss. Mitarbeiter im Deutschen Orient-Institut, Hamburg
Perthes, Volker	Dr., Wiss. Mitarbeiter in der Stiftung Wissenschaft und Politik (SWP), Ebenhausen
Reissner, Johannes	Dr., Wiss. Mitarbeiter in der Stiftung Wissenschaft und Politik (SWP), Ebenhausen
Ritter, Wigand	Dr., Professor für Wirtschafts- und Sozialgeographie an der Universität Erlangen-Nürnberg

Ruf, Werner	Dr., Professor für Politische Wissenschaft an der Gesamthochschule Kassel
Schliephake, Konrad	Dr., Akad. Oberrat (Geographie) an der Universität Würzburg
Scholz, Fred	Dr., Professor für Wirtschafts- und Sozialgeographie (Entwicklungsländer) an der Freien Universität Berlin
Steinbach, Udo	Dr., Professor, Direktor des Deutschen Orient-Instituts, Hamburg
Wolff, Jürgen H.	Dr., Professor für Politische Wissenschaft an der Ruhr-Universität Bochum

Herausgeber

Nohlen, Dieter	Dr., Professor für Politische Wissenschaft an der Universität Heidelberg Anschrift: Marstallstr. 6 69117 Heidelberg
Nuscheler, Franz	Dr., Professor für Politische Wissenschaft an der Universität–GH–Duisburg Anschrift: Institut für Entwicklung und Frieden Geibelstr. 41 47057 Duisburg

Die Deutsche Bibliothek – CIP-Einheitsaufnahme

Handbuch der Dritten Welt / hrsg. von Dieter Nohlen;
Franz Nuscheler. – Bonn : Dietz
Bis 2. Aufl. im Verl. Hoffmann und Campe, Hamburg
ISBN 3-8012-0200-3
NE: Nohlen, Dieter [Hrsg.]

Bd. 6. Nordafrika und Naher Osten. – 3., völlig neu bearb. Aufl. – 1993
ISBN 3-8012-0206-2

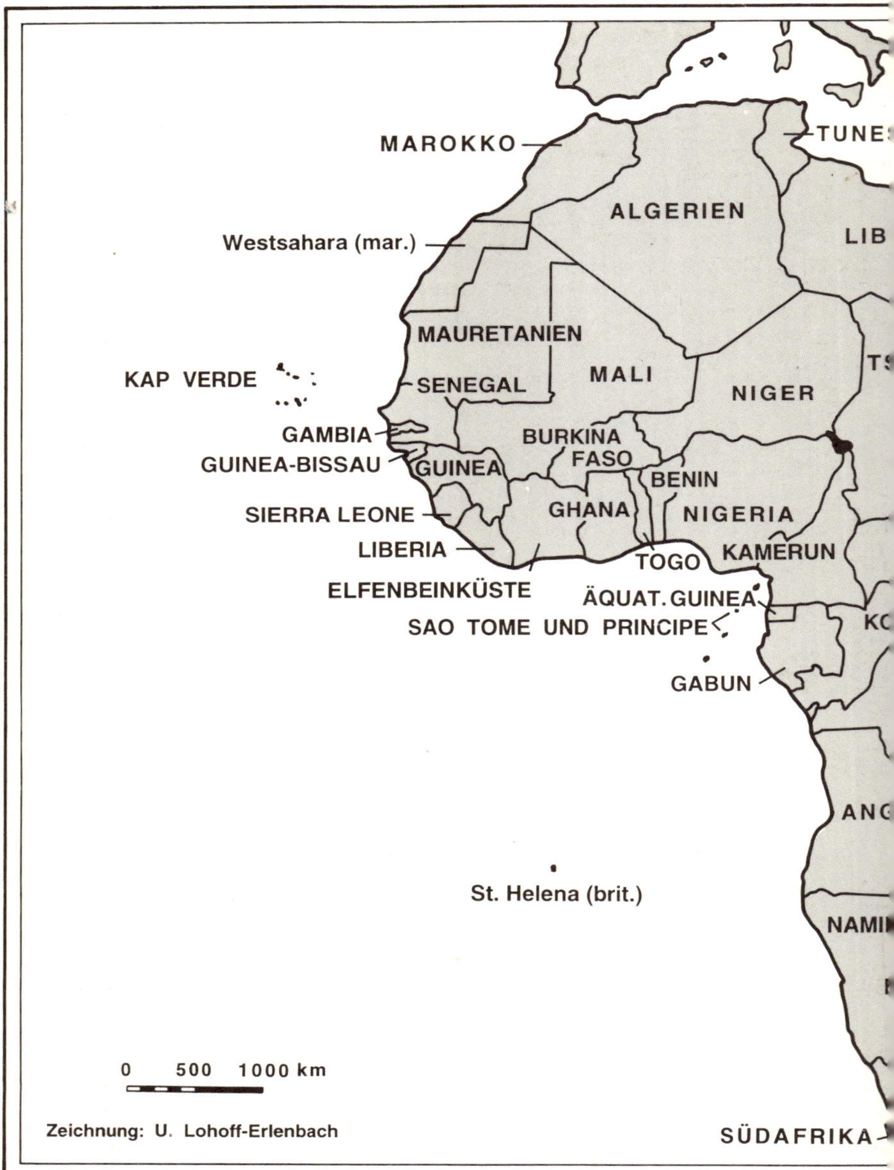

Zeichnung: U. Lohoff-Erlenbach